◎爱问法律百科系列丛书◎

丛书主编 · 严威

关注热点

简明易懂

法律思维

爱问
法律百科

商品房、二手房买卖必知200问

刘卓妍　林立成◎著

中国法制出版社
CHINA LEGAL PUBLISHING HOUSE

目录
CONTENTS

第一章　商品房买卖的基础知识

1. 什么是商品房？ …… 3

2. 商品房与“福利房”有什么区别？ …… 3

3. 什么是经济适用房？ …… 4

4. 什么是期房、准现房、现房？ …… 6

5. 什么是小产权房？ …… 7

6. 普通住宅、非普通住宅、非住宅有什么区别？ …… 8

7. 什么是容积率？ …… 9

8. 如何计算商品房建筑面积、套内建筑面积以及公摊面积？ …… 10

9. 层高和净高有什么区别？ …… 12

10. 什么是住宅专项维修资金？ …… 12

11. 住宅专项维修资金的使用范围是什么？ …… 13

12. 商品房买卖的基本程序有哪些？ …… 15

13. 商品房买卖合同的法律效力是什么？ …… 16

14. 商品房买卖合同必须采用书面形式吗？ …… 17

第二章　商品房买卖合同的签订

第一节　商品房的预售

15. 房产商预售商品房需要具备哪些条件？ …………………………… 21
16. 房产商因未取得预售许可证明致使签订的商品房预售合同无效，购房者该如何维权？ …………………………………………… 22
17. 商品房预售网签的意义及注意事项有哪些？ …………………… 23
18. 商品房预售登记备案具有何种性质与法律效力？ ……………… 24
19. 商品房预售登记备案与房屋预告登记有什么区别？ …………… 25

第二节　商品房预约合同的订立

20. 认购书、意向书可以认定为商品房买卖合同吗？ ………………… 26
21. 房产商承诺为学区房但迟迟未兑现，购房者该如何维权？ ………… 28
22. 什么是“定金罚则”？ …………………………………………… 30
23. 定金与订金在法律上的意义是相同的吗？ ………………………… 31
24. 订购协议中的“到期不签约，则定金不退还”条款有法律效力吗？ 32
25. 购房者签订订购协议后反悔，能否拒绝签订商品房预售合同？ …… 33
26. 房产商违反订购协议拒不签订商品房预售合同，该如何承担违约责任？ …………………………………………………………… 34

第三节　商品房预售合同的订立

27. 商品房预售合同是预约合同还是商品房买卖合同？ ……………… 35

28. 因对商品房预售合同中的某些条款有异议导致合同无法签订，购房者能否解除订购协议且要求返还定金？ …………………… 36
29. 售楼广告上的内容或样板房能作为商品房买卖合同的内容吗？ …… 37
30. 售楼人员的口头承诺是否具有法律效力？ …………………… 38
31. 与房产公司的司机订立的商品房预售合同是否有效？ …………… 39
32. 房产商借他人之名与自身订立的商品房买卖合同有法律效力吗？ … 41
33. 签订商品房买卖合同时，常见的不公平条款有哪些？ …………… 42
34. “以房抵债”的商品房买卖合同有效吗？ …………………… 44

第三章 商品房买卖合同的履行

第一节 交房条件

35. 房产商应具备哪些条件才能交房？ ……………………………… 49
36. 如何判断房产商是否完成了交房义务？ ………………………… 50

第二节 质量问题

37. 房屋因质量问题不能交付使用，购房者该如何维权？ …………… 51
38. 房屋交付使用后，发现有质量问题，购房者该如何处理？ ………… 52
39. 因房屋质量问题导致购房者无法正常使用，购房者能请求房产商承担租金损失吗？ ………………………………………… 53
40. 房产商赠送的装修、家电等有质量问题，购房者该如何维权？ …… 54
41. 房屋的质量保修期是多久？ ……………………………………… 55

第三节 设计与合同不符

42. 房产商擅自增加或减少楼层数，会面临哪些法律风险？…………… 56
43. 房产商擅自增加楼层，加高的楼层能否办理房屋权属证书？ ……… 58
44. 实际层高不符合合同约定，房产商需要承担违约责任吗？ ………… 58
45. 房屋面积与合同不符，该如何处理？ …………………………… 60
46. 房屋布局与合同约定不符，购房者可否解除合同？ ……………… 61
47. 商品房因设计规划变更与合同约定不符，购房者该如何维权？ …… 62
48. 房产商擅自将规划的公园等绿地面积改建为停车场，购房者该如何维权？ …………………………………………………………… 63
49. 住宅单元门厅的实际建设与沙盘不符，属于房产商的违约行为吗？ 64

第四节 逾期交房及办证

50. 房产商逾期未交房，购房者能否解除商品房预售合同？…………… 66
51. 房产商逾期交房或购房者逾期支付房款，如何计算违约金？ ……… 68
52. 房产商逾期办理房屋所有权登记，购房者该如何维权？…………… 69
53. 房产商有协助购房者办理房屋权属证书的义务吗？ ……………… 70
54. 房产商逾期办理房屋权属证书，需要承担违约责任吗？…………… 71
55. 房产商未履行协助办证义务，购房者可以解除合同或请求赔偿损失吗？ ………………………………………………………… 72
56. 购房者未办理产权证的房屋遭遇台风损毁，所造成的损失由谁承担？ ………………………………………………………… 73

57. 面对烂尾楼，建设工程价款和购房者的债权哪个优先？ …………… 74

第五节 按揭贷款

58. 按揭买房与贷款买房有什么区别？ ………………………………… 76
59. 合同约定以按揭贷款的方式支付房款，购房者能否因贷款不成解除合同？ …………………………………………………………… 77
60. 商品房买卖合同被解除后，按揭贷款合同可否被解除？ …………… 78
61. 按揭合同因商品房买卖合同的解除而解除后，购房款如何返还？ … 79

第六节 违约金

62. 什么是违约金调整规则？ ………………………………………… 81
63. 约定的违约金过高或过低的举证责任由谁负担？ ………………… 82
64. 如何确定商品房买卖合同中的违约金数额与损失赔偿额？ ………… 83
65. 房产商的哪些违约行为须承担“退一赔一”的违约责任？ ………… 84
66. 房产商将所售房屋抵押给他人，购房者该如何维权？ …………… 86

第七节 商品房买卖合同的解除

67. 房屋买卖合同解除后，购房者能要求赔偿房屋升值的差价损失吗？ 87
68. 商品房买卖合同被认定无效后，房产商能要求购房者支付房屋使用费吗？ ………………………………………………………………… 89

第四章 商品房的产权归属

69. 房屋登记在法律上有什么效力? ………………………… 93
70. 房产证与不动产权证书有什么区别? ……………………… 94
71. 协议约定商品房归属与产权登记不同时，如何确定产权? ………… 95
72. 借名买房，房屋到底属于谁? ………………………… 96
73. 全体业主共有房屋如何认定? ………………………… 97
74. 全体业主共有房屋由谁登记? ………………………… 98
75. 婚前以一方名义购买商品房，婚后共同还贷，离婚时房屋归谁? … 99
76. 双方父母共同出资购房，离婚后房屋归谁所有? ……………… 99
77. 配偶另一方如何在房屋权属证书上“加名字”? ……………… 100
78. 离婚后，如何变更商品房产权登记? ……………………… 101
79. “一方出轨，视为自动放弃房屋所有权”的约定是否有效? …… 101
80. 期房可以转让吗? ………………………………… 102
81. 如何办理期房转让手续? ……………………………… 104
82. 期房转让需要具备什么条件? …………………………… 105
83. “一房数卖”，房屋归属如何确定? ………………………… 105
84. “一房数卖”，未取得房屋的购房者该如何索赔? ……………… 107
85. 拆迁补偿安置房被“一房数卖”，被拆迁人是否有优先受偿权? 108
86. 被拆迁人对于安置房屋的优先权的法律性质是什么? ………… 109
87. 房屋产权的期限是多久? ……………………………… 111
88. 房屋产权到期后，房屋归谁所有? ………………………… 111

89. 如何避免购买的商品房存在产权瑕疵? …………………………… 112

第五章 商品房买卖的其他相关问题

90. 什么是商品房包销合同? ………………………………………… 117
91. 房产商未依约取得商品房预售许可证，包销人能够主张可得利益损失吗? ……………………………………………………………… 118
92. 房屋存在质量问题，业主能否拒绝支付物业费? ……………… 118
93. 业主长期未缴专项维修资金，适用诉讼时效的规定吗? ………… 119
94. 如何成立业主大会与业主委员会? ……………………………… 121
95. 业主大会的职能是什么? ………………………………………… 122
96. 业主委员会的职能是什么? ……………………………………… 123
97. 业主有权更换房产商选定的物业公司吗? ……………………… 123
98. 业主委员会是否具备诉讼主体资格? …………………………… 124
99. 住宅装饰合同中的“假一赔百”条款有法律效力吗? ………… 125
100. 装修房屋对隔壁住户造成损害，谁承担赔偿责任? ………… 126

第六章 二手房基础知识

第一节 二手房

101. 什么是二手房? ………………………………………………… 131

102. 什么是分户产权证? …… 132
103. 什么是次新房? …… 133
104. 什么是存量房? …… 133
105. 什么是增量房? …… 134
106. 二手房有哪些特征? …… 134
107. 二手房的来源有哪些? …… 137
108. 二手房的种类有哪些? …… 138
109. 房改房有哪些类型? …… 140

第二节　二手房价格

110. 二手房价格受哪些因素影响? …… 141
111. 什么是二手房估价制度? …… 142
112. 二手房上市交易前必须估价吗? …… 143
113. 房产估价制度由哪些要件构成? …… 145
114. 二手房估价应遵循哪些原则? …… 146
115. 二手房估价的主要参考因素有哪些? …… 149

第三节　二手房市场

116. 如何界定二手房市场? …… 151
117. 二手房市场呈现出哪些特征? …… 152
118. 二手房市场由哪些部分构成? …… 153

第四节 产权证明

119. 如何鉴别房产证真伪? …… 154
120. 如何确定二手房是否属于共有财产? …… 155
121. 房屋产权变更登记需要提交哪些材料? …… 156
122. 卖房时发现房产证遗失怎么办? …… 157

第五节 特殊情形

123. 哪些房屋不是二手房? …… 158
124. 买了无处分权的二手房会有什么法律后果? …… 159
125. 处于抵押期间的二手房能否交易? …… 161
126. 购买尚在租赁期内的房屋应该怎么办? …… 162
127. 购买无产权证的房屋有哪些风险? …… 162
128. 原房主拒不搬出怎么办? …… 163
129. 如何处理二手房中原户口迁出问题? …… 165

第七章 二手房交易技巧

130. 二手房选购中的“四不谈”原则是什么? …… 169
131. 什么是“六次观房法”? …… 170
132. 购买底层二手房时要注意什么? …… 171
133. 购买顶层二手房时要注意什么? …… 172

134. 如何判断二手房户型优劣？ …… 173
135. 如何判断二手房真实房龄？ …… 174
136. 买几年的二手房比较合适？ …… 175
137. 二手房投资需要注意什么？ …… 176
138. 投资公寓要注意哪些事项？ …… 178
139. 投资商铺要注意哪些事项？ …… 179
140. 投资写字楼应该注意哪些事项？ …… 180

第八章　二手房买卖

第一节　二手房买卖必知

141. 二手房交易流程是什么？ …… 185
142. 二手房买卖合同应当载明哪些内容？ …… 186
143. 能够在二手房买卖中约定定金吗？ …… 188
144. 律师在二手房交易中能够发挥什么样的作用？ …… 190

第二节　二手房交易信息

145. 二手房市场信息包括哪些内容？ …… 191
146. 二手房市场信息获取渠道有哪些？ …… 193
147. 如何发布二手房销售信息？ …… 196
148. 有哪些二手房销售信息发布渠道？ …… 197

149. 如何选择房产广告媒介？ …… 198

第三节 二手房销售方式

150. 二手房有哪些销售方式？ …… 199
151. 自行出售房屋的流程是什么？ …… 201
152. 委托经纪人售房的流程是什么？ …… 201
153. 拍卖售房的流程如何？ …… 202
154. 什么是房屋互换？ …… 203

第四节 二手房中介

155. 如何挑选二手房经纪公司？ …… 204
156. 如何挑选房产经纪人？ …… 205
157. 房产经纪人要具备何种资质？ …… 206
158. 哪些属于房产经纪行业禁止行为？ …… 207
159. 违法经纪将会承担什么样的法律责任？ …… 208
160. 房产中介服务费如何收取？ …… 209
161. 与房产中介公司签订二手房委托销售合同要注意哪些事项？ … 210
162. 如何在二手房交易中防止被中介吃差价？ …… 212
163. 二手房交易过程中，被中介吃差价怎么办？ …… 213
164. 越过房产中介私下交易的法律后果是什么？ …… 215
165. 委托中介代为出售房屋的，何时将钥匙交给中介较为合适？ … 216

第五节　新型交易方式

166. 什么是二手房交易网？ …… 217
167. 二手房交易网能够提供哪些服务？ …… 217
168. 什么是二手房网签？ …… 218
169. 二手房网签要注意哪些事项？ …… 219
170. 网签有哪些流程？ …… 220

第九章　资金安全与交易税费

171. 如何监管二手房购房款？ …… 225
172. 什么是资金专用存款账户？ …… 226
173. 二手房交易需要缴纳哪些税费？ …… 226
174. 如何计算二手房交易税费？ …… 228
175. 什么是二手房买卖中的阴阳合同？ …… 229
176. 二手房阴阳合同合法吗？ …… 230
177. 二手房阴阳合同存在哪些风险？ …… 231
178. 假赠与逃避二手房税费可行吗？ …… 232
179. 延迟交付逃避二手房税费可行吗？ …… 233
180. 假离婚逃避二手房税费可行吗？ …… 235
181. 先租后买进行二手房避税可行吗？ …… 236

第十章 二手房购房贷款

第一节 二手房购房贷款必知

182. 可以贷款购买二手房吗? …… 239
183. 能否以其他担保方式申请二手房贷款? …… 239
184. 什么是二手房居间担保? …… 240
185. 居间中保服务的程序如何? …… 241

第二节 商业贷款

186. 申请二手房商业贷款有哪些条件? …… 242
187. 二手房按揭贷款的流程是什么? …… 242
188. 办理二手房商业贷款需要提供哪些资料? …… 244
189. 如何办理“转按揭”? …… 245

第三节 公积金贷款

190. 申请二手房公积金贷款要符合哪些条件? …… 246
191. 申请二手房公积金贷款需要提交哪些材料? …… 246
192. 申请二手房公积金贷款的流程是什么? …… 247

第四节 还款与提前还款

193. 借款人如何向银行还款? …… 248

194. 可以提前向银行还款吗？ …………………………………… 249

195. 提前还款的流程是什么？ …………………………………… 249

196. 不按时还贷会有什么问题？ ………………………………… 251

197. 借款未还清的房子可以再交易吗？ ………………………… 251

198. 贷款人死亡后，房贷怎么办？ ……………………………… 252

199. 房屋因意外毁损的，需要继续偿还房贷吗？ ……………… 253

200. 提前还贷要考虑哪些因素？ ………………………………… 254

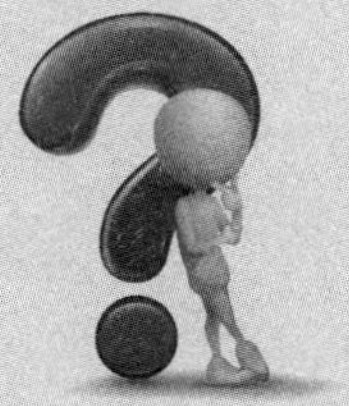

第一章

CHAPTER 1

商品房买卖的基础知识

1. 什么是商品房？

商品房指的是由房地产开发企业（以下简称房产商）依法投资开发建设的、能够作为商品在市场上自由交易的各类房屋，包括住宅、商业用房以及其他建筑物。凡是自建、委托施工单位建设或参加联建，又是自己使用、不进行经营的住宅和其他建筑物，不属于商品房的范畴。一般认为，商品房并非仅指新建房，存量房（二手房）也是商品房的一种。需要注意的是，根据《最高人民法院关于审理商品房买卖合同纠纷案件适用法律若干问题的解释》（以下简称《商品房买卖合同司法解释》）第 1 条的规定，适用《商品房买卖合同司法解释》规定的商品房仅指新建房。本编主要涉及的问题也是关于新建的商品房，即房产商出售的商品房与购房者之间的法律关系，存量房（二手房）的相关法律问题在第六章至第十章作详论。

2. 商品房与“福利房”有什么区别？

商品房与“福利房”相对应，商品房与福利房最大的不同之处在于，商品房可依照市场规律、按照市场价格在市场上被自由交易，而福利房大多没有个人产权或者没有完整的产权，因此不能在市场上自由交易或者转让。例如，由企事业单位投资开发建设的、购买人没有产权的房屋，政府投资开发、为了解决中低收入家庭住房困难而建造的政府与购买人的“共有产权房”等。但是，这些“福利房”并非完全不能在市场上交易，只是在交易时会受到购房资格等条件或政策的限制。以“共有产权房”为例，《北京市共有产权住房管理暂行办法》第24条规定，共有产权住房购房人取得不动产权证未满5年的，不允许转让房屋产权份额。

3. 什么是经济适用房？

经济适用房指的是根据国家经济适用住房建设计划安排建设的住宅，是具有社会保障性质的商品住宅，具有经济性和适用性的特点。经济适用房是国家为解决中低收入家庭住房问题而建造的普通住房。因为这类住房用地一般实行行政划拨的方式，免收土地出让金，对各种经批准的收费实行减免征收，故而成本低于普通商品房，相应地，经济适用房的价格也低于普通商品房。因为经济适用房具有社会保障性，所以各地区的经济适用房的申请者都需要满足一定的条件。一般来说，各地区的申购条件是根据本地区的具体情况而定的，具有较大的差异。例如，杭州市规定申购经济适用房必须同时具备以下四个条件：

（1）家庭成员至少有一人具有本市市区常住城镇居民户口（不包括学生户口）5 年以上（含符合杭州市安置条件的军队人员）；（2）已婚（含离异或丧偶带未成年子女且拥有监护权）或年龄在 35 周岁及以上的单身无房户；（3）申请家庭房产建筑面积小于 48 平方米（含）；（4）申请家庭人均可支配收入低于市统计局每年向社会公布的上年度城镇居民人均可支配收入的 60%。再如，广州市发布的《关于印发〈广州市城市廉租住房保障制度实施办法（试行）〉和〈广州市经济适用住房制度实施办法（试行）〉的通知》（穗府［2007］48 号）规定了申购经济适用房的条件，不仅要求家庭年人均可支配收入符合政府公布的标准，还要求家庭资产净值符合政府公布的标准，以及申请人及共同申请的家庭成员在申请之日前 5 年内没有购买或出售过房产等。又如，根据《上海市人民政府关于修改〈上海市共有产权保障住房管理办法〉的决定》（沪府令 26 号），非上海市户籍家庭同时符合居住证持证和积分、住房、婚姻、缴纳社会保险、缴纳个人所得税、收入和财产等条件的，也可以申请购买共有产权保障住房。

除了各地区经济适用房申购条件相异之外，同一地区的申购条件也可能随着当地商品住房价格、居民家庭可支配收入、居住水平和家庭人口结构等因素而做相应的调整。因此，在申购经济适用房时，要特别注意房屋所在地的有关政府机关所发布的申购办法与申购条件。

4. 什么是期房、准现房、现房？

在商品房市场中，经常会听到期房、准现房、现房这些名词，它们通常被用来指代商品房的建造状态。期房指的是在建的、尚未建成的、房产商在短期内不能交付使用的商品房。房产商从取得商品房预售许可证开始，直到房地产行政管理部门初始登记并取得房地产权证，房产商这一期间在市场上所预售的商品房被称为“期房”。购房者在这一时期与房产商订立的商品房买卖合同被称为“商品房预售合同”。现房指的是房产商已经建成并取得产权的商品房，购房者在与房产商签订买卖合同后即可办理入住和取得产权权属证书。购房者与房产商签订的有关现房的买卖合同被称为“商品房买卖合同”，而不再是“商品房预售合同”。准现房指的是房屋尚未建成，但已经基本封顶完工，建筑物及设施的大致轮廓已见雏形，房型、楼间距及小区的整体样貌等重要因素已经一目了然，工程正处于内外墙装修和进行配套施工阶段的房屋。准现房在本质上来说仍然是期房的一种，因为此时房产商只取得了商品房的预售许可，并没有取得产权，购房者与房产商订立的合同仍然是“商品房预售合同”。与期房相比，准现房的优点在于商品房正在建设中，房产商按时交房的风险较低。在期房、现房与准现房三者中，因为现房的结构、面积、质量以及其他配套设施等都是真实存在的，且能够即买即住并办理产权权属证书，相较而言，现房的法律风险最低。

5. 什么是小产权房?

小产权房不是一个法律概念，而是人们在社会实践中形成的一种约定俗成的称谓。小产权房一般指的是，在农村集体土地上建造的、没有缴纳土地出让金、没有取得由国家房管部门颁发的房屋权属证书的房屋。其相对概念是“大产权房”，大产权房指的是，拥有由国家房地产行政管理部门颁发的房屋权属证书，即有房产证的房屋。小产权房的类型有两种：一种是俗称的“宅基地”，指在集体建设用地上建成的房屋，宅基地属于农民集体所有，不属于个人所有；另一种是指非法占用集体企业用地或者耕地而建造的房屋。

根据《土地管理法》的规定，小产权房的买卖受到法律上的诸多限制，购买小产权房具有法律上的巨大风险。主要体现在以下几个方面：（1）小产权房没有法律意义上的产权，即没有国家房管部门发放的房屋权属证明——不动产权证书。宅基地等小产权房的权利人只有使用权，没有所有权。（2）根据《土地管理法》的规定，小产权房不能作为标的物向非本集体以外的第三人出售，所订立的买卖合同一般被认定为无效合同。（3）小产权房被拆迁征收时，不能获得与拥有产权的购房人相同标准的拆迁补偿。

6. 普通住宅、非普通住宅、非住宅有什么区别?

普通住宅又称普通标准住宅，根据《土地增值税暂行条例实施细则》第 11 条的规定，是指按所在地一般民用标准建造的居住用住宅。高级公寓、别墅、度假村等不属于普通标准住宅。普通标准住宅与其他住宅的具体划分界限由各省、自治区、直辖市人民政府规定。以《杭州市区的普通住宅标准》（杭政办函［2005］153 号）为例，杭州市区（不包括萧山、余杭区）普通住房标准为住宅小区建筑容积率在 1.0 以上、单套建筑面积在 140 平方米以下、实际成交价格低于同级别土地上住房平均交易价格 1.44 倍以下。此外，为了更好地控制房价，在诸如北京、上海等经济发达地区所制定的普通住宅标准中进一步明确了普通住宅的实际成交价格。例如，《上海市制定的普通住宅标准》（沪房管规范市［2014］6 号）中规定，普通住宅的实际成交价格应低于同级别土地上住房平均交易价格 1.44 倍以下，坐落于内环线以内的低于 450 万元 / 套，内环线与外环线之间的低于 310 万元 / 套，外环线以外的低于 230 万元 / 套。

非普通住宅是相对于普通住宅而言，没有同时满足政府规定的普通住宅容积率、建筑面积、成交价格三个条件的居用型住宅即为非普通住宅。例如，高级公寓、别墅、花园洋房等都属于非普通住宅。

非住宅是指除了住宅以外的非居用型房屋，包括商业用房、办公用房、工业厂房以及仓库等。商业用房指的是商店、饮食店、理发店、酒店、旅馆等从事商业和为居民生活服务所用的房屋。办公用房指的是企事业单位、团体、学校医院等单位的办公用房屋。工业厂房指的是直接用于生产或为生产配套的各种房屋，包括主要车间、辅助用房及附属设施用房。仓库主要是由储存物品的库房、运输传送设施、出入库房运输管道和设备以及消防设施、管理用房等组成。

购房者在商品房交易过程中要注意普通住宅、非普通住宅以及非住宅的区别，三者在税费的承担以及在交易程序上有诸多区别。

7. 什么是容积率？

容积率又称建筑面积毛密度，根据住房和城乡建设部颁布的《建设用地容积率管理办法》第 3 条第 1 款规定，容积率是指一定地块内，总建筑面积与建筑用地面积的比值。对于房产商来说，容积率决定土地成本在房屋中占的比例。也就是说，楼层数越高，总建筑面积越大，容积率越高，房产商的土地成本相对更小。而对于购房者来说，容积率直接涉及居住舒适度，容积率越高，也就意味着居住的人口密度越大，居住舒适度越低。

根据《建设用地容积率管理办法》第3条第2款规定，容积率计算规则由省（自治区）、市、县人民政府城乡规划主管部门依据国家有关标准规范确定。依该《建设用地容积率管理办法》规定，以出让方式提供国有土地使用权的，在国有土地使用权出让前，城市、县人民政府城乡规划主管部门已经依据控制性详细规划，提出容积率等规划条件，作为国有土地使用权出让合同的组成部分。并规定任何单位和个人都应当遵守经依法批准的控制性详细规划确定的容积率指标，不得随意调整。一般来说，容积率分为：独立别墅为0.2—0.5；联排别墅为0.4—0.7；6层以下多层住宅为0.8—1.2；11层小高层住宅为1.5—2.0；18层高层住宅为1.8—2.5；19层以上住宅为2.4—4.5。

8. 如何计算商品房建筑面积、套内建筑面积以及公摊面积？

商品房建筑面积指的是建筑物水平面积（如果是多层建筑

物，则为各层平面面积之和），按房屋的外墙外围线所圈起的面积计算，包括起居室、阳台、地下室等。通常情况下，房价是按照建筑面积收取的，同样的，物业费、取暖费也是按照建筑面积收取的。

商品房的套内建筑面积包括套内使用面积、套内墙体面积及阳台建筑面积。其中，套内使用面积按照房屋的内墙面水平投影计算。套内墙体面积有共用墙和非共用墙两种，共用墙体的一半计入套内墙体面积，非共用墙体全部计入套内墙体面积。如果阳台是封闭性的，阳台面积按水平投影全部计入建筑面积，如果阳台是未封闭性的，则按水平投影的一半计入建筑面积。套内建筑面积的计算公式是：套内使用面积＋套内墙体面积＋阳台建筑面积＝套内建筑面积。套内建筑面积是衡量所购商品房价值的指标，套内建筑面积越大，意味着所购商品房的专有面积越大，使用率越高。

公摊面积是指每套商品房按照公摊系数所分摊的公共建筑面积。公摊面积一般包括电梯井、管道井、楼梯间、垃圾道、变电室以及公共门厅过道等。

房屋所有权证或不动产权证书上所记载的房屋面积为建筑面积，包括上述的套内建筑面积和公摊面积，即商品房建筑面积＝套内建筑面积＋公摊面积。

9. 层高和净高有什么区别？

商品房的层高指的是上下两层楼面或楼面与地面之间的垂直距离。净高指的是层高减去楼板的厚度或结构层的高度之差，即净高 = 层高 – 楼板厚度（或结构层的高度）。为了保证住宅设计符合经济、适用、安全等要求，国家住房和城乡建设部、国家质量监督检验检疫总局在其联合发布的《住宅设计规范》中规定，普通住宅层高宜为 2.8 米，此为住宅房屋的层高的国家标准。

商品房的层高不仅影响购房者居住的舒适度，影响房屋本身的使用功能，也对房屋的价格有一定的影响。因此，在订立商品房预售合同时一定要注意合同中关于层高的规定，避免“层高”与“净高”的条款陷阱。

10. 什么是住宅专项维修资金？

住宅专项维修资金的前身是“房屋维修基金”。2007 年建设部与财政部联合发布的《住宅专项维修资金管理办法》确定使用了住宅专项维修资金的概念，从而替代了房屋维修基金的称谓。根据《住宅专项维修资金管理办法》第 2 条的规定，住宅专项维修资金指的是专项用于住宅共用部位、共用设施设备保修期满后的维修和更新、改造的资金。因此，住宅专项维修资金的使用范围仅限住宅共用部位及共用设备，必须专款专用。

根据《住宅专项维修资金管理办法》的规定，业主交存的住宅专项维修资金属于业主所有，住宅专项维修资金管理实行专户存储，专款专用。如果是预售商品房，业主交存住宅专项维修资金还未成立业主大会的，所交存的住宅专项维修资金由物业所在地直辖市、市、县人民政府建设（房地产）主管部门代管。业主大会成立后，房地产主管部门应当依法将所代管的住宅专项维修资金转至业主大会开立的住宅专项维修资金账户，并将有关账目等移交业主委员会。商品房购房者应当在办理房屋入住手续前，将首期住宅专项维修资金存入住宅专项维修资金专户。商品住宅的业主、非住宅的业主按照所拥有物业的建筑面积交存住宅专项维修资金，每平方米建筑面积交存首期住宅专项维修资金的数额为当地住宅建筑安装工程每平方米造价的 5% 至 8%。

11. 住宅专项维修资金的使用范围是什么？

根据《住宅专项维修资金管理办法》第 2 条的规定，住宅专项维修资金应专项用于住宅共用部位及共用设备。《住宅专项维修资金管理办法》第3条具体规定了住宅共用部位和共用设施的定义及范围，即住宅共用部位是指根据法律、法规和房屋买卖合同，由单幢住宅内业主或者单幢住宅内业主及与之结构相连的非住宅业主共有的部位，一般包括住宅的基础、承重墙体、柱、梁、楼板、屋顶以及户外的墙面、门厅、楼梯间、走廊通道等。共用设施设备是指根据法律、法规和房屋买卖合同，由住宅业主或者住宅业主及有关非住宅业主共有的附属设施设备，一般包括电梯、天线、照明、消防设施、绿地、道路、路灯、沟渠、池、井、非经营性车场车库、公益性文体设施和共用设施设备使用的房屋等。

需要注意的是，按照《住宅专项维修资金管理办法》第20条的规定，以下涉及住宅共用部位、共用设施设备的维修和更新、改造费用的情形，不能使用住宅专项维修资金：

（1）商品住宅之间或者商品住宅与非住宅之间共用部位、共用设施设备的维修和更新、改造费用，应由相关业主按照各自拥有物业建筑面积的比例分摊。

（2）售后公有住房之间共用部位、共用设施设备的维修和更新、改造费用，由相关业主和公有住房售房单位按照所交存住宅专项维修资金的比例分摊。其中，应由业主承担的，再由相关业主按照各自拥有物业建筑面积的比例分摊。

（3）售后公有住房与商品住宅或者非住宅之间共用部位、

共用设施设备的维修和更新、改造费用，先按照建筑面积比例分摊到各相关物业。其中，售后公有住房应分摊的费用，再由相关业主和公有住房售房单位按照所交存住宅专项维修资金的比例分摊。

12. 商品房买卖的基本程序有哪些？

一般来说，商品房的交易过程有以下几个阶段：

（1）了解房源的基本信息，核验房产商的预售资格，即是否有建设用地规划许可证、建设工程规划许可证、建设工程施工许可证、国有土地使用证以及商品房预售许可证。

（2）签订认购协议等预约合同，约定订立正式商品房买卖合同的时间，交付定金或订金。注意定金与订金的区别，防止“定金陷阱”。

（3）签订《商品房买卖合同》或《商品房预售合同》，此时一定要注意房产商是否取得了《商品房预售许可证明》，如果没有取得，那么购房者与之签订的商品房买卖合同无效。

（4）按照法律的规定以及行政法规的规定办理商品房预售合同登记备案手续。

（5）如果购房者需要办理商业性贷款或者公积金贷款，则需要与住房资金管理中心或者房产商指定的银行签订《商品房抵押贷款合同》。

（6）验房、收房，查验房屋“三书一证一表”，即《建设工程质量认定书》《住宅质量保证书》《住宅使用说明书》《房地产开发建设项目竣工综合验收合格证》以及《竣工验收备案表》。注意查看交付的房屋的房屋结构、面积等是否与商品房买卖合同中约定的一致。无异议后，购房者付清房款，房产商交付钥匙。

（7）办理产权过户登记，取得房屋的所有权，并领取房屋所有权证或不动产权证书。

（8）贷款购房者在取得房屋所有权后，持房产证到房地产管理部门办理房屋抵押登记，使房屋的抵押权产生法律上的效力。待贷款还清后，到房地产管理部门注销抵押登记。

13. 商品房买卖合同的法律效力是什么？

《最高人民法院关于审理商品房买卖合同纠纷案件适用法律若干问题的解释》（以下简称《商品房买卖合同司法解释》）第1条规定了商品房买卖合同的含义，即房产商将尚未建成或者已竣工的房屋向社会销售并移转所有权于买受人，买受人支付价款的合同。商品房买卖合同是商品房买卖的凭证，是房产商与购房者之间自由磋商的结果，只要不违反法律的强制性规定，法律就会保护这种自由约定的效力。商品房买卖合同中记载的有关商品房的基本信息以及房地产公司与购房者的权利、义务与纠纷的解决方式是商品房买卖合同的重要内容。凭此合同，购房者可以请求房产商向自己移转房屋的所有权及办理不动产登记，同样，房产商可以向购房者请求支付价款。

若双方违反合同约定致使产生法律纠纷，商品房买卖合同则成为法院裁判的重要依据。因此，购房者在与房产商订立商品房买卖合同时一定要充分协商，清楚、详细地写明双方的权利和义务，特别是商品房的基本情况、价款及支付方式、商品房的交付方式及交房期限、质量标准、违约责任等重要条款，以免日后发生法律纠纷时利益受损。

14. 商品房买卖合同必须采用书面形式吗？

鉴于商品房买卖合同的标的额较大且对于买卖双方比较重要，《城市房地产开发经营管理条例》第 28 条和第 40 条规定，商品房的买卖合同必须以书面形式订立或转让。口头约定的商品房买卖合同是不发生法律效力的。《民法典》第 469 条列举的书面形式包括合同书、信件和数据电文（电报、电传、传真、电子数据交换、电子邮件）。

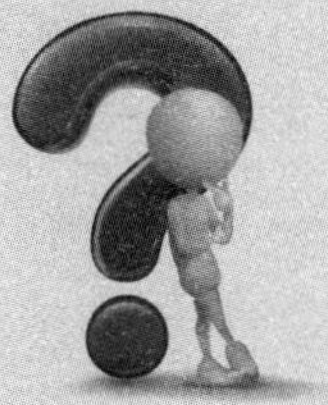

第二章

CHAPTER 2

商品房买卖合同的签订

第一节　商品房的预售

15. 房产商预售商品房需要具备哪些条件？

房产商预售商品房需要具备一定的预售资格和取得一定的预售条件。根据《城市房地产管理法》第45条第1款规定，商品房预售，应当符合下列条件：（1）已交付全部土地使用权出让金，取得土地使用权证书；（2）持有建设工程规划许可证；（3）按提供预售的商品房计算，投入开发建设的资金达到工程建设总投资的百分之二十五以上，并已经确定施工进度和竣工交付日期；（4）向县级以上人民政府房产管理部门办理预售登记，取得商品房预售许可证明。通常我们所说的“五证”包括《国有土地使用证》《建设用地规划许可证》《建设工程规划许可证》《建设工程施工证》及《商品房预售许可证》。

该条第2款还规定了商品房预售人应当按照国家有关规定将预售合同报县级以上人民政府房产管理部门和土地管理部门登记备案。此外，根据该条第3款的规定，商品房预售所得款项，必须用于有关的工程建设。

16. 房产商因未取得预售许可证明致使签订的商品房预售合同无效，购房者该如何维权?

根据《商品房买卖合同司法解释》第 2 条的规定，房产商未取得商品房预售许可证明，与购房者订立的商品房预售合同无效，但是在起诉前房产商取得商品房预售许可证明的除外。此时，如果购房者已经支付了部分或者全部的购房款，可以根据《商品房买卖合同司法解释》第 9 条第 1 项请求房产商返还已付购房款，并请求其承担不超过已付购房款一倍的赔偿责任。《商品房买卖合同司法解释》第 9 条第 1 项规定，出卖人订立商品房买卖合同时，如果故意隐瞒没有取得商品房预售许可证明的事实或者提供虚假商品房预售许可证明，导致合同无效或者被撤销、解除的，买受人可以请求返还已付购房款及利息、赔偿损失，并请求出卖人承担不超过已付购房款一倍的赔偿责任。

因此，房产商在预售商品房时一定要按照法律、行政法规的规定取得相应的预售资质并依法登记备案，以规避具有惩罚性的“双倍赔偿”的法律风险。同时，购房者在与房产商签订商品房预售合同时，也要注意查看房产商相应的预售资质，减少不必要的法律纠纷。

17. 商品房预售网签的意义及注意事项有哪些？

房地产领域中的网签指的是房产商与购房者在签订商品房买卖合同之后，交易双方在商品房所在地的房地产管理部门进行备案，并将交易信息公布在网上。网签的目的在于使房地产的交易更加透明化，防止房产商出现“一房多卖”的情况。应当注意的是，网签和商品房预售登记备案有着本质上的区别，预售登记备案是《城市房地产管理法》中规定的商品房预售人必须履行的义务，是政府相关部门就商品房预售规定的一种行政管理手段，而网签只是房地产管理部门为规范房地产企业销售房屋的一种网络化管理方式，二者虽然都在防止房产商“一房多卖”的行为上有一定的管理效果，但是网签并不具有预售登记备案的法律效力。

网签合同时，需要注意以下事项：（1）房产商的“五证”要齐全。特别要注意房产商的预售资质，即房产商是否取得商品房预售许可证，这影响到购房者与房产商签订的商品房预售合同的效力。根据《商品房买卖合同司法解释》第2条规定，房产商在未取得商品房预售许可证明的情况下与购房者订立的商品房预售合同无效，但在起诉前取得商品房预售许可证的除外。（2）网签时要注意参照使用房地产管理部门提供的标准的房屋买卖合同样本。（3）就建筑面积的确定及差异的处理、交房日期及方式、违约责任等重要条款，双方要积极地沟通和协商。

18. 商品房预售登记备案具有何种性质与法律效力？

根据《城市房地产管理法》第45条第2款规定，所谓的商品房预售登记备案指的是商品房预售人应当按照国家有关规定将预售合同报县级以上人民政府房产管理部门和土地管理部门登记备案。商品房预售登记备案是就商品房预售规定的一种行政管理手段。根据《商品房买卖合同司法解释》第6条的规定，除非当事人约定以办理登记备案手续为商品房预售合同的生效要件，否则办理商品房预售登记备案与否并不影响商品房买卖合同的效力。当然，也不能仅凭商品房预售登记备案主张自己对该商品房的所有权。因为根据我国《民法典》第214条的规定，不动产物权的设立、变更、转让和消灭，依照法律规定应当登记的，自记载于不动产登记簿时发生效力。

房屋预售登记备案作为一种行政管理手段，除了在行政管理上存在便利之外，对于预购人在主张权利方面也有一定的有利影响。例如，合同登记备案后，房产商有一房重复预售的行为时，预购人能够相对容易地证明后购房人在主观上存在过错。

在一定情况下，甚至能够用来证明后购房人与出卖人存在欺诈行为，从而主张房产商与后购房人之间订立的商品房买卖合同无效，保护自己的合法权益。

19. 商品房预售登记备案与房屋预告登记有什么区别？

商品房预售登记备案不同于《民法典》物权编中的不动产预告登记。预告登记是一项配合物权变动的辅助性制度，目的在于保全以房屋等不动产所有权转让以及其他变动为内容的债权性请求权。

根据《民法典》第221条规定，所谓的预告登记指的是，当事人签订买卖房屋或者其他不动产物权的协议，为保障将来实现物权，按照约定可以向登记机构申请预告登记。预告登记后，未经预告登记的权利人同意，处分该不动产的，不发生物权效力。由此可见，对不动产进行预告登记之后，请求对方转移不动产的债权具有了准物权的对抗效力。如房产商将经过预告登记的房屋另售予第三人，在没有预告登记人同意的情况下，该第三人不能依登记现实地获得该房屋的所有权。而预售登记备案只能表明买受人正在为最终取得物权做准备，该登记备案行为并不具有物权性质，仅是一种行政管理行为。如果房产商对同一房屋进行重复预售，购房者仅以先行进行了预售登记备案为由主张有优先获得商品房的权利，或者主张后购房者与房产商订立的商品房买卖合同无效，法院一般不予支持。

第二节 商品房预约合同的订立

20. 认购书、意向书可以认定为商品房买卖合同吗?

在商品房买卖中，买卖双方在签订商品房预售合同或现房买卖合同之前，有时会签订认购书、意向书等，就房屋的基本情况、价款计算、认购时间及签署商品房买卖合同的时限等内容初步达成协议。此类认购书、意向书等在法律上一般被认为具有预约合同的性质，不能直接作为商品房买卖合同。

在现实生活中，预约合同往往被冠以各种不同的形式和名称，除了常见的认购书、意向书、购房协议，还有置业预算表、置业计划书、缔约确认单等。签订认购书等预约合同的原因在于房产商有事实或法律上的障碍，暂时无法与购房者订立正式的商品房买卖合同。例如，在签订认购书时，房产商虽然已经对开发项目立项并办妥规划审批手续，所售房屋的面积、户型、容积率、建筑密度及绿化率等建筑指标均已确定，但因未缴清土地出让金而未取得商品房预售许可证明，因此不具备与购房者签订商品房预售合同的条件（根据《商品房买卖合同司法解释》第2条的规定，房产商在未取得商品房预售许可证明的条件下，与购房者签订的商品房预售合同无效），只能与购房者签订认购书等预约合同。签订预约合同的目的在于保证将来双方依约订立买卖特定房屋的正式合同，即订立本约。通常情况下，房产商及购房者会在认购书等预约合同中约定签订正式商品房买卖合同（本约）的时间及条件。有订立本约的合意是预约合同的核心要件，也是预约合同的标志性特征。预约合同的法律效力在预约合同成立后产生，双方应遵循预约合同所确定的内容，诚实履行订立正式商品房买卖合同的义务。

但是，根据《商品房买卖合同司法解释》第5条的规定，如果商品房的认购、订购、预订等协议具备《商品房销售管理办法》第16条规定的商品房买卖合同的主要内容，并且房产商已经按照约定收受购房款的，该协议应当认定为商品房买卖合同。换言之，在不存在事实或法律上的障碍的前提下，如果认购书、意向书等具备《商品房销售管理办法》第16条规定的内容，该协议在性质上就可以被认定为本约，而非预约合同，可谓“名为预约、实为本约”。

具体来说，此类协议需要具备两个要件：（1）具备《商品房销售管理办法》第16条规定的商品房买卖合同应当明确的主要内容。主要包括当事人名称或姓名和住所；商品房基本状况；商品房的销售方式；商品房价款的确定方式及总价款、付款方式、付款时间；交付使用条件及日期；装饰、设备标准承诺；供水、供电、供热、燃气、通信、道路、绿化等配套基础设施和公共设施的交付承诺和有关权益、责任；公共配套建筑的产权归属；面积差异的处理方式；办理产权登记的有关事宜；解决争议的方法；违约责任；双方约定的其他事项。按照实务界的主流观点，其中前5项是商品房买卖合同不可或缺的重要条款，是认定合同成立的基础，其他条款属于相对重要的条款。（2）房产商已经按照约定收取了购房款。按约定收取了购房款意味着购房者已经实际履行了认购书的内容，补救了形式要件的欠缺。需要注意的是，这里所谓的“收受购房款”并非必须为全部的房款，收受部分购房款也应包括其中，如已经收取了购房者支付的首付款。

21. 房产商承诺为学区房但迟迟未兑现，购房者该如何维权？

学区房指的是具有稀缺性学校区域的房产。在审判实践中，购房者遇到房产商承诺“所购商品房为学区房，购房后有资格入读某区域内的学校”但迟迟未兑现的情况时，法院一般会先判断房产商关于商品房为学区房的承诺是否为要约，即是否为合同内容的一部分。

（1）如果房产商的承诺为合同的一部分，双方明确在合同中约定购房者所购商品房为学区房，则当此承诺无法兑现时，购房者可以依合同的约定请求房产商承担违约金等损害赔偿责任。

（2）如果房产商在签订合同的时候没有将有关“学区房”的条款载入合同中，仅是房产商或售楼人员的口头承诺时，一般被认为是宣传广告或宣传资料，购房者不能据此请求房产商兑现学区房的承诺。

但是，根据《商品房买卖合同司法解释》第3条规定，如果房产商或售楼人员就商品房开发规划范围内的房屋及相关设施所作的说明和允诺具体确定，并对商品房买卖合同的订立以及房屋价格的确定有重大影响的，应当视为要约。该说明和允诺即使未载入商品房买卖合同，亦应当视为合同内容，当事人违反的，应当承担违约责任。例如，在“张某某与沈阳幸福基业房地产开发有限公司商品房销售合同纠纷上诉案”中，法院认为，房产商宣传提及的学校，并非其开发规划范围内的房屋及相关设施，不能根据《商品房买卖合同司法解释》第3条的规定将其视为要约和合同内容。此外，双方在签订商品房买卖合同补充协议中明确约定，出卖人为项目或该商品房制作的任何广告宣传品，包括但不限于周边环境介绍、各种媒体广告，仅作为辅助示意用途供买受人参考，不构成合同的组成部分。因此，法院没有支持购房者要求房产商承担因无法兑现“学区房”的违约责任的主张。

22. 什么是“定金罚则”？

根据《民法典》规定，定金是指为了担保债权的实现，双方当事人约定一方向对方支付一定数额的金钱。所谓的“定金罚则”，即给付定金的一方不履行约定的债务的，无权要求返还定金；收受定金的一方不履行债务的，应当双倍返还定金。如果债务人按照诚实信用的原则履行了自己的债务，定金则被抵作价款或者收回。一般来说，在商品房交易过程中，为了确保商品房买卖合同（本约）的订立，双方当事人在签订商品房买卖合同之前可能会专门订立一个定金合同，或者通过认购、订购、预订等方式向买受人收受定金，作为订立商品房买卖合同的担保。根据《商品房买卖合同司法解释》第4条的规定，此时定金的性质为立约定金，如果因当事人一方原因未能订立商品房买卖合同，应当按照法律关于定金的规定处理。定金之所以具有债权的担保功能，原因在于“定金罚则”的惩罚性，双倍罚则是判定是否具有定金性质的重要标准。

需要注意的是，因不可归责于当事人双方的事由，导致商品房买卖合同未能订立的，如基于政府政策的变化房产商未取得房屋预售许可，或者建造完成的商品房因自然灾害而灭失等，出卖人将定金返还购房者即可，这时不适用于双倍罚则的规定。

23. 定金与订金在法律上的意义是相同的吗?

在商品房买卖的过程中，房产商为了促进与购房者尽快达成购房合意，快速有效地订立商品房买卖合同，在与购房者订立认购协议等预约合同时，大多会要求购房者交付一定数额的定金或订金。定金与订金虽然只有一字之差，但在法律上的意义却截然不同。定金是一个法律术语，是债的担保方式的一种。定金的债权担保功能主要依靠“定金罚则”来体现，即给付定金的一方不履行约定的债务的，无权要求返还定金；收受定金的一方不履行债务的，应当双倍返还定金。

订金区别于定金，订金并非一个法律概念，不具有担保债权实现的功能。根据《最高人民法院关于适用〈中华人民共和国担保法〉若干问题的解释》(以下简称《担保法司法解释》)第118条规定，当事人交付的留置金、担保金、保证金、订约金、押金或者订金等，如果没有约定定金的性质的，不能主张定金权利。在审判实践中，一般将不具有定金性质的订金等视为预付款。但是，如果双方当事人约定了订金条款，具备了“违约时给付订金一方无权要求返还、收受订金一方双倍赔偿”的定金行为的外观与性质，即所谓的“名为订金，实为定金”，则不受限于文字表述，适用法律关于定金行为的规定。反之，如果“名为定金，实为预付款”，不具备定金的性质，则不能适用定金罚则的规定。

24. 订购协议中的“到期不签约，则定金不退还”条款有法律效力吗？

在商品房买卖过程中，购房者与房产商之间签订的不论是认购协议等预约合同，还是商品房买卖合同，几乎都是由房产商提供的。这些合同大多是房产商为了重复使用而预先拟定的格式合同，其中的大部分条款也是未与购房者充分协商且没有协商余地的格式条款。房产商在订购协议中规定的“到期不签约，则定金不退还”的规定就是典型的格式条款。

在审判实践中，“到期不签约，则定金不退还”有两种理解方式，一种理解方式是，只要在预约合同规定的时间范围内未与房产商签订正式的商品房预售合同，则不退还购房者定金。另一种理解方式是，由于不可归责于双方的原因而到期不签约的情形不属于“到期不签约”，在此情形下，应退还购房者定金。不同的理解方式带来的法律后果也有着天壤之别。根据《民法典》第 498 条的规定，对格式条款发生争议时，应当按照通常理解予以理解，对格式条款有两种以上解释的，应当作出不利于提供格式条款一方的解释。格式条款和非格式条款不一致的，应当采用非格式条款。因此，在商品房买卖的过程中，对此格式条款有两种以上解释时，应当作出不利于提供格式条款的一方（房产商）的解释。预约合同的作用在于公平、诚信地为订立本约创造条件。从这一认识出发来理解订购协议中的“到期不签约”一语，显然不包括由于不可归责于双方的原因而到期不签约的情形，否则便剥夺了购房者与房产商平等协商商品房预售合同条款的权利。这样的话，势必将购房者置于要么损失定金，要么被迫无条件全部接受房产商提供的商品房预售格式合同的不利境地，房产商则可以借此获利，显然违背了公平、诚信原则。因此，房产商不能以“到期不签约，则定金不退还”这一格式条款为由拒绝退还定金。

25. 购房者签订订购协议后反悔，能否拒绝签订商品房预售合同？

如果购房者与房产商订立订购协议是双方真实的意思表示，且不违反法律的强制性规定，则订购协议在双方之间产生拘束力，购房者应按照订购协议约定的时间与房产商协商签订商品房预售合同。此后购房者因为自己的原因拒绝与房产商协商订立商品房预售合同，购房者则应按照订购协议的约定承担相应的违约责任。通常情况下，房产商与购房者在订立订购协议时，通常会向购房者收受一定数额的金钱当作定金，以此作为双方依约签订商品房预售合同的担保。根据《商品房买卖合同司法解释》第4条的规定，如果因当事人一方原因未能订立商品房买卖合同，应当按照法律关于定金的规定处理，即给付定金的一方不履行约定的债务的，无权要求返还定金。因此，购房者签订订购协议后反悔，而拒绝签订商品房预售合同时，无权要求房产商返还定金。

26. 房产商违反订购协议拒不签订商品房预售合同，该如何承担违约责任？

房产商违反订购协议，与购房者在约定的期间内拒不签订商品房预售合同的，房产商是否承担违约责任应区分如下两种情况：（1）如果是因为房产商自身的原因，如将房屋出卖于他人，房产商则须依订购协议的约定向购房者承担违约责任。此时，房产商在签订认购协议时，向购房者收受了定金作为订立商品房买卖合同担保的，根据《商品房买卖合同司法解释》第4条的规定，应当向购房者返还双倍定金。（2）如果房产商拒绝与购房者签订商品房预售合同不可归责于当事人双方事由，则房产商将定金返还购房者即可，不必承担双倍返还义务。例如，房产商因商品房预售合同中的某些条款与购房者有较大的分歧，双方无法协商一致的，或因政府的行政规划等原因致使无法按期与购房者签订商品房预售合同的，均属于不可归责于当事人双方的事由。

第三节 商品房预售合同的订立

27. 商品房预售合同是预约合同还是商品房买卖合同？

根据《城市商品房预售管理办法》第2条规定，商品房预售是指房产商将正在建设中的房屋预先出售给承购人，由承购人支付定金或房价款的行为。因此，房产商与商品房承购人就上述行为所订立的合同就是商品房预售合同。从上述规定可以看出，商品房预售合同属于买卖合同的一种，但与一般买卖合同不同的是，其标的物是正在建设且尚未建成的房屋。如果是已经建成的现房，关于现房的买卖合同一般称为商品房买卖合同。

商品房预售合同虽然有“预售”二字，但与预约合同有着本质上的区别。认购书等预约合同的规定通常较为简单，不能够作为请求对方履行合同内容的法律依据。预约合同双方当事人的义务是在不存在法律或事实障碍的条件下积极磋商订立本约即商品房买卖合同。而在商品房预售合同中，双方当事人就正在建设中的房屋的基本情况、支付价款的方式及期限、房屋交付使用的方式及条件、违约责任等都有明确的规定，无须另行订立一个商品房买卖合同作为其本约，其本身就能够作为请求转移房屋所有权或支付价款的法律依据。因此，在此层面上，商品房预售合同与商品房买卖合同仅是被冠以不同的称谓而已，本质上并无区别。

28. 因对商品房预售合同中的某些条款有异议导致合同无法签订，购房者能否解除订购协议且要求返还定金？

情景再现

戴某因满意房产商H公司提供的样板房，遂与H公司签订了订购协议，并向其支付了5万元定金，约定双方于某日签订商品房预售合同。后戴某发现H公司提供的商品房买卖合同中有“样板房仅供参考，H公司保留最终解释权”的格式条款，遂要求删除这一对自己不利的条款，致使双方协商未果，也未在订购协议约定的日期签订商品房预售合同。在此情况下，戴某能够要求H公司解除订购协议并且返还5万元定金吗？

法律分析

在商品房买卖过程中，通常存在订立订购协议等预约合同的情形，其目的在于保证双方在公平、诚信的原则下进行磋商，为商品房预售合同的订立创造条件。根据《商品房买卖合同司法解释》第 4 条的规定，出卖人通过认购、订购、预订等方式向买受人收受定金作为订立商品房买卖合同担保的，如果因当事人一方原因，未能订立商品房买卖合同，构成对预约合同的违约，应当按照法律关于定金的规定处理。在审判实践中，此处的“当事人一方的原因”一般被认为包括否认预约合同中的已决条款、提出不合理条件及拒绝继续磋商等情形。此外，双方虽然在公平、诚信原则下进行了磋商，但出于各自利益考虑，无法就其他条款达成合意最终致使正式合同不能订立的，属于不可归责于双方的原因，不构成预约合同所指的违约情形。在此情形下，双方当事人有权解除预约合同，也不适用定金罚则。在本案中，双方就 H 公司提供的格式条款未达成合意，属于因不可归责于双方当事人的原因导致商品房预售合同未能订立的情形，戴某有权解除订购协议，并且有权请求 H 公司返还 5 万元定金。

29. 售楼广告上的内容或样板房能作为商品房买卖合同的内容吗?

商品房新建房买卖可分为商品房预售和现楼买卖。在商品房预售的情况下，因楼房尚未建成，购房者不能实地考察并详细了解所购房屋的情况，只能通过房地产开发企业的售楼广告、售楼书、户型销售资料、样板房及沙盘等宣传资料来了解。商品房的销售广告和宣传资料原则上为要约邀请，不具有法律上的拘束力，不能作为合同内容。但是，根据《商品房买卖合同司法解释》第3条的规定，如果出卖人（房地产开发企业）就商品房开发规划范围内的房屋及相关设施所作的说明和允诺具体确定，并对商品房买卖合同的订立以及房屋价格的确定有重大影响的，应该视为要约。该说明和允诺即使未载入商品房买卖合同，也应当视为合同内容，当事人违反的，应该承担违约责任。因此，购房者在签订商品房买卖协议时不要盲目相信售楼广告宣传，如果有现房，以实地考察为宜，调查核实后再决定是否预购，现房与商品房买卖合同上的房屋基本情况不一致时，应以合同中记载的房屋基本情况为准。这就提醒购房者要仔细审查合同中所记载的房屋的基本情况是否与协商的一致，谨慎签订商品房买卖合同，以免日后引起法律纠纷。

30. 售楼人员的口头承诺是否具有法律效力？

在咨询、购买商品房的过程中，很多购房者都会听到售楼人员或者置业顾问作出的各种承诺，如买房送面积、小区车位充足，甚至有的售楼人员还口头承诺可以自行改变阳台结构等，但这些内容通常不会写入认购协议书或者正式的商品房预约合同中，有的房产商在与购房者订立商品房预约合同的同时，在其提供的《签约须知》中载明“本公司工作人员个人的任何口头承诺均为无效”，以免除房产公司自身的责任。在审判实践中，法院在没有证据证明的情况下，一般认为房地产公司的口头承诺无效，商品房的销售广告和宣传资料也不能视为商品房买卖合同中的内容，除非符合《商品房买卖合同司法解释》第3条规定的“出卖人就商品房开发规划范围内的房屋及相关设施所作的说明和允诺具体确定，并对商品房买卖合同的订立以及房屋价格的确定有重大影响的，应当视为要约”，否则购房者不能仅依房产商工作人员的口头承诺请求房产商承担违约责任。

需要注意的是，如果购房者有证据证明因为售楼人员的口头承诺致使购房者产生错误认识或者故意误导、欺骗购房者，致使购房者与之订立了认购协议或商品房买卖合同的，购房者可以根据《民法典》第147条、第148条的规定，请求法院撤销认购协议或者商品房买卖合同。

31. 与房产公司的司机订立的商品房预售合同是否有效?

情景再现

高某是K房地产公司某一分公司的司机，与皮某签订了一份关于K公司开发的商铺的《商铺买卖协议》，并加盖了K公司的公章。在此之后，K公司主张高某无权与他人签订本公司的商品房预售合同为由，请求法院判定高某与皮某签订的“商铺买卖协议”无效，K公司没有交房的义务。

法律分析

判断高某与皮某订立的商铺买卖协议是否有效的关键在于双方的意思表示是否真实、是否存在违反法律的强制性规定的行为。本案中，高某与皮某关于买卖商铺的意思表示真实，也不存在《民法典》规定的合同无效的情形，故高某与皮某之间订立的《商铺买卖协议》合法有效。虽然协议中商铺的所有权人是K公司，但是这并不影响协议本身的效力，仅仅涉及协议履行的问题。如果高某在此之后无法按协议的约定交付商铺并转移商铺的所有权，届时皮某可请求高某承担违约责任。

关于K公司是否有交房的义务的关键在于高某的行为是否是表见代理行为。表见代理行为指的是虽然行为人事实上无代理权，但相对人有理由认为行为人有代理权而与其进行法律行为，其法律行为的后果由被代理人承担的代理行为。根据《民法典》第172条的规定，行为人没有代理权、超越代理权或者代理权终止后，仍然实施代理行为，相对人有理由相信行为人有代理权的，代理行为有效。本案中高某作为K公司某一分公司的司机，属于K公司的工作人员，虽然通常认为司机并无代理订立商品房买卖契约的权限，但高某作为K公司的工作人员与皮某签订的《商铺买卖协议》，以及收取皮某交纳的购房款项的收据上均加盖K公司的公章，皮某有理由相信高某的行为是代表K公司的行为。高某以K公司的名义与皮某签订的买卖K公司商品房的行为属于表见代理行为，按照《民法典》第172条的规定，该代理行为有效，K公司应该依商铺买卖协议的规定向皮某承担交付商铺并转移所有权的义务。

32. 房产商借他人之名与自身订立的商品房买卖合同有法律效力吗?

情景再现

D房地产公司与其员工王某签订商品房买卖合同，约定房款支付方式为按揭贷款。王某作为借款人、D公司作为保证人与某商业银行签订了《房地产抵押合同》，约定将该商品房作为抵押向银行贷款74.2万元，享受利率8.5折优惠。抵押贷款到账后，D公司每月按约定的还款数额向户名为王某的账号偿还银行贷款。4年后，D公司请求确定双方订立的商品房买卖合同无效，并将诉争房屋产权户名恢复至D公司名下。

法律分析

在本案中，一方面，合同签订后，合同约定的购房首付款由D公司支付，之后，D公司亦以王某名义缴纳了契税、物业维修基金以及所有权登记费，故应认定王某签订合同时明知自己不需要履行合同且也不准备实际履行合同。另一方面，双方分别以保证人和借款人的名义与银行签订了以诉争房屋作为抵押的《房地产抵押合同》，王某也未按约归还贷款，而是D公司以王某的名义偿还，故法院认为王某对D公司借其名义签订商品房买卖合同进行所有权转移并非其真实目的是明知的。此外，D公司以规避国家对房地产行业调控为目的，借他人名义与自身签订虚假商品房买卖合同，抵押套取银行信贷资金，根据《合同法》规定，应为无效，双方因该合同所取得的财产，应当予以返还。①

33. 签订商品房买卖合同时，常见的不公平条款有哪些?

商品房买卖合同是确定房产商与购房者权利和义务的重要

① 参见“徐州大舜房地产开发有限公司诉王志强商品房预售合同纠纷案”，载《最高人民法院公报》2013年第12期（总第206期）。

法律依据，双方一定要在平等协商的基础上，谨慎地订立合同。商品房买卖合同大多由房产商提供，其中可能会隐藏一些对房产商一方有利的不公平条款。在商品房交易实践中，常见的不公平条款主要有以下几种：

（1）“未按期签订商品房预售合同，概不退还定金。”此类条款通常出现在订购协议中，不公平之处在于可能剥夺了购房者与房产商平等协商商品房预售合同条款的机会。如果未按期签订商品房预售合同是不可归责于购房者的原因造成的，按照法律规定，房产商应该退还定金。

（2）“样板房仅供参考。”购房者在没有现房，仅在满意样板房的前提下与房产商订立商品房预售合同，此类格式条款使购房者对自己购买的房屋无法产生合理的预期，对于购房者来说显失公平。

（3）“合同一旦签字生效，买方无权对合同内容进行调整和修改。”此类条款属于排除购房者主要权利的格式条款，根据《民法典》第 497 条的规定，此类格式条款无效。

（4）“非因卖方原因延期交房的，卖方不承担任何责任。”房产商在非因己方原因造成逾期交房时，应及时向购房者说明逾期交房的原因，因未及时说明扩大购房者的损失的，也应当依法承担相应的责任。因此，此种条款属于免除房产商责任的格式条款，根据《民法典》第 497 条的规定，属于无效的格式条款。

（5）“无权更换本公司已选定的物业公司。”此类条款同样侵害了购房者的选择权，也属于无效的格式条款。

34.“以房抵债”的商品房买卖合同有效吗？

“以房抵债”实质上是债务人就其到期债务采取代物清偿的形式向债权人履行还款义务，简言之，就是用房屋抵销债务。这在经济生活中也十分常见，如房产商未按约定支付建设工程价款、因融资向他人借贷而到期无法偿还等。通常情况下，债务人采取与债权人订立《商品房买卖合同》的形式，代替债务人应当履行给付金钱债务的义务，以达到冲抵到期债务的目的。在审判实践中，只要双方有“以房款冲抵到期债务”的真实意思表示，且不违反法律禁止性规定，则《商品房买卖合同》合法有效，债权人作为《商品房买卖合同》中的购房者，可以请求债务人依约定交付房屋并办理房屋不动产权证书。

需要注意的是，这区别于当事人以签订房屋买卖合同作为民间借贷合同的担保的情形，后者被认为是“名为买卖，实为借贷”。根据《最高人民法院关于审理民间借贷案件适用法律若干问题的规定》（以下简称《民间借贷司法解释》）第24条第1款的规定，当事人以签订买卖合同作为民间借贷合同的担保，借款到期后借款人不能还款，出借人请求履行买卖合同的，人民法院应当按照民间借贷法律关系审理。

第三章

CHAPTER 3

商品房买卖合同的履行

第一节　交房条件

35. 房产商应具备哪些条件才能交房?

根据《城市房地产管理法》第 27 条规定，房地产开发项目竣工，经验收合格后，方可交付使用；未经验收或者验收不合格的，不得交付使用。《建设工程质量管理条例》第 16 条规定了建设工程竣工验收的具体条件，即：（1）完成建设工程设计和合同约定的各项内容；（2）有完整的技术档案和施工管理资料；（3）有工程使用的主要建筑材料、建筑构配件和设备的进场试验报告；（4）有勘察、设计、施工、工程监理等单位分别签署的质量合格文件；（5）有施工单位签署的工程保修书。

根据上述法律、行政条例的规定，结合各地实际情况，一般房产商在交房时应向购房者提供房屋的“三书一证一表”，即《建设工程质量认定书》《住宅质量保证书》《住宅使用说明书》《房地产开发建设项目竣工综合验收合格证》以及《竣工验收备案表》，具备这些文件才可以证明房产商具备了交房条件。因此，购房者在验收房屋时一定要注意查验这些具有法律效力的文件。

36. 如何判断房产商是否完成了交房义务？

根据《商品房买卖合同司法解释》第11条第1款的规定，对房屋的转移占有，视为房屋的交付使用，但当事人另有约定的除外。通常情况下，双方依所签订的商品房买卖合同中的规定，房产商将符合交房条件的商品房交付购房者使用。商品房达到交付使用条件后，房产商应当书面通知购房者办理交付手续，双方进行验收交接时，房产商应当出示规定的证明文件，并签署房屋交接单。在签署房屋交接单前，购房者有权验房，即查验房屋的结构、面积、质量、水电管道等是否符合约定并达到交付使用的条件。如果购房者购买的房屋是用作住宅而非商业用途的，房产商还需提供《住宅质量保证书》和《住宅使用说明书》，如果不出示这些证明文件或出示的证明文件不齐全的，购房者可以拒绝交接，由此而造成的延期交房的责任由房产商承担。简言之，房产商的交付义务不仅仅局限于交钥匙，还需出示相应的证明文件，并签署房屋交接单等。只有在将具备交付条件的房屋交付给购房者，使购房者能够实际占有并使用的情况下，才能视为房产商完成了交付义务。需注意的是，完成房屋的交付使用并不意味着购房者已经取得了房屋的所有权。根据我国相关法律的规定，到房地产管理部门办理产权登记后，才能取得房屋的所有权。

第二节 质量问题

37. 房屋因质量问题不能交付使用，购房者该如何维权？

（1）请求房产商承担修复责任，直至符合交房验收条件。房产商交房时应向购房者提供房屋的《建设工程质量认定书》与《住宅质量保证书》，购房者应该查验房屋的结构与质量是否与合同约定相符合。如果发现房屋有质量问题，可以向房产商提出维修要求，房产商根据购房者提出的维修要求承担修复责任。

（2）请求房产商承担逾期交房的违约责任。房产商因为房屋有质量问题逾期交付的，购房者可以按合同约定的计算方式请求房产商支付违约金。如果逾期交房的违约行为达到法律规定的解除合同的条件时，购房者有权解除合同并请求其赔偿损失。

（3）请求解除合同并赔偿损失。因房屋主体结构质量不合格不能交付使用的，根据《商品房买卖合同司法解释》第12条的规定，购房者可以请求解除与房产商订立的商品房买卖合同，并请求对自己因此造成的相应的损失赔偿。通常情况下，房屋主体结构的质量不合格时，属于房产商根本违约行为，房产商很难通过修复行为改变房屋的主体结构，在此情形下，购房者可以解除合同。

38. 房屋交付使用后，发现有质量问题，购房者该如何处理？

有些房屋可能存在隐蔽的瑕疵，在房屋的交付验收过程中很难被发现。在房屋交付使用后，如发现房屋有质量问题的，根据相关法律的规定，购房者可以请求房产商承担修复责任，甚至可以解除商品房买卖合同。

（1）可以请求房产商承担修复责任。根据《商品房买卖合同司法解释》第13条第2款的规定，交付使用的房屋存在质量问题，在保修期内，房产商应当承担修复责任；房产商拒绝修复或者在合理期限内拖延修复的，购房者可以自行或者委托他人修复。修复费用及修复期间造成的其他损失由房产商承担。在审判实践中，房产商通常根据维修单确定维修义务，维修结果应与商品房买卖合同中约定的房屋结构等相关图纸相符，并达到国家标准，才能被视为房产商承担了修复责任。

（2）解除合同并赔偿损失。如果房屋存在严重的质量问题导致商品房买卖合同的目的无法实现时，购房者可以解除合同，并请求房产商承担由此造成的损失。法律上具体规定了两种情形。第一种是房屋主体结构质量经核验确属不合格的，根据《商品房买卖合同司法解释》第12条的规定，购房者可以请求解除合同和赔偿损失。第二种是因房屋质量问题严重影响正常居住使用，即使通过修复措施也无法解决房屋质量问题的，根据《商品房买卖合同司法解释》第 13 条第 1 款的规定，购房者可以请求解除合同和赔偿损失。例如，交付的房屋不符合消防安全的规定被查封、责令整改，虽然影响正常的居住使用，但是如果购房者不能证明该房屋不能通过其他的修复措施解决消费安全问题的话，购房者不能请求解除合同，只能请求房产商承担修复责任。

39. 因房屋质量问题导致购房者无法正常使用，购房者能请求房产商承担租金损失吗？

房产商交付的房屋有质量问题的，根据《民法典》第 577 条的规定，房产商应当按照合同约定以及国家规定的质量标准进行修复以达到可以安全使用的合格标准，并赔偿购房者因此遭受的损失。如果双方未在商品房买卖合同中约定损失的具体计算方法，购房者可否主张在此期间所造成的实际损失依租金损失计算？在“李某某诉南京某置业发展有限公司商品房预售合同纠纷案”[①]中，法院认为因房产商所售房屋存在质量问题，

① 参见“李明柏与南京金陵置业发展有限公司商品房预售合同纠纷案民事判决书”，案号：(2015) 宁民再终字第 28 号，载裁判文书网，http://wenshu.court.gov.cn/website/wenshu/181107ANFZ0BXSK4/index.html?docId=7e4b46318cb644a29ca6a7da00c5a1b7。

致购房者无法对房屋正常使用、收益，双方当事人对由此造成的实际损失如何计算未作明确约定的，人民法院可以房屋同期租金作为标准计算购房人的实际损失。

40. 房产商赠送的装修、家电等有质量问题，购房者该如何维权？

房产商为了促进商品房的销售数量，可能会采取“买房送装修”“免费升级精装房”或抽奖送装修、家电等营销手段。房产商赠送的装修或家电有质量瑕疵时，是否应承担瑕疵担保责任应区分以下几种情况：

（1）在购房者与房产商签订的商品房买卖合同中有关于所赠送的装修、家电的质量问题的约定，或者房产商在赠送时有保修承诺的，则房产商依约定承担维修、更换或损害赔偿的责任。例如，双方在合同中已经写明“所赠送的装修、家电在保修期内有质量问题的，房产商应承担维修责任或赔偿损失”。

（2）商品房买卖合同中并未约定所赠装修、家电质量有瑕疵时的责任承担问题时，需要判断房产商赠送装修、家电的行为在法律上属于赠与还是附义务的赠与。根据《民法典》第662条的规定，赠与的财产有瑕疵的，赠与人不承担责任。附义务的赠与，赠与的财产有瑕疵的，赠与人在附义务的限度内承担与出卖人相同的责任。因此，如果房产商赠送之物并不以购买本公司开发的商品房为前提，则赠与的家电有质量瑕疵不能使用的，房产商不承担维修等瑕疵担保责任。例如，通过抽奖活动赠送家电等产品。如果房产商的赠送是以购房为前提的，此属于附义务的赠与，装修有质量瑕疵的，房产商仍然要承担维修等瑕疵担保责任。常见的买房送装修就属于这类附义务的赠与。

41. 房屋的质量保修期是多久？

根据《商品房销售管理办法》第 33 条规定，房地产开发企业对所销售的商品房向购房者承担保修责任。当事人应当在合同中就保修范围、保修期限、保修责任等内容作出约定。双方约定的保修期不得低于建设工程承包单位向建设单位出具的质量保修书约定保修期的存续期；存续期少于《商品住宅实行住宅质量保证书和住宅使用说明书制度的规定》（以下简称《规定》）的，保修期不得低于《规定》中确定的低保修期限。《规定》第 6 条规定，国家对住宅工程质量保修期另有规定的，保修期限按照国家规定执行。

国务院制定的《建筑工程质量管理条例》中第 40 条规定了在正常使用条件下，建设工程的低保修期限，即：（1）基础设施工程、房屋建筑的地基基础工程和主体结构工程，为设计文件规定的该工程的合理使用年限；（2）屋面防水工程、有防水要求的卫生间、房间和外墙面的防渗漏，为5年；（3）供热与供冷系统，为2个采暖期、供冷期；（4）电气管线、给排水管道、设备安装和装修工程，为2年。其他项目的保修期限由发包方与承包方约定。

此外，根据《建筑工程质量管理条例》及《商品房销售管理办法》的规定，建设工程的保修期与房屋的质量保修期的计算时间点并不相同。建设工程的保修期自竣工验收合格之日起计算，房屋的质量保修期从交付之日起计算。

第三节　设计与合同不符

42. 房产商擅自增加或减少楼层数，会面临哪些法律风险？

房产商擅自增加或减少楼层数，可能会面临以下法律风险：

（1）行政处罚。商品房的楼层数涉及建设用地的容积率管理问题。根据《建设用地容积率管理办法》（以下简称《办法》）第3条规定，容积率是指一定地块内，总建筑面积与建筑用地面积的比值。也就是说，楼层数越高，总建筑面积越大，容积率越高，也就意味着居住的人口密度越大，相对来说，安全隐患越大、居住舒适度越低。容积率由城市、县人民政府城乡规划主管部门依据控制性详细规划规定，房产商在预售商品房前需要向政府规划部门提供施工规划设计方案，且应当按照批准的规划设计图进行施工，不能随意更改或调整。按照《办法》第14条规定，房产商如果违反规定，擅自调整容积率进行建设的，将面临县级以上地方人民政府城乡规划主管部门按照《城乡规划法》第64条的规定的处罚。《城乡规划法》第64条规定，未取得建设工程规划许可证或者未按照建设工程规划许可证的规定进行建设的，由县级以上地方人民政府城乡规划主管部门责令停止建设；尚可采取改正措施消除对规划实施的影响的，限期改正，处建设工程造价百分之五以上，百分之十以下的罚款；无法采取改正措施消除影响的，限期拆除，不能拆除的，没收实物或者违法收入，可以并处建设工程造价百分之十以下的罚款。

（2）违约责任。购房者在购买商品房时，楼层数也是考虑的重要因素之一。如果楼层数载入商品房买卖合同中，则房产商擅自增加或减少楼层数的行为就是违反合同约定的行为，房产商须依照合同约定承担赔偿违约金等违约责任。另外，购房者如果购买了房产商擅自减少楼层中的商品房，将会面临商品房无法交付、合同目的无法实现的情形。此时购房者可以解除合同，并且要求房产商承担损害赔偿责任。

43. 房产商擅自增加楼层，加高的楼层能否办理房屋权属证书？

房产商必须按照经过政府规划部门审批的规划进行商品房建设，增加或者减少楼层前必须向政府规划部门提出申请，得到批准后才能变更规划设计。否则，根据《办法》第12条的规定，该建筑工程不能通过竣工验收。此外，根据《房屋登记办法》第22条第1项的规定，未依法取得规划许可、施工许可或者未按照规划许可的面积等内容建造的建筑申请登记的，房屋登记机构不予登记。也就是说，如果房产商擅自增加楼层，未按照规划许可的内容建造的商品房不予登记，即无法取得商品房的所有权，购房者也因此无法取得房屋权属证书。此时，购买增加楼层的购房者只能根据《民法典》第563条的规定解除合同，并按照商品房买卖合同的约定请求房产商承担违约金等损害赔偿责任。

44. 实际层高不符合合同约定，房产商需要承担违约责任吗？

购房者在验收房屋的过程中，发现房产商所交付的房屋的实际层高与合同约定不相符时，在审判实践中，法院通常会根据以下不同情况分别处理此类法律纠纷：

（1）赔偿损失。房产商交付的房屋实际层高与合同约定不符时，违反了合同约定，应依法承担赔偿损失的违约责任。如果商品房预售合同中有关于层高不符的违约金计算方式的，按照约定计算违约金数额；如果没有约定的，法院一般会根据案情实际，并依据楼房的价格、楼房缩水的程度、楼房的使用价值以及房产商的过错等因素，计算赔偿损失的数额。例如，在“黄某某等与惠州某置业有限公司商品房预售合同纠纷上诉案”[①]中，法院认为实际层高 2.9 米与合同约定的层高 3.0 米只相差 0.1 米，符合国家住房和城乡建设部制定的《住宅设计规范》中规定的 2.8 米的国家标准，且合同约定的层高与实际层高不相符并不是房产商故意或者恶意造成的，故酌情判决房产商按总房价的 1% 计算赔偿金数额。

（2）解除合同。如果实际层高与合同约定层高差距巨大，严重影响房屋的使用功能时，法院可参照《商品房买卖合同司法解释》第 14 条的规定判决解除合同并赔偿购房者的损失。例如，在“蔡某某与东莞市某山庄房地产开发有限公司商品房预售合同纠纷上诉案”[②]中，法院认为层高的差距达 21.67%，层高的降低严重影响了房屋的使用，故购房合同的目的不能实现，

① 参见“黄俊杰、吕锦莉与惠州宏福置业有限公司商品房预售合同纠纷二审民事判决书”，案号：（2014）惠中法民一终字第 219 号，载天眼查，https://susong.tianyancha.com/ecdf13101cbb11e6b554008cfae40dc0。

② 参见“蔡某珍诉东莞市某山庄房地产开发有限公司商品房预售合同纠纷案民事判决书”，案号：（2009）东中法民一终字第 6328 号，载 OpenLaw，http://openlaw.cn/judgement/0bd2a5c74f7646fda32c28e2b925b0a1?keyword=+%282009%29。

并参照适用《商品房买卖合同司法解释》第14条的规定，支持了购房者解除合同的请求。

45. 房屋面积与合同不符，该如何处理？

由于商品房预售合同中所约定的房屋建筑面积及套内建筑面积为初始的测绘面积，因设计、施工的影响，竣工后的房屋可能会出现面积误差。当房屋的建筑面积，特别是套内建筑面积明显与商品房预约合同中约定的不同时，该如何处理？

根据《商品房买卖合同司法解释》第14条的规定，房产商交付使用的房屋套内建筑面积或者建筑面积与商品房买卖合同约定面积不符，合同有约定的，按照约定处理；合同没有约定或者约定不明确的，按照以下原则处理：（1）面积误差比绝对值在3%以内（含3%），按照合同约定的价格据实结算，买受人请求解除合同的，不予支持；（2）面积误差比绝对值超出3%，买受人请求解除合同、返还已付购房款及利息的，应予支持。买受人同意继续履行合同，房屋实际面积大于合同约定面积的，面积误差比在3%以内（含3%）部分的房价款由买受人按照约定的价格补足，面积误差比超出3%部分的房价款由出卖人承担，所有权归买受人；房屋实际面积小于合同约定面积的，面积误差比在3%以内（含3%）部分的房价款及利息由出卖人返还买受人，面积误差比超过3%部分的房价款由出卖人双倍返还买受人。

46. 房屋布局与合同约定不符，购房者可否解除合同？

情景再现

张某与H房地产公司签订了一份《商品房买卖合同》，约定购买一套由H公司开发的位于某某处的商品房，并将房屋平面图作为合同的附件。签订合同当日，张某一次性支付房款63万元。嗣后，H公司于合同约定期间内发出交房通知，张某验房时发现，房间布局虽然与合同附件房型图户型一致，但实际房间布局结构与房型图呈轴对称方向，与合同附件房型图的方位位置相反，张某以H公司违约为由请求解除合同。

法律分析

在此案中，一审法院与二审法院有不同的看法。一审法院认为，购买商品房的目的分为居住、投资、孩子就学等，张某对案涉房屋的质量、面积、小区配套设施等均未提出异议，显然，H公司交付的房屋并不影响投资、就学等合同目的。对于日常居住来说，H公司交付的房屋的格局、朝阳房间的数量、阳台等进深等与房型图、合同附件图一致，仅存在方向上的反差，并不影响张某的居住目的。因此，张某主张H公司实际交付的房屋布局方位与合同及房型图不一致，构成根本违约，导致其合同目的不能实现并据此解除双方签订的《商品房买卖合同》的理由不成立。但二审法院却认为，双方当事人对于房屋的内部左右布局约定明确。H公司在购房合同附件中的房屋平面图上加盖合同专用章，该附件并未提醒购房者，实际交付房屋的内容左右布局可能与平面图相反。且张某所购房屋为期房，在购房时参观的样板房也与实际交付的房屋不一致，无法据此推断张某明知所购房屋的内部左右布局与合同约定相反。H公司并未交付符合合同约定布局的房屋且无法调换，致使张某购买符合购房合同附件中约定布局房屋的合同目的落空，根据合同约定，张某可以解除合同并请求H公司承担相应的赔偿责任。[①]

47. 商品房因设计规划变更与合同约定不符，购房者该如何维权？

根据《商品房销售管理办法》第24条第1款的规定，房产商应当按照批准的方案规划、设计建设商品房。商品房销售后，

① 参见“张俭华、徐海英诉启东市取生置业有限公司房屋买卖合同纠纷案”，载《最高人民法院公报》2017年第9期（总第251期）。

房产商不得擅自变更规划、设计。商品房因设计规划变更与合同约定不符的，如减少绿化面积、增加建筑面积等，根据《商品房销售管理办法》第 24 条第 2 款、第 3 款的规定，购房者需要区分以下两种情形进行维权：

（1）经规划部门批准的规划变更、设计单位同意的设计变更导致商品房的结构型式、户型、空间尺寸、朝向变化，以及出现合同当事人约定的其他影响商品房质量或者使用功能情形的，房产商应当在变更确立之日起 10 日内，书面通知购房者。买受人有权在通知到达之日起 15 日内作出是否退房的书面答复。购房者在通知到达之日起 15 日内未作书面答复的，视同接受规划、设计变更以及由此引起的房价款的变更；房产商未在规定时限内通知购房者的，购房者有权请求退房；购房者退房的，由房产商承担违约责任。

（2）未经行政部门批准的变更，购房者可依照与房产商签订的商品房买卖合同的约定解除合同，并请求房产商承担违约责任。

48. 房产商擅自将规划的公园等绿地面积改建为停车场，购房者该如何维权？

商品房所在小区内公园等绿地面积属于小区内的公共设

施及配套设施，这些公共设施及配套设施是购房者与房产商签订的商品房买卖合同中的一部分，也影响着商品房的价值，按照合同约定的设计图纸进行建设是房产商的合同义务。根据《民法典》第509条的规定，房产商应当按照约定全面履行自己的义务，如果房产商未与购房者协商、擅自变更约定的公共建筑的用途，根据《民法典》中合同编的规定，应当承担违约责任。

此外，房产商在建设公共设施及配套设施时，必须按照商品房所在地的政府规划部门的规定递交设计图，经过审批通过后才能建设，建设完毕后还需经过园林部门的验收。如果房产商要改造小区内的绿化设施，需要向政府规划部门重新提交改建方案，经规划局相关技术、管理部门审查，并召开听证会，待相关利益方无异议后方可实施。

49. 住宅单元门厅的实际建设与沙盘不符，属于房产商的违约行为吗？

购房者在与房产商签订商品房预售合同时，因为商品房尚未建成或者正在建设中，购房者只能通过售楼广告、沙盘、样板房等售楼资料来了解所购买的房屋及小区的设计效果并对其产生预期。住宅单元门厅作为住宅的公共部分，对商品房的使用、价格等都有一定的影响，因此购房者在购买商品房时，住宅单元门厅的设计也是订立合同的重要影响因素之一。住宅单元门厅的实际建设与沙盘描述不符时，房产商是否承担违约责任应区分以下三种情形：

（1）双方订立的商品房预售合同中明确约定了住宅单元门厅的设计，房产商却擅自改变门厅的设计，使之与合同中的约定不符，则房产商应依合同的约定承担赔偿违约金等违约责任。

（2）单元门厅设计并未载入商品预售合同中，售楼人员提供沙盘等售楼资料时对单元门厅的设计并未作出具体确定的说明与承诺，则门厅的沙盘仅仅是销售广告和销售资料，并不能作为合同的一部分。此时，交房时购房者发现住宅单元门厅的实际建设与沙盘不符时，不能以此作为理由要求房产商承担违约责任。

（3）单元门厅设计虽然并未载入商品房预售合同中，但售楼人员提供沙盘等售楼资料时对单元门厅的设计作出了具体确定的说明与承诺，并对商品房买卖合同的订立以及房屋的价格的确定有重大影响的，根据《商品房买卖合同司法解释》第3条的规定，关于门厅设计的沙盘资料应当作为合同内容，若房产商擅自改变，应当承担违约责任。

第四节　逾期交房及办证

50. 房产商逾期未交房，购房者能否解除商品房预售合同？

房产商与买受人在商品房预售合同中已经有关于逾期未交房，购房者享有合同的解除权的约定时，根据《民法典》第562条第2款的规定，购房者可以在解除权条件成就时解除合同。

如果双方在合同中没有明确约定逾期交房购房者的解除权，则按照《民法典》第563条有关法定解除权的规定行使解除权。《民法典》第563条列举了5种有法定解除权的情形，即因不可抗力致使不能实现合同目的；在履行期限届满之前，当事人一方明确表示或者以自己的行为表明不履行主要债务；当事人一方迟延履行主要债务，经催告后在合理期限内仍未履行；当事人一方迟延履行债务或者有其他违约行为致使不能实现合同目的；法律规定的其他情形。例如，房产商已经超过约定的交房日期3年仍未竣工并达到交房条件，导致购房者的合同目的不能实现，符合《民法典》第563条列举的第四种情形之相关规定，购房者依法享有法定解除权。

购房者的解除权有时间的限制。根据《商品房买卖合同司法解释》第15条第1款规定，房产商迟延交付房屋、双方又没有约定解除权时，购房者可以催告交付房屋，房产商有法定或约定的履行合理期限的（如《民法典》第563条第3项关于法定解除权的行使条件），经催告后，房产商须在3个月的合理期限内履行交房义务，如果仍未履行，购房者可以请求解除合同。同条第2款又规定，如果法律没有规定或者当事人没有约定，经购房者催告后，房产商有履行的合理期限的（如《民法典》第563条规定的除第3项外的其他法定解除权的情形），购房者须在催告后的3个月内行使解除权。如果购房者没有催告房产商履行交房义务的，解除权应当在解除权发生之日起1年内行使；逾期不行使的，解除权消灭。

需要注意的是，在审判实践中，购房者解除权行使期间的限制仅适用于合同可以继续履行而一方延迟履行的情形。如果是因房产商的原因，导致合同已处于不能履行、房屋不能交付的状态，则购房者的解除权不适用《商品房买卖合同司法解释》第15条关于解除权期间限制的规定。例如，房产商因迟迟未能达到竣工验收标准乃至逾期交付房屋已达5年之久，应被视为确实无法履行合同的主要义务，不适用解除权期间限制的规定，购房者在逾期交房5年后仍可以解除合同。

51. 房产商逾期交房或购房者逾期支付房款，如何计算违约金？

如果合同中有关于逾期交房或者逾期支付房款的约定的违约金计算方法的，按合同约定的计算方式计算违约金数额。在审判实践中，法院认为，从订立《商品房预售合同》的目的来看，双方关于逾期交房或逾期交付房地产权属证书的违约金约定更具惩罚性质（惩罚性违约金），换言之，是合同双方对于违约所约定的一种制裁。在购房者已经按照合同约定将购房款全额支付给房产商的情况下，违约金的规定实际上是为防止房产商怠于履行合同义务，督促其及时履行交房的义务，这时违约金仍应按照合同的约定计算。在此情形下，不适用关于约定的违约金过高请求减免的法律规定。[①]

商品房预售合同没有约定违约金的数额或者计算方法的，根据《商品房买卖合同司法解释》第 17 条的规定，可以按照以下标准确定违约金：（1）逾期付款的，按照未付购房款总额，参照中国人民银行规定的金融机构计收逾期贷款利息的标准计算。

---

① 参见“周显治、俞美芳与余姚众安房地产开发有限公司商品房销售合同纠纷案”，载《最高人民法院公报》2016 年第 11 期（总第 241 期）。

（2）逾期交付使用房屋的，按照逾期交付使用房屋期间有关主管部门公布或者有资格的房地产评估机构评定的同地段同类房屋租金标准确定。

52. 房产商逾期办理房屋所有权登记，购房者该如何维权？

（1）请求房产商承担违约责任。根据《商品房买卖合同司法解释》第 18 条第 1 款的规定，由于房产商的原因，购房者在商品房买卖合同约定的办理房屋所有权登记的期限届满后，仍未能取得房屋权属证书（现在指不动产权证书）的，房产商应当承担违约责任，此处的违约责任包括违约金或者实际的损失数额。如果合同中没有约定违约金或者损失数额难以确定的，依本条第 2 款的规定，可以按照已付购房款的数额，参照中国人民银行规定的金融机构计收逾期贷款利息的标准计算。

（2）请求解除合同并赔偿损失。《城市房地产开发经营管理条例》第 32 条规定，预售商品房的购买人应当自商品房交付使用之日起 90 日内，办理土地使用权变更和房屋所有权登记手续。现售商品房的购买人应当自销售合同签订之日起 90 日内，办理土地使用权变更和房屋所有权登记手续。房地产开发企业应当协助商品房购买人办理土地使用权变更和房屋所有权登记手续并提供必要的证明文件。如果房产商由于自己的原因，没有在该条规定或者在双方的商品房买卖合同约定的时间内办理房屋所有权登记，导致买受人无法办理房屋权属证书的，即使已经逾期超过1年，根据《商品房买卖合同司法解释》第19条的规定，购房者仍有权请求解除商品房买卖合同并请求赔偿损失。此处涉及的损失主要是指购房者无法办理房屋权属证书所造成的购房者在订立合同时所期待实现的利益，如购房者无法将房屋转让给他人或者凭借房屋权属证书向银行贷款等，在购房者能够举证证明这些损失的情况下，均可向房产商请求赔偿。

另外，如果是因购房者自己的原因造成房屋权属证书无法办理，如购房者未按照规定及时向房屋管理部门缴纳房屋维修基金，导致无法按期办理房屋产权证书，此时购房者不能请求解除合同及赔偿损失。

53. 房产商有协助购房者办理房屋权属证书的义务吗？

在商品房买卖行为中，不论是根据《民法典》中合同编的规定，还是房产商与购房者签订的商品房买卖合同，房产商的主要合同义务就是交付房屋并转移房屋所有权。根据我国《民法典》中物权编的规定，房屋所有权的转移自依法到房地产管理部门登记后开始发生效力。只有登记后才意味着购房者取得了房屋的所有权。房屋权属证书即不动产权证书，是房地产管理部门登记后发放的、证明购房者享有房屋权利的证明。因此，协助购房者办理房屋权属证书是房产商的合同义务。

另外，根据《城市房地产开发经营管理条例》第 32 条的规定，自预售的商品房交付使用之日起 90 日内，购房者应当依法到房地产管理部门和市、县人民政府土地管理部门办理权属登记手续。房产商应当予以协助，并提供必要的证明文件。必要的证明文件包括土地使用证明、建设工程规划许可证、综合验收合格证明、房产测绘机构出具的房屋建筑测绘成果报告及房屋分户平面图等。由此可知，到房地产管理部门办理房屋权属登记，使购房者取得不动产权证书也是房产商的协助义务之一。

54. 房产商逾期办理房屋权属证书，需要承担违约责任吗？

协助购房者取得不动产权证书是房产商的一项重要的合同义务，房产商应在合同约定或法律规定的期间内履行此项义务。由于房产商自身的原因，购房者在当事人的约定及法律规定的期限届满前未取得房屋权属证书的，根据《商品房买卖合同司法解释》第 18 条第 1 款的规定，出卖人应当承担违约责任。该条规定了以下三种情形：（1）购房者在商品房买卖合同约定的办理房屋所有权登记的期限届满前未取得房屋权属证书；（2）商品房买卖合同的标的物为尚未建成房屋的，购房者自房屋交付使用之日起 90 日内仍未取得房屋权属证书；（3）商品房买卖合同的标的物为已竣工房屋的，购房者自合同订立之日起 90 日内仍未取得房屋权属证书。如果房产商有以上三种逾期办理房屋权属证书的情形，需要依合同的约定或者法律的规定承担违约责任。

55. 房产商未履行协助办证义务，购房者可以解除合同或请求赔偿损失吗？

房产商未履行协助办理房屋权属证书的义务时，购房者是否能够解除合同或请求房产商赔偿损失，应根据以下不同情形维护自己的权益：

（1）房屋买卖合同中有关于逾期协助办证义务的约定的，按照合同约定请求房产商赔偿损失或者解除合同。如果合同没有约定违约金或者损失数额难以确定的，根据《商品房买卖合同司法解释》第 18 条第 2 款的规定，可以按照已付购房款总额，参照中国人民银行规定的金融机构计收逾期贷款利息的标准计算。

（2）合同没有约定房产商逾期办证的违约责任的，根据《商品房买卖合同司法解释》第 18 条第 1 款的规定，由于出卖人的原因，使买受人在法律规定的期限内未取得房屋权属证书的，买受人可以请求房产商承担违约责任。违约金或损失数额在合同没有约定时，同样可以按照已付购房款总额，参照中国人民银行规定的金融机构计收逾期贷款利息的标准计算。

（3）如果由于房产商的原因，商品房买卖合同或者《城市房地产开发经营管理条例》第 32 条规定的办理房屋所有权登记的期限届满后超过 1 年，仍未办理房屋所有权登记，导致购房者无法办理房屋所有权登记的，根据《商品房买卖合同司法解释》第 19 条的规定，购房者可以请求解除合同和赔偿损失。

（4）如果房产商逾期办证的行为符合《民法典》第 563 条关于法定解除权规定的要件时，购房者也可以解除合同并要求房产商承担违约赔偿责任。

56. 购房者未办理产权证的房屋遭遇台风损毁，所造成的损失由谁承担？

根据我国《民法典》中物权编的规定，购房者未办理房屋权属证书时，房屋的所有权仍归房产商所有。但是，根据《商品房买卖合同司法解释》第 11 条的规定，房屋的毁损、灭失的风险承担并不依据谁拥有所有权谁承担原则，而是依据“交付原则”，即房屋毁损、灭失的风险，在交付使用之前由房产商承担，交付使用之后由购房者承担。此外需注意的是，除非法律另有规定或者当事人另有约定，购房者接到房产商的书面交房通知，无正当理由拒绝接收房屋的，房屋毁损、灭失的风险自书面交房通知确定的交付使用之日起由购房者承担。因此，在购房者未办理产权证的房屋遇到台风等自然灾害毁损、灭失时，原则上来说，如果房屋已经交付使用，则其损失应由购房者承担。

57. 面对烂尾楼，建设工程价款和购房者的债权哪个优先？

房产商在遇到资金链断裂时，经常会出现烂尾楼现象，此时往往会发生商品房建设单位与购房者同时向房产商索要建设工程价款与要求返还购房款的情形。在房产商建设商品房阶段，房产商作为发包人与有建设资质的单位（承包人）签订建设工程合同。根据《民法典》第807条规定，发包人未按照约定支付价款的，承包人可以催告发包人在合理期限内支付价款。发包人逾期不支付的，除按照建设工程的性质不宜折价、拍卖的外，承包人可以与发包人协议将该工程折价，也可以申请人民法院将该工程依法拍卖。建设工程的价款就该工程折抵或者拍卖的价款优先受偿。此条被认为是建设工程价款优先受偿权的规定。购房者的债权指的是购房者依照与房产商签订的商品房买卖合同，可以请求房产商交付房屋并转移房屋的所有权。但是，在办理房屋权属登记之前，商品房的所有权仍归房产商所有，购房者只享有债权，一般来说，债权不具有优先性。因商品房买卖涉及购房者以居住为目的的权益，因此，在一定条件下，购房者的债权优先于建设工程价款的优先权。

《最高人民法院关于人民法院办理执行异议和复议案件若干问题的规定》（以下简称《执行异议规定》）中列举了购房者债权优先于建设工程价款的三种情形：

（1）根据《执行异议规定》第 28 条规定，购房者在人民法院查封所购房屋之前已签订合法有效的书面买卖合同；在人民法院查封之前已合法占有该不动产；已支付全部价款，或者已按照合同约定支付部分价款且将剩余价款按照人民法院的要求交付执行；非因买受人自身原因未办理过户登记，同时具备上述四个条件的，能够排除建设工程优先受偿的执行。

（2）根据《执行异议规定》第 29 条规定，购房者在人民法院查封之前已签订合法有效的书面买卖合同；所购商品房系用于居住且买受人名下无其他用于居住的房屋；已支付的价款超过合同约定总价款的百分之五十，同时具备上述三个条件的，能够排除建设工程优先受偿的执行。

（3）根据《执行异议规定》第 30 条规定，如果购房者已经办理了物权预告登记的，也可以排除建设工程价款的优先受偿权。

此外，《最高人民法院关于建设工程价款优先受偿权问题的批复》中认为，人民法院在审理房地产纠纷案件和办理执行案件中，应当依照《民法典》第807条的规定审理案件，即建筑工程的承包人的优先受偿权优于抵押权和其他债权。消费者交付购买商品房的全部或者大部分款项后，承包人就该商品房享有的工程价款优先受偿权不得对抗买受人。因此，法院在审理涉及消费者购买商品房的案件时，应当对消费者以居住为目的购房的权益予以特殊保护，消费者对房屋所享有的权益在顺位上应当优先于其他债权，抵押权和一般债权的行使也不能对抗购房的消费者。

第五节　按揭贷款

58. 按揭买房与贷款买房有什么区别？

按揭房是指购房者通过按揭购买、贷款尚未还清的商品房。按揭买房指的是购房者用预购的期房作为抵押从银行获得贷款，按照按揭合同中规定的还款方式和期限向银行分期付款，银行按利率收取利息的买房方式。贷款买房一般指的是购房者用其已经拥有产权的不动产或银行认可的其他担保方式作为抵押，向银行申请贷款，用银行贷款支付购房款，再由购房者向银行还本付息的买房方式。

按揭买房与贷款买房均以抵押的方式向银行贷款，并按照合同的约定向银行偿还贷款，如果不履行到期债务，根据《民法典》中物权编的规定，银行可以通过折价、拍卖、标卖该期房所得的价款优先受偿。二者的区别在于，用于抵押的房屋不同，按揭买房抵押的房屋是所购房屋，而贷款买房抵押的房屋是已经拥有产权的、所购房屋之外的不动产。例如，购房者欲购买 A 商品房，与房产商签订商品房买卖合同并支付首付款之后，将 A 商品房作为抵押物向银行申请贷款的支付购房款方式是按揭买房。如果购房者将正在居住的 B 房屋作为抵押物从银行获得贷款，以此来支付 A 商品房的购房款，则此种购房方式为贷款买房。

59. 合同约定以按揭贷款的方式支付房款，购房者能否因贷款不成解除合同？

根据《商品房买卖合同司法解释》第 23 条规定，商品房买卖合同约定，购房者以担保贷款方式付款，因当事人一方原因未能订立商品房担保贷款合同并导致商品房买卖合同不能继续履行的，对方当事人可以请求解除合同和赔偿损失。因不可归责于当事人双方的事由未能订立商品房担保贷款合同并导致商品房买卖合同不能继续履行的，当事人可以请求解除合同，房产商应当将收受的购房款本金及其利息或者定金返还购房者。例如，在“冯某某等诉陈某某房屋买卖合同纠纷案”[①]中，法院认为，因政府部门房地产调控政策的实施，导致购房者不能按照合同约定的按揭贷款方式订立担保贷款合同，且不能支付首付款继续履行合同，属于因不可归责于买卖双方的事由导致合同不能履行。在双方签订的商品房买卖合同中没有对政府政策调控作出特别约定的情况下，法院支持购房者以此为由主张解除双方的房屋买卖合同关系并返还定金50万元。

60. 商品房买卖合同被解除后，按揭贷款合同可否被解除？

根据《商品房买卖合同司法解释》第24条的规定，因商品房买卖合同被确认无效或者被撤销、解除，致使商品房担保贷款合同的目的无法实现，当事人请求解除商品房担保贷款合同的，应予支持。此外，商品房买卖合同解除后，购房者可以依

① 参见“冯秋婵与陈志洪行纪合同纠纷一审民事判决书”，案号：(2017)粤0113民初2924号，载OpenLaw，http://openlaw.cn/judgement/f9e920489b3449538ac3ea311cc471a6?keyword=%282017%29。

据《商品房买卖合同司法解释》第25条第2款的规定，请求房产商将收受的购房贷款和购房款的本金及利息分别返还担保权人（在按揭贷款中主要指商业银行）和购房者。例如，在“中国建设银行股份有限公司遵义市分行诉熊某某等商品房预售合同纠纷案”[①]中，法院认为，房产商违反其在销售时的允诺和说明，实际建筑与合同约定不符，已构成根本违约，根据《民法典》第563条第4项及第566条的规定，购房者有权解除房屋买卖合同并请求房产商返还购房款及利息。关于解除与建设银行签订的《个人住房（商业用房）借款合同》的诉讼请求，根据《商品房买卖合同司法解释》第24条的规定，予以支持。

61. 按揭合同因商品房买卖合同的解除而解除后，购房款如何返还？

情景再现

王某与Y房产开发公司签订一份关于购买A商业用房的商品房预售合同，约定王某支付首付款7400万元后，剩余7400万

① 参见“遵义市美的房地产发展有限公司、熊仁红商品房预售合同纠纷二审民事判决书”，案号：（2018）黔03民终1003号，载OpenLaw，http://openlaw.cn/judgement/1ccc783d8b504831a3960515cb661b3d?keyword=%282018%29。

元购房款办理按揭贷款。王某与贷款人某商业银行签订个人住房（商业用房）借款合同，借款金额为7400万元，抵押财产为A商业用房，并签订了房地产抵押合同且办理了抵押登记。嗣后，Y公司逾期交房，王某请求解除商品房买卖合同及个人住房（商业用房）借款合同，并请求返还购房款以及按揭还贷的利息。

法律分析

Y公司逾期交房的行为符合商品房买卖合同约定的解除条件时，王某有权依合同约定解除合同。商品房买卖合同解除后，致使按揭贷款即个人住房（商业用房）借款合同的目的无法实现，根据《商品房买卖合同司法解释》第24条的规定，王某可以解除个人住房（商业用房）借款合同及房地产抵押合同。对王某要求由房产商向银行清偿尚欠借款及利息的诉讼请求，法院认为，根据《商品房买卖合同司法解释》第25条的规定，商品房买卖合同被确认无效或者被撤销后，商品房担保贷款合同也被解除的，出卖人应当将收受的购房贷款和购房款的本金及利息分别返还担保权人和买受人，当个人住房（商业用房）借款合同、房地产抵押合同被解除后，Y公司应向王某返还个人住房（商业用房）借款合同、房地产抵押合同已还的贷款本金917万元、利息610万元；应向银行返还个人住房（商业用房）借款合同、房地产抵押合同剩余的贷款及利息，即借款本金6480万元及利息（按合同约定的利率计算利息）；待Y公司清偿剩余贷款本息等债务后，银行应及时涤除案涉房屋上的抵押登记。[①]

第六节 违约金

62. 什么是违约金调整规则？

违约金调整规则指的是当事人约定的违约金数额过分低于或过分高于一方因违约给另一方所造成的损失时，当事人可以请求人民法院或者仲裁机构依据法律的规定予以适当增加或减少的制度。根据《民法典》第585条及《商品房买卖合同司法解释》第16条的规定，当事人可以约定一方违约时应当根据违约情况向对方支付一定数额的违约金，也可以约定因违约产生的损失赔偿额的计算方法。约定的违约金低于造成的损失的，当事人可以请求人民法院或者仲裁机构予以增加，以违约造成的损失确定违约金数额，即违约金的数额等于实际损失。约定的违约金过分高于造成的损失的，当事人可以请求人民法院或

① 参见《中国建设银行股份有限公司青海省分行等与王忠诚商品房预售合同纠纷上诉案》，案号：（2017）最高法民终683号，载OpenLaw，http://openlaw.cn/judgement/83edae188d9942008b2b77ffcd67281a?keyword=%282017%29。

者仲裁机构予以适当减少。

在审判实践中，法院一般尊重当事人约定的违约金数额或者计算方法，如果一方举证证明违约金过高或者过低，法院才会按照上述规定酌情调整。例如，在“石河子开发区某房地产开发有限公司与顾某某房屋买卖合同纠纷上诉案”[①]中，房产商与购房者约定如果房产商逾期办理房屋权属证书，则须承担购房总价款 0.001% 的违约金，房产商逾期 7 个月后才为购房者办理了房屋权属证书。按照合同约定的违约金计算方法，违约金只有 5.16 元，法院认为该约定的违约金过低，不足以弥补购房者的损失，遂判决以中国人民银行规定的金融机构计收逾期贷款利息的标准计算违约金的数额。

63. 约定的违约金过高或过低的举证责任由谁负担？

约定的违约金过分高于或者过分低于一方给对方造成的损失的，按照民事诉讼法的相关规定，通常由主张违约金过高或者过低的一方承担举证责任，即“谁主张，谁举证”。但在有关违约金调整的案件中，不仅提出主张的一方应负举证责任，另一方也

① 参见“石河子开发区宏昊房地产开发有限公司与顾丽君房屋买卖合同纠纷二审民事判决书”，案号：（2017）兵 08 民终 1042，载 OpenLaw，http://openlaw.cn/judgement/3608113081c245ee9a1433b6d4e9c48c?keyword=%282017%29。

应负有一定的举证责任。根据《最高人民法院关于当前形势下审理民商事合同纠纷案件若干问题的指导意见》第 8 条的规定，即人民法院要正确确定举证责任，违约方对于违约金约定过高的主张承担举证责任，非违约方主张违约金约定合理的，亦应提供相应的证据。由此可知，当事人主张违约金过高时，首先应由提出主张一方当事人（违约方）进行举证证明，在此基础上，非违约方也要提供相应的证据证明违约金合理。例如，房产商逾期交房多年，购房者请求房产商按照商品房买卖合同的约定承担违约金，如果房产商认为违约金过分高于给购房者造成的实际损失，必须先提供证据证明，如果不能提供证据证明，那么就应该按照合同的约定支付违约金。如果提供了相应的证据证明违约金的数额确实高于购房者的实际损失，购房者应该提出双方约定的违约金数额合理的证据，否则就要承担法律上的不利后果，法院将按照法律的相关规定适当减少违约金数额。

64. 如何确定商品房买卖合同中的违约金数额与损失赔偿额？

在审判实践中，确定商品房买卖合同中的违约金数额与损失赔偿额的标准如下：

（1）如果合同中有关于违约金数额与损失赔偿额或计算

方式的约定时，优先按照合同的约定确定违约金数额与损失赔偿额。

（2）如果当事人一方认为约定的违约金过高或过低，根据《商品房买卖合同司法解释》第16条的规定，可以请求法院以违约金超过损失的30%为标准适当减少，或者以违约造成的损失确定违约金的数额。

（3）商品房买卖合同没有约定违约金与损失赔偿的数额或者计算方法的，根据《商品房买卖合同司法解释》第17条的规定，可以按照以下标准确定：逾期付款的，按照未付购房款总额，参照中国人民银行规定的金融机构计收逾期贷款利息的标准计算；逾期交付使用房屋的，按照逾期交付使用房屋期间有关主管部门公布或者有资格的房地产评估机构评定的同地段同类房屋租金标准确定。

65. 房产商的哪些违约行为须承担“退一赔一”的违约责任？

如果房产商有导致购房者无法取得房屋所有权的恶意违约行为，根据相关法律及司法解释的规定，需要向购房者承担“退一赔一”的双倍赔偿责任，即向购房者返还已付购房款及利息、赔偿损失的同时，还需要另行承担不超过已付购房款一倍的赔偿责任。具体来说，有以下几种情形：

（1）商品房买卖合同订立后，房产商未告知购房者又将该房屋抵押给第三人，导致商品房买卖合同目的不能实现，购房者无法取得房屋的，根据《商品房买卖合同司法解释》第 8 条第 1 项的规定，房产商须承担“退一赔一”的赔偿责任。

（2）商品房买卖合同订立后，房产商又将该房屋出卖给第三人，导致购房者无法取得房屋的，根据《商品房买卖合同司法解释》第 8 条第 2 项的规定，房产商须承担“退一赔一”的赔偿责任。

（3）房产商订立商品房买卖合同时，故意隐瞒没有取得商品房预售许可证明的事实或者提供虚假的商品房预售许可证明，导致合同无效的，根据《商品房买卖合同司法解释》第 9 条第 1 项的规定，房产商须承担“退一赔一”的赔偿责任。

（4）房产商订立商品房买卖合同时，故意隐瞒所售房屋已经抵押的事实，导致合同无效的，根据《商品房买卖合同司法解释》第 9 条第 2 项的规定，房产商须承担“退一赔一”的赔偿责任。

（5）房产商订立商品房买卖合同时，故意隐瞒所售房屋已经出卖给第三人或者为拆迁补偿安置房屋的事实，导致合同被解除的，根据《商品房买卖合同司法解释》第 9 条第 3 项的规定，房产商须承担“退一赔一”的赔偿责任。

66. 房产商将所售房屋抵押给他人，购房者该如何维权？

在商品房交易的过程中，房产商可能由于施工建设、投资其他项目等原因缺少资金，在与购房者办理产权登记之前，通过抵押已售房屋的方式向银行贷款。根据我国《民法典》中物权编的规定，在未经依法办理登记之前，房屋的所有权仍归房产商所有，即使购房者支付了购房款亦是。如果此时房产商已经将房屋办理了抵押登记，则抵押权作为一种担保物权在法律上有优先清偿的效力，即如果房产商不履行还款义务，银行有权就该设定抵押权的房屋优先受偿，购房者此时将无法取得房屋的所有权，但可以根据法律的规定请求房产商承担具有惩罚性质的赔偿责任。

《商品房买卖合同司法解释》第 8 条、第 9 条分别规定了房产商将所售房屋抵押他人的两种不同情形以及购房者可以行使的权利，即：（1）商品房买卖合同订立后，出卖人未告知买受人又将房屋抵押给第三人，导致商品房买卖合同目的不能实现的，无法取得房屋的买受人可以请求解除合同、返还已付购房款及利息、赔偿损失，并可以请求出卖人承担不超过已付购房款一倍的赔偿责任。也就是说，此时房产商须承担购房者已付房款的“退一赔一”的赔偿责任。（2）出卖人订立商品房买卖合同时，故意隐瞒所售房屋已经抵押的事实。根据《民法典》第406条第2款的规定，抵押人在抵押期间转让抵押财产的，应当及时通知抵押权人。抵押权人能够证明抵押财产转让可能损害抵押权的，可以请求抵押人将转让所得的价款向抵押权人提前清偿债务或者提存。在此情形下，虽然并不影响商品房买卖合同的效力，但如果导致商品房买卖合同被撤销或者解除的，买受人可以请求返还已付购房款及利息、赔偿损失，并可以请求出卖人承担不超过已付购房款一倍的赔偿责任，此时房产商承担的也是“退一赔一”的责任。

第七节　商品房买卖合同的解除

67. 房屋买卖合同解除后，购房者能要求赔偿房屋升值的差价损失吗？

在商品房交易过程中，如果所交易的商品房是尚未建成的期房，从双方签订商品房预售合同到房产商交房要经过相当长的时间，房屋的价格在此期间可能会出现大幅度上涨或下跌。若出现一方当事人的严重违约行为导致房屋买卖合同被解除的，另一方当事人能够在合同解除后请求违约方赔偿房屋升值部分的差价损失。例如，双方签订了一份房屋总价款为50万元的商品房买卖合同，嗣后因房产商交付的商品房质量不合格严重影响房屋使用，购房者请求解除房屋买卖合同，解除合同时，该商品房的市场价为60万元，购房者能否请求房产商赔偿房屋上涨的10万元的升值部分损失？

在审判实践中，法院一般根据双方合同的约定确定合同解除后违约方的损害赔偿责任，如果合同有约定损失额计算方法的，按照合同约定。如果合同中没有约定损失额计算方法的，根据《民法典》第584条的规定，按照完全赔偿原则，即损失赔偿额应当相当于因违约所造成的损失，包括直接损失和预期可得利益损失。预期可得利益损失指的是合同履行后可以获得的利益，但不得超过违反合同一方订立时预见到或者应当预见到的因违反合同可能造成的损失。由此可知，房屋买卖合同解除后购房者可以请求房屋升值的差价损失赔偿。

对于房屋升值部分的确定规则，法律上并未统一，不同地区法院采取的认定规则略有不同。以上海市为例，上海市高级人民法院出台的《关于审理“二手房”买卖案件若干问题的解答》中对于房屋涨跌损失的确定规则是:（1）双方协商确定的，从其约定。（2）双方不能协商确定的，原则上可比照最相类似房屋的市场成交价（首先是同幢相同楼层及房型；其次是相邻幢同楼层及房型；最后是相同区域内房屋）与买卖合同成交价之差确定房屋涨跌损失。无最相类似房屋比照的，可通过专业机构评估确定房屋涨跌损失。认定损失的时间点应从保护守约方的利益出发，以守约方的请求为基础，结合合同约定的履行期限届满之日、违约方的违约行为确定之日以及审理中房屋的涨跌情况等，合理确定。另外，守约方损失的认定还应综合考虑守约方的履约情况、违约方能预见到的因房屋价值涨跌而产生的损失以及双方是否已采取必要措施防止损失扩大等因素。

68. 商品房买卖合同被认定无效后，房产商能要求购房者支付房屋使用费吗？

商品房买卖合同因房产商的原因被确认无效后，购房者取得了合同约定的房屋并利用该房屋从事经营活动，对占用期间的房屋使用费应当如何向房产商返还这一问题，涉及当事人主观过错、返还标准等复杂因素，在审判实践中出现了若干不同的观点。对于这一问题，《最高人民法院关于蔡德成与大连经济技术开发区龙海房地产开发公司、原审第三人大连翻译专修学院商品房买卖合同纠纷一案的请示的答复》中已经有明确的意见。在该意见中，最高人民法院明确指出："商品房买卖合同因出卖人责任被确认无效后，应按无效合同的处理原则进行处理。关于善意买受人应该返还给出卖人的房屋使用费标准，因为买受人在签订合同时是善意的，所以应该以买受人在合同中的意思表示为标准。也就是说，应该以买受人与出卖人约定的合同总价款除以房屋的设计使用年限，再乘以买受人实际使用该房屋的年限得出的价款作为买受人所获得的利益返回给出卖人。”根据这一意见，购房者与房产商之间的商品房买卖合同如果因为房产商的责任而被认定为无效，购房者是需要根据合同内容确定使用费用并返还给房产商的。

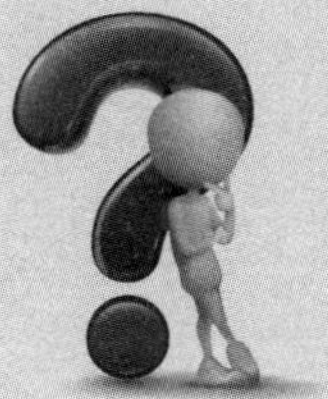

第四章

CHAPTER 4

商品房的产权归属

69. 房屋登记在法律上有什么效力?

根据《房屋登记办法》第 2 条的规定，房屋登记指的是房屋登记机构依法将房屋权利和其他应当记载的事项在房屋登记簿上予以记载的行为，目的在于确认房屋的所有权、抵押权、地役权等权利的归属关系。房屋的登记簿是房屋权利归属和内容的根据，根据《民法典》第 214 条的规定，不动产物权的设立、变更、转让和消灭，依照法律规定应当登记的，自记载于不动产登记簿时发生效力。房屋属于不动产的一种，根据法律的规定，只有经过登记才发生物权效力。在法律规定的房屋登记机构将申请登记事项记载于房屋登记簿后，房屋登记机构根据房屋登记簿的记载向权利人发放房屋权属证书。房屋权属证书是权利人享有房屋权利的证明，包括不动产权证书和房屋他项权证。房屋权属证书与房屋登记簿不一致时，除有证据证明房屋登记簿确有错误外，以房屋登记簿为准。

但需注意的是，没有办理房屋权利登记的，并不影响房屋买卖合同的效力，购房者可以请求房产商继续履行合同义务，交付房屋并协助办理房屋所有权登记。但为了避免房产商“一房数卖”或者其他可能使购房者无法取得房屋所有权的风险，尽快到房屋登记机构办理房屋所有权登记更为妥当。

70. 房产证与不动产权证书有什么区别？

房产证是房屋所有权证的简称，是经过产权登记后，由不动产登记机关发放的证明房屋所有权归属的书面凭证。不动产权证书与房屋所有权证相同，都是证明房屋所有权归属的凭证，相较于房屋所有权证来说，不动产权证书是国家为了实现全国不动产统一登记而制作的用以取代房产证的“新证”。也就是说，自 2015 年 3 月 1 日《不动产登记暂行条例》正式实施起，不动产登记机关办理产权登记后不再颁发房屋所有权证与土地使用权证，取而代之的是不动产权证书。但这并不意味着之前购房者所持有的房屋所有权证归于无效，也无须将已经持有的房屋所有权证换为不动产权证书，二者均为有效的房产证明凭证。之后如果有涉及房屋产权变更或者转让行为的，届时不动产登记机关会将其更换为新的不动产权证书。

不动产权证书相比房屋所有权证而言，在内容上更加详细，除了房屋所有权证原有的内容（如房屋所有权人、共有情况、房屋坐落等）之外，还增加了房屋使用年限和房屋取得价格，使交易更加透明化和明确化。

需注意的是，不论是房屋所有权证，还是不动产权证书，都仅仅是一种证明房屋所有权归属的凭证，并不能直接产生物权法上物权变动的效力。

71. 协议约定商品房归属与产权登记不同时，如何确定产权？

情景再现

甲乙二人婚后共同出资购买了一处商品房，登记为甲、乙共同所有。婚后，因甲出轨被乙发现，甲为求得乙的原谅，遂签订《甲乙关于某某商品房的协议》约定房屋归乙所有。后双方离婚，甲主张该协议是其在违背真实意愿的情况下签订的，且处分房产的行为属于赠与行为，在房屋权属转移登记前可以进行撤销，不能作为分割房屋的依据。协商无效，双方最终决定诉诸法院。

法律分析

现实生活错综复杂，有时候会出现商品房登记和实际所有人不匹配的情况。在这种情况下，要想明确商品房产权的归属，必须具体问题具体分析，根据法律的规定来确定产权的归属。

在本案中，甲、乙双方婚后共同出资购买房屋，登记为双方共同所有。婚后双方签订的协议约定房屋归乙所有，双方对于协议约定和协议目的与后果应予知悉。双方基于家庭关系及婚姻情感作出处分共同财产的意思表示应予保护，此非一方财产的单纯赠与行为，应属夫妻双方就共同财产权属进行约定，对双方具有法律约束力。最终，法院判决该协议合法有效，协议中所涉及的商品房归乙方所有。

72. 借名买房，房屋到底属于谁？

在商品房交易市场中，借用他人名义购买具有福利因素的商品房的行为较为常见。例如，借用他人名义享受按揭贷款的优惠利率等，其中涉及商品房所有权的归属问题的法律纠纷也屡见不鲜。根据我国《民法典》第 216 条的规定，房屋所有权的归属根据不动产登记簿确定。因此，借用他人名义买房，且不动产登记簿以及不动产权证书的名字均为名义人的，在法律层面上，房屋的所有人即为登记名义人。如果权利人、利害关系人认为房屋登记簿记载的事项有错误的，根据《房屋登记办法》第 74 条的规定可以申请更正登记。在借用他人名义购买商品房的情形下，如果实际购房者能够证明购房名义人与房产商签订的房屋买卖合同无效等不存在所有权的事实，则实际购房者可以依照《房屋登记办法》第 38 条、第 39 条的规定注销登记。例如，在徐州某房地产开发有限公司诉王某某商品房预售合同纠纷案中，法院以房产商规避国家对房地产行业调控、抵押套取银行信贷资金为由，判决借他人名义与自身签订虚假商品房买卖合同无效，并支持了实际购房者注销名义人在登记簿上的记载。此时，如果实际购房者按照法律规定的程序登记为所有权人，则房屋归属于实际购房者。

73. 全体业主共有房屋如何认定？

理论上，界定全体业主共有房屋的范围所采用的一般原则包括房屋具有结构上的连接性、使用上的共用性、法律上的共有性。全体业主共有房屋界定的种类包括法定共有和天然共有。法定共有亦称性质上、构造上之共有部分，指根据法律规定为区分所有人共有的部分，或者在性质上和构造上属于维持整栋建筑物牢固、安全和完整的部分。法定共有部分突出建筑物的自然属性而非区分所有权人的约定，通常为建筑物之躯体部分，具体而言有基础、外墙、楼梯、共用出入口、梁、屋顶等。

在现有法律法规中，在全体业主共有房屋的认定上，存在一些具有指导性意义的列举，这为我们认定全体业主共有房屋的范围提供了重要参照。比如，《不动产登记暂行条例实施细则》第 36 条规定："办理房屋所有权首次登记时，申请人应当将建筑区划内依法属于业主共有的道路、绿地、其他公共场所、公用设施和物业服务用房及其占用范围内的建设用地使用权一并申请登记为业主共有。业主转让房屋所有权的，其对共有部分享有的权利依法一并转让。”根据该条款，全体业主共有房屋包括“业主共有的道路、绿地、其他公共场所、公用设施和物业服务用房”。

74. 全体业主共有房屋由谁登记？

全体业主共有房屋是共有房屋的一种，《房屋登记办法》对此进行了具体的规定。《房屋登记办法》第 13 条规定，共有房屋，应当由共有人共同申请登记。共有房屋所有权变更登记，可以由相关的共有人申请，但因共有性质或者共有人份额变更申请房屋登记的，应当由共有人共同申请。另外，《房屋登记办法》第 31 条规定，房地产开发企业申请房屋所有权初始登记时，应当对建筑区划内依法属于全体业主共有的公共场所、公用设施和物业服务用房等房屋一并申请登记，由房屋登记机构在房屋登记簿上予以记载，不颁发房屋权属证书。由此可知，全体业主共有房屋由房地产开发企业在申请房屋所有权初始登记时一并申请，房屋登记簿上所有权人应记载为全体业主共有，并且对全体业主共有的房屋只进行登记，不颁发房屋权属证书。

75. 婚前以一方名义购买商品房，婚后共同还贷，离婚时房屋归谁？

根据《最高人民法院关于适用〈中华人民共和国婚姻法〉若干问题的解释（三）》（以下简称《婚姻法解释（三）》）第10条规定，夫妻一方婚前签订不动产买卖合同，以个人财产支付首付款并在银行贷款，婚后用夫妻共同财产还贷，不动产登记于首付款支付方名下的，离婚时该不动产由双方协议处理。依前款规定不能达成协议的，人民法院可以判决该不动产归产权登记一方，尚未归还的贷款为产权登记一方的个人债务。双方婚后共同还贷支付的款项及其相对应财产增值部分，离婚时应根据《民法典》相关规定，由产权登记一方对另一方进行补偿。

76. 双方父母共同出资购房，离婚后房屋归谁所有？

父母出资为子女买房是当前社会中的常见现象，但值得注意的是，具体购房时间点、房产登记和出资方的不同可能对房屋的所有权造成不同的效果。

（1）根据《婚姻法解释（三）》第7条第1款规定，婚后由一方父母出资为子女购买的不动产，产权登记在出资人子女名下的，可按照《民法典》第1063条的规定，视为只对自己子女一方的赠与，该不动产应认定为夫妻一方的个人财产。

（2）根据《婚姻法解释（三）》第7条第2款规定，由双方父母出资购买的不动产，产权登记在一方子女名下的，该不动产可认定为双方按照各自父母的出资份额按份共有，但当事人另有约定的除外。由该条第2款可知，在双方父母共同出资的情况下，无论产权是登记在一方还是双方子女名下，该房产都被认定为双方子女按份共有，除非当事人另有约定。

77. 配偶另一方如何在房屋权属证书上“加名字”？

从法律角度来看，在房屋权属证书上“加名字”就是“增加房屋的共有权人”。按照房屋是否处于偿还贷款期间的标准，可以分为以下两种具体情形：（1）已付清全款的房屋。需要携带“三证”及其复印件（“三证”即结婚证、身份证、房产证）；双方到房屋交易中心填写双方共同拥有该房产、请求增加共有人的申请；缴纳所需费用，费用一般包含配图费、登记费等。（2）房屋的购房款尚未还清，如尚在按揭贷款支付购房款。需要先到银行办理抵押手续变更，征得贷款银行同意；携带“三证”及其复印件；缴纳办理所需要的费用。如果房屋是有房贷的，想要在房产证上加名字首先要去银行办理抵押变更手续，因为加上名字以后贷款人也会做出相应的调整，具体事宜还是要咨询贷款的银行。

78. 离婚后，如何变更商品房产权登记？

离婚后，如果存在夫妻双方共有商品房的情况，那么一般就不可避免地存在分割财产、变更商品房产权登记的问题。根据《房屋登记办法》第12条的规定，申请房屋登记，应当由有关当事人双方共同申请，但本办法另有规定的除外。有下列情形之一，申请房屋登记的，可以由当事人单方申请：（1）因合法建造房屋取得房屋权利；（2）因人民法院、仲裁委员会的生效法律文书取得房屋权利；（3）因继承、受遗赠取得房屋权利；（4）有本办法所列变更登记情形之一；（5）房屋灭失；（6）权利人放弃房屋权利；（7）法律、法规规定的其他情形。由此可知，协议离婚不属于单方申请的范围，离婚后变更商品房登记应当仍由当事人双方共同申请。

79. “一方出轨，视为自动放弃房屋所有权”的约定是否有效？

情景再现

女方A与男方B是夫妻关系，于2007年6月共同购买滨江大道某小区商品房一套。因工作原因，A经常出差，B在参与赌博活动中与其中一女赌友C关系甚密。A发现后，B承认错误，双方签订了一份协议，约定夫妻双方若有一方出轨，出轨方就要“净身出户”，无条件放弃全部财产，并向对方支付5万元的精神损害赔偿金。协议签订后，B趁A出差时继续与女赌友C来往，直至发生不正当关系。A发现后，认为夫妻感情彻底破裂，起诉至法院，要求法院判决离婚，并分割夫妻共同财产。

法律分析

“忠诚协议”是双方约束婚内相互忠诚的契约。A、B签订的忠诚协议是在双方自愿的基础上签订的，且该协议没有违反法律法规的强制性规定，符合我国《民法典》第1043条中夫妻应相互忠实的精神，亦有助于社会公德，因此，该协议有效。

80. 期房可以转让吗？

期房指的是在建的、尚未建成的、房产商在短期内不能交付使用的商品房。房产商从取得商品房预售许可证开始，直至房地产行政管理部门初始登记并取得房地产权证，房产商这一期间在市场上所预售的商品房被称为“期房”。商品房竣工交付使用前的商品房买卖是现今房地产市场上经常发生的行为。由于相关法律、法规对之没有规定，致使交易中无规可循，买卖各方经常为之产生争执，而且这种交易的可操作性也是一个难题。首先，《城市房地产管理法》第38条第6项规定，未依法登记取得权属证书的房屋不得转让。同时《城市房地产管理法》第46条规定，商品房预售的，商品房预购人将购买的未竣工预售商品房再行转让的问题，由国务院规定。

在期房交易市场中，期房的转让不是房屋的转让，而是预售合同的转让，按照预售合同转让程序进行的期房转让并不违反法律的禁止性规定，是可以进行转让的。期房交易在实际操作中有以下几种方式：（1）认购合同转让。这是投资购房者的常用方式，这种交易方式一般是购房者先行订购，签订认购书，然后将认购的房屋通过中介公司挂牌出售。（2）重新签订商品房预售合同。在此种情形下，购房者支付首付款，已经与房产商签订了商品房预售合同，再与新的购房者签订转让房屋的协议书，经过房产商的同意，并取消了在房地产管理部门的备案登记后，由新购房者与房产商签订新的商品房预售合同，并在房地产政府管理部门备案登记。（3）取得房屋产权权属证书后交易。这种情形下，实质上是购房者将自己所有的房屋出售给他人，按照一般的房屋买卖程序处理即可。

81. 如何办理期房转让手续？

办理期房转让，一般需要经过以下三个主要步骤：

（1）签订转让合同。即原期房买方（转让方）与新买方（受让方）签订期房转让合同。合同中应至少包括如下内容：转让房屋的预售合同编号、转让原因、转让金额、转让面积、双方的权利义务等。此外，转让金额应与原预售合同的价格相一致，并且，该转让合同须经房地产开发企业认可、签字盖章。

（2）转让双方办理预售转让登记手续。办理时，双方应持原预售合同、转让合同、有关证件到房地产交易管理部门（一般为区、县房屋土地管理局）进行转让，经该部门审核转让合同符合规定的，由经办人填写《预售商品房转让审批表》，报市房屋土地管理局审批。

（3）转让合同经过审批后，依法缴纳印花税。转让双方在接到批准通知后，由转让方按预售合同金额的2%交付手续费。之后，转让方将所持原预售合同正本移交给受让方，待房屋正式交付入住后，受让方凭此件与房产商办理过户手续，主管机关经办人将转让合同副本、转让审批表等有关材料归入原登记留存的预售合同档案。对不准转让的，有关审批机关会通知转让人。

82. 期房转让需要具备什么条件？

转让期房的，一般应当具备以下条件：（1）必须存在有效的商品房预售合同。转让合同是以预售合同为基础的，预售合同无效，转让合同当然无效。（2）标的物为正在建设而未竣工的商品房。（3）如果是按揭买房或者是贷款买房的，应当及时通知银行。银行和购房者之间形成了借贷法律关系和抵押法律关系，相应的银行是债权人和抵押权人。根据《民法典》第406条的规定，抵押人转让抵押财产的，应当及时通知抵押权人。抵押权人能够证明抵押财产转让可以损害抵押权的，可以请求抵押人将转让所得的价款向抵押权人提前清偿债务或者提存。（4）应该通知开发商。在实际操作中，各银行都在借款合同中约定购房者转让期房时必须取得开发商的同意，以此来保护自身利益。（5）购房者与新购房者签订转让合同，并办理了有关手续。

83. “一房数卖”，房屋归属如何确定？

“一房数卖”是指房产商与两个或两个以上的购房者签订房屋买卖合同，将同一房屋出卖给两个以上不同的购房者，又称房屋的多重买卖。在商品房交易领域中，房产商在预售商品房阶段中发生一房数卖的情况更为常见，即房产商基于各种原因与多个购房者签订商品房预售合同。在多个购房者均提出请求房产商履行合同义务（如交付房屋、转移所有权）时，哪个购房者履行合同的请求能够得到法院的肯定呢?

在审判实践中，关于预售商品房的“一房数卖”的合同履行问题，具体有以下几种情况：

（1）房产商已为其中一位购房者办理了房屋产权登记，不论此购房者与房产商订立商品房买卖合同的先后顺序，该办理登记的购房者依登记均取得房屋所有权。

（2）房产商未与任何一位购房者办理房屋产权登记，此时房产商仍然是该争诉房屋的所有权人，各个购房者均有权依商品房买卖合同请求房产商交付房屋并转移所有权。虽然各个债权的效力在法律上是平等的，但在多个购房者均要求房产商履行义务的情况下，法院一般会从商品房买卖合同的真实性、签约时间顺序、付款程度、合同备案情况、讼争不动产的占有事实以及预告登记情况等方面综合加以评判。

商品房买卖合同必须是买卖双方在平等、自愿的基础上作出的买卖房屋的真实意思表示。根据《商品房买卖合同司法解释》第10条的规定，如果房产商与第三人是恶意串通，故意另行签订商品房买卖合同并将房屋交付使用，导致先购房者无法取得房屋，则房产商与第三人订立的商品房买卖合同无效。

预告登记具有准物权对抗效力。预告登记后，未经预告登记权利人同意，房产商对其他购房者进行的任何有关房屋转让、抵押等物权行为均无效。

付款在先原则。购房者支付购房款的程度，能够反映其履行合同义务的状况，对于积极履行合同义务的买受人，理应得到更优先的保护。

预售登记在先原则。在没有购房者进行产权登记及付款的情况下，如果其中一位购买者办理了预售登记，则较其他购房者来说更容易得到法院的支持。

签约在先规则。虽然债权具有平等性，但债权形成时间的先后顺序是考量物权分配的重要因素。数个购房者在房屋没有交付或登记备案，也没有支付购房款的情况下，法院更倾向支持由最先签订买卖合同的买受人对房产商的履行请求。

当然，一房数卖的案件类型在交易中纷繁复杂，法院在审理案件时会结合不同的具体案情综合考量影响房产商履行合同义务的重要因素。

84. “一房数卖”，未取得房屋的购房者该如何索赔？

在“一房数卖”的情形下，房产商只能向数个购房者之一履行合同义务，向其交付房屋并进行房产登记转移房屋所有权。此时，未能得到房屋的购房者，该如何维护自己的权益呢?

根据《商品房买卖合同司法解释》第8条的规定，商品房买卖合同订立后，房产商又将该房屋出卖给第三人，导致商品房买卖合同目的不能实现的，无法取得房屋的买受人可以向房产商请求:(1)解除商品房买卖合同;(2)返还已付房款及利息、赔偿损失;(3)请求房产商承担不超过已付购房款一倍的赔偿责任。例如，张某与T房产公司签订了商品房买卖合同，且张某支付了20万元的首付款。嗣后T公司将该商品房另行出售给王某并进行了房屋产权登记。此时，张某可以请求解除商品房买卖合同、返还20万元付房款及其利息，并且可以请求T公司支付20万元作为赔偿。

85. 拆迁补偿安置房被“一房数卖”，被拆迁人是否有优先受偿权?

拆迁补偿安置房是因城市规划、土地开发等原因对被拆迁住户进行安置所建的房屋。被拆迁户与房产商约定以所有权调换的方式订立《房屋征收产权调换协议书》的，如果该协议约定了房屋的具体位置、房号、面积等主要条款，则通常会被视为商品房买卖合同。房产商如果违反协议约定，将位置、用途特定的补偿安置房另行出售给他人时，被拆迁人该如何维护自己的利益？

（1）房产商未与其他购房者办理房屋产权登记，房产商仍然是该争诉房屋的所有权人时，根据《商品房买卖合同司法解释》第7条的规定，被拆迁人相较其他购房者来说，具有优先受偿权，可以请求优先取得补偿安置房屋。

（2）房产商已为其他购房者办理了房屋产权登记，该办理登记的购房者依登记均取得房屋所有权。此时，被拆迁人无法取得房屋的所有权，合同的目的不能实现，根据《商品房买卖合同司法解释》第7条第2款及第8条第2项的规定，被拆迁人可以请求解除《房屋征收产权调换协议书》、返还已付购房款及利息、赔偿损失以及承担不超过已购购房款一倍的赔偿责任。

86. 被拆迁人对于安置房屋的优先权的法律性质是什么？

根据《商品房买卖合同司法解释》第7条第1款规定，拆迁人与被拆迁人按照所有权调换形式订立拆迁补偿安置协议，明确约定拆迁人以位置、用途特定的房屋对被拆迁人予以补偿安置，如果拆迁人将该补偿安置房屋另行出卖给第三人，被拆迁人请求优先取得补偿安置房屋的，应予支持。第7条第2款规定，被拆迁人请求解除拆迁补偿安置协议的，按照本解释第八条的规定处理。此条被认为是被拆迁人对补偿安置房有优先受偿的权利依据，即在争讼房屋的所有权未转移给第三人时，被拆迁人可以请求优先取得该安置补偿房屋。

根据最高人民法院在“成都国权锦城房地产开发有限公司等诉成都市青羊区房产管理局物权确认纠纷案”[①]中的观点，被拆迁人对于安置房屋的优先权是一种特种债权，具有物权的优先效力。最高人民法院在该案中认为，以产权调换为补偿方式的拆迁补偿安置协议是以物易物的互易合同。在《拆迁补偿安置协议》中对房屋的补偿方式、安置房屋面积、过渡期限等一般内容进行约定，而且对安置用房的位置、用途也作了明确、特别约定的情况下，该安置用房具有了特定性。结合拆迁补偿安置协议的特殊性，按照对被拆迁人利益的侧重保护原则，可以将被拆迁人对该特定房屋的债权视为一种特种债权，赋予物权的优先效力，称为债权的物权化。被拆迁人对其所享有的对安置房屋的优先受偿的权利可以自由处分，即被拆迁人有权按照其意愿和实际情况，既可以请求行使优先权，请求确认争讼安置房屋的产权归属，也可以放弃该权利请求解除拆迁补偿安置协议，并请求赔偿损失。需要注意的是，根据最高人民法院

① 参见“成都国权锦城房地产开发有限公司、成都市青羊区房产管理局物权确认纠纷再审审查与审判监督民事裁定书”，案号：(2017）最高法民申691号，载OpenLaw，http://openlaw.cn/judgement/75a7b6e8b9474fdcb1087dfbe681ccc2?keyword=。

的观点，该赔偿损失不适用诉讼时效的规定，不受诉讼时效期限的限制。

87. 房屋产权的期限是多久?

房屋产权是指房产的所有者按照国家法律规定所享有的权利，即房屋所有者对该房屋财产的占有、使用、收益和处分的权利。房屋产权由房屋所有权和土地使用权两部分组成。房屋所有权属于个人产权，是私有财产权的一种，其期限是永久的。根据《宪法》和《民法典》的规定，土地的所有权归国家和集体所有，土地使用权年限根据《城镇国有土地使用权出让和转让暂行条例》的规定依用途区分最高使用年限。《城镇国有土地使用权出让和转让暂行条例》第 12 条规定，土地使用权出让最高年限按下列用途确定:（1）居住用地 70 年;（2）工业用地 50 年;（3）教育、科技、文化、卫生、体育用地 50 年;（4）商业、旅游、娱乐用地 40 年;（5）综合或者其他用地 50 年。

88. 房屋产权到期后，房屋归谁所有?

房屋产权分为房屋所有权与房屋所附着的土地使用权。房屋所有权是个人财产的一种，期限是永久的，不存在到期与否的问题。但是，根据《城镇国有土地使用权出让和转让暂行条例》第12条第1项的规定，居住用地的土地使用权最高年限为70年，且自取得该地的土地使用权之日算起。70年产权到期后，根据《民法典》第359条的规定，住宅建设用地使用权期间届满的，自动续期。非住宅建设用地使用权期间届满后的续期，依照法律规定办理。该土地上的房屋及其他不动产的归属，有约定的，按照约定；没有约定或者约定不明的，依照法律、行政法规的规定处理。因此，房屋的产权到期后，主要是指土地使用权到期后，自动续期，房屋仍归原所有权人享有。

89. 如何避免购买的商品房存在产权瑕疵？

众所周知，具有产权争议的商品房的买卖可能会带来比较麻烦的法律纠纷。购买产权上存在瑕疵的商品房给购房者带来的法律风险往往是根本性地影响房屋的使用，通俗地来说，也就意味着购房者购买到的商品房“只能住，不能出租、转让、抵押”。一般情况下，判定商品房是否具有产权争议需要综合评价。例如，开发商在开发该商品房时是否证件齐全，具有《国有土地使用证》《建设用地规划许可证》《建设工程规划许可证》《建设工程施工许可证》《商品房预售许可证》等证书。

现实生活中，出于房地产开发的过程复杂而漫长的原因，开发商可能出现征地有遗留问题、未交齐土地出让金、商品房楼栋存在查封或者抵押、存在超规划建房现象，无法通过竣工备案等问题，从而影响相关手续的办理。这些证件如果有任何一个欠缺，那么就有可能存在产权瑕疵，影响购房者办理房产证等相关手续，导致一系列法律风险的发生。此外，诸如经济适用房、部分按经济适用房管理的回迁房、单位集资建房、部分央产房、小产权房等房屋可能在产权上容易产生一些问题，购房者购买这一类商品房时需要关注是否能够取得房屋所有权证书的问题。

第五章

CHAPTER 5

商品房买卖的其他相关问题

90. 什么是商品房包销合同?

商品房包销是指包销商与房产商之间订立商品房包销合同，约定包销商以房产商的名义，在约定的包销期限内对外承包销售房产商的一定数量的商品房，并按照约定支付包销价款，获得销售差价利益；包销期限届满，包销商对未销售的商品房按照合同约定的包销价格购买的一种法律行为。

商品房包销是一种特殊的附条件的商品房买卖行为，所附的条件是“包销期限届满尚有未售出包销商品房”，只有此条件完成，包销商与房产商之间才就未销售的商品房发生直接买卖行为。《商品房买卖合同司法解释》第20条也规定了商品房包销合同这一特殊性，即“出卖人与包销人订立商品房包销合同，约定出卖人将其开发建设的房屋交由包销人以出卖人的名义销售的，包销期满未销售的房屋，由包销人按照合同约定的包销价格购买，但当事人另有约定的除外”。此外，《商品房买卖合同司法解释》第21条还规定，如果房产商自行销售已经约定由包销人包销的房屋，包销人可以请求房产商赔偿损失。根据《民法典》第584条的规定，此处的损失应当包括包销人可得利益的损失。

91. 房产商未依约取得商品房预售许可证，包销人能够主张可得利益损失吗？

一般认为，根据《民法典》第584条规定，可得利益系合同履行后守约方可以获得的利益，属于违约责任的范畴，但不得超过违约方在订立合同时可预见的因违约给守约方所造成的损失。具体到商品房包销合同上来说，只有委托销售方即房产商侵犯了包销方独家销售权且实际销售价格高于包销成本的情况下，包销方的可得利益赔偿主张才能依法成立。如果房产商的违约行为仅是没有在约定的期限内取得商品房预售许可证，而并非恶意侵犯包销方在包销期内的商品房独家销售权，因不具有合同订立时的可预见性，包销方不能主张可得利益损失。

92. 房屋存在质量问题，业主能否拒绝支付物业费？

在物业纠纷中，购房者办理入住后，因房产商交付的房屋有质量问题而拒绝支付物业费的案件较为常见。在房产商交付的房屋存在质量问题不符合合同约定时，购房者可以请求房产商进行修复，并赔偿因此造成的损失。购房者与房产商之间系属商品房买卖合同纠纷，而购房者办理入住后成为业主，业主与物业公司之间的物业费支付问题系属物业合同纠纷，二者为不同的法律关系，不能混为一谈。因此，在物业公司依合同履行物业服务后，作为业主的购房者不能以房屋存在质量问题拒绝支付物业费。《最高人民法院关于审理物业服务纠纷案件具体应用法律若干问题的解释》（以下简称《物业服务纠纷解释》）第6条规定，经书面催交，业主无正当理由拒绝交纳或者在催告的合理期限内仍未交纳物业费，物业服务企业请求业主支付物业费的，人民法院应予支持。物业服务企业已经按照合同约定以及相关规定提供服务，业主仅以未享受或者无须接受相关物业服务为抗辩理由的，人民法院不予支持。

93. 业主长期未缴专项维修资金，适用诉讼时效的规定吗？

情景再现

2004年3月，H公司取得上海市虹口区某大厦底层、二层房屋的产权，但是H公司从未支付过上述房屋的专项维修资金。2010年9月，H公司房产所在小区业主大会经征求业主表决意见，决定由小区业主大会代表业主提起追讨维修资金的诉讼。该小区业主大会向法院起诉，要求H公司就其所有的某大厦底层、二层的房屋向原告缴纳专项维修资金57566.9元。被告H公司辩称，其于2004年获得房地产权证，至本案诉讼有6年之久，原告从未主张过专项维修资金，该请求已超过诉讼时效，不同意原告的诉请。

法律分析

法院认为，《物业管理条例》第7条第4项规定，业主在物业管理活动中，应当履行按照国家有关规定交纳专项维修资金的义务。第53条第1款规定："住宅物业、住宅小区内的非住宅物业或者与单幢住宅楼结构相连的非住宅物业的业主，应当按照国家有关规定交纳专项维修资金。"依据上述规定，缴纳专项维修资金是为特定范围的公共利益，即建筑物的全体业主共同利益而特别确立的一项法定义务，这种义务的产生与存在仅仅取决于义务人是否属于区分所有建筑物范围内的住宅或非住宅所有权人。因此，缴纳专项维修资金的义务是一种旨在维护共同或公共利益的法定义务，其只存在补缴问题，不存在因时间经过而可以不缴的问题。业主大会要求补缴维修资金的权利，是业主大会代表全体业主行使维护小区共同或公共利益之职责的管理权。如果允许某些业主不缴纳维修资金而可享有以其他业主的维修资金维护共有部分而带来的利益，其他业主就有可能在维护共有部分上支付超出自己份额的金钱，这违背了公平原则，并将对建筑物的长期安全使用，对全体业主的共有或公共利益造成损害。

基于专项维修资金的性质和业主缴纳专项维修资金义务的性质，被告H公司作为该小区的业主，不依法自觉缴纳专项维修资金，并以业主大会起诉追讨专项维修资金已超过诉讼时效进行抗辩，该抗辩理由不能成立。原告根据被告所有的物业面积，按照同期其他业主缴纳专项维修资金的计算标准算出的被告应缴纳的数额合理，据此判决被告应当按照原告诉请支付专项维修资金。

94. 如何成立业主大会与业主委员会？

根据《物业管理条例》第8条、第9条、第10条的规定，物业管理区域内全体业主组成业主大会。一个物业管理区域成立一个业主大会。同一个物业管理区域内的业主，应当在物业所在地的区、县人民政府房地产行政主管部门或者街道办事处、乡镇人民政府的指导下成立业主大会，并选举产生业主委员会。但是，只有一个业主的，或者业主人数较少且经全体业主一致同意，决定不成立业主大会的，由业主共同履行业主大会、业主委员会职责。

95. 业主大会的职能是什么?

根据《民法典》第 278 条第 1 款以及《物业管理条例》第 11 条的规定，由业主共同决定的事项包括:（1）制定和修改业主大会议事规则;（2）制定和修改管理规约;（3）选举业主委员会或者更换业主委员会成员;（4）选聘和解聘物业服务企业或者其他管理人;（5）使用建筑物及其附属设施的维修资金;（6）筹集建筑物及其附属设施的维修资金;（7）改建、重建建筑物及其附属设施;（8）改变共有部分的用途或者利用共有部分从事经营活动;（9）有关共有和共同管理权利的其他重大事项。《关于审理建筑物区分所有权纠纷案件具体应用法律若干问题的解释》第 7 条规定，改变共有部分用途、利用共有部分从事经营性活动、处分共有部分，以及业主大会依法决定或者管理规约依法确定应由业主共同决定的事项，应当认定为《民法典》第 278 条第 1 款第 9 项规定的“其他重大事项”。

此外，《民法典》第 278 条第 2 款还规定了业主大会的决议规则，即业主共同决定事项，应当由专有部分面积占比三分之二以上的业主且人数占比三分之二以上的业主参与表决。决定前款第 6 项至第 8 项规定的事项，应当经参与表决专有部分面积四分之三以上的业主且参与表决人数四分之三以上的业主同意。决定前项其他事项，应当经参与表决专有部分面积过半数的业主且参与表决人数过半数的业主同意。

96. 业主委员会的职能是什么？

业主委员会指的是由业主选举产生，是业主行使共同管理权的一种组织形式。业主委员会是由物业管理区域内业主代表组成，代表业主利益，向社会各方反映业主意愿和要求，并监督物业管理公司管理运作的一个民间组织，不具备独立法人资格。根据《物业管理条例》第15条的规定，业主委员会执行业主大会的决定事项，履行下列职责：（1）召集业主大会会议，报告物业管理的实施情况；（2）代表业主与业主大会选聘的物业服务企业签订物业服务合同；（3）及时了解业主、物业使用人的意见和建议，监督和协助物业服务企业履行物业服务合同；（4）监督管理规约的实施；（5）业主大会赋予的其他职责。

97. 业主有权更换房产商选定的物业公司吗？

根据《民法典》第278条第1款以及《物业管理条例》第11条的规定，业主大会有权选聘和解聘物业服务合同，也有权更换房产商选定的物业公司，但需要依照法律规定的程序选定新的物业公司。

一般来说，按照《民法典》与《物业管理条例》的规定，业主更换物业公司的程序是:（1）召开业主大会，就物业管理事宜进行投票表决，应当经专有部分占建筑物总面积过半数的业主且占总人数过半数的业主同意，即可更换物业公司;（2）由业主委员会负责物业管理招标事宜，拟定管理要求和费用标准，制作标书;（3）联系物业公司或房屋主管部门进行公开物业招标;（4）由业主联合组建评标小组，可以外请物业做参考意见，请房屋主管部门领导参加以示公允;（5）评标，并选出中标的物业公司;（6）由业主委员会向业主大会做招投标报告，并出示评标过程及最终结果，业主大会对业委会的结果进行投票表决;（7）表决通过，由业委会同物业公司签署物业管理协议，安排新老物业交接手续，新物业进场。

98. 业主委员会是否具备诉讼主体资格?

诉讼主体资格，即具备诉讼主体条件的当事人。在商品房交易过程中的诉讼主体资格主要涉及民事诉讼主体，即参与民事诉讼活动的当事人。业主委员会是否具备民事诉讼主体资格，换言之，即业主委员会能否在民事诉讼中作为原告、被告和第三人。

在审判实践中，法院一般认为，依法成立的业主委员会在其职责范围内，经业主代表大会授权，有权就与物业管理有关的、涉及全体业主公共利益的事宜，以物业公司为被告向人民法院提起民事诉讼。与物业管理无关的、个别或部分业主的事宜，业主委员会无权向人民法院提起民事诉讼。

99. 住宅装饰合同中的“假一赔百”条款有法律效力吗？

情景再现

陈某与C装饰设计工程有限公司签订了一份《重庆市住宅装饰工程合同》。双方在合同中约定所选用的蹲便器品牌为马可波罗，双方约定“假一赔百”，但C公司在实际装修过程中使用的蹲便器标识为Macoplco。陈某以C公司违约为由主张C公司承担商品价格100倍、共3万元的赔偿款。

法律分析

本案中，因为C公司属于从事装修、装饰专业服务的经营者，双方之间的法律行为同时受《民法典》与《消费者权益保护法》调整。双方在住宅装饰合同中约定有惩罚性条款的，依照合同约定优先原则。法院在本案中认为，当事人约定的“假一赔百”惩罚性条款系双方真实意思表示，并不违反法律、法规的强制性规定，其缔约目的有利于加强经营者的诚信履约能力，规范市场。《民法典》规定，依法成立的合同，对当事人具有法律约束力。当事人应当按照约定履行自己的义务，不得擅自变更或者解除合同。依法成立的合同，受法律保护。因此陈某以合同约定的“假一赔百”的标准计算惩罚性赔偿金额于法有据。[①]

此外，如果合同中未约定实际装修材料与约定不符时，装修公司的赔偿额计算方法的，消费者可以依照《消费者权益保护法》第55条第1款的规定要求装修公司承担所购买的商品或者接受服务的费用三倍的赔偿责任。

100. 装修房屋对隔壁住户造成损害，谁承担赔偿责任?

购房者在请装饰装修公司装修房屋的过程中，可能会遇到各种各样的问题。例如，在装修过程中，装修工人在不知情的情况下将地墙里的主水管打破、在装修工程中将共用的墙壁捣

① 参见“陈亮与重庆道春凯斯装饰设计工程有限公司装饰装修合同纠纷上诉案民事判决书”，案号：(2016)渝05民终271号，载中国裁判文书网，wenshu.court.gov.cn/website/wenshu/181107ANFZ0BXSK4/index.html?docId=71bfcebc9bf8461d87f0a70f00e04ac9。

穿等，给隔壁住户造成的损失，购房者和装饰公司应该由谁来承担赔偿责任？

根据建设部颁布实施的《住宅室内装饰装修管理办法》第33条规定，因住宅室内装饰装修活动造成相邻住宅的管道堵塞、渗漏水、停水停电、物品毁坏等，装修人应当负责修复和赔偿；属于装饰装修企业责任的，装修人可以向装饰装修企业追偿。装修人擅自拆改供暖、燃气管道和设施造成损失的，由装修人负责赔偿。

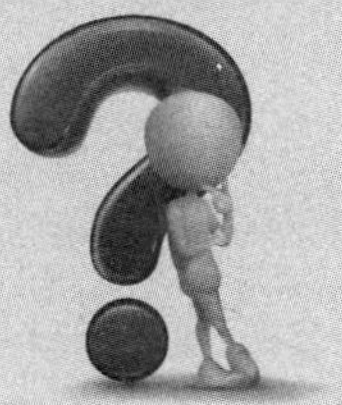

第六章

CHAPTER 6

二手房基础知识

第一节　二手房

101. 什么是二手房?

对于二手房尚不存在明确统一的概念界定，当前主要存在三种划分标准：

（1）使用记录标准。这一标准偏重考虑房屋是否曾有人居住、有无装修历史。使用过的房屋容易使人产生折旧的印象，房屋新旧能够在一定程度上成为购房者的评价标准，并可以成为买房者讨价还价的突破口。不过以房屋是否有人居住作为划分标准并不科学，只能在特定情况下作为一种辅助参考标准。

（2）原始房标准。这一观点认为如果不是直接从开发商处取得的房屋，都只能被归为二手房。它考虑到了特殊的市场交易情况，是交易双方为合法避税及减少过户费用，在办理分户产权手续之前进行的二次交易。这一标准基于市场实际发生的特殊事件，不能算作市场常态。

（3）分户产权标准。这种观点认为，无论是新房、旧房，也无论是一次转手或多次转手，只要是办理了分户产权再进行交易的，都属于二手房。由于办理分户产权后，房产已被纳入法律的有效监管与控制范围内，管理机构能够实施有效管理，转手交易涉及房屋产权变更，交易过程同样也能够在房地产管理部门可控范围内，全过程都受到法律的监督与保护，因此这一标准成为区分新房与二手房的最常见标准。

在采用分户产权标准的基础上，二手房是指已经由房屋土地管理部门登记备案并发放所有权证书，能够再次上市进行交易的房产。

102. 什么是分户产权证？

分户产权证是相较于总产权证而言的。开发商房产项目竣工后，应前往房地产权属管理部门申请权属登记，之后登记部门通知房地产测绘部门进行现场勘测，数据勘测完成后，由土地管理部门核定地价，在土地使用途径、规划面积建房、地价款最终交纳以及拆迁安置结案等情况全部审核无误后，由房地产权属部门颁发房屋所有权证，即开发商俗称的“大产权证”。

分户产权证是每套房子的权属证明，也被称为“小产权证”。房产证为总证的情况下，需要进行房屋测绘，计算具体的分摊建筑面积，分摊土地面积，然后单独做证，分割办证的费用只有测绘费、工本费，不包含契税及维修基金。

申请办理产权证可选择三种方式：

（1）购房人委托开发商办理分户产权，由开发商一方到房管局申请办理。

（2）开发商委托购房人办理分户产权，即市民自己办理，由购房人自行到房管局申请办理。

（3）开发商和购房人共同委托第三人办理分户产权，由受委托人一方到房管局申请办理。

103. 什么是次新房？

次新房是二手房中的一种，专指房龄在3—5年的二手房。与普通二手房，特别是房龄较长的二手房相比较，次新房具有房龄短、质量好、设计理念与装修风格与新房接近、价格却比新房低等优势。除了以上优势之外，在经历了几年的磨合期后，次新房周边的社区配套设施、物业管理方法都已经成熟，生活起来更加便利，考察检验也十分方便，购房风险极低，性价比高。

104. 什么是存量房？

存量房一般是指未居住过的二手房，即通常所讲的“库存待售”的房产。存量房严格意义上来讲是存量资产，存量房市场也叫作一级半市场。存量房买卖程序是由买卖双方当事人签订房屋买卖合同，合同生效后30日内向房屋所在地的房地产交易中心办理转移登记。

存量房与二手房的区别在于，存量房是房地产公司还未销售给客户的库存新房，此房在房产局登记的是预售证。二手房是已经销售给个人或单位，在房产局登记注册并发有房产证的房源。

105. 什么是增量房？

增量房俗称一手房，指房地产开发商新建造的商品房，与增量房相对应的是一级房地产市场。最通俗易懂的说法就是能增加现有房屋数量的房产。

增量房跟房产税有关，增量房产的原值与评估值接近，有利于征收。从微观经济角度来看，房地产供给是指生产者在某一特定时期内，在每一价格水平上愿意而且能够租售的房地产商品量。在生产者的供给中既包括新生产的房地产商品——俗称的增量房，也包括过去生产的存货——俗称存量房。

106. 二手房有哪些特征？

相较于普通商品，作为不动产的房屋具有一些明显特点，如生活必需品、价值高、消费周期长、利益关系大、受位置环境影响大等。以上特点是所有类型的房屋共同所有的，与一手房相比，二手房又具有一些其他特征：

（1）政策性强。这是二手房最为显著的特征之一，贯穿于整个二手房交易的始终。二手房信息来源、真实性深受政策影响，只有稳定真实的信息来源方能确保整个二手房交易市场的良性发展，这在很大程度上与如何实现房产中介行业的科学管理相关联，且会进一步涉及房产主管部门的政府行为与经营行为脱钩这类深层问题。政策性也表现在二手房估价上，一般情况下，二手房价格受市场行情影响，但要进行权威准确的评价则涉及专业评估，与国有资产评估类似，二手房价格评估也需要一系列标准和方法，评估标准、评估资格、评估办法与评估结果认证都要受政策影响。较强的政策性还表现在税费上，由于二手房涉及较多的历史遗留问题，税费问题要比一手房复杂得多，为促进住房二级市场的发展，近年不同地区都因地制宜出台了不尽相同的地方优惠政策。

（2）结构传统。除新建造的商品房外，二手房市场中有相当一部分属于房龄较长的旧房，有的可以追溯到改革开放初期。当时人们整体的居住条件一般，对居住环境也没有太多要求，基本不大考虑物品摆放空间的设计规划。大多数旧房套型较小、面积不大，结构往往比较紧凑。

（3）环境成熟。与新建商品房相比，二手房多紧邻市区。由于长年的建设投资，市中心的城市基础建设一般优于郊区及城乡接合部，不仅拥有水、电、气、道路这类常规基础设施，医疗保健、子女教育、公共交通这类在日常生活中越发重要的公共资源也基本能够实现运转到位，二手房具有相对成熟、成型的市政环境。

（4）价格悬殊。交通区位、周围环境、装修材料、建筑物容积率等往往是造成新建房屋价格差异的主要因素，不同二手房之间的价格差异当然也受这些因素影响，但同时也受房屋来历复杂性、出售背景复杂性、房改政策的影响，导致二手房价格悬殊的原因更为多样。所有权人出售房屋动机的不同也可能导致报价或成交价差别很大。

（5）投机性强。随着社会经济高速发展，城市地价也不断上涨，一些原本位于城郊不受青睐的二手房因城市面积不断扩张，从而取得了较为优越的地理位置。一些资本雄厚、了解城市规划、长期从事商业活动的人，往往能够较为敏锐地嗅到商机，会及时出资购买一些价格不高的二手房，稍加改造装修后转手出卖或出租，或静待所购房屋不断升值。

（6）物业一般。在市场机制调节下，业主只需要支付一定的物业费，即可委托物业公司负责本小区的环境维护，物业管理水平在很大程度上影响着业主的生活居住水平。对于有些老旧的二手房而言，利益关系复杂，物业管理混乱，不利于现代物业管理公司的引入，常表现为多头管理。对于很多二手房购买者而言，物业服务水平已经成为不得不认真对待的重要方面。

107. 二手房的来源有哪些?

交易市场上的二手房来源渠道不一，这主要是因我国房屋产权具体构成状况复杂、房屋权属主体多样所致。有的是单位出资建设，然后按照内部评定方法分配给职工的福利房；有的是单位出资购买土地，再由职工筹款建设的集资房；有的是单位组织职工以略低于市场价向开发商购买的团购房；有的是单位向开发商购买后，再分配、转售给职工的房屋；有的是个人向单位购买的旧房；有的是个人从开发商处购得的新房，出于投资需要，再转售给其他市场主体；有的是发生在个人之间的购房行为；有的是自然人向自然人购买具有交易资格的公房；等等。

总之，二手房来源的多样化，使得我国二手房交易市场上存在的二手房种类繁多，房屋状况有待购房者具体甄别。此外，不同来源的二手房在交易程序复杂程度上也不尽相同，所涉及的政策、税费、价格等也存在较大差异，购房者在购买时需结合自身实力进行综合判断。

108. 二手房的种类有哪些？

国家对二手房交易实行分类管理，不同种类的二手房对应不同的管理政策，即便是面积、朝向、区位完全相同的房产，也会因其来源不同，而在购房流程、购买价格上存在较大差异。及时准确地了解二手房种类，有助于为自己争取更多的谈判空间。从权属主体来源上对二手房进行种类区分是最为常见的划分方法：

（1）开发商销售的二手房。开发商销售的房屋并非全是“原始房”，实践中出于炒房投机的需要，大量存在着购房者直接从开发商处购得新房后，随即委托开发商，特别是售楼处工作人员转售的现象，这往往出现在新开盘的楼盘中，时常与一手房的销售搅在一起。

（2）房地产经营公司出售的二手房。从经营业务范围看，房地产经营公司既可以只销售自己开发的房产，也可以不做开发只从事销售代理，还可以开发、代理同步进行。房地产经营公司销售代理行为的最终目的在于盈利，与所有商品交易中间环节类似，房地产经营公司盈利的主要方式在于获取利润差。不过出于快速回笼资金、降低销售成本的考虑，开发商会选择以较低价格将多套房屋包销给房地产经营公司，房地产经营公司赚取的主要是开发商销售成本与销售利润中的一部分，购房者从房地产经营公司购买的房屋未必一定会比从开发商处购买的“原始房”价格要高。

（3）中介公司出售的二手房。中介公司在一般情况下扮演牵线人的角色，通过发布信息居中促成购房合同的达成，也可以代买卖双方办理相关手续，根据服务性质的不同，从中收取数额不等的中介费。不过房地产中介公司的经营活动实际上非常丰富，并不只是像一般情况下认为的那样赚取中介费，大的中介公司在性质上已经与房地产经营公司十分接近。实力强劲的中介公司也会涉足房产包销、代理、买断经营等领域，在判断利润可观的情况下，中介公司也会直接收购二手房，并找机会进行转卖。

（4）单位出售的二手房。单位建房是中国特定历史时期下的产物，是“单位办社会”的遗迹。随着企业改制，越来越多的单位已经转型成为独立核算、自负盈亏的法人主体，单位建设及维修房屋的费用构成一笔不菲的支出。国家已经从政策上解绑，允许单位有条件地出售公房，越来越多的公房出现在二手房交易市场上。单位公房出售既可以在职工内部进行，也可以面向不特定市场主体，既可以由单位自行组织销售，也可能会被法院、保险公司拍卖。

（5）私人出售的二手房。每年私人间进行的二手房交易数量最大，是二手房市场交易标的物的主要来源。私人出售的二手房又可以分为私有住房与房改房两种类型：私有住房既包括房屋改革前便属私人所有、经继承而得到的祖居，也包括个人以市场价购得的商品房，或从保险公司、法院竞拍买到的房屋；房改房是国家机关、企事业单位在房改过程中，按照房改标准及一定原则出售分配给个人或即将出售分配的房屋。

109. 房改房有哪些类型？

房改房主要分为四大类：

（1）全产权有交易限制的房改房。1978 年 9 月召开的全国城镇建设会议标志着房改的开始，房改政策在不同时期差别很大，同时政策也受区域影响，不同地区的房改政策不尽相同，政策差异在二手房交易上集中表现为购买公房所能享有的优惠幅度不同。由于二手房价格最终还是要受市场行情影响，为了克服房改过程中损公肥私、国有资产流失、分配不公等缺陷与弊端，不得不对房改房再次交易进行限制。有的居民即便已经取得了完整产权的房屋，但再次交易时要受到一定约束，具体拘束条件要视不同时期、不同地区出台的政策规章而定。

（2）全产权无交易限制的房改房。房改房的具体情况较为复杂，有些房屋（特别是距今年代较近的房屋）在房改过程中所能得到的政策优惠不大，与市场价相比，并没有太大差别。

出于促进房改顺利进行及激活房产二级市场的需要，政策往往不对此类房改房再次交易进行限制，基本与二手私房或商品房的管理类似。

（3）部分产权的房改房。在旧体制下，职工并不需要操心住房问题，住房往往作为一项福利由单位统一分配，职工仅需象征性地缴纳部分费用，房屋产权由单位与个人共同所有，具体比例则取决于各单位内部规定。仅具部分产权的房改房，在关乎个人利益的同时也夹杂着国家利益、单位利益，此类房屋要想再交易必须取得所有权利人的一致许可。

（4）集资房。集资房是在国家政策的支持下，单位提供一定量补贴，职工合资修建或购买的住房。此类房屋的产权关系要视不同情况而定，有的是全产权房，有的可能是部分产权房。

第二节　二手房价格

110. 二手房价格受哪些因素影响？

一般而言，二手房价格受以下因素影响：

（1）折旧率。房屋的使用年限多在50年至70年，以50年计，则每年折旧率在2%，以70年计，每年折旧率在1.5%。

（2）户型。某些二手房的户型结构不能符合现代人的居住要求，建造之初不可能为冰箱、洗衣机、集成灶这些大家电预留空间，因此在交易价格上会打折扣，如果是小客厅、小厨房、小卫生间的三小户型，则在售价上可能更低。

（3）楼层。位于中间楼层的房屋价格普遍较高，由于受湿气回潮及漏水影响，楼房的一楼及顶楼价格较低。

（4）朝向。房子朝向不好，如没有朝南门窗或西晒，售价则会降低。

（5）环境。没有物业或物业服务水平较差、小区未封闭存在安全隐患，以及周边没有商场、医院、学校这类公共设施的，售价则会降低，如果是位于重点学校周边的学区房，那么二手房能卖出高价，甚至比新房还要高。

（6）习惯心理。虽然近年二手房市场越发火热，但受制于习惯心理障碍的影响，部分购房者对于二手房存在偏见，仍倾向于购买新房，这种心理也会对二手房价格产生影响。

卖房者应结合以上因素，参考同地段新建房屋价格，初始报价可以相同地理位置商品房价格的60%—80%为准，妥当地为自己房屋定价，只有定价合理方能及早将房屋售出。

111. 什么是二手房估价制度？

二手房价格能够在一定程度上反映房产价值。不过受限于房屋面积、建筑构造、谈判能力等因素，二手房在交易价格上也会有较大差异。为维护买卖双方的合法权益，有必要通过公正的价格评估制度来指导交易行为。

改革开放前，房产作为禁止流通品，无法上市交易。伴随房地产市场的放开，与交易信息存在密切关系的房地产评估行业逐渐步入公众视野。《城市房地产管理法》第34条第1款规定："国家实行房地产价格评估制度。"房地产价格评估制度的建立，与我国整个房地产市场的发展方向相适应，构成后者内在的重要环节，对于促进房产公平交易具有积极影响。房产估价结果在二手房买卖、抵押贷款、交易税费计算、租赁、入股、保险、典当、纠纷处理以及企业合资、合作、租赁经营、承包经营、股份制改组、合并、兼并、破产等方面都起着重要作用，既是企业进行房产投资战略分析、投资决策分析和会计成本分析的基础，也是个人购买房地产商品的重要参考。

112. 二手房上市交易前必须估价吗？

估价程序并非二手房上市交易的必备环节，只要买卖双方就价格问题谈妥订立合同，房地产管理部门就可以依据买卖合同进行过户登记，双方合意定价是二手房交易的常态。不过发生下列情形时，需要进行房产估价：

（1）二手房价格明显过低。二手房最终成交价格直接决定了买卖双方所需缴纳税费的多寡，有时交易双方为了逃避税费会签订阴阳合同，以低于实际成交价格的“阳”合同作为凭据，向房地产管理部门申请变更登记。如果房地产管理部门发现价格明显与房屋实际价值不符，而交易双方又不愿意对价格进行重新调整时，便会委托专业的资质评估鉴定机构对交易的二手房进行估价，并以评估价作为缴纳税费的依据。

（2）买卖双方认为有必要时。一般情况下买卖双方都能够自行确定成交价格，但如果交易一方为外国人或外地人，他们难免对当地房地产市场不甚了解，基于对卖方报价及中介报价的不信任，往往会由双方共同委托具有资格的评估机构进行估价，以估价为参考，以确定最终成交价格。

（3）进行房地产保险时。房地产虽然风险较少，但并不是毫无风险。因自然灾害和意外事故造成房屋毁损的可能性随时都存在。房地产保险是指以房地产作为标的物，根据订立的经济合同，对特定的灾害事故造成的经济损失提供资金保障的一种经济形式，属于财产保险的范畴。在为房产投保或保险事故发生后判断损失程度时，都需要进行评估。

（4）申请抵押贷款时。二手房交易一般涉及大额资金，买方可能一时无法缴纳如此多的资金，难免向银行申请贷款，银行房贷是以房产作为抵押物的。有些购房者为了少付首付而故意抬高二手房交易价格，银行一旦默认高于实际价值的报价，就必然要承担一定风险。因此，为确定抵押房产实际价值，银行会组织评估机构进行定价。有的购房者为了能够顺利申请到银行房贷，也会提前委托评估机构对自己的房屋进行估价。

（5）发生房地产纠纷时。在二手房交易中，一方当事人利用自己的优势或者利用对方没有经验，致使双方的权利与义务明显违反公平、等价有偿原则，有可能导致二手房买卖合同被撤销。一方在二手房合同签订后，以价格畸高或畸低而显失公平为由申请合同撤销的，仲裁机构或法院可以委托房地产评估机构对涉案房屋进行估价，以此作为裁决的参考。

113. 房产估价制度由哪些要件构成?

房产估价制度是以房产为对象，由专门从业人员依照公正、科学、合法的评估原则，遵循特定的评估程度与方法，参照市场价格、交易环境、政策法规等多项要素，合理推测、估算房地产的经济行为。房产估价制度主要由以下几个方面构成：

（1）评估主体。房产估价是一项专业性、技术性很强的工作，并非所有劳动者都能胜任，从业人员在正式执业前必须先行通过专业资格考试，并在取得有关部门核准颁发的职业资格证书后，方能开展相关方面的估价活动。

（2）评估对象。估价主要指向的是房产，但也不完全局限于此，单纯的土地、土地附着物也可以被列为对象一并加以估价。

（3）评估目的。建立房产估价制度的目的在于为涉及房产商品的经济行为提供价格参照。此类经济行为覆盖面极广，主要包括：房产销售、转让、抵押贷款、税费计算、租赁、入股、保险、典当、纠纷处理以及企业的合资、合作、租赁经营、承包经营、股份制改组、合并、兼并、破产等。

（4）评估原则。房产评估要在一定原则指导下进行，这既是评估行业的行业规范及注意事项，也是基本的道德规范要求，这些原则主要包括公正原则、合法原则、科学原则。

（5）评估程序。这指的是在具体的估价过程中，从业人员所需遵循的工作步骤，每一步骤都包含特定的工作流程。

（6）评估方法。对应不同的评估对象及适用条件，从业人员在评估时所用方法也有所不同，主要的评估方法有市场比较法、成本估价法、收益还原法、假设开发法、路线价法等，具体方法的选择要视不同情况而定。

114. 二手房估价应遵循哪些原则？

估价原则能够指导和帮助从业人员确立正确的估价思路，在这一估价思路的指导下，不同从业人员沿着既有方法与程序展开评估活动，能够尽可能缩小主观认识差距，对同一对象获得较为接近的估价结果，有助于评估人员分析处理各类复杂的实践问题。二手房估价主要遵循以下几项原则：

（1）公正原则。房地产评估活动不是一项纯粹的技术性活动，由于评估结果会牵涉到大量的经济利益，从业人员难免在工作中受到当地社会风气的影响。公正原则要求房产评估活动远离不良社会风气，评估人员要能抵制住诱惑，实事求是、排除干扰，做出公正的估价结果。同时，公正原则也要求房地产价格评估机构在收取服务费上，要以评价次数与工作复杂性为依据，劳务费与工作量相挂钩，与评估对象本身的价值没有关联，更不可以额外接受任何其他形式的费用，力求打造估价行业良性健康的生态环境。

（2）科学原则。任何行业都不可能完全排除从业者主观因素，个人在教育背景、成长经历、工作年限上的差异会导致他们对同一认识对象产生不同认识，有时这种认识上的差距甚至会比较大，房产评估行业也不例外。科学性原则要求评估采取合适的方法与流程，将定量分析与定性分析、静态分析与动态分析相结合，尽可能做到评估结果与房屋本身真实价格相接近。不过与此同时也要意识到，受限于人类认识客观规律的能力，评估误差必然存在，误差不同于错误，错误多由工作态度不端与工作方法错误所致，科学性原则力求避免错误，缩小误差。

（3）合法原则。评估制度的目的在于确保房地产行业的稳定发展，价格评估要以估价对象的合法使用、合法交易或合法处分为前提，不能偏离国家法律与政策的相关要求。在具体的评估过程中，从业人员一旦发现以下情形，当尤为注意：无法确认申请人对房产具有合法产权时，应在估价报告中做出特别说明；以国家法律规定为准则，评估活动不能逾越这一界限；房产估价必须服务于合法目的，不能涉及违法活动。

（4）统一评估原则。为避免出现评估结果的孤立、确保评估结果在横向与纵向维度的可对比性，统一评估原则要求评估行为必须统一评估口径，以国家已经颁布的有关法律、法规和条例为依据。统一评估原则不仅体现在评估标准的统一上，还体现在评估资格的统一上，只有具备合法地位的评估机构和有评估资质的专业人员，方能从事评估活动：评估机构必须是经相关部门审批成立的正规法人机构，要接受监管部门定期及不定期检查；评估人员必须具备注册估价师资格，按时参加业务培训和资格认证。

（5）房地结合原则。在一个完整的房产商品中，房与地是不可分割的整体，分别对房或地进行定价既不实际也不可能。即便是样式构造完全相同的房屋，也会因为建筑地块差异而出现不同价格，同样地，同一地块内的房屋，也会因其建筑风格、质量、结构等而出现价格差异。房地结合原则要求估价机构在对房产出具定价结果时，要同时考虑房与地这两个因素。

（6）最佳效益原则。最佳效益原则要求从地产标的物的经济效益与社会效益这两个方面去进行定价。经济效益主要与房屋质量相关，又可分为环境质量、建筑质量与设备质量三个方面：环境质量侧重考虑交通条件、文化卫生福利设施、空气、水质、噪声等方面的状况；建筑质量考虑房屋的结构、种类、式样、朝向、层次、材料、装饰等硬件方面；设备质量考虑房内各主要设施的质量，以及作为整体的设备间功能配套效果。社会效益要求房产具有较高的土地利用效率与良好的社会影响，与城市总体规划相符，功能错位、格局混乱、建筑观念落后会损害房产的社会效益。

115. 二手房估价的主要参考因素有哪些？

二手房评估活动较为复杂，只有建立在对评估对象细致周密分析的基础上，才能做出与真实价值接近的估价结果。在估价时，特别留意参考以下要点，多少能够突破评估关键点，提升二手房估价工作的效率与效果：

（1）确定估价时点。房地产市场价格并非固定不变的水平直线，而呈现为波动曲线，不同时期内，房产价格走向也不相同，选取的估价时点处于行情火热时，估价往往高于真实价值，反之则比实际价值偏低。估价时点的选择要能够反映近期交易趋势，并与交易标的物存在较强关联，同时也要将未来一定时期内市场可能出现的价格波动计算在内。

（2）考虑市场供求。与所有类型的商品相似，二手房市场也受供求关系影响，当二手房市场整体呈现为供大于求时，房产价格将会走低，如果交易市场表现为供小于求时，房产价格将会上扬。目前，我国二手房市场从整体看呈现为供大于求的情况，成交价始终处于上升或小幅回落状态，进行二手房估价时必须考虑到这一基本因素。

（3）参考同类二手房价格。在同一房地产商品交易市场上，具有相同使用价值的房产可以相互替代，价格之间具有一定的替代性，因此，已经成交的、具有替代关系的二手房能够为价格评估提供较强的参考价值。以同类二手房作为参照系，再结合评估对象本身特色综合判断，可以节约评估时间、简化评估手续。

（4）考虑预期增值影响。现阶段，房产具有较强的保值增值特征，部分二手房购买者选购房产时并非出于自身居住需求，而是为了实现价值增值。房产评估都有一定的有效期，即便在这段不长的有效期内，二手房也存在升值的可能，在评估过程中要将预期溢价对房价的影响纳入估价要素，溢价收益能力的增强将带动评估价格的增长。

第三节　二手房市场

116. 如何界定二手房市场?

可以将房地产市场细分为一级、二级、三级。房地产一级市场指的是土地市场，国土部门代表作为土地所有者与管理者的国家，将土地以协议、招标或拍卖的方式转让给具有开发资格的房地产开发商。房地产二级市场是指在土地使用权转让完成后，开发商在已取得土地上投资兴建物业，从事房屋出售、出租、土地转让、抵押等交易的市场。房地产三级市场是广大业主从开发商处购买物业后，以房屋产权凭证为依据，将该物业的所有权再行出售或转租。一般而言，二手房买卖多发生在房地产三级市场。

房产市场同样可以分为三级，分别为住房一级市场、二级市场、三级市场。住房一级市场是指新建商品房的买卖市场，即购房者直接从开发商处购买房屋的交易市场；住房二级市场是指住房私有权出售的交易市场，主体是住房产权的所有者和住房消费者；住房三级市场是指私有房屋的租赁市场。

房地产二级市场大致与住房一级市场范围相同，房地产三级市场大致与住房二级市场范围相同。二手房交易属于房地产三级市场、住房二级市场的交易范围。

117. 二手房市场呈现出哪些特征？

作为独立一级交易市场，二手房市场呈现出如下特征：

（1）信息需求量大。即便二手房在销售价格上可能低于一手房，但作为一桩大宗商品，二手房买卖牵涉的利益十分宽泛，买卖双方都力求在更全面的信息基础上作出交易决定。牵动交易双方的信息主要包括房屋信息（面积、建筑情况、地理位置、价格、产权等）、同类已交易房屋信息、历史成交记录以及政策法规信息等。

（2）交易周期长。对于普通商品，交易者仅需观察商品的外观、形态，便能够对商品形成较为准确的主观印象，从而做出是否购买的决定。而二手房交易则完全不同，从买房者一开始关注房源信息到付完全款完成变更登记，整个交易过程总是伴随着反复协商、谈判与调查，这一过程有时长达几个月或数年。

（3）局部消费性。二手房并非适宜所有消费人群，它主要面向有一定经济实力，但购买新房又较吃力的群体。当然，价格因素并非所有二手房购买者的唯一关注点，具备经济实力但看重交通、居住环境的购房者也不在少数。

（4）产品过时性。相对于一手房，二手房在房屋结构、建筑样式、建筑布局、装修理念和装修技术上都相对陈旧，与最新的消费观念尚有一段距离，因而具有过时性的特征。

118. 二手房市场由哪些部分构成？

二手房市场也是由不同部分构成的，每一部分都有其主要的侧重点。

（1）按照二手房所处位置，可以分为城市二手房市场、郊区二手房市场与乡村二手房市场。城市二手房市场是指我国居民出售的位于城镇地区范围内的二手房房产，其主要特点是，位于城市区域内，能够享受城市提供的各种卫生、市政、交通等服务设施，生活、经商、办公条件便利但一般交易价格较高。郊区二手房市场位于城市边缘，处于城乡接合地带，能够享受一定程度的城市市政、交通等便利条件。乡村二手房市场位于乡村地区，一般由房屋、院落构成，农村地区的交通、卫生普遍落后于城市，生活水平较低，农村二手房一般只在村民内部交易，价格相对便宜。

（2）按照二手房用途，可以分为居住用二手房市场、办公用二手房市场与商用二手房市场。房屋要严格按照用途使用，对于改变房屋使用用途的需要向房屋管理部门申请备案。居住用二手房市场是以居民居住为主要目的，此类市场是二手房市场的主体，成交量占总交易量的绝大部分。办公用二手房市场主要是交易用于办公的二手写字楼、商务楼、办公区的市场。商用二手房市场主要是交易用于经营商业的二手房市场，也包括居民区内用于商业用途的底商。

（3）按照享受的政策差别，可以分为二手商品私房、再上市的已购公房、再上市的经济适用住房。个人私房市场的主要交易对象是个人或家庭购买、建造的住宅。再上市公房交易市场的主要交易对象是首次上市交易的已购公房、回迁房、集资建设房、安居房、康居房、安置房等具有保障性质的房屋，此类房产享受一定国家政策。再上市经济适用房交易市场目前交易对象的基本类型主要包括平价房、安居房、解困房等，只供符合政策的交易双方买卖。

第四节 产权证明

119. 如何鉴别房产证真伪？

房产证在制作时采用了一些加密手段，可以从封皮、团花、水印、用纸、花边等几个方面加以识别。不过随着科技水平的进步，有些利用高科技伪造出来的房产证几乎可以达到以假乱真的程度。为了防止上当受骗，仅靠肉眼观察远不足以辨别真假房产证，识别真假房产证要牢记以下三招：

（1）到房管局登记机构查询验证。广大购房者要提高警惕，在从事二手房交易的过程中，一定要带上房产证到房管局的相关登记机构查询验证一下，确认无误之后再放款。

（2）要求权利人出示其他旁证。单单伪造一张房产证比较容易，但要同时伪造所有的交易有效凭证相对要困难得多。购房者可提出权利人出示相关的有效证件的要求，对房屋买卖涉及的所有证件进行核实，避免房产证作假的可能性。其他旁证包括：身份证、户口簿、房产发票、契税发票、原有房屋买卖合同等。

（3）委托中介公司或律师代为确认。一般中介公司和从事房地产业务的律师都具有比较专业的操作流程，对相关证件及买卖双方信息会做相应的核实，有效保证交易双方的利益。如果购房者本身难以确定真伪，又没有时间去房管部门查验，那么完全可以找经纪人或律师代为处理。

120. 如何确定二手房是否属于共有财产？

在决定购买二手房之前，买方必须确定待售房屋是否具有交易资格，最经常发生的情况便是房屋为共有财产，这又可以分为共同所有和按份共有两种类型。法律对两种共有类型的规定是不同的，《民法典》第298条规定：“按份共有人对共有的不动产或者动产按照其份额享有所有权。”第301条规定：“处分共有的不动产或者动产以及对共有的不动产或者动产作重大修缮、变更性质或者用途的，应当经占份额三分之二以上的按份共有人或者全体共同共有人同意，但是共有人之间另有约定的除外。”对共同共有的规定在原《物权法》第95条：“共同共有人对共有的不动产或者动产共同享有所有权。”由以上法条可知，共有类型不同将导致处分条件不同：按份共有的房产需经三分之二以上共有人同意，共同共有的房产需经全体共有人同意，并且这种同意要以书面形式作出，否则即为无权处分。

如何确定房屋是否共有或何种类型的共有呢？最简便的方法就是看房屋登记在谁的名下，不过也并非所有登记在一人名下的房产都不存在共有关系，特殊情况便是婚姻关系存续期间购买的房屋，即便这种房屋被登记在一人名下，也视作共同共有。因此，在购买已婚者出售的二手房时，出于交易安全的考虑，最好事先联系其配偶，确认其配偶知悉并且同意卖房一事。

121. 房屋产权变更登记需要提交哪些材料？

二手房买卖的最后一步是办理过户登记，办理完成房屋产权变更登记后，也就标志着整个二手房买卖过程的终结。买卖双方应当前往房屋所在地的房屋登记机构提出产权变更申请，并提交相应材料。

《房屋登记办法》第 33 条对申请房屋所有权转移登记，需要提交的材料作出规定，需要提交的材料包括：登记申请书；申请人身份证明；房屋所有权证书或者房地产权证书；证明房屋所有权发生转移的材料；其他必要材料。

证明房屋所有权发生转移的材料，可以是买卖合同、互换合同、赠与合同、受遗赠证明、继承证明、分割协议、合并协议、人民法院或者仲裁委员会生效的法律文书，或者其他证明房屋所有权发生转移的材料。

122. 卖房时发现房产证遗失怎么办？

情景再现

工作多年攒下一笔钱的李某打算把现在居住的小房子卖掉，重新购买一个面积大点的房子用于结婚。李某联系到了中介准备把房源发布出去，中介提出要查验房屋权属状况，希望李某能够提供房产证。由于距离房产证办理已经较为久远，丢三落四的李某一时半会儿想不起来把房产证放到哪里去了，经过一番翻箱倒柜之后，李某还是没能找到房产证。中介表示如果没有房产证的话就不能上市交易，此时李某应该怎么办？

法律分析

二手房上市交易的第一步是明确权属状况，李某的房产符合上市条件，只是由于房产证丢失暂时性地无法交易，此时李某要做的是前往产权管理部门重新办理房产证。补办房产证需要经过以下程序：房屋权利人应持身份证到市房管局，填写房产证遗失声明；到房产档案馆查档并出具房产权属证明（房产档案馆收取查档费用）；在报上刊登权属证书遗失声明；6个月后，房管部门发布房屋所有权证书作废公告；房屋权利人持刊登遗失声明和作废公告的原版报纸、身份证及复印件等资料到市房产交易管理处办理遗失登记发证手续。待重新补办完房产证后，房产便又能够获得交易资格。

第五节　特殊情形

123. 哪些房屋不是二手房？

按照国家法律规定，有些房屋不能进行买卖，购房者一旦购买了如下种类房屋，将导致合同无效或难以履行，购房者的权益难以得到有效保障：

（1）司法机关和行政机关依法裁定、决定查封或以其他方式限制房地产权利的房屋；

（2）未依法取得房屋所有权证的房屋；

（3）只取得使用权的房屋，如房屋管理局直管公房；

（4）以低于房改政策规定的标准价购买，尚未按成本价补足剩余价款，向全产权过渡的房屋；

（5）在农村集体土地上兴建的房屋；

（6）已经被列入拆迁公告范围的房屋；

（7）所有权共有的房屋，其他共有人不同意出售的房屋；

（8）所有权有纠纷的房屋；

（9）已经抵押尚未解除或未经抵押权人书面同意的房屋；

（10）鉴定为危房的房屋；

（11）军产、医院产、学校产权的公房与本单位的办公场所在一个院子内的房屋；

（12）房屋使用性质已经改变的房屋。

124. 买了无处分权的二手房会有什么法律后果？

二手房权利状态复杂，实践中经常发生无权处分的情形，不过购房者不必过于担心，最终法律后果如何还要视具体情况而定。《民法典》第 503 条规定：“无权代理人以被代理人的名义订立合同，被代理人已经开始履行合同义务或者接受相对人履行的，视为对合同的追认。”这便意味着如果能够在事后取得其他共有人追认，即便合同订立之初售房者为无权处分人，合同也能生效；反之，如果其他共有人拒绝追认并且处分人事后也未能取得处分权的，合同无效；在确定合同有效或无效之前，合同效力待定。

除事后取得其他共有人追认这一渠道外，《民法典》物权编还规定了善意取得制度，即便售房者始终为无权处分人，但只要交易情形构成善意取得，那么买房者还是能够取得房产的。《民法典》第311条规定，无处分权人将不动产或者动产转让给受让人的，所有权人有权追回；除法律另有规定外，符合下列情形的，受让人取得该不动产或者动产的所有权：受让人受让该不动产或者动产时是善意；以合理的价格转让；转让的不动产或者动产依照法律规定应当登记的已经登记，不需要登记的已经交付给受让人。受让人依照前款规定取得不动产或者动产的所有权的，原所有权人有权向无处分权人请求损害赔偿。当事人善意取得其他物权的，参照适用前两款规定。因此，买家在签订合同购买二手房后，应尽快办理过户登记，如果买家为善意（事先并不清楚房屋权属，也无恶意串通情形），以合理价格购得房屋，并且已经办理权属变更登记，那么就可以被纳入善意取得制度的保护范围内。总之，从签订合同到变更登记之间用时越短，越有助于保护买受人的权利，能够有效降低第三人主张权利的风险。

125. 处于抵押期间的二手房能否交易？

由于房屋价格较高，现实中能够一次性全款付清房价的尚属少数，绝大多数买房者都会选择由银行提供的长期房贷服务，并以自己所购房屋作为抵押物，当无法及时清偿借款断供时，银行有权依照法律规定将房产折价或拍卖、变卖，并就该价款优先受偿，银行便是此时所谓的抵押权人。在尚未清偿完全部债务、完成抵押权注销手续的情况下，抵押人能够在抵押期间转让房产吗？

即便尚未解除抵押的房产，也可以作为二手房上市交易。《民法典》第 394 条第 1 款规定："为担保债务的履行，债务人或者第三人不转移财产的占有，将该财产抵押给债权人的，债务人不履行到期债务或者发生当事人约定的实现抵押权的情形，债权人有权就该财产优先受偿。"第 406 条第 1 款规定："抵押期间，抵押人可以转让抵押财产。当事人另有约定的，按照其约定。抵押财产转让的，抵押权不受影响。"不过抵押人在转让处于抵押期间的房产时，应及时通知银行，当银行有足够证据表明抵押财产转让行为有可能侵害抵押权时，可以要求抵押人将转让所得价款提前清偿债务或者提存。

126. 购买尚在租赁期内的房屋应该怎么办？

房产存在租赁关系的，售房者在决定出售房屋前，当预先征询租客，确定租客是否愿意购买。租客表示不愿意购买的，即便房屋权属之后发生变化也不会影响租赁关系。《民法典》第726条第1款规定："出租人出卖租赁房屋的，应当在出卖之前的合理期限内通知承租人，承租人享有以同等条件优先购买的权利；但是，房屋按份共有人行使优先购买权或者出租人将房屋出卖给近亲属的除外。"与普通购房者相比，租客享有优先购买权。《民法典》第725条规定："租赁物在承租人依照租赁合同占有期间发生所有权变动的，不影响租赁合同的效力。"该条确立了"买卖不破租赁原则"，即便租客放弃行使优先购买权，买受人在购买房屋后仍将继续履行租赁合同，并及时与租客签订租赁主体变更合同，如果买受人此时强行终止租赁关系，必须以承担违约责任作为代价。

127. 购买无产权证的房屋有哪些风险？

如果购房者买了无法取得房产证的房屋，即便与卖房者达成买卖协议，也无法到房地产交易部门办理过户手续，无法申领房屋所有权证。此类只有使用权而无所有权的房屋也被俗称为“小产权房”，小产权房的主要来源有两种：一是在农村集体建设用地（宅基地）上建成的房屋，二是违规占用土地建设的违章建筑。因为无法上市交易，小产权房在价格上不仅远低于一手房，也要比二手房的价格低出许多。部分购房者为了省钱，认为小产权房用来自住绰绰有余，这完全是一种错误想法，其忽视了可能引发的法律风险。

小产权房存在极高的政策风险。购买在建小产权房时，购房人与开发商签订合同并交付房款后，如果相关部门整顿小产权房的建设项目，可导致部分项目停建甚至被强迫拆除。购房人会面临既无法取得房屋，又不能及时索回房款的尴尬境地。购房后如果遇到国家征地拆迁，由于小产权房没有国家认可的合法产权，购房人并非合法的产权人，所以无法得到拆迁补偿，而作为实际使用人所得到的拆迁补偿与产权补偿相比微乎其微。同时，开发单位不具备相应资质，房屋质量和房屋售后保修难以保证。

128. 原房主拒不搬出怎么办？

情景再现

马某最近购买了一套二手房，已经与原房主办理完变更登记。因为原房主正在寻找新的住处，所以马某同意再让其居住一个月。在这一个月时间里，原房主并没有积极寻找新住处，反倒将房款全部用于炒股与网上赌博，意图以小博大发一笔横财，然而真实情况是赔得血本无归。一个月期满后，马某找到原房主，告知他们一家已经打算搬进房内居住，让原房主赶紧从房屋内迁出。原房主并不否认马某对房屋拥有产权，他只是不停以自己没有新的落脚点为由，拒绝迁出。马某多次与原房主协商，试图以和平方式解决问题，但都未能得到满意的回答。马某此时应该怎么办？

法律分析

原房主以各种理由拒不迁出，使得付了房款的购房者一筹莫展，这样的事情在实践中并不少见。这种情况并非无法解决，购房者可以采用以下两种方法：

（1）诉讼方式。原房主一再拒不搬出的，购房者可以向人民法院提起诉讼，要求法院判决迁出，并可以在胜诉判决下达后，申请法院强制执行。

（2）公证方式。购房者通知原房主如不在最后期限内搬离，将在公证机关的陪同下，强行腾空房屋，原房主在场与否并不影响腾房的进行。在公证人员在场的前提下，购房者可以在约定时间清点封存房内物品，并将其存于他处保管，由此产生的保管费用由原房主承担。公证机关现场制作公证书，一并出具物品清单作为附件，以防原房主事后声称物品丢失。

129. 如何处理二手房中原户口迁出问题？

二手房交易中还有一项重要问题，即户口迁移问题。部分城市将户口人数与房屋面积挂钩，房屋交易完成后，如果原户主继续挤占户口名额，必将侵害购房者权益，及时办理户口迁移对于买房者，尤其是买了学区房的买受方极为重要。此外，实践中部分买房者是出售原房屋购买二手房以改善居住条件，如果此时买房者无法顺利将户口迁入所购二手房中，势必形成户口迁移问题的恶性循环。

二手房户口迁移问题目前属于户籍管理中的盲点，如果买受方未曾事先就此作出相关约定，一旦发生纠纷，基本不大可能以诉讼方式寻求问题的解决。为此，买受方在选购二手房时有必要未雨绸缪：

（1）预先核实调查。在签订二手房买卖合同并向房地产交易登记管理部门申请过户登记前，购房者应亲自或委托房产中介机构到房屋所在地的派出所进行核实。即便出售方承诺没有户口，但仍应到派出所核实。委托中介代为核实的，应要求中介机构出具书面的核实报告，并加盖公章，防止少数从业人员的疏忽或欺骗行为。

（2）订立违约救济条款。如核实结果表明有户口的，应要求出售方在申请过户登记前的特定期限内将户口迁出，而不能约定在申请过户登记之后才迁出。与此同时，也要在房屋买卖合同中设定户口迁移条款以及违约责任条款和司法救济条款，如每逾期一天的罚金；在逾期多少时间后，可以解除合同以及合同解除的赔偿金等。如果出售方仅口头承诺将在交易完成后的一定期限内将户口迁出的话，购买方要审慎决定是否接受。

第七章

CHAPTER 7

二手房交易技巧

130. 二手房选购中的“四不谈”原则是什么?

选购二手房时，一定要结合自身实际条件，秉持特定原则、坚守底线，绝不随意作出购买决定。一般说来，在选购二手房过程中，可以坚持“四不谈”原则，具体如下：

（1）考虑二手房区位，如不合意就不谈。无论购买后的二手房用于何种用途，购房者都想要挑选合适的区位，如果二手房所处区位不佳，极有可能为日常生活增添其他成本。这点尤其适用于大城市，如果工作地点位于市中心，而选购的二手房却在偏远郊区，那么购房者每天必然要投入一定的时间与金钱在上下班通勤上，日积月累，这极有可能构成一笔相当可观的支出。不过由于市区房屋价格偏高且销售紧俏，还是会有人选择郊区房屋。因此，在购买二手房的过程中，买方不能光顾着价格，一定要将区位问题纳入考察范围，如果有可能选择到更好的二手房时，一定不要轻易放弃。在区位状况不理想的情况下，卖主有时会极力劝说买主，如果购房者十分介意区位问题，那么完全没必要继续纠结下去，应该果断放弃谈判。

（2）拒绝将就买房。买房是一个复杂的过程，可能要反复多次看房、对比不同房源，购房者一定不能怕麻烦，如果见到的房屋不是自己心仪的，房屋在面积、建筑结构、建筑风格上存在硬伤，那么无论卖主提出怎样的优惠，买房者都不要将就。千万不能因为手头的一时窘迫而牺牲了对未来生活质量的追求，二手房买卖一定要称心。

（3）拒绝与非房主的人谈判。只有房主才会对自己的房屋产权情况最清楚，也能够提供给购房者最为准确的房屋资料，能够全方位回答购房者提出的问题。此外，房主在居住一段时间后，对于房屋都会产生一定感情，对房屋的爱护更有利于买房者与其进行细谈，并且也愿意与买房者细谈。因此，如果交涉对象不是房主，那么购房者就没太大必要浪费时间，应该选择放弃谈判，等交涉对象是房主时，再谈也不迟。

（4）没有产权证不谈。产权证是二手房上市交易的前提条件，同时，能否提供产权证也是判断是否是合格对象的重要标准，购房者在谈判前，一定要先让对方提供产权证。签约购买没有产权证的房产，虽然最终不一定会损害自己的利益，但肯定会给购房者惹上一堆麻烦，因此坚决不买没有产权证的二手房。

131. 什么是“六次观房法”？

六次观房法是针对购房者的有效建议，它要求购房者在做决定时要慎重，不要操之过急，看房不能毫无章法，更不能只限于一次两次，而是要按一定步骤进行，分六次慢慢推进，这样方能保证购买的房屋与自己理想中的房屋相距不远。六次观房法的主要内容有：一看房屋区位，主要考察二手房所处位置是否能够满足自己的生活需求，社区大环境如何，区位周边交通、公共设施情况等。二看住宅环境，第二次看房要留意二手房本身，察看二手房日照、通风、噪声控制、私密性、绿化、道路等。三看住宅健康与安全性，侧重研究二手房周边有无公共绿地及健身场所、运动器材等。四看住宅合法性，向房主确认房屋来源，并查看房屋产权证明，确认房屋确实具备了作为二手房上市交易的资格。五看住宅品质，主要研究房屋质量指标、价格构成、建筑材料、建筑规格等。六看房屋配套，房屋功能的发挥不仅关涉房屋本身质量，也与周边配套设施相关联，隐蔽工程、物业管理服务等共同决定了购房者日后的生活质量。

132. 购买底层二手房时要注意什么？

由于二手房多经历一定时期，房龄可能较长，在使用中多少会存在这样或那样的问题，有些问题在某些特殊楼层的表现可能更为突出，在挑选底层、顶层这类二手房时，购房者需要特别小心。

挑选底层时应当注意以下问题：

（1）防潮设施和措施。对于多雨的南方地区，房屋防潮功能直接影响到业主居住舒适度，防潮功能较差的房屋在雨季时，地面总是湿滑不堪，衣物不做处理容易发霉，经过一段时间后，墙皮也会因受潮发生脱落。

（2）下水设施的设计。下水道堵塞问题最容易发生在底层，如果底层的排水设施是与上层共用的，上层用户的不正常使用极有可能造成底层排水管道堵塞，如果底层有分立的排水管道系统，一般不太容易发生堵塞现象。

（3）周边环境。底层附近往往拥有一块公共绿地，如果物业能够及时保养，那么无疑能够为底层业主的日常生活增添一抹亮彩，然而一旦小区在排水管道、化粪池方面设计得不合理，受害最深的往往是底层居民。

（4）地面排水系统。良好的地面排水系统能够确保雨水及时排出，不仅能够方便居民日常通行，也能够防止因积水太深而向室内回流，侵蚀地板、家具等情况的发生。

133. 购买顶层二手房时要注意什么？

购买顶层二手房时需要注意下列问题：（1）隔热设计。顶层直接受阳光直射，隔热质量直接决定了顶层房屋的居住质量，挑选顶层二手房时需要特别留意这一点，需要详细询问顶层隔热设计及使用何种类型的隔热材料，也可以观察房屋顶层是否做过特殊处理，如斜面设计的屋顶能够有效隔热。（2）通风设计。通风设计也是与隔热相配套的，较好的通风设计能够促进空气对流，利于散热。（3）防水措施。顶层漏雨现象时常发生在房屋结构变造部分，购房者需要特别留意这些部位，此外，防水工程的施工质量、泛水的收口是否均匀结实也是考察重点，还要注意雨篷伸出距离是否适中，既要防止下雨时雨水不会被风吹入室内，也要防止因过长而遮挡阳光。

134. 如何判断二手房户型优劣？

户型就是指住房的结构以及它的形状，户型可以是开发商设计，也可以是购房者根据自己的家庭情况设计。户型并没有什么局限性，什么样的思维就可以设计出什么样的户型，不同的人设计出的户型也是不一样的。一个房子的户型很重要，因为与居住舒适度等都有关系。好的户型有以下几个标准：

（1）南北通透。并不是南北有窗户的房子就是南北通透户型，关键要看窗户之间能不能形成对流。此外，还要保证客厅通向南边，而且要向着阳台。客厅也要通向餐厅，并且餐厅要直通开放式的厨房，保证中间没有墙面阻挡。

（2）方正户型。现在房价普遍较高，业主还要承担一部分的公摊面积，所以肯定希望所买房子空间利用率高。而方正户型的房子就可以做到这一点，这种房子的空间利用率比较高。

（3）房子没有暗间。大家对于房子的要求，主要集中在两个方面，一是采光要好，二是通风要好。这两个方面会直接影响居住舒适度。如果购买的房子存在暗间，那么不仅仅采光会有问题，就连通风也会有问题。现在有很多房子的卫生间都比较暗，这样的卫生间采光照明只能够依赖室内的灯光，而且卫生间还有可能会潮湿。

135. 如何判断二手房真实房龄？

虽然一般说来，二手房价格要低于一手房，但对很多人（特别是年轻人）而言，这仍然是一笔极大的开支。二手房买卖中需要考虑的因素很多，首要问题便是房龄。为了能够及时脱手，卖家在介绍房龄时难免有注水成分，买家切记不可轻信。可以从以下三个方面探明二手房的真实房龄：

（1）查看产权证日期。产权证上载明日期标志原房主取得物业产权的时间，可以作为房龄推算的一个参考。不过不能误将产权证上所载日期与房龄混淆，产权证并不标示房屋转手次数，如果房屋在此之前已经多次转手，那么购房者最后看到的发证日期，或许远超出房屋实际建成时间。

（2）实地考察。购房者上门看房时要留意建筑外立面，有的建筑会在外立面标注房屋落成时间，即便没有标注，购房者通过观察建筑材料侵蚀磨损情况也能够在心中对房龄形成大致印象。向小区居民打探房屋何时建成也是一个好方法。如果还不放心，购房者可以去房产管理部门确认房屋建成的真实年代。

（3）观察装修。为了使自己的房屋更容易售出，卖家在将房产上市交易前，会对房屋重新简装一番。遇到此类房屋，买家可以进入厨房、卫生间观察不容易改变的管道情况。此外，地板的装修也不易变动，买家可观察地板成色、款式判断房龄。

136. 买几年的二手房比较合适?

房龄过长的房屋在建筑结构、建筑材料、建筑理念上都落后于时代，会严重影响购房者居住，对二手房购买者而言，买 3 年到 5 年的房子最为合适。3—5 年成为判断房屋新旧阶段的重要时间节点，回看 5 年前的房子，或许不会对它们的公共绿地规划、户型设计有什么不满，但回看 8 年或 10 年前的房屋，便会产生明显的对比，“旧”的感觉特别突出。房龄不仅影响居住，也涉及税费，最经济的选择莫过于购买已满 5 年的二手房。

避免购买房龄 10 年以上的旧房。房龄 10 年以上的二手房不仅影响居住体验，再次交易时也会遇到问题，银行多不愿意向房龄近20年的二手房购买者放贷，即便同意贷款，也会设定较高的首付额度，并且难以享受贷款优惠。即便购房者没有自住、交易的打算，而是准备长期持有，老房子在租金上也要比新物业低20%—40%，有时甚至会更多。

不买房龄在30年以上的老房子。房龄上30年的房产，一般无法向银行请求贷款，需要全款付出，年限过久也会影响房子后续转手，可能会因年久失修，出现渗漏等问题。如果老房子所在区域短期内不存在拆迁可能，业主还是不要购买这类二手房。

137. 二手房投资需要注意什么?

随着房地产二级市场的活跃，公房上市政策的逐步放开，越来越多的投资者将目光集聚到二手房市场。与单纯买来自住不同，投资用二手房不仅需要考虑自身经济实力，还需要结合位置、交通、面积等因素，综合判断房产有无升值空间，可以侧重考虑以下房屋：

（1）位于交通便利的中心区域。城市中心区域往往也是最为繁华的地段，周边聚集了许多大公司、商业中心以及办公楼，在城市交通越发拥堵的今天，许多劳动者宁愿多花些钱在市区租一套或买一套合适的房子，也不愿意将大量时间用于上下班奔波上，市中心的房子永远不会贬值，始终拥有升值空间。

（2）周边有便利的购物、就医、教育环境。建成较早的二手房，周边相对拥有较为齐全的公共设施，大型超市、菜场、学校、医院一应俱全，能够满足住户的生活需要，对于家里有在上学的孩子，或者有需要照顾的老人的家庭来说，如果选择购买这样一个周边公共设施环境极为成熟的二手房，生活将会轻松不少，老人就医、孩子上下学的问题都能得到较为妥当的安置。

（3）面积不宜过大。二手房本就是一宗大件商品，面积过大的商品房价格必然更高，这就限定了潜在买房者，而真正拥有这种经济实力的人，很多受偏见的影响，觉得花大价钱购买别人住过的二手房不值得，还不如直接选购刚刚开盘的一手房，这往往导致面积过大的二手房难以迅速脱手。根据整个二手房交易行情，面积适中的两居室最为抢手。

（4）位于有拆迁潜力的区域。二手房价格往往低于同地段商品房价格，不过拆迁时不是以二手房价格，而是以商品房价格予以补偿的，因此，如果购买二手房后又遇到了拆迁，一般会给买房者带来至少 40% 的回报率，对于投资来说，实在是非常划算。

当前二手房市场整体呈现上升态势，投资者或多或少总是能够赚到一笔，不过在投资二手房时，投资者一定要稳定心态，不能抱住不放，如果二手房价格已经升值到相当程度，那么该出手时就一定要出手，以防资金被套牢，或二手房市场行情发生转向。

138. 投资公寓要注意哪些事项？

在大城市住宅限购的政策背景下，很多二手房购买者转而选择投资商业公寓，商业公寓不限购、总价低的特点使其在投资市场上颇受欢迎。不过即便买了公寓也并不代表可以一劳永逸地做起“包租公”“包租婆”，任何一项投资都必须精打细算，不做任何准备便置身公寓投资市场实属盲目。投资公寓要避免以下三大误区：

（1）只盯一手价。很多房产投资人其实都是新手，往往只盯着一手价而忽略了其他重要因素。只看到了公寓项目在放出之际的低均价，并没有与附近二手房价格相比较，臆想存在巨大升值空间而草率出手，实际上该项目二手价并没有如预想中狂升，最后沦为失败的投资品。

（2）不明确放租渠道。也可以通过放租的形式长期持有公寓，逐步收回投资成本并实现盈利。为此投资者在买公寓前一定要先了解租售行情，如果公寓所处区域附近已经存在大量宾馆酒店，这便意味着在较便宜长租房的竞争下，商业公寓放租市场很难火爆，不易成为投资热点。

（3）带租约出售。为了打消投资者的顾虑，部分开发商推出带租约出售的返租方案，这可以在一定程度上保证投资者3年至5年的收益，但这只是将“放租难”的问题向后推迟，如果投资者没有放租渠道，又缺乏找到潜在租客的信心，投资带租约出售的公寓时还是要慎重。

139. 投资商铺要注意哪些事项？

（1）投资具备前瞻性。商铺投资的成功与否很大程度上取决于选址，但这并不意味着所有热闹区块的商铺投资都必然盈利，有时遇到市政规划变动，也会发生人潮分流的情况，原来的热门地段因周边其他商业地段的兴起而降温。同样的道理，正处于开发中的冷僻地段，也有可能是未来的商业热点地段。投资商铺需将眼光放长远，综合考虑未来的发展情况。

（2）避免投资商场里的商铺。从投资选择上看，独立商铺最佳，商场里的商铺多是产权分散型，看似投资成本低，实际上存在较大的投资变数，店铺运营好坏很大程度上取决于商场整体运作状况。产权分割后，很难将所有投资人的意愿统一，极易出现同业扎堆，最终形成恶性经营，沦为小商品市场。

（3）行情调查必不可少。买商铺并不意味着可以坐享其成，投资者需要调查商铺适合什么样的商业类型，周边的消费水平可供支撑何种商业品牌，在保守估计的营业额基础上，预期租金成本能否让商家盈利等。虽然投资者对于这些事不必要做到准确核算，但至少要了然于胸。

（4）看准客流与潜在客流。商铺选址要围绕人流量、交通状况以及周边居民和单位等情况展开，不同地理位置的商铺在回报率上也是不同的。好地段投资收益高，但也意味着价格高、竞争激烈，相对而言，社区商铺与沿街店铺客流量稳定，回报率平稳。而郊区住宅的配套商铺客源已经固定，就必须从经营策略上着手。

对商铺投资的复杂性、投资价值组成、投资回报所需的技术条件等，都需要有一个清醒的认识。现在不是“一铺养三代”的时代，如果运行不畅，有可能是“三代养一铺”。

140. 投资写字楼应该注意哪些事项？

投资写字楼前应清醒地认识到，一旦无法及时出租，只能将写字楼闲置，而不能像住宅一样可用来自住。投资之前必须先算准回报率，最简单的计算方法是每平方米租金除以每平方米售价，再乘以 12 个月，回报率在 10% 以上属于上佳，7%—

10% 属于理想范围，一旦低于 4%，便值得考虑是否还需要投资。一般说来，写字楼投资应把握三原则：

（1）区位选择要准确。是否位于城市的主中心区域，是判断一幢写字楼档次与投资价值的最主要因素，位于城市 CBD 区域、具备便捷的公共交通设施的，是值得投资的优质项目。偏远且交通不便或拥挤的写字楼项目，面临严峻的招租难题，投资风险较大。

（2）配套设施要可靠。写字楼的配套设施影响实际租住的用户体验，它包含诸多方面，如空调系统、通风设备、电梯、停车位数量、建筑立面、大堂、层高、洗手间等，这些都需要一一比较、仔细观察。配套设施影响写字楼品质，进而影响承租企业的选择。

（3）物业管理要专业。即便写字楼在区位硬条件与设施软条件上均已过关，如果欠缺良好的物业管理公司打理，不仅会影响用户体验，也会影响项目的保值增值。物管公司的口碑取决于服务水平的严谨、安全、细致、周到、快捷，挑选已经在业内拥有一定知名度的物管公司，能够确保服务品质更加可靠。

第八章

CHAPTER 8

二手房买卖

第一节　二手房买卖必知

141. 二手房交易流程是什么？

（1）评估。到房产交易中心办理评估手续，根据房龄、楼层和地段确定评估价格，一般低于房屋市场买卖价格。

（2）资金监管。需要贷款的首付款要存入房产局指定账户；现金买房的可自愿到房产局资金监管，但资金监管额不能超过评估价。

（3）银行贷款审批。贷款客户凭房产交易中心（建行、公积金中心）提供的贷款房产评估报告或中行指定评估公司出具的评估报告，买卖双方夫妻携带身份证、户口本、购房协议，买方夫妻收入证明到建行或中行、公积金管理中心办理贷款申请。

（4）担保公司担保。经审批的贷款，由买方和银行签订贷款合同，并到担保公司办理担保手续。

（5）银行（公积金）放款。银行根据担保合同将款拨到房产局资金监管账户。

（6）到房产局办理产权交易手续。

（7）购房人领产权证，卖房人到房产局领款。

142. 二手房买卖合同应当载明哪些内容？

确定合适的房屋后，二手房交易双方也就进入了合同订立阶段。合同是交易双方当事人设立、变更、终止民事法律关系的协议，是双方合意的结果，一旦成立便在当事人之间形成权利义务关系，违反合同将承担法律责任。合同订立绝非套用模板那么简单，如果未能提前对合同内容有所了解，发生纠纷时方才幡然醒悟，未免为时太晚。从内容上看，二手房买卖合同必须明确以下事项：

（1）当事人的名称或姓名、住所。这里主要填写当事人的具体情况、地址、联系办法等，以便双方联系，避免欺诈，同时也方便双方做详细调查。出卖人栏（即合同甲方）填写房屋原权利人的姓名，买受人栏（即合同乙方）填写购房人的姓名。需要注意的是，甲方姓名需与《房地产权证》上所列姓名相符，乙方将是未来出现在变更登记后的《房地产权证》上的权利人。

（2）标的。此项内容主要写明房屋实际状况，包括房屋位置、性质、面积、结构、格局、装修、设备等。除上述基本概况外，还应写明是否属于共有财产、是否属于夫妻共同财产或家庭共同财产，如果属于公房的，还当写明原售房单位是否同意转卖。确认房屋有无违建部分、物业费缴纳情况、房屋文书资料是否齐全、有无其他权利瑕疵等，避免因故意隐瞒或不知情导致的纠纷。

（3）价款。价款部分不仅要注明总价款，还要写明定金、尾款、付款方式、付款周期等。若买房者无法一次性付清全部总房款，那么银行在审核办理提交的贷款申请时，如果合同能够事先载明以上内容，将有助于贷款的及时办理与发放。

（4）履行期限、地点、方式。二手房毕竟不同于一手房，多数情况下原权利人总是在房屋内生活过一段时间，多少会遗留堆积部分生活用品，二手房买卖合同订立后，需要留出部分时间清空房屋。除写明交房时间外，这部分还当写明办理相关手续的过程、配合与协调问题，如何寻求中介公司、律师、评估机构等服务，税费如何分担、房价上涨或下跌时如何处理等。

（5）违约责任。这里不仅要说明哪些责任属于违约责任，在什么情况下可以免除责任，还要写明如何承担违约责任，如何计算及给付违约金、赔偿金以及定金。如果有担保的，还需要对担保的形式做出约定。

（6）纠纷解决方式。纠纷解决方式十分多元，包括协商、调解、和解等，不过这里主要指的是诉讼与仲裁这两种解纷方式，如果选择诉讼这一方式，当事人可先就管辖法院及费用承担做出约定，如果选择仲裁这一方式，则应当按照《仲裁法》的规定写明仲裁条款。

（7）合同生效条款。双方在这部分约定合同的生效时间，当事人不能因自己利益而不当阻挠合同生效要件的成就或不成就；生效或失效期限；致使合同无效情形；几种无效的免责条款；合同无效或被撤销后，财产如何进行返还。

（8）合同中止、终止或解除条款。除《民法典》合同编上法定的中止、终止或解除事由外，双方当事人还可以约定其他事由，为免约定不清发生纠纷，当事人间的这一约定应以明确方式写在合同中。

（9）附件。此部分说明本合同含有哪些附件，各附件的效力如何。

143. 能够在二手房买卖中约定定金吗？

二手房交易双方可以在买卖过程中的任一环节就定金作出约定。定金是一个独立的法律概念，是在合同订立或在履行之前支付的一定数额的金钱或替代物作为担保的担保方式，定金合同不具有独立性，其效力依附于主合同。《民法典》第 586 条第 2 款对定金数额作出规定："定金的数额由当事人约定；但是，不得超过主合同标的额的百分之二十，超过部分不产生定金的效力……"常见定金类型如下：（1）立约定金，立约定金常常与预约合同并存，是指在合同订立前交付，目的在于保证正式订立合同的定金。（2）成约定金，谓为合同成立要件的定金，与要物合同之物的交付作用相同。（3）解约定金，是指当事人在合同中约定的以承受定金罚则作为保留合同解除权的代价的定金。（4）违约定金实际就是履约定金，即以担保合同的定金计算违约金。定金的生效以主合同合法以及金钱实际支付为要件。

约定定金的目的在于对合同双方当事人均提供履行保障：给付定金方不履行合同义务的，无权请求返还定金；接受定金方不履行合同义务的，双倍返还定金。当事人一方不完全履行合同的，应按照未履行部分所占合同约定内容的比例，适用定金罚则。

需要注意的是，一定要避免现实交易中经常出现的将“订金”与“定金”混用的现象。“定金”是确定的法律概念，具有确定的法律后果，而“订金”并非一个法律概念，在法律上并没有明确规定，一般情况下只是将其视为预付款。《最高人民法院关于适用〈中华人民共和国担保法〉若干问题的解释》第118条规定：“当事人交付留置金、担保金、保证金、订约金、押金或者订金等，但没有约定定金性质的，当事人主张定金权利的，人民法院不予支持。”这表明订金并不具备定金的性质，即便当事人违约，也无法引发定金罚则的适用，最多只能要求对方返还订金。因此，为了保护己方利益，务必不能将“定金”与“订金”混用。

144. 律师在二手房交易中能够发挥什么样的作用？

情景再现

姜某前往房产经纪公司，准备在中介的推荐下选购一套二手房。姜某的朋友认为二手房交易过于复杂，其中往往会涉及多重法律关系，姜某最好找一个律师一并办理二手房交易。姜某认为自己已经通过经纪公司买房了，很多事项中介公司都可以代为办理，再找律师纯属多余，反倒增加了一笔开支。姜先生的看法正确吗？

法律分析

姜某的看法虽然有一定的道理，但还是过于片面。经中介购买二手房确实可以将一些程序性事务委托经纪人代为办理，从而节省买卖双方大量时间精力。不过毕竟术业有专攻，经纪人与律师的专业领域不同，经纪人可能不具备处理二手房交易中复杂法律问题的能力，这些问题最终只能交由律师这样的法律人士处理。律师在二手房交易中确实大有可为，以买方律师为例，律师所能做的工作包括以下数项：

（1）审查卖方是否为房屋合法产权人，是否对房屋拥有完整的处分权；

（2）审查房屋是何种类型的二手房，已购公房是以成本价还是标准价购买；

（3）审查房屋是否存在出租、抵押、查封、转让、赠与或其他改变房屋性质而使转让合同可能无效的情形；

（4）审查卖家是否欠缴贷款、物业管理费、水电气供暖费等；

（5）审查房屋所在区域是否将被拆迁；

（6）起草、谈判、修订房屋转让合同及相关补充协议；

（7）对不合理的价格评估申请异议复核程序；

（8）办理交接时，审查房屋实际状况是否符合转让承诺条件；

（9）审查、修订与中介公司签订的协议。

第二节　二手房交易信息

145. 二手房市场信息包括哪些内容？

信息对于二手房交易至关重要，及时准确地获取相关信息，能够促成交易快速达成。一般说来，二手房市场信息主要包括以下内容：

1. 二手房交易基本知识。这主要包括二手房定价规则、市场交易规则、合同的订立方法、中介服务内容等，这些基础知识对于买卖双方都很必要，获取这些知识的渠道也十分简单，可以通过阅读相关书籍、网上查找相应资料、询问房产经纪人等。

2. 房源本身信息。这是关于交易对象的基本情况，包括：

（1）二手房物业名称及法定用途：二手房所在项目名称、物业管理单位、所占土地类型等。

（2）户型：涉及房间空间的基本布局，可以通过户型图纸标明的几室几厅加以了解，合适的户型结构能够提供较好的通风采光条件，进而影响使用者的心情，营造良好的居住条件，充分发挥室内空间面积。

（3）楼层和朝向：这影响二手房的采光、通风、防水等性能。

（4）面积：面积大小直接决定了二手房最终成交价格，是购房者在决定买房时不得不考虑的因素，要根据家庭实际收入状况以及未来发展规则进行合理的选购设计，购房者需要考虑的要素有收入、储蓄、税费、物业费、花销、家庭人数、生育状况、预期收入、家庭构成变化等。

（5）建筑年份：不同时期在建筑时秉承的建筑理念与使用的施工材料及技术都会对建筑的使用寿命产生影响。

（6）室内条件：包括水、电以及装修情况。

（7）地理位置：地理位置也是影响二手房房价的重要因素，购房者需要根据其用途和要求挑选位于合适地理位置的房产。

（8）产权状况：不同产权房将涉及不同的法规和政策，缴纳不同的税费，还会对交易程序以及交易成本产生影响。此外，二手房抵押、查封状况也会影响二手房产权转移。

以上是关于房源信息的主要内容，既零碎且分散，对于购房者来说，收集这些信息可能会花费较多的时间和精力，购房者有必要提前做好充分的准备工作。

3. 政策信息。政策信息是政府关于二手房市场管理动向的信息，包括税费缴纳规定、交易限制、产权政策、物业管理，等等。对政策信息的收集，主要是通过梳理政府房产管理部门近几年的文件动态，可以从部门官网中查询。

4. 交易主体信息。售房者只有关注潜在买家的信息，才能及时为自己的房屋找到合适的买主；购房者面对市场上大量房源，面对相同类型的房屋，往往要对比房主方能作出明智正确的选择。

146. 二手房市场信息获取渠道有哪些？

随着新兴媒体的发展，二手房市场交易信息的传播也不再局限于传统媒介，购房者可以通过多种多样的形式获取二手房交易信息，主要有二手房交易场所、二手房经纪人、网络以及口头信息等。

（1）交易场所。交易场所分为固定交易场所与不固定交易场所两种：

固定交易场所。这指的是房地产交易中心和房产所，它们是房地产交易的管理机构，同时也是房地产交易的合法场所，一般多受房地产主管机构管辖，是负责各级行政区域内房产经营管理工作、自负盈亏、独立核算的事业性单位。从固定交易场所了解二手房市场信息具有几点优势：可信度高，只有经过相关主管部门审核，确定交易主体资格、产权归属、证件手续都没有问题后，方能在交易中心上市交易；信息量大，在此交易的二手房数量庞大，购房者可以从海量信息中了解二手房交易市场的整体样态；信息成本低，固定的房产交易所属于政府管理的事业性单位，不以营利为目的，能够以较低成本向购房者提供信息。

不固定交易场所。不固定交易场所主要指一些定期或不定期举办的房地产展示会、房交会和民间二手房交易市场。房地产展示会和房交会一般是定期召开的大型房屋展览会，其中也会有关于二手房的内容，展示会上关于二手房的信息较为全面，民间的二手房交易市场多是个人之间的交易，在近年发挥越来越重要的作用。

（2）房地产经纪人。房地产经纪人接受售房者的委托，充当二手房交易的中介，为售房者发布有关房屋信息，并以此获取服务费。二手房市场信息繁杂，其中很多又属专业性较强的知识，普通购房者多不具备处理此类信息的能力，即便有，也会耗费他们过多的时间与精力，因此许多购房者倾向于寻求业内人士的帮助，房产经纪人是房地产经营专业化分工的必然结果。房产经纪人以其专业知识及高效服务，为交易双方提供筛选后的信息，提高了二手房交易效率。

（3）口头信息。亲朋好友间传播的二手房信息多具有可信度高、直观易懂等特征，由于交易双方之前已经存在一定的信任基础，彼此在信息交换上也比较充分，二手房成交概率往往高于其他方式。不过这种方式也有一定的局限性，如传播范围狭窄、传播速度慢、来源单一、信息描述专业性较差等。

（4）房地产拍卖行。售房者有时会委托拍卖行对其房产进行拍卖，拍卖行在举行正式拍卖前，一般都会仔细查验房屋各项状况，之后会对标的物进行详细描述，购房者可以通过拍卖行发布的信息选择二手房。

（5）广告。受限于版面，广告一般只对房屋状况做最简单描述，如面积、价格、位置等，购房者如果感兴趣则需要电话联系房主进一步确认，打算购买前一定要亲自上门确认信息真伪。

（6）互联网。购房者可以在专门性房地产交易网站、综合性网站房产交易版块或房产中介公司网站了解二手房交易市场信息。在一些比较好的网站，购房者还可以通过拨打客服电话或发送电子邮件进一步询问房产情况。

147. 如何发布二手房销售信息？

大多数二手房销售者并不具备强大的经济实力去进行铺天盖地的广告宣传，选择最为适当的方式将自己的房屋信息散播出去，对于售房者而言是交易的第一步。在信息发布的过程中，必须仔细斟酌内容，内容的确定应遵循以下三个原则：

（1）适用性。这是指二手房销售信息应当包含购房者最需要了解的内容，它应当尽可能对商品优势做出全面描述，因信息载体的不同，可能承载的信息量在大小上也会有差异，如何做到简单明了、详略得当，是每个售房者在信息发布上需要思考的问题。

（2）针对性。每套房产所具有的优势不同，仅以地理位置为例，交通便捷邻近地铁口的二手房对于较为年轻的上班一族而言具有较强吸引力，附近有优质中小学的学区房则对已婚有子女的家庭有吸引力，毗邻医院的二手房更能引起老年人的兴趣。每套二手房的潜在客户人群是不同的，因此，对于售房者来说，在发布信息之初就要明确自己手中的房产主要针对哪类人群，根据不同群体的心理特征设计出售信息。

（3）客观性。售房者在发布信息时要做到准确真实，不能采用虚假信息蒙骗购房者，信息的客观性主要表现在：地理位置真实，为了方便购房者寻找，售房信息不仅要载明门牌号，还要在介绍时以附近区域显著公共建筑为标志；建筑面积准确，建筑面积应与产权证上所载相符，如有自建附属物，可在售房信息中特别说明；产权说明，明确房屋权属状况，避免签约时再生枝节。总之，售房者在介绍自己的房产时要做到实事求是。

148. 有哪些二手房销售信息发布渠道？

售房者可以采用的信息发布渠道主要有以下几种：

（1）广告。刊登二手房销售信息的煤介主要有两类，一类是报纸广告，另一类是街头广告。报纸是最为传统的公众信息获取来源，报纸的信息承载量普遍较大，不过在新媒体时代下，报纸的阅读人群逐渐流失，售房者以这种方式发布自己的房产信息，能够获得多少关注度尚且未知，如果要以报纸作为信息媒介的话，售房者还是最好选择发行量大的本地报纸。街头广告是指刊登在户外电子显示屏上的广告，由于户外广告长期固定在特定区域，能够反复吸引过往人群的注意力，特别是位于商场、步行街这类人流密集地区的广告，可以利用人们在行走时的空白心理，给人留下较为深刻的印象，引起较高的注意率。

（2）熟人传播。我国目前对于房屋尚处于刚性需求阶段，多数情况下婚姻嫁娶要以拥有房产为前提，售房者可以向自己周边的亲戚朋友打探，向他们表达自己愿意售房的意愿，请他们在各自的朋友圈中散播卖房信息，或许在口口相传中便能够确定潜在买家。

（3）中介机构。目前最为方便快捷的信息发布渠道就是委托房产中介公司，房产中介机构专门促成房屋买卖交易的达成，在经营过程中往往积累了大量的客户人群。同时凭借多年的工作经验，经纪公司工作人员能够准确地推断售房者的房产适合哪类人群，能够使售房信息更具针对性。借助中介公司的信息渠道，售房信息能够得到最大限度的传播。

149. 如何选择房产广告媒介？

选择房产广告媒介时，要从宣传目的倒推，选择经济花费少但宣传效果最佳的媒体，以实现高性价比。具体说来，在选择时，以下几点不能忽视：

（1）宣传范围相一致。二手房销售信息只需要在某一区域或某些人群中传播即可，可以选择地方性报纸或在特定区域投放户外广告；对于处于中心闹市区域或具有其他特殊效用的高价值房产，目标人群将不再局限于特定区域的购房者，此时可以选择在具有全国影响力的传播媒介上刊登出售信息。

（2）选择高性价比传播媒介。各种传播媒介的所需费用并不相同，有的报纸会开设专供二手房交易的版块，有的则没有。在选择房地产广告媒介时，尽量选择有专栏的报纸，这样会便于购房者快速获取房屋信息。

（3）能否重复使用。报纸广告虽然能够保存较长时间，但订阅者多不会特别留意过期报纸，报纸上刊登的出售信息真正能吸引读者的时间段可能也就在当天及次日；街头广告可以根据客户要求长期滚动循环播放。

第三节 二手房销售方式

150. 二手房有哪些销售方式?

二手房种类虽多，但销售方式不外乎自行出售、委托房产经纪人销售、房地产拍卖这三种方式。

（1）卖房者自行出售。自行出售房屋的最大优势在于交易成本低，售房者不借助外部力量，独立发布售房信息，能够省去经纪费与拍卖费。不过由于售房者深度介入整个交易流程，售房者自行出售需要解决一连串问题，如支付广告发布费、安排有意向购房者看房、接受购房者咨询洽谈等。如果不具备一定的房产交易知识、谈判技巧，并拥有较为充足的空闲时间，自行出售房屋这种方式将过多消耗售房者的时间与精力。

（2）委托经纪人出售。为了避免独自处理房产销售过程中的种种琐事，售房者也可以委托中介公司代为出售自己的房产。中介公司通过专业渠道发布售房信息招揽买主，或利用手中已经掌握的信息初步确定买主，在向买主介绍、推销后，及时带领有意向者查验房产和权属状况，居中撮合交易的达成。委托经纪人代为销售需要支付一定的经纪费用，收取的费用往往与最后成交价成正比，虽然经纪费用可能不菲，但可以替售房者省去诸多麻烦。

（3）房地产拍卖。二手房销售最为常见的方式是前两种，拍卖并不常见，是一种特殊销售方式。通过买家之间的充分竞争，拍卖能够实现房产销售价格的最大化，同时卖家可以自行设置出售条件而不作任何让步，拍卖的高曝光率也容易对买家形成吸引力，卖家的出售意愿容易实现。房屋虽然能够拍出较高价格，但拍卖的中间环节收费高昂，普遍高于经纪费用，此外，房产的拍卖价格不仅受到房屋本身的影响，拍卖前的宣传造势、拍卖行水平都会对最终成交价产生影响。

151. 自行出售房屋的流程是什么？

自行出售房屋的，应先确认有无销售资格：共有房屋的，应事先取得共有人书面同意；房屋尚在租赁期间的，为不侵害承租人优先购买权，当提前询问承租人有无购买意向，承租人表示不愿购买的，应提交证明书；对于公房出售，当取得相应的证明文件。

在确认完具有销售资格后，售房者应当及时对外发布售房信息，既可以借助熟人之间口耳相传，也可以在支付一定广告费后，在报纸、网站发布售房信息。购房者表示对出售房屋感兴趣，在与卖方取得联系后，双方可约定时间上门看房，卖方在看房过程中应当如实回答买方的疑问，若遇到难以回答的问题应当及时记录，查证后及时向买方作出答复，对于谨慎的购房者，看房可能不止一次。经过谈判确定购买意向后，买卖双方便可订立购房契约，契约成立后，买卖双方应向房产交易管理部门缴纳签证手续费和契税，并前往辖区内产权部门办理房屋产权、土地使用权转移登记，早日得到法律保护。

152. 委托经纪人售房的流程是什么？

委托经纪人售房大致遵循如下流程：

（1）确认有无售房资格，卖方不清楚的可以向经纪人咨询。

（2）选择经纪人，卖方既可以委托单个经纪公司售房，也可以考虑委托多家经纪公司。委托单一经纪公司的优势是避免因售房信息高度曝光而造成集中看房，不打扰售房者的正常生活，劣势在于无法保证房屋出售速度。委托多经纪公司能够在从业者间形成相互竞争，使经纪人工作越发卖力，不仅有可能使房产以较为满意的价格及方式出售，也有可能提升房屋快速出售的概率，不过委托多经纪公司又难免造成看房者蜂拥而至，从而扰乱售房者的正常生活，委托多经纪公司也意味着多付佣金，无形之间增加了交易成本。

（3）签订中介合同。当售房者选定经纪商后，就应与其签订中介合同，合同内容主要涵盖中介事项、完成标准、佣金数额、支付方式、履行期限、违约责任等内容。卖方如果将所有事项全部委托给经纪公司，那么中介合同一旦成立，卖方便可以从烦琐的交易流程中脱身，余下事项交由经纪商办理即可。

153. 拍卖售房的流程如何？

（1）寻找拍卖人，签订拍卖合同。只有专业的拍卖行方能从事二手房的拍卖销售工作，若想自己的房产能够以较高价格快速出售，售房者必须对各拍卖行水平及实力认真甄别。当售房者寻找到合适的拍卖行后，应及时办理委托拍卖手续，主要包括以下事项：填写委托拍卖房屋情况表；提交房屋权属证明或批准房屋拍卖的有关文件；交验房地产定税证明；签订房屋拍卖委托合同；预付拍卖开价 1% 的手续费。

（2）腾空房屋，办理过户手续。在拍卖成立后的 10 天内，卖房者应将房屋腾空，在收到全部价款后，将房屋移交给购房者，并一同前往房地产管理部门办理买卖成交手续及变更登记，领取《房屋所有权证》与《土地使用证》。

154. 什么是房屋互换？

为充分尊重当事人意思自治，便利当事人生活生产，经有关部门批准，履行合法手续后，公民之间可以进行房产互换。房屋互换虽不属于二手房买卖，但它同时包含买、卖两个环节，与二手房交易存在一定的相似性，因此一并加以介绍。

在遵循自愿原则的基础上，房产互换包括使用权的互换和所有权的互换，可以等价交换也可以不等价交换。使用权的互换是指产权仍归原主所有，只是对方现在可以使用该房屋。所有权互换完成后，双方不仅占有各自房屋，房屋的所有权本身也将发生变化。

在我国，互换的房屋主要包括房产管理部门出租的直管房产和企事业单位自管房的职工住宅，以及自住私房或租赁私房。

第四节　二手房中介

155. 如何挑选二手房经纪公司？

随着二手房市场的火热，专门从事二手房交易的经纪公司也多了起来，这在方便买卖双方及时达成交易的同时，也给交易双方带来了一个新的问题：如何在众多的二手房经纪公司中挑选一家信得过的靠谱公司？

并非所有打着经纪公司名号的，或在广告媒体上做宣传的都是正规经纪公司。一般说来，正规经纪公司必备两证：一是由工商管理部门颁发的《营业执照》，二是由房屋土地管理部门颁发的《房地产经纪机构资质证书》或《房地产经纪机构（分支机构）资质证书》。在两证中，后一证书是由行业管理部门颁发的，对于确认中介机构的性质尤为重要，如果只取得《营业执照》而没有《房地产经纪机构资质证书》，是没有办法从事二手房买卖相关业务的。

要取得《房地产经纪机构资质证书》，相关机构必须符合一定条件，申请条件往往因各地规定而有所不同，如《南京市房地产交易管理办法》第59条规定："中介机构申请资质证书应当符合下列条件：（一）从事房地产咨询业务的，具有房地产以及相关专业中等以上学历、初级以上专业技术职称人员应当占员工总数的半数以上；（二）从事房地产经纪业务的，具有高中以上文化程度、从事房地产相关行业工作三年以上的人员应当不少于三名；（三）从事房地产评估业务的，应当具有与其资质相应的房地产注册评估师。”《江西省建设厅关于实行房地产经纪机构备案制度有关问题的通知》则要求房地产经纪机构自取得营业执照之日起30日内，应到设区市房地产行政主管部门办理备案，办理备案应报送下列材料：营业执照；四名以上（含）取得《房地产经纪人执业资格证书》或省建设厅、省工商局颁发的《房地产经纪资格证书》的专职人员证书；企业主要人员合法身份证明；与营业执照记载一致的机构名称及服务场所证明。

此外，绝大多数地方的房屋土地管理部门都会要求房地产经纪公司在其经营场所显著位置悬挂《营业执照》《房地产经纪机构资质证书》或《房地产经纪机构（分支机构）资质证书》正本，并张贴全部执业经纪人《房地产经纪人资格证》复印件。二手房买卖双方可以通过以上内容有效判断经纪公司是否具备合法的经营资质。

156. 如何挑选房产经纪人？

好的房产经纪人不仅能够为委托人分担售房过程中需要处

理的大量琐事，省去委托人许多麻烦，同时还能促成房产交易以适宜价格及时、快速达成，售房者在委托房产中介公司售卖自己的房屋时，务必留心挑选经纪人。可以从以下三个方面判断经纪人是否称职：

（1）良好信誉。经纪人是否具有良好信誉，可以从以往业绩、投诉历史等方面进行考察。

（2）公平中介。经纪人一旦接受委托，应当从售房者角度出发思考问题，及时迅速寻找买家，在代委托人出席与买家的谈判时，应据理力争，尽可能为售房者争取最大利益。

（3）职业道德。职业道德是最基本，同时也是最重要的品质，职业道德要求房产经纪人要能够做到认真代理，按照委托者的要求寻找买家，按照委托人的具体指示促成交易。实践中，部分经纪人在接受委托后，迟迟不寻找买家，待卖方着急后便伙同买房者趁机压价。还有的经纪人在向买家报价时，故意隐瞒委托人预期出售价格，报价虚高，以便从中渔利，以上行为全都违背了经纪人职业道德，未能扮演一个良好的中间人角色。

157. 房产经纪人要具备何种资质?

房地产经纪人员，是指从事房地产经纪活动的房地产经纪人和房地产经纪人协理。设立房地产经纪机构和分支机构，应当具有足够数量的房地产经纪人员。国家对房地产经纪人员实行职业资格制度，纳入全国专业技术人员职业资格制度统一规划和管理。房地产经纪人实行全国统一大纲、统一命题、统一组织的考试制度，由国务院住房和城乡建设主管部门、人力资源和社会保障主管部门共同组织实施，原则上每年举行一次。房地产经纪人协理实行全国统一大纲，由各省、自治区、直辖市人民政府建设（房地产）主管部门、人力资源和社会保障主管部门命题并组织考试的制度，每年的考试次数根据行业发展需要确定。

158. 哪些属于房产经纪行业禁止行为？

《房地产经纪管理办法》第25条规定房地产经纪机构和房地产经纪人员不得有下列行为：

（1）捏造散布涨价信息，或者与房地产开发经营单位串通捂盘惜售、炒卖房号，操纵市场价格；

（2）对交易当事人隐瞒真实的房屋交易信息，低价收进高价卖（租）出房屋赚取差价；

（3）以隐瞒、欺诈、胁迫、贿赂等不正当手段招揽业务，诱骗消费者交易或者强制交易；

（4）泄露或者不当使用委托人的个人信息或者商业秘密，

谋取不正当利益；

（5）为交易当事人规避房屋交易税费等非法目的，就同一房屋签订不同交易价款的合同提供便利；

（6）改变房屋内部结构分割出租；

（7）侵占、挪用房地产交易资金；

（8）承购、承租自己提供经纪服务的房屋；

（9）为不符合交易条件的保障性住房和禁止交易的房屋提供经纪服务；

（10）法律、法规禁止的其他行为。

159. 违法经纪将会承担什么样的法律责任？

《房地产经纪管理办法》以专章的形式对房产经纪机构和从业人员的违法行为作出规定，法律责任多样化，不同违法行为将导致不同法律后果：

（1）有下列行为之一的，由县级以上地方人民政府建设（房地产）主管部门责令限期改正，记入信用档案；对房地产经纪人员处以 1 万元罚款；对房地产经纪机构处以 1 万元以上 3 万元以下罚款：房地产经纪人员以个人名义承接房地产经纪业务和收取费用的；房地产经纪机构提供代办贷款、代办房地产登记等其他服务，未向委托人说明服务内容、收费标准等情况，并未经委托人同意的；房地产经纪服务合同未由从事该业务的一名房地产经纪人或者两名房地产经纪人协理签名的；房地产经纪机构签订房地产经纪服务合同前，不向交易当事人说明和书面告知规定事项的；房地产经纪机构未按照规定如实记录业务情况或者保存房地产经纪服务合同的。

（2）构成价格违法行为的，由县级以上人民政府价格主管部门按照价格法律、法规和规章的规定，责令改正、没收违法所得、依法处以罚款；情节严重的，依法给予停业整顿等行政处罚。

（3）房地产经纪机构擅自划转客户交易结算资金的，由县级以上地方人民政府建设（房地产）主管部门责令限期改正，取消网上签约资格，处以 3 万元罚款。

（4）违反《房地产经纪管理办法》第 25 条第 3 项至第 10 项的，由县级以上地方人民政府建设（房地产）主管部门责令限期改正，记入信用档案；对房地产经纪人员处以 1 万元罚款；对房地产经纪机构取消网上签约资格，处以 3 万元罚款。

160. 房产中介服务费如何收取？

房地产经纪业务应当由房地产经纪机构统一承接，服务报酬由房地产经纪机构统一收取。分支机构应当以设立该分支机构的房地产经纪机构名义承揽业务。房地产经纪人员不得以个人名义承接房地产经纪业务和收取费用。

房地产经纪服务实行明码标价制度。房地产经纪机构应当遵守价格法律、法规和规章规定，在经营场所醒目位置标明房地产经纪服务项目、服务内容、收费标准以及相关房地产价格和信息。房地产经纪机构不得收取任何未予标明的费用；不得利用虚假或者使人误解的标价内容和标价方式进行价格欺诈；一项服务可以分解为多个项目和标准的，应当明确标示每一个项目和标准，不得混合标价、捆绑标价。

161. 与房产中介公司签订二手房委托销售合同要注意哪些事项？

一旦售房者决定选择由房产中介公司代为销售自己的房产，那么第一件事情便是与中介公司签订委托销售合同。一般而言，各房产中介公司都会提供早已备好的格式合同，售房者只需在合同上填写个人信息及签名即可，若售房者对格式合同不满意，可以在上面添加补充条款。委托销售合同的主要条款如下：

（1）双方基本情况。售房者填写姓名、住址、身份证号码、联系方式，并出具身份证复印件，中介公司提供营业执照复印件、资质证书复印件和经纪人资格证复印件。

（2）待售标的物详细情况。售房者要将出售的房产位置、四至、面积、房产证号、平面图等提供给中介公司，为了方便买房者掌握更多房屋信息，中介公司可以提出登门拍 VR 视频。房产证及平面图复印件可作为委托合同的附件。

（3）委托事项。包括对买主有无特殊要求，对待售房屋的价格预期，约定哪些事项由售房者自行处理，哪些事项由经纪公司代为办理。

（4）委托方式。载明是独家代理还是一般代理。

（5）委托期限。标明委托的起始时间，超过委托时限后，经纪公司便不具有代理权限。同时明确委托期限结束后的法律后果，按照房产中介行业惯例，如果在约定期限内未能售出，那么中介公司是不收取服务费的。

（6）委托费用及支付方式。明确中介公司服务费、双方各自承担的费用，不要一揽子报价。

（7）双方的权利义务。售房者保证待售房屋不存在权利瑕疵，按时支付佣金，不与中介推荐的买主进行私下交易，配合中介公司完成相关手续办理；中介保证在约定期限内完成委托事项，不得伙同购房者侵害售房者权益。

（8）违约责任。明确何种情形属于违约，违约方需要承担的法律责任，约定违约金的数额、支付方式、支付期限等。

（9）解纷方式。约定一旦因委托销售而发生纠纷时，是选择诉讼还是仲裁作为解纷方法，诉讼要在房屋所在地法院进行，如果是仲裁的话，则需要明确仲裁机构。

需要注意的是，合同一旦成立后即发生法律效力，如果当事人想要变更或解除合同，都需要采用书面形式。

162. 如何在二手房交易中防止被中介吃差价?

专业房产中介公司手中掌握大量房源，轻车熟路的服务也能够节省买卖双方的时间精力，因此，许多购房者选择通过中介购买二手房。选择中介购房，买家最担心的莫过于中介诚信问题，除隐瞒房屋质量外，另一值得关注的问题便是吃中间差价。为了避免被中介吃差价，买方可以从以下 6 个方面提前防范：

（1）确认真假房源。买方要警惕假房源，有些仅是房托并非真正房主，如果在没有查看相关证件及辨明真假房东之前就交了定金，而中介公司又谎称房子被卖走，到时定金难以退回。对于卖方来说，如果中介公司提出现金收购，一定要办理相应的过户手续，防止中介公司在没有办理手续之前，将房子卖出从中赚取差价。

（2）尽量三方都到场。二手房交易往往比较烦琐，需要买卖双方进行大量沟通。因此，二手房买卖时最好三方都到场，做到交易透明。另外，我们与中介签订委托合同、三方签订买卖合同及现场验房时，最好准备一个录音时间较长、效果较好的录音设备，以便后期发现对方有诈时，有充足、有力的维权证据。

（3）查看委托合同。由于一方无法到场，另一方可要求中介出具其委托合同，委托合同上会注明房屋价格及中介代理权利范围，这样无疑保障了买卖双方的利益。此外，买二手房时尽量挑选品牌中介公司，这样更利于保证自己的权益。

（4）只让中介代理一方。在进行二手房交易的时候，千万不要委托中介公司代理买、卖两方，而是尽量让中介公司仅代理一方。因为只有这样才能真正保证委托方的利益。

（5）了解房屋信息。中介之所以能够吃差价，很大原因在于买卖双方不了解房屋信息，如周边房价等。只有充分了解房屋信息，才不会造成以较高的价格购买，也就没有了被中介吃差价的可能。

（6）请专业人士参与。二手房买卖时，最好请一些专业人士给出参考意见，如房产专家、律师、买卖房屋高手，也可以找一些买卖房屋较有经验的人参考。这样可减少中介吃差价的可能。

163. 二手房交易过程中，被中介吃差价怎么办?

情景再现

在上海工作的李某通过房产中介公司准备购买一套郊区的小

户型二手房，出于对中介品牌的信任，李某就没有参与双方价格谈判。中介告诉李某房屋售价165万元，中介服务费用3万元也由李先生支付。就在准备付首付的前夕，卖家找到李某，告诉李某房屋实际售价为150万元，中介以佣金协议的形式与卖家签约，意图占有购房款中多出的15万元。李某已经先行向中介支付5万元购房意向定金，他现在应该如何维护自己的合法权益？

法律分析

一般而言，房产中介收取的费用仅限于中介服务费，绝对不允许吃差价。吃差价现象主要发生在以下两种情形：（1）阻止买卖双方见面。卖方将住房委托给中介后，会与中介公司协议签订一份代理合同，一般会约定好在一定期限内将该套房屋以一定价格售出。中介在拿到房源后，一般会跟买家开出比合同约定价格略高的价格，并在客户看房、签约和过户的各个环节中阻止买卖双方见面。（2）中介事先与卖家约定分成。卖家委托中介卖房时，在合同中约定好底价并规定超出部分按约定比例进行分成。在这种情况下，即使买家见了房主，房主也会替中介保密。这种情况还是比较常见的，所以小中介不可信。

遇到这种情况的李某，可先与中介协商解决，重新就居间服务费作出约定。如果感到受骗上当的李某不再打算通过该中介公司购买该房产，可要求中介公司退还购房意向定金，若中介公司拒不退还，可以寻求诉讼途径解决。

164. 越过房产中介私下交易的法律后果是什么？

购房者在中介的带领下看了某套二手房，最后为了省下中介费，选择越过中介直接与售房者交易，这种行为被称作“跳单”，跳单现象是房产中介行业的顽疾。

跳单不仅是一种违背诚信原则的行为，也是一种违约行为，但因为跳单行为难以认定，所以一般不会给交易双方带来直接的法律后果。发生跳单纠纷后，如果中介公司将交易一方或双方告上法庭，法院会根据《民法典》中关于居间合同的条文作出判决。从以往的案件来看，尤其是几年前最高人民法院颁布指导性案例以来，只要房子不是该中介的独家房源，交易过程中介未参与其中，中介若要追讨中介费，多数情况下只能败诉。至于条文中提及的劳务费，法院通常认为极少，也没有人会专门为了人力成本打官司。既然法律上不支持，因跳单所引发的索赔行为更多地只能停留在法理上。

跳单通常不会对交易双方造成直接法律后果，但有可能会面临中介公司的长期纠缠。跳单发生后，有许多中介会采用人身威胁的方式威胁跳单者，如果未发生人身伤害，公安部门也会以经济纠纷不介入为由默许，或者建议走民事调解（通常这样就会被中介要求付中介费）途径。

165. 委托中介代为出售房屋的，何时将钥匙交给中介较为合适？

情景再现

最近搬了新家的王某，准备委托中介将原来居住的房子卖掉。工作繁忙的王某为了避免一次又一次地带购房者上门看房，在与中介公司签订委托合同后，便将旧房钥匙也留给了中介公司，让他们负责陪同购房者上门看房。王某旧房尚未完全清空，仍有部分家具物品遗留在房屋内。某天，王某旧房发生盗窃，损失颇多。王某经过一番查验后，发现房门没有明显的被破坏过的痕迹，于是认为中介公司监守自盗的可能性非常大。中介公司也觉得十分冤枉，现在小偷开门盗锁的技术越发高明，不能因为房门未被破坏，便认为是他们所为。此时王某应该怎么办？

法律分析

在没有其他证据的情况下，王某确实没有办法仅凭将钥匙留给中介这一事实便认定盗窃行为是由中介所为。为了确保自身的财产安全，避免出现本案中王某的情况，卖房者一定要亲自保管尚未腾空房屋的钥匙，否则一旦发生特殊情况，售房者只能自食苦果。此外，正规的中介公司一般也不会在房屋尚未清空前接受钥匙，之所以如此，就是为了避开嫌疑。

第五节　新型交易方式

166. 什么是二手房交易网？

二手房交易网是专门为二手房买卖搭建的第三方网络交易平台，它的出现是网上购物这种流行趋势在二手房交易市场的表现，反映了人们购物方式与购物理念的变化。

二手房交易网是现今中国专业的二手房类门户网站，是一个面向全国的专业二手房信息平台，二手房交易网的主要业务除了有二手房买卖还包括二手房评估、代办过户、代缴税费、代购新房等。随着二手房网逐渐增多，竞争压力也会逐渐增大，所以，很多具有代表性的二手房交易网站都在不断积极完善自身的服务体系。

167. 二手房交易网能够提供哪些服务？

二手房交易网是面向用户的二手房购房信息网，以“本地化、实用性、开放性”为宗旨，为房产购买者提供丰富的购房信息，是用户购房前参考选购房，购房后获得服务、资料的综合性房产资讯网站。网站目标准确地针对用户，是消费者获取开发商地址、电话、优惠和其他信息的捷径，是房产开发商24小时展示企业的最佳媒体，用户自行创建讨论版，自行管理、自行发展，自由发布信息、沟通交流。此开放模式体现了互联网的自由和自律精神，且快捷、便利、易于掌握，因此深得用户好评。目前全国范围内已出现很多颇具代表性的二手房交易网站。

168. 什么是二手房网签？

二手房网签是房管局推出的一个网上交易系统。系统运行后二手房交易过程中签订房地产中介服务合同、房源信息公示、签订买卖合同、选择交易资金托管及银行等全部都将在网上进行。并且房屋交易过程中各个环节信息反馈、存量房房源信息、成交信息的查询和统计也都可以通过该系统和网站获得。网签具有三大优势：

（1）真实可靠。网签后业主资质经过核实会更加可信，房源信息也更加可靠，以后找房子可能会更方便、快捷，交易的流程也更加清晰。

（2）实时查询。交易过程全部信息化后，可以缩短买卖双方交易递件的时间。整个网签过程市民也都可以通过网上实时查询，得知二手房交易的办理进程。

（3）便于监管。二手房交易信息上网后有利于政府部门对二手市场进行监控。

169. 二手房网签要注意哪些事项？

房屋购买的过程中，网签是很重要也是最容易出纠纷的一个步骤，二手房网签需要注意以下 5 个事项：

（1）审查开发商是否具有商品房预售许可证。网签时一定要审查开发商是否具有商品房预售许可证，有了预售许可证，则通常开发商也具有了土地使用证、规划许可证、建设工程许可证等。这是买房能否办房产证的关键。

（2）注意合同文本。网签时一定要采用房地产管理部门统一印制的标准房屋买卖合同文本，并按照文本中所列条款逐条逐项填写，千万不能马虎。同时要注意合同条款中双方所填写的内容中权利与义务是否对等。

（3）面积确认及面积差异处理。如果选择按套内建筑面积为依据进行面积确认及面积差异处理时，应当在“面积差异处理”条款中明确面积发生误差时的处理方式。

（4）网签时一定要认准交房日期是否确定。资金不足而延期交房是常有的事，开发商往往在预售合同上大做文章，如只注明竣工日期，而不注明交付使用日期；运用“水电气安装后、质量验收合格后、小区配套完成后”等一些模糊语言。对此，购房者在签订网签合同时，一定要将交房日期明白无误地规定为“某年某月某日”，并注明开发商不能按时交房所需承担的责任。

（5）网上签约注意保护密码。购房者要注意设置网签密码，一定要妥善保存，在双方对合同条款确认无误、签订保存之后，一定要当场提交备案，并打印《商品房备案登记证明书》，经双方确认后签字保存。

170. 网签有哪些流程？

（1）买卖双方协商好买卖合同条款内容，填写《二手房买卖信息表》，如果合同需要进行补充的，可以直接签订补充协议，一并作为合同内容。

（2）网签人员录入房屋所有权人提供的房屋所有权证号、身份证明号码，校验房屋所有权信息；如果不符合网签条件的，要及时通知当事人到房屋产权产籍管理部门查询、办理相关事项。

（3）网签人员按照《二手房买卖信息表》信息，在线编辑买卖合同内容。网签合同提交前，买卖双方可以更改合同内容。

（4）买卖双方对二手房买卖合同内容进行签字确认，然后设置网签查询密码，网签合同经买卖双方签字确认提交。

（5）买卖双方持买卖合同等资料办理交易资金监管手续。

（6）买卖双方持相关申请材料办理转移登记手续。

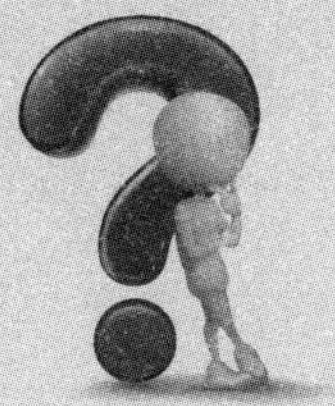

第九章

CHAPTER 9

资金安全与交易税费

171. 如何监管二手房购房款？

整体而言，我国现阶段二手房市场尚属卖方市场，买方相对处于弱势地位，大多数购房首付款都是直接交给出售人、房产经纪公司，一旦后者将购房款挪用或再次出售给其他买受人（也就是所谓的“一房二卖”），必将严重侵害买受方权益。如果没有专项制度加以规范，买方购房款的资金安全难以得到有效保障。

为防范此类情况发生，各地普遍要求二手房买卖必须通过商业银行设立的客户交易结算资金专用存款账户，如《无锡市存量房交易资金监管办法（试行）》第4条第1款规定：“交易监管机构应当开设交易资金监管专用账户，实施交易资金监管，交易资金应单独核算收支。”第8条对交易资金监管流程作出规定，交易双方与交易监管机构签订存量房交易资金监管协议；买受方将约定监管的交易资金存入交易资金监管专用账户；约定的存量房交易资金（含贷款）全部到账后，交易双方申请办理不动产转移登记；完成不动产转移登记后，交易监管机构按照存量房交易资金监管协议的约定向存量房出卖方划转交易资金。为确保资金安全，降低买房风险，买房人绝对不能贪图省事将购房资金直接付给售房者，务必要通过专用账户。

172. 什么是资金专用存款账户？

资金专用存款账户是专门用于二手房交易的资金往来账户。该账户不能支取现金，实行“三点一线”式的资金流转方式，即交易资金由协议约定的买方账户转入“专用账户”，登记完成后再由“专用账户”转入卖方账户。若出现无法办理产权过户的情形，资金会由“专用账户”退回买方交款账户，切实保障交易资金的安全。

资金专用存款账户只能用于二手房买卖双方的交易资金划转，不能用于资金监管机构自有资金的存储和划转，而且不得支取现金。专用账户独立于资金监管机构的自有财产及其管理的财产，既不属于资金监管机构的资产，也不属于服务中心的负债，账户内的交易结算资金属于房屋交易当事人。从而保障了买卖双方的交易资金安全，维护了买卖双方的权益。

173. 二手房交易需要缴纳哪些税费？

二手房交易过程中买方和卖方都需要承担不同的税费，二手房交易中征收交易税的本意是为了限制买卖交易，抑制房地产产业过热。主要税费类型包括个人所得税、土地增值税、印花税、城建税、教育附加税、地方附加税、契税。

（1）个人所得税。这是调整征税机关与自然人（居民、非居民）之间在个人所得税的征纳与管理过程中所发生的社会关系的法律规范的总称。财产转让所得也在个人所得税项下，包括转让有价证券、股权、建筑物、土地使用权、机器设备、车船以及其他自有财产给他人或单位而取得的所得，包括转让不动产和动产而取得的所得。对个人股票买卖取得的所得暂不征税。

（2）土地增值税。土地增值税是指转让国有土地使用权、地上的建筑物及其附着物并取得收入的单位和个人，以转让所取得的收入包括货币收入、实物收入和其他收入减去法定扣除项目金额后的增值额为计税依据向国家缴纳的一种税赋，不包括以继承、赠与方式无偿转让房地产的行为。

（3）印花税。印花税是对经济活动和经济交往中订立、领受具有法律效力的凭证的行为所征收的一种税。因采用在应税凭证上粘贴印花税票作为完税的标志而得名。

（4）城市维护建设税。城市维护建设税是以纳税人实际缴纳的增值税、消费税的税额为计税依据，依法计征的一种税。

（5）教育附加税。教育附加税是对在城市和县城凡缴纳增值税、消费税的单位和个人，就实际缴纳的三种税税额征收的一种附加税。

（6）地方附加税。地方附加税包括城市维护建设税、教育附加税、地方教育附加税及价格调节基金，征收比例因地区不同而有所不同。

（7）契税。契税是指不动产（土地、房屋）产权发生转移变动时，就当事人所订契约按产价的一定比例向新业主（产权承受人）征收的一次性税收。

174. 如何计算二手房交易税费?

2016年5月1日我国全面实施营改增后，营业税已经改为增值税，大大降低了要缴纳的税费：

（1）增值税。税率5.6%，卖方缴纳。根据2010年房产新政，转让出售购买时间不足5年的非普通住宅按照全额征收营业税，转让出售购买时间超过5年的非普通住宅或者转让出售购买时间不足5年的普通住宅按照两次交易差价征收营业税，转让出售购买时间超过5年的普通住宅免征营业税。

（2）个人所得税。税率交易总额1%或两次交易差价的20%，卖方缴纳。征收条件以家庭为单位出售非唯一住房需缴纳房转让个人所得税。在这里有两个条件：家庭唯一住宅；购买时间超过5年。如果两个条件同时满足可以免交个人所得税，任何一个条件不满足都必须缴纳个人所得税。

（3）印花税。税率 1‰，买卖双方各半。不过从 2009 年至今国家暂免征收。

（4）契税。分情形由买方缴纳。按照基准税率征收交易总额的 3% 至 5%，若买方是首次购买面积不足 90 平方米的普通住宅缴纳交易总额的 1%，若买方首次购买面积超过 90 平方米（包含 90 平方米）的普通住宅则缴纳交易总额的 1.5%。

（5）测绘费。一般说来房改房都是需要测绘的，商品房如果原产权证上没有市房管局的测绘章也是需要测绘的。2008 年 4 月后新政策房改房测绘费标准：面积 75 平方米以下收 200 元，75 平方米以上 144 平方米以下收 300 元，144 平方米以上收 400 元。

（6）二手房交易手续费。住宅：6 元 / 平方米 × 实际测绘面积；非住宅：10 元 / 平方米 × 实际测绘面积。

（7）产权证办理费。一般为 80 元，共有权证为 20 元。

175. 什么是二手房买卖中的阴阳合同？

阴阳合同是指交易双方就同一事项分别签订对内对外两份合同，对外的那份合同并非当事人真实意思表示，对外合同的主要目的在于规避国家税收，对内合同方是当事人真实意思表示。

二手房买卖中也存在着签订阴阳合同的情况，对外“阳”

合同用于拿到房产部门和税务部门登记，上载明的成交价格普遍低于真实价格，“阴”合同的约定是双方真实意思表示，填写的也是实际成交价格。通过阴阳合同这种方式，交易双方直接减少了纳税基数，从而降低了需要缴纳的税款。部分当事人看到签订阴阳合同能够逃脱部分税款，仅想着对自己有利的一面，却不知道签订阴阳合同存在较大的法律风险，一旦发生在自己身上时，再后悔往往为时已晚。

176. 二手房阴阳合同合法吗?

一般来说，订立“阴阳合同”的目的主要是偷逃税费。在二手房屋买卖关系中，尽管二手房阳合同符合合同成立的形式要件，但是，如果以通过虚假降低合同标的，欺骗行政主管部门，从而达到少缴税费，损害国家利益，违反我国法律法规禁止性规定的规避国家税收的价格条款应属无效合同条款，不具有确定双方权利义务关系的效力。相反，二手房“阴合同”中真实的价格条款，才是确定双方民事权利义务关系的基础。不过这种做法严重违反了我国相关法律的规定，如果属于一般偷税行为，行政机关有权给予相应的行政处罚。如果偷税数额较大、次数较多，则有可能构成刑事犯罪。

因此，阴阳合同一般具有违法的目的，是不合法的。

177. 二手房阴阳合同存在哪些风险?

试图以阴阳合同逃避部分税款，这样的想法并不可取，阴阳合同并非合法的避税行为，相反它是恶意串通损害国家税收利益的违法行为，它可能给当事人带来意想不到的法律后果：

（1）因合同被确认无效而无法顺利取得房产。阴阳合同的本质是双方当事人恶意串通损害国家利益，目的在于逃避国家税收，它完全符合《民法典》总则编关于无效民事法律行为的规定情形。房地产交易中心是基于虚假意思表示的“阳合同”而办理的变更登记，有关部门一旦发现存在阴阳合同的事实，“阳合同”必定被认定为无效，在此基础上开展的过户行为也会被撤销。一般买方在此时已经支付全部或大部分购房款，补缴税款重新办理过户登记期间，一旦发生一房二卖、房屋抵押或司法查封等情形，买房者的权益将很难得到保障。

（2）再次出售时面临高额税负。买方的角色完全可能发生转换，买方在购得房屋后，说不定哪天就会需要将房屋再次转手上市。等到再次交易时，原本的买方便会面临两难处境：其一，由于“阳”合同上的买入价过低，必然影响房屋估值；其二，因再次出卖价格与买入价之间存在较大差额，不得不承担高额的个人所得税税负。

（3）面临行政处罚的风险。二手房交易双方需按一定比例缴纳税款。阴阳合同一旦被查出后，不仅要将逃避税款补足，还有可能面临税务部门做出的罚款等行政处罚。

（4）面临刑事处罚的风险。借阴阳合同偷逃税款，一旦数额过大则有可能触犯刑法，被认定为偷税罪。《刑法》第201条第1款对偷税罪作出规定："纳税人采取欺骗、隐瞒手段进行虚假纳税申报或者不申报，逃避缴纳税款数额较大并且占应纳税额百分之十以上的，处三年以下有期徒刑或者拘役，并处罚金；数额巨大并且占应纳税额百分之三十以上的，处三年以上七年以下有期徒刑，并处罚金。"需要注意的是，买卖双方都有可能触犯这一罪名。

最后，在上述法律风险之外，随着全社会信用体系建设日趋完善，阴阳合同订立双方很有可能被相关部门纳入信用黑名单，留下难以抹去的信用污点。阴阳合同使交易行为处于不甚稳固的环境中，容易引发一连串纠纷，致使买卖双方需要支出额外的仲裁费、诉讼费以及时间成本。决定以这种方式逃避缴纳税款前，一定要反复思量。

178. 假赠与逃避二手房税费可行吗？

对于继承和赠与的房产，不征收营业税和个人所得税，业主只需要缴纳公证费及契税，然后持相关手续前往相关部门办理完税手续即可。以假赠与的方式进行房屋交易，私下向卖房者支付房款，从表面上看不存在任何资金往来，与正常交易相比，确实能够节省相当一部分税费开支。假赠与看似一举两得，买卖双方交易完成且少缴纳税费，实际上以这种方式进行避税，要承担相当高的法律风险：

（1）无法贷款。赠与并非买卖行为，购房者无法办理买房贷款，只能一次性缴纳全部购房款，这无疑将对买房者造成巨大经济压力。

（2）瑕疵风险。《民法典》第662条规定："赠与的财产有瑕疵的，赠与人不承担责任……"以假赠与的方式购得房屋的买房者，取得房屋后发现存在质量问题的，无法得到法律保护，很难要求售房者承担相应责任。

（3）撤销赠与以及不履行风险。在办理完变更登记之前，均可以撤回赠与。由于双方私下进行交易，一旦买方付了钱但卖方不肯过户，或卖方先办好过户手续但买方未足额缴清全部房款，都很容易产生纠纷。

179. 延迟交付逃避二手房税费可行吗？

试图以延迟交付这种方式减少二手房税费的，主要发生在以下两种情形中：（1）房龄不足5年，意图届满5年后节省大笔增值税；（2）目前税费规定较高，当事人意图观望等待政策发生变化。以迟延交付这种方式逃避税费虽不违法，但无论是出于以上何种目的，都可能给当事人带来意料之外的风险。

最大的风险便是一房二卖。《民法典》第209条规定："不动产物权的设立、变更、转让和消灭，经依法登记，发生效力；未经登记，不发生效力，但法律另有规定的除外。"对于购房者来说，虽然已经与卖方签订了交易合同，甚至可能已经搬入所购二手房中居住，但未经登记无法对抗善意第三人。如果此时房价上涨，卖房者贪图差价极有可能将房屋再卖给其他人，如果善意第三人已经办理变更登记，那么购房者不仅无法得到房屋，还要通过法律途径方能取回自己先前支付的购房款。如果卖方此时已无其他财产可供强制执行，那么买房者就不得不承受经济损失。

需要注意的是，有些当事人误以为即便不办理变更登记，只要有公证便可以对房屋买卖双方产生拘束力，这一想法大错特错，公证并非万能，同样有可能被撤销。即便卖房者确实出于诚心，没有一房二卖的想法，卖房者的债权人也有可能申请法院对房屋进行查封或强制拍卖以清偿债务，这都会给购房者带来极大不便。

180. 假离婚逃避二手房税费可行吗?

《财政部、国家税务总局、建设部关于个人出售住房所得征收个人所得税有关问题的通知》第4点规定:“对个人转让自用5年以上、并且是家庭唯一生活用房取得的所得,继续免征个人所得税。”有的家庭为了充分利用政策规定,实现短期内出卖两套房屋却不用缴纳所得税的意图,宁可选择假离婚的方式。典型操作便是夫妻离婚后,将名下多套房产平均分配,再分别以个人名义出卖房产,如此一来便可以省下一套房的个人所得税,这在房屋总价高昂的大城市,可是一笔相当大的数额。离婚所需手续费不过百元,两相比较,确实相当“经济”。

假离婚的双方往往想着房屋出售后便再行复婚,因此,在办理离婚手续时往往对于财产分割不太仔细,很容易出现一方多一方少的情况。离婚后获得财产较多的一方极有可能出于私利而选择假戏真做拒绝复婚,一旦发生这样的情况,另一方基本没有办法维护自己的权利。婚姻是一件庄重严肃的事情,出于经济考量而玩弄婚姻,很难保证婚姻双方不会因为钱而导致婚姻关系真的破裂。

181. 先租后买进行二手房避税可行吗？

按照相关政策规定，未满两年便交易的房产需要缴纳增值税及附加税，于是，实践中不乏有购房者与售房者约定以“先租后买”这种方式达成交易的。例如，买卖双方先行约定交易价格，但买方不必立即缴纳购房款，买方可以交纳租金住进二手房中，待期满两年后，再购买房屋，先期交纳的租金冲抵购房款。在“先租后买”的情况下，卖方多会约定租金为“抵押款”，用于确保未来交易安全。

先租后买的方式虽然对买卖双方都有所保障，但由于在较长时间里无法办理变更登记，如果未来二手房价格走势及交易政策发生变化，买卖双方都有可能产生退意从而反悔，这都会增加未来交易的不确定性。一方面，如果房屋价格上涨，房主宁可承担违约责任，也不同意按早前约定价格出售房屋，购房者只能选择其他房源。另一方面，如果房屋价格下跌，购房者自然不愿意继续交易。即便行情、政策没有发生变化，购房者工作地点发生变动，前往其他城市谋求个人发展时，也不大可能继续完成先前约定。

总之，对于买卖双方而言，只有按正常手续缴纳税费，及时办理变更登记才能实现自己权益的最大化，如果贪图节省一点税费，而意图尝试各种方法，最后反倒可能使自己成为最大的输家。

第十章

CHAPTER 10

二手房购房贷款

第一节　二手房购房贷款必知

182. 可以贷款购买二手房吗？

由于整个贷款办理流程需要一个月左右的时间，如果卖房者有耐心愿意等待，那么在二手房交易中，购房者完全可以贷款买房。现在流行的二手房贷款有 3 种：

（1）个人住房贷款。个人住房贷款由商业银行提供，也就是通常说的按揭。只要二手房购买者支付不低于 30% 的首付，并以二手房作为抵押，就可以向银行申请按揭。

（2）公积金贷款。这种是由公积金管理中心委托商业银行发放的政策性贷款，对于享有公积金待遇的购房者来说，选择公积金贷款较为经济，利率普遍低于商业银行房贷。

（3）组合贷款。由于各地可以发放的公积金贷款都有上限，一旦购房款超出这一限度，购房者需要就差额部分向商业银行申请按揭补足，于是便形成了前两种贷款相结合的个人住房组合贷款。

183. 能否以其他担保方式申请二手房贷款？

一般而言，在二手房贷款中，商业银行暂时保有房产证，购房者以所购房屋向银行申请贷款，待还本付息后，银行再将房产证归还给购房者。抵押是二手房商业贷款最常见的担保方式，但只要银行同意，也可以实行质押、保证、抵押加保证等其他担保方式。

质押贷款指银行以借款人或第三人提供的、经认定符合规定条件的权利凭证作为质押物而向贷款人发放的贷款，正式国债、金融债券、单位定期存单、个人定期储蓄存款等都可以作为质物。

保证贷款发生在如下情形：其他具备债务清偿能力的法人、经济组织或自然人为购房者作保，承诺购房者无法还清贷款时由他们代为清偿，这种承诺经银行认可后，也可以作为担保方式而同意向购房者发放贷款。

184. 什么是二手房居间担保？

由于二手房交易周期长、涉及金额大，在二手房交易过程中，无论是买方抑或卖方，都有着自己的顾虑：卖方担心能否及时拿到房款，一旦交易因意外而终止，能否及时收回产权；买方担心房屋质量是否有保障，房屋产权能否顺利过户。

许多大型房地产中介公司抓准了买卖双方在交易过程中存在的疑虑，在居间促成交易达成这一基本服务外，又推出了担保服务。接受买卖双方的共同委托，以中间保证人的身份为二手房交易中的房款给付、产权交接等事项提供担保。在二手房交易中引入第三方担保，能够有效分散交易风险，提升交易的安全性。

居间担保服务的内容为：中介公司基于二手房买卖合同，保证买方将及时向卖方付清房款、卖方将积极配合买方进行产权变更。中介公司向买卖双方额外收取一定量的中保费用，一旦买卖双方中的一方不能如约履行合同义务，另一方在追究对方违约责任的同时，也可以要求中介公司承担保证责任。

185. 居间中保服务的程序如何？

（1）中介公司接受买卖双方的共同委托，与他们签订《居间中保合同》。

（2）买卖双方向中介提供必要的担保依据，如二手房买卖合同正本、产权证原件、身份证明等。

（3）卖方将与房屋产权相关证明全部留在中介公司。

（4）买方应在正式办理变更登记前，将全部房款或剩余尾款打入中介公司指定账户。如果买方办理房贷并非一次性付款时，应先将首付存入中介公司指定账户，待银行同意房贷申请放款后，将贷得款项再存入中介公司账户。

（5）待买卖双方前往房地产管理部门办完产权变更手续，买卖双方及中介公司三方共同确认无问题后，中介公司将全部代收款项交给卖方，卖方将房屋钥匙交与买方。

第二节　商业贷款

186. 申请二手房商业贷款有哪些条件？

个人购买二手房可以申请按揭贷款，一般应具备以下条件：具有合法的身份证件，即具有合法的公民身份；具有良好的个人信用，有偿还贷款本息的能力；同意以自己所购买的房屋当作银行的抵押物；所购买的房屋产权应该明晰，可进入房地产市场流通；所购房屋不在拆迁公告范围内；需要在银行开户，并存入足够的首期款；申请贷款时没有任何不良信用记录。

当然，除上述提到的几点外，申请人还需具备银行规定的其他事项所要求的条件，否则同样可能遭到拒绝。

187. 二手房按揭贷款的流程是什么？

（1）确定按揭服务公司和贷款方案。借款人在办理贷款前首先需要与中介确定按揭服务公司，并向按揭服务公司提出贷款咨询，确定贷款方案。

（2）查询公积金（若个人需公积金贷款）。与卖方确定购房意向后，借款人提供公积金账号，由按揭服务公司进行公积金查询，确定可贷款的金额和贷款年限。

（3）签订房屋买卖合同。借款人与卖方必须签订房屋买卖合同。

（4）准备贷款资料，审核贷款资质。按揭服务公司协助借款人按照银行要求准备贷款资料，有的房屋需要由指定的评估公司进行房价评估；并且由按揭服务公司进行初步审核。

（5）签贷款协议，公证，保险。按揭服务公司将初审后的贷款资料交贷款银行审核，通过后，按揭服务公司将安排借款人与银行签订贷款协议和办理协议公证，同时收取费用，包括房屋保险费等。

（6）办理房屋过户和抵押手续。借款人到房屋所在区的交易中心办理房屋过户和抵押手续，并将抵押收件收据通过按揭服务公司交贷款银行。

（7）办理房产证和抵押证明。贷款人的房产证和他项权利证明办出后，按揭服务公司将贷款人的房产证复印件和他项权利证明原件交银行。

（8）银行放款。这是最终想达到的目的，也是贷款成功的最后一步。银行在收到借款人的以上两证后，按揭服务公司将所贷金额发放给借款人。

188. 办理二手房商业贷款需要提供哪些资料？

申请借款时，应填写《××银行个人住房贷款申请审批表》，并向银行提交如下文件：（1）身份证件（居民身份证、户口本或其他有效居留证件）；（2）银行认可部门出具的借款经济收入或偿债能力证明；（3）符合规定的购买住房合同意向书、协议或其他批准文件；（4）开发商开具的首期付款证明；（5）抵押物或质押物的清单、权属证明以及有处分权人同意抵押、质押证明和抵押物估价证明；（6）保证人同意提供担保的书面文件和保证人资信证明；（7）以储蓄存款作为自筹资金的，需提供银行存款凭证；（8）以公积金作为自筹资金的，需提供住房公积金管理部门批准动用公积金存款的证明；（9）银行要求提供的其他文件或资料。

银行工作人员收妥借款申请及规定的文件后，将按银行规定的工作程序进行调查、核验，并尽快给出回复意见。如同意借款申请，银行工作人员会通知申请人在规定的时间、地点办理或由银行代为办理保险、公证、抵押登记等手续，并签订借款合同等法律文件。

189. 如何办理“转按揭”？

（1）买卖双方签订《房屋买卖合同》。

（2）买方、卖方、律师事务所三方签订《转按揭交易安全保证合同》。

（3）买方交纳房屋价格 30% 的首付款（按交易价格与评估价格孰低的原则，一年内免评估，以原购买价为准）。

（4）卖方的贷款银行书面同意提前一次性还款的确认函（包括所欠资款本息、还款账号）。

（5）买方据前述文件及个人资信文件向贷款银行申请二手房按揭贷款（提出贷款申请，律师初审，银行复审）。

（6）卖方向买方实际交付房屋。

（7）银行复审通过后放款，向卖方的银行划款。

（8）卖方收到款项后，与原贷款银行解除贷款合同和抵押登记，与买方、律师一同办理过户，并且抵押给买方的贷款银行。

（9）买方的贷款银行将 30% 的首付款付给卖方。

第三节　公积金贷款

190. 申请二手房公积金贷款要符合哪些条件？

以公积金贷款购买二手房的，要符合下列条件：

（1）具有完全民事行为能力，足额缴纳住房公积金的在职职工；

（2）连续正常缴存住房公积金满 12 个月以上；

（3）在行政区域内购买、建造自住住房，并已付清规定首付比例以上购房款；

（4）个人信用良好，有稳定的经济收入和偿还贷款本息的能力；

（5）同意以所购建的住房作为贷款的抵押物，或提供管理中心认可的担保方式担保。

191. 申请二手房公积金贷款需要提交哪些材料？

贷款人申请住房公积金贷款需到银行提出书面申请，填写住房公积金贷款申请表并如实提供下列资料：

（1）申请人及配偶住房公积金缴存证明；

（2）申请人及配偶身份证明（指居民身份证、常住户口簿和其他有效居留证件），婚姻状况证明文件；

（3）家庭稳定经济收入证明及其他对还款能力有影响的债权债务证明；

（4）购买住房的合同、协议等有效证明文件；

（5）用于担保的抵押物、质物清单、权属证明以及有处置权人同意抵押、质押的证明，有关部门出具的抵押物估价证明；

（6）公积金中心要求由第三方担保人做担保，并缴纳担保费用，由借款人、贷款人及第三方担保人共同签订三方合同；

（7）公积金中心要求提供的其他资料。

192. 申请二手房公积金贷款的流程是什么？

二手房使用公积金办理按揭贷款共分 7 步，具体流程如下：

（1）借款人到住房公积金中心咨询，领取申请表。由房屋买卖双方及配偶（未婚或离异应出具证明），持卖方名下的《房屋所有权证》《国有土地使用证》两证原件，以及户口簿、身份证和结婚证原件，到住房公积金中心进行预登记，领取公积金贷款申请表。

（2）借款人向住房公积金中心提交必要贷款资料。

（3）住房公积金中心受理审批。住房公积金中心受理借款申请人资料，审批确定贷款额度及年限。

（4）交易过户。房屋买卖双方到房产局及土地局办理权证交易过户手续。

（5）签订合同。借款人持已办理交易过户的权证及契税完税发票（原件及复印件）到住房公积金中心，由住房公积金中心出具贷款承诺书到指定银行签订《借款合同》《抵押合同》等贷款文件，在贷款银行开立存款专户。

（6）办理抵押。借款人到房产局办理抵押房屋登记并领取《房屋他项权证》。

（7）发放贷款。贷款手续全部办妥后，由住房公积金中心将贷款资金通过银行直接划转到已开立的存款专户内。

第四节　还款与提前还款

193. 借款人如何向银行还款？

借款人在借款期限内，以每月均等的数额向银行偿还二手房贷款本息，借款人可以选择自动划扣或按期到贷款银行营业网点还款这两种方式。

实践中出于方便的需要，多数采取第一种还款方式。采用这一方式的借款人，在与银行签订借款合同时，还要另外与银行签订《个人住房贷款月均还款委托扣划协议》，并指定用于还款的银行储蓄卡卡号，保证每月划扣前将不低于还款额度的款项存入该银行卡内。如果借款人逾期还款或卡内存款不足以划扣的，须及时补缴。如果超出一定期限后，借款人仍未将规定房款补足，那么银行此时可能会根据合同约定采取某些强制措施。

194. 可以提前向银行还款吗？

以贷款方式购买二手房的，在支付一定期限贷款后（不同银行在期限要求上有所不同），可以向银行提前还款，已经计提的利息不再返还。

提前还款主要有三种方式：保持等额本息不变，缩减还款期限；缩减还款本息，保持还款期限不变；同时缩减还款本息及期限。

需要注意的是，一般贷款合同上都有提前还款的条款，要留心有没有约定违约金的问题。通常的商业贷款的条款会对最低还款额有规定，提前还款要提前若干天（一般是 15 天）向银行申请，但银行只会在每月还款的那天扣除提前偿还的本金。

195. 提前还款的流程是什么？

提前还房贷可以分为预约、准备贷款文件、退保与解押四步流程，具体程序如下：

（1）预约。借贷合同存续期内，贷款发放满一定期限后，经银行同意，可书面申请提前归还部分或全部贷款。一般银行办理此项业务需要2—7个工作日。各家银行对于提前还贷的规定彼此各不相同，贷款人在决定提前还贷前务必弄清贷款银行的操作流程。

（2）准备贷款文件。借款人如果要提前还贷的话，一般要在电话或书面申请后，携带自己的身份证、借款合同到银行办理审批手续。如果是结清全部尾款的借款人，在银行计算出剩余贷款额后，便存入足够的钱来提前还贷。如果是变更还款方式的客户和业主，新的利息标准将在新的一年开始时计算，因此，即便要提前还贷，贷款人也要把握好时机，尽可能在新利息生效前一年的年末提出。

（3）退保。一般在办理房贷时会有一个捆绑的保险，保障事项主要在于一旦主还款人身故或身残失去还款能力时，由保险公司代为清偿。贷款人提前结清全部尾款后，银行会出具结清证明，借款人携带银行开具的贷款结清证明原件、原保单的正副本和发票，打电话给相关保险公司，预约退保即可。

（4）解押。借款人在办理贷款时，银行都会办理抵押登记。客户如果结清贷款的话，一定不要忘记去解抵押这个环节。借款人要携带房产证，结清证明和抵押在银行的他项权利证去各区建委办理解抵押。

196. 不按时还贷会有什么问题？

即便在买房之初，购房者已经就借款额度、贷款期限、月供额度等根据自己的实际情况做了精打细算，但还是有可能会因为未来财务危机而影响正常还供。

购房者与银行签订借款合同时都会对这类情况提前作出规定，明确当事人无法按期还款时所要承担的法律责任：通常借款人在一定期限内（多为六个月）不能按期还款的，除了补足本数之外，还要额外缴纳滞纳金。若超期太久，银行有权将抵押房屋变现，就变现价款清偿债务，多出部分则退还给借款人。

197. 借款未还清的房子可以再交易吗？

随着住房二级市场的火爆，未还清房贷便意图再次出售的人越来越多，为了应对这一情况，多数银行已经推出个人住房“转按揭”服务。

“转按揭”是指借款人出售作为抵押物的房屋，经贷款银行同意，由房屋的购买人继续偿还出售人未到期的贷款。简言之，就是仍处在按揭中的房屋进行再次买卖，该房屋的买方仍继续偿还卖方的按揭房款。

办理“转按揭”业务的，原借款人需要出具的材料包括：借款人和权利共有人身份证复印件；房地产权证原件；借款合同（抵押合同）原件；一期银行还款对账单原件；还款卡或还款存折复印件；房屋买卖合同。

新借款人需要出具的资料有：借款人和权利共有人身份证复印件；借款人和权利共有人户口簿复印件；借款人婚姻证明复印件；借款人和参贷人的收入证明；首付款收据；房屋估价报告；房屋买卖合同；如公积金贷款另附公积金账号；如消费贷款另附消费用途证明；水电煤气账单。

198. 贷款人死亡后，房贷怎么办？

实践中大部分人都选择贷款买房，由于贷款周期长，贷款人很可能在债务存续期间因病故或意外逝世，房贷在贷款人去世后应该如何处理成了引人关注的热门话题。根据继承人的意愿可以分为两种情况：

（1）有继承人的，房屋抵押贷款债务由继承人继承，并继续还贷。《民法典》第1127条对继承顺序作了规定：“遗产按照下列顺序继承：（一）第一顺序：配偶、子女、父母；（二）第二顺序：兄弟姐妹、祖父母、外祖父母。继承开始后，由第一顺序继承人继承，第二顺序继承人不继承；没有第一顺序继承人继承的，由第二顺序继承人继承……”如果房屋抵押贷款人有遗产继承人，那他的继承人也同时要继承其贷款债务。

（2）如果继承人放弃继承死者遗产，其房屋抵押贷款不需要代还。遗产要结算被继承人生前债务，如果遗产不够还，继承人可以自行选择要不要为死者继续偿还贷款债务。如果继承人放弃继承死者留下的遗产，那死者留下的贷款债务也会被一并放弃，继承人不需要偿还。此时银行会将死者按揭抵押中的房屋进行拍卖，用拍卖所得来抵偿房贷。不足部分银行也不能再追究，多出部分继承人也没有权利再继承。

199. 房屋因意外毁损的，需要继续偿还房贷吗？

即便房屋因自然灾害等不可抗力毁损倒塌的，借款人也有继续偿还贷款的义务，不能以此为由终止还款。根据《民法典》合同编以及借款人与贷款银行签订的按揭贷款合同相关规定，贷款者与银行之间是债务关系，不因抵押物（房屋）的灭失而消失。即便因地震、海啸等导致房屋没了，这也只是一个抵押物的损毁，但是债务人与银行的债权债务关系仍然存在，因此借款人有义务按月还清剩下未还的贷款。

因不可抗力造成的房屋损毁，在没有购买任何保险的情况下，只能由房屋所有人自行承担房屋损毁的损失。但从救助角度，政府通常会给予受灾群众一定的补偿，使受灾群众得以妥善安置、重建家园。例如，《防震减灾法》第41条规定：“当地地震灾区的县级以上人民政府，应当根据地震破坏，统筹规划，安排地震灾后恢复重建工作。”

200. 提前还贷要考虑哪些因素?

贷款买房的人在经济条件改善以后，都会考虑提前还贷的事情，毕竟对很多人来说，欠钱总是一块难以消除的心病。那么从现实角度看，有无必要提前还款？在提前还贷的问题上，要结合自己的情况加以分析：

（1）根据还款方式，等额本金比等额本息更适合提前还款。等额本息就是每月还款额相同，前期利息比例大过本金，后期主要还本金。等额本金就是每月还固定的本金，加上剩余本金的月利息。两相对照便能发现显著差距，前者后期主要还的都是本金，利息基本前期还得差不多了，提前还款差距不大。

（2）考虑到自己的工作性质对现金的需求。如果是正常的企事业单位的上班族，工作稳定，即使暂时的资金短缺影响也不大。但如果是从事经营做生意的商人，就会对流动资金形成较高依赖，这类人群就不适合提前还款。

（3）月供在家庭收入中的占比。如果当期还款的本息也就是月供在当期收入中的占比很高，压力比较大的话，可以考虑提前还贷。

（4）是否有其他安全稳定的投资渠道。如果借贷人有其他的投资渠道，而且投资回报率高于贷款利率，那么可以不用提前还贷而选择拿钱投资。但务必要谨慎切记，投资渠道一定要安全可靠。

（5）考虑到个人的性格和生活习惯。换个角度来看，每月的还贷也是一种强制储蓄存款的行为，对于很多花钱无节制的人来说，欠着钱反而是件好事。

总之，是否应该提前还贷，因人而异，没有一个绝对好或者坏的区别，借贷人应自己把握。

图书在版编目（CIP）数据

爱问法律百科．商品房、二手房买卖必知200问／刘卓妍，林立成著．
—北京：中国法制出版社，2020.11

ISBN 978-7-5216-1055-0

Ⅰ．①爱…　Ⅱ．①刘…　②林…　Ⅲ．①房地产－交易－法规
－中国－问题解答　Ⅳ．① D920.5

中国版本图书馆 CIP 数据核字（2020）第 083460 号

责任编辑：王佩琳　陆紫薇　　封面设计：李　宁

爱问法律百科：商品房、二手房买卖必知 200 问

AIWEN FALÜ BAIKE：SHANGPINFANG、ERSHOUFANG MAIMAI BIZHI 200 WEN

著者／刘卓妍　林立成

经销／新华书店

印刷／三河市国英印务有限公司

开本／880 毫米 ×1230 毫米　32 开　　印张／8.5　字数／163 千

版次／2020 年 11 月第 1 版　　2020 年 11 月第 1 次印刷

中国法制出版社出版

书号 ISBN 978-7-5216-1055-0　　定价：32.00 元

北京西单横二条 2 号　邮政编码 100031　　传真：010-66031119

网址：http://www.zgfzs.com　　编辑部电话：010-66010406

市场营销部电话：010-66033393　　邮购部电话：010-66033288

（如有印装质量问题，请与本社印务部联系调换。电话：010-66032926）

The Culture of Vietnam

越南文化

Văn hóa Việt Nam

古小松 等 ◎ 著

科学出版社
北 京

内 容 简 介

本书在介绍越南的地理环境和国家政治经济发展状况基础上，引申出越南文化的形成及其所具有的独特的内涵与特点，逐一介绍了越南的族群人口、历史传承、宗教信仰、历法节庆民俗、衣食住、语言文字、文学、艺术、教育科技医药、出版、传媒、文化遗产等，客观地理清越南历史文化的脉络和一些基本问题，准确地归纳出越南文化的特点，并对越南文化的发展趋势做出了合理的预判。

本书可供越南历史文化科研教学工作者、致力于中越两国文化交流的有志人士、对越南文化感兴趣的读者阅读。

图书在版编目(CIP)数据

越南文化/古小松等著. —北京：科学出版社，2018.5

ISBN 978-7-03-057295-0

I. ①越… II. ①古… III. ①文化史—越南 IV. ①K333.03

中国版本图书馆 CIP 数据核字（2018）第 079623 号

责任编辑：郭勇斌 周 爽 欧晓娟 / 责任校对：赵桂芬

责任印制：赵 博 / 封面设计：刘云天

科学出版社 出版

北京东黄城根北街 16 号

邮政编码：100717

http://www.sciencep.com

北京市金木堂数码科技有限公司印刷

科学出版社发行 各地新华书店经销

*

2018 年 5 月第 一 版 开本：720×1000 1/16

2025 年 7 月第六次印刷 印张：21 1/2

字数：370 000

定价：108.00 元

（如有印装质量问题，我社负责调换）

本书编写组

（按撰写章节顺序为序）：

古小松　陈海丽　梁茂华
石春柳　罗文青　李丽娟
韦宏丹　熊世平　黄秋莲

前　言

我们了解越南吗？我们了解越南人吗？我们了解越南文化吗？要真正认知一个国家，就要了解其民族的形成，了解其文化的内涵。

有人说，越南跟其他东南亚国家差不多，古代都是中国的藩属国。其实，在东南亚，越南与其他国家大不一样。越南独立建国前，曾在中国版图内 1182 年，比自己独立建国的时间要长得多；而其他东南亚国家未曾进入过中国版图，只是曾与中国有过朝贡关系而已。2015 年笔者主持编撰出版了《东南亚文化》。如果从宗教信仰角度看，东南亚文化可分为上座部佛教文化、伊斯兰教文化、天主教文化、儒释道文化四大板块。越南文化属于儒释道文化。

为了较为全面系统、深入细腻地认知越南文化，本书首先从越南的地理、政治、经济及物质基础等国情观察越南文化产生的环境背景，接着通过观察越南族群的形成及其民族意识了解越南文化创造的主体——越南人，其次通过越南国家的历史发展脉络了解越南文化传承发展的轨迹，再次通过宗教信仰、历法节庆民俗等了解越南人的思想意识、价值观念和传统风格，然后通过越南人的衣食住、语言文字和文学艺术了解越南的物质精神生活，最后通过教育科技医药与出版传媒等了解越南的文化事业。

越南独立建国前是中国的一部分，近代一度成为法国的殖民地，20 世纪 60～70 年代被美国所侵略。越南文化传承了中华文化，受到印度文化和西方文化的影响，通过介绍其众多的文化遗产及其实物可以直观地体认越南的历史文化。总之，希望本书能客观地理清越南历史文化的脉络和一些基本问题，准确地归纳越南文化的特点，并对越南文化的发展趋势做出合理的预判。

本书共分为十五章，具体分工如下（按撰写章节顺序为序）。

古小松（广西社会科学院）：第一、二、三、四、五、六、十五章和第十一章第三节及第二节部分内容；

陈海丽（广西民族大学）：第七章；

梁茂华（广西民族大学）：第八章；

石春柳（广西师范学院）：第九章；

罗文青（四川外国语大学）：第十章；

李丽娟（云南师范大学）：第十一章第一节及第二节部分内容；
韦宏丹（四川外国语大学）：第十二章；
熊世平（云南师范大学）：第十三章；
黄秋莲（四川外国语大学）：第十四章。

感谢团队每一位同仁，他们都是多年从事越南历史文化科研教学的工作者，深入对象国收集资料，实地田野调查，刻苦努力，团结协作，互相学习，互相帮助，本书的每一个字、每一个标点符号都是大家汗水和心血的结晶。

非常感谢团队同仁所在的广西社会科学院、广西民族大学、广西师范学院、四川外国语大学、云南师范大学提供了完成本书的基础条件；感谢科学出版社编辑的大力支持和辛勤努力，使本书得以出版发行。

虽然有团队的共同努力，但由于水平能力有限，书中难免存在疏漏之处，恳请读者批评指正，不胜感谢。

古小松

2017 年冬于南宁

目　录

前言
第一章　绪论……1
第一节　关于文化……1
第二节　四大文化与越南文化的属性……4
第三节　国内外对越南文化的研究……9
第二章　国情背景与物质基础……13
第一节　地理及文化区域……13
第二节　政治体制……22
第三节　经济与物质基础建设……29
第三章　族群及其意识……41
第一节　54 个民族……41
第二节　主体民族京族的形成……47
第三节　姓氏与家族……49
第四节　越南民族主义……55
第四章　国家历史与文化传承……59
第一节　独立以前的历史与华夏文化的传播……59
第二节　独立后的历史与民族文化的形成……74
第三节　越南历史文化的发展轨迹……97
第五章　宗教信仰……99
第一节　多神灵及祖先崇拜……99
第二节　儒释道合一……104
第三节　本土特色宗教……119
第四节　天主教及其他宗教……120
第六章　历法节庆民俗……123
第一节　历法……123
第二节　节庆……127
第三节　民俗……132
第七章　衣食住……137
第一节　服饰……137
第二节　饮食……141

第三节　建筑 …… 146

第八章　语言文字 …… 151

第一节　越语发展演变及系属 …… 151

第二节　汉字的传播与使用 …… 165

第三节　喃字兴衰 …… 170

第四节　拉丁国语字 …… 177

第九章　文学 …… 182

第一节　郡县时期文学 …… 182

第二节　独立建国后的古代文学 …… 185

第三节　法属时期文学 …… 196

第四节　1945 年以来的文学 …… 206

第十章　艺术 …… 211

第一节　戏剧曲艺 …… 211

第二节　音乐舞蹈 …… 215

第三节　美术绘画 …… 220

第四节　视听艺术 …… 221

第十一章　教育科技医药 …… 227

第一节　教育 …… 227

第二节　科学技术 …… 239

第三节　医药 …… 245

第十二章　出版传媒 …… 250

第一节　报刊和通讯社 …… 250

第二节　出版 …… 258

第三节　广播电视 …… 267

第十三章　文化遗产 …… 271

第一节　越南对文化遗产的认知、管理和保护 …… 271

第二节　从世界文化遗产看越南的历史文化 …… 274

第三节　越南国家级文化遗产 …… 295

第十四章　印度文化与西方文化的影响 …… 299

第一节　印度文化的痕迹 …… 299

第二节　法国文化的遗产 …… 303

第三节　美国文化的影响 …… 307

第十五章　结语：越南文化的特点、发展趋势与中越文化交流合作 …… 312

第一节　越南文化的特点 …… 312

第二节　越南文化的发展趋势 …… 318

第三节　中越文化交流合作 …… 322

主要参考文献与资料来源 …… 327

Content

Preface

Chapter I Introduction ······ 1

1. About the culture ······ 1
2. Four Cultures and the Property of Vietnamese Culture ······ 4
3. Study on Vietnamese Culture at Home and Abroad ······ 9

Chapter II National Background and Material Basis ······ 13

1. Geography and Cultural Areas ······ 13
2. Political System ······ 22
3. Economic and Material Infrastructure ······ 29

Chapter III Nationalities and Their Consciousness ······ 41

1. 54 Nationalities ······ 41
2. The formation of the Main Nationality Kinh ······ 47
3. Surname and Families ······ 49
4. Vietnamese Nationalism ······ 55

Chapter IV National History and Cultural Inheritance ······ 59

1. The History Before Independence and the Spread of Chinese Culture ······ 59
2. The History after Independence and the Formation of National Culture ······ 74
3. The Development Track of Vietnamese History and Culture ······ 97

Chapter V Religions ······ 99

1. Multiple Gods and Ancestor Worship ······ 99
2. "Three in One" of Confucianism, Buddhism and Taoism ······ 104
3. Native Religions ······ 119
4. Catholicism and the Other Religions ······ 120

Chapter VI Calendars, Festivals and Folk Customs ······ 123

1. Calendars ······ 123
2. Festivals ······ 127
3. Folk customs ······ 132

Chapter VII Clothing, Diet and Residence ······ 137

1. Clothing ······ 137
2. Diet ······ 141
3. Construction ······ 146

Chapter VIII Language and Characters ······ 151

1. The Development and Evolution of Vietnamese and Its Property ······ 151
2. The Spread and Use of Chinese Characters ······ 165

3. Creation and Loss of Nôm Character ············ 170
4. Modern Vietnamese Characters ············ 177
Chapter IX Literature ············ 182
1. Literature in the Province and County in Ancient Times ············ 182
2. Ancient Literature since the Independence of the Country ············ 185
3. Literature in the Period of French Vietnam ············ 196
4. Literature since 1945 ············ 206
Chapter X Art ············ 211
1. Drama ············ 211
2. Music and Dance ············ 215
3. Painting ············ 220
4. Audio-Visual Art ············ 221
Chapter XI Education, Science and Medicine ············ 227
1. Education ············ 227
2. Technology ············ 239
3. Medicine ············ 245
Chapter XII Publication and Media ············ 250
1. Newspapers and Periodicals ············ 250
2. Publication ············ 258
3. Radio and Television ············ 267
Chapter XIII Cultural Heritage ············ 271
1. Cognition, Management and Protection of Cultural Heritage ············ 271
2. The history and culture of Vietnam as Seen from the World Cultural Heritage ············ 274
3. National Cultural Heritage in Vietnam ············ 295
Chapter XIV The Influence of Indian Culture and Western Culture ············ 299
1. Traces of Indian Culture ············ 299
2. Heritages of French Culture ············ 303
3. The Influence of American Culture ············ 307
Chapter XV Conclusion ············ 312
1. The Characteristics of Vietnamese Culture ············ 312
2. The Cevelopment trend of Vietnamese Culture ············ 318
3. The Cultural Exchanges and Cooperation Between China and Vietnam ··· 322
Selected Bibliography and Sources ············ 327

Mục lục

Lời nói đầu

Chương I Về văn hóa và văn hóa Việt Nam ······ 1

1. Về văn hóa ······ 1
2. Nền văn minh thế giới và thuộc tính của văn hóa Việt Nam ······ 4
3. Nghiên cứu văn hóa Việt Nam trong và ngoài nước ······ 9

Chương II Tình hình và cơ sở vật chất Việt Nam ······ 13

1. Địa lý và phân vùng văn hóa Việt Nam ······ 13
2. Hệ thống chính trị ······ 22
3. Xây dựng kinh tế và cơ sở vật chất ······ 29

Chương III Dân tộc và ý thức của họ ······ 41

1. 54 dân tộc Việt Nam ······ 41
2. Sự hình thành của dân tộc Kinh ······ 47
3. Họ và gia tộc Việt Nam ······ 49
4. Chủ nghĩa dân tộc Việt Nam ······ 55

Chương IV Lịch sử quốc gia với sự kế thừa văn hóa ······ 59

1. Lịch sử trước khi độc lập và sự truyền bá văn hóa Trung hoa ······ 59
2. Lịch sử sau khi độc lập và sự hình thành của văn hóa dân tộc ······ 74
3. Quỹ đạo phát triển của lịch sử văn hóa Việt Nam ······ 97

Chương V Tín ngưỡng và tôn giáo ······ 99

1. Đa thần và thờ cúng tổ tiên ······ 99
2. Hợp nhất Nho giáo，Phật giáo và đạo giáo ······ 104
3. Tôn giáo mang đặc sắc Việt Nam ······ 119
4. Công giáo và các tôn giáo khác ······ 120

Chương VI Lịch，ngày tết và phong tục ······ 123

1. Lịch pháp ······ 123
2. Ngày tết ······ 127
3. Phong tục dân gian ······ 132

Chương VII Ăn，Mặc và Ở ······ 137

1. Quần ào ······ 137
2. Ăn uống ······ 141
3. Kiến trúc ······ 146

Chương VIII Ngôn ngữ và chữ ······ 151

1. Sự phát triển và thuộc tính của tiếng Việt ······ 151
2. Sự truyền bá và sử dụng chữ Hán ······ 165

3. Chữ Nôm: xuất hiện và suy vong 170
4. Chữ quốc ngữ Latin 177
Chương IX Văn học 182
1. Văn học thời kỳ quận huyện 182
2. Văn học cổ đại sau khi độc lập 185
3. Văn học cận đại 196
4. Văn học đương đại 206
Chương X Nghệ thuật 211
1. Kịch 211
2. Ca nhạc và múa 215
3. Tranh vẽ 220
4. Phim và truyền hình 221
Chương XI Giáo dục, khoa học công nghệ và y học 227
1. Giáo dục 227
2. Khoa học công nghệ 239
3. Y dược 245
Chương XII Xuất bản truyền thông 250
1. Báo chí 250
2. Xuất bản 258
3. Phát thanh và truyền hình 267
Chương XIII Di sản văn hóa 271
1. Nhận thức, quản lý và bảo vệ 271
2. Lịch sử văn hóa Việt Nam nhìn từ di sản văn hóa 274
3. Danh sách phân loại di sản văn hóa Việt Nam 295
Chương XIV Sự ảnh hưởng của văn hóa Ấn Độ và phương Tây 299
1. Dấu vết của nền văn hóa Ấn Độ 299
2. Di sản văn hóa Pháp 303
3. Sự ảnh hưởng của văn hóa Mỹ 307
Chương XV Kết luận 312
1. Những đặc trưng của văn hóa Việt Nam 312
2. Xu hướng phát triển của văn hóa Việt Nam 318
3. Sự giao lưu hợp tác văn hóa Trung Việt 322
Tài liệu tham khảo và nguồn tư liệu 327

第一章 绪　论

文化是人创造的。不同的族群和地域创造并形成不同的文化。千百年来不同的文化之间交流、碰撞、融合、发展，使得世界各地的文化多种多样，色彩纷呈。世界文化如此，一个国家如越南的文化也不例外。

第一节 关于文化

一、基本概念

人类在社会历史发展进程中不断地认识自然、改造自然，同时也不断地认识自我、改造自我，文化就是他们在此过程中所创造的物质和精神的总和。中文的“文化”与英文的Culture内涵相近，略可相通。

人类作为高等动物，区分于一般动物的一个重要原因，就在于其文化的发展和传承。人类利用日积月累的文化，认识和记录宇宙万事万物包括人类自己的形态和内涵；传达信息、交流感情；不断认识自然、改造自然、利用自然；不断认识自我、改造自我、提升自我。这就是文化的作用。

文化有广义与狭义之分，人们通常把社会发展问题归纳为政治、经济、文化，这里的文化通常是指传统习俗、思想意识方面的问题，即狭义的文化。因此，本书在简单介绍越南的地理、政治、经济之后，重点关注越南的族群、历史与文化传承、宗教信仰、历法节庆民俗、衣食住、语言文字、文学、艺术、教育科技医药、出版传媒、文化遗产等。

文化还是一个考古学的专门用语，指使用同一样的工具、用具及同一样的制造技术，具有同一文化特征的某一个历史时期的遗迹、遗物的综合体，如仰韶文化、龙山文化等。另外，文化也指运用文字的能力和一般知识，如学习文化、文化水平等①。

① 中国社会科学院语言研究所词典编辑室：《现代汉语词典》，商务印书馆2005年版，第1527页。

二、内涵

文化既凝结在物质之中，也游离于物质之外。人们通常认为文化包括三个方面：物质文化、制度文化和心理文化。

物质文化是人类物质生产活动方式及产品的总和，具体是指人类创造的日常用品、服饰、交通工具等物质文明，是显性的，看得见、摸得着的物质实体。

制度文化和心理文化则是隐性的。制度文化是人类在社会实践中确立的各种社会行为规范，包括社会制度、家庭制度、生活制度等，带有政治属性和社会属性，体现于各种各类国家、民族、政治、经济、文化组织等。

心理文化是指人类的价值观念、思维方式、审美情趣、宗教信仰等，是人们的意识，属于隐性文化，被认为是文化的核心部分。

此外，风俗习惯、道德情操、文学艺术、学术思想、科学技术等，也属于隐性文化。

世界有很多国家、民族，不同的国家、民族的文化形式和内涵都有所不同，甚至同一个国家，同一个民族，处于不同的地域，其文化也有区别。而且，在不同的时代也会有所变化。因此，文化具有地域性、民族性、时代性等多样性特点。在东南亚有 11 个国家，其中越南有 54 个民族，地域上有北方和南方之别，甚至还可细分为 9 个文化区。从古代到近代，再到当代，越南文化发展变化很大。

三、交融与发展

族群和语言的形成，国家的建立是人类文化交流与融合的产物。人类从动物中进化出来之后，其文化就在不断地交融与发展。交融包括交流与融合，同一族群内主要是交流，而在不同的族群之间则是在交流中融合。文化在交流、融合的基础上，不断地向前、向更高的层次发展。

人类历史发展的长河，从原始社会到农业社会，再到工业社会，如今进入了信息化社会。由于人类的相互交流，世界各地逐步形成众多的族群，如今约有 2000 个民族，从没有国家到现在建立了 200 多个国家。不同的国家和民族，分别处于社会历史发展的不同阶段，但都有自己的文化。各个民族也有自己的语言。据德意志民主共和国出版的《语言学与语言交际手段指南》，当今世界已知语言共有 5651 种，公认的独立语言有 4200 种，其中 100 万以上人口使用的有 19 种。[①]

历史证明，出于生存和发展的需要，不同族群和国家之间会相互接触和交流，在交流中产生相互影响和渗透，乃至相互融合，这是世界文化不断丰富和发展的动力。

文化交流融合的前提是人的流动与迁移，互相接触、交流和影响。不同的族群、国家之间的交流方式多种多样，可以通过商业往来，可以是通婚，也可以是文化的交流，甚至发生冲突，乃至战争。有的是和风细雨的，有的则是暴风骤雨的，甚至有的是腥风血雨的。

面对不同族群、国家之间的文化交流，不同的文化主体会有不同的态度，有的是主动的，有的则是被动的，这主要是取决于该种文化的规模和程度。规模大、发展程度高的文化常常处于主动位置，对外传播，影响别的文化，尤其是拥有文字较早的文化，有文化传承和传播的载体。反之，规模小、发展程度低的文化则是被动地接受，接收外来文化影响多于自己对外的影响。尤其是没有文字的族群，甚至自身的文化传承和升华都不容易。

如果两种文化旗鼓相当，则有两种可能，要么互相冲突，要么优势互补。无论是发展快的文化，还是发展慢的文化，不同的文化之间只有互相尊重，平等对话，才能和谐交流。如果一定要把自己的价值观念强加于别人，就会带来冲突，甚至发生战争。亨廷顿的《文明冲突论》强调了文化之间的冲突，因为一些国家与族群过于强调自己的观念和传统，相互之间有很多隔阂与误解。但是也要看到，如果能更多地了解对方，多一点换位思考，像中国人所说的“己所不欲，勿施于人”，尽可能消除相互之间的隔阂与误解，文化的交流就可以平静地进行。

文化的交流随时随地都会发生，而相互的融合则是漫长的历史过程。不说世界之大，有数以百计的国家，有数以千计的族群和语言，就以越南为例，其主体民族京族有文字记载史可查的就已有两千多年，越南建立独立国家也有一千年。越南语拉丁化使用仅数十年，但作为一种语言的形成和使用、发展也有数千年的历史。

文化的交流与融合是一个大的趋势，任何人也阻挡不了。尤其是在经济全球化、区域发展一体化的今天，科技进步日新月异，人类社会进入了信息化时代，网络交流已没有国界，坐在家里就可以跟万里之外的异质文化者进行交流，成本很低，甚至无成本，不用直接见面接触就可以完成交流与合作。趋利避害，学习先进，是人的天性，人类文化的交流与融合会有很多坎坷，

① 《世界上有多少种语言》，《周口晚报》2010 年 8 月 6 日，第 15 版：往事。

但前景是乐观的。

第二节　四大文化与越南文化的属性

世界文化多种多样，有学者将其划分为：基督教文化圈、伊斯兰教文化圈、佛教文化圈、汉字文化圈和游牧文化圈①。从现实的规模和影响来看，一般认为四大文化最为重要，包括：西方文化、阿拉伯文化、印度文化和中华文化。在地域、内容、理念上，西方文化与阿拉伯文化比较接近，印度文化与中华文化关联度更高。

一、西方文化

西方文化的形成。西方文化的地域范围主要是在以欧罗巴人种为主的欧洲、美洲和大洋洲，其形成经历了古希腊、古罗马起源阶段，形成希腊精神；中世纪形成了基督教文化；文艺复兴时期希腊精神和基督教文化两大支柱共同繁荣；近现代在科技进步下，确立了议会政治和市场经济的资本主义制度，使西方文化走向了现代化。

古希腊时期相当于中国的春秋时期，产生了古希腊文化，这是西方文化的重要源头。古希腊有苏格拉底、柏拉图、亚里士多德，他们形成学问传统，建立求知的方法，造就了哲学、逻辑、科学，成为西方思维的主流，为后来的西方文化提供了重要的养分。从古希腊城邦到古罗马帝国，确立了立国精神。

如果说古希腊人带来的是对真理的渴求、明晰和敏锐的洞察及深刻的判断，那么希伯来人则给西方带来了追求公正和行动准则的法律，以及道德完善的基督教文化。基督教起源于耶路撒冷，却在欧洲兴盛起来，并传播到世界其他许多地方。

文艺复兴和启蒙运动使希腊精神和基督教文化在欧洲各地传播，并与当地文化融合，奠定了庞大的西方文化基础和体系。

西方文化的内涵。经过2000多年的发展，到了近现代，西方文化发展了传统的民主精神、法治精神、科学精神和自由精神，形成了自由主义、个人主义、理性与科学、民主与法治的内涵。

自由主义体现在对个性的追求和尊重上，包含了人权、思想自由、经济

---

① 史继忠：《世界五大文化圈的互动》，中国社会科学网2015年6月17日。

自由主义等，许多西方国家视之为立国的基础。

个人主义认为个人利益是决定行为的最主要因素，强调个人自由和个人权利的重要性，在政治上主要表现在自由、平等、人权等个人诉求上，构成了西方文化模式的主要内容和基本特征。

崇尚理性是古希腊文明的重要内涵和显著特征，突出表现在哲学、逻辑学、辩证法等领域，深刻影响了西方人 2000 多年来的社会历史和生活，使西方的科学不断取得新的突破。

民主与法治精神的基本原则是主权在民，最高权力属于人民，在法律面前人人平等。古希腊的城邦按法律治理，任何人的地位都不得高于法律。民主与法治成为西方人政治生活中的主要精神。现代西方国家政体多种多样，而民主与法治精神则贯穿如一。

在当今世界，西方文化影响力广泛，以欧洲、美洲和大洋洲为主体，影响到亚洲的部分国家，包括政治、经济、文化等多个方面。

第二次世界大战之后，在欧洲传统基础上，美国依托其强大的经济、军事、科技力量，进一步把西方文化往前发展。诚然，随着经济全球化的兴起、互联网的发展、东西方文化的交融，西方民主和自由经济也在面临新的挑战。

二、阿拉伯文化

公元 7～13 世纪，沙漠游牧民族阿拉伯人从阿拉伯半岛发起战争，征服了肥沃的中东新月地区及周边地区后，建立了一个地跨亚洲、欧洲、非洲的庞大帝国，面积达到 1300 多万平方千米。阿拉伯人在长期的社会经济生活中形成了自己的文化——一个用阿拉伯文字来表达的思想观念、道德习俗、制度法律、物质生产方式、生活感悟体验、科学创造等的综合体系。

阿拉伯人占有了世界最古老的两河流域文明发源地，不仅继承了当地民族文化的传统，而且吸收了许多古希腊文化、古印度文化的优秀成果，逐渐融合而成了新的阿拉伯文化。大马士革、巴格达、开罗等被认为是世界著名的阿拉伯文化城市。

阿拉伯文化包括有哲学、神学、宗教、语言、文学、数学（几何、代数）、天文学、医学（人体解剖等）、化学（尤其是炼丹术）等方面的内容，来源构成：一是自身的塞姆族[①]文化，有塞姆族神话、传说、故事及阿拉伯诗歌、散

① 也称为闪族。

文、谚语、习俗、礼仪等，最有名的文学著作如短篇小说集《一千零一夜》[①]；二是伊斯兰教文化，公元610年先知穆罕默德创建了伊斯兰教，有《古兰经》及其教学、礼拜、斋戒、朝觐、宗教节日、清真寺建筑等；三是古希腊、古罗马、波斯、古印度、中国等外来文化，如古希腊的古典哲学，古罗马法典，拜占庭的典章制度，波斯的文学艺术，古印度的数学和医学，中国的造纸术、指南针、火药等。

中世纪阿拉伯人以伊斯兰教精神为核心，使上述三部分文化融会贯通。阿拉伯文化的最重要特点是宗教本位，因而人们常常称之为阿拉伯-伊斯兰文化。

阿拉伯人承上启下，继承世界的古代优秀文化进行创新，发展自己的文化。他们吸取古希腊文化精髓为理想的养分，发展古印度数字系统十进制算法的1～9个数字加上“0”符号，成为阿拉伯数字进行传播，把中国的造纸术、指南针、火药等重大发明带到欧洲，把伊斯兰教传播到中国等东方国家。阿拉伯人在消化、吸收和传播东西方文化的过程中，促进了世界文化的交流与融合。

三、印度文化

恒河、印度河源自青藏高原喜马拉雅山，往南流淌孕育了南亚次大陆。

南亚次大陆的古印度是一个文明古国，在公元前2000多年就产生了古印度文明。从早期的吠陀时代到恒河流域列国的兴起，至公元前325年，印度形成统一的奴隶制国家——孔雀王朝，后来经历了贵霜王朝、笈多王朝等。公元8世纪阿拉伯人入侵印度，带去了伊斯兰教文化。16世纪欧洲列强来到印度，1849年印度成为英国的殖民地。1947年8月15日印度独立。

印度文化宗教色彩浓厚，具有多样性和包容性。

历史上印度曾先后产生并流行多种宗教，发展到今天则以印度教为主。公元前6世纪，印度文化发展到一个灿烂的阶段，婆罗门教进入鼎盛时期。婆罗门教等级森严，把人分为婆罗门、刹帝利、吠舍、首陀罗共4个种姓。公元前4世纪，婆罗门教开始衰弱，印度产生了世界三大宗教之一的佛教。公元8世纪，婆罗门教进行改革，吸收了佛教等其他宗教信仰的一些教义，逐渐发展成为印度教。印度教与婆罗门教一脉相承，信仰多神，其中以梵天、毗湿奴、湿婆为三个主神。梵天主管创造世界，毗湿奴主管维持世界，湿婆主管破坏世界。

人们形容印度文化就像一块坚硬的石头，没有激烈的扩张性，但不屈服

---

① 又译为《天方夜谭》。

于任何外来文化的压力，顽强地抵制其入侵，始终顽强地维系自己的传统。在漫长的历史长河中，无论是外来入侵，还是和平交流，印度文化对外来文化均采取兼容并蓄的方式，因此，在印度文化中不难看出有西方文化、阿拉伯文化等其他外来文化的成分，这些不同类型、地域的语言、宗教等与本土文化融为一体。

印度有数以百计的族群和部落，印度文化是在不断吸收外来文化及各族群和部落之间相互融合发展起来的。印度众多的族群和部落都有自己的宗教信仰、语言和文化传统，呈现出多样性。

印度文化在形成和发展过程中，对周边尤其是东亚地区产生了巨大的影响。公元前 6 世纪前后古印度产生的两部著名史诗：《罗摩衍那》和《摩诃婆罗多》，被誉为世界文化宝库中的两颗明珠。公元纪年前后，婆罗门教传播到东南亚地区，对该地区早期国家的建立起了推动作用。印度佛教虽然在本土式微了，但往东北传播，与当地文化结合，在东北亚国家成为藏传佛教、汉传佛教等；往东南传播在中南半岛成为上座部佛教。

四、中华文化

中华文化博大精深，是由华夏多部落在黄河流域兴起，然后扩展至长江流域，再不断融合周边地区族群，从传说的三皇五帝至今，经历数千年的历史演变而形成的大陆农耕文明。因古人自认为处于中心位置，文化发达，故称“中华”。

中华文化的内涵很丰富，主要包括敬天祭祖、儒释道等传统和思想。

“天地君亲师”是民间祭祀神祖台上写的牌位大字。“天大地大”“天为父，地为母”，古代中国流行自然崇拜，天上地下，天为宇宙万物的主宰者，具有无上权威。历代君主的权力由天所赋，替天行道，仁政则得到上天肯定和保护，否则将遭天谴，降灾异警告。天人感应，天注视着人的一言一行，善则天降吉祥，恶则天降灾难。中国的每一个乡村都有土地神，保护一方平安，让老百姓安居乐业。中国人认为过世的祖先是另一种形式的归天成神，列祖列宗的在天之灵时刻在看护保佑后代子孙，因此家家户户供奉祖先，同姓宗族建造祠堂，国家有黄帝陵，每年节日尤其是清明都举行家祭、族祭和国家公祭。

儒释道中，道教是具有中国民族文化特色的本土宗教，以道家思想为核心，包含了诸子百家的思想精华内容，集中国古代文化思想之大成，以道学、仙学、神学等为主干，并融入医学、巫术、数理、文学、天文、地理、阴阳五行等学问。[①]

严格来说，儒学不能等同于一般宗教。魏晋时期以老庄解释儒家经文，促成儒道融合。佛教传入中国后，有学者以老庄诠释佛典，形成释道合流。近代以后，中国文化受到西方文化的冲击，但儒学一直占有主导地位。

儒释道之释即佛教，主要是汉传的大乘佛教。佛教源于印度，后来在本土因其反对婆罗门教的种姓制度而式微，但在东亚各国得到发展和流行。

中华文化的基本特点是以农耕文明、汉字书写为载体，多源一体，中庸包容，生生不息。

不同于西方的游牧文化和海洋文化，中华文化属于农耕文明，发源于黄河流域，讲究天时地利，聚族而居，守望劳作，孕育发展了内敛式自给自足的生活方式、重农轻商的思想、乡村管理制度和传统礼仪。

从传说中黄帝时代仓颉造字，到3600多年前的甲骨文，秦朝“书同文”，汉字一直沿用至今已有4000多年的历史，是世界上广泛使用的古老文字。文字出现是史前史与文明史的分水岭。汉字的出现标志着中华古文明的开始。它是传承和弘扬中华文化的重要载体，对国家的统一起到了极其重大的作用。历史上，汉字文化圈甚至涵盖了周边的日本、朝鲜半岛、越南等。

中华文化奉行以和为贵的中庸之道，和谐包容，对事物要把握好“度”，保持平衡，不走极端，既不禁欲，也不纵欲，而是限欲。“天生人而使有贪有欲。欲有情，情有节。圣人修节以止欲，故不过行其情也。”[②]

五、越南文化的属性

由于地理和人文的差异，东南亚文化可以分为两大区块四种文化。两大区块，即在地理和族群上，东南亚大陆以佛教文化为主，海岛以马来人文化为主。四种文化，即按照信仰和相关的文化特征，两大区块还可以进一步细分为中南半岛中西部的缅甸、柬埔寨、泰国、老挝四国的上座部佛教和泼水节文化圈；越南和新加坡两国的儒释道文化；马来群岛的印度尼西亚、马来西亚、文莱的伊斯兰教文化，以及菲律宾和东帝汶的天主教文化。鉴于历史原因，越南与日本、朝鲜半岛都属于以中华文化为主体的东方文化体系。

越南文化发源于红河三角洲，千百年来人们以种植水稻为生，其文化与中国一样是农耕文明。在世界四大文化中，西方文化、阿拉伯文化、印度文

① 鲁迅先生曾说过：“中国根柢全在道教。”
② 《吕氏春秋·情欲》。

化在地理上离越南都比较远，只有中华文化比较近，中越山水相连，甚至在古代越南本身就是中国的一部分，两地的人及文化交流容易和畅通，为文化的交融提供了前提和环境。

在居民族群的交流上，今天的越南人是本地雒越人与在不同时期大量南迁的汉人融合而成的。如果以文字作为文明的标志，越南本土在公元前 3 世纪以前还没有文字，秦汉时期大量汉人迁移来以后才有文字使用，可以说是有了汉字以后当地才真正踏进有记录的文明门槛。

越南文化在内涵上，包括了敬天祭祖、儒释道等主要的思想意识，价值观念、思维方式、社会制度、传统习俗、心理认知等方面都与中国人很相似。

越南是一个以京族为主体的多民族国家，自古以来，先传承了中华文化，后来又受到印度文化，以及近代法国文化，还有现代美国文化的影响。越南当代文化中保留下来的具有鲜明土著文化特色的成分很少，更多的是后来在中原族群南下带来的中华文化与当地世居族群文化融合的基础上，吸收外来文化并逐步本土化的产物，其中中华文化始终居于主导和枢纽地位。

第三节 国内外对越南文化的研究

世界上研究越南问题的主体不少，但深入研究越南文化的则不多，主要是越南自身的机构和学者，还有就是中国的学者了。

一、越南

越南很重视本国文化的研究，包括大学、社会科学院有不少学者在研究越南综合的和各个领域的文化。他们比较强调本民族文化的特色、东南亚的地域性等。

关于越南文化的观点和定义方面，越南官方认为，越南文化起源于传说的文郎、瓯雒时期，以公元前 1000 年的东山文化为标志，带有东南亚区域文化的特点，属于水稻文化。经过上千年的中国郡县时期[①]后，越南文化处于“汉化”与“反汉化”进程，其顶峰为李朝、陈朝和后黎朝。近代越南文化是在“欧化”和“反欧化”中发展。当代越南文化从 20 世纪的 30 年代开始，接受了马

① 从秦汉至唐一千多年时间里，中国历代封建王朝持续对交趾（安南）地区进行统治，中国学界一般将其称为越南的“郡县时期”；越南学界则将其称作“北属时期”。

克思列宁主义和现代文明的影响，保持民族文化特色，掀起建设新文化的高潮。在越南文化的发展历史中，本土文化、中华文化、西方文化相交融，但本土文化能顽强生存，没有被外来文化所同化，而且使得自身更加丰富。

越南也认为，虽然同属于水稻文化，但越南文化与泰国、老挝、柬埔寨、印度尼西亚、印度的文化是有区别的。尽管属于东南亚的地域范围，但由于中国长期的“统治”，汉文化的“强加”，越南文化已经向东亚文化①特征方向发展。

越南通常把越南文化分为如下领域。

哲学和思想：“越南没有一个独立的哲学思想体系，没有世界级的哲学家，但并不是说没有本民族的生活哲理和思想观念。”“越南人是二元思维，微观多于宏观，经验多于理论，形象多于概念，灵活、包容、适应性强。”“越南价值观重视‘仁’、‘义’、‘德’，不仁不义为失德。”“越南人理解的‘忠’为忠于国家，高于忠于君王。重视‘孝’，但不局限于家庭范围。‘福’为生活价值之首，人们赞赏有福家庭甚于富有堂皇。”“在工业化、现代化、融入国际社会的进程中，越南传统文化需要克服其弱点，如逻辑和科学技术薄弱、家长作风、保守、地方主义、狭隘主义、平均思想、否定个人和去除个性的倾向、盲目崇拜和神化、贪图虚名，等等。”②

风俗习惯：适合越南地理、气候的衣食住行习俗，越南人崇尚实用，视食为首。还有婚嫁、丧礼、节日、庙会等。

宗教信仰：越南民间信仰包括对万物有灵、自然和人的崇拜，祭拜祖先。越南信仰的众多神灵中，女性神比较多。越南人自称为“龙子仙孙”。越南信奉儒释道，佛教主要是大乘佛教。近代西方殖民者带来了基督教。越南本土的宗教有高台教、和好教等。

语言：越南语源于东南亚语系之孟高棉语支，然后从演变为越芒语族中分离出来，经过上千年的郡县时期，汉语为当地的正式用语，越南人用土音读汉字，形成汉越语。13 世纪越南人创造了喃字。17 世纪到越南的西方传教士用拉丁字记录越语的发音，到 19 世纪末形成了越语国语字。1945 年起越语国语字被确立了独尊地位。1997 年出版的越语词典收集了共 38 410 个越语词汇。

文学：越南文学包括民间文学和书面文学。民间文学出现很早，包括神

---

① 东亚文化圈以汉字为基本要素，包括中国、朝鲜半岛、日本、越南等国家和地区。

② 越南文化通讯部资讯：“Nền văn hóa Việt Nam đậm đà bản sắc dân tộc”（《越南民族特色文化》）。网址：http://dulichchaovietnam.com/Van-hoa-viet/1/nen-van-hoa-viet-nam-dam-da-ban-sac-dan-toc.html。

话、传说、史诗、笑话、对联、谚语、歌谣等。10 世纪出现了书面文学[①]，到 20 世纪初主要包括汉字文学和喃字文学。喃字文学几乎只有诗歌作品。越南古典文学杰出作品有：《金云翘传》《宫怨吟曲》《征妇吟》《国音诗集》。20 世纪 20 年代以来主要是拉丁国语文学。从内容看，近现代越南文学主要是抗战文学作品。

艺术：越南约有 50 种乐器，从北部到中部、南部都有丰富的民歌。越南的舞台艺术丰富，李朝出现了特色的水上木偶戏，20 世纪初南部有了改良剧。随着西方人的到来，出现了话剧、电影、摄影、现代歌舞和艺术。越南的舞蹈动作简单，以手为主。越南的石刻、铜雕、砖雕出现很早，当代的木雕、绘画作品很丰富。越南的古建筑包括李陈朝的寺庙、黎朝的宫殿碑刻、18 世纪的亭廊、阮朝的城郭陵墓、占人古塔等。

越南学者出版了很多关于越南文化的专著，如原越南社会科学院东南亚研究所所长范德阳教授就著有：*Văn hóa Việt Nam trong bối cảnh Đông Nam Á*，Nxb KHXH，H，2000（《东南亚背景下的越南文化》，越南社会科学出版社 2000 年出版）。该书包括三部分：第一，越南文化中的东南亚基础；第二，东南亚背景下的越南、越南人、越南语；第三，亚欧文化交流中的越南文化发展道路。

二、中国

世界上有很多国家，如美国、日本、法国、澳大利亚等设有专门机构研究越南，包括研究越南的文化。由于地理和历史等原因，研究越南及其文化的，无论是机构还是学者，中国的规模是最大的。

中国对越南文化的研究与教学，一是以高校为主，二是以语言为主。据不完全统计，2014 年全国有 31 所高校招收或有在读越南语学生，如北京大学、北京外国语大学、对外经济贸易大学、解放军外国语学院、上海外国语大学、广东外贸外语大学、广西民族大学、四川外国语大学、广西大学、云南师范大学、广西师范学院、云南民族大学、广西外国语学院等。这些学校有数量可观的越南语教师，他们在培养越南语大学生、研究生的同时，也编写了很多越南语语音、语法、基础、听说、写作、翻译等越南语言文学的教材。中山大学东南亚研究所、厦门大学南洋研究院、暨南大学东南亚研究所

① 其实，如今越南地区在郡县时期出现了大量的汉字文学作品，尤其是唐朝安南地区有很多重要的诗人，如杜审言、沈佺期等在当地为官，留下了大量千年传唱的杰出诗篇。

及广西社会科学院东南亚研究所、云南社会科学院东南亚研究所等科研机构的一些学者研究越南问题也涉及越南文化。

国内多年来出版的介绍越南的著作中，一些作品会专门辟出一章，如笔者的《越南：历史 国情 前瞻》[①]就有一章专门介绍越南文化。该章主要介绍了越南的族群、祖先崇拜与儒释道信仰、民俗节庆、语言文字、文学艺术、教育通信及越南文化的特点等。笔者主编的《东南亚文化》[②]也把越南文化置于"儒释道文化"篇章之中。

2014年解放军外国语学院的学者撰写、世界图书出版公司出版发行了《越南文化概论》一书[③]。该书共有七章：第一章，文化地理环境；第二章，文化发展沿革；第三章，民间信仰；第四章，宗教；第五章，艺术；第六章，传统习俗；第七章，物质文化。

① 古小松：《越南：历史 国情 前瞻》，中国社会科学出版社2016年版。
② 古小松主编：《东南亚文化》，中国社会科学出版社2015年版。
③ 孙衍峰、兰强、徐方宇等：《越南文化概论》，世界图书出版公司2014年版。

第二章　国情背景与物质基础

俗话说，一方水土养一方人。一个地方的人创造了该区域的文化。越南文化的形成及其所具有的内涵和特点，与其所处的地理环境和政治经济发展状况等密切相关。当然，政治制度、经济制度也属于制度文化的范畴，城市建设、交通设施等则属于物质文化的范畴，甚至是重大的物质基础建设。

第一节　地理及文化区域

越南地处中南半岛东部，是东南亚地区的一个重要国家[①]，也是中国的一位重要邻居，地理位置优越，位于热带亚热带，靠山临海，地形和气候多样，交通便利，自然资源丰富。越南有高山，有河流，还有大海，如越南人自己所说，就是“金山银海”；有平原，也有高原，非常利于发展农业；属于热带地区，光热充足，但也有避暑胜地。在湄公河三角洲平原终年长夏无冬，平均气温接近30℃，但距胡志明市约200千米处的西原地区就有四季如春的避暑胜地大叻；地上有大象、犀牛、稻、香蕉等丰富的动植物资源，地下也有石油、煤炭、铝等储量丰富的矿产资源。

越南全国总面积32.9万平方千米。据越南国家统计总局公布的数据，到2015年，越南总人口为9171万人，其中，男性4523万人，女性4648万人，城镇人口3113万人，农村人口6058万人[②]。全国有54个民族，其中主体民族为京族（也称越族），占总人口的80%以上。据统计，越南的华侨华人已不足100万人，主要分布在南方，尤其集中在胡志明市。

一、地理位置

越南位于亚洲的东南部，中南半岛的东部，处于北纬8° 30′ ～23° 22′ 、

---

① 在东南亚11个国家中，2017年越南的人口、面积和国民生产总值分别排在第3、4、6位。

② 越南国家统计总局：《越南统计年鉴（2015年）》，越南统计出版社2016年版，第87页。据预测，越南到2049年总人口将达到1.087亿人，见秋香：《越南人口预测的一些主要指标》，载越南国家统计总局《数据与事件》2012年第11期，第43页。

东经 102°～109° 20′ 的地区。

越南陆地有三个邻国：中国、老挝、柬埔寨。北与中国的广西、云南为邻，中越边界长 1347 千米，其中桂越段 637 千米，滇越段 710 千米。中越边境地区为山区，道路崎岖。从东到西，中越边境地区最重要的通道有三条：东线是从北部湾沿海走，由中国广西东兴经越南广宁芒街到越南下龙湾、海防、河内；中线是从中国广西凭祥经友谊关到越南谅山、河内；西线是从中国云南河口经越南老街到河内，前者是公路，后两者有公路和铁路相通。

越南西南和老挝、柬埔寨交界。越老边界长 1650 千米，两国边境地区群山叠嶂，人烟稀少，交通不便。越柬边界长 930 千米，边境地区高山、平原各占一半，交通方便；东南临南中国海（以下简称南海），隔北部湾和南海与我国的雷州半岛、海南岛及南海诸岛相望。西南濒泰国湾，与马来西亚、新加坡、文莱等国遥遥相望。

越南东面的南海，是东北亚国家通往印度洋、中东和非洲的重要国际航线。越南海岸线长达 3200 多千米，有许多便利的出海口，不仅可以为本国服务，还可以为老挝和中国的西南地区提供方便，这些是引进技术设备与外资、发展海运业与对外贸易的有利条件。

越南的战略地理位置也非常重要，除了东面是南海，往南不远就是通往印度洋的咽喉——马六甲海峡，这是东亚通往印度洋的必经之路。

二、地形

（一）地形南北狭长，海岸曲折，多港湾

越南地形狭长，呈 S 形，南北纵跨 15 个纬度。从最北的河江省同文县龙固村[①]到最南边的金瓯省金瓯角历头村南北长约 1640 千米；从广宁芒街到奠边省的阿巴寨为东西最宽处，约 600 千米；中部广平省从海滨城市洞海到越老边境的戈龙村为最窄处，仅 48 千米。人们形容越南地形为“一根扁担，两只谷筐”，即北起河静省、南到庆和省的长山山脉[②]，以及面积约 2 万平方千米的北部红河三角洲平原和面积约 5 万平方千米的湄公河三角洲平原。

越南东面和南面濒海，一方面使得越南的气候深受海洋的影响，另一方面又构成便利的海上航运，弥补了越南缺乏纵贯南北、沟通全国内陆的大河水系河运的不足。而且，由于纵贯南北的长山山脉东坡较陡，山脉向东迅速

① 越南把龙固村称为越南的“屋脊”。
② 中国有些书籍也称之为安南山脉。

降低，许多支脉直逼海岸，从而形成许多岩丘环抱的天然良港，如岘港、归仁、芽庄、金兰湾等。不仅有利于海上航运，还是越南对外开放和开展对外贸易的重要据点和前沿阵地。

越南沿岸海域从北部湾到泰国湾水深都不到 100 米，适于发展捕捞和水产养殖，各种资源非常丰富。

（二）山区、高原与平原

越南是一个多山国家，全境 2/3～3/4 的面积为山地和高原，海拔 2400 米以上的高山就有 11 座。山地、高原连绵不断，纵贯南北，山脉多由西北向东南倾斜。

越南北部、西北部和中部西区为高山和高原。山脉为西北至东南或南北走向。红河东岸北区和东北区海拔在 500～1500 米。中越边境地区有的山峰海拔超过 2000 米。红河与蓝江之间为山地高原，以沱江[①]上游地区最高，一般海拔在 1200 米左右，不少山峰海拔在 2500 米以上。长山山脉由北向南纵贯整个越南中部西区，山顶一般海拔 1000～1500 米，个别山峰可达 2500 米以上。越南平原主要分布在红河三角洲和湄公河三角洲及沿海地区，大多由河流冲积而成。越南境内主要有三大山区、一大高原、两个三角洲平原及一个中部沿海平原。

1. 山区

东北部山区：包括红河东岸至芒街一带山区，其面积为 48 840 平方千米。该区地势北高南低，除中越边境山顶的海拔高度为 1500～2000 米外，多数为中低高度的山坡与广阔的丘陵地带纵横交错地区。东北一带山间谷地较宽，有公路或铁路相通，高平、谅山等处的谷地为中越间天然通道。该区东北多属石灰岩地质结构，天然溶洞和地下河流广布，东北部沿海的下龙湾一带景色秀丽，是越南著名风景区之一。

西北部山区：红河以西，越中、越老边境至清化省为西北部山地范围，山势呈西北—东南走向。东北部和中越边境一带地势最高，一般海拔 1200～1900 米，不少山峰海拔在 2500 米以上，黄连山山脉主峰番西邦峰海拔 3143 米，为越南最高峰，该区地形复杂，群山叠连，山高坡陡，道路稀少，交通不便。

长山山区：长山山脉斜贯越南南北，自蓝江右岸南下，绵延于越南、老挝、柬埔寨边境，长 1100 千米，东西宽 50～200 千米，构成越南地形的骨干，

---

① 也叫黑水河。

也成为越老、越柬的天然边界。长山主脉呈西北—东南走向，山脉西坡较缓，构成老挝、柬埔寨境内的高原。东坡较陡，有的山脉逼近海岸，形成许多峭壁和岬角，将沿海平原分割成多块。长山山脉大致可分为两段，顺化以北山脉狭窄，山顶海拔一般为1200～2000米，一些低平的山口成为越老重要通道。广南省以南，山脉走向呈向太平洋凸出的弧形，山势展宽，坡度较缓，形成越南最大的高原地带，有公路连通越南沿海与老挝南部和柬埔寨东北部。

2. 高原

位于越南中部西南面的高原地区，总称西原地区或中部高原，面积55 000多平方千米，平均海拔在1500米以上。高原上森林密布，草原辽阔，森林面积约占高原总面积的2/5。这里蕴藏着丰富的矿产资源，大片红土地适宜种植橡胶、咖啡、茶叶等经济作物，高原风光秀丽，气候凉爽。这里有越南著名的避暑胜地大叻。

3. 平原

北部平原：北部最大的平原为红河三角洲，面积约2万平方千米。红河三角洲地势低平，一般海拔3米左右，红河入海处海拔仅0.4米。北部平原河渠纵横，水网稻田交杂，土壤肥沃，是越南主要稻米产区之一。红河三角洲的太平省面积为1545平方千米，均为平原，全省没有一座山。另外，越南北部还有许多山间谷地与平坝，总面积约6000平方千米。

南部平原：湄公河三角洲是越南最大的平原，面积约为5万平方千米。其中，耕地240万公顷，林业用地81.5万公顷，白千层树林21.8万公顷，红树林11.5万公顷，成材林3.2万公顷，由于湄公河泥沙的淤积，使该平原以每年60～80米的速度向南伸展。其中，前江和后江平原地区土地肥沃，河渠遍布，是世界著名稻米产区之一。同塔梅平原地区实际上是沼泽地带，雨季一片汪洋，旱季水深及膝，盛产莲、藕和产量较高的浮稻。湄公河三角洲的粮食产量占越南粮食总产量的一半。该地区农业特别是粮食发展潜力很大，有专家估计，仅经营好这一平原，就可以养活1亿人口。湄公河三角洲不仅是越南的鱼米之乡，而且是鸟类王国，很多鸟类经常在这里栖息。

中部沿海平原：包括从清化至藩切沿海地区，由面积不等的若干小平原组成，其中清化、义静平原面积为6800平方千米，广平、广治、承天-顺化平原面积为2000平方千米，岘港、广南至藩切一带沿海平原面积为6100平方千米。越南各个中部沿海平原地形较平坦，稻田较多，铁路、公路交通方便。

（三）江河密布

越南不仅多山，而且多水。全国共有大小河流2860多条，总长4.1万千米，运河长度3100千米。沿越南海岸，平均每20千米就有一处河流出海口。地形决定了河流的分布，密布的河流大都随着地势由西北向东南注入南海。以长山山脉和西部高原的分水岭脊线为界，东坡的河流大致向东流，流入南海；西坡的河流先大致往西流，然后转折向南，一般是汇入湄公河。

各地区的河流具有不同的特点。越北山区的河流，流程较长，多数汇入红河入海；长山北段和西原东坡的河流，流程短促，多激流瀑布，直接注入南海；西原西坡的河流，流程较长，汇入湄公河及同奈河入海。如此众多的河流，不仅提供了水利、电力资源，而且提供了舟楫航行之便。

越南的河流主要有红河、湄公河等。

1. 红河

红河全长1149千米，在越南境内只有约500千米，是越南最长的一条河流。由于这条河大部分流经热带红土地区，水中夹带着大量的红色泥沙而呈红色，故名红河。

红河发源于中国云南省，在云南境内称元江，从老街至安沛流经山区，水势湍急，瀑布和湍流就有20多处。从越池以下流经平原，注入北部湾，水流平缓，水中夹带的大量泥沙淤积，河床不断增高，每至雨季，河水暴涨，常造成严重的水灾。红河是世界上含沙量最多的河流之一，由于泥沙的淤积，出海口的陆地每年向大海延伸100米左右。

红河的主要支流有沱江和泸江。沱江位于红河右岸，水流湍急，多暗礁，不便航行，但水力资源丰富；泸江位于红河左岸，由斋江、明江和锦江汇合而成，发源于中国云南省，在宣光汇合后称泸江。

2. 湄公河

“湄公”是老挝语的译音，意为“众水汇聚之河”，引申为“幸福之母”。它发源于中国青藏高原的唐古拉山脉东坡，中国境内河段称澜沧江，向东南流经缅甸、老挝、泰国、柬埔寨和越南南方，最后注入南海。澜沧江出中国境后的河段称湄公河。澜沧江和湄公河总长4688千米，流域面积79.5万平方千米，其中湄公河长2668千米，流域面积63万平方千米[①]，在越南境内全

① 中国科学院地理研究所编：《世界地名词典》，上海辞书出版社1981年版，第1292页。

长只有222千米，流域面积4万多平方千米。

湄公河在柬埔寨首都金边以下，分为前江和后江进入越南南部，这里是湄公河流域最肥沃、最便于利用的河段。前江、后江在湄公河三角洲地区又分六大支流、九个河口，像是九条巨龙把腹中之水喷泻向大海，因此越南又称湄公河为九龙江。

湄公河源远流长，每逢雨季（5～10 月），上游和中游河水汹涌澎湃，但是，下游地区由于地势平坦，河道分叉多，水势平稳，不易发生灾害。中下游流经雨量充沛的地区，水量特别大，每年注入海中的流量达4800亿立方米。下游地区河网稠密，水上运输颇为便利，通航河道的总长度在2000千米以上，3000吨轮船可溯河而上，直达金边。

三、气候

越南是一个热带地区的国家。越南南北纵跨15个纬度，地区间的气候自然有所差别，但是由于其全部国土都位于北回归线以南，除高山地区以外，基本上属于热带季风气候，日照充足，气温较高，湿度较大。全国绝大部分地区年平均气温都在22℃以上。

1. 北南温差大

北部气温变化较大，有明显的春、夏、秋、冬四季之分。北部最热为7月份，月平均气温为29℃，有些地方绝对最高气温达到40℃以上。首都河内在夏季最高气温常达39～40℃。最冷是1月份，月平均气温为15℃，有时气温降到5℃以下。河内历史上最冷降到2.7℃。北部少数山区，如位于黄连山山腰的沙巴、河江省的同文、高平省的茶岭，有时最低气温竟降到0℃以下，出现雪花飘飘、河面结冰的北国风光。北部地区天气阴冷，也仅仅是在东北季风袭击的时候。这时节，天空常常密云深锁，从早到晚都是下蒙蒙细雨，使人感到非常气闷。由于湿度大，非常阴冷，人们不得不穿上毛衣、棉衣。但是，一旦天气晴和，阳光灿烂，年轻人可以穿上短袖衬衫。这一点与中国广东、广西冬天的气候颇为接近。

南部的季节则只分为旱季（10月至次年3月）和雨季（4～9月），多数地区年平均气温为26～27℃。全年温度差异很小。温度最高的时间是4月，月平均气温约为29℃；温度最低则是12月，平均气温约为26℃。

2. 雨量充沛

越南雨量充沛，每年约降雨100天，下雨最多的地区达250天。年平均降雨量为1800～2000毫米，各地年降雨量最少为1200毫米，有些地区可多达3000～4000毫米。据河内地区统计，全年平均下雨天数在150天以上，但全年的雨水极不平均，降雨集中在5～9月，这一时期降雨量占全年降雨量的80%。由于越南海岸线长，河流多，雨量大，空气湿度也大。不同的地区空气湿度也不一样，相对来说北部大于南部。河内地区常年平均湿度为84.9%，而最高相对湿度为100%。在3、4月最潮湿的短时期内，雨点般的水珠会不断从室内墙上滚掉下来。顺化平均湿度89.1%，胡志明市平均湿度为81.8%。一般情况，每年5～10月，东南风从太平洋吹来，西南风从印度洋吹来，带来大量水汽，这时雨水集中，被称为雨季。这个时节，天空多乌云。有时阴雨绵绵，一连几天；有时又是午后雷雨阵阵，傍晚却晴朗无事。从11月到次年4月，东北季风从亚洲大陆吹来，降水稀少，天气干燥，被称为旱季，每月降雨量只有20～30毫米，甚至滴雨不下。越南是一个南北跨度很大的国家，每个地区的雨季和旱季开始及结束的时间均有所不同。

3. 台风危害

每年7～11月，越南沿海地区常遭台风袭击，给农业生产、人民生活与生命安全带来极大危害。台风常伴着暴雨，淹没大片农田，造成灾害。

各地台风季节也不完全一样，越往南台风来得越晚，次数也越少。一般来说，从中越边境的芒街到清化，通常7～9月为台风季节，清化到广治为7～10月，广治到平定省的蓬山为9～11月，从蓬山到胡志明市为10～12月。而南部平原则很少有台风，据越南有关人员估计，大概每20年才会遇上一次。

4. 焚风

每年5～8月，越南中部还常常刮起一种“焚风”，当地人称之“老挝风”。这是来自印度洋的西南季风，尽管它“起步”时饱含水汽，怎奈路途遥远，经泰国、柬埔寨、老挝等国的长途跋涉，沿途空气中水分越来越少，而炎热的大地使得它的温度越来越高。当它从老挝越过长山山脉下降到越南沿海平原时，已变得很干热，温度甚至可达37℃，相对湿度下降到45%。“焚风”一阵阵地吹，短则两三天，长则十余天，往往在中午前后风力最强。灼热的“焚风”所到之处，农作物经不起它的吹袭，迅速枯黄，如同被火烧过一样。

四、行政与文化区域

从世界范围看，无论是面积还是人口，越南都属于一个中等规模的国家，但它的省和中央直辖市数量比中国还多，其中 5 个中央直辖市：首都河内、南部工商业重镇胡志明市、北方工业港口城市海防、中部工业港口城市岘港和南部农业中心芹苴，其余有 58 个省[①]。一些省的规模很小，只有数百平方千米和数十万人口。面积最大的是义安省，达 16 493 平方千米；面积最小的是北宁省，仅 822 平方千米。人口最多的是胡志明市，达 815 万人；人口最少的是北件省，仅 31 万人。从中央到地方，越南把行政管理划分为 4 级：中央，省和中央直辖市，市县（664 个，其中 118 个市，546 个县）区（也叫郡，49 个），乡（8978 个）镇（603 个）坊（1481 个）。城市的管理类似中国的设置，也分为三种：除 5 个中央直辖市外，还有类似中国的地级市 67 个[②]，县级市 51 个[③]。

越南从地理上分为北部、中部和南部，有学者把越南文化分为 6 个区，也有学者分为 7 个区，还有学者分为 9 个区。本书结合地理环境、族群构成、历史沿革及行政区划现状，越南从北到南可以划分为如下六大行政区和 9 个文化区。

1. 红河平原

红河平原以红河三角洲为主，位于红河的出海口，沿海，是京族的发祥地，交通便利，工农业和服务业发达，是越南的政治、文化集中区域，共有 11 个省市，面积 21 060 平方千米，人口 2093 万人，人口密度为每平方千米 994 人（2015 年，下同）。历史上中国汉朝设立郡县时，该地区为交趾郡，一直到宋朝初年都是今越南北中部的政治经济文化中心。

红河平原有两个中央直辖市：首都河内与北方工业港口城市海防。

2. 北部山丘地区

北部山丘地区位于越南北部、红河三角洲周边的山区，少数民族众多，共有 14 个省，面积 95 267 平方千米，人口 1180 万人，人口密度为每平方千米 124 人。

从文化上，该区可以一分为二：越北 9 个省和西北 5 个省。

越北 9 个省为谅山省、高平省、河江省、北件省、北江省、太原省、宣光省、安沛省、富寿省。该区的北面与中国广西、云南接壤。历史上，中越边境地区是百越部落中西瓯与雒越杂居的地区。如今该区人口中岱侬族、侬

① 2008 年越南河西省已并入河内市。
② 这些市的行政级别低于省，又高于县。
③ 本部分数据资料来源自越南国家统计总局：《越南统计年鉴（2015 年）》。

族占比较大，跟中国的壮族是同根生的民族，语言、生活习惯相近。信仰上与汉族、京族相似，以儒释道为主。该区是越南的革命老区，20 世纪 30～40 年代越南共产党、越南独立同盟会（简称越盟）及越南人民军在这里开展武装斗争，以至夺取了八月革命的胜利。

越南公认的民族鼻祖雄王庙坐落在富寿省越池市，紧靠河内西北，从历史文化角度看，该处与红河三角洲地区文化更为密切。

西北 5 个省为老街省、莱州省、奠边省、山罗省、和平省。该区的北面为中国云南，西面为老挝，属于中老越三角地区，崇山峻岭，交通不便。人口中芒族人、泰族人、苗族人占比较高。芒族与京族是同根生的民族，源自雒越，自从秦汉设立郡县后，中原族群南下，部分雒越人不断往西北山区迁徙，成为今天的芒族。该区的泰族与老挝的佬族是同根生的民族，其祖先都是百越中的西瓯，是秦汉王朝在岭南设置郡县后，西瓯人往西南迁徙的后裔。他们在宗教上信仰上座部佛教。

随着越南行政治理的加强，越南北部山区京族人口比例不断增加，其文化也越来越京族化，南部西原地区也有类似的情况。

3. 中部沿海区

中部沿海区南北跨度大，共有 14 个省，面积 95 832 平方千米，人口 1966 万人，人口密度为每平方千米 205 人。从文化方面区分，该区可以一分为三。

北面 3 个省：清化省、义安省、河静省。在南越国时期，该地就称为九真郡。这里文化比较发达，人才辈出。

中间 3 个省：广平省、广治省、承天-顺化省。该地区是阮氏王朝发迹的地方，从后黎朝的阮主到越南最后一个封建王朝主要的根基及阮朝的国都都在这里。

南面 8 个省（中央直辖市）：该区域包括岘港及广南省、广义省、平定省、富安省、庆和省、宁顺省、平顺省。历史上该地区是占婆国所在，如今仍保留有显著的占人文化特色遗迹，如美山等，过去受到印度文化的影响。

4. 西原

西原位于越老柬三角地带，海拔 1000～2000 米，虽处热带，但气候比较凉爽，有著名的避暑胜地大叻。西原共有 5 个省：昆嵩省、嘉莱省、多乐省、多农省、林同省，面积 54 641 平方千米，人口 561 万人，人口密度为每平方千米 103 人。该地区居住着诸多土著族群，如嘉莱族、埃地族、巴那族、戈贺族、色登族、莫侬族等。驯象、锣钲等很有特色。

5. 南部东区

南部东区有 6 个省（中央直辖市），面积 23 591 平方千米，人口 1613 万人，人口密度为每平方千米 684 人。该地区近现代先后受到法国文化和美国文化的影响，吸收了很多西方文化，经济比较发达。

6. 湄公河三角洲平原

湄公河三角洲平原有 13 个省（中央直辖市）：隆安省、前江省、槟知省、茶荣省、永龙省、同塔省、安江省、坚江省、后江省、朔庄省、薄辽省、金瓯省，以及芹苴，面积 40 576 平方千米，人口 1759 万人，人口密度为每平方千米 434 人。该地区水资源丰富，农业发达。历史上湄公河三角洲属于柬埔寨，如今仍有部分居民为高棉人，他们信仰上座部佛教。

第二节 政 治 体 制

在东南亚 11 个国家中，有 9 个资本主义国家，另外两个是社会主义国家——越南和老挝。越南实行人民代表大会制度和共产党领导，其政治体制与中国等共产党领导的社会主义国家基本相同。

一、越南是一个共产党领导下的社会主义国家

经过 20 世纪 80 年代后期的急剧变化，当前世界共产主义运动正处于低潮。现在世界有 5 个社会主义国家，越南是其中之一。

越南宪法对国家基本制度规定：越南是社会主义国家，越南共产党是领导国家和社会的力量，国家一切权力属于人民，实行人民代表大会制度。

在政治体制方面，越南与中国非常相似，都是共产党领导的社会主义国家，改革开放都是采用渐进式的改革。越南也强调把马克思列宁主义与本国的具体情况相结合，走越南自己的路。

越南在革新开放前的社会主义，跟其他许多社会主义国家一样，主要是教条地搬用苏联模式。越南已意识到："这种模式并不适用于越南的实际情况。"近年来，越南领导人和理论界在对社会主义进行反思和改革的过程中，比较对照列宁的学说和实践，结合其他社会主义国家和越南本国的社会主义实践，总

结了4点经验教训：一是，马克思列宁主义不是教条，是灵活、不断发展、内容丰富的学说，需要继续发展和进一步丰富；二是，社会主义没有一个统一的模式，只有建设社会主义的共同原则和共同目标。要根据本国具体条件和环境，采取不同的形式，走自己的道路，建立自己的模式；三是，实践是检验真理的标准；四是，从落后的社会形态进入社会主义社会，中间需要过渡阶段。

原越南共产党中央总书记长征说："马克思列宁主义原则适用于全世界，但如何结合越南的实际来运用，则是我们自己的事，因为别人不会代替我们来做这些事情。马克思列宁主义原则必须同越南的实际情况相结合。"①

具体如何建设越南的社会主义模式，越南内部的考虑和看法是多种多样的。曾任越共中央政治局经济顾问的阮春莺说，越南不想愚昧地模仿某一国的经济体制。社会主义或资本主义都一样，要设法吸收这两种制度的精华。资本主义任何非常有效率、生产力非常高的东西是值得越南学习的。苏联模式过于庞大，越南不能效仿。而形式不那么僵硬的体制，是比较合适越南的。阮春莺在另一场合又说，要注意研究中国的经验和戈尔巴乔夫的讲话，进行仔细的比较分析，以便确立一种越南模式。

越南作为社会主义国家，正在推进革新开放，努力探索一条既坚持马克思列宁主义的普遍原则，又适合越南国情的社会主义道路。

二、宪法与国家制度

1. 宪法

宪法是一个国家的根本大法，是确定一国政治制度、经济制度和制定各项具体法律法规的基础。

越南民主共和国第一部宪法于1946年产生。1946年3月2日，第一届国会第一次会议选举出以胡志明为首的宪法起草委员会并提出宪法草案。10月28日至11月8日，国会第二次会议通过越南民主共和国第一部宪法。11月9日，由胡志明主席签署政令，正式向全国颁布了这部具有历史意义的宪法。宪法规定：政权属于人民，没有种族、性别、阶级、信仰和财产的歧视；领土、主权完整统一，不容分割；保障公民享有言论、出版、集会、信仰等自由的基本原则；各少数民族除享有充分和平等的权利外，还可获得多方面的帮助，以能尽快地达到和全国人民相同的发展水平；公民享有保卫祖国、服

---

① 转引自《河内为改革做准备》，《华盛顿邮报》1986年11月11日。

从宪法、遵守法律的基本义务。

后来，越南于1980年、1992年修改、通过和颁布了新宪法。2001年11月20日至12月25日举行的越南第十届国会第十次会议对1992年宪法又进行了修改补充。

新宪法包括序言、正文12章147条。宪法序言简要回顾了越南社会主义共和国的历史，阐述了宪法的基本原则。第一章是"越南社会主义共和国政治制度"；第二章是"经济制度"；第三章是"文化、教育、科学、技术"；第四章是"保卫社会主义祖国"；第五章是"公民的基本权利和义务"；第六章是"国会"；第七章是"国家主席"；第八章是"政府"；第九章是"人民议会和人民委员会"；第十章是"人民法院和人民检察院"；第十一章是"国旗、国徽、国歌、首都、国庆"；第十二章是"宪法的效力和宪法的修改"。[①]

2. 政治制度

越南宪法明确规定越南是社会主义国家，是以工人、农民、知识分子联盟为基础的人民民主国家。国家的基本任务是实现劳动人民在各个领域、各个方面当家做主、严厉惩罚所有侵犯国家和人民利益的行为。国家要在大力发展生产力的基础上富裕、强大，实现社会公正、人民丰衣足食，为人民充分享有自由、幸福及全面发展，提供一切必要的条件。

宪法以根本大法的形式，重申了共产党在国家政权和整个国家政治生活中的核心领导地位。越南共产党是越南工人阶级的先锋队和战斗参谋部，是以马克思列宁主义、胡志明思想为指导思想的政党，是领导国家、社会的力量，是决定越南革命的一切胜利的主要因素。越南共产党为了越南工人阶级和人民的利益而存在和活动，越南共产党的各级组织必须在国家宪法和法律的范围内进行活动。

越南社会主义共和国是共同生活在越南国土上的，在权利和义务上平等的各民族的统一国家。国家维护、加强和巩固民族大团结，严禁一切蔑视和分裂民族的行为。各民族有权使用自己的语言、文字，维护和发展自己美好的风俗、习惯、传统和文化。国家有计划地逐步缩小各民族之间在经济和文化发展水平上的差距。

宪法规定，越南是人民民主国家，国家一切权力属于人民，国家政权组织形式是人民代表大会制度，即人民通过由人民选出和向人民负责的国会和各

① Nguyen Phuong: *Hoi-dap ve Hien Phap Nuoc Cong Hoa Xa Hoi Chu Nghia Viet Nam nam 1992 da duoc sua doi, bo sung nam 2001*，Ha Noi，nha xuat ban chinh tri quoc gia Viet Nam nam 2005.（阮凤：《2001年修改补充的1992年越南社会主义共和国宪法问答》，越南国家政治出版社2005年版。）

级人民议会行使国家权力。国会和各级人民议会是国家机关系统的政治基础，所有国家机关都按民主集中制原则进行组织和活动。所有国家机关和国家工作人员必须全心全意地为人民服务，密切联系人民，倾听人民的意见和接受人民的监督，发扬社会主义民主。严禁官僚主义、作威作福和衙门作风的现象。

由各政党、越南总工会、越南农民联合会、胡志明共产主义青年团、越南妇女联合会和其他成员组成的越南祖国阵线，是国家的坚强柱石。越南祖国阵线发扬全民团结的传统，加强人民在政治和精神方面的一致，参加建设和巩固人民政权，和政府一道维护人民的法定利益，鼓励并促进人民行使自己的权利，保证宪法、法律的严格执行，监督国家机关、人民代表、政府官员和工作人员的活动。

越南总工会参加国家机关、经济组织和社会团体的活动，维护干部、工人、雇员和其他劳动者的权益，参加国家行政和社会事务管理，检查和监督国家机关、经济团体的活动。

国家按照法律管理社会，不断加强社会主义法制。所有国家机关、社会组织、国家工作人员和一切公民都必须严格执行宪法和法律，防止并与反对和违反宪法及法律的罪犯和行为作坚决斗争。

3. 经济制度

越南宪法规定，社会主义是越南共产党和人民的历史性选择，越南经济制度的基本性质为：坚持社会主义方向，由国家管理，按照市场机制运行的多种成分的商品经济。为此，必须实行经济体制改革，采取灵活的经济政策，发展多种经济成分。建立“国家宏观指导下的市场经济体制”，以提高和增强越南经济的效益和竞争力。在经济体制改革方面的指导思想是允许多种经济成分自由竞争，向多元市场经济发展。具体来说，国有经济、集体经济、个体经济、私人资本主义经济和国家资本主义经济 5 种经济成分长期并存，各种经济成分的生产经营单位在法律面前一律平等，合法资金和财产受国家法律保护。

国有经济是全民所有制形式，而国家是其代表，它掌握关键部门，在国民经济中居主导地位。但国有企业将逐步实行股份制和破产制，国家对国有企业不搞“一包到底”。

集体经济是工业、农业、商业、服务业各个领域中的集体所有制形式。它可以包括多样、丰富的经营组织，有工业销售合作社、农业渔业合作社、商业合作社、服务业合作社、信用合作社。它们可以是国家机关的干部、职工的集体经营组织，也可以是合作社或合作社与国有经济的联营组织。土地归全民所有，但交给私人长期使用，承认私人有“对土地的继承权、转让权和长期使用权”。

个体经济是主要依靠个人劳动以获得收入的经营者的经济，属小商品生产经济，经营者是小业主、小手工业者、个体农民、小商人，也可能有国家机关的干部、职工。

“私人资本主义经济可以在那些对国家和人民都有利的部门发展，允许外国资本家与越南的国有和私人企业搞合资企业。”私人资本主义只在一些有利于国计民生的行业中经营，主要是在生产领域（包括建筑业和内地运输业）及服务业，它雇佣劳动力，经营者以资本及其经营才能为增加商品、劳动者就业和改善社会生活做出贡献，获得国家的鼓励、重视和使用。

国家资本主义成分，其低级形式是在国家的监督、引导下的私人资本主义形式；高级形式是资本主义与国家之间的融合、联营，国家资本主义是通向社会主义桥梁的资本主义，是从资本主义中生长出来的社会主义。

越南宪法还规定保障公民有经商、获取收入、存款、拥有财产与生产手段、建造与出租房屋的权利等。

三、三权分工下的政权结构

越南政体的结构在尊重本国实际的基础上，借鉴了国外的一些做法，即在坚持共产党一党执政的同时，权力既集中，又有分工，强调“国家权力统一而实行立法、行政与司法三权的分工合作”。

越南的最高权力结构相对来说是互相有所制衡的，经过多年的运行，大体形成了“四驾马车”的格局，包括越南共产党总书记、越南共产党政治局委员兼政府总理、政治局委员兼国家主席和政治局委员兼国会主席四人。总书记兼任党的军委主席，把握大方向和主要人事权的布局，是最高权威，但他不兼国家主席及国家最高武装统帅；国家主席兼任国家最高武装统帅，对内对外代表越南；政府总理主管经济和国家事务，掌握实际管理权力；国会主席则对国家的管理行使监督权。

越南社会主义共和国实行人民代表大会制度。越南宪法规定，国家一切权力属于人民，人民行使国家权力的机关是国会和各级人民议会。国会和各级人民议会均由民选代表组成。国会作为国家最高权力机关，集中立法、行政、审判、检察等权力，在它之下，各国家机关分工负责。政府负责行政管理工作，最高人民法院负责审判工作，最高人民检察院负责监察法律的执行，这些机关都由国会产生，对国会负责。

1. 国会

越南国会[①]是人民的最高代表机关，是越南社会主义共和国最高权力机关，其权力和作用愈来愈突出。越南国会拥有三大职能："国会有立宪立法权、对国家权力机关的最高监督权和国家发展计划及对内对外重大民生问题决定权。"国会是具有立宪和立法的唯一合法机构。负责制定对内对外基本政策，国家经济、社会、国防、安全发展的目标，国家机器的组织及活动，公民的社会关系和活动的主要原则。同时，国会还实施对国家的全部活动的最高监督权。

每届国会任期为5年。在国会满期之前2个月，必须选出新的国会。选举方式及国会代表人数由法律规定。国会代表以普选制投票选举产生。在特殊情况下，至少经过2/3的国会代表表决赞成，国会可决定缩短或延长自己的任期。国会每年举行两次例会，由国会常务委员会召集。在国家主席、政府总理要求或至少1/3国会代表的要求下，国会常务委员会可以召开国会特别会议。新的一届国会要在国会代表选举出后2个月内召开第一次会议。由国会主席主持开幕，直至选出新一届国会主席。国家主席、国会常务委员会、国会各代表、最高人民法院、最高人民检察院、越南祖国阵线及其成员组织有权向国会呈递法律草案。越南的一般法律要超过半数的国会代表赞同才能通过，宪法则要三分之二的国会代表赞同才能通过，通过后即由国家主席发布命令公布。

2. 行政制度

越南政府是国家最高权力机关的执行机关和最高行政机构。政府由总理、副总理、各部部长、委员会主任等组成。政府对国会负责，在国会休会期间，向国会常务委员会负责。

政府统一管理国家的政治、经济、文化、社会、国防、安全和外交事务。保障从中央到基层的国家机器有效运行，保证尊重和执行宪法和法律，在建设事业和保卫国家中，发挥人民当家做主的权利，保证稳定，提高人民的物质和文化生活。

除政府总理外，政府其他成员不一定是国会代表。

政府总理向国会负责，向国会、国会常务委员会、国家主席报告工作。

---

① 其结构、功能、运作方式跟中国的全国人民代表大会相似。

副总理根据总理的分工，协助总理工作，当总理不在时，由总理委托一位副总理代理领导政府工作。

3. 司法制度

越南宪法对越南的司法制度做了较具体的规定。越南的司法组织主要包括法院和检察院两大体系。除最高人民法院、地方人民法院和军事法庭外，在需要审理特别问题时，国会可以设立特别法庭；人民审判员由选举产生，最高人民法院院长由国会选出；人民陪审员参加刑事与民事案件的审判；人民法院独立行使权力，只需服从法律。最高人民检察院监察政府所属各机关、国家机关人员和公民遵守法律的情况；最高人民检察院以下是地方人民检察院和军事检察院；各级人民检察院均受最高人民检察院的统一领导。

越南宪法对人民法院做了规定，越南《最高人民法院组织法》于 1981 年 7 月 13 日颁布。该法共四章 40 条，规定：司法权由最高人民法院、地方人民法院和军事法庭行使。在需要审理特别案件的情况下，国会或国会常务委员会可以决定成立特别法庭。各级人民法院院长由同级国家权力机关选出，任期与同级国家权力机关相同。最高人民法院是最高审判机关，它监督地方人民法院、军事法庭和特别法庭的审判工作。最高人民法院院长由国会选出，向国会负责并向国会或国会常务委员会报告工作，任期与国会相同。

越南的人民法院包括三级：最高人民法院、省人民法院、县人民法院。地方人民法院由地方同级人民议会产生，向同级人民议会负责并报告工作。此外，地方人民法院还要接受最高人民法院的监督。

人民法院依据宪法和法律进行审判工作，审判实行两审终审制，在特殊情况下，最高人民法院有权进行初审和终审。对于死刑的判决，除被告可以按复审程序对判决结果提出上诉外，还要经过最高人民法院审判员全体会议批准后方能执行。

四、党团制度

1988 年 10 月，越南民主党和越南社会党宣布停止活动。至此，越南共产党成为越南唯一的政党，形成一党制的政党体制。越南宪法以根本法的形式确认了这一体制，宣布越南共产党是领导国家、领导社会的政治力量。1930 年 2 月 3 日，“印度支那共产党”“安南共产党”和“印度支那共产主义联盟”等越南三个共产主义组织在中国香港九龙举行会议，三个组织合并为一个无产阶级政党，并定名为越南共产党。在1930年10月召开的党的第一次会议上，越南共产党改名为“印度支那共产党”；在1951年2月11～19日的党的第二次全国代表大会上，印度支那共产党改名为“越南劳动党”；1976年12月14～20日，在该党的第四次全国代表大会上又恢复为原名越南共产党[①]。

在越南共产党领导下，越南还有越南祖国阵线、社会团体、群众组织，它们在国家政治生活中发挥着积极作用。越南祖国阵线类似中国人民政治协商会议，具有较广泛的群众基础，在国家的政治生活、经济建设和改革事业中发挥了重要作用，是具有政治协商性质的民族统一战线组织。

越南的社会团体大体可分为两类：一类是统一战线组织，以越南共产党为领导，包括各政党、各人民团体，这种组织在不同历史时期，有不同的组织形式，它们在越南反对法国殖民主义者、抗美救国战争和社会主义建设的各个时期，调动社会各阶级、各阶层人士的积极因素，团结一切可以团结的人，在争取民族独立、国家统一和争取社会主义建设的胜利等方面发挥着重要的作用。另一类是群众组织，它们依性质不同各自联系着一部分人民群众，在越南共产党的领导下，在国家政治生活中发挥作用。

第三节　经济与物质基础建设

经济是基础，无论是一个地区还是一个国家，其经济情况都是人们首先要关心和了解的。越南经济在近年改革发展过程中取得显著成效后，面临严峻的挑战，愈来愈受到人们的关注。

一、经济改革发展

1. 条件优越

越南地理位置优越，交通方便，自然资源丰富多样。尽管越南开发程度还比较低，但具有发展经济的潜在优势。

①土地、农业资源丰富。越南属于热带雨林气候，光热水资源丰富，有利于多种农作物和经济作物的生长，如水稻、橡胶、茶叶、咖啡，以及多种名贵的热带水果。南北两个三角洲平原，面积大，土壤层厚，土质松软，营养供给度高，是有名的鱼米之乡。尤其是湄公河三角洲平原面积约5万平方

① 虽然多次改名，但人们仍习惯称其为“越共”。

千米，是世界三大谷仓之一。越南有近 10 万平方千米的平原，人均耕地约 1.6 亩[①]。

②矿产资源丰富，其中较重要的有石油、天然气、煤、磷等。尤其是石油、天然气已成为越南最重要的工业支柱产业，2015 年产量达 1875 万吨[②]。

③越南有丰富的水能资源，尤其是北方的红河，可以建立多个大型的水力发电站。

④越南有 3200 多千米的漫长海岸线，渔业资源丰富，拥有众多的天然优良港湾，已建成港口有 17 个，有利于越南的对外开放，吸引外资，建立出口加工区。

⑤旅游资源丰富。下龙湾、风雅洞已被列为世界自然遗产，顺化、会安、美山也已被列为世界文化遗产；沿海有很多美丽的沙滩，如岑山、芽庄、头顿等；内地也有多处风景名胜，如大叻、沙巴等。

⑥人力资源丰富。越南人口众多，有 9000 多万，对越南来说有其不利的一面，但也更应该看到其有利的一面，一方面可供应源源不断的劳动力资源，另一方面可创造消费需求。越南人口构成中年轻人比例较大，充满活力，消费能力强。

越南国民素质也比较高。一方面，国民文化素质较高，识字率高，90% 以上的成年人都能读会写；另一方面，半个世纪以来，有成千上万的越南人到苏联、东欧地区和其他一些发达国家学习。不少人会多门外语，越南的外资企业较容易招到高素质的职员。

2. 改革发展

当代越南的经济在大约 100 年的时间里，大致可以分为以下 5 个时期。

①1945 年八月革命以前：越南在法国殖民者的统治下，其经济性质是殖民地经济。发展最好的是 1939 年：稻谷产量 580.2 万吨（1940 年）、棉花 160 万吨、海鱼 12.06 万吨、发电量 8600 万千瓦时、煤炭 180 万吨、水泥 30.6 万吨、布 5560 万米、纸 5800 吨、铁路 2569 千米、公路 21 000 千米。

②1945～1954 年：抗法战争时期。越南北方以抗法斗争为主，经济发展停滞不前；南方社会相对稳定，经济有一定的发展。

③1954～1975 年：南北对立与越南战争时期。越南北方前期在中国的援助下，经济有一定的恢复和发展。南方虽然处于战争之下，但由于其市场经

---

① 1 亩≈666.67 米^2。

② 2004 年曾一度达到 2005 万吨。

济基础较好，加上美国给以大量的经济援助，所以越南南方的经济也有一定发展。

④1975～1986 年：社会主义经济发展探索时期。整个越南对如何进行和平经济建设没有经验，只是一味模仿苏联模式，采取的政策措施不适合越南的实际，所以这是一个经济发展的停滞时期。尤其是南方，由于盲目进行极"左"的社会主义改造，使已经较发达的生产力受到极大的破坏。

⑤1986 年以后：革新开放时期。20 世纪 80 年代后期，越南抛弃苏联模式，改为推行与中国相似的渐进式改革，采取的政策措施符合国情，改革成效显著。20 世纪 90 年代后进入快速发展期。

随着和平建设的到来，越南已意识到虽然战争的后遗症对经济发展有影响，但更重要的是僵化的经济体制成了发展经济的拦路虎。越南共产党第六次全国代表大会以后，越南开始以市场经济为导向，大刀阔斧地对其经济体制进行改革。

首先越南是在所有制上改变过去"一大二公"的格局，不再盲目发展国有企业，而且限制和调整它，下放合作社，大力发展非公有制企业，发展家庭经济。企业有了自主权，农民也有了自主权，大大调动了他们的生产积极性。

其次是改变过去计划高度集中的包给制，实行市场调节，国家不再下达生产计划指标和规定销售价格，实行浮动价格、浮动利率和浮动汇率。企业和农民都按市场的需求组织生产和销售。

最后在分配制度方面，越南也改变了过去平均主义、吃大锅饭的做法，实现按劳分配和其他的合法获取收入的政策。

3. 越南经济处于东南亚地区中等偏下水平

越南经济在 20 世纪 90 年代中期即亚洲金融风暴爆发时，经过改革发展，已经走出多年的危机挣扎。在东南亚金融风暴爆发之前，越南经济不仅发展水平低于新加坡、马来西亚、泰国、印度尼西亚、菲律宾等国，而且其发展速度在很多年间慢于这些国家。

亚洲金融风暴后，越南的发展速度已多年位于东南亚前列，甚至一度一枝独秀，大大快于其他东南亚国家。在世界范围内，其发展速度也是最快的国家之一，常常仅次于中国，居世界第二位。过去人们习惯把越南与一些最落后国家相提并论，但经过 20 多年的革新开放，越南已脱颖而出，可以说越南已脱离东南亚国家最落后行列，达到该地区中等偏下水平。过去人们将东盟 10 国按经济发展程度分为：第一层次为新加坡和文莱；第二层次为马来西亚、泰国、印度尼西亚、菲律宾；第三层次为越南、老挝、柬埔寨和缅甸。随着形势的变化，第一层次的国家不变，而第二层次调整为马来西亚、泰国、印度尼西亚、菲律宾、越南、老挝，第三层次只剩柬埔寨和缅甸。①

2012 年越南的国内生产总值（GDP）约为 1290 亿美元，人均约为 1500 美元，在东南亚处于中等偏下水平。在 2008 年全球金融危机之前，越南经济增长速度一直都快于本地区的印度尼西亚和菲律宾，但从 2011 年以来已连续多年慢于印度尼西亚和菲律宾的增长速度（表 2-1）。②

表 2-1　1986～2016 年越南经济增长率

年份	增长率/%	年份	增长率/%	年份	增长率/%
1986	2.3	1997	9.0	2008	6.2
1987	3.6	1998	6.0	2009	5.3
1988	5.9	1999	4.8	2010	6.7
1989	4.6	2000	6.7	2011	5.8
1990	5.1	2001	6.8	2012	5.0
1991	5.3	2002	7.0	2013	5.4
1992	8.5	2003	7.2	2014	5.9
1993	8.3	2004	7.7	2015	6.7
1994	9.0	2005	8.4	2016	6.2
1995	9.5	2006	8.2		
1996	9.3	2007	8.5		

资料来源：据越南历年国会和国家统计总局公布的数据整理而成

二、城镇建设

从政治、经济和文化考虑，越南的城市可以分为三大类：中央直辖市、产业经济城市、文化名城。

（一）中央直辖市

越南的中央直辖市共有 5 个，分布在越南的北、中、南部，其在政治、经济、文化上都具有重要性，尤其在政治上。

1. 首都河内

河内位于红河三角洲平原的中央，是越南的首都，也是越南的政治、经

① 第一层次的标准为人均 GDP 10 000 美元以上，第二层次为人均 GDP 1000～10 000 美元，第三层次为人均 GDP 1000 美元以下。

② 2011 年、2012 年印度尼西亚经济增长速度分别为 6.5%和 6.1%。

济、文化、交通中心，是越南面积最大的城市，但人口则是第二大城市，仅次于胡志明市。到 2015 年，河内的面积为 3324 平方千米，包括 12 个郡、1 个县级市、17 个县、177 个坊、21 个镇和 386 个乡，总人口 722 万人。河内是越南的水陆空交通枢纽。1 号公路从河内到胡志明市，长达 1725 千米。5 号公路从河内到海防，长 102 千米。铁路从河内到胡志明市长 1730 千米，从河内到海防长 104 千米。河内有两个机场——内排国际机场和嘉林机场，前者为国际机场。

如果从汉代的羸𨻻开始，河内已有约 2000 年的建城史。自越南李朝 1010 年从宁平华闾迁都升龙（即河内）起，作为越南的首都也有 1000 年。因此，河内的名胜古迹较多，如还剑湖、巴亭广场、文庙等。

还剑湖：位于市中心，被称为河内第一风景区，四周树木苍翠，湖水清澈如镜。湖内岛建有龟塔，塔身小巧玲珑，顶端有一颗星。湖中心有玉山祠，祠内供奉着关帝、陈兴道和文昌帝君三圣。玉山祠门外建有一座 5 层石塔，塔顶状似毛笔，大门由 4 根笔状石柱构成，有汉字对联“临水登山一路渐入佳境，寻源访古此中无限风光”。

巴亭广场：位于市中心，还剑湖西北。广场长 320 米，宽近 100 米，可容纳 20 万人，是河内人民集会和节日活动的场所。1945 年 9 月 2 日，胡志明主席在此宣布越南民主共和国成立。巴亭广场因越南第一次抗法运动在清化省的巴亭爆发，取此名以作纪念。广场四周绿树环绕，西侧矗立的胡志明主席陵墓与东侧的巴亭会堂遥遥相对。数条林荫大道由广场向市区辐射。长 1000 米、宽 24 米的雄王路贯通广场。

2. 北方工业港口城市海防

海防位于越南的东北部，濒临北部湾，是越南北部的重要海港城市。北邻广宁省，西接海阳省、兴安省，南连太平省，东边是大海。海防离河内 104 千米，离胡志明市 1840 千米。海防大部分是陆地，少部分是海岛。最大的吉婆岛横 24 千米，纵 18 千米。海防陆地几乎都是平原，吉婆岛则是一个石山岛，面积 146 平方千米。2015 年，海防的面积为 1527 平方千米，包括 7 个郡、8 个县、70 个坊、10 个镇和 143 个乡，总人口 196 万人。海防是越南北方的出海口，交通很方便，水陆空交通可到达越南各地。吉碑国际机场有海防到胡志明市的航班。海防所属的图山是越南北方的避暑旅游胜地，距海防市区 20 千米，其旅游休养功能类似中国的北戴河。

3. 中部最大城市岘港

岘港是越南中部最大的城市，于 1997 年单列为中央直辖市。岘港也是越南中部的大港，位于岘港湾内，有山茶半岛密遮，风平浪静，进出方便。由于岘港位于越南南北的中间，处于越南狭长国土较窄的地方，所以战略位置十分重要。法国人和美国人先后占领了岘港，并在此建立大型的军港和军事基地，建有两个大型机场。岘港交通方便，1 号公路从岘港到河内长 759 千米，到胡志明市长 963 千米。河内—胡志明市铁路也经过岘港。航空方面有航班通往河内和胡志明市。岘港有占人博物馆，有师范大学和百科大学。

4. 最大工商业中心胡志明市

胡志明市原名西贡，是越南最大工商业中心，1975 年越南北南统一后改为今名。虽然胡志明市是一座很年轻的城市，建城历史只有 300 来年，面积 2096 平方千米，小于河内，但它是越南人口最多的城市，2015 年全市总人口 815 万。胡志明市从西北到东南约 90 千米，东北到西南约 40 千米。胡志明市是越南最大的经济中心，南方的水陆交通枢纽。1 号公路从胡志明市到柬埔寨金边长 230 千米。新山一国际机场是大型的国际机场。西贡港是越南最大的港口。同时，胡志明市也是越南南方的文化、科技中心，有很多研究机构、大学、图书馆和文化宫。

5. 越南南部的重要城市芹苴

芹苴是越南南部重要的大城市之一，位于后江的右岸，这里的后江深 8～10 米。2003 年芹苴被列为越南的第 5 个中央直辖市。芹苴是越南南方西部的稻米中心，是来自朱笃、龙川、河仙、亦架、朔庄、薄寮等公路的交会处，也是后江水系多条河道的汇合处。芹苴周围有很多榴莲园。在法属时期，芹苴就被视为越南南方的西都。芹苴是越南南方西部的经济文化中心，有芹苴大学和湄公河三角洲平原农业技术中心。芹苴的水陆空交通方便。1 号公路从芹苴到胡志明市长 166 千米。茶那机场是一个大型的机场。后江是水上重要通道，芹苴港可以进出较大的海轮。

（二）产业经济城市

1. 钢城太原

越南也有一个与中国太原名字一样的城市，它是越南北方太原省的省会，位于求江边上，是越南北方较大的工业城市，有越南最早的钢铁工业区，包括高炉厂、轧钢厂、有色金属冶炼厂、发电厂，此外还有造纸厂、柴油机厂等。这里有很多企业如钢铁厂等由中国援建。太原还有医科大学、师范大学和越北博物馆。

太原交通方便，有两条铁路从南边和东边进入。3 号公路从河内到太原长 79 千米。

2. 化工基地越池

越池是富寿省的省会，是越南北方一座新兴的工业城市，位于三江汇合处，交通很方便。2 号公路从河内到越池长 84 千米。河内到老街的铁路经过越池。越池有部分化工企业由中国援建。

3. 纺织城南定

南定是南定省的省会，红河三角洲平原的交通、商业、文化中心之一，越南北方的第三大城市。南定纺织厂作为越南最大的纺织企业之一，是由中国援建的。

南定到河内的公路和铁路分别长 88 千米和 87 千米；水路交通方便，可以到海防和顺化。

4. 石油与旅游城头顿

头顿是越南游客最多的沿海城市之一，以美丽的沙滩而著称。一年各季，游人众多，旺季每天要接待上万名游客，游客既可下水游泳，也可以参观当地的名胜古迹、特色建筑。

自从越南开始勘探与开采石油以来，头顿已成为越南第一个石油工业区。到头顿的游客越来越多，他们除了到沙滩游乐，品尝沿海独特的风味小吃外，还可以参观那些为开采石油服务的规模巨大的工程。

离头顿 90 海里远的是由 14 个大小岛组成的昆仑岛（昆岛）。200 年以前，阮朝的第一位皇帝阮福映与百多乐主教在这里相遇，并在岛上遗留下许多古时的大炮枪支，在后来的 100 多年中，昆仑岛变成了最大的监狱，被戏称为“越南爱国者的政治大学”，今天已成为人们参观历史遗迹的纪念地。

（三）文化名城

1. “海上桂林”与煤都下龙

下龙原名鸿基，是广宁省的省会。它以两样东西闻名世界，一是世界自然遗产下龙湾，二是东南亚最大的煤炭基地鸿基煤矿。

著名的下龙湾位于河内以东100多千米的海面上，散布着3000多个大小岛，犹如海底群山，被誉为“海上桂林”。岛屿奇形怪状，千姿百态，有的岛上还有溶洞和暗溪，泛舟其间有一种幽径探胜的情趣，如拜寨岛是著名的避暑胜地。

2. 古都顺化

古城顺化是越南最后一个封建王朝——阮朝的京都。阮朝在此盘踞多年，建有很多亭台楼阁、宫廷园林，留下了很多古代的文化遗迹。顺化皇城仿照中国北京故宫的布局设计而建，但规模较小。

顺化是1号公路、14号公路及河内—胡志明市铁路交会处，交通比较方便。往北654千米到河内，往南1071千米到胡志明市。

顺化分为两部分，位于香江两岸：内城和旧商业街在香江之北；新区在香江之南。

目前，顺化是越南承天-顺化省的省会，面积15平方千米，人口约20万。

3. 滨海城市芽庄

芽庄是庆和省的省会，距离河内1278千米，距离胡志明市442千米。

芽庄的冬天不冷，夏天不热，年均气温为25℃左右，是避暑的好去处。由于终年平和的气温，芽庄也是哮喘病和风湿病患者休养的好地方。

芽庄石桥港可以进出5000吨船只，是一个繁忙的渔港，靠近石桥港有海洋研究院，主要研究海洋和渔业。芽庄有一所水产大学。

铁路从河内到芽庄长1320千米。芽庄机场开通有河内—芽庄—河内和胡志明市—芽庄航班。

4. 古代港口城市会安

会安位于越南中部广南省，距岘港30千米，虽然不是省会城市[①]，但它是越南的历史文化名城，1999年被联合国教育、科学及文化组织（简称联合国教科文组织）确定为文化遗产，列入《世界遗产名录》。

在古代，会安为占婆国的对外贸易港口，称为“大占海口”。越南后黎朝南阮政权时期，这里是东南亚最重要的商埠之一。17世纪时有不少明乡人到此落地生根，此后一代一代的华人在此繁衍生息，形成繁荣的华人社区，按照中国不同地区，建有中华会馆、潮州会馆、广肇会馆、福建会馆、琼府

① 越南广南省省会为三岐，三岐是广南省最大的城市。

会馆等，以及关帝庙、佛寺、各姓宗祠，供奉着妈祖、关公、伏波将军等，终年香火不断。现今保存完好的古街道、古建筑，体现了中国、日本、越南文化和建筑风格之有机结合。

5. 避暑胜地大叻

旅游城市大叻位于海拔 1500 米的高原上，在一望无际的松林之中。大叻市自然景观美丽，气候宜人，是越南最为吸引人的旅游胜地之一。

大叻是 100 多年前由一名博士——法国探险家 Ayersin 发现的。从此，大叻迅速发展成为一个旅游度假中心。法国的著名建筑师也在这里进行设计建设，为大叻建造了许多玲珑小巧的“夏季别墅”。大叻以湖、瀑布、松林和各类花草而闻名。市中心有许多景致美丽的湖泊，城市附近还有很多壮观的瀑布。在碧绿的松林中，大叻充满了诗情画意。

大叻还是一座花城。这里，街头巷尾和草坪都种满了鲜花。从世界各地移植来的花卉有上百种，独特的凤兰也在这里生根。

三、交通发展

越南古代交通以陆路为主。郡县时期，安南虽然是中国的最南端，但已形成了一个发达的水陆交通网，从中原到安南甚至比到云贵地区还要方便快捷。近代殖民时期，越南发展了公路和铁路，火车的引进逐渐取代传统的徒步或水路，成为长距离运输的首选，公路级别和里程日益增长，海洋运输逐渐发展。抗法抗美时期，虽然受长时间战争环境的影响，但北方得到中国的帮助，南方有大量美元的援助，越南的交通运输得到一定的发展。1975 年，越南实现北南统一，南北交通恢复运行，公路、桥梁、铁路和运河得到恢复。1986 年越南实行革新开放，各项事业开始逐步改善，交通建设逐渐加快发展。如今，越南交通已形成了北部以首都河内为中心、南部以胡志明市为中心的两大水陆空交通网络。

（一）公路运输

越南现代公路网络形成于 1912 年，当时法国殖民者决定建立贯通整个中南半岛的公路网络。其中最为重要的是南北公路大动脉 1 号公路，以友谊关为起点，经 29 省市，终点到金瓯省南根（Năm Căn）县，全长 2300 千米，有大小桥梁 874 座，除约 476 千米的 4 车道外全线均为 2 车道。

越南公路布局的鲜明特点是，以河内为中心的北部公路网和以胡志明市为中心的南部公路网，中部沿海公路是连接南北地区的重要纽带。2014 年，越南公路总里程达到 212 151 千米，其中中央管理的有 16 832 千米，省市管理的有 37 880 千米，区县管理的有 157 439 千米[①]。

（二）铁路运输

1881 年，法国人就已开始兴建全长 71 千米的西贡至美荻段铁路，4 年后的 1885 年 7 月 20 日越南第一列火车运行，这是越南铁路运输发展的起点。1896～1912 年，法国殖民当局 5 次向法国政府借贷共 4.99 亿法郎来建设基础设施，其中修建铁路 4.21 亿，到第一次世界大战前越南铁路总长 1300 千米。1902 年，河内至同登线正式投入使用，该线全长 163 千米，耗资 4100 万法郎，是越南北部地区第一条铁路。同年，河内至海防线完成建设，全长 102 千米，耗资 2000 万法郎。河内至老街线，1901 年启动建设，到 1903 年完成河内至越池段，到 1904 年完成越池至安沛段，到 1906 年完成安沛至老街段，全长 162 千米，耗资 5600 万法郎。河内至西贡线是法属时期和目前越南最长的铁路线，经过 30 余年才建设完成。1889～1905 年，全长 312 千米的河内至荣市线建成；1901～1908 年，顺化至东河线、顺化至岘港线相继建成；1922～1927 年，荣市至东河线建成；1931～1936 年，岘港至芽庄线建成，贯通南部的铁路线基本完成全线建设。

法属时期越南建设的是米轨铁路，米轨铁路占铁路总里程的 85%。抗法抗美时期，中国帮助越南建设了准轨铁路和套轨铁路，分别占越南铁路总里程的 6%和 9%。如今，越南铁路总长 3143 千米，主干线长 2531 千米。越南铁路长期以来受到战争环境的影响，缺少铁路升级所需资金，因此铁路设备陈旧，运输效率低下，远不能满足客运、货运需求。

越南的铁路枢纽北方以河内为中心，向西北有通向老街的铁路线，向东北有通向同登、太原的铁路线，向东可通海防。南方以胡志明市为中心，可通向美寿、边和等地。

越南的高铁正在规划中。

（三）航空运输

越南航空运输发展始于法国殖民时期，1930 年建设新山一国际机场，1933

① 越南国家统计总局：《越南统计年鉴（2015 年）》。

年，实现由法国至新山一的首架飞机飞行。1938 年，成立民用航空局。

20 世纪 90 年代初开始，越南航空业飞速发展。1991～1995 年，越南航空业年均增长速度达 35%，远高于同期 5%的世界水平和 8%的地区水平。

越南主要航空港有：河内内排、胡志明市新山一、岘港、芹苴、顺化富排、富国岛、金兰湾、三圻朱莱、大叻莲姜等。

胡志明市新山一国际机场是越南最大的民用机场，位于胡志明市新平郡，国际民用航空组织 4E 级机场，适合停各大型商务飞机，有两条并行跑道，长度分别为 3800 米和 3048 米，宽均为 45.72 米。

河内内排国际机场是越南第二大民用机场，位于河内市朔山县，国际民用航空组织 4E 级机场，有两条跑道，长度分别为 3200 米和 3800 米，宽均为 45 米。

（四）水路运输

越南河流密布，海岸线漫长，发展海运及河运条件便利。水路运输早在古代就已得到发展。郡县时期，从中原到交趾，包括内河运输和沿海航行两种形式。秦汉时期，日南到西域是早期海上丝绸之路的始发地区。

1. 内河运输

越南众多的河流中用于发展运输的主要是红河和湄公河。

红河经云南河口入越南，全长 1149 千米，在越南境内只有 500 千米，是越南境内最长的河流。从越池以下流经平原，因此越池以下的河段才具有实际通航能力。

湄公河经过缅甸、老挝、泰国和柬埔寨后进入越南南方，入越后分多支，入海时有九河口，在越南境内长 222 千米。

越南主要河港分布在红河、湄公河沿岸，主要河港分布在：河内、海防、胡志明市等。

在古代，交趾地区的河流运输就已得到较大开发。越南独立建国后，河流运输依然保持较高水平。法国在印度支那建立殖民统治后，意欲打开通向中国西南的通道，探索红河、湄公河河道通航。

在南方，水路运输格外受到重视，1955～1960 年，南方政权挖河泥 1500 万立方米，疏通 300 里①河道，新挖同进运河等若干运河，使可用于交通运输的河段及运河总长从 1955 年的 4630 千米增加到 1961 年的 4763 千米。

---

① 1 里=500 米。

2. 海洋运输

越南漫长的海岸线上有众多的港湾可以发展海洋运输。法国殖民时期，越南海洋运输迅速发展。20世纪初越南到法国开通了商船往来。抗法抗美时期，开辟了“海上胡志明小道”。

如今，越南有各类海港49个，其中一类海港17个，二类海港23个，三类海港9个，主要有头顿港、西贡港、金兰湾港、芽庄港、归仁港、岘港、边水港、海防港等。

西贡港1860年2月开埠，目前是越南吞吐量最大的海港，港区面积570 000平方米。

海防港是越南第二大港口，为北方最大港口。1876年已初步形成。经过百余年的发展，现已成为越南海洋运输的重镇。

岘港为越南中部地区最大的海港，包括两个港区：仙沙港和韩江港。

金兰湾港：长期以来用作军港，抗美时期，得到美国的大规模建设和维护。美军撤离后，苏联使用该港口。革新开放后，为军用、民用两用港。目前，有两个船舶停靠泊点，水深5.5～13.3米，最大停船吨位5万吨。[①]

（五）居民日常出行

越南人多地少，城镇人口集中，目前经济还处于中低收入水平，一般人以摩托车、电动自行车出行为主。在上下班高峰时，胡志明市、河内大街小巷的摩托车就像洪水一样，因而越南也有“摩托车王国”的称号。随着经济的发展，中产阶层人数的增多，越南一些居民开始购置汽车。在不远的将来，汽车会慢慢进入普通人家。胡志明市与河内是越南南北人口最密集的大城市，随着汽车的增加，交通已拥挤不堪。近年城市轨道建设已在两市展开，不久之后居民出行将可以乘坐快捷的轨道列车。

---

① 该部分参引自舒全智：《越南交通及基础设施》，载古小松主编：《越南经济》，世界图书出版公司2016年版。

第三章　族群及其意识

越南是一个多民族国家，京族是主体民族。越南人具有强烈的民族独立意识，越南人民的领袖胡志明曾经说过："没有什么比独立自由更可贵。"[①]在当今全球日益一体化的背景下，越南仍然强调其文化的民族本色。

第一节　54 个民族

根据 1979 年 3 月 2 日越南政府公布的《越南各民族成分名称》，越南正式确定共有 54 个民族。其中一些虽说从族源上看是本地的土著，其实已与外来交融。一些是外来的民族也与本地土著交融。一些民族人口在增加，而一些民族的人口则在减少。

一、族群

越南的 54 个民族按族群特征可以划分为 8 组。

1. 越芒族群

越芒族群是当地的土著族群，包括 4 个民族：京族、芒族、哲族、土族。京族与芒族关系密切，是同根生的民族。在郡县时期之前，红河三角洲地区主要是雒越人。秦汉以后，大量汉人南下，与当地的雒越融合。融合居住在平原和低地的为京族人，不融合而逐渐前往山区的则是芒族人。

京族是越南的主体民族，20 世纪末达到 6500 多万人[②]，主要分布于红河三角洲、湄公河三角洲和沿海平原及全国的大、中、小城镇之中。京族最早的装束是男人用一块遮羞布兜裆缠腰，女人多穿围裙。随着历史的发展，社

---

① Ho Chi Minh: Khong co gi qui hon doc lap tu do，in tren bao Nhan Dan，so 4484，ngay 17 thang 7 nam 1966，tai Ho Chi Minh tuyen Tap 2，Ha Noi，nha xuat ban Su That nam 1980xuat ban.（胡志明：《告全国同胞和战士书》，载胡志明：《为了独立自由 为了社会主义》，越南外文出版社 1971 年版。）

② 越南通讯社：《越南 54 个民族画册》（越文），越南民族文化出版社 2000 年版；越南教育出版社 2007 年出版的《越南民族大家庭》所公布的数据。

会生活的变化，传统的京族人一般穿褐色、黑色或白色的无领对襟上衣，下穿黑色、褐色宽裤脚的长裤，赤脚或穿木屐。在节日或喜庆之日，妇女多穿浅色的开岔较高的窄袖旗袍，黑色或白色的丝绸宽脚长裤，西装革履则成为现今男士的时装。

2. 岱泰族群

岱泰族群涵盖的民族比较多，达 10 个，包括：泰族、佬族、卢族、岱依族、侬族、山泽族、热依族、拉哈族、布标族、布依族。该族群与中国、老挝、泰国等周边国家壮泰族群亲缘关系密切。壮泰族群是古代百越族群中西瓯的后裔。

3. 藏缅族群

藏缅族群包括有 6 个民族，他们是哈尼族、拉祜族、贡族、西拉族、倮倮族、夫拉族。据越南方面 1982 年的资料，哈尼族有 9500 人。他们居住在中越、越老边境地区，这里与中国云南省的红河哈尼族彝族自治州相邻。中国的红河哈尼族彝族自治州也居住有大量的哈尼族人。

4. 苗瑶族群

苗瑶族群包括苗族、瑶族、巴天族。该族群的特点是居住在高山上，很多苗族人分布在中越老三角地带。巴天族人数较少，据越南 1982 年的资料，约有 2000 人，主要居住在河江、宣光一带。

5. 马来族群

马来族群是当地最古老的土著族群，他们一般居住在越南中部以南地区，包括占族、嘉莱族、埃地族、拉格莱族、朱鲁族。占族人在公元 192 年从郡县时期的日南郡独立出来建立林邑国，即后来的占婆国。该国一直到 1832 年才被越南彻底吞并。

6. 孟高棉族群

孟高棉族群也是当地土著族群，包括的民族最多，达 21 个，有高棉族、巴那族、色登族、戈贺族、赫列族、莫侬族、斯丁族、布鲁云乔族、戈都族、叶坚族、麻族、克木族、康族、尔都族、兴门族、莽族、戈族、达渥族、左罗族、布劳族、勒曼族。

7. 汉语族群

越南在民族分类上，把华人称为华族，一些讲汉语的族群也被列为单独的民族，包括 3 个民族：华族、山由族、艾族。据越南 1982 年的资料，山由族人有 65 000 人，他们更多地近似瑶族，一般讲中国广东方言。艾族则是从中国迁移到越南的客家人。

8. 其他

越南还有两个民族没有分类，就是仡佬族和拉基族。仡佬族人迁移自中国贵州省，目前主要居住在越南的河江省。据越南 1982 年的资料，仡佬族有 1000 人。[①]

二、地域来源

1. 土著民族

据研究，越南的土著民族主要包括越芒族群、马来族群、孟高棉族群中的 24 个民族：京族、芒族、土族、哲族、高棉族、巴那族、色登族、戈贺族、赫列族、莫侬族、斯丁族、戈都族、叶坚族、麻族、戈族、左罗族、康族、莽族、占族、嘉莱族、埃地族、拉格莱族、尔都族、拉基族。其中人口较多的除主体民族京族外，还有以下几个。

芒族：人口 110 多万人，主要分布于老街省、安沛省、和平省、永富省、南河省、宁平省和清化省等。芒族与京族在语言、风俗习惯和宗教信仰等方面有许多共同之处，显示了京族与芒族有共同的起源。1954 年前，普遍存在芒族特有的社会组织形态——郎道制度。村寨的头人称郎道，父子世袭，各有自己的领地，并掌管各自领地的土地分配权。

嘉莱族：约有 31 万人，居住在自嘉莱省、昆嵩省中心区至多乐省北部及富安、庆和省西北与越柬边境地带的广大地区，是西原地区人口最多的民族。以耕种山坡地为主，不少地区仍是刀耕火种，少数地区使用牛耕，种水田。信奉多种精灵，部分人信奉天主教。嘉莱族社会保存有母系氏族的特征，母系同宗姓不通婚，夫从妻居，妇女掌握家庭财产，女儿享有财产继承权，嘉莱族能歌善舞，他们的达嘞琴、科隆布琴驰名越南。

高棉族：约有 105 万人，主要居住于湄公河三角洲平原的九龙江平原。300 年前，高棉族所居住的这块土地属于柬埔寨（水真腊王国），所以越南的高棉族与柬埔寨高棉族在语言、社会结构、民族文化、风俗习惯等方面相似。

占族：人口约 13 万，分布于越南中部南端的广义省、宁顺省、平顺省、

① 越南社会科学委员会民族学研究所编著：《越南北方少数民族》，范宏贵、孟维仁、徐泉英、古小松译，广西民族学院民族研究所 1986 年版。

平定省和富安省及南部的安江省、同奈省、西宁省和胡志明市。占族历史悠久，信奉婆罗门教，曾建林邑国，创造了发达的占城文化。占族绝大部分从事农业，善种水田和果树。现有部分占族信奉伊斯兰教。

2. 移居自海岛、老挝、柬埔寨的民族

移居自海岛、老挝、柬埔寨的民族共有 8 个：朱鲁族、佬族、布鲁云乔族、克木族、达渥族、兴门族、布劳族、勒曼族。

3. 移居自中国的民族

移居自中国的民族有 18 个：岱依族、泰族、侬族、山泽族、热依族、卢族、布依族、苗族、瑶族、巴天族、哈尼族、拉祜族、夫拉族、倮倮族、贡族、西拉族、布标族、仡佬族。这些民族主要集中居住在越南北部，尤其是靠近中越边境一带的东北地区和西北地区，有不少是跨境而居的民族，如越南的岱依族、侬族与中国的壮族居住地域相连，语言和生活习惯很相似。这些民族人数较多的如下。

岱依族：是越南人数最多的少数民族，有 140 多万人，主要分布于越南北方的高平省、谅山省、北件省、太原省、河江省、宣光省、老街省、广宁省和山罗省等的山谷平坝和丘陵地区。越南岱依族和中国壮族同源于古代百越中的西瓯、雒越，相互有着密切的亲缘关系，在语言、装束、习俗、宗教信仰、文化特征的许多方面大同小异。

岱依族的节日一如京族。岱依族主要信仰大乘佛教并普遍相信鬼神，尤其畏惧“鸡鬼”，认为鸡鬼会危害人畜，带来灾难。

侬族：共有人口 85 万多，主要居住在与中国交界的谅山省、高平省、北件省、太原省、老街省、河江省、宣光省、河北省、广宁省等。侬族多是在公元 10 世纪前后由中国广西迁去，与广西左右江一带壮族的“布侬”是同一支系。

侬族祭拜祖先，信奉多种鬼神，并尊崇历史上建立“大历国”部族政权的侬智高，奉之为土地神或“阴府大王”。

泰族：人口在越南的少数民族中排第二位，约有 130 万人，主要居住在兆江至马江、蓝江这一长形地带。按其服饰颜色可分为黑泰、白泰和红泰三大支系。红泰人信仰小乘佛教，黑泰人和白泰人则信仰万物有灵的原始宗教，其求神祭鬼活动十分频繁。

泰族从中国西南地区迁去，与中国云南省的傣族有着密切的历史关系和共同的民族特点，泼水节和新炊节是两个最隆重的节日。泰族又是一个能歌善舞的民族，其孔雀舞和扇舞等舞蹈享有盛名。过去，泰族居住地区由土司管辖，八月革命后经过民主改革，已废除了封建领主制。

苗族：也叫赫蒙族，因自称赫蒙得名。约有 78 万人，分布于河江省、宣光省、高平省、老街省、莱州省、山罗省、北件省、太原省、河西省、和平省、清化省和义安省等的山区。越南苗族的祖先最早居住在中国南方的洞庭湖地区，与中国的苗族同源，17 世纪后陆续从中国贵州、广西、云南迁去，其语言和风俗与中国苗族大体相同。有在农历十一月底过春节之俗。

瑶族：约有 62 万人，分布于沿中越、越老边境及北方红河中游山区和北部沿海的一些省。越南瑶族与中国瑶族同源，其祖先系从中国西南地区陆续迁去，迁徙时间延续近千年。多种山坡地，刀耕火种。信奉多种神，有祭祀“盘王”的习俗。传说“盘王”是神犬化身，因此该民族禁食狗肉。

4. 与汉族关系密切的民族

华族：华裔越南居民现约有 100 万人，其历史悠久，分布广泛，山区、平原、海岛都有华族居住。远自秦汉以来，不断由中国迁入，从事农业、渔业、商业和工矿业，与越南人杂居、通婚，关系十分密切，在政治、经济和文化方面对当地做出了重要的贡献。

山由族：约 12 万人，主要居住在红河中游地区，广宁省、海兴省和清化省也有少数分布。山由是“山瑶”的变音，在中国被视为瑶族的一个分支，大约 17 世纪末才从中国迁入越南。他们讲广东话，也会讲越南语。过定耕定居生活。婚礼有独特的“开花酒”礼仪。

艾族：有 4000 多人，分布于广宁、河北、高平、谅山、北件、太原、河江等省。他们的祖籍在中国广西防城县五洞区，由中国迁去，实际上是汉族族群的一个分支——客家人，其语言、习俗与中国两广一带汉族基本相同。

三、人口

除京族外，人口在 100 万以上的民族有 4 个：岱依族、泰族、芒族、高棉族；人口 10 万～100 万的民族有 13 个：华族、侬族、苗族、瑶族、嘉莱族、埃地族、巴那族、山泽族、占族、戈贺族、色登族、山由族、赫列族；人口 1 万～10 万的民族有 19 个：拉格莱族、莫侬族、土族、斯丁族、克木族、布鲁云乔族、戈都族、热依族、达渥族、麻族、叶坚族、戈族、左罗族、兴门族、哈尼族、朱鲁族、老族、拉基族、康族；人口在 1000～10 000 的民族达 12 个：夫拉族、拉祜族、拉哈族、巴天族、卢族、艾族、哲族、倮倮族、莽族、仡佬族、布依族、贡族；有 5 个民族不足 1000 人：西拉族、布标族、勒曼族、布劳族、尔都族。

少数民族约占越南总人口的 10%，但他们居住的地区占全国总面积的 2/3。人口最多的少数民族是岱依族，其次是泰族。人口最少的是勒曼族、布劳族、尔都族，都只有 300 多人（表 3-1）。

表 3-1　越南民族人口情况

民族	人口数/人	民族	人口数/人
京族（Kinh，Viet）	65 795 718	麻族（Ma）	33 338
岱依族（Tay）	1 477 514	叶坚族（Gie-Trieng）	30 243
泰族（Thai）	1 328 715	戈族（Co）	27 766
芒族（Muong）	1 137 515	左罗族（Choro）	22 567
高棉族（Khmer）	1 055 171	兴门族（Xinhmun）	18 018
华族（Hoa）	862 371	哈尼族（Hanhi）	17 535
侬族（Nung）	856 412	朱鲁族（Churu）	14 978
苗族（Hmong）	787 604	佬族（Lao）	11 611
瑶族（Dao，Yao）	620 538	拉基族（Lachi）	10 765
嘉莱族（Giarai）	317 557	康族（Khang）	10 272
埃地族（Ede）	270 384	夫拉族（Phula）	9 046
巴那族（Ba-na，Bahnar）	174 456	拉祜族（Lahu）	6 874
山泽族（Sanchay）	147 315	拉哈族（Laha）	5 686
占族（Cham）	132 873	巴天族（Pathen）	5 569
戈贺族（Coho）	128 723	卢族（Lu）	4 964
色登族（So-dang，Sedang）	127 148	艾族（客家人，Ngai）	4 841
山由族（Sandiu）	126 237	哲族（Chut）	3 829
赫列族（Hre）	113 111	倮倮族（Lolo）	3 307
拉格莱族（Raglai）	96 931	莽族（Mang）	2 663
莫侬族（Mnong）	92 451	仡佬族（Colao）	1 865
土族（Tho）	68 394	布依族（Bo Y）	1 864
斯丁族（XtiengStieng）	66 788	贡族（Cong）	1 676
克木族（Khmu）	56 542	西拉族（Sila）	840
布鲁云乔族（Bru-Van Kieu）	55 559	布标族（Pupeo）	705
戈都族（Cotu）	50 485	勒曼族（Ro-mam）	352
热依族（Giay）	49 098	布劳族（Brau）	313
达渥族（Ta-oi）	34 960	尔都族（O-du）	301

注：①表中所列 2007 年人口，是根据越南教育出版社 2007 年出版的《越南民族大家庭》所公布的数据。该书没有说明这些人口数字的统计时间，这里只好暂时如此引用。②越南很多资料公布华族人数为 130 多万，比表中所列要多约 50 万

第二节 主体民族京族的形成

越南京族的形成是多元融合的过程。从考古发现和文字记载看，越南京族有五大族源，包括早期的土著尼格利陀人、南下的南方蒙古人、来自西北的百濮人、来自长江中下游以南的古越人、华夏族群。从公元前5000年左右起，到公元10世纪越南独立建国，经历了四次大的融合。

一、百越之雒越

人类学、民族学家认为，今日的越南京族来源于百越之一支——雒越①。雒越是红河三角洲地区早期历史的一个重要分水岭。

古代长江流域以南至红河三角洲的辽阔地区居住着众多的“百越”②民族。“自交趾至会稽，七八千里，百粤杂处，各有种姓。”③因为居住的地域不同，所以他们的名称也有所不同。如居住在浙江省一带的称东瓯越，居住在福建省境内的叫闽越，居住在广东省一带的叫南越，居住在今广西和越南北部一带的叫西瓯和雒越。

雒越人主要居住在珠江水系西江流域的郁江以南至红河三角洲及周围地区。雒越人的后裔主要包括今越南的主体民族京族，以及芒族，还有部分广西南部的壮族等。民族学家认为，雒越形成之前，红河三角洲及周围地区的居民是百濮人南下与当地的马来人融合形成的孟高棉人。后来长江下游越国灭亡，大量的越人南下，与在红河三角洲及周围地区的世居族群融合，就形成了雒越。

要了解公元前雒越人的社会状况，应当主要根据中国古籍的有关记载。在中国唐代以前，中国古籍中关于雒越人的情况，出现过“雒王”“骆王”和“雄王”的记载，分别见于公元3世纪的《交州外域记》、公元5世纪的《广州记》和《南越志》中。后来这几种史籍都已失传，这些零星记载被保留在《水经注》《史记·索隐》《旧唐书》和《太平寰宇记》中。这些记载说：“交趾昔未有郡县之时，土地有雒田，其田从潮水上下，民垦食其田，因名为雒民，设雒王、雒侯，主诸郡县，县多为雒将，雒将铜印青绶。”（《交州外域记》）④

---

① “雒”与“骆”相通，因此“雒越”也可称为“骆越”。
② “越”与“粤”相通，华东一带有越剧，岭南一带有粤剧。
③ 《汉书·地理志》颜师古注。“粤”与“越”通。
④ 引自黄国安、杨万秀、杨立冰等：《中越关系史简编》，广西人民出版社1986年版，第6页。

二、五大族源四次融合

雒越形成之前，红河三角洲地区的居民是马来人与百濮人融合的南亚人种（孟高棉人）。再往前推，在形成南亚人种之前，这里是马来人居住。而马来人则是南方蒙古人南下与当地尼格利陀人融合而成。可见，越南主体族群的演变过程如下。

1. 华南与东南亚地区

公元前 3000 年左右及以前：尼格利陀人（当今在马来半岛、菲律宾群岛等偏远丛林中仍存在）。

2. （第一次融合）东南亚主要地区

约公元前 3000 年：

尼格利陀人 南方蒙古人	→马来人（当今主要在东南亚海岛地区）

3.（第二次融合）湄公河流域、红河流域

公元前 1000 年：

马来人 百濮人	→南亚人种（如今在柬埔寨等地的孟高棉人）

4.（第三次融合）红河三角洲、北部湾沿岸地区

公元前 333 年：

南亚人种 越人	→雒越（如今越南京族的祖先及今天的芒族）

5.（第四次融合）红河三角洲及周边地区

公元前 214 年：

雒越 华夏族群	→京族（如今越南的主体民族）

自秦朝起，多批次华夏族群南迁与当地居民融合。从公元前 3 世纪到现在的 2200 多年来，无论是越南还在中国版图内的 1000 多年，还是越南已经

独立建国的1000多年，由于山水相连的地缘关系，两地人民之间的流动从来就没有停止。迁居者有之，通婚者亦有之；还有大规模迁移达成千上万人的。

数以万计以上的、能够改变当地人口结构的迁徙不少，例如：

①秦王朝平岭南后大量军队留守并移民。公元前221年，55万大军攻打岭南留下戍守。为了让这些军士留在当地，还从内地征调1.5万名女子往岭南，与留守士兵结婚生子。后来到赵佗的南越国时期，一直实行“合辑百越”“与越人杂处”的政策。

②汉唐直接管辖时期，中央朝廷大量派遣官吏到交趾地区任职，居民也在一国内自由流动。期间，三国两晋南北朝时，内地动乱，交州偏安，大量的内地人口及一些文人墨客也避难、流落交州。

③宋末元初，宋朝大量遗民不愿意接受元朝的统治，逃亡安南。据《大越史记全书》记载：“甲戌，（宝符）二年，……冬十月。宋人来附。（原注：先是，宋国偏居江南，元人往往侵伐。至是，以海船三十艘载财物及妻子，浮海来萝葛原。至十二月赴京，安置于街嫧坊，自号回鸡。盖我国呼宋国为鸡国，以宋有段子、药材等物，置卖为市故也）。”[①]

④明末清初跟宋末元初相似，明朝灭亡后大量遗民不愿意接受清朝的统治，南下安南的中南部，垦荒立社，这就是越南历史上著名的明乡人。

⑤第二次世界大战期间中国大量民众为了躲避日本人的侵略凌辱，逃难来到越南。

⑥最后一批规模较大的迁徙就是1949～1950年国民党军队溃败，夹带家属和民众逃往越南，总共有3万多人，后来大部分移居中国台湾，但最后仍然有数千人留在了越南。

其实，历史上除了上述成批量的中国人迁移越南外，还有很多是单家独户或个人经商谋生留居的。

华夏族群迁徙与当地土著融合成为今日京族，使京族人传承了中原文化，包括传统价值观、宗教信仰、语言文字等。

第三节　姓氏与家族

人类发展到一定的阶段，出于相互区别和称呼的需要，就产生了姓名。家族有姓，个人有名。越南人的姓氏主要来自中国。为了了解其中一些更详

---

① 《大越史记全书·本纪》卷五，转引自黄铮：《中国人移居越南的历史原因》，载《中越关系史研究辑稿》，广西人民出版社1992年版。

细的情况，这里介绍三个家族迁移自中国的情况。

一、越南人姓氏源自中国

在汉人移入安南之前，也就是在秦汉以前该地区的雒越人还没有姓氏。“骆越之民，无嫁聚礼法，各因淫好，无适对匹，不识父子之性、夫妇之道。”[①]汉人拥有姓氏比较早，数量也比较多。随着汉人的移入，与当地世居族人的融合，当地人也就逐步有了姓氏。“其产子者，始知种姓。”[②]

由于汉人移入带来种姓，以及后来的一些官吏也会在当地普及种姓，所以越南京族人的姓氏总体上与中国的姓氏大致相同，只是数量没有中国多。这主要是由于中国地广人多，姓氏数量多而庞杂，而越南的人口数量比中国少，其姓氏数量也就相对少。

越南《语言》杂志曾刊登文章说：“‘姓’这个词（越语为 ho）可能来源于汉语中的‘户’字，而且，我国人的姓氏可能是北方封建王朝在越南设立郡县及建立‘户籍’制度之时出现的，我国的姓氏是从汉语中借来的。”[③]

根据不完全的统计，越南人主要的姓氏有：白、安、蒲、裴、柯、高、古、翟、周、朱、叶、尹、杨、戴、谭、陶、邓、窦、丁、段、杜、童、江、甲、何、贺、韩、黄、胡、许、乔、金、何、孔、屈、曲、姜、罗、吕、赖、林、黎、寥、蓼、陆、梁、刘、李、马、莫、梅、孟、严、吴、魏、阮、汝、翁、范、潘、斐、傅、冯、郭、关、谢、曾、苏、孙、宋、蒋、蔡、成、沈、申、陈、赵、郑、张、雍、文、武、王、尤，共 80 多个。

广东外语外贸大学林明华教授参照越南语言学家阮才谨在《现代越语名词词类》一书中引用的三所学校的姓氏统计材料[④]，还增列了欧、贝、卞、曹、程、洪、简、枚、伍、元等越南京族姓氏。以上两项加起来，越南京族人姓氏大致在“百姓”左右。

据统计，越南的前十四大姓氏为：阮、陈、黎、范、黄、潘、武、邓、裴、杜、胡、吴、杨、李（表 3-2），其人口约占越南总人口的 91%（表 3-3）。

表 3-2　越南姓氏

姓氏	越南语	所占比例/%
阮	Nguyễn	38.4

①《后汉书·任延传》卷 76。
②《后汉书·任延传》卷 76。
③ 越南《语言》1972 年第 2 期。
④ 林明华：《越南语言文化散步》，开益出版社 2002 年版，第 66 页。

续表

姓氏	越南语	所占比例/%
陈	Trần	12.7
黎	Lê	9.5
范	Phạm	7.5
黄	Hoàng，Huỳnh	5.1
潘	Phan	4.5
武	Võ，Vũ	3.9
邓	Đặng	2.1
裴	Bùi	2.0
杜	Đỗ	1.4
胡	Hồ	1.3
吴	Ngô	1.3
杨	Dương	1.0
李	Lý	0.5

表 3-3 其他越南占人口 1%以下的姓氏（按字母顺序排列）

安 An	映 Ánh	殷 Ân	欧阳 Âu Dương	幼 Ấu	柏 Bá
薄 Bạc	白 Bạch	庞、逄 Bàng	彭 Bành	宝 Bảo、Bửu	闭 Bế
皮 Bì	卞 Biện	平 Bình	蒲 Bồ	哥 Ca	盖 Cái
甘 Cam	高 Cao	葛、吉 Cát	琴 Cầm	艮 Cấn	制 Chế
詹 Chiêm	朱、周 Chu/Châu	钟 Chung	章 Chương	褚 Chử	古 Cổ
瞿 Cù	宫、龚 Cung	巨 Cự	冶 Dã	名 Danh	叶 Diệp
尹 Doãn	余 Dư	谭、谈、覃 Đàm	单 Đan/Đơn	陶 Đào	窦 Đậu
田 Điền	丁 Đinh	段 Đoàn	敦 Đôn	童 Đồng	董 Đổng
戴 Đới/Đái	唐 Đường	贾 Giả	交 Giao	江 Giang	甲 Giáp
何 Hà	贺、夏 Hạ	韩 Hàn	汉 Hán	邢 Hình	华、花 Hoa
皇甫 Hoàng Phủ	洪 Hồng	熊 Hùng	许 Hứa	向 Hướng	希 Hy
柯 Kha	康 Khang	丘、邱 Khâu/Khưu	孔 Khổng	区 Khu	屈 Khuất
曲 Khúc	姜 Khương	乔、娇 Kiều	金 Kim	罗 La	骆 Lạc
赖 Lại	林 Lâm	篠 Lều	柳 Liễu	炉 Lò	陆 Lục
卢 Lư/Lô	吕 Lữ/Lã	梁 Lương	刘 Lưu	麻 Ma	马 Mã
莫、鄚 Mạc	麦 Mạch	梅 Mai	芒 Mang	闵 Mẫn	木 Mộc
银 Ngân	严 Nghiêm	魏 Ngụy	任 Nhâm/Nhậm/Nhiệm	汝 Nhữ	宁 Ninh
农、侬 Nông	蜂 Ong	翁 Ông	丕 Phi	费 Phí	傅 Phó
冯 Phùng	方 Phương	郭 Quách	关 Quan	管 Quản	光 Quang
权 Quyền	岑 Sầm	山 Sơn	史 Sử	谢 Tạ	曹 Tào
曾 Tăng/Tằng	石 Thạch	蔡 Thái	沈 Thẩm	汤 Thang	申 Thân

续表

滔 Thảo	草 Thảo	拾 Thập	施 Thi	释 Thích	邵 Thiệu
韶 Thiều	盛 Thịnh	崔 Thôi	水 Thủy	薛 Tiết	萧 Tiêu
从 Tòng	苏 Tô	孙 Tôn	尊女 Tôn Nữ	尊室 Tôn Thất	宗 Tông
宋 Tống	茶 Trà	卓 Trác	庄 Trang	赵 Triệu	郑 Trịnh
程 Trình	征 Trưng	张 Trương	徐 Từ	蒋 Tưởng	汪 Uông
文、闻 Văn	韦 Vi	袁 Viên	永 Vĩnh	王 Vương	尤 Vưu
车 Xa	鄢 Yên				

据考，阮姓作为越南的第一大姓，是晋汝南人阮敷任交州刺史时形成的。13 世纪，陈氏篡权推翻李朝建立陈朝后，担心李氏族人反抗，强迫所有姓李的人一律改为姓阮。16 世纪中，后黎朝期间阮氏在越南中部开拓建立广南国，以及 19 世纪初，阮福映统一越南，建立了越南历史上最后一个封建王朝——阮氏王朝，当时不少官员和百姓都被赐姓阮，因而阮姓人口日益庞大，成为越南最大的姓氏。[①]

二、胡氏家族

胡氏家族是越南的一个显赫家族，至今在越南已繁衍到第 37～38 代，后裔遍布越南各地。该家族在很多年代和许多领域有突出的表现，尤其是曾两度建立越南的封建王朝，一个是胡朝，另一个是西山朝。

据越南吴士连（1422—1497 年）等撰写的《大越史记全书》及 1997 年文化通信出版社出版的《越南氏族中的胡姓》，“胡兴逸，中国浙江人，公元 947～951 年被派到交州任太守。不久，他隐退居桃渤[②]（今义安琼流县琼林乡）”，成为当地的寨主。后来，胡兴逸的十二代孙胡廉迁居清化的大吏乡，做了宣尉黎训义子，从此改姓黎。胡季犛（1336—1407 年）是胡廉的第四世孙，也就是胡兴逸的第十六世孙。

胡氏建立的第一个越南封建王朝是胡季犛建立的胡朝。陈朝末年，胡季犛成为朝廷的权臣。胡季犛的两个姑姑嫁给陈明宗，本人的堂妹又是陈睿宗的皇后，因此以外戚参政。后受到陈艺宗的信任，对占婆国的战争获胜后成为同中书门下平章事（宰相），掌握了大权。陈艺宗去世后胡季犛日益跋扈，废陈废帝，1397 年强迫陈顺宗迁都至清化的新都西都。1400 年（胡圣元元年），

① 中国日报网2017 年8 月16 日文章《为何40%的越南人姓阮？》，http://ent.chinadaily.com.cn/2017-08/16/content_30689105.htm。

② 有一说法是炮突乡。

在胡季犛的安排下，群臣联名上表建议胡季犛称帝。胡季犛最初假装推辞，后来接受了群臣的建议，废陈少帝自立，年号圣元。陈朝自此灭亡，季犛恢复祖先的胡姓，自称是虞舜、胡公满后裔，乃立国号为大虞，这就是历史上的越南胡朝。1403 年，明朝发生靖难之变之后，胡汉苍向篡夺皇位的明成祖上表，自称陈朝皇室绝灭，自己以外甥的身份被群臣推戴为皇帝，请求册封。明成祖遣使前往安南调查之后，册封胡汉苍为安南国王。

此后，陈朝许多遗臣向明廷告发胡季犛篡权，1406 年 9 月，明廷下令派遣成国公朱能为佩征夷将军之印，西平侯沐晟为左副将、新成侯张辅为右副将，丰城侯李彬为左参将、荣阳伯陈旭为右参将，领兵 80 万征讨安南。胡季犛组织军队抵抗明军，但将军和大臣们大多对胡氏的统治不满，纷纷投降，多邦城的失陷和咸子关的惨败使胡朝军队完全失去了战斗力。1407 年，明朝吞并了安南，灭亡了胡朝。胡季犛父子被俘，同众多胡朝的文臣武将一起被押送至明朝的首都应天（今江苏省南京）。后来，胡季犛获特赦，发配广西任地方官，其长子胡元澄因善于制造神机枪而被明朝重用。

胡氏建立的第二个越南封建王朝是西山朝。1771 年，出身西山地区的阮氏三兄弟（阮文岳、阮文侣、阮文惠）率领农民起义，推翻了广南国的统治，之后一路扩张，先后歼灭了北方的郑氏政权及后黎朝，结束了越南自莫朝建立后达 250 多年的混乱割据状态，建立西山政权。

西山阮氏三兄弟的四世祖本姓胡，与越南胡朝皇帝胡季犛是同宗，后来之所以改姓阮，据越南史学家陈重金（Trần Trọng Kim）所说，是因为阮氏三兄弟母亲姓阮，而更重要的是，当时越南南方统治者为阮氏，姓阮较易取得人心。阮氏三兄弟先祖原居于越南北部郑氏政权势力范围下的义安省兴元县，在郑氏政权与阮氏政权交战当中，被广南国阮氏军队俘虏，并遣送至归仁府西山邑居住。到阮文惠的父亲胡丕福时，迁居于坚城邑（今绥远县富乐村）。阮氏三兄弟的先世曾被广南国阮氏政权朝廷委任为“西山寨主”，阮文惠的兄长阮文岳就曾继承这个职位。

1771 年越南爆发饥荒，加上南阮政权的腐朽，阮氏三兄弟便在西山举行起义。1773 年，起义军一举攻下平定省的归仁，1775 年和 1776 年，两次进占南阮重要基地——柴棍[①]，击败了南阮残部阮福映。1786 年，阮文惠率大军北上一举攻克顺化，1788 年继续北上击溃了清朝 20 万大军，收复升龙，废除后黎朝，建立西山朝。1802 年，阮氏兄弟建立的西山朝被原来南阮后裔阮福映推翻，建立了越南历史上最后一个封建王朝阮朝。

① 即今西贡，也称胡志明市。

三、陈氏家族

中越关系史学家陈荆和先生于 20 世纪 60 年代到越南顺化大学讲学，期间认识了当地的明乡后人陈元烁，陈元烁提供了其家族谱系《承天明乡社陈氏正谱》。该家谱详尽地记载了陈氏家族自始祖以来，在越南传了 11 世共 300 多年的历史。这是明末清初自中国移居越南的典型家族历史。该家谱是陈氏家族五世族人于 18 世纪初所修，后经多次修订，到第十世孙陈元烁编辑整理而成。

据《承天明乡社陈氏正谱》，陈氏家族第一世始祖陈养纯，原籍为中国福建省漳州府龙溪县二十八都四鄙玉洲上社，生于明嘉靖二十九年（庚戌年）8 月 12 日，即 1550 年，卒于清康熙二十七年，即 1688 年，享年 79 岁。①陈养纯在福建已有原配，生有一子，后到越南又娶当地师鲁下社一女子，再生一子。

陈养纯原配所生之子陈总（1644—1714 年），后来寻亲到安南，并留下不再返回中国，在当地娶了同社刘翁之女氏素，于 1765 年生下陈氏家族第三世族长陈宗。刘氏素（1653—1714 年）也是华裔，其父刘翁因避乱而南下。

陈氏家族第三世族长陈宗，先娶原配游氏括，后再娶陈氏台，生有三子四女。

陈氏家族第四世族长为陈宗四子陈渭（1715—1795 年），是遗腹子。陈渭原配阮氏生七子二女，副室唐氏生一子二女，庶姬黎氏生三子二女，还有一庶姬黎氏生一子。

陈氏家族第五世族长为陈渭三子陈示益（1748—1814 年），生于嘉定②。陈示益原配高氏璋生三子二女，继室陈氏生一子，还有次室宋氏生三子二女。

陈氏家族第六世族长为陈示益长子陈朝糸羽（1776—1825 年）。陈朝糸羽育有四子二女。

陈氏家族第七世族长为陈朝糸羽长子陈养钝（1813—1883 年）。陈养钝作为移居安南的始祖陈养纯的七世孙，是日后该家族在越南官衔最高、影响最广、贡献最大的后裔。陈养钝 1837 年乡试中举人，1838 年殿试中进士，同年补授翰林院编修。此后，陈养钝不断晋升，1844 年任清化省按察使及太傅寺卿。1853 年越南阮朝嗣德六年赐名践诚，1861 年任工部尚书，后历任户部尚书、枢密院大臣兼任钦天监及兵部尚书。1863～1864 年，法国人入侵越

① 据陈荆和先生考证，陈养纯出生应为明朝万历三十八年，即公元 1610 年才合逻辑。
② 即今西贡。

南，陈养钝参与外交事务，与法国代表交涉定约。1867年，陈养钝任钦差大臣赴嘉定与法国商定新约。1874年授协办大学士，后升署文明殿大学士，兼领兵部尚书。1879年，陈养钝被越南阮朝封赠三代。1883年，安南王嗣德死后，育德继承王位，陈养钝等为辅政大臣。后因阮朝王位废立问题，引起争论，陈养钝遇害身亡。陈养钝原配梁氏瑞生有一子九女，次室黄氏鑑生有四子三女，还有次室阮氏卓生有三子一女，庶姬陈文氏、黎氏各生有一女。

陈氏家族第八世族长为陈养钝长子陈怀永（1850—1881年）。

陈氏家族第九世族长为陈怀永长子陈迎本（1868—1911年）。

陈氏家族第十世族长为陈迎本次子陈元焕（1889—1928年）。陈元焕育有六子四女。

陈元焕长子为陈氏家族的第十一世族长。

通过整理编辑陈氏家谱，陈荆和先生得出9点心得。一是陈家先祖为"避乱南来生理，衣服仍存明制"，不愿事清，保全汉家民族；二是一般南来的中国人都会娶一当地女子，便于做贸易，并繁衍子孙；三是陈氏家族在越南的子孙，尤其是长子大多娶当地的华裔女子为妻；四是陈家女儿也多与华人及其后裔结婚；五是陈家历代嫡派男子取名的规律是：第二个字表明辈分的顺序为"养""怀""迎""元""士""朝"，到第七代又从"养"开始，周而复始；六是陈家南下后，约50年的时间内仍与故乡保有较密切的联系，有后代回去小住，甚至娶同乡后人成家，乃至约120年的时间内仍有一定的往来，此后与故乡的感情越来越淡薄，联系越来越少，主要是为了生存和发展，尤其是与当地的达官显贵联姻更有机会繁荣腾达；七是陈家南下之前四代均为经商，到第五代开始进入仕途，从经商到做官需要一个较长的过程；八是明朝移民越南的明乡人不仅在越南中部地区，在南部也有大的发展，两地的明乡人有较多的联系；九是明乡人除陈养钝贵极人臣外，越南阮朝还有不少高官是明乡人，如龚一洲、谢国珖（均为广东籍），以及林维义等。[①]

第四节　越南民族主义

由于历史的原因，越南民族主义强烈，内涵比较丰富，如祖先崇拜、尊崇历史英雄人物、强调国家独立等。

---

① 陈荆和：《承天明乡社陈氏正谱》，香港中文大学新亚研究所1964年版。

一、从祖先崇拜到历史英雄主义

从公元前 2 世纪至公元 3 世纪，随着华夏族群的南迁，中国的传统文化也开始传入安南，包括对祖先的崇拜、孝道尊严等。到了近现代，尽管受西方列强近一个世纪的殖民统治，接受西方文化的洗礼，但越南直至今天，上至国家，下至黎民百姓，对祖先崇拜的信仰和祭祖习俗依然如故。

跟中国相似，越南祭祖的习俗具有全国性和全民性。从祭祀的对象到活动的组织及其规模层次来看，越南祭祖大致可分为家祭、族祭和公祭三种。无论是家祭还是族祭，以至民族始祖公祭，祖先祭祀都体现了越南民间对祖先的崇拜心理。

在历史的进程中，一些前辈人物为国家的独立和社会的发展做出了贡献，因而越南人把他们视为英雄而进行歌颂，甚至将其升华为一种民族的英雄主义而顶礼膜拜。

英雄主义一般理解就是为完成具有重大意义的任务而表现出来的英勇、顽强和自我牺牲的气概和行为，它通过具体的事件和人物来体现，其价值内核具有跨越历史、穿越时空的永恒魅力。一些历史英雄人物在民族危亡时刻表现出大义凛然、宁死不屈，为后人所敬仰和歌颂。

越南人对历史英雄人物的尊崇尤为突出。他们用多种形式来表达对历史英雄人物的敬仰，有建造寺庙、陵墓的，如雄王、二征夫人、胡志明等；也有雕像立碑的，如李太祖、陈兴道等；而对大量的历史名人的敬仰方式则是用他们的名字来命名城市街道。长期从事越南语教学的罗文清教授对此进行了观察和研究。据她的调查，越南首都河内、经济重镇胡志明市、工业海港城海防、中部海港岘港、古都顺化等的大量街道都是以历史人物命名的。

据越南 2005 年出版的河内地图，“千年古都”河内共有大小街道 517 条，其中以历史人物、社会名人命名的就有 228 条街道，占了该市街道总数的 44.1%。如二征夫人路、李常杰路、陈兴道路、阮太学路、阮攸路、黎笋路等。这些历史人物几乎都是在越南历史上，特别是在政治、军事、文化、教育等方面有影响的人物，还有一些在文学艺术和医学等方面有成就的名人，如南高、胡春香、陶进、胡德怡等。

中部古城顺化用历史名人命名的街道占比更高。据越南 2004 年出版的《顺化地图》，顺化共有街道 109 条，以人物命名的就有 93 条，占了该市街道总数的 85.3%。如雄王路、赵夫人路、李太祖路、陈兴道路、阮攸路等，都是顺化的主要街道。

位于中越边境地区的谅山在越南属于中小城市，但全市20多条街道中也有16条街道以人物命名，都是著名的历史人物。①

在越南的大街小巷，人们耳闻目睹的都是历史英雄人物的名字，时刻提醒每一个人不忘自己的祖先，不忘那些有功于国家的人。他们为有这样的英雄而自豪，并教导后人记住这些历史英雄人物，向他们学习。

二、越南国家独立与民族主义

民族主义是建立在民族情感基础上的一种思想观念，它是民族共同体的成员对本民族的一种热爱与忠诚，对民族统一和强大即生存与发展的追求和理想，是伴随着民族国家的诞生而形成的。近代民族主义最初于17世纪发源于欧洲，20世纪以前的民族主义被资产阶级利用和掌控，成为欧洲列强用来争夺生存空间的工具。进入20世纪以后，尤其是第二次世界大战后民族主义在新建国家中扎根发展。亚洲、非洲、拉丁美洲各族人民迅速觉醒，高举民族主义的旗帜，反对殖民主义、帝国主义，纷纷捍卫自己的领土主权。民族主义就变成了弱小民族反对大民族主义和大国沙文主义，争取平等和独立的思想武器。

从越南民族主义的内涵看，一是传承自中国的“忠”的思想基础；二是国家独立的主权行使。从发展的顺序看，先是民族的形成，再到国家独立。在法国殖民统治一段时间后，民族与国家主权再次复兴。主权是民族国家的象征，国家的完整和独立主要体现为主权的完整和独立。传统国家有边陲而无国界。相较于过去的传统国家，现代意义上的民族国家正是以固定的疆界来体现其主权完整与独立的。

2000多年来，越南与中国在历史上有着剪不断理还乱的关系史，其民族意识的形成及民族主义的特点与中国有着千丝万缕的联系。越南独立建国前是中国的一部分，作为中国的郡县比其成为独立国家的时间还要长，直到10世纪才独立，但仍与中国维持了900多年的藩属关系。直到19世纪末，越南完全沦为法国的殖民地，中国才正式放弃对越南的宗主权。所以，越南深深濡染了中国文明，在文化思想、政治制度、经济模式等方面深受中国的影响。中国的儒学思想一度被确立为越南封建王朝的正统思想。越南学者也认为，“儒教对越南民族意识的形成产生了明显的影响”。儒学很重要的一个思想是

① 《广西民院越语教师：越南文化包含厚重的历史因素》，《广西日报》2005年5月9日。

“忠”。至今中国与越南都还有很多关帝庙，里面供奉就是忠贞的关公。越南宪法第44条为：“公民有忠于祖国的义务。背叛祖国是最严重的犯罪。”[①]

唐末到宋初，中国处于土豪纷争的混乱的五代十国时期。安南土豪也乘机独立，脱离了中原。公元968年，丁部领在越南建立了自主封建国家。经过900多年的独立发展，越南人形成了既汉化色彩浓厚，又有自己特色的语言、文化艺术、政治制度、社会风俗及传统。其中很重要的一点就是，中越宗藩关系和越老、越柬亚宗藩关系。越南对中国称王，但对内称帝，把周边的老挝、柬埔寨视为蛮夷藩属。历史上，越南往南、往西开疆拓土，灭掉了位于今越南中部的占婆国，然后又吞并了位于今越南南部的水真腊王国[②]。

19世纪后半叶，法国人殖民统治越南近一个世纪。越南人组织了一系列的抗争运动。20世纪初，随着民族资本主义的发展和西方民主政治思潮的传播，代表民族资产阶级的潘佩珠、潘周桢等，在抗法斗争中萌发了改革现有政治制度的想法，提出了民族自由、民族独立的口号。1945年，越南发动了八月革命，民族主义作为社会政治运动，催化了现代民族国家的产生。胡志明一直用“没有什么比独立自由更可贵”来鼓励越南人民开展独立解放运动，这也成为越南人后来经常挂在嘴边的一句口号。越南经历了抗法、抗日，再到抗美救国等一系列战争，这样的经历使越南的民族主义带有一种特殊的爱国主义色彩，并在不断的胜利中增强了民族自信心与自豪感。

回顾数千年来的人类文明史，民族主义往往都是从反对外来侵略和控制、争取民族独立和解放，逐步演变为对相对弱小的民族和国家进行扩张、侵略和控制。从越南民族主义的发展演变过程可以看出民族主义具有双重作用。在极端民族主义的支配下，越南当局对外开始推行霸权扩张主义。它先是控制了老挝，与之建立了所谓的“特殊关系”，接着又出动大军入侵柬埔寨，扶植了韩桑林傀儡政权。

越南在文化、体制和价值观等方面与中国有较高的一致性，但在历史认识、社会心理等方面却存在较大的差异性。再加上中越两国现实存在的领土争端、利益竞争等，越南社会普遍认同“以古鉴今”思想，但对历史常有误读或扭曲。对此，人们需要客观理性的思维、认知和态度。

---

① 越南2013年宪法。
② 当时也称下柬埔寨。

第四章　国家历史与文化传承

越南是一个历史悠久的国家，独立建国以前就有很长的文明发展史。如果从大处着眼，其实越南历史可以划分为两大部分：独立建国以前，包括早期社会，以及长达 1182 年的作为中国一部分的郡县时期，从文化视角，这1000多年是越南传承中华文化的时期；独立建国后至今[①]共1049年，含1407～1427年的20年属明时期和1885～1954年的法国殖民统治69年。这样的划分，使人们更能了解和把握越南的历史脉搏和国情。通常，人们只了解近代以后的越南，以为跟一般的东南亚国家差不多，不知道越南古代的历史，更不知道越南曾经在中国版图内超过1000年，甚至比其作为一个独立的国家的时间还要悠久。

第一节　独立以前的历史与华夏文化的传播

一、传说与早期社会

围绕民族的形成和国家的建立，一些中越史籍有零星的记载。根据民间的口传和史籍的一些说法，越南多年来编撰了很多传说和故事。而要了解历史和文化的客观存在，则需要理性逻辑的思考、分析和评述。

1. 考古发现和早期居民

在现今越南的国土上，曾发现古猿人的遗骸，以及旧石器时代和新石器时代的文化遗址。其中有著名的沙黄文化、和平文化（中石器到新石器早期）、北山文化（新石器早期）和东山文化等。根据对考古发掘材料的研究，自远古以来，在越南的土地上就有原始人类在生息繁衍，并已萌生了原始族群的文明。

越南最早的居民是尼格利陀人、马来人和孟高棉人。但今天越南的主体民族京族则是起源于古代中国南方到越南北方一带百越族群的一个分支——

---

① 即到本书完成的2017年。

雒越，他们与从中国内地迁移来的华夏族群移民融合而成今天的京族。雒越人在中国秦代之前的很长时间里，就居住在现今越南北部红河流域的中下游地区。古籍中曾有“文郎国”“瓯雒国”的记载，反映的是传说中古代雒越人原始部落社会的一些情况。

2. 文郎国传说

越南一些学者及教科书编撰了“文朗国”“雄王”等，这样他们就认为越南建国应从传说中的“文郎国”开始。其实，“文郎国”只是一个传说而已，历史上可能有如此一个部落，但与一个国家的概念还相差甚远。

所谓“文郎国”是编撰自中国古籍中记载的“文狼究”。中国古籍《林邑记》成书于 5 世纪，书中记载了古代朱吾县（在今越南广平洞海县南）文狼人的情况。唐朝以前，中国史书一直没有关于“文郎国”的记载。到了后来，唐朝杜佑著的《通典》将文狼说成是国名，并改“狼”字为“郎”字，把其地点移到峰州（即今越南富寿县南）。越南 10 世纪独立后，成书于 14 世纪的编年史《越史略》和 15 世纪的神话传说《岭南摭怪》，以及后来的越南史书糅杂了中国古书，特别是唐代《柳毅传书》中关于炎帝神农氏、百越等传奇，编撰了“文郎国”及“雄王”的传说。

中国研究越南历史的学者戴可来、郭振铎等在其著述中均认为，有关“文郎国”“雄王”等传说不足为信。郭振铎和张笑梅主编的《越南通史》指出，“文郎”是古代原始氏族部落之称，既无国家机构，也无疆域可言①。戴可来和于向东主编的《越南》也提出：很清楚，关于神农氏、帝宜的追述，显然是从中国传说嫁接和编造而来；泾阳王之说，则是来源于唐代传奇《柳毅传书》；妪姬生百男及文郎国的地域是根据百越之说所描绘；立国时间，上述泾阳王与帝宜同时，是按中国史推算出来的②。越南史学家陈重金也说：“纵观自泾阳至雄王 18 世，君王凡 20 易，而从壬戌年（公元前 2879 年）计起至癸卯年（公元前 258 年），享 2622 年。若取长补短平均计算，每位君王在位约 150 年！虽系上古之人，也难有这么多的人如此长寿！观此则知道，鸿庞时代之事，不一定是确实可信的。”③

3. 瓯雒国传说

关于“瓯雒国”的传说，最早见于越南李朝、陈朝时编撰的《岭南摭怪》。

---

① 郭振铎、张笑梅主编：《越南通史》，中国人民大学出版社 2001 年版，第 118 页。

② 戴可来、于向东主编：《越南》，广西人民出版社 1998 年版，第 2-3 页。

③ Tran Trong Kim: *Viet Nam Su Luoc*, tr 25, nha xuat ban van hoa thong tin Viet Nam xuat ban nam 2006 tai Ha Noi.（陈重金：《越南史略》，越南文化通讯出版社 2006 年版，第 25 页。）

中国古籍一直没有“瓯雒国”的记载。关于越南建国前的史实，越南古籍所述均源自中国古籍。因此，关于安南地区及其早期社会的情况，如果中国古籍没有记载，而在后来的越南古籍中编撰有的，只能视为传说故事。可见，越南古籍中所说的“瓯雒国”，历史上并不存在，只是传说中古代雒越、西瓯人原始部落社会的一些情况。

古代长江流域以南至红河三角洲的辽阔地区居住着众多的百越民族。因为居住的地域不同，所以他们的名称也有所不同。

瓯雒是西瓯与雒越的组合。“西瓯，古族名。古越人的一支。秦汉时主要分布在岭南的广大地区。与今壮族有密切的渊源关系。”①“骆越，古族名。古越人的一支。为百越西方部分。秦汉时主要分布在今广东、广西及越南社会主义共和国北部。”②《交州外域记》说：“交趾昔未有郡县之时，土地有雒田，其田从潮水上下，民垦食其田，因名为雒民。”③潮水是指海洋中及沿海地区的江河中受潮汐影响而定期涨落的水。可见，雒越人应该多居住在沿海地区。

秦汉以后，随着岭南地区社会的变迁，南越国的建立，尤其是公元前 111 年汉朝平南越，在交趾地区设立了交趾、九真、日南三郡后，中原人不断移居交趾地区，西瓯与雒越日益分离。以西瓯为主的越人更多地演变为今天的壮傣泰族群④，而雒越人则更多地变成了今日越南京族和芒族。

从西瓯与雒越的分离到后来京族与芒族的分离可了解华夏族群及文化对该地区的影响。历史上，中越人员往来有走陆路的，但由于沿海交通便利，人们更多走海路。越南语里，越南人把中国人叫作“船民”⑤，可见很多中国人到越南是走海路。从地理环境看，有两点值得关注：一是历史上大量的中原人由于河海交通便利，所以走海路移居红河三角洲，以至从汉代到唐代，

---

① 《辞海》编撰委员会：《辞海》，上海辞书出版社 1979 年版，第 1832 页。

② 《辞海》编撰委员会：《辞海》，第 1142 页。

③ 《水经注》卷 37。

④ 从华南到中南半岛，居住着一个壮傣泰族群，无论是种族，还是语言、宗教，都与汉族、京族有差异。其实这是一个同根生的族群，语言和生活习惯相同或很接近。他们居住在中国的南部、越南的北部、泰国、老挝、缅甸的掸邦，甚至远至印度的阿萨姆邦，以及与泰老族群有着亲缘关系的诸多民族。泰老壮傣掸侬一家亲。公元前 3 世纪前后，秦始皇平定岭南，居住在岭南地区的西瓯人逐渐往西、南迁徙，在今广西的西南部、云南的南部、越南的西北、老挝、泰国、缅甸的东北部、印度的阿萨姆邦等连成一片的，有约 100 万平方千米的广大地区定居和繁衍，现有人口已接近 1 亿。除在中国的壮族、傣族等外，该族群共同体还有泰国的主体民族泰族，老挝的主体民族老族，缅甸的掸族，越南的岱族、侬族、泰族，甚至印度的阿洪人等。他们的生活习俗相同或相近，相互之间日常用语几乎可以听得懂。该族群可以分为两大部分：壮侬岱依等族群和泰老掸傣族群。从分布看，壮侬岱依等族群主要居住在珠江流域、红河流域的中越边境地区一带；泰老掸傣族群则主要居住在中南半岛中西部的泰国、老挝、缅甸及中国云南的南部。由于地理差异等原因，在文化上，壮侬岱依等族群越来越汉化；泰老掸傣族群则接受了不少印度文化，尤其是上座部佛教。

⑤ 越南语为 nguoi tau。

安南在中国版图内期间，一直是华夏经济文化比较发达的地区之一。尽管桂西北到云贵高原地区离中原直线距离很近，但因交通困难，人员往来不便，一直到新中国成立后，这里仍然是少数民族集中居住的欠发达地区。二是位于中南半岛东部的越南属于汉字文化圈，而中南半岛中西部的老挝、柬埔寨、泰国、缅甸四国则属于上座部佛教文化圈，二者的文化差异比较大。为什么会形成如此大的差异呢?主要是因为两地之间有长山山脉阻隔，交通不便。中原移民来到红河三角洲地区，看到这里是鱼米之乡，土地肥沃，水利成网，物产丰富，他们就在这里与当地世居族群融合，安居乐业，不再翻山越岭到贫瘠艰困的中南半岛的中西部去了。而当地一些不被同化的世居族群被迫迁往红河三角洲西面的山区，成了今天居住在山区的芒族。

二、郡县时期与华夏文化的传播

公元前 3 世纪秦朝跨过五岭，将岭南纳入了中国版图，在今越南北部和广西南部地区设立了象郡。此前，该地区处于原始社会阶段。从象郡的建立一直到唐末宋初，中国在今越南中北部地区建立地方政权时间长达 1182 年。越南把这一段历史称为“北属时期”。这一时期可以分为 6 段：象郡、南越国、两汉时期的三郡、东吴至两晋南北朝时期的交州、隋唐时期及五代十国至宋初的安南。

（一）象郡的建立

公元前 221 年，秦始皇灭六国，统一中原，建立了中央集权的封建国家，分天下为 36 郡。此时包括岭南在内的中国南方很多地区尚未进入中国版图。

秦朝建立了中央集权的国家后，继续往南推进，先后平定了东瓯越和闽越（即今天江西、浙江、福建一带）。经过 7 年的苦战，到公元前 214 年，秦军终于打败了越人，平定了岭南，在这里设置了南海郡、桂林郡、象郡。

南海郡大体上是今天的广东，桂林郡则大体上是今天的广西，象郡包括今广西西南部及越南北部和中部的部分地区。对于象郡的位置和范围，各方至今仍争论不休。中国史籍记载及大多数中国学者认为：象郡在今越南中部以北地区，包括今广西西南部。《汉书·地理志》和《水经注》载：“日南郡，故象郡。”但是，一些越南学者和外国学者甚至认为在桂黔边境地区，法国学者马司帛洛及越南历史学家陶维英等持此观点。

对于象郡的郡治，有学者认为是今天的中国广西崇左，也有认为是今天的南宁，至今没有权威的结论。《岭南文化百科全书》认为，象郡郡治可能是在临尘（今广西崇左境内）。①

为了开发岭南地区，加强对该新开拓的疆土的治理，秦王朝把南下的 50 万大军，除战死和病死外，全部留下“谪戍”。为了让这些士兵安居乐业，留守边疆，秦始皇又从内地征调 15 000 名未婚女子，送到岭南，充当戍兵的妻子。从此，中原人源源不断地移居岭南，“与越杂处”。可见，后来不少包括今日中国广东、广西、海南及越南人是中原移民与当地百越部族通婚的后裔。

交趾地区成为中国的郡县从象郡开始，但象郡存在的时间很短，总共也就 10 多年的时间。公元前 214 年设立，到秦朝末年（公元前 207 年），南海郡龙川令赵佗就已击并桂林郡、象郡，建立南越国了。

关于秦朝所设立象郡的情况，中国仅有一些零星的史料。越南方面的史籍很难找到相关的介绍。不过，从文化的角度看，秦朝以前红河三角洲地区有可能间接受中原文化的影响，但相互交流并不深入，而象郡设立后，中原文化就直接地传播到该地区。如该地区过去是没有文字的，纳入中国版图后，中原人就把汉字推广到这里。

（二）南越国之交趾、九真二郡

公元前 207 年秦朝灭亡。秦朝末年，陈胜、吴广起义，天下大乱，南海郡龙川令赵佗乘机割据岭南，于公元前 207 年“击并桂林、象郡”，建立了以番禺（即今广州）为中心②的割据政权南越国，自立为“南越武王”。

南越国大体包括今广东、广西、海南及越南中北部地区。当时赵佗在今越南的中北部设交趾、九真二郡。交趾、九真作为郡县首次设立。“交趾”一名始于此。

公元前 204 年，刘邦统一中国，建立了汉朝。西汉王朝于公元前 196 年和公元前 179 年两次派使臣陆贾出使南越国，册封赵佗为南越王，并说服赵佗称臣，使南越国大部分时间成为西汉王朝的一个诸侯国。赵佗取消了国号，接受汉朝的封号，称臣于汉。其实，赵佗本身就是中原河北真定③人。古书载，赵佗曾任南海郡龙川令，后来割据岭南称王，至公元前 137 年去世，在位 70 年。

南越国始于公元前 207 年，终于公元前 111 年，历经 5 代 97 年，分别为：赵武王（公元前 207～前 137 年）、文王（公元前 136～前 125 年）、明王（公

---

① 王钊宇总纂，岭南文化百科全书编纂委员会编：《岭南文化百科全书》，中国大百科全书出版社 2006 年版，第 28 页。

② 1983 年，在广州市解放北路象岗山上发现了第二代南越王赵眜的陵墓，出土了大批珍贵文物。

③ 今河北正定县。

元前124～前113年）、哀王（公元前112年）和建德（公元前111年）。

公元前113年，南越相吕嘉发动叛乱，汉武帝派伏波将军路博德率军征伐，于公元前111年灭南越国，在其地设置9郡，其中交趾、九真、日南三郡在今越南北部和中部。

有关南越国时期的交趾、九真二郡的情况，中国史料有一些，但也不多。北魏郦道元《水经注·叶榆河》："《交州外域记》曰：越王令二使者，典主交趾、九真二郡民。"这里的越王即南越王赵佗。

越南这方面的史料就更少了。越南有史籍将南越国列为越南国统，"赵武帝能开拓我越，而自帝其国，与汉抗衡，为我越倡始帝王之基业，其功可谓大矣"①。其实，南越国是中国一个地方割据政权，不能作为越南承传的国家。

不过，南越国奉行秦汉政治制度，"南北交欢"。经济上，输入中原的先进技术，发展与中原的贸易，引进了铁器农具和牛、马、羊等畜牧品种，"教民耕种"；文化上，推广先进的汉文化，"以诗书而化训国俗"。尤其是实施保护中原移民，"合辑百越""汉越杂处"等加速民族融合的政策，促进了当地的经济、社会、文化的全面发展。

（三）两汉时期的三郡

刘邦统一中国后，建立的汉朝逐步强大，统治也日益稳固。公元前113年，汉武帝趁南越国内乱，派伏波将军路博德率军于公元前111年②灭掉了南越国，在岭南设置了南海、苍梧、郁林、合浦、交趾、九真、日南、珠崖、儋耳9郡，其中交趾、九真、日南三郡在今越南境内。9郡之上设交趾部，委派刺史统管，可见交趾在中国地位之重要。从此，该区域由中央王朝派员直接管辖。

1. 交趾、九真、日南三郡的位置

交趾、九真、日南三郡大体位于今越南的北部和中部，共辖22县。这是中央首次在该地区设立县一级政权。

三郡中，交趾郡位于红河三角洲及中越边境一带，共有麊泠、羸𨻻、西于、龙编等10县；九真郡位于宁平、清化、义安一带，有居风、无编等7县；日南是一新设立郡，位于今广平、广治、顺化一带，共有西卷、比景、朱吾、卢容、象林5县。

---

① 《大越史记全书·外纪》（越中文），越南社会科学出版社1998年版。

② 有些书籍把这一年作为郡县时期的开始。

2. 中央对三郡的治理

一直到汉朝前期，交趾地区还是一片莽荒之地。古籍记载：“凡交趾所统，虽置郡县，而语言各异，重译乃通。人如禽兽，长幼无别。项髻徒徙，以布贯头而著之。”“九真俗以射猎为业，不知牛耕，民常告籴交趾，每致困乏。”①

从象郡到南越国，中央对交趾地区一般都是采取羁縻政策，由原有的部落首领来管理。总的来说，汉朝最初也是对该地区采取“与民生息”“以其故俗治”的政策，各县“诸雒将主民如故”。

随着三郡治理逐步走上正轨，中央直接派官员日益加强对其管理。尤其是一些循吏，如锡光、任延等一些来自中原的大员，积极推动地方的发展。《后汉书》卷八十六记载：“锡光为交趾，任延守九真。于是教其耕稼，制为冠履，初设媒娉，始知姻聚。建立学校，导之礼义。”

锡光是东汉西城人，汉哀帝刘欣时被派到交趾任太守。锡光的“教化”，加速了交趾文明发展进程。

与锡光同时代的还有一名循吏为任延。“三怕传佳话，九真播美名”，这是中国任姓宗祠的一副对联，说的是两位任姓名人。②汉朝刘秀即位时，听说任延是一位能臣，把所任职的地区治理得夜不闭户，路不拾遗，就重用他，任命他为九真太守。当时九真郡不如相邻的交趾郡，当地百姓生活贫困，要从交趾郡运进粮食来度生。任延到任后，“乃令铸作田器，教之垦辟”，使九真郡“田畴岁岁开广，百姓充给”。古籍记载：“九真太守任延始教耕犁，俗化交土，风行象林。知耕以来六百余年，火耨耕艺法与华同，名曰田种百谷，七月火作，十月登熟。名赤田种赤谷，十二月作，四月登熟，所谓两熟之稻也。”③

锡光、任延等来自中原的官员把中原地区先进的铁器农具、农业生产技术和生产经验传授给当地百姓，提高了农业产量，粮食丰收，人民生活得到很大改善。他们还在当地设立学校，推行儒家礼教，婚嫁有度，社会文明大为进步。司马光对此评价说：“故岭南华风始于二守焉。”④

3. 汉朝对外交流的前沿

由于交趾、九真、日南三郡位于中国的最南端，经海上对外交流很便利，

---

① 《后汉书·南蛮传》。

② 上联典指当代中国革命家任弼时生平有“三怕”：一怕工作少，二怕花钱多，三怕麻烦人；下联典指东汉九真太守任延，他对当地人施以教化，被传为佳话。

③ 《水经注·温水》。

④ 二守指九真太守任延、交趾太守锡光。

是中国到南洋乃至西域的海上必经之地，所以这里成了中国对外交往的前沿和南大门，是中外海上贸易的集散地，也是中西方海上文化交流的重要驿站。此后，东南亚、印度，远至罗马的使节便络绎不绝地往来于交趾地区，有的经由此北上来到中原。早期的海上丝绸之路这里是主要的出发地之一。①

尤其是三郡中位于南面的日南郡更是最前沿。史书记载，孝顺皇帝永建六年（131 年），叶调国②曾遣使到东汉。③在汉和帝时，天竺国（今印度）曾多次遣使贡献汉朝。后来，西域反叛，陆路交通断绝，中印交流不得不改由海路。“至桓帝延熹二年（159 年），四年（161 年）频从日南徼外来献。”④“至桓帝延熹九年（166 年），大秦王安敦遣使自日南徼外献象牙、犀角、玳瑁，始乃一通焉。”⑤

（四）三国两晋南北朝时期的交州

1. 中原大乱，独交州偏安

两汉中央在交趾地区建立了有效的统治。汉代结束后，中国进入三国两晋南北朝时期。这一时期，中原内地群雄并起，各地动乱不堪。而循吏士燮在交趾地区（时称交州）实施稳定的治理，当地经济文化繁荣发展。

古交州，即原交趾地区。据《后汉书·郡国志》记载，交州原称交趾，东汉时期的公元 203 年改称交州。开始，交州管辖的区域很大，包括岭南 7 郡：南海（今广东）、苍梧（今广西梧州）、郁林（今广西玉林）、合浦（今广西南部）、交趾（今越南北部）、九真（今越南中部之北面部分）、日南（今越南中部之南面部分）。

公元 226 年，士燮死后，东吴以交州悬远，始分合浦及以北的南海、桂林、苍梧、合浦属广州，以南的交趾、九真、日南归交州，实行交广分治。此后，交州、广州，各成一州，未再合并。

2. 士燮治理下的交州

士燮也是一名彪炳史册的循吏。三国鼎立之际，士燮出任交趾太守，后改任交州牧。史书记载，士燮少时游学洛阳，专攻《春秋》，体器宽厚，谦

① 班固撰写的《汉书·地理志》载：“自日南障塞、徐闻、合浦航行可五月，有都元国；又船行可四月，有邑卢没国；又船行可二十余日，有谌离国；步行可十余日，有夫甘都卢国；自夫甘都卢国船行可二月余，有黄支国；民俗略与珠崖相类。”

② 据考证，叶调国位于今印度尼西亚境内，有说是今之爪哇岛，也有说是苏门答腊岛。

③ 《后汉书》卷六。

④ 《后汉书·西域传》卷八十八。

⑤ 《后汉书·西域传》卷八十八。

虚下士。在中原大乱之际，他把大批文人志士吸引到交趾，当时“中国士人往依避难者以百数”，如刘熙、程秉、许靖、薛宗、袁徽等。袁徽在其致曹魏尚书令荀彧书中说：“交趾士府君既学问优博，又达于从政。处大乱之中，保全一郡，二十余年，疆场无事，民不失业。羁旅不徒，皆蒙其庆。”[①]在他们的努力下，交州一度成为中国南方学术文化的中心之一。

“士燮，中国苍梧郡广信县人。王莽之乱时，士燮祖先避难交趾。士燮父亲为家族第五代，汉桓帝时，任日南太守。后来，士燮补任交趾太守，封为龙度亭侯，187 年起治所龙编。”“士燮从 187 年到 226 年去世止，治所于羸陵。40 年间，中国内地很乱，而交趾则是安乐繁荣之地。都市羸陵也日益扩大。不少中国内地官民避难和寄寓交趾，也必然有不少人来到首府羸陵立业。那时一些印度商人沿海路来到交趾，在羸陵经商。同时，一些印度僧侣追随商人，为商人祈求平安，也来到羸陵，成为在交趾地区最早的佛教传播者。羸陵作为行政中心，同时也成了文化、宗教中心。”[②]

越南史家吴士连说：“我国通诗书，习礼乐，为文献之邦，自士王[③]始。”

3. 羸陵是交州地区最早最大的城市

秦汉以前，安南尚无城市。“越，方外之地，发文身之民，不可以冠带之国法度理也。自汉初定以来七十二年，吴越人相攻击者不可胜数。然天子未曾举兵入其地也。越非有城郭邑里也，处溪谷之间、篁竹之中，习于水战，惯于用舟，地深昧而多水险。山川要塞，险阻林丛，弗能尽著。视之若易，行之甚难。”[④]

羸陵大体位于今越南北宁省顺城县一带。现今的顺城仍然有昔日的羸陵古城遗迹，城中有供奉士燮的祠庙，庙中的石碑所刻的字清楚指明这里就是当时士燮的城池。而且，周围有很多寺庙，民间也流传很多故事，如《古州佛本行》明确指出，2、3 世纪这里是中心都市。离此稍远一点的三亚有士燮的陵墓遗址和祠庙，也证明了这里是士王的首府位置。

越南学者认为，羸陵就是龙编。“一些史书记录，龙编也是在该地区。”“其实，龙编也正是羸陵。”越南史学家吴士连在《大越史记全书·士王记》中说：“士燮转任交趾太守，封龙度亭侯，建羸陵城（即龙编）。”法属时期，法国人在离羸陵不远的地方建造了龙编铁桥，将羸陵所在的红河以东以

① 《三国志·士燮传》。
② 越南社会科学院历史研究所：《越南古都市》（越文），越南社会科学院 1989 年版。
③ 士王就是三国时的士燮。
④ 《汉书·严助传》。

北地区与红河以西以南的河内城区连接起来。今龙编铁桥仍在使用。

昔日的羸陲是当时交趾地区规模最大的城市。“羸陲古城呈日字型，长约近600米，宽约300多米。城墙为土建。四角有四座烽火楼（hoa hoi）向外突出。城门向前突出，上面建有更楼。周围有外濠，尤其是城前有桑河（song dou）作为优越的天然外濠。”“羸陲古城现已几乎被破坏殆尽，只有黎朝在城中央建的士燮祠庙仍保留在原地。”“1970年越南有关方面对前城墙进行挖掘，获得重大发现。”“约深1.5米处，有一座三块砖斜立支撑的火灶，灶上有一瓦锅，底下有稻秆和竹子炭灰。”[①]

羸陲首先是一个行政中心。自秦至汉初，朝廷及南越国政权已在交趾地区设置郡治，但现已很难找到相关的城郭痕迹。汉朝以来在所能找到一些蛛丝马迹的古城镇就是古螺、羸陲等。羸陲位于红河三角洲平原，离后来成为安南都护府和越南首都的今河内市区仅10多千米，一度是交趾政治、经济、文化繁荣之地。“从公元前2世纪到公元后1世纪，羸陲曾是汉朝治理当地郡级政权的行政中心。”“公元2世纪末到3世纪初，东汉衰亡，形成三国鼎立。交州（今越南）统治权落入士燮父子手中，士燮就像帝王一样，建都城于羸陲”[②]。

居民很多是中原移民。羸陲城大、人多，“尽管没有准确的统计数据，也可以肯定这里的人口密度大。居民成分丰富，除本地越人外，很多是中国内地人。中国内地人中，有官僚统治者及其家眷，有士兵，有手工匠和为官僚服务的贫民。随着内地汉人的扩张和同化，内地汉人移居交趾越来越多”。

羸陲也是一个经济文化中心。为了供应羸陲都城及当地生活的需要，当时这里还形成了一些生产日用品的作坊，如生产陶制品等。“罢定（bai dinh）古窑区位于桑河畔，距离羸陲约1000米。这里生产砖瓦和陶制品，主要供给羸陲建设和生活之需要。”“河北省（今北宁省）嘉良县大来乡狄中（dich trung）村紧靠墩河和羸陲通往嘉良的交通大道，距离羸陲约20千米，全村都是古陶窑区域。今这里到处都是古陶窑、陶生产工具及产品废料遗物。在此所找到的各种碗、碟与在羸陲及周边墓葬所找到的遗物是同样的物品。”[③]

羸陲存在长达约5个世纪。公元2世纪以后的多个世纪中，羸陲一直是交趾地区政治上最重要、经济上最繁荣、文化上最发达的都市，一直到公元6世纪，前后长达约5个世纪。到了7世纪，隋唐时期，中央在交趾地区设立安南都护府，在紧邻羸陲的红河西南岸建立大罗城（即今河内）作为府治。

① 越南社会科学院历史研究所：《越南古都市》（越文）。
② 越南社会科学院历史研究所：《越南古都市》（越文）。
③ 越南社会科学院历史研究所：《越南古都市》（越文）。

新建立的大罗城与原来的羸㟼仅一河之隔。公元10世纪末，越南独立后的李朝建都升龙，羸㟼逐渐衰落。如今的河内是越南的首都及政治、文化中心，也是越南北方最大的城市和经济中心。它几乎涵盖了昔日的古螺、羸㟼、大罗城城区。羸㟼所在的北宁地区被越南人称为"京北"，即京都的北部。"'京北'建有很多寺庙古塔，是历史文化名胜古迹，是各方宾客参观旅游的地方。"从秦汉初年的古螺到后来的羸㟼、大罗城，以及越南独立后作为国家首都多个世纪，河内作为一个都市至今已经有了近两千年的历史。

4. 交州是中国对外贸易的中心

三国时，交州属东吴势力范围。公元226年（孙权黄武五年），大秦商人秦论来到交州，后交州太守吴邈又把他送到建业（即今南京）[①]。

羸㟼"作为一个大的买卖中心，除了很多中国内地人及本地人来此交易外，还有很多印度等国商人来此做买卖"。由于商业发展的需要，客商和居民都会大量使用货币。人们在羸㟼遗址发现了很多古代货币。"该地区的墓葬中发现了很多东汉时期的五铢钱（ngu thu），以及更早的秦朝、西汉、王莽时期的货泉钱（hoa tuyen）、大泉五十（dai tuyen ngu thap）等。货币使用越多，货物越多，客商也就越多，交流也就越繁忙，使得羸㟼不仅是一个政治、文化中心，更具有商'市'的性质。"

交州对外贸易曾一度超过广州等地。

（五）隋唐时期的安南

两汉之后，经过一段时间的纷争，中国又进入了另一个盛世——唐朝。这时，安南（即交州）也再次有了飞跃的发展。

1. 隋朝、唐初时交州的经略

唐朝之前是短暂的隋朝。公元589年，隋文帝灭南陈。中国结束了长期的分裂状态，重新归于统一。此时，交州的李佛子[②]，虽然名义上臣服中央，但实际上是割据交州。公元602年，隋文帝任命刘方为交州道引军总管，率军二十七营于603年初南征交州。隋军进至都隆岭时，迅速打败狙击的李佛子军队。李佛子惧而投降，被送往长安。叛乱被平定后，隋朝依然在交州设立交趾、九真、日南三郡来直接治理。

---

① 《南史》卷七十八。
② 即越南史上称之为李南帝。

交州的南面是林邑。平定李佛子后，隋朝于604年派遣“大将军刘方为驩州道引军总管，率钦州刺史宁长真、驩州刺史李晕、开府秦雄，步骑万余及犯罪者数千人”[①]，继续向南，公元605年进至林邑海口，大败林邑军。隋军向南追击，“迳马援铜柱，南行八日，至其国都。林邑王梵志弃城奔海”[②]。隋朝把林邑分为三州：一为荡州（后改为比景郡），二为农州（后改为海阴郡），三为冲州（后改为林邑郡）。

隋朝灭亡后，公元622年，交趾太守邱和、九真太守黎玉、日南太守李皎或投降，或为唐朝所败，唐朝因而建立起对整个交州地区的直接统治。

2. 唐朝安南都护府的设置

隋朝时，中央一度在今越南的北部、中部设立了6郡，包括交州的交趾、九真、日南三郡，以及平林邑后设置的比景、海阴、林邑三郡。隋末，林邑王范梵志乘中原地区混战之机，北上恢复了其旧日的统治。这样，唐朝在该地区只剩下了交州三郡，其地域含今日越南北部和中部北区，南面在河静省与广平省之间的横山为界，与林邑（即后来改名的占婆）相邻。

公元622年，唐朝设立交州总管府，624年改为交州都督府。唐太宗时，将全国分为十道，交州属岭南道。由于中央派往交州的官吏大多是贪腐之辈，致使州政不举，地方叛乱不断。为了加强对交州的统治，唐高宗于679年把交州都督府改为安南都护府。从此，该地区就叫作安南。

安南都护府辖交趾地区12个州59个县：交州8县、峰州5县、长州4县、爱州6县、驩州4县、演州7县、福禄州3县、陆州3县、汤州3县、芝州7县、武峨州7县、武安州2县。

安南都护府除直接管辖上述12个州外，还间接管辖比较松弛的41个羁縻州。由于这些羁縻州都位于山区，交通不便，都是一些少数民族，所以由其酋长直接统治。公元711年，唐朝增设峰州都护府，兼管红河上游各羁縻州；增设驩州都护府，兼管与老挝交界的各羁縻州。

3. 隋唐时期安南经济文化的发展

隋唐时期，特别是唐朝，中国的经济和文化均得到了较高程度的发展。安南作为中国的州县，当然也不例外。尤其是安南地处南部沿海，有着优越的地理环境和自然条件，作为一个重要的口岸，在唐朝与东南亚、南亚、西亚的经济文化交流中发挥了重大的作用。

---

① 《北史·列传第八十三》。
② 《隋书·列传第十八》。

在经济方面，由于生产技术的提高，实行多种经营，除了种植双季稻、薯类等粮食作物外，还发展了棉花、麻类、果树等经济作物，种桑养蚕，在峰州至爱州一带每年收获蚕茧达8次。在农业发展的基础上，安南的手工业发展也很显著。由于生产出大量的棉、麻、丝，引入纺织技术和印染技术，促进了纺织业的发展，棉布、麻布等纺织品产量大增，并且丝绸品质优良，一些红霞花布、锦缎、绉纱等往往作为贡品向朝廷缴纳。同时，采矿业、冶炼业和陶瓷业也有很大的发展[①]。随着农业和手工业发展，也带来了商业的繁荣，从而促进了商品经济的发展。从内地到安南，以及安南地区各个州县之间，水陆交通都很便利。通过连接内地的陆路和广州至交州的海路，内地商人主要运来瓷器、茶叶、中药等商品，从安南运回的主要是当地的各种丝绸和土特产。[②]

在文化方面，唐朝高度发展的文化在安南地区也有着充分的表现。首先是科举制度在安南实行，不少人通过考试，入仕为官。如爱州的姜公辅在唐德宗时登进士第，做到唐朝的宰相。唐朝以诗文取士，欲为官者，先通诗文。安南人能在内地甚至朝廷做官，可见唐朝安南的文风之兴盛。唐朝王福畤、杜审言、沈佺期、刘禹锡、张籍、贾岛等一些著名文人在贬官寓居安南期间，既以文教施行当地，也以诗文抒发情怀，留下了大量不朽的文学作品。杜审言（645—708年），是大诗人杜甫的祖父。唐中宗神龙初年，他被流放到安南峰州（今越南越池东南），在此期间创作了著名的五言律诗《旅寓安南》：“交趾殊风候，寒迟暖复催。仲冬山果熟，正月野花开。积雨生昏雾，轻霜下震雷。故乡逾万里，客思倍从来。”[③]

4. 高骈治理安南

上述可见，唐朝国势强盛，特别是前期政策措施得力，安南尽管地处边陲，但后来由于一些循吏的治理而获得飞跃的发展。其中，高骈在安南打退南诏，修筑州城，疏浚海道，最为后人所称道。

安南一度被西北的南诏所侵扰。公元864年，唐懿宗任高骈为安南都护。866年，高骈大破南诏军，克复交趾城，南诏退走，安南在被南诏侵扰10年后重新回到唐朝直接管辖之下。同时，唐朝改都护府为静海军，晋升高骈为静海军节度使。

高骈打退南诏、收复安南，是其最大的功绩。此外，在他任职于安南期间，治理政绩卓著。尤其是修筑大罗城、疏浚海道，造福安南百姓。

① 近年越南在安沛、河内、清化等发掘的唐代古墓中，出土了大量的铁斧、铁刀、铁钉、铁箭头及陶瓷器皿。
② 越南各地近年均有大量的唐代铜钱如开元通宝、乾元通宝、元和通宝被发掘出土。
③ 葛兆光：《唐诗选注》，人民文学出版社2007年版。

高骈在前人已开始筑城的基础上，于唐咸通七年再次修筑和扩建大罗城（今河内）。据《越史略》对高骈修筑的大罗城记载："周回一千九百八十丈零五尺，高二丈六尺，脚广二丈六尺。四面女墙，高五尺五寸。敌楼五十五所，门楼五所，瓮门六所，水渠三所，踏道三十四所。又筑堤子，周回二千一百二十五丈八尺，高一丈五尺，脚阔三丈。又造屋五千余间。"而据《资治通鉴》和《大越史记全书》记载：高骈造屋多达40余万间。上述书籍记载的造屋数量出入很大，不过，可说明当时的大罗城确实是一座大都市。

唐朝以前，交州往广州的海路，沿途多有礁石横阻，常倾覆舟船，运输艰难。高骈在经过实地考察后，奏请朝廷疏浚从交州至广州的海道。疏浚该海道，工程量大，需要克服很多艰难险阻。但高骈认为这是利国利民的大事，所以决定迎难而上，以厚利招工开凿，终于清除暗礁，使这条岭南海道畅通无阻。史载："以广州馈运艰涩，骈视其水路，自交至广，多有巨石梗途，乃鸠工徒作法去之，由是舟楫无滞，安南储备不乏，至今赖之。"①

高骈任节度使5年，殚精竭虑，多行善政，造福百姓，深受当地人民爱戴，生为立祠，尊为高王。今越南的北宁、义安等地尚保存有高王庙。越南史学家吴时仕说："高骈在安南，破南诏，以拯一时之生灵，筑罗城，以壮万年之都邑，其功伟矣！至于通漕路、置使驿，凡事皆奉公而行，无一毫之私。""张舟破占、环城、驩、爱，高骈累败云诏，保全安南，皆有功于我土，而骈之任久于舟，今国中妇孺能言之。前后牧守皆不能及骈，盖骈之功为独盛也。"②

5. 安南的对外交流

由于安南地理位置优越，海运便利，是中国与东南亚、南亚、西亚的交流前沿，所以除了与内地的贸易外，唐朝时安南的对外贸易也非常发达。安南与真腊（柬埔寨）、文单（老挝）、昆仑（马来西亚）、骠国（缅甸）、天竺（印度）及中亚和西亚各国的贸易交流很频繁。安南用丝绸和各种土特产品交换东南亚、南亚、中亚、西亚商人的香料、药品、锡器、玻璃器皿等货物。

（六）五代十国至宋初安南土豪崛起纷争

自公元890年以后，唐朝内部出现了多个割据一方的诸侯，这表明唐朝日渐走到了它的尽头。后来北宋结束五代十国的混乱，又逐步统一中国。五代的南汉（917～971年），由刘隐建立，也亡于宋。其所辖地区有今广东、

---

① 据《旧唐书》。

② 转引自陈修和：《中越两国人民的友好关系和文化交流》，中国青年出版社1957年版。

海南、广西、越南中北部，刘隐为静海军节度使和安南都护，但安南实际为当地土豪曲氏、杨氏、矫氏、吴氏乘局势动乱之机建立的地方割据政权。

曲承裕出身于安南鸿州[①]的富豪世家。唐末，曲承裕由于仕宦的原因进入安南，被封为静海军节度使，管辖今越南北部一带，名义上还是唐朝的官员，实际上他已建立起自主政权。曲承裕于 907 年 6 月去世，其子曲颢继位，曲颢死后由其子曲承美继承。曲承美后被割据岭南的南汉军于 923 年擒获，曲氏遂亡。

杨廷艺，交趾爱州人，原为曲氏将领，当曲氏被南汉灭亡后，杨廷艺奋起抵抗，夺取了对安南的统治权。“杨廷艺虽战败南汉军，领有交州。但他深恐南汉再次派大军来攻，为了本身的政权不受威胁，只好臣服南汉，服从南汉的诏谕，接受为交州节度使，刘龑和杨廷艺之战宣告结束。”[②]后来，杨廷艺被牙将矫公羡所杀。

矫公羡，交趾峰州人，原为杨廷艺的牙将。937 年农历三月，矫公羡因“恶廷艺所为，起所部攻杀廷艺，而代为节度”[③]，并臣服于南汉政权。

吴权（897—944 年），出身于唐末五代时期交趾地方豪族世家，原为该地自主政权统治者杨廷艺的牙将，娶了杨廷艺的女儿。杨廷艺被牙将矫公羡所杀，吴权乃于次年（938 年）12 月自爱州起兵，讨伐矫公羡。矫公羡无法应付，向南汉求援。南汉国主刘龑“欲因其乱而取之”。刘龑以儿子刘洪操为静海军节度使率大军来救矫公羡。据《资治通鉴·后晋纪二》记载，刘龑的臣僚崇文使萧益进言：“今霖雨积旬，海道险远，吴权桀黠，未可轻也。大军当持重，多用乡导，然后可进。”然而，刘龑没有听从。据《新五代史·南汉世家第五》载：“（洪操）出兵白藤以攻之。龑以兵驻海门，权已杀公羡，逆战海口，植铁橛海中，权兵乘潮而进，洪操逐之，潮退舟还，轹橛者皆覆，洪操战死，龑收余众而还。”吴权击败南汉军队，便于 939 年春称王，立杨廷艺之女为后，定都古螺。944 年，吴权去世，享年 47 岁，在位仅 7 年。吴权遗命杨后的兄弟杨三哥辅助其子。但后来，杨三哥篡位，吴氏割据的地方政权日渐式微，安南土豪纷纷崛起，爆发了十二使君之乱。一直到 10 世纪 80 年代末，丁部领平定十二使君之乱，独立建立自主封建国家。

越南有学者认为，吴权“结束了延续一千多年的亡国时期。我们民族赢得了自主权，揭开了民族长期独立的序幕”[④]，因而，吴权建立的割据政权是越南成为“独立王国”的起点。但是，越南古代的史书《钦定越史通鉴纲目》

① 今越南海阳省宁江县。
② 郭振铎、张笑梅主编：《越南通史》，第 239 页。
③ 《南汉书》卷十四。
④ 越南社会科学委员会编著：《越南历史》，越南科学出版社 1972 年版。

却称，吴氏与十二使君无异，“旧史皆书为正统，兹削不书，但并列于十二使君，以名统系”。其实，吴权虽称王，却“未即帝位改元”，也未统一整个越南地区。吴权死后，杨三哥篡权，吴氏后人甚至向南汉称臣请封。可见，吴权称王“非越南独立国家的开始”。

唐末至宋初，安南土豪趁中原大乱之际崛起，纷纷割据。至宋初安南独立出来。自秦至宋初，今越南北部和中部在中国封建王朝的直接统治下达1182年。从汉灭南越至越南独立建国也有1079年。1000多年里，交趾地区的政治、经济、文化都有了巨大的发展，与两广地区差不多，跟内地已无大的差异。在语言上，书写是完全一样的，只是在口语方面广东人讲的是粤方言，而安南人讲的是安南方言。

第二节　独立后的历史与民族文化的形成

公元968年，越南独立建国以来，经历了自主封建国家时期、法国殖民统治时期、南北分治时期和1975年国家统一后成为现代国家。从时代来划分，可以分为古代、近代和当代。越南从独立建国到沦为法国殖民地，是一段自主的封建国家时期，包括丁朝、前黎朝、李朝、陈朝、胡朝、后黎朝、西山朝、阮朝，中间有20年短暂的属明时期。经过上千年的独立发展，越南逐渐形成了自己的民族文化。

一、自主封建国家：建立、发展和衰亡

（一）从草创到兴盛

越南独立后的丁朝、前黎朝两个朝代都很短，可以把它们视为越南独立建国的草创时期。越南独立之后，初期都是对内称帝，对中国称臣纳贡，形成一种藩属国与宗主国之间的宗藩关系。

1. 越南自主封建国家的草创时期

（1）从十二使君之乱到丁部领建国

吴权去世后，虽然其次子吴昌文击败了篡权的杨三哥，但在965年亲征太平、唐阮二村时，战况惨烈，“止船上战，为伏弩所中，而薨”[①]。吴昌文

① 《越史略·而亡》。

战死后，其侄儿吴昌炽（吴权孙，吴昌岌子）以“吴使君”的名义割据一方。其他使君还有矫公罕、阮宽、吴日庆、杜景硕、李圭、阮守捷、吕唐、阮超、矫顺、范白虎、陈览，号称十二使君。他们各据地盘，在一段时间内，安南“海内无主，十二使君争长，莫能相统”[①]。

丁部领是华闾洞（位于今越南宁平省嘉远县）人，其父丁公著为杨廷艺的牙将，后被委任为驩州刺史。丁公著去世后，丁部领承袭其位，割据华闾洞，逐步成为一方豪强。后来，丁部领投奔十二使君之一的陈览。陈览无子，便将丁部领收为养子。陈丁联合，实力大为增强。967 年，陈览病逝后，丁部领率兵 3 万攻打范白虎，将范白虎收至麾下，成为丁朝的亲卫将军。吴氏后裔吴日庆和吴昌炽，见丁部领实力日益壮大，二人惧而投降。丁部领及儿子丁琏分别娶吴日庆之母和妹妹为妻，还以女儿嫁吴日庆。后来，丁部领甚至再娶杨三哥之女杨氏玉云为妻。

随着实力的增强，丁部领先后击败了杜景硕、阮超、阮守捷、阮宽、矫顺、吕唐、李圭，公元 968 年统一了安南，建立丁朝，国号大瞿越，将首都建在自己的出生地华闾（今越南宁平省宁平市）。969 年，册封嫡长子丁琏为南越王。次年，丁部领得知北宋发兵攻灭南汉，遂确定年号太平，并以第二年为太平元年。这是越南历史上的第一个年号，丁部领立丹嘉、贞明、矫国、瞿国、歌翁 5 人为皇后。这种多后制度世所罕见，自此，“下至黎、李，亦多效而行之”。

979 年，丁朝发生了宫廷政变。年末，丁部领醉卧宫廷，被属下所杀，长子丁琏也同时被害。丁先皇年仅 6 岁的次子丁璇被立为帝。执掌丁朝兵权的十道将军黎桓，趁丁璇年幼，与其生母杨云娥太后私通，并逐渐夺取朝政，自称“副王”，独揽大权。980 年，黎桓借着北宋南下讨伐之机篡位，建立前黎朝，丁朝灭亡。丁朝存在时间非常短暂，仅 12 年（968～980 年）。不过，丁朝毕竟是越南的开国朝代，其意义非凡。

从丁朝以降，越南虽实际上独立，但名义上与中国仍然保持着宗藩关系。

（2）前黎朝

黎桓，原为丁朝将领，官至十道将军，979 年任“副王”摄政。由于得到丁朝太后杨氏的支持，黎桓打败了阮匐、丁佃、范盍等朝中大臣，980 年黎桓篡权，即皇帝位，改年号“天福”，建立前黎朝，仍然定都华闾。

黎桓开国后，效仿北宋建立中央集权制，设立官职。在地方上，黎桓沿袭丁制，将全国辖境分为十道，每道下置州、府、县、社，所有官员均由皇

① 《大越史记全书·外纪·吴纪·吴使君》。

帝任免。1002年，将十道改为路、府、州。1006年，对文武臣僚及僧道官制及朝服，“一遵于宋”。“宋朝服之冠有三：一曰进贤冠，一品二品之服；二曰貂蝉冠，诸司三品、御史台三品、两省五品之服；三曰獬豸冠，四品至六品之服，公卿以上服紫，五品以上服朱，七品以上服绿，九品以上服青。”①

黎桓在位共27年。初期，982年黎桓也立皇后5名，分别为大胜明皇后杨氏、奉干至理皇后、顺圣明道皇后、郑国皇后、范皇后。其晚年也为立太子而烦恼。1005年农历三月，黎桓去世，众子争位，互相残杀。黎龙铤力压诸兄弟，夺得帝位。②

从黎桓到黎龙铤，均施行凶残暴政。对临刑的罪犯，下令用茅捆绑，并用火烧，罪犯被烧至重伤时，立刻命人用刀解开捆绑，以此取乐。如此种种残酷行为，对前黎朝政局造成恶劣影响。越南史学家吴士连就将此与中国古代的夏桀、商纣相比，认为“其促亡也岂无所自哉”。

1009年农历十月，黎龙铤去世，太子年幼，由于“间者主上③昏暴，多行不义，天厌其德，弗克终寿，嗣子幼冲，未堪多难，庶事烦扰，百神靡怀，下民嗷嗷，以求真主”，因此，殿前指挥使李公蕴篡位为帝，建立李朝，前黎朝灭亡。前黎朝仅存在了短暂的29年（980～1009年）。

丁朝和前黎朝均可被视为越南作为一个自主封建国家的草创时期，搭建了一个自主封建国家的框架。由于重武力，行暴政，缺少文化，难以持久。

（3）中越宗藩关系的开始

公元960年，后周发生陈桥兵变，赵匡胤被拥立为帝，宋朝建立。宋朝在中国历史上是一个比较软弱的朝代，国力对比唐朝已大大下降，“泥菩萨过河”，已难以顾及边远地区了。所以，在“国朝西北有二敌④，南有交趾”的情况下，只能“重北轻南”。由于北方存在的巨大压力，宋朝在对外交往中不得不将其战略重心摆在北方，对于越南只能采取羁縻政策。

公元970年，北宋攻灭南汉，丁部领畏惧北宋，主动向北宋表示臣服。972年，丁部领派遣其长子丁琏携带方物，向北宋皇朝请求册封。次年，宋太祖册封丁部领为交趾郡王。从此，安南不再是中华领土，成了“列藩”。

黎桓篡位登基为帝后，先是冒用丁朝废帝丁琏的名义，向宋太宗上表，希望宋廷“俯怜其过，未忍加罪”，未果。宋廷侯仁宝、孙全兴等率军讨伐，黎桓遣士卒诈降诱杀侯仁宝，击溃宋军。黎桓获胜后于982年春，遣使到中

---

① 《钦定越史通鉴纲目》。
② 后来黎龙铤因患有痔疾，“卧而视朝”，故又被称为“卧朝皇帝”。
③ 指黎龙铤。
④ 即北方有政治和军事上都很强大的辽，西北有“叛服不常”的西夏。

国“上表谢罪，且贡方物”。宋越战事遂告一段落。公元 993 年 2 月，宋朝照例封黎桓为交趾郡王。

越南远离中国的政治中心，随着政治及国际社会的发展，其民族意识日益勃发，中国对此鞭长莫及。而且，安南历代君主灵活多变，在用实力强行独立的同时，在外交手段上也十分圆滑。一旦圈地成功，就会遣使认罪，称臣请封。这样，既通过纳贡来满足天朝大国的虚荣心，同时也坐地称王，获得实惠。

自宋以降，越南作为中国的藩属，一直到 19 世纪沦为法国殖民地为止。

2. 李朝与陈朝：越南封建社会的鼎盛发展时期

（1）李朝

越南封建社会的鼎盛时期是李朝和陈朝。李朝和陈朝同时也是越南历史上统治时间较长的两个封建王朝。李朝传 9 世，共 216 年（1009～1225 年，相当中国北宋中后期及南宋）。

1009 年，前黎朝卧朝帝死，太子尚年幼，祗候陶甘沐知“左亲卫殿前指挥使”李公蕴的心意，就向他劝进。李公蕴明白时机成熟，即篡权登基为帝，是为李太祖（1009～1028 年在位），李朝由此建立，将首都从宁平山区的华闾城迁到红河三角洲的大罗城，改名升龙[①]。至李圣宗，改国号为“大越”。

李朝疆域相比于丁朝、前黎朝有所扩大。1069 年，李朝攻取占婆国的布政、地哩、麻令三州[②]。李朝设置有“二十四路”，置 4 府 13 州 3 寨。1010 年李朝迁都升龙，营建宏大的城市。当时的升龙总周长约有 25 千米，皇城内有高达 4 层的宫殿。李朝的建筑，除了帝王的楼台宫殿、城垒外，还建设了很多规模宏大的寺庙、宝塔等。其中，较具特色的是至今保留在河内的延祐寺[③]，该寺建于池塘中央，以一根大柱子承托，像一朵盛开在水面上的荷花。

作为一个国家，丁朝和前黎朝都太短暂，没有时间来得及建设其政治架构和体制，到了李朝，越南开始逐步建设自己规范的治理结构，制定成文法律。

在法律方面，最早的是李太宗于 1042 年农历十月制定了《刑书》，这是越南法制史上第一部成文的律书，是越南法治发展的一座里程碑。

为了规范对国家的治理，选拔人才，越南传承唐朝在安南的做法及借鉴宋朝的经验，尊崇儒学，1070 年李圣宗修建文庙及立下规定祭祀孔子、周公等。然后实行中国式科举制度，取士任官。1075 年，李朝举行“明经博学及试儒学”三场考试，中选者黎文盛获朝廷起用，“进侍帝学”，成为幼主李

---

① 今越南河内市。
② 今越南广平省、广治省一带。
③ 也称独柱寺。

仁宗的老师。1076年，李朝设立国子监，选文职官员识字者入内习文。1077年，考核官员，考试内容包括书、算、刑律。1086年，设立翰林院，选拔全国有文才者进翰林院任职。1195年，李高宗举行儒、道、释“三教”考试。除了在首都升龙的国家层面考试外，在地方上还设“乡试”，分两级取士。

经济方面，在发展农业的基础上，李朝重视学习中国的先进技术，发展工业。当时的越南纺织工已能织出各种花色繁多、图案新颖的布、绸、绵、缎。在陶器方面能制作出白瓷瓦、琉璃砖瓦，以及涂有棕色、白玉色、象牙色的彩釉瓷器。还有炼铁、冶铜、编织、造纸、刻板印刷等工业也有所发展。

有了经济基础，李朝重视文化发展，大力提倡佛教，使之成为国教，并让僧侣参政。李太祖本人曾为僧侣，师事万行，并得他的协助而夺取政权，后来万行获李太祖封为“国师”。可见僧侣在李朝的特殊地位。为了得到《大藏经》等佛教经典，李朝多次派使到中国宋朝求取。

在与中国的关系方面，越南李朝实行两手策略，一方面遣使通好，请求册封。1010年，李太祖自称“安南静海军权留后”，遣使到宋，奉贡方物。宋朝册封他为交趾郡王，这大为提高李氏王室的政治威望和国际地位。另一方面又连续侵犯中国南部边境，掠夺土地、人口及财物。尤其是1075年越南李朝大将李常杰领兵，攻破中国钦州、廉州、邕州等地。邕州一役，知州苏缄奋力抵抗，城破后全家36口自焚而死。李常杰大行杀戮，在钦州、廉州、邕州三地屠杀数十万人，并俘虏数万民众而回。1076年3月，宋朝命郭逵、赵禼等领兵，攻入越南，先败后胜，于富良江大败越军，击杀越将洪真太子，后来两国重归于好。

李朝在李英宗（1138～1175年在位）之前，历代君主都受宋朝册封为交趾郡王，到李英宗时宋朝封其为安南国王。自此，越南又称为“安南国”。从中国方面看，这是首次视越南为一个独立的国家。

1225年农历十月，李昭皇继位，成为越南历史上唯一一位女皇帝。权臣陈守度让其族兄弟陈承之子陈煚（音 jiǒng，年仅8岁）娶李昭皇为妻。十二月，陈煚接受李昭皇禅位，建立陈朝，李朝灭亡。

李朝统治越南200多年，学者认为其呈现了如下特点：一是在政治上从中央到地方，建立了稳定而完备的政治机构，形成了中央集权的封建君主制，并首次把首都建至升龙，使之成为统治国家的基础；二是重视佛教，任用僧侣，使佛教兴盛；三是推动农业生产，大力发展工业，在此基础上制定税额征课，增加政府收入，以富国强兵；四是对外曾北犯宋朝，南略占城，以军事武功扩张领土。

（2）陈朝

陈朝与李朝一样，也是越南历史上一个鼎盛的朝代。在陈朝治下，越南封建社会有了进一步的发展，从政治上强化了中央集权的封建君主制度，透过中国式的科举制度完善了中央及地方官制；减少国有土地，扩大私人所有，经济迅速发展；陈朝还击退了强大的元军，往南拓展了疆土。

12 世纪末到 13 世纪初，李朝政局呈现衰弱迹象，各地叛乱累累发生，地方豪强陈氏家族崛起并趁机入朝夺权。史籍记载，陈氏王室的先祖来自中国福建，迁入越南后定居于即墨乡[①]，族人靠从事渔业起家。传至陈李时，已凭其经济实力成为一方豪族，史称“傍人归之，因有众”[②]。1209 年，李朝将领郭卜在首都升龙发动叛乱，李高宗与太子李旵（chǎn）逃到陈氏势力范围内，李太子娶陈氏族人陈李之女陈氏容，陈氏族人遂召集乡兵助太子平乱，使高宗皇帝及太子得以安然返京。不久，李高宗去世，李旵登位，是为李惠宗。

1211 年，李惠宗立陈氏容为“元妃”，陈氏容之兄陈嗣庆及舅苏忠词均获封官爵。由此陈家遂成李朝外戚，开始参与朝政，并在朝中日益坐大。后来，李惠宗患病，无法亲理朝政，大权逐步落入陈氏家族。1224 年，李惠宗传位给年仅 7 岁的次女李昭皇，自任上皇。1225 年农历十二月，李昭皇禅让给陈煚，建立陈朝。

陈朝初年，全国设立 12 个路。除路以外，还设有府、州等行政单位。管理各路府州的官员是：路设“安抚使”（武官）和“通判”，府设“知府”，州设“漕运使”，等等。在路以下，设有“桥”，“桥”以下有“社”“巷”等单位。首都升龙不仅是一个政治中心，也是一个工商业中心，皇城外居民区分成 61 个“坊”，都是一些繁华的集市和手工业作坊。

政治方面，陈朝为了加强皇权，实行“上皇制”，即皇帝长子成年就登基，父亲退位为太上皇，但国家大事仍由太上皇决定。这一制度的实施不仅可消除皇室争夺王位的内讧，而且还防止了外戚或掌权官员的篡位。

越南至陈朝时，从中国承袭的科举制度已日趋完善，官员大多通过科举选拔，因而官员阶层发生了变化。

在法律制度方面，陈朝大致参照中国唐宋时期的法制。据《大越史记全书》《历朝宪章类志》等越南史籍的记载，陈朝颁行的法律条文有《国朝刑律》《徒罪法》《勾讼例》《刑律诸格》《公文格式》《名例》《皇朝大典》《刑书》等。

---

① 今越南南定省春长府美禄县。
② 《大越史记全书》。

在经济方面，陈朝鼓励开荒，耕地面积为之大增，同时还组织开挖沟渠河道，引水灌田，允许土地自由买卖。士兵在服役期间还可回家种田。由于陈朝统治者采取有利于农业生产的政策，从而使陈朝的农业经济得到较大的发展。农村出现了手工专业村，如麻雷村专门生产斗笠，被称为“麻雷笠”。

在文化方面，陈朝是一个文化发展繁荣的朝代，崇尚儒学，设立国学院、国史院，祭礼孔孟，撰修国史。

儒释道三教在陈朝都得到发展。陈朝诸帝中，不少曾参与佛教事业。陈仁宗甚至于1293年禅位给陈英宗后，担任太上皇，并出家为僧，号“调御觉皇”，收有众多弟子，开创竹林禅派，认为佛法即是老子的“道”，亦是孔子所说的“中庸”，提倡三教合一。竹林禅派成为陈朝的官方佛教。

陈朝继续使用汉字，皇帝如陈太宗、陈圣宗、陈明宗、陈艺宗等，以及士大夫都喜好汉字文学。陈朝出现了神话传说类的汉文作品，如《粤甸幽灵集》[①]。另一汉文作品《岭南摭怪》也是一部神话传说的名著。同时，一些文人创造了喃字。喃字在一些文人骚客中，已成为一种基本具备一定社会交际功能的文字而得到应用。因而，除汉字文学外，喃字文学也得到发展。

在史学方面，受中国的影响，陈朝成立了“国史馆”，史官黎文休受命仿照汉代司马迁编写《史记》的方式，写成了《大越史记》[②]。在战争中投降元军的越南人黎崱，于14世纪30年代在中国写成了《安南志略》[③]，这是一本较系统地阐述越南从远古至陈朝的历史，记述地理、物产、风俗、制度、中越关系等方面的情况。14世纪后期，陈朝史官还写成了《越史略》[④]，这是越南现存最古老的编年史之一。

在中越关系方面，陈朝经历了中国南宋、元朝及明朝三个朝代。

中国南宋是越南陈朝的北邻，陈朝自立国后便与南宋有多次使节往来。1229年，陈朝遣使入宋请封纳贡，南宋朝廷封陈煚为安南国王。

1279年，南宋被元朝所攻灭。许多宋人在南宋灭亡前后，为逃避战乱和不愿屈服元朝而流亡到安南。1274年，有一批宋人“以海船三十艘装载财物及妻子，浮海来”[⑤]，奔往安南，陈朝在首都升龙的街姁坊专门安置这批人士。南宋亡后，大量遗民来到安南，为陈朝抗元效力。

蒙古帝国在中原立足后，于13世纪的中晚期，先后对陈朝进行了三次征

---

① 现存最古的版本称为《粤甸幽灵集录》。
② 原书共30卷，已佚。
③ 原书共20卷，现存19卷。
④ 原题《大越史略》，作者不详，共3卷。
⑤ 《大越史记全书》。

伐。第一次爆发于1257年，12月元军将领兀良合台攻入安南，“国主陈王（指陈太宗），遣士卒乘象迎敌。时大帅（即兀良合解）子阿术，年十八，率善射者射其象；象惊奔，反蹂，其众大溃”[①]。陈朝君臣退至天幕江[②]，元军攻入升龙，但仅逗留9日，后因不适应当地“气候郁热”而北返。第二次是1284年农历十二月，脱欢率军征越，陈朝朝廷撤至清化，宗室陈益稷等投降元军。战事持续到1285年中，元军遭到越军的顽强抵抗，实力日渐虚耗，死伤众多，骑兵又难以全面发挥战斗力，终因时值炎热酷暑，难以适应，脱欢领兵撤回。1287年，元朝第三次攻越，领军的镇南王脱欢进抵安南后，看到“地热水湿，粮匮兵疲”，1288年3月撤退回国。战后，陈朝遣使到元朝通好，按照前例纳贡。1294年忽必烈死后，新继位的元成宗下令罢征，两国遂不再开战。

1368年，朱元璋推翻元朝，建立明朝。越南陈朝陈裕宗于次年派使入明，纳贡请封，明廷封陈裕宗为安南国王，并赐以《大统历》及各种物品，陈朝遂成为明朝的朝贡国。明太祖编定的《皇明祖训》，将陈朝列为“不征之国”，让其三年一贡。

3. 胡朝

陈朝末年奸雄弄权，豪族割据，民众起事频繁，陈氏王朝遂步入衰微，由外戚黎季犛[③]专权。一批旧臣去世后，朝政日渐涣散，名儒朱文安上疏要求诛奸佞之臣7人，但陈裕宗不许，文安辞官归隐。

1394年，太上皇陈晛一方面命画工绘周公辅周成王、霍光辅昭帝、诸葛亮辅蜀后主、苏宪诚辅李高宗等“四辅图”赐予黎季犛，意即要他“辅官家[④]当如是也”，同时又故意对黎季犛说：“平章亲族，国家事务，一以委之，今国势衰弱，朕方老耄，即世之后，官家可辅则辅之，庸暗则自取之。”黎季犛对此仓皇回答说：“纵糜身碎骨，未能报答万一，敢有异图！”但黎季犛口是心非，1400年2月，废少帝自立，并恢复其祖先的胡姓，自称是虞舜、胡公满后裔，改国号“大虞”，号圣元，建立胡朝，陈朝终结。

胡季犛篡取皇位，遭到陈朝遗臣的极力反对，胡季犛只好于同年底传位给儿子胡汉苍，自己则以太上皇的身份掌握实权。胡汉苍乃陈朝宗室徽宁公主所生，1403年他在清化创立胡朝太庙时，特意分东太庙（祭祀胡氏祖宗）和西太庙（祭祀外祖父家的陈明宗和陈艺宗）。

---

① 黎崱撰，武尚清点校：《安南志略》，中华书局1995年版，第85页。
② 今越南兴安省东岸县。
③ 其先祖原为胡姓，后改姓黎，灭陈朝后恢复祖先的胡姓。
④ 即陈顺宗。

1403年，胡汉苍遣使明朝，向明成祖上表称，陈朝“宗嗣继绝，支庶沦灭，无可绍承。臣，陈氏之甥，为众所推”[①]，请求册封。明成祖遣使前往安南调查之后，认为并无不妥，遂册封胡汉苍为安南国王。

胡朝建立后继续大力推进其在辅佐陈朝时就已实施的一系列改革措施。但胡氏实施的改革过于激进，触犯了大多数贵族和读书人的利益，遭到陈朝遗老及儒者的抵制。加上胡氏篡位，举国上下都对胡氏不满，胡朝统治者陷入孤立状态，很多人甚至一直试图推翻胡朝的统治。

1404年农历八月，陈朝遗臣裴伯耆来到明廷，控诉胡氏“弑主篡位，屠害忠臣”，请求明朝出兵“擒灭此贼，荡除奸凶，复立陈氏子孙”[②]。1407年，明朝派出大军80万南下安南，结束了胡朝。

（二）短暂属明

1404 年农历八月丁酉日，有一位自称陈氏子孙，名叫陈天平者，[③]从老挝来到明朝，向明成祖诉说胡氏篡位的经过，要求恢复陈氏统治。迫于明廷之压力，胡朝不得已要求“迎归天平”。

1406年，明朝派镇守广西都督佥事黄中率五千明军护送陈朝“前国王孙”陈天平回安南。当明军进入安南境内的支棱隘时，被胡朝军队迎头截击，陈天平及部分明军被俘。后来，陈天平被“处陵迟罪”。明成祖获悉后，认为胡氏大逆不道，便“决意兴师”。同年九月，明成祖下令派遣成国公朱能为佩征夷将军之印，西平侯沐晟为左副将，新成侯张辅为右副将，领兵80万征讨安南。

1407年初，明军攻破升龙，继续进军胡朝首都清化。胡军溃败，胡氏父子逃亡，农历五月十一日在奇罗海口[④]被明军俘获，胡朝灭亡，领土被明朝占领。胡季犛父子被俘后，同众多胡朝的文臣武将一起被押送到明朝的首都应天[⑤]。

明军占领安南后，明成祖在农历六月下诏，“期[⑥]伐罪以吊民，将兴灭而继绝”[⑦]，声称本次军事行动原本是为了恢复安南陈氏王室，但陈朝子孙已被胡氏杀戮殆尽，无可继承，只好回应当地官吏遗老“原复古郡县”的请求，将安南改名“交趾”，依照明朝内地的行政区划模式，在安南设置“交趾都指挥使司”“交趾等处承宣布政使司”“交趾等处提刑按察使司”等三司，

---

① 《明实录·太宗实录》卷十九。
② 《明实录·太宗实录》卷三十三。
③ 《大越史记全书》称他的身份本是“陈元辉家奴阮康”。
④ 位于今越南河静省奇英县。
⑤ 今中国江苏省南京。
⑥ 指胡朝。
⑦ 《明实录·太宗实录》卷六十八。

将之直接管辖。安南出现了短暂的“属明时期”。

为了加强对安南地区的管理，明朝在当地设15府、36州、180多个县，以及5个直隶布政司的州，分辖29县，在要地则设11卫、3所、1市舶司。为了加强内地与交趾的联络，1415年农历十月，根据总兵官张辅的建议，朝廷建立了从中国钦州地区至东关城①地区的驿站系统，从东关城至慈山府嘉林县②设置马驿，从至灵县③、东潮县④到与钦州接壤的万宁府⑤设置水驿，以便公文传递。

明朝重视交趾地区的文教及官员选拔，在交趾开设学校，访求有在儒学、医术、僧道方面有才能者，均委以官职。1407年农历六月，明成祖向交趾总兵官张辅等下令，对该地区“怀才抱德、山林隐逸、明经能文、博学有才、贤良方正、孝弟力田、聪明正直、廉能干济、练达吏事、精通书算、明习兵法、武艺智谋、容貌魁伟、语言便利、膂力勇敢、阴阳术数、医药方脉之人，悉心访求，以礼送赴京擢用”⑥。朝廷采取措施选拔岁贡生进入国子监，入选为岁贡生进入国子监的条件是“不拘入学年月浅深，择有学行者”。在学习课程方面，明廷把中国儒家典籍中的四书五经、《性理大全》等书颁发给各州县做读本。

明朝占领安南后，由于治理不当，当地人不时起义反抗，虽然多次遭到明军平定，但起义者此起彼伏，先后持续了20年，最后明朝不得不撤离安南。

对于中国明朝而言，占领安南时适值郑和下西洋的年代，“是时，交阯已破灭，郡县其地，诸邦益震詟，来者日多”⑦。不过，明朝占领安南毕竟没有得到当地的接纳，故为此付出了惨重的代价。

（三）从鼎盛到衰落

1. 后黎朝及北南纷争

从后黎朝的建立到阮朝灭亡，这一段越南历史异常复杂而曲折，令人眼花缭乱，经历了后黎朝前期的大发展，然后莫氏崛起而形成北南对峙，再到郑阮纷争，最后是西山起义结束了苟延残喘的后黎朝。

（1）后黎朝

后黎朝恰是中国的明清时期，从1428年建立，到1788年灭亡，传17世，

---

① 今越南河内一带。
② 今越南北宁省嘉平县。
③ 在今越南清化省。
④ 在今越南海阳省。
⑤ 在今越南广宁省。
⑥ 《明实录·太宗实录》卷六十八。
⑦ 据《明史》。

共 360 年。从时间上看，它是越南历史上最长的一个朝代。但其中后期已名存实亡，各种争斗不断，北南长期分裂，莫氏一度统治北部，然后是黎帝郑主长达 258 年（1539～1787 年，先南后北），在此期间包括了多年的北郑南阮之争。后黎朝是越南封建君主制度从鼎盛走向衰落的时期。

1418 年农历正月，清化梁江蓝山乡的豪族黎利发动起义，即越南历史上的蓝山起义，黎利自称“平定王”，盘踞该地与明军对抗。明军征讨数年，都未能将之消灭。经过 10 年的斗争，黎利的起义军打败了明军。明宣宗考虑“数年以来，一方不靖，屡勤王师”[①]，便允许撤兵。黎利得胜后，1428 年 4 月中旬，在东京[②]自行称帝，脱离明朝统治，建立后黎朝。

其后，黎利向明朝表示遍寻不着陈朝宗室后裔，明朝亦妥协，于 1431 年农历正月初五册封黎利为安南国王。安南从此朝贡不绝。

后黎朝初年，经过一段时间治理，黎圣宗（1442—1497 年）统治期间（1460～1497 年）进入盛世。黎圣宗深受儒教影响，即位后，学习中国宋朝理学，以改变安南。他在各省广设文庙，尊儒教，停止兴建新佛教、道教寺院，限制僧侣购置新的田产。为了使更多非豪门出身的人入仕，黎圣宗重启科举制度，举行 3 年一次的科举考试，以充实官僚机构。

后黎朝前期，为了削弱地方权力，设置监察机构；为了保证兵源，实行募兵制，建立了一支 10 余万人的常备军；为了维护封建秩序，1483 年编纂了《洪德法典》；为了发展农业生产，设置了河堤使与劝农官。后黎朝自恃国富兵强，继续向外扩张。在 1446～1471 年 3 次侵略占城并俘其王，侵吞了占城 2/3 的土地。1497 年，黎圣宗发兵 18 万大举入侵老挝，攻占王都琅勃拉邦，把老挝洗劫一空，并在其侵占之地设镇宁府。

在史学方面，黎圣宗下令吴士连编写《大越史记全书》，成为官方史书。

（2）莫氏统治北方 60 余年

后黎朝中期以后，朝政紊乱，废立频仍。1527 年，大臣莫登庸篡位称帝，安南出现北南分裂，以清化为界，以北归属莫氏皇朝统治，以南由后黎朝旧臣扶持的朝廷统治。

1527～1592 年的 65 年，双方不断发生争战，历史上称之为“南北朝之乱”。1545 年，阮淦[③]在行营中被毒死。从此，后黎朝廷的实权落入阮淦的女婿郑检手中，凡事均可便宜裁决然后上奏。郑检奉黎庄宗之命进入清化，

① 《礼部志稿》卷八十九。
② 即今越南河内。
③ 越南广南阮氏第一代领袖。

而莫朝屡次出兵清化，都无功而返。此后，后黎朝以清化为据点，与莫朝南北对峙半个多世纪（1527～1592 年），形成越南历史上第一个“南北朝时代”。

1592 年，莫氏被打败，莫朝灭亡，但莫氏势力并未被完全消灭，莫氏宗室继续聚结于北部高平省建立统治，一直延续到 1677 年，才最终被后黎朝攻灭。高平政权灭亡后，仍有莫氏后裔及莫氏势力不断进行复国斗争，其影响持续到 18 世纪中后期。

据载，莫登庸先祖为中国广东东莞移民，为陈朝状元莫挺之七世孙，曾居住在宜阳古斋社①。

（3）郑阮纷争 200 多年

莫氏在 1592 年被击溃后，后黎朝旗下的郑氏与阮氏家族逐渐交恶，二者之间交战持续多年，北郑动员兵力最高达 10 万，而地广人稀的南阮常备兵力只有 2 万人左右。二者都试图控制安南全境，不过双方势均力敌，都无法彻底消灭另一方。1673 年，清朝发生三藩之乱，康熙帝希望与郑氏政权联合抗击吴三桂。康熙帝居间调停，要求郑阮两家停战，于是两家同意以灵江为界，阮氏政权和郑氏政权在名义上都奉后黎朝皇帝为安南国王。

郑检及其继承者称郑主，挟天子以令诸侯，名义上是后黎朝的右相谅国公，实际上已将后黎朝廷当作郑家的囊中物。郑氏挟持后黎朝君主，维持了与明、清政府的中越宗藩关系，自命正统。

与北方郑氏政权相对立的南方阮氏政权，其统治者也称阮主，据有今越南中南部一带，由阮氏家族世袭掌权，中国、日本、朝鲜史籍中称之为广南国。阮潢（1525—1613 年）是广南阮氏第二代领袖，为阮淦的次子。广南国建立之初，周围皆为“猴叫鹳鸣”的荒草野地。17 世纪中后期，大批明朝遗臣及难民到来，成了阮氏政权急需的人力资源。这些华侨华人披荆斩棘、胼手胝足，开发建设今越南南部，把荒蛮之地开发成粮仓、良港和城市。如今的越南中部城市会安就是当时西南太平洋的一个重要贸易港口。

北南纷争时期，南方阮氏面临着诸多不确定因素和威胁，为了自身的生存和发展，阮主屡屡有意发展与清朝的藩属关系。1702 年，阮主阮福凋遣使携国书和贡品至清朝乞贡求封为王，康熙帝以安南已有黎氏朝廷“世修职贡”，予以拒绝。阮福凋求封不成，就私铸“大越国阮福永镇之宝”，自称“国主”。

阮主在基本巩固其统治之后，即大规模南进。在吞并占婆国②后，又占领了水真腊王国，夺取了后者的半壁河山，基本奠定了今日越南南部的版图。

① 即今越南海防市建瑞县。
② 位于今越南中南部。

1744 年，南阮将境内行政区划分为正营富春、旧营爱子、广平、武舍、布政、广南、富安、平康、平顺、镇边、藩镇、龙湖共 12 营和归仁、广义两府，以及相当于特别行政区的河仙镇。1757 年，阮主阮福阔在富春大兴土木，修筑金华殿、光华殿、朝阳阁，将富春建设成“都城”。阮氏政权在今越南南方统治了两个世纪之久，为后世嘉隆帝阮福映统一越南奠定了思想文化基础。

由于长期的内外征战，加上不断地大兴土木，民力财力大耗，各地叛乱渐起。1771 年，阮氏政权最终被起义的西山军所击灭。南阮从 1558 年起家，至 1777 年灭亡，存在约 220 年。西山军击灭南阮后继续北上，1787 年打败郑氏。郑氏从郑检 1539 年创立主业，至 1787 年末代郑主灭亡，共存在 248 年。1789 年，后黎朝末代皇帝出逃，延续了 360 年的黎氏王朝画上了句号。

2. 西山朝与阮朝：封建王朝走向灭亡

越南的封建朝代多以宫廷政变的形式更迭，而西山朝则是一次农民起义的胜利成果，但其存在时间很短暂，很快即被阮朝所取代。阮朝作为越南最后一个封建王朝，最终在法日殖民侵略期间走向终结。

（1）西山朝

自 17 世纪起，安南境内虽然名义上是由后黎朝王室统治，但实际上已分裂成两部分：北方的郑氏政权控制了后黎朝王室及安南北部，定都河内；而定都富春的广南国阮氏政权控制安南的南部。

郑阮集团之间的连年战争，使安南人民陷入水深火热之中，到 18 世纪时，安南社会危机日益严重，从南到北农民起义此起彼伏。1771 年，爆发了由阮文惠、阮文岳、阮文侣三兄弟领导的越南历史上规模最大的西山农民起义。阮氏三兄弟的西山军自称他们是真正为百姓而战，在起义翌年，西山军击退广南国阮氏军队的镇压，并得到广南国境内大部分农民的拥护。另外，西山军也得到部分山区原住民的支持。

西山阮氏三兄弟的四世祖本姓胡，与此前胡朝皇帝胡季犛是同宗，后随母改姓阮，以顺应当时南方统治者阮氏。他们原居于越南北部郑氏政权势力范围下的义安省兴元县，在北郑南阮交战中，被广南国阮氏军队俘虏后遣送至归仁府西山邑居住。三兄弟中，阮文惠较有才略，当时只有 19 岁，在战斗中身先士卒，甚得军中众望。他承诺要停止广南国阮氏对百姓的压榨，铲除贪官，重新分配田地，统一越南。

1773 年，起义军一举攻下平定省的归仁后，很快又占领广义、会安等地，于 1776 年推翻了南方阮氏集团。1785 年击退了暹罗军队的干涉，1787 年荡平了北方郑氏政权，阮文惠于1788年北上击败了清朝20万大军，收复升龙，废除后黎朝。1789年阮文岳在归仁称帝，统治从广南到顺化的中央地区。次年，阮文惠在顺化称帝，年号光中，建立西山朝，统治越南北部。阮文侣称东定王统治南方。

西山朝建立后，前半段时期是由阮文岳于归仁号令统治，中半段时期和后半段时期是由阮文惠及其儿子阮光缵于富春号令统治。在历史上，获得胜利的农民领袖往往不能保持团结。西山三兄弟也不例外。他们夺得政权后，王朝统治阶级内部争权夺势，互相倾轧，骨肉相残。原广南王阮福淳的侄子阮福映在法国殖民者的帮助下，于1802年推翻了西山朝，建立了阮朝，定都富春，改国号为“越南”。

西山政权只有短暂的30年，越南古今对其评价很不一致。西山朝虽然是阮朝的死敌，阮朝遗老兼历史学家陈重金在处理越南政治史里的正伪问题时，认为阮氏兄弟能结束郑阮长期纷争的乱局，抵抗暹罗和清朝的军事干涉，阮文惠获得清朝皇帝依例册封安南国王，是堪与丁部领、黎利相媲美的人物，因此西山朝也像丁朝、黎朝一样是越南的正统王朝。而阮朝国史馆所修《钦定越史通鉴纲目》对西山军起义则恨之入骨，称之为“叛乱”“反逆”，判定西山朝为“伪朝”。

（2）阮朝

阮朝是越南最后一个封建王朝，其前身为郑阮纷争时的广南阮氏政权，1802年灭西山朝而立，至1945年最后一任皇帝退位而结束。

阮福映为越南阮朝的创建者，通称嘉隆帝，是广南阮氏宗室后裔。1775年春，北郑军队攻陷富春，阮福映随其叔定王阮福淳南逃。1777年，阮福淳及新政王阮福旸在嘉定为西山军所杀，唯独阮福映侥幸逃出，在龙川被阮氏旧臣推为大元帅摄国政。

1780年，阮福映在嘉定称王，誓言恢复阮氏祖业，据柴棍与西山军对抗，1782年被西山军击败，流亡富国岛。1784年，与暹罗联军，但再次为西山军所败，被迫流亡暹罗。此后在法国传教士百多禄的帮助下获得法国援助，1786年，百多禄代表阮福映同法国政府签订了《越法凡尔赛条约》，规定法国派兵援助阮福映，并获得越南的沱囊港（即今岘港）和昆仑岛。由于当时法国大革命一触即发，这个条约并未付诸实行。

1789年，阮福映乘西山军内部分裂之机回国，夺取嘉定。凭借嘉定之地屯田练兵、休养生息，任用西洋士官训练军队、建造舰艇、铸造枪炮，经过整顿，战斗力大增。之后逐渐平定全国。1802年5月，阮福映在富春筑坛祭天自称皇帝，改元嘉隆[①]，定都富春，建立阮朝，定名“越南”。

有历史记载以来，越南的名称多有变更。在早期社会（进入中国版图前），中国称之为“交趾”，“古者尧治天下，南抚交趾，北降幽都，东西之日所出入，莫不宾服”[②]。据说，远古越南人有两个脚趾相交，因而被中国人称为“交趾”。秦朝时在该地区设象郡，南越国则设交趾、九真二郡，到两汉为交趾、九真、日南三郡。三国两晋南北朝到隋朝，称之为交州。唐朝时，设立安南都护府。自丁朝独立，建国号“大瞿越”，后来有的朝代自称“大越”，但一直到李朝前期，其国王被封为交趾郡王。从李朝中期起，一直到西山朝，其国王则被封为安南国王，其地人们也一般称为“安南”。阮氏王朝肇起南方，为了彰显阮氏基业源远流长，阮福映于1802年向清朝纳贡请封，强烈主张将国号改为“南越”。不过，清廷对此予以否决，认为历史上的“南越”涵盖整个岭南，其字面含义与阮氏政权统治的安南故地名实不符，而将“南越”颠倒为“越南”，这个国号沿用至今，为越南人认可接受。

1802～1885年为阮朝独立自主时期。阮朝以武力起家，也以武力统一南北。阮朝以富春为首都，设置4个直隶营；在升龙设置北城，统辖北方11镇，南部以嘉定城为中心，统辖南方5镇。全国各镇首长均由武官担任，朝廷的首长也是执掌兵权的五军都统，革罢丞相，以兵、刑、礼、工、吏、户六部主理国政。

阮朝前期，社会经济有较大发展，越南逐渐有了近代农业、工业和商业，资本主义因素已经萌芽。在农业方面，私田增加，公田急剧减少，逐步向封建地主土地所有制发展。在工业方面，开办了一些官办工厂，如铸钱、造枪、造船及为数颇多的矿山，并且于1839年成功试制蒸汽船。在商业方面，虽然阮朝实行重农抑商和“闭关锁港”的政策，国内外贸易都受到严重限制，但仍有一定发展，与法国的关系还得到进一步加强。17世纪末叶，从西方传入的天主教得到进一步发展；由法国传教士罗历山于17世纪中叶创立的越南拼音文字得到广泛推行，并在民间普遍使用。

为了张扬一统王朝气派，阮福映下令编写了《大越一统舆地志》《大南一统志》《大南实录》等官方史地书籍。

阮朝从1802年建立，到1945年结束，共143年，经历了三个时期：独立自主时期、法属时期和日占时期。其实，1885年之后，在今越南的土地上

---

① 因嘉定、永隆两地在阮氏复国战争中出力最多，所以定年号为嘉隆。

② 《墨子·节用》，转引自中国社会科学院历史研究所《古代中越关系史资料选编》编辑组：《古代中越关系史资料选编》，中国社会科学出版社1982年版，第2页。

实际的统治者是法国人，阮朝朝廷已名存实亡，因而越南阮朝真正的有效统治时间只有83年，即1802～1885年。

二、外国殖民统治与西方文化的输入

（一）中法战争与越南的沦陷

进入19世纪，两次鸦片战争之后，清王朝统治力量大为衰落，被迫签订了一系列不平等条约，开放沿海沿江，中国沦为半殖民地半封建社会。与此同时，越南也日益衰落。1820年，阮福映去世，其儿子阮福晈继承王位，年号明命，史称圣祖。阮福晈即位后，立志"开拓疆宇，历世相承"。1841年，阮福晈病故，其子阮福暶（xuán）为越南国王，改年号为绍治，史称宪祖。同年，越南被迫将官员、军队撤出柬埔寨。

而在西方，法国自大革命后，发展成为资本主义世界中仅次于英国的第二大工业国，在积极侵略中国的同时，不断染指越南。法国的图谋是通过越南染指中国，这不仅是其一贯以来的政策，也是与英国加紧竞争的需要。

传教、通商和炮舰组成了殖民侵略的三部曲。16世纪后期，西方殖民侵略的急先锋——传教士和商人相继来到越南。18世纪末，法国的传教士对越南抱有十分露骨的侵略野心，扶植阮福映，共同扑灭了西山朝。1858年，法国借口保护传教士，伙同西班牙，组成法西联合舰队，炮击岘港，发动了对越南的殖民侵略战争。

面对法国人的侵略，越南人民奋起组织抗法运动。但民间的抵抗组织活动难以阻止侵略者的隆隆战车。阮朝朝廷软弱无能，1862年，法国殖民者迫使阮朝缔结《西贡条约》，割让南圻东嘉定、边和、定祥三省和昆仑岛给法国。到1867年，法国又侵占了南圻西三省，至此南圻全部落入法国殖民者之手。

法国殖民者侵占南圻后，得陇望蜀，于1873年末入侵北圻，第一次攻下河内城。当时侵略者遭到了越南军民和中国流寓越南北方的农民军——刘永福黑旗军的联合抗击。黑旗军在河内近郊纸桥击毙法军头目安邺，狠狠打击了侵略者。但是，腐朽无能的阮朝害怕人民，把希望寄托在与侵略军的议和上。1874年3月15日，双方签订条约，承认法国对南圻的占领，开放红河和河内、海防、归仁三港口，并承认法国在越南国土上有来往、经商和考察的特权。这个条约使法国殖民者更加便于进一步吞并整个越南。1882年4月29日，法军再度攻占河内。5月，黑旗军在第二次纸桥战役中，又一次重创法军，击毙侵略头目李维利等，立下了赫赫战功。失利的法国殖民者只好利用阮朝内部两派激烈斗争之机，进攻首都顺化，迫使阮朝进一步屈膝投降。1884年，阮朝被迫签订《顺化条约》，接受了法国对越南的“保护权”。

法国殖民者的目的，不仅在于侵略越南，而且企图进一步侵略华南。其占领北圻以后，就直接威胁中国南部的安全，因而1884年中法战争爆发。在这场中国人民反抗法国侵略的战争中，广西将领冯子材曾在谅山大败法军。失败消息传至巴黎，法国茹费理内阁竟因之垮台。但在战争节节胜利的情况下，昏庸无能的清朝政府竟与法国和谈，1885年6月9日，李鸿章与法国驻华公使巴德诺在天津签订了丧权辱国的《中法会订越南条约十款》（《中法新约》）。[①]

由于清朝的腐败怯懦，法国在战场失利的形势下达到了发动这场侵略战争——中法战争的目的，实现了据越侵华的图谋，侵略势力伸入云南、广西，中国西南门户被打开。中国承认法国对越南的“宗主权”，结束了中国封建王朝与越南之间近千年的宗藩关系。至此，越南完全沦为法国的殖民地。

（二）法国殖民统治开发与西方文化的输入

法国在侵占越南的同时，柬埔寨和老挝也先后于1863年和1893年相继沦为其“保护国”。殖民者把越南分为“东京”保护地（北圻）、“安南”保护国（中圻），“交趾支那”殖民地（南圻），禁止越南人自由来往于三圻之间，以便分而治之，并连同柬埔寨、老挝，拼凑成法属的印度支那联邦。殖民统治的中心设在河内，由法国总督独揽一切军政大权。阮氏封建朝廷仍被保留下来，名义上有权统治中圻，实际上完全是法国殖民统治的工具和傀儡。

法国人建立殖民统治机构后，一方面对当地人民进行压迫剥削，同时也对该地区进行开发。法国对印度支那联邦经济资源掠夺的重视和经济开发始于1887年印度支那联邦建立时，尤其是1896年杜美总督上台之后。在殖民政权强化的同时，制定各种经济政策，干预经济活动，开始殖民经济掠夺与开发。印度支那联邦建立后到第一次世界大战结束为第一次殖民开发，主要投资于采矿和运输部门。据统计，1888～1918年，法国国家与私人资本对印度支那联邦[②]的投资总额约为10亿法郎，其中私人资本4.92亿法郎。

第一次世界大战结束后，法国人进行了第二次殖民开发。1924～1929年，仅法国私人资本就有30亿～40亿法郎涌入越南，仅1930年就有5.692亿法

① 《中法新约》的主要内容为：清朝承认法国与越南订立的条约；在中越边境指定两处通商，“一在保胜以上，一在凉山以北”，法国商人可在此居住，法国政府亦可在此设立领事；所运货物，进出云南、广西边境应纳各税，“照现在通商税则较减”；日后中国修筑铁路，“自向法国业此之人商办”；法军退出基隆和澎湖。

② 主要投在越南。

郎。与第一次殖民开发所不同的是，这次开发首先投资农业，尤其是发展稻米和橡胶种植园，其次是采矿业，同时也注意轻工业与商业等部门。20世纪30年代，南圻成为东南亚最大的谷仓之一，也是世界上第三大稻米供应地。在不断增加耕作面积和增加地租剥削的基础上，法国在印度支那联邦掠夺大量的大米以供出口。据统计，1919年湄公河三角洲地区出口的大米达96.7万吨，到1928年增加到179.8万吨，1919～1930年年均约出口160万吨。这些大米大部分运往中国香港再转口欧洲特别是法国及其在非洲的殖民地，以及菲律宾、中国、日本等地。除大米外，印度支那联邦还大力发展橡胶、咖啡、茶叶、甘蔗、椰子、胡椒等经济作物种植。

在工矿业方面，法国人兼并了华人在鸿基煤矿的东京煤炭矿场。除了采矿业外，还建立了一些纺织、造纸、酿酒、发电等工厂。越南海防和南定纱厂生产的棉纱不仅供给印度支那联邦地区消费，而且在远东市场上销售；在交通运输方面，法国从20世纪初叶以后加强了交通运输业的建设。印度支那联邦范围内修建了纵横交错的公路网和几条重要铁路干线，一些战略公路纵贯印度支那联邦全境，到1939年为止，铁路长度为2569千米，公路长达21 000千米，修建了谅山—河内、河内—西贡及滇越[①]铁路，建设或扩建了西贡、海防、鸿基、锦普、边水、岘港等港口。工商业的发展促进了城市的兴起和城市人口的增加。越南城市居民从20世纪初仅占全国人口总数的2%，增加到20年代末30年代初的10%。

不过，在法国的殖民统治下，尽管越南由封建社会转化为半殖民地半封建社会，但这是资本主义殖民剥削形式与封建剥削形式相结合，大多数越南人民依然处于贫困状态。

而在文化方面，尽管东西文化差异比较大，但随着法国人的到来，他们带来了西方人的生活方式、文化创造与消费，如法式的面包、啤酒、咖啡、电影、法语文学作品等，尤其是欧式建筑和越语的拉丁化，深刻影响了越南。

（三）日本一度占领越南

越南法属时期，爆发了第二次世界大战。1940年6月，法国向德国投降，日本乘机将侵略矛头指向中南半岛，以种种借口胁迫法国于同年9月签订军事协定，迫使法国维希政权的贝当政府同意日军进入红河以北地区，并将河内、海防、金兰湾让与日本。日本向贝当政府提出要求，印度支那联邦不得

① 从越南的海防到中国云南昆明。

继续允许中国利用滇越铁路运送进口物资，并且派遣日本军队到越南，封锁中越边境。不过，日本占领军并未驱逐法国殖民统治，也允诺不去打扰越南末代皇帝保大在顺化的皇宫。

日本在占领越南的前几年，仍保留了法国的殖民机构，通过这些机构掠夺越南的资源，1940～1945 年，日本掠夺大米 359 多万吨，从法国东方汇理银行拿走大量金钱，并大肆破坏越南的自然资源，仅 1943 年，就砍伐木材 30 万立方米。

1945 年 3 月 9 日，驻越日军发动政变，解除了驻越法军武装，建立了以陈重金为首的亲日傀儡政权，从此越南沦为日本的殖民地。

但是 1944 年，美英盟军攻占巴黎之后，新成立的戴高乐政府转向反对轴心国，于是日本军队在 1945 年 3 月 9 日晚上推翻了法国在印度支那联邦的政权。1945 年 3 月 11 日上午，日本大使横山前往顺化，在太和殿觐见保大，以“亚洲归亚洲人”鼓动保大，发布《独立宣言》，宣布废除越南与法国在 1884 年签订的不平等条约，脱离法国保护，宣告越南成立独立自主的国家，并加入以日本为首的“大东亚共荣圈”，决定与日本政府合作。同年 6 月 18 日，保大宣布成立统一的越南帝国，包括北部的“东京”、中部的“安南”和南部的“交趾支那”①，并加尊号为越南皇帝陛下。越南帝国名义上恢复了对包括“交趾支那”在内的原有的全部领土主权。但在内政外交各方面，越南帝国只是日军的傀儡政权。它在国际上没有被承认，对本国事务也没有能力处理。

（四）越南民主共和国的成立与北方的独立

1. 早期抗法斗争

从法国殖民者侵入越南国土的那一天起，越南人民的抗法斗争从未停止过。19 世纪中叶到 20 世纪初，是这一斗争的早期阶段。抗法起义首先从最早沦陷的南圻爆发。北圻和中圻被法国侵占后，各地也普遍爆发了抗法起义。1885 年 7 月 4 日夜，主战派大臣尊室说在顺化袭击法军营寨，但血战至次日晨失败，他护送年方 14 岁的咸宜帝逃出首都，并以咸宜帝之名发出勤王诏书号召抗法。各地纷起勤王之师，“勤王运动”风起云涌。这些起义的领导者多是由退休官吏或乡村举人构成的“文绅”，故起义又称为“文绅运动”。他们在忠君爱国思想的指导下，领导农民武装抗法。著名抗法领袖潘廷逢在

① 今越南南部。

中圻领导的河静香溪起义，是文绅运动最早爆发的起义，同时也是坚持最久的一次起义，从 1885～1896 年，达 11 年之久。起义失败，标志着文绅运动的结束。但农民领袖黄花探领导的安世农民起义，仍在坚持顽强的抗法武装斗争。从 1887 年开始，坚持战斗了 20 多年，直到 1913 年黄花探不幸被内奸杀害，起义才宣告失败。越南人民的早期抗法斗争，沉重地打击了侵略者，使法国殖民者花了将近半个世纪的时间才实现对越南的武力征服。

从 20 世纪初开始，由于越南社会中资本主义因素有所发展，民族资产阶级出现，越南人民的抗法斗争进入资产阶级民主革命的发展阶段。1904 年，越南民族解放运动的领袖潘佩珠（1867—1940 年）成立“越南维新会”，以“恢复越南，成立独立政府”为宗旨。为了争取外援和仿效日本明治维新，他组织了留学日本的“东游运动”（1905～1908 年）。在 1911 年中国辛亥革命的影响下，潘佩珠于 1912 年在广州建立了“越南光复会”，并组织“光复军”，为驱逐法国殖民者，光复越南，成立越南共和国而进行斗争。他们在第一次世界大战期间，先后在许多地方发起进攻，但因配合不周而失败。在越南光复会的影响下，1917 年 8 月，太原士兵爆发起义，他们高举“南兵复国”的大旗，与敌人转战半年之久。这些前仆后继、英勇顽强的斗争均未取得成功。

2. 越南民族主义的兴起与越南共产党的诞生

法国的殖民统治客观上使越南现代教育的兴起和西方“自由、平等、民主”的思想传入越南，越南产生了新一代知识分子和民族主义者，而资本主义工商业的兴起则为越南资产阶级民族民主运动转变为无产阶级革命运动提供了重要基础。1926 年以后，越南工农革命运动不断高涨，工人阶级在斗争中迅速壮大，成为独立的政治力量。

潘佩珠是越南民族主义运动最早的也是最重要的代表人物。虽然 1925 年潘佩珠在上海被法国密探绑架，押回越南终身监禁，并于 1940 年在顺化去世，但民族主义运动一经掀起，就成了燎原之火。

就在潘佩珠被抓的 1925 年，阮爱国，也就是胡志明[①]，作为越南民族独立运动最杰出的领袖出现在越南政治舞台上。他目睹并亲身体验了法国殖民者对越南人民的残酷掠夺和压迫，先留学法国，后到苏联和中国从事革命活动，寻找救国救民的真理。1930 年，他通过对三个共产主义组织的改造和合并，成立了越南共产党。而在这一过程中，他自己也由一个革命民主主义者转变为共产主义者。

① 阮爱国于 1943 年改名为胡志明。

3. 八月革命的胜利

在日本占领越南期间，越南人民在印度支那共产党的领导下，进行了艰苦卓绝的抗日反法斗争。1940 年 9 月 27 日，谅山省北山县人民乘日军侵入谅山，法军后撤到北山之际发动武装起义，夺取了法军的武器，建立了共产党领导下的第一支武装力量——北山游击队。同年 11 月，南部人民举行了南圻起义。1941 年，越南独立同盟会（简称越盟）宣告成立，它以赶走日本帝国主义、实现民族独立为宗旨。1944 年 12 月，越盟成立了解放军宣传队，武装斗争有了新的发展。

1945 年 8 月 15 日，日本宣布无条件投降，越南人民举行了八月总起义（即八月革命）。8 月 19 日，胡志明领导的越盟在河内夺取政权，成立临时革命政府。8 月 23 日，保大宣布退位，于 8 月 30 日在顺化王宫的午门前举行了退位仪式，将象征权力的国玺和宝剑交给越盟代表陈辉燎等，宣称："愿为独立国之民，不做奴隶帝王。"2 天之后的 9 月 2 日，胡志明在河内巴亭广场向全世界宣告，越南民主共和国正式成立。保大成为越南民主共和国的"首位公民"。至此，越南帝国及阮朝彻底结束。

4. 抗法战争与越南北部的独立

1945 年 9 月 23 日，就在越南民主共和国成立后 20 天，法军在美国、英国的支持下卷土重来，重新占领了西贡，接着控制了北纬 16 度线以南地区，并侵占了越北莱州等地。1946 年 3 月 6 日，法军在海防强行登陆，胁迫越南签订了《初步协定》，规定越南为法兰西联邦的一部分，允许法军开进越南，法国承认越南的自治权。9 月 14 日，越法双方又签订了《临时协定》，以保障法国在越南的经济和文化权益，但法国侵略者并不以此为满足，终于在 1946 年 11 月对越南发动了全面战争。12 月 19 日，越南人民展开全面抗战。

经过 8 年英勇斗争，在中国政府和人民的大力援助下，越南人民军于 1954 年 5 月赢得了奠边府大捷，迫使法国于同年 7 月在日内瓦会议上承认越南的独立，签订了《关于恢复印度支那和平的日内瓦协议》（简称日内瓦协议）。

三、当代越南的统一与改革发展

1. 南北分立与抗美统一

由于得到美国支持的以吴庭艳为首的南方反动势力的破坏，日内瓦协议规定的以 17 度线为界的临时军事分界线，实际上变成了一条国界线，越南被人为地分割开来，从而形成了长达 20 年的南北分裂状态。

在南方，法国殖民者刚刚撤走，美国人就接踵而至。1954 年 6 月，在美国的策划和支持下，组成了以吴庭艳为总理的南越政权。1955 年 10 月，南方通过所谓“公民投票”废除了保大，成立“越南共和国”，吴庭艳登上“总统”宝座，还兼任“总理”和“国防部长”。经过多次政变更迭，最终确立了阮文绍的统治地位。吴庭艳在 1963 年的政变中去世，阮文绍则在西贡解放前夕逃往国外。

1955～1975 年的 20 年，南方政权自始至终受到美国的直接支持，得到美国的巨额军事和经济援助。

与此同时，北方的越南民主共和国在胡志明领导下，在中国、苏联等社会主义国家及世界一切爱好和平的国家大力支援下，一边开展经济建设，一边进行艰苦卓绝的抗击美国、争取统一的战争。

美国在扶植南越傀儡政权的同时，也在积极为发动全面对越战争做准备。1953 年日内瓦协议签订后一个月，美国就向南越派去大量军事人员，并将其驻中南半岛地区军事顾问团改名为驻南越军事援助顾问团。1964 年 8 月 5 日，美国制造了“北部湾事件”，开始轰炸越南北方。1965 年 3 月 8 日，美国海军陆战队在岘港登陆，并不断增兵南越，在越南发动了一场长达 8 年的大规模“局部战争”。

越南战争使美国耗费了大量人力、物力和财力，到 1968 年，在越南美军达到 51 万人以上。战争严重削弱了美国在世界上的霸主地位。在严酷的现实面前，又由于美国人民反对越战风起云涌，美国政府不得不决定逐步从中南半岛“脱身”。1968 年 3 月，美国政府宣布部分停止对越南北方的轰炸。5 月 13 日，越美开始在巴黎会谈。1973 年 1 月 27 日，越美双方[①]在巴黎签订了《关于在越南结束战争、恢复和平的协定》（简称《关于越南问题的巴黎协定》）。《关于越南问题的巴黎协定》签订后，美军撤出越南，1975 年 3 月，越南人民军发动“西原战役”，解放了中部地区，接着又发动了“胡志明战役”，于 4 月 30 日解放了西贡和整个越南南方。

1976 年 4 月 25 日，越南举行了统一的全国国会代表选举。6 月 24 日至 7 月 3 日在河内举行了统一国会会议，决定将国名改为“越南社会主义共和国”，并正式宣布从 1976 年 7 月 2 日起，越南南北实现统一。

---

① 越南方面包括北方的越南民主共和国、南方的越南共和国及南方民族解放阵线。

2. 亲苏侵柬与“左倾”主义

越南的自然条件优越，只是多年来一直处于硝烟弥漫的战争之中。即使是1975年越南南北对峙结束，越南的战争状态也仍然在延续，一直到80年代末90年代初越南的战争状态才宣告结束。

一个半世纪以来的大部分时间，越南一直在进行争取民族解放的斗争。在那漫长的岁月里，越南人民经过几代人前赴后继的努力，付出巨大的牺牲，在中国等爱好和平的国家和人民的援助下，终于获得了民族的独立和解放，这是越南人民20世纪最伟大的胜利和最辉煌的成就。

战争对越南的经济发展造成了很大的破坏。不过，由于世界有关大国的介入，它们不仅给予军援，同时也在财力和物力上大力支撑当地经济的发展。在此期间，越南北方在中国和苏联等国的援助下，建设了一大批电力、煤炭、铁路、公路、港口等工业企业和基础设施。越南海陆空交通设施的数量已远超过发展中国家的平均水平。越南南方由于有大量美元的注入，其工商业的发展水平在20世纪70年代初甚至已超过当时的泰国曼谷，已开始组装、制造电视机等现代电器工业产品。

遗憾的是，越南北南统一后推行了一条对外亲苏侵柬、对内大搞“左”倾主义的路线。在苏联的支持下，1978年越南出兵侵略柬埔寨，一直深陷柬埔寨战争泥潭，直至20世纪80年代末90年代初才撤军。

1954年越南北方恢复和平后，一直都沿袭苏联传统的经济体制——“一大二公”、“计划经济”、平均主义。尤其是越南北南统一后实现过火的“社会主义改造”，把已有相当基础的市场经济当作资本主义统统扫地出门，大为破坏了当时已有的生产力。由于内外政策的失误，越南在20世纪80年代面临严重的经济社会危机。

3. 越南的改革发展历程

1986年12月，越南共产党召开第六次全国代表大会。对越南的经济社会发展而言，这是一次带有战略性转折意义的重要会议。会上以改革务实著称的阮文灵当选为越南共产党中央总书记。阮文灵上任后，大张旗鼓地进行革新开放，对内大刀阔斧地实行改革，调整人事，兴利除弊；对外大幅度调整外交政策，实行全方位的外交，果断处理拖延多年的柬埔寨问题。

经过若干年的艰难革新，虽然在80年代末遇到苏联及东欧剧变带来的巨大冲击，但从1991年开始，越南就已开始逐步摆脱延续多年的经济社会危机。20世纪90年代是越南有史以来经济发展最好的时期。越南摆脱了多年的严重经济社会危机，使经济快速增长，实现了 90 年代初越南共产党提出的到 90 年代末国民收入翻一番的预期目标。以前越南提出的经济发展目标一般都未实现，这一次破天荒地实现了提出的计划指标。

20 世纪 90 年代以来，越南继续走在改革经济和建设民主政治的轨道上。

第三节　越南历史文化的发展轨迹

纵观越南的历史文化发展轨迹，我们可以总结以下几点。

第一，在独立建国前越南地区已有很长的文字记载的文明发展史。

在东南亚地区的国家中，有文字记录的越南社会的发展历史是最长的，可以追溯到公元前秦朝该地区成为中国郡县的时候。公元前 3 世纪，随着郡县的设立，有文字的汉文化传播到红河三角洲地区。那时东南亚地区还没有国家的建立，更没有文字记录的文明存在。东南亚地区建立国家最早的是扶南，即现在的柬埔寨，是在公元 1 世纪时候，之后是今越南中部地区在中国汉朝时公元 192 年从日南郡独立出来建立的林邑国。

第二，政治治理基础架构和文化意识和价值体系在郡县时期已经形成。

在 1182 年的郡县时期，伴随着一批又一批的华夏移民和各地学校的开设、行政机构的设立，今越南地区已经形成了稳定的州县政治治理架构和文化意识和价值体系。除了祖先崇拜外，儒释道信仰都已形成。汉朝时道教和佛教已传到交州地区，随着科举的开考，儒学更是深入人心。

越南独立建国后，虽然独立了，但由于郡县时期 1000 多年的民族形成和中越宗藩关系的维持，越南依然在原来汉文化的基础上不断地从中国输入新的文化，使得越南没有去汉化，而使汉文化的根基更加牢固。正因为如此，即使后来一些人千方百计去汉化，但由于越南文化的基本基因就是汉文化，所以无论如何去汉化都是徒劳。

第三，南进格局与汉印文化的交汇。

越南国家的发展是由小到大、由北到南的过程。首先从传说的文郎、瓯雒部落开始，越南人就已在红河三角洲繁衍生息，在成为中国郡县的 1182 年后独立建国了，然后灭掉了今天越南中部的占婆国，最后鲸吞了今天越南南部的水真腊王国，奠定了今天越南的版图。

今越南中南部地区是古代的占婆国和水真腊王国的东南部，这些地区在历史上一度印度化，奉行婆罗门教。以汉文化为主的越民族往南推进过程中，不断与印度文化交流和融汇。越南的西部是长山山脉，交通不便，所以越南民族沿着海边往南发展。在汉文化南进的过程中，印度文化被融合了。

第四，近代越南史是一部战争的历史。

从19世纪中叶，法国人踏上越南的土地以来，越南人抗法近一个世纪。20世纪中期抗美近20年，进行了世界最惨烈的越战。70年代末出兵柬埔寨，一直到80年代末90年代初，越南才真正开始了和平建设家园的历史进程。

第五，越南名副其实地独立统一、成为现代意义的国家是1975年。

秦朝开拓岭南以前，红河三角洲一带有百越部族存在，还没有形成国家。公元968年越南作为一个藩属国独立，此前一直在中国的版图内达1000多年。1885年越南沦为法国的殖民地，结束了近千年的中国藩属国的历史。1945年越南八月革命成功，但法国人很快就卷土重来，到1954年法国人才真正离开越南，越南北方获得独立。接着，美国人尾随而来，一直到70年代初撤离，南越政权很快就分崩离析，1975年越南实现了北南统一。

革新开放使越南步入正常的发展轨道，使越南人真正开始扬眉吐气。由于生活的改善，越南人从过去比较矮小，到现在已经普遍比他们的父辈要高出一截；以妇女白衫黑裤为代表的越南人简朴的衣着已成为过去，代之为多姿多彩的裙子、西装、皮鞋；人们在生活中、在舞台上过去一片忧郁低怨的演奏与吟唱已听不到了，代之为欢快、激昂的乐曲和歌唱。

第五章 宗教信仰

越南人有多种多样的宗教信仰，而其主体民族京族、与汉族关系密切的族群及其他许多少数民族的文化意识多数是祖先崇拜和儒释道信仰。当然，也有一些居民包括京族和一些少数族群信奉天主教、伊斯兰教。

第一节 多神灵及祖先崇拜

一、多神灵崇拜

大自然与人类的发展息息相关。在古代，人所掌握的科学水平还比较低，对自然界的了解和认识有限，所以世界上很多地方都存在“万物有灵”的认知，其观点是相信自然界的所有生物都是独立的生命体，有感知有感受，人类对自然所做的一切最终都会反馈到人的身上。越南民间也存在多神灵崇拜，包括对自然的崇拜、动植物的崇拜、人的神灵崇拜等。

1. 自然崇拜

越南人对自然的崇拜，包括对天、地、日、月、山、水、雷、电、水、火等的崇拜，甚至将原始自然信仰人格化，深化为具象神灵崇拜。一些山建有山神庙，一些地域有土地神。越南有山精、水精的神话故事，认为每年夏季为什么会有洪水，就是山精和水精打架造成的，而且称河内郊区的巴维山[①]（也叫伞圆山）是山精。山精也是越南民间“四不死”神圣之一。“四不死”神圣包括伞圆山圣（Tản Viên）、柳杏公主（bà chúa Liễu Hạnh）、扶董天王（Phù Đổng）、褚童子（Chử Đồng Tử，也称为褚道祖）。

越南古代雒越部落很早就铸造有铜鼓，鼓面上所铸的太阳星辰图案反映了当地古人的自然崇拜。

---

① 巴维山（Núi Ba Vì）是河内地区最高的山，海拔 1281 米，很多年轻人在周末去那里爬山露营。每年农历正月十四，巴维山所在的巴滩县会举行伞圆山庙会，结合旅游办成一个文化节庆活动。

2. 动植物崇拜

越南人崇拜一些动物，如鸟，越南古代雒越部落铸造的铜鼓上就有鸟的形象。

在植物方面，越南人崇拜稻神、树精，认为一些高大的古树会成精，尤其是那些村头巷尾的榕树。

3. 人的神灵崇拜

越南人认为人死后会有神灵。越南人对一些有功的人、英雄会建寺立庙祭拜。在国家层面对征氏二姐妹、陈兴道等都有专门的庙宇，越南人会进香供拜。历史上的交趾郡麋泠县（今河内）征氏二姐妹在公元40年反抗当时的封建统治，割据称王，后来当地人建设二征夫人祠供奉祭拜。如今越南各地每年农历正月初六都会组织庙会，举行纪念活动。

越南每个村庄都有城隍庙，除供奉土地神及各种神鬼之外，还供奉与本地有关的人物的神灵。

4. 其他神灵崇拜

除上述自然崇拜、动植物崇拜、人的神灵崇拜外，越南还有一些神话传说的神灵崇拜，如扶董天王、柳杏公主、褚童子等。扶董是传说中越南古代一个抗击敌寇的小孩英雄，大破敌军，后来人们在今北宁省专门设立了一个扶董乡，并在该乡立祠供奉。每年春节过后河内地区都会举行扶董庙会活动。2010年，朔山扶董庙会被联合国教科文组织列入《人类非物质文化遗产代表作名录》。

与扶董一样，褚童子也是《岭南摭怪》[①]一书中神话传说的主人翁。该书的《一夜泽传》编撰了一个关于褚童子勤劳致富的美丽爱情神话。今越南兴安省快州县建有褚童子庙，定期组织庙会活动。

越南跟中国一样，还有灶君神，每年的农历十二月二十三日家家户户祭拜灶君，让其到天庭报告家中的事情，并返回来保佑本户人家。

二、祖先崇拜

（一）概念

祖先崇拜是一种信仰习惯，常指祭祀、供奉祖先的灵魂。自古以来，中国

① 见戴可来、杨保筠校注：《岭南摭怪等史料三种》，中州古籍出版社1991年版。其中，《岭南摭怪》中《伞圆山传》《董天王传》《一夜泽传》是关于山精、扶董、褚童子的神话传说。

人就有着复杂的鬼魂观念。一般认为，人有魂，魂是人的精神活动，人死后魂能变成鬼。鬼具有非凡的能力和作用，鬼魂能附于某些自然物，可以决定人的命运。《礼记·祭法》中记载有“人死曰鬼”的语句[①]，原始人相信鬼魂不灭。

祖先崇拜的最基本理念是承认死掉的人存在另一个世界，借着他在另一个世界的存在来维护活着的人生命的延续。人如能在死前留下自己亲生的子女或后代，就是自己生命及祖先生命的延续，这是生物性生命的延续。中国人不仅以延续生物性的生命为满足，还重视社会性、文化性及道义性诸部分的生命延续。

祖先崇拜与父权父系制度相联系。父权父系是家族制度的根本，故对祖先的祭拜也是家族社会组织得以延续的依凭。作为家族社会的重要活动之一的祭祖成了中国宗法社会的重要平台，国人借此形式来发挥中国式地方政治的权利，以至祠堂犹如解决家庭纠纷的法院，并担任维持社会治安的角色，还有义仓、济贫、义学、奖学金等功用。这样，宗祠隐然具有维系社会、法律、道德、传统的重要功能。可见，祖先崇拜有加强家族意识、整合社会的作用。

此外，祖先崇拜还有人不能忘本的概念。要饮水思源，“滴水之恩当涌泉相报”，要记得父母的养育之恩。

（二）对祖先的祭拜

不管是信仰何种宗教，或者没有宗教信仰者，越南人都会在自己的家中都设立祖先的神龛，每年的节庆日焚香上供，祭祀先人。这既是缘于多神崇拜，也是华夏文化的传承。从公元前 2 世纪至公元 3 世纪以来，随着华夏族群的南迁，中国的传统文化也开始传入安南，包括对祖先的崇拜、孝道尊严等。到了近现代，尽管受西方列强近 1 个世纪的殖民统治，接受西方文化的洗礼，但越南直至今天，上至国家，下至黎民百姓，对祖先崇拜的信仰和祭祖习俗依然如故。

东南亚地区除越南外，“祖先崇拜并不普遍。当然，世袭王朝的祖先崇拜另当别论，这主要是为了国家的延续”[②]。越南跟中国相似，祭祖的习俗具有全国性和全民性。从祭祀的对象到活动的组织及其规模层次来看，越南祭祖大致可分为家祭、族祭和公祭三种。

---

① 陈戍国点校：《四书五经》，岳麓书社 2002 年第 2 版，第 601 页。
② 尼古拉斯·塔林主编：《剑桥东南亚史》卷一，贺圣达等译，云南人民出版社 2003 年版，第 235 页。

1. 家祭

家祭在家中举行。越南人把在家供奉的祖先称为“gia tiên”[①]。长子的家里摆放着四代祖先的牌位。祭祀到第五代的时候，就要把最老的那一代的牌位拿掉[②]。通常，供奉祖先的供桌摆放在房子的堂屋中最庄重的地方。城镇里的住家一般比较窄小，就在墙上钉一小块木板作为供奉祖先的地方。供桌上有祖先牌位、香炉、灯烛、花瓶、果盘、酒器等。供桌上方写有“饮水思源”等横批，牌位两侧贴有“祖功宗德千年盛，子孝孙贤万世昌”等对联。横批和对联均用汉字书写。一般在祖先的忌日及农历每月初一、十五，越南人就会上香祭拜祖先。春节、清明节、端午节、中元节、中秋节等传统节日及遇到重大仪式如葬礼、婚礼，越南人也要祭拜祖先。在家里有生育、病痛、考试、诉讼等重大事件时要祭拜祖先，祈祷祖先护佑。当庄稼丰收、考试成功和生意兴隆时，也要祭拜祖先，以感谢祖上的庇护和恩泽。

2. 族祭

与中国的族祭相似，越南民间也非常盛行族祭。族即宗族，是由血缘关系为纽带连接成的一个群体。族祭的对象是不同宗族各自的始祖。越南的家族及家庭也有族谱，宗族祭祀日因族谱的记载而得以流传。各宗族的祭拜时间是不一致的，一般是以祖先的忌日作为祭拜的日子。祭祀地点多为宗族的祠堂。祠堂的供桌上放置着宗族始祖的牌位。越南也是一个宗法社会。族祭仪式相当隆重，按宗法规定，家族里各个支系繁衍下来的全部长子都必须到场，其他的子孙则根据自己的情况和条件带供品来祭拜。

当然，由于时间的推移，同一宗族的子孙繁衍愈来愈多，经过一代又一代，同宗族的子孙相互间亲缘关系也渐行渐远。但无论如何，越南的族祭反映了传统的祖先崇拜意识、血缘宗法化及儒家思想孝道对社会的影响。“血浓于水”的血缘宗族观念和缅怀祖先的感恩民族心理依然根深蒂固。

3. 公祭

除了家祭、族祭外，越南反映祖先崇拜的还有国家层面的公祭。

据传说，炎帝神农的三世孙帝明，巡猎南方，到达五岭，娶婺仙之女为妻，得子名为禄续，被封为泾阳王。泾阳王生子雒龙君[③]。雒龙君娶瓯姬为妻，生百男。由于雒龙君是龙族，瓯姬是仙族，水火相克，不能久居。于是瓯姬

---

① 意为祖先。
② 越语有句“Ngũ đại mai thần chủ”（五代埋神主）。
③ 也写作骆龙君。

带50子在今越南峰州地区生活，封其长子为王，称雄王，王位传了十八世，皆称为雄王，被视为越南人的始祖。雒龙君则带50子来到水里生活。越南人也称自己是“龙子仙孙”[①]。

越南人把每年的农历三月初十定为祭拜雄王的日子，称之为“祭祖日”[②]。祭雄王日也是雄王庙会。庙会的越南语为“礼会”（lễ hội），包括“礼”和“会”两部分。“礼”部分是以谢恩和祈祷为目的的祭祀礼仪，主要仪式是迎神（rước kiệu）。这是祭祀活动中最庄严隆重的部分。2010年是逢十的隆重祭拜年份，雄王庙会以国家级规格举办，时间从农历三月初一持续到三月初十。公祭仪式于三月初十上午7点正式开始，越南国家主席阮明哲，副总理阮善仁，国会副主席阮德坚，祖国阵线中央委员会主席黄担，国家文化体育旅游部部长黄俊英，中央各部与富寿省等8个省（中央直辖市）的领导代表，以及海外越侨代表等参加进香仪式。进香完毕后，阮明哲作为“主礼者”在公祭仪式上发表演讲，接着，在主礼者的授权下，越南国家文化体育旅游部副部长黎进寿恭读祭文。公祭仪式结束后是“会”部分，是民众聚集在一起展开各种游戏文娱活动，主要有摔跤、荡秋千、射箭、下人棋等，最有特色的就是唱喧曲。上万名香客涌向雄山祭拜。据雄主庙历史遗迹区管理中心统计，2010年雄主庙会期间的客流量已达500万～550万人次，超过以往任何一年。[③]

祭祀活动在雄王庙举行。雄王庙位于越南富寿省。1962年，越南文化部把雄王庙列为国家历史文化遗址。有学者认为，越南人隆重祭祀雄王，既有寻找和纪念民族始祖的意识，也有以此来把国家建立的历史大大往前推移的考量。关于雄王的传说，中外不少学者都认为，由于“雒”字的字形与“雄”字的字形相似，后人传抄时把“雒”字误写成了“雄”字。这一错误被自13世纪越南陈朝以后的越南史学家所沿袭，故而在越南历史上出现了“雄王”[④]。雄王传说主要来自《南越志》，而《南越志》中的“雄”字实为“雒”字所误。《交州外域记》以前没有“雄王”的记载。《南越志》成书比《交州外域记》晚，很可能是《南越志》的作者或刊刻者误将“雒”字写成“雄”字。这一错误为自13世纪越南陈朝以后的越南史学家所沿袭，故而在越南历史上出现了“雄王”。[⑤]不过，这并不影响越南人至今仍把“雄王”看成是自己的始祖。

---

① 《大越史记全书·鸿庞纪》。

② 越南中央政治局2000年决定把祭拜雄王的祭祖日确立为越南民族的重大节日。

③ 赵明龙：《中越民间始祖信仰重构比较研究——以布洛陀信仰和雄王信仰为例》，《广西民族研究》2001年第3期，第116-124页。

④ 郭振铎、张笑梅主编：《越南通史》，第121-122页。

⑤ 郭振铎、张笑梅主编：《越南通史》，第121-122页。

无论是家祭还是族祭，甚至民族始祖公祭，祖先祭祀都体现了越南民间对祖先不死的崇拜心理。子孙后代通过祭拜祖先、问候祖先，向祖先报告阳间事情，实现阴阳交流。祖先则庇护保佑后世子孙。祭祖是孝敬祖先亡灵的方式，表达子孙后代对祖先的孝心和感恩，体现了越南人的孝道心理。

每一次祭祖都是一次大家庭的聚会，拉近了亲人相互之间的距离。当今科技、经济迅猛发展，生活节奏越来越快，人与人的关系越来越商业化，人的思想观念也发生翻天覆地的改变。世界犹如一个地球村，联系日益紧密，各种文化、思想相互冲击、影响、融合。越南乃至整个东亚尚能保留祭祖这样一种维系亲情、继承传统道德的活动，在当今社会愈显难能可贵。

第二节 儒释道合一

在越南，宗教信仰具有较强的包容性。以后黎朝为例，历任皇帝在独尊儒学的同时，对佛教和道教并没有采取绝对排斥的态度，对待三教之间的矛盾，也采取了较为灵活和实用的态度：在世俗学问上，为达到“治国安民”推崇儒教；在出世学问上，则崇奉佛教和道教。时至今日，在越南的寺院中，常常是一个屋檐下既供奉佛教人物，又有道教的神案，甚至在一些地方，在大殿的中央供奉佛像，而孔子、老子的塑像分别立在两边。儒、佛、道“三教考试”是越南科举考试独具的特色。越南于1195年举办了儒、佛、道三教考试。1227年，陈朝又举办了三教考试。“即使到了后黎朝，儒学已经占统治地位，但科举考试并没有因此而‘唯儒一家，别无他教’，相反，在一定时期里，儒、佛、道三教考试规模更大了，取士之门开得更大了。”[①]三教考试是越南封建社会在不同历史条件下的特定产物，是科举制度对封建社会发展过程中所做出的主动适应，使儒、佛、道诸宗教信仰在越南实现共生共荣的局面。

一、尊崇儒学

越南人习惯把儒家传统思想称为儒教，又称孔教。由于历史原因，儒学两千年来对越南的社会和家庭产生了巨大影响，潜移默化地影响人们的思想、文化、教育、行为习惯。

---

① 罗长山：《越南传统文化与民间文学》，云南人民出版社2004年版，第319页。

（一）儒学

儒家文化圈是以中国为核心，包括朝鲜、韩国、日本、越南、新加坡等东南亚国家在内的，使用或曾经使用汉字的跨地域文化地理单元。历史上，中国战国时期儒、墨、道、法等百家争鸣。到两汉时期，儒学盛行，并逐渐定于一尊。至隋唐时，发展为儒释道并举。宋以后的理学以儒为表，释道为里，熔三者于一炉。近代以后，中国文化受到西方文化的冲击，但儒学一直占有主导的地位，儒道的结合构成了传统文化的基本内核。中国周边的朝鲜、韩国、日本、越南及新加坡，由于地理和种族的关系，也都信守儒家思想。

儒学可以分为两大传统，一是以孔子、孟子等为代表的心性儒学，强调修身养性的“内圣”之道；二是以孔子及后来的董仲舒等为代表的政治儒学，主张“通经致用”、济世救民的“外王”之路。政治儒学自秦汉以来形成了儒家政教体系、典章制度、伦理纲常、生活秩序和意识形态等，是一种理性形态的价值结构、知识体系和权力系统。

儒学即儒家学说，严格来说，不能等同于一般的宗教。但在一些东南亚国家有视其为宗教的，称之为儒教或孔教。

（二）儒学在越南的传承

1. 儒学在越南传承可分为两个时期：郡县时期和独立以后

自秦汉起，跟随华夏族群的身影，儒学也逐步浸润交趾。三国两晋南北朝时期，中国封建政权更迭频繁，兵祸连年。相对来说，交州比较安定，中原一带的士子学人陆续到交州避难，客观上促进了儒学在该地区的传播。东晋南朝时期，交州地方官吏在推广中国传统学术和观念方面起到了很大的作用。经过政府的提倡奖励，南迁人士的传播，儒学伦理道德在交州地区逐渐扩大影响，推动了社会文化的发展。

两晋时期，对交州传播儒学和中原文化贡献最大者是陶璜和杜慧度。陶璜在任交州牧和封宛陵侯时，曾向晋武帝上疏：“今四海混同，无不思服，当卷甲消刃，礼乐是务。”[①]陶璜在交州奉行儒家“富而后教”的方针，一方面发展经济，另一方面进行礼乐教化，因而深得民心。杜慧度在担任交州刺史期间，“禁断淫祀，崇修学校。岁荒民饥，则以私禄赈给。为政纤密，有

① 《安南志略》卷五。

如治家。由是威惠沾洽，奸盗不起，乃至城门不夜闭，道不拾遗”①。可见，当时交州的社会文化已有长足发展。

隋唐时期，尤其是唐代的儒学得以广泛传播，就连安南的各个州县，也是儒风广披，出现了不少“词理兼通，才堪理务”的儒士，甚至有一些佼佼者被推荐到朝廷和全国其他地方去担任官员。“于是安南之文风益兴盛，儒教之思想，更为深入。”②爱州日南（今越南清化省安定县）人姜公辅、姜公复兄弟就先后考取进士。

越南独立建国后，丁朝和前黎朝存在的时间较为短暂。1070 年，李朝李圣宗在升龙修建了文庙，供拜孔子和周公，并于 1075 年举行了越南独立后的首次科举考试，儒学理所当然成为考试的内容。1076 年，李仁宗在文庙旁边建立国子监。陈朝（1225～1400 年）统治者获得政权后，也深化儒家的纲常礼教、等级尊卑伦理，以此来规范人们的思想，维护社会的秩序。

后黎朝更是把儒学尊为国教，独尊儒学。黎圣宗时期，儒学达至鼎盛，出现了吴士连、黎贵惇等一批著名的儒学家，产生了《春秋略论》《大越史记全书》《四书约解》《书经衍义》《群书考辩》等阐述儒家思想的著作以及在儒家思想指导下撰写的史学书籍。越南各地从首都到乡村，都有文庙等供奉、祭祀孔子的祠庙建筑，每年从皇帝到基层官员、百姓都要举行祭祀的仪式。

不管是阮福映于 1802 年建立阮朝（1802～1945 年），还是 1885 年起沦为法国的殖民地，儒家学说持续影响仍然与中国保持着宗藩关系的越南。甚至在 19 世纪初期，儒家学说在越南再度昌盛，越南涌现出了《钦定越史通鉴纲目》《大南实录》《大南列传》和《嘉定通志》等一批“本儒家精神为主论之旨”的文学、史学名著。由阮朝国史馆汇集多位史家编纂的著作，为研究越南历史文化的必读史籍。

19 世纪后期到 20 世纪前期，法国侵占越南，天主教等传入越南，西方的思想文化猛烈地冲击着越南的传统文化，儒学由鼎盛走向衰落。尽管儒学的影响受到削弱，但儒学毕竟已在各方面影响并深深扎根于越南社会的生活之中。

2. 传承的方式

儒学在越南的传承，官吏的传教起了很大作用。郡县时期，汉朝派去交州的官吏在这方面发挥了重要作用，特别是交趾郡、九真郡的两位太守锡光

---

① 《宋书·良吏》。
② 黎正甫：《郡县时代之安南》，商务印书馆 1945 年版，第 117 页。

和任延任职期间，大力推广中原地区的先进文化和生产技术，致力于教育事业，教民以礼仪。到了东汉末年，士燮出任交趾太守，大力提倡诗、书、礼、乐。《大越史记全书》卷三曰：“我国通诗书，习礼乐，为文献之邦，自士王始，……”

不仅中原有不少文人学士、封建士大夫为逃避战乱纷纷迁往安南，如经学家刘熙、程秉、薛综等。同时，交趾人主动到内地求学，如汉朝时交趾人张重，以及唐朝时爱州日南人姜公辅、姜公复等。这些人，特别是学成后返乡做官者很自然地会在当地传播儒学。这些南来北往的士大夫都对儒学在安南的传播起到了推动作用。

还有，两地民众的日常交往中，移居交趾的中原百姓的言谈和处世间接地传播了儒家思想，使“忠孝节义”“三纲五常”等观念成为家喻户晓的伦理规范。如宋度宗咸淳九年（元世祖至元十年，1273 年），元军攻占襄阳，全局大震，宋人海船 30 艘，装载财物及妻子浮海前来安南……不久宋亡，宋人南走安南者愈多。

儒学在越南具体的传播形式和渠道，主要有兴学教育、科举考试、撰写史籍等。他们照搬中国的儒学经典，如四书五经，甚至将其变成通俗读物来普及。

3. 儒学在越南的本土化

儒学在越南的本土化最主要的特色是简约和实用。越南历代封建统治者和儒生们在尊重儒学基本精神的前提下，根据越南的实际情况和不同阶段社会发展的需要，对其进行了某些阐释和改造。

越南陈朝先儒朱文安[①]（1292—1370 年），是当时著名的儒学家、教育家、医学家，清潭县光烈社文村人[②]，通经博史，学业精深，为人正直严毅、凛然可畏，在越南历史上甚有影响，被尊为“朱圣人”“越南儒学的泰斗”。他把四书简化，写成《四书说约》（10 卷），用以教授皇帝、太子、官员和百姓。朱文安为儒学在越南的传播做出了毕生的贡献，卒后入祀文庙。

胡朝胡季犛是一位集大成的儒者，熟读儒家经典，编成《明道》一书，并且将《诗经》及《尚书·无逸》转译成喃文诗，可视为具有越南特色的经典诠释方式的创始人之一。胡季犛也是越南历史上一位著名诗人，经常通过诗词曲赋来表达自己的内心世界。1404 年，明朝派遣李锜出使安南。李锜自恃大国使臣，视安南为蛮夷，傲慢无礼。对此，胡季犛作诗称赞安南，认为

① 越南语 Chu Văn An。
② 今属河内市近郊清池县清烈乡。

安南堪比中华："欲问安南事，安南风俗淳。衣冠唐制度，礼乐汉君臣。玉瓮开新酒，金刀斫细鳞。年年二三月，桃李一般春。"

胡志明则是越南当代的一位深受儒家思想影响的革命者和民族英雄。他出身儒学世家，在著作中频繁地使用儒学概念和命题，并加以改造，成为当代越南式的道德典范。早在20世纪40年代，胡志明就曾经对古今东西诸家学说做过这样的对比："孔子学说的长处是重视个人道德的修养。耶稣的宗教的长处是高贵的仁爱之心。马克思主义的长处是辩证的工作法。孙逸仙的学说的优点是他的主张政策适合我国环境。"进而指出："孔子、耶稣、马克思、孙逸仙岂非均有一个共通之处?他们都要为人类谋幸福，为社会谋福利。"胡志明作为一位革命家，对待儒学的基本态度是，把儒学当成"学说"而不是"宗教"。当代越南把胡志明的一些观点、理念提炼成"胡志明思想"，并奉为国家的指导思想。[①]武元甲著文说道："渗透到他的思想、感情中的儒教道德不是那些旨在维护封建秩序的'三纲'、'五常'的教条，而是'修身'之道的'仁义'精神、好学求上进、谦让温和、处世'有情有理'。"[②]在胡志明思想的道德观里，包含忠、孝、勤、俭、廉、正等儒家学说中的传统道德因素。

儒学在越南的影响深远。

首先，儒学的传播加快了越南独立建国以前交趾地区封建化的进程，促进了当地经济和文化教育的发展并促进了其民族开化。秦汉之际，越南在生产上尚处在刀耕火种时代，在婚姻上"民如禽兽，长幼无别"，还保留着原始群婚制的残余。一批又一批来自中原地区的官吏、知识分子和移民，如锡光、任延、士燮等，把包括儒学在内的先进的中原文化和生产技术传播到交趾地区。经过他们和那里的原住民的共同开发，交趾地区的社会形态和生产力水平发生了质的飞跃，迅速从氏族社会过渡到封建社会。在从秦汉到唐代的一千多年中，不少中原人士迁居交趾地区，和那里的原住民通婚，从而促进了民族的融合和道德水平、文明素质的提高。

其次，越南独立建国以后，封建统治者推行儒家所倡导的宗法制度，巩固和强化越南的封建中央集权统治。越南也自认为是一个中央王国，也由士大夫阶层像中国官吏那样管理国家，管理方法与中国宋明两代相似，他们赋予士大夫集团强大的权力，倡导儒家的正统观念。

最后，儒学重视教育、知识和人才的培养。儒家学说促进了越南的教育

---

① 陈民进：《胡志明传》，张念式译，八月出版社1949年版，第91页。

② 武元甲：《胡志明思想的根源》，李修章译，载何成轩、李苏平主编：《儒学与现代社会》，沈阳出版社2001年版，第229页。

发展和人才培养。儒学在越南传播的过程中，各地兴办学堂，建立了从中央国子监到府、县的教育系统，推行遴选官吏的科举制度。由于重视教育，开发民智，提高了当地居民的文化教育水平，使得人才辈出，交趾地区一度成为当时中国南方的学术中心。

在尊崇儒学的社会风气熏陶下，越南每个家庭，尤其是儒士家庭十分重视教育，自古形成了全民尊师重教和讲究文明礼节的社会风尚。黎民百姓虽没有条件学习儒家经典，但耳濡目染、潜移默化的影响使他们遵循儒家的伦理道德和行为规范。可见，经过儒家学说的长期洗染，儒学已经成为越南民族文化的重要组成部分。近代欧洲列强来到越南，他们也强烈地感受到儒家伦理深入民间。据耶稣会教士克利斯朵夫·波里（1618～1623年在越南居住）的报告，他们认为在“交趾支那”人民中存在着儒教徒的行为，如特别的贞节、独特的居丧行为等。

越南历代的历史、政治、哲学、文学等著作也有深深的儒学印记。越南的史书大都以儒家思想为圭臬。越南的《大越史记全书》就是以“辨正闰，明顺逆，严篡弑之诛”的原则来作为判别人物忠奸顺逆的依据。凡是正统的，一定是顺的、义的；凡是僭伪篡窃，一定是逆的、不义的。其行文或评论中极力褒扬尊者、贤者与死节者，对伤风败俗者则予以谴责。

二、笃信佛教

（一）越南以信奉大乘佛教为主

佛教与基督教、伊斯兰教并列为世界三大宗教，相传为约2500年前由古印度迦毗罗卫国（今尼泊尔境内）王子释迦牟尼创立。佛教因其反对婆罗门教的种姓制度，提倡众生平等的思想而很快得以流行。佛教的基本教理有“四谛”、“八正道”、十二因缘等，主张依经、律、论三藏，修持戒、定、慧三学，达到消除烦恼而成佛的最终目的。佛教分为北传的大乘佛教和南传的上座部佛教。上座部佛教是自称，有的地方称其为小乘佛教。北传大乘佛教主要是在东北亚的中国、日本、朝鲜及南亚的尼泊尔和中南半岛东部的越南流行，这些国家也大体连成一片。北传大乘佛教又分为流传于中国、日本、朝鲜、越南的汉语经典系和流传于中国的藏族、蒙古族地区的藏语经典系。南传上座部佛教是流传于斯里兰卡、缅甸、泰国、老挝、柬埔寨和中国的傣族地区的巴利语经典系。上座部佛教只供奉释迦牟尼这位佛教创始人，修行者穿黄色上衣。在教义和修行上，大乘佛教把佛当作神，主张以成佛为目的，希望普度众生，信徒通过修行来成为佛或仅次于佛的菩萨；而上座部佛教则认为佛不是神，而是一位教师，注重自我解脱，过简单平等的生活，以修成阿罗汉为正果。在佛教的语言上，大乘佛教经典用的是梵文，而上座部佛教用的是巴利文。如果仅从僧侣的日常活动来看，上座部佛教不同于大乘佛教的是，上座部佛教的僧侣日常会到外面去化缘，而大乘佛教的僧侣主要是在寺庙内活动。

越南信佛者比较多。信佛者中又以信奉大乘佛教为主。

而在南方，尤其是越柬边境地区有一部分高棉人信仰上座部佛教，与柬埔寨的上座部佛教关系密切，至今仍然保持上座部佛教的风俗仪轨，仅湄公河三角洲平原就有上座部寺庙约 400 座，僧侣 1 万余人，上座部佛教徒人数有 80 余万[①]。

（二）佛教在越南的传播发展

大乘佛教在越南的传播发展可以分为：郡县时期、自主封建国家时期和西方势力进入以后三个时期。

1. 郡县时期：交州（安南）曾是中国重要的佛教地区

郡县时期又可以分为交州时期和隋唐时期两段。

交州时期，佛教传入、立足，并繁荣发展。越南佛教大体属北传大乘佛教，约于 2 世纪开始从中原传入交州地区。首先，由于当时中国中原战乱，大批士民流寓交州，将佛教带入；其次，南亚、西亚的移民及僧侣从海路进入交州。史载三国东吴所属交趾太守士燮，“出入鸣钟磬，备具威仪，笳箫喜欢吹，车骑满道，人夹毂焚烧香者常有数十”。这些夹毂焚香的胡人即是来自南亚、西亚或西域的僧人。

古代交州作为中国最南面的边远地区，虽然远离中原，但由于是沿海，交通并不闭塞。东汉末年至三国两晋南北朝时期，中原地区动乱，而交州地区相对安定，不少中原人士避乱移居交州。苍梧[②]人牟博，也称牟子，早年读诸子，诵五经，通兵法，悟佛道，后来笃信佛学。汉灵帝（168—189 年）死后，牟子随其母移居交趾郡，在交趾郡著有《理惑论》。这是一本重要的佛学典籍，牟子在书中广引佛、儒、道诸家观点，驳斥当时一些人重儒、道，轻佛学的论点，以弘扬佛法。据越南《禅苑集英》记载，公元 195 年，东汉

① 也有资料说是 150 万。
② 今广西梧州。

苍梧学者牟子奉母流寓交趾郡（指今越南北部），“锐志于佛道”，这是佛教传入越南北部的开始，其在嬴陵写作的《理惑论》是最早的汉语佛教作品。

“士燮 187 年设交趾郡治，嬴陵都市开始形成。一些僧侣随印度商团到来嬴陵，商路也成了传教之路。佛教传入交趾是中国最早的，因此嬴陵成为一个佛教中心。”“据记载，最早到嬴陵传教的印度人是丘陀罗（khau da la）。”“那时候的居民是自然崇拜，丘陀罗从印度带来的佛教很容易就为嬴陵人所接受。”“寺院很快就建了起来，当时嬴陵至少有供奉四佛的 4 座法寺：法云、法雨、法雷、法电，以法云为中心，嬴陵成为最大的佛教中心。”可见，公元 2 世纪印度人就已到交趾传播佛教。“那时一些印度商人沿海路来到交趾，在嬴陵经商。同时，一些印度僧侣追随商人，为其祈求平安，也来到嬴陵，成为在交趾地区最早的佛教传播者。嬴陵作为行政中心，同时也成了宗教中心。”①

“桑寺即法云寺，紧靠嬴陵古城而建，这就是 2 世纪末丘陀罗的修道院，今仍存在。在建筑上，寺庙已有很大的改变，但祭拜石头——生殖器，即祭拜满娘（man nuong，到丘陀罗修道院修行并因此而怀孕的女孩）之习俗依然存在。同时，该佛也是人们在遇到旱灾时求雨之佛。这些证明佛教最早传入交趾并落地生根，是从嬴陵都市开始。”②

交州曾是佛教从海路进入中国的重要驿站。当时，有一些佛学经典首次在交州翻译成汉语，如《四十二章经》等。据记载，公元 3 世纪，有一名为康僧会的人，祖籍康居，10 岁时随父母从天竺来到交州经商。康僧会既有天竺文化基础，后来又学习了儒学文化，通晓梵文和汉语，他出家修行后，翻译了多部佛经。康僧会于 247～255 年到达建业，孙权很重视他的到来，经常请他到宫中讲经。康僧会于公元 280 年圆寂，人们专门为其建了舍利寺。

同期，印度僧人支疆梁也于 255～256 年到交州弘扬佛法，并在交州当地法师的帮助下，翻译了禅宗的《法华三昧经》等许多经典。

交州是中国南方通往印度、西域的海上前沿，中华文化与印度文化在这里交汇，尤其是佛学方面的交流。随着佛教在中国包括当时的交州（安南）的发展繁荣，交州（安南）日益成为中国佛教对外交流的前沿。

6 世纪后，交州僧团逐渐形成。隋朝年间（581～618 年），交州地区广设法云、法雨、法雷、法电四法寺，隋文帝将舍利函送到交州置于桑寺的法云塔中，并分送给封州、长安、爱州、欢州等地的著名寺庙供奉。后来，越南在义安省南潭县红龙村考古发掘一座建于隋唐时期宝塔塔基时发现了舍利

① 越南社会科学院历史研究所：《越南古都市》（越文），第 81 页。
② 越南社会科学院历史研究所：《越南古都市》（越文），第 85-86 页。

函，可见佛教在当时的交州（安南）已广泛传播。

7～9世纪，安南佛教传播更广，寺庙遍及各地。9世纪初，无言通禅师在安南创立新的禅派，对安南佛教的发展起了重要作用。据义净的《大唐西域求法高僧传》记载，唐代中国僧人到达安南弘传佛教，或与安南僧人同往印度或南海求法取经者的人数颇多。义净记述了运期、解脱天、窥冲、慧琰、智行、大乘灯6位安南僧人取经的事迹。

唐朝（618～907年）佛教兴盛，安南首府大罗城为当地佛教中心。禅宗代表性人物惠能的弟子无言通禅师于820年来到安南，在今越南北宁扶董的建初寺修行，建立了无言通禅派，相传近20代，400余年。禅宗在越南影响深刻，至今越南北方的大部分寺庙内都供奉有两位法师，一位是浓眉大胡子的佛祖，即将禅宗传入中国的印度法师菩提达摩，另一位是身披袈裟坐姿的中国禅师，他就是无言通禅师。

在禅宗传入的同时，密宗也在唐玄宗时期从西藏经红河流域传到安南。

2. 越南独立建国后自主封建国家时期佛教的传播发展

10～14世纪，越南佛教兴盛。佛教成为维护封建制度的重要精神支柱。从939年吴权称王，经过丁朝（968～980年）和前黎朝（980～1009年），封建国家政权主要掌握在僧侣和武将手中。国王重用僧人，赋予特权；僧人参与朝政，制定律令文书。

以僧统万行和尚为首的僧侣集团支持殿前指挥李公蕴，乘国王去世之机，篡夺了政权。李公蕴为万行之侄，建立李朝（1009～1225年）后，尊万行为国师，以佛教为国教。李朝各代国王大力推崇佛教，传播禅宗佛学，各地广造寺宇，度民为僧，出现了百姓大半为僧、国内到处皆寺的局面。陈朝（1225～1399年）建立后，继续推崇佛教，弘扬禅宗。

李朝和陈朝前后400年间，有8位国王出家为僧。尤其是陈朝前期陈太宗、陈仁宗先后禅位出家，创立竹林禅派，并派遣使臣到中国求《大藏经》，在国内印刷佛教经典和佛像。这一时期寺院形成一股社会势力，拥有寺田、食邑和田奴；僧侣享有减免赋税、徭役的特权，高级僧人出入宫廷、官府，位比王侯卿相。僧团制度正式形成，组织严密。上有国师、僧统和僧录，各府有教门公事。寺院林立，建筑富丽堂皇。

3. 西方势力进入以后

16～17世纪，天主教开始传入越南。越南佛教虽不似以前兴盛，但仍绵延不绝。1858年，法国人轰开了越南的大门。进入近代以来，越南大体维持儒释道三教合一的格局。19 世纪末，随着天主教的传播，越南南方甚至出现“四教一源说”。这一时期建立的高台教则是把儒释道和天主教及民间信仰糅合起来的新宗教。

（三）佛教宗派

佛教禅宗不讲究烦琐的礼仪，不重戒律，主张坐禅修行，甚至可居家修禅，著书立说，其教理把中国和印度的佛学与儒学思想结合起来，适应越南封建阶级的需要，对于知识阶层也具有吸引力，因而在越南中古时期各王朝获得广泛发展，并对越南的哲学、文学艺术、建筑、音乐等产生深刻的影响。越南佛教深受中国南宗禅学的影响，先后创立了灭喜禅派、无言通禅派、草堂禅派、竹林禅派等。

1. 灭喜禅派

灭喜禅派由毗尼多流支（又译“灭喜”）所创，又称“南方派”。毗尼多流支，南天竺人，公元 574 年到长安，后随中国禅宗三祖僧璨，承袭中国禅宗衣钵。580 年到达交州，住法云寺，传授禅学。他所创立的灭喜禅派传播三祖僧璨的“心印”思想。在圆寂前将法统传给弟子法贤。这一派系存在于 580～1216 年，共传 19 代。各代名僧如法顺、万行、惠生、庆喜和圆通等均受到当朝国王的重视，封为法师、国师，被任命为僧统。

2. 无言通禅派

无言通禅派由唐代僧人无言通所创，又称“观壁派”。无言通从学于百丈怀海禅师，公元 820 年到交州北宁建初寺，传授禅学，创立该派，实行面壁禅观。他承受中国南宗禅学惠能、怀让、道一和怀海的法统，宣传佛性无所不在和心、佛、众生三无差别等观点。这一派历经 15 代，存在于 820～1221 年。其中第四代祖吴真流为丁朝、前黎朝僧统，封为“匡越大师”。第七代的圆照禅师曾访问中国，被称为“高座法师”。无言通禅派是越南佛教的主要宗派，越南陈朝兴起的竹林禅派直接承袭其法统。

3. 草堂禅派

草堂禅派由北宋云门宗僧人草堂所创，又称“雪窦明觉派”。草堂为雪窦重显的弟子，曾到占婆国弘传佛教，后到达越南北方，受李圣宗重视，封为国师，赐居首都升龙开国寺。草堂创立该派，主要传“雪窦百则”，提倡禅净一致，即实行禅宗的修禅与净土宗的念佛相结合。该派存在于 1009～1205

年，传5代。有3位国王、2名太傅为该派弟子。

4. 竹林禅派

竹林禅派相传为陈仁宗所创，实际始于陈朝开国皇帝陈太宗。陈太宗曾受教于由中国赴越的天封禅师，又从宋朝禅师德诚参学。陈太宗所著的《课虚录》提出“四山”之说，认为生、老、病、死，乃四座大山，人能求佛学禅，勤行修忏，便可“超若海，渡迷津”，越过四山，解脱轮回。该书为竹林禅派的基本著作。竹林禅派以陈仁宗为初祖，他笃志禅学，即位后日理朝政，夜至宫内资福寺研习禅学。后禅位出家，在海阳东潮县安子山花烟寺出家修行，讲授禅法，正式创立竹林禅派，亦称“竹林安子禅派”。自号“香云大头陀”“竹林上士”，人称“调御觉皇”，著作甚多。该派承袭无言通禅派法统，以唐代禅宗五家之一临济宗为主，认为佛法亦即老子的“道”与孔子的“中庸”。宣扬佛法不离世间法。主张坐禅和采用临济宗的“四宾主”师徒问答方式传道。认为心即是佛，佛在众人心中。陈仁宗之后，有二祖法螺、三祖玄光，合称“竹林三祖”。法螺创立琼林院，编撰佛经，著有《参禅旨要》等。玄光，状元出身，后出家从学法螺，1317年继承竹林禅派衣钵，著有《玉鞭集》等。该派因得皇室大力扶持，成为陈朝时期越南佛教的主要派别，对越南佛教的发展影响很大。

佛教已传入越南近两千年，其影响相当大，信徒也颇多，是佛教信仰人数较多的国家之一。佛教在越南的广泛传播，使得越南各地的寺庙处处可见，几乎每个村子都有拜佛的庙。有些村子经济条件差，则建立拜佛的草屋，越南人称之为“庵”。庵一般不如庙壮观。越南的“庵”与中国的“庵”不同之处在于它是用草盖的小庙。跟中国人的习惯相近，每逢农历初一、十五，都是越南人烧香拜佛的日子。有的人在家中，也有的人去庙里，因此，每月初一、十五各个庙从早到晚都是拜佛的人流。

三、道教[①]

（一）道教的概念

道教是具有中国民族文化特色的本土宗教，正式创建于东汉中后期的34～156年，至今已有约1900年的历史。当初凡入道者，须出五斗米，故亦

① 本部分的参考资料主要有陈耀庭：《道教在海外》，福建人民出版社2000年版；王卡：《越南访道研究报告》，《中国道教》1998年第2、3期；李养正：《当代道教》，东方出版社2000年版，第347-349页，以及蓬瀛仙馆道教文化中心资料库发布的资料。

称“五斗米道”。

道教教义就是以“道”及“道德”为核心，把“尊道贵德，天人合一”作为最高信仰，认为天地万物都从“道”而派生，以“一生二，二生三，三生万物”为创世理论，社会人生都应法“道”而行，最后回归自然，即把“人法地，地法天，天法道，道法自然”作为活动准则。[①]道教以神仙信仰为核心内容，以丹道法术为修炼途径，以得道成仙为终极目标。

道教以黄帝为始祖、老子为道祖、张陵为教祖。道教认为玉皇是地位最高、职权最大的神，总管三界（天上、地下、空间），十方（四方、四维、上下），四生（胎生、卵生、湿生、化生），六道（天、人、阿修罗、地狱、畜生、饿鬼）的一切阴阳祸福。

经历代发展，道教的经典有很多，主要的有：《道德经》（《老子五千文》）、《正一经》、《太平洞极经》等。

道教尊奉老子为道祖，其实老子之学并非宗教。在学术上，老子应归为道家。道家是以先秦老子、庄子关于“道”的学说为中心的学术派别。老子是道家的创始人，庄子则继承和发展了老子的思想。道家学术的内容主要是，以老庄的自然天道观为主，强调人们在思想、行为上应效法“道”的“生而不有，为而不恃，长而不宰”。政治上主张“无为而治”，伦理上主张“绝仁弃义”。后来，与法家相结合，成为黄老之学。魏晋时期以老庄解释儒家经文，促成儒道融合。佛教传入中国后，有学者以老庄诠释佛典，形成释道合流。

（二）道教在越南的传播

道教诞生于两汉时期，至于道教何时从内地传播到交州，至今还没有一个权威的说法。史书上有中国的方士赴交州的记载。东晋末年，五斗米道孙恩在江南发动起义失败后，其妹夫卢循率部逃至交州。史载交州人李脱帮助卢循进攻交州府城，失败后赴水自尽。这大概是道教在交州传播最早的记载。

中国唐朝灭亡以后，五代十国时期，内乱纷争，国力衰微。公元968年，越南独立建国。尽管越南已经独立建国，但中国与越南的政治、经济和文化的交往十分密切。

据《大越史记全书》的《本纪》，丁朝先皇太平二年曾经给佛道二教的领袖颁授官阶品级，“道士邓玄光授崇真威仪”。传称，丁先皇在一次起兵

① 《老子》载：“有物混成，先天地生。寂兮寥兮，独立而不改，周行而不殆，可以为天地母。吾不知其名，强字之曰道，强为之名曰大。大曰逝，逝曰远，远曰反。故道大，天大，地大，人亦大。域中有四大，而人居其一焉。人法地，地法天，天法道，道法自然。”

时，还到今宁平省的“天尊洞”道观，礼拜神明。后平定天下，遂改“天尊洞”为“安国祠”。

《大越史记全书》的《本纪》还称，前黎朝大行皇帝在兴统四年，曾经“宣华山道士陈先生诣阙”。陈先生当指陈抟（tuán）。但是，根据中国的史书，陈抟似乎并未到过越南。越南史书的记载至少说明，陈抟盛名遍传天下，前黎朝大行皇帝欲召而不得。

越南李朝崇信三教，李太祖在位时，就兴建道教宫观太清宫，诏度道士。太祖之子李太宗登基时，道士陈慧龙还为其造“天命”，得宠信，获赐御衣。李神宗天彰宝嗣三年，神宗曾经赴五岳观，“庆成金银三尊像”，据称，这是越南史书上有关越南道观造三清神像的首次记载。

陈朝受中国文化的深刻影响，三教并重。陈朝道士曾经为陈太宗举行祈嗣醮仪，获验；为太宗举行延寿醮仪，亦获验。越南史书均作记载。陈朝曾遭中国元朝三次入侵。据《白鹤通圣观钟记》记载，陈圣宗宝符四年，北方道士许宗道随商船避难来到越南，即获越南朝野的重视，任检校太尉平章事、清化府路都元帅，赐紫鱼袋。1284 年，当元军进攻安南时，许宗道与越南军队的将帅，“在白鹤江剪发立誓，与神为盟，尽以心忠共报君上”，结果击退元军，杀元将唆都。其后，陈朝君王更加崇信道教，屡次让许宗道举行黄箓斋仪，“投简于伞圆山，进龙璧于白鹤渊”。道士许宗道客居越南达 40 余年。

越南陈朝的文人陈元旦（1325—1390 年）有《题玄天紫极宫》诗称：“玉皇校箓红云拥。”1419 年编成的《安南志原》引用《交趾通志》称，每年正月“九日，玉皇诞生日，各道观行礼拜”。接着，在 15 世纪 30～40 年代，《高上玉皇本行集经》在越南刊行且开始流行。高台教将玉皇大帝的信仰融合进了自己的信仰中。阮秉谦（1491—1585 年）是当时著名的道家学者，道号白云居士。他早年学儒，考中后黎朝状元，曾任职于莫氏政权，后辞官回乡办学，撰有《白云庵诗集》等著作。他对乱世的丑恶纷争既愤恨又感到无力改变，其诗文多对世俗时事的愤激批评，歌颂“万事置度外，清闲似神仙”的隐居生活，有儒家与老庄思想结合的特点。

阮朝建立后，佛、道二教在阮朝也继续传播。阮朝道士清和子撰有《真武观》《真编会》等著作。

（三）重要道教场所与活动

1. 真武信仰

真武帝君，即玄天上帝，从中国的宋代便开始流行。玄天上帝，受到中国宋、元、明等历代王朝的封诰。武当山为玄天上帝的圣地。

越南广泛流传对真武帝君的信仰。越南的北部和中部有许多奉祀真武帝君的宫观和神祠。河内市区北部的西湖风景区就有真武观。真武观，又称镇武观，也称龟圣祠，建于李朝时期。

李朝以后，真武观一直受到历代王朝的尊崇。民间传说，回流河内的红河堤防常被狐精和龟蛇破坏，祈求真武帝君就可以降伏妖精，断绝灾害。后黎朝时期，越南科举制度逐渐完善，文人考试的竞争十分激烈。真武观又合祀文昌帝君。自16世纪以后，在都城考试的考生大多在同一真武观中祈求。

现存的河内真武观，面对龟圣路，背靠西湖，风景优美，是河内的文化古迹和旅游胜地。观内建筑有柱雕彩绘，庭院幽静，屋脊有辟邪异兽装饰，山门有匾额“镇武观”。正殿供奉真武大帝铜像，据称，像高3.46米，重4吨。此铜像铸造于后黎朝熙宗永治二年。铜像为真武帝君坐像，散发，身披盔甲，左手握手印，右手持剑，膝下有龟蛇合体的造型，神态威武狰狞。

2. 玉山祠与《会真篇》

玉山祠是越南著名的道观，又称玉山寺、玉山庙，位于河内市中心还剑湖中的玉山岛上。玉山岛以40米长的太鼓桥与湖岸相连接。玉山祠合祀关帝、陈兴道和文昌帝君等。其中除陈兴道以外，都是明清时期在中国广泛流传的道教神祇。

玉山祠现存《玉山帝君祠记》称，玉山原是黎太祖的钓鱼台，后建关帝庙。阮朝时，由蕊溪社的信徒们修复。其后又在1842年由科举及第的文士们组织的“向善会”增建了文昌殿。现今玉山祠是河内的文化古迹和旅游胜地，祠庙建筑完好，有三重门阙、大殿、廊房和亭塔等。头门临街，门墙上有“福禄”二字。二门名曰“砚台”，右题“龙门”，联称：“砚台笔塔大块文章，唐科宋榜士子梯阶。”左题“虎榜”，联称：“窦桂王槐国家桢干，虎榜龙门善人缘法。”三门为“得月楼”。楼后即玉山祠主殿。

玉山祠在越南宗教史上的地位，还在于此祠曾经刊印了大量中国道教的经书，如《会真篇》，是越南神仙的传记集，大约成书于阮朝绍治七年（1847年），现存刊本有嗣德三年（1850年）的玉山殿本。其中，收有越南男性神仙13名，女性神仙约14名。神仙中有一些越南历史上和中国关系密切的神仙。

3. 庆云南院的传统道教活动

据中国社会科学院世界宗教研究所王卡教授的考察，胡志明市的第十一郡阮氏细街有庆云南院，是越南现存的唯一保存中国传统道教活动形式的道院。庆云南院是早年中国广东南海茶山庆云洞[①]分灵迁来的，因此称为南院。

越南的庆云南院，山门上有横额“众妙之门”，联称：“庆立庙门宏开普度，云环吾道广设津梁。”南院的正殿是两层楼房。底层大殿，正中供奉慈航道人（即观世音），前陪侍文昌、关帝和吕祖，左供奉赤松真人，右供奉华佗仙师。二楼除会议室以外，还设有释迦殿、观音殿、地藏殿及太清殿，符合全真派三教合一的教义思想。

庆云南院外有所属的“隐修阁”，内设“柳真君府”，供奉母道教的柳杏圣母。据称，柳杏圣母已被吕祖收为弟子，成为越南道教的神仙。

庆云南院现有道教信徒约千人，都是附近的华人百姓。院内的道士都要出家，实行全真派的清规节律。南院经忏使用吕祖十方经韵。道士每天都要做早晚功课，每月二十五日为信徒和华人百姓举行度亡法事，每年的农历七月十五日中元节都举行盂兰盆会，以罗天大醮超度普世幽魂。

4. 以道教为主的母道教

母道教是越南北方流传的一种民间宗教，崇奉越南仙女柳杏圣母。柳杏圣母又名柳杏公主、崇山圣母或云葛神人，属于越南民间信仰中的“诸位”神系的神灵。越南的“诸位”神系的神灵中，女性神的地位高于男性神。柳杏圣母是越南神仙思想融合了萨满和地母信仰而出现的神灵。

传称，柳杏圣母姓陈，后黎朝天佑元年（1557 年）出生于山南镇天本县云葛社的黎太公家中。黎太公之妻因在怀孕时患有抑郁症，曾召请道士施法术。其时，正巧玉皇大帝的次女因跌碎玉剑而被贬放人间，即降生于黎太公之家。因此，柳杏圣母就是道教玉皇大帝的次女。柳杏圣母在 18 岁时与桃郎成亲，但是，3 年后因眷恋天庭而升天，又因赎罪未足而再被送回人间。柳杏圣母与侍女桂娘和维娘等白昼降临于清化镇石城县庯葛社。她在人间卖酒、乞食等变身现形，感化民众，惩罚有罪。大约在后黎朝末期回归天庭。其侍女则一直留在人间，作为沟通圣母和人世的媒介。

圣母诞生地云葛社建有圣母神祠。后黎朝及阮朝各皇帝都曾给圣母封号，称圣母为上等福神。母道教的庙观称为府、殿和祠。各庙都有世袭的庙主。河内市内就有云府、顺美祠和安寿祠等供奉柳杏圣母。

据考察，母道教的庙观的神像雕塑和殿堂设置与道教宫观大致相同，其横匾和对联均用汉字书写。殿前还吊有许多尖顶斗笠，上面写有祈愿人的姓名，祈求吉祥。

---

① 中国广东南海茶山庆云洞，始建于光绪二十五年（1899 年），供奉吕祖。

第三节 本土特色宗教

在越南，除了多数人信奉的儒释道和天主教外，也有人创造了本土的宗教：高台教和和好教。前者是多种宗教的糅合，尤其是道教占主导地位。后者则是佛教的变种。

一、高台教

高台教是带有浓厚越南特色的本土宗教，1926 年 10 月创于西宁省鹅坚县慈林庙，主要流行于越南南方。高台教糅合了佛教、道教、儒教、基督教的教义，崇拜和供奉这些宗教所尊奉的神和创始者。“高台”一词出自《道德经》第 20 章，“众人熙熙，如享太牢，如春登台”。高台教徒解释“如春登台”为“上祷高台”，高台就是神灵居住的最高的宫殿的意思。

在高台教的供桌上，最高一层的中央是释迦牟尼像，左右两边分别是老子像和孔子像；第二层中间是观音，左右分别是太白像和关圣像；第三层是耶稣；第四层除姜太公外，还有许多东西方的神圣。供桌上有盏长明灯，称“太极灯”，高台教把它理解为“宇宙的灵魂”，象征造化。在所有这一切之上是人类最高主宰者——玉皇大帝的眼睛（描画或悬挂在墙壁上的最高处），仿佛人间的一切事情都逃不过玉皇大帝的审察。

高台教的教义思想吸收了中国儒家和佛家的伦理观念，但其神仙基本上搬用道教的神仙体系。高台教的最高神是玉皇上帝，即道教的玉皇大帝，在越南也称为皇官教主，居于越南民间信仰的“诸位”神系的最高支配者地位，统率各种神祇。此外，高台教还吸收了道教的其他神灵，如李太白、关帝、姜太公和太上老君等。越南民众对于道教玉皇大帝的信仰，大约开始于 14 世纪。

高台教服饰分红、黄、蓝三种。高台教的信徒吃素，留长发，没有教主，靠“奇笔”传教，由“奇笔”来解答人们提出的问题，认为“奇笔”秉承玉皇大帝的旨意，是不能怀疑的。这些由信徒充当的“奇笔”常以历史、文学和神话人物如姜太公、李太白、齐天大圣、潘清简及圣女贞德、雨果等的面目出现。

高台教糅合多种信仰，诸神共处，实虚皆备，迎合各种信仰者的需要，发展迅速。据统计，1930 年信徒达 500 万人，1935 年增至 1000 万人。信徒遍及整个越南南方，还发展到越南中部和柬埔寨的一些省份。其成员绝大多数是农民，他们是普通信徒，也有不少上层人士。高台教带有很浓的政治色彩。由于政治观点分歧，内部相继产生了很多派别，主要有仙天派、西宁派、前江派、后江派等。

二、和好教

和好教也称和好佛教。

和好教在南方，与佛教关系密切，同时也充满儒学伦理和道家思想。该教的创立者为黄富数（1919—1947 年）。黄富数出生于安江省富新县和好乡的一个地主家庭。1939 年黄富数以家乡名创立了和好教。据解析，和好的含义为孝和交好。与佛教一样，该教也讲慈悲、博爱、大同和因果报应，信徒多为农民，故又被称为“农民佛教”。在越南西南的安江、同塔梅、河仙等地，有不少人加入和好教[①]。

和好教没有寺庙，但有僧侣，用一块红布代替神佛的图像，信徒早晚供佛两次，供品为清水和鲜花，清水代表纯洁，鲜花代表坚贞，强调俭朴和与世无争，不接受佛礼和佛道修炼。和好教也自称佛教，但实质上是佛教与充满儒学伦理的民族传统观念相结合的产物。它具有浓厚的政治色彩。1974 年春，在反对美伪统治的斗争中，大批僧侣被捕，有的惨死狱中。1975 年 2 月，和好教军队配合越南人民军推翻了南越政权。

越南大约有 200 万的和好教信徒。

第四节　天主教及其他宗教

一、天主教及新教

基督教有三大教派，包括天主教、新教和东正教。在越南主要是天主教和新教，天主教信徒较多，新教信徒较少。

1. 天主教

16 世纪后期，葡萄牙、西班牙等国的传教士将天主教传入越南。1615 年，法国在越南成立“法国耶稣会”，1668 年又成立“外方教会”。自此以后，

---

① 由越南安江省富新县人黄富数创立于 1939 年，因黄富数居住的村子名为“和好村”，故以此取名。

法国传教士逐渐垄断了在越南的传教权。但他们的活动多次被越南封建统治者禁止，并被驱逐出境。直到18世纪80年代末90年代初，越南封建统治者与法国传教士百多禄勾结，镇压西山起义后，法国天主教会才取得了在越南传教的许可。1858年，法国借口传教士被杀，派兵侵占越南。1862年，越南封建王朝被迫与法国签订了《西贡条约》，明文规定法国传教士可以在越南传教，天主教势力在越南迅速扩大。1883年，信徒已达70多万人。

1954年日内瓦会议后越南南北分治，很多教徒从北方逃到南方，剩下的主要聚居在义安、广义、河静等省。据20世纪60年代的统计，北方天主教有一个总教区，下辖9个教区，信徒100多万。南方有两个总教区，14个教区，1400多座教堂，信徒200多万。1975年夏，罗马教廷将教廷代表办事处迁往河内。1976年元旦，河内总主教陈如奎赴罗马接受红衣主教头衔。

据统计，2008年越南有天主教信徒618万人，约占越南总人口的7%。

2. 新教

新教在越南也叫福音教，其传入越南较晚，直到1911年才引入越南。1954年法国人离开时，新教信徒约6万人，牧师80人。

南北分治时期，新教得到美国和南越政权的大力支持，其信徒数量有较大的增加。1975年越南北南统一前，南方新教信徒约有25万人，牧师800人。

越南革新开放后，宗教环境变得宽松，新教得到新的发展。1997年越南新教信徒约40万人，教堂450座。信徒主要分布在越南南部的平福省和西原地区。

二、伊斯兰教

伊斯兰教虽然是世界三大宗教之一，但在越南信奉该教的人很少，只占总人口的0.075%。越南信奉伊斯兰教的人主要是在中南部的部分占族及少量的高棉人和其他外来者。据统计，越南伊斯兰教信徒约72 000人。据越南1999年4月的调查结果，越南13万占人中，有63 147人为穆斯林。到2001年，越南全国穆斯林有64 957人，其中占婆尼穆斯林有39 288人，正统穆斯林有25 669人。

公元10世纪末到11世纪初，占人接触到伊斯兰教。而信徒逐步增加是在1470年占婆国被越南攻占，不少占人移居柬埔寨之后，部分流散的占人接触了马来西亚人、印度尼西亚人，他们吸收了伊斯兰教，并与原来信奉的婆罗门教及原始信仰融合，成为后来的占婆尼穆斯林。他们主要居住在宁顺、平顺、平福三省。

19 世纪 30 年代越南人一度占领柬埔寨。1841 年，暹越战争中越南战败，柬埔寨独立，越南撤出柬埔寨。部分占人随越军来到越南南部的安江、西宁等地，这部分人加上后到胡志明市等地经商的马来西亚人、印度尼西亚人、印度人，由于与外部穆斯林接触较多，他们信奉的是正统的伊斯兰教。

越南占婆尼穆斯林与正统穆斯林区别在于，后者宣称绝对信奉《古兰经》和先知穆罕默德。前者则是在信奉《古兰经》和先知穆罕默德的同时，还信奉创造占族的女神、各位占族英雄和祖先的神灵；他们尚保持伊斯兰教的基本宗教理念和习惯，如诵读《古兰经》、不吃猪肉、戴头巾等，不过也有与其他国家和地区的穆斯林稍微区别的地方，如他们没有一天诵经 5 次，而只是一个星期才诵经一次。[1]

---

① 越南政府宗教委员会网站文章：《越南的伊斯兰教简介》。网址：http://btgcp.gov.vn/.越南文维基网文章《越南的伊斯兰教》。网址：https://vi.wikipedia.org/wiki/Hồi_giáo_tại_Việt_Nam。

第六章 历法节庆民俗

人类通过观察天象，制定了历法。有了历法，人们就会在每年一定的时间组织相应的活动，形成节庆。节日活动中，人们会有很多约定俗成的习惯和仪式。可见，历法与节庆、民俗关系密切。

第一节 历 法

一、历法简介

历法是人们千百年来通过观察太阳、地球、月亮的运转，得出规律，用年、月、日来计算时间的方法。

罗马人、中国人、印度人、犹太人、阿拉伯人很早就已分别创造了格里高利历、汉历、印度历、犹太历、伊斯兰历。格里高利历为“阳历”，也称为“西历”，属于天主教文明，现为国际普遍采用的公历。历法的出现深远地影响了人类社会经济文化的发展。

中国是世界上发明历法最早的国家之一。中国主要的传统历法为汉历，也称为“农历”“阴历”“黄历”“旧历”等。中国汉历为阴阳历，既考虑月球绕地球运行一周为一个月，也兼顾了平均月长度为一个“朔望月”①，以朔望的周期来定月，用置闰的办法使年平均长度接近太阳回归年。同时设置24个节气来反映季节的变化，以指导农业生产活动。汉朝时中国全国统一历法，把历法作为一门独立的科学。20世纪初中华民国成立后，中国改为采用西历纪年。

在古代，越南、朝鲜等中国周边国家均采用中国农历。即使到今天，越南、朝鲜等国及几乎全世界所有华人仍旧使用中国农历推算春节、中秋节、端午节等传统节日。

越南的历法与中国几乎一样，既用公历，也用农历。

---

① 朔望月，人们在天体测量学中，测得其平均长度大约为29.5天。

二、纪年

中国用天干地支纪年。天干的数目有十位，依次顺序为：甲、乙、丙、丁、戊、己、庚、辛、壬、癸，称为“十天干”。地支的数目则为十二位，依次顺序为：子、丑、寅、卯、辰、巳、午、未、申、酉、戌、亥，称为“十二地支”。十天干和十二地支依次相配，组成 60 个基本单位，即通常所说的一甲子。

越南同样用天干地支来纪年，越南语为 Can Chi。越南当代一些学者写作、出版书籍时，仍经常用天干地支纪年。如原越南社会科学院东南亚研究所所长范德阳教授 2000 年出版的《东南亚背景下的越南文化》，其前言末落款为 Xuân Canh Thìn（庚辰年春）。①

对应中文的甲子到癸亥，越南文的天干地支一甲子循环见表 6-1。

表 6-1　越南文天干地支一甲子循环（1924～2103 年）

1. 甲子 Giáp Tý 1924 1984 2044	7. 庚午 Canh Ngọ 1930 1990 2050	13. 丙子 Bính Tý 1936 1996 2056	19. 壬午 Nhâm Ngọ 1942 2002 2062	25. 戊子 Mậu Tý 1948 2008 2068	31. 甲午 Giáp Ngọ 1954 2014 2074
2. 乙丑 Ất Sửu 1925 1985 2045	8. 辛未 Tân Mùi 1931 1991 2051	14. 丁丑 Đinh Sửu 1937 1997 2057	20. 癸未 Quý Mùi 2003 2063 2023	26. 己丑 Kỷ Sửu 1949 2009 2069	32. 乙未 Ất Mùi 1955 2015 2075
3. 丙寅 Bính Dần 1926 1986 2046	9. 壬申 Nhâm Thân 1932 1992 2052	15. 戊寅 Mậu Dần 1938 1998 2058	21. 甲申 Giáp Thân 1944 2004 2064	27. 庚寅 Canh Dần 1950 2010 2070	33. 丙申 Bính Thân 1956 2016 2076
4. 丁卯 Đinh Mão 1927 1987 2047	10. 癸酉 Quý Dậu 1933 1993 2053	16. 己卯 Kỷ Mão 1939 1999 2059	22. 乙酉 Ất Dậu 1945 2005 2065	28. 辛卯 Tân Mão 1951 2011 2071	34. 丁酉 Đinh Dậu 1957 2017 2077
5. 戊辰 Mậu Thìn 1928 1988 2048	11. 甲戌 Giáp Tuất 1934 1994 2054	17. 庚辰 Canh Thìn 1940 2000 2060	23. 丙戌 Bính Tuất 1946 2006 2066	29. 壬辰 Nhâm Thìn 1952 2012 2072	35. 戊戌 Mậu Tuất 1958 2018 2078
6. 己巳 Kỷ Tỵ 1929 1989 2049	12. 乙亥 Ất Hợi 1935 1995 2055	18. 辛巳 Tân Tỵ 1941 2001 2061	24. 丁亥 Đinh Hợi 1947 2007 2067	30. 癸巳 Quý Tỵ 2013 2073 2033	36. 己亥 Kỷ Hợi 1959 2019 2079

① Phạm Đức Dương（范德阳，1930 年10 月21 日—2013 年12 月8 日）：*Văn hóa Việt Nam trong bối cảnh Đông Nam Á*，Nxb KHXH，H，2000（《东南亚背景下的越南文化》，越南社会科学出版社 2000 年版）。2001 年 2 月笔者访问河内时，范德阳教授将该书赠送给了笔者。

续表

37. 庚子 Canh Tý 1960 2020 2080	41. 甲辰 Giáp Thìn 1964 2024 2084	45. 戊申 Mậu Thân 1968 2028 2088	49. 壬子 Nhâm Tý 1972 2032 2092	53. 丙辰 Bính Thìn 1976 2036 2096	57. 庚申 Canh Thân 1980 2040 2100
38. 辛丑 Tân Sửu 1961 2021 2081	42. 乙巳 Ất Tỵ 1965 2025 2085	46. 己酉 Kỷ Dậu 1969 2029 2089	50. 癸丑 Quý Sửu 1973 2033 2093	54. 丁巳 Đinh Tỵ 1977 2037 2097	58. 辛酉 Tân Dậu 1981 2041 2101
39. 壬寅 Nhâm Dần 1962 2022 2082	43. 丙午 Bính Ngọ 1966 2026 2086	47. 庚戌 Canh Tuất 1970 2030 2090	51. 甲寅 Giáp Dần 1974 2034 2094	55. 戊午 Mậu Ngọ 1978 2038 2098	59. 壬戌 Nhâm Tuất 1982 2042 2102
40. 癸卯 Quý Mão 1963 2023 2083	44. 丁未 Đinh Mùi 1967 2027 2087	48. 辛亥 Tân Hợi 1971 2031 2091	52. 乙卯 Ất Mão 1975 2035 2095	56. 己未 Kỷ Mùi 1979 2039 2099	60. 癸亥 Quý Hợi 1983 2043 2103

三、节气

东亚国家包括中国、越南、日本、朝鲜、韩国，使用的农历有个辅助部分——节气[①]。节气如果也算历法，就是完全的太阳历。节气与地球在绕太阳运动的轨道的位置有关，和月球无关。地球围绕太阳转一周 360 度，分为 24 个单位，每个单位 15 度，就是一个节气。

节气从立春开始，一个太阳年是两个立春之间的时间，约 365.2422 天。根据太阳的位置，把一个太阳年分成 24 个节气，以利于农业种植等活动。中国、越南、日本、朝鲜、韩国的 24 个节气的时间是一样的（表 6-2）。

表 6-2　中国、越南、朝鲜、韩国、日本的 24 个节气

中文	越南语	日本语	朝鲜语	公历时间（2016～2017 年）
立春	Lập xuân	立春（りっしゅん）	입춘（立春）	2 月 4 日
雨水	Vũ thủy	雨水（うすい）	우수（雨水）	2 月 19 日
惊蛰	Kinh trập	啓蟄（けいちつ）	경칩（驚蟄）	3 月 5 日
春分	Xuân phân	春分（しゅんぶん）	춘분（春分）	3 月 20 日
清明	Thanh minh	清明（せいめい）	청명（清明）	4 月 4 日
谷雨	Cốc vũ	穀雨（こくう）	곡우（穀雨）	4 月 19 日
立夏	Lập hạ	立夏（りっか）	입하（立夏）	5 月 5 日
小满	Tiểu mãn	小満（しょうまん）	소만（小滿）	5 月 20 日

① 越南语为 Tiết khí。

续表

中文	越南语	日本语	朝鲜语	公历时间（2016～2017年）
芒种	Mang chủng	芒種（ぼうしゅ）	망종（芒種）	6月5日
夏至	Hạ chí	夏至（げし）	하지（夏至）	6月21日
小暑	Tiểu thử	小暑（しょうしょ）	소서（小暑）	7月7日
大暑	Đại thử	大暑（たいしょ）	대서（大暑）	7月22日
立秋	Lập thu	立秋（りっしゅう）	입추（立秋）	8月7日
处暑	Xử thử	処暑（しょしょ）	처서（處暑）	8月23日
白露	Bạch lộ	白露（はくろ）	백로（白露）	9月7日
秋分	Thu phân	秋分（しゅうぶん）	추분（秋分）	9月22日
寒露	Hàn lộ	寒露（かんろ）	한로（寒露）	10月8日
霜降	Sương giáng	霜降（そうこう）	상강（霜降）	10月23日
立冬	Lập đông	立冬（りっとう）	입동（立冬）	11月7日
小雪	Tiểu tuyết	小雪（しょうせつ）	소설（小雪）	11月22日
大雪	Đại tuyết	大雪（たいせつ）	대설（大雪）	12月7日
冬至	Đông chí	冬至（とうじ）	동지（冬至）	12月21日
小寒	Tiểu hàn	小寒（しょうかん）	소한（小寒）	1月5日
大寒	Đại hàn	大寒（だいかん）	대한（大寒）	1月20日

注：表中所列是一个基本的时间，有些年中、某一节气会在前后一两天。《24节气歌》为：春雨惊春清谷天，夏满芒夏暑相连；秋处露秋寒霜降，冬雪雪冬小大寒。每月两节不变更，最多相差一两天；上半年来六廿一，下半年是八廿三

越南南北跨度大，北方靠近中国，气候与中国南方相似，人们可感知春夏秋冬四季之分。而南部靠近赤道，气候炎热，长年温差很小，人们往往感觉不到一年中四季的变化。按降雨量的多少，越南南方常常把一年分为雨季和旱季。旱季是从每年的11月至次年的4月，雨季为5月到10月。

四、生肖

十二生肖，是中国传统文化的重要部分，源于自然界的11种动物和一个民族图腾，由鼠、牛、虎、兔、龙、蛇、马、羊、猴、鸡、狗、猪组成。十二生肖也用于纪年，顺序排列为子鼠、丑牛、寅虎、卯兔、辰龙、巳蛇、午马、未羊、申猴、酉鸡、戌狗、亥猪。这在汉字文化圈内被广泛使用。

越南的十二生肖与中国大同小异，有猫年（TUỔI MÃO或MẸO），无兔年（卯兔），其他11个都一样。中越十二生肖对应如下：

子鼠 TUỔI CHUỘT (TÝ)

丑牛 TUỔI TRÂU (SỬU)

寅虎 TUỔI HỔ (DẦN)
卯兔 TUỔI MẸO (MÃO 猫年)
辰龙 TUỔI RỒNG (THÌN)
巳蛇 TUỔI RẮN (TỴ)
午马 TUỔI NGỰA (NGỌ)
未羊 TUỔI DÊ (MÙI)
申猴 TUỔI KHỈ (THÂN)
酉鸡 TUỔI GÀ (DẬU)
戌狗 TUỔI CHÓ (TUẤT)
亥猪 TUỔI LỢN (HỢI)

第二节 节　庆

越南的节庆可以分为两大类，一类是国家纪念日，如国庆节、劳动节等；另一类是传统节日，如春节、端午节等。从文化的角度，本节主要评述越南的传统节庆习俗。这是一个民族、一个区域的人们千百年来在生产、生活发展的过程中逐渐形成的，不会轻易改变和消失。越南与中国的节庆习俗几乎如出一辙，其发展趋势也有惊人的相似之处。越南的传统节日与中国大同小异，都有春节、清明节、端午节、中秋节等。春节、端午节、中秋节都是按传统的农历来确定的，清明则是 24 个节气之一。

一、春节

人人焕发齐欢乐，春回大地到万家，
悠悠一年再回首，相互祝愿美如花。①

这是一首越南诗人描写越南人民欢度春节喜乐景象的诗歌。

越南语春节为 Tết Nguyên Đán，是汉根词，音译为“元旦节”，即新年的第一天。越南是世界上少数同中国一样过农历春节的国家之一。这是越南民间最重要的传统节日，表现形式也最为隆重，全国放假 3 天，加上前后的

① 越南语原文为：“Ai cũng hồn nhiên，ai cũng đẹp，Tết đem thân ái đến muôn nhà，Chuyện cũ dài dòng xin nhắc lại，Chúc nhau Ngày Tết đẹp như hoa.”

周末休息日，总共连续放假 7 天[①]。越南人过春节持续时间很长，前后约半个月。节前一周要做很多准备，节后一周还有很多活动。春节期间，越南人家人团聚、探亲访友、贺岁、祭祖等。

越南人也把春节视为辞旧迎新的日子。人们一般从农历十二月中旬就开始打扫卫生，装修房子，所有不必要的物品，或者被认为是带来不吉利的东西都要扔掉。同时，开始置办年货，准备过节。

送灶王节在越历腊月二十三日，起灶王神位，烧化纸钱，供奉祈福。家家户户都要供，希望得到神的赐福。越南人认为，灶王爷是家中的守护神，二十三日中午或下午祭拜供上香、蜡烛、水果、鲤鱼、冥器等，让灶王爷到天庭把一家过去一年中的好坏事情禀告给玉皇大帝。到除夕那一天再把灶王爷迎回来。

腊月三十日（有些年只到二十九日）是除夕，一家人会团聚，吃年夜饭。饭前要先祭拜先祖，以表示对上人的孝敬，不忘先祖的恩德。

守岁。越南人在除夕之夜，也有守岁的习俗。凌晨零点是过去一年的结束，新的一年来临的时刻。此时，人们会燃放鞭炮、烟花，以驱除恶鬼和过去一年的不顺，迎接吉祥美好的新的一年。

拜年。新年头三天是人们拜年的时间。

正月初一是新年的第一天，被认为是春节最重要的一天。从正月初一开始，人们就忙于探亲访友，互致节日问候，表达真诚的祝愿。甚至平日不和、互不往来的人，在春节期间见面时，也是满面春风地互致问候，说些吉利话，全然不计前嫌。有些人还特地到平日不和的亲友家去拜年，重新握手言和。最早到家里来拜年的客人特别受到重视，传说他将给主人家里带来好运，越南人称之为“冲家”“冲地”，其意义同中国习惯中的“冲嘉”颇为接近。因此，越南人常常事先约请自己最亲近、最尊敬的朋友，作为自己家里新春的第一位客人。人们普遍认为，这是全家来年吉凶福祸的兆头。

正月初二，被认为是问候母亲的日子。那些准备结婚的男子要去未来妻子的家，给准岳父母拜年。

正月初三，则被认为是拜师的日子，学生常常会去给老师拜年。

春联和年画。越南人过春节也在大门两旁贴大红春联。春联一般是用汉字书写，红纸，黑色或金黄色的字。文字改革后，现在有一部分春联用汉字书写，也有一部分春联改用越南文书写。在具体写法上，按照方块字的格式，从上往下逐字书写，每个词成一个方块，仍然是上、下联相对。越南最为家喻

① 2017 年越南春节放假为 2017 年 1 月 26 日至 2 月 1 日。

户晓的一副关于春节的对联为："肥肉葱头红对联，幡竿鞭炮绿粽子。"[①]除春联外，越南家家户户也会挂年画，一般都是"胖娃娃""老鼠迎亲"等。同时，还在家里贴上"福""喜"等字样和福、禄、寿星的形象[②]。

花市。与中国广州相似，花市是每年越南春节活动的一项重要内容。越南从北到南，四季常青，终年鲜花盛开。每年春节前各城镇的传统春节花市，更是繁花似锦、万紫千红。在首都河内，春节前约10天，花市就开始热闹了。从花市归来的人们充满了节日的喜悦，神采飞扬。有的人举一株含苞欲放的桃花；有的人捧一束鲜丽芬芳的剑兰或者是大丽菊；有的人则在自行车或摩托车后座上带着一盆硕果累累的金橘。按照传统习俗，越南人过春节，即使经济困难，家里也总要插一株桃花。越南人借用中国人的观念，认为桃花是可以驱除邪鬼的。春节前，越南种植花卉的花农们千方百计地精心培育，使桃花能在春节期间准时开放。

年粽。跟中国的南方省份一样，越南春节食品中，年粽是一大特色。它也是祭祀祖先时必不可少的供品。与中国的粽子差不多，越南年粽用糯米包成，不过，它呈方形，有的甚至比中国的粽子大。一般一个年粽用200克糯米，中间要包上一些猪肉和绿豆沙，外面裹着几层绿色的芭蕉叶。传说年粽象征着大地，绿色显示生机勃勃，猪肉和绿豆则表示大地上有飞禽走兽，草木繁生。

越南人按农历热热闹闹地过春节已有两千年的历史。不过，2005年越南有一位学者武丛春（Võ Tòng Xuân）提出，越南应该改为按公历来过新年。这遭到了越南大多数人的反对，因为农历春节已成为越南文化的一部分。[③]

二、清明节

清明，是一年24个节气中的第5个节气，在立春之后的60天，一般在农历的三月，最迟在农历四月初，公历为4月4日或5日。这一天是一个重要的节日，其活动含有饮水思源、孝敬先祖的意义。该节渊源自中国的寒食节[④]，后来逐渐演变为今日的清明节。

---

① 越南语原文为："Thịt mỡ，dưa hành，câu đối đỏ. Cây Nêu，tràng pháo，bánh chưng xanh."春节，居住在乡村的家庭会在屋前插上幡竿，传统认为幡竿是驱邪的，现在城里的越南人已没有这个习惯了。

② 2007年8月初，笔者随广西社会科学院代表团访问越南。在此期间，广西社会科学院院长、广西书法家协会会长韦克义在越南社会科学院举办书法表演，越南人索取最多的是"福""禄""寿"等汉字。

③ Vietnamnet.vn（越南网）文章："Không nên bỏ hoặc gộp Tết ta vào Tết tây."网址：http://vietnamnet.vn/vn/tuanvietnam/khong-nen-bo-hoac-gop-tet-ta-vao-tet-tay-104571.html。

④ 据载，春秋时期，晋国公子重耳即晋文公，为躲避祸乱而流亡他国长达19年，大臣介子推始终随其左右，不离不弃，甚至割股为他充饥。晋文公归国为君后，分封群臣，独介子推不愿受赏，携老母隐居于绵山。晋文公为了追其出山相见而下令放火烧山，介子推坚决不出山，最终被火焚而死。晋文公感念忠臣之志，将其葬于绵山，修祠立庙，并下令在介子推死难之日禁火寒食，因此称为寒食节。后来寒食节融入了清明节。

清明意味着气清光明，是一年之中的美好时光。同中国一样，越南人也借清明之际扫墓和踏青。大约在农历三月初三，外出的人一般都要回到家乡，团聚，给祖先扫墓。

清明前一天，人们会准备好蜡烛、香、纸钱、食品、饮料等供品。清明这一天人们带着铁锹、供品、纸钱等，来到祖坟处。人们先修埋坟墓，培高坟头，清除坟墓上的杂草，防止野兽侵蚀坟墓。然后，他们就摆上供品，有些还献上鲜花，焚香烧纸，甚至燃放鞭炮，以祭祀先人。

三、端午节

跟中国一样，越南、朝鲜等国也过端午节。

“端”意为开端，“午”为中午。“端午”意为中午开始。端午，又称端阳，“阳”为太阳、阳气，“端阳”就是开始阳气旺盛之时。端午节为农历五月初五，正是阳气旺盛之时，犹如中午的太阳。相传，端午从前只是一个标志节气进行祭祀的日子，祈求在炎热的夏季一切平安，消灾祛病。在中国，后来人们增加了纪念屈原的意义[①]。

越南的端午节也是农历五月初五，又称正阳节。端午节有吃粽子的习俗，还有驱虫习俗。节日清晨，父母为子女准备糯米酒酿、黄姜糯米饭及桃、李、柠檬等几种酸味食品和水果。南方一些地区让子女吃西瓜、芒果，煮鸡蛋和饮椰汁，大人饮雄黄酒，并将雄黄涂在小孩头、额、胸、脐各处以逐虫。许多地区的孩子用指甲草涂染手指和脚趾，佩带由巫师用五色线绳编制的符以辟邪。端午采药是一项必不可少的活动，人们认为“端午草药”最为灵验，许多集市上有此药专卖摊。除端午逐虫外，越南过端午节主要内容是吃粽子。越南人认为，吃粽子可以求得风调雨顺、五谷丰登。

同时，越南人也常常借此机会让家人团聚，并祭拜先祖。

四、中元节

越南的中元节也源于中国。中国古代把一、七、十月之十五日称作上元、中元、下元。上元是天官赐福日，中元是地官赦罪日，下元是水官解厄日。人们把中元节定在农历七月十五，也有些地方设在农历七月十四的。中元节

---

① 传说，战国时期的楚国（今湖北）诗人屈原在五月初五抱石跳汨罗江自尽，统治者为树立忠君爱国的思想，将端午作为纪念屈原的节日。

主要是普度孤魂野鬼，因此在中国亦称“鬼节”。古时候，一些地方官府还命令寺庙和尚或宫观道士设置道场，焚烧大量的纸钱，祭奠孤魂及阵亡的军士。后来，人们把中元节源于印度佛教的盂兰节结合起来了。

五、中秋节

在越南，中秋节与春节、清明节、端午节一起，也是一年中传统的四大节日之一，时间为每年的农历八月十五。中秋节之夜，越南人有点彩灯的习俗。这是源于中国宋朝仁宗时期的一个传说：过去有一条鲤鱼，修炼多年成精，夜晚出来害人，人们十分惧怕。一到晚上，家家关门闭户，不敢外出。后来，包公想了一个办法，让人们制作一种鲤鱼形的纸灯，在鲤鱼腹部插一根棍子。夜晚人们挑灯出门，妖精见了很害怕，从此不敢再来危害百姓。

自古越南等东南亚国家是农业国，节日常常与农事有关。每年农历八月播种完，酷暑天气逐渐转凉。秋天的月光下，老农喝茶，饮酒，举头赏月，想象未来。

为了欢度中秋节，越南人从农历八月初就开始准备包括月饼在内的各种食品，形式多样、丰富多彩。

越南中秋节吃月饼的习俗也很普遍。中秋节之前，各商店和摊点均出售月饼。越南的月饼，从制作方法上分为两种：一种叫烤月饼，是硬的，同中国的月饼类似，里面也分别包有五仁、豆沙、椰蓉、火腿、蛋黄等各种不同的馅。另一种叫软月饼，用糯米粉做成，形状同烤月饼相仿，但颜色为白色，且饼比较软，口味同烤月饼完全不同。中国月饼一般制成圆形，象征团团圆圆之意。而越南月饼则既有圆形的，也有是做成方形，反映天圆地方的意念。月饼一般是自家食用，同时也用于赠送给亲友、师生、邻居，联络感情。

从仪式上，八月十五越南仍流传有祭月和祭祖两项。祭月和祭祖的供品几乎一致：鲜花、水果、月饼、酒等。中秋之夜，不少越南人有拜月的习惯，供台上除了月饼之外，还有各种水果及多种食品。一直到深夜子时，人们方撤去供台，分享这些拜月的食品。

此外，人们还组织舞狮、灯会等。八月十五晚上，城乡的街道就会有狮子队游行，狮子队一般由 15 人组成。到了月亮高挂的时候，他们就会选择一些富豪人家，在其家门前舞动狮子，舞狮结束前，该家的主人就会做好一个有一定赏金的红包置于高处，舞狮者需要三四个人合力登高方能取下。舞狮需要大力气和武术技巧，再加上耐心、美德、勇敢、机智，在一定程度上表现了一种尚武精神。

越南一些乡村在八月十五晚上则组织少年儿童举办灯会，人们制作各种灯笼，有蟾蜍、鲤鱼、兔子等。夜里，孩子们一起拿着灯笼在各条街巷游行。最著名的灯会是在平顺藩切，每年有数以千计的中小学生参加，创下越南灯会游行人数最多的纪录。

中秋节在越南更像是儿童节，中秋之夜，孩子们拿着各种形状的纸灯，在月光下玩耍，吃着月饼，聆听各种美丽的传说，充满童年的乐趣。因此，越南把农历八月十五定为越南的儿童节。人们制作各种儿童玩具，五花八门，使孩子们爱不释手。中秋节里还有很多文化体育娱乐活动，除了儿童，大人们也能从中寻到无穷的乐趣。人们常常载歌载舞，舞狮子、赛花灯，尽情欢乐。

第三节 民　俗

越南的风俗习惯比较多，不同族群、不同地域都有各具特色的风俗习惯。本节主要介绍越南主体民族京族的习俗，包括婚嫁、葬礼、庙会等。

一、婚嫁

男大当婚，女大当嫁。越南语中的“娶”和“嫁”都是“lấy”，即中文的“结婚”。不分族群和地区，结婚都是人生的大事，在越南也不例外。

传统的越南婚俗与中国一样，也有六礼，分别是 Lễ nạp thái（纳采）、Lễ vấn danh （问名）、Lễ nạp cát（纳吉）、Lễ nạp tệ（hay nạp trưng，纳征）、Lễ thỉnh kỳ（请期）、Lễ thân nghinh（亲迎）。

随着社会的发展，尤其是受西方文化影响，现代越南人的婚俗有了很大的改变。不过，一些主要的传统环节依然保留下来，特别是在乡村，大体上都有相亲、订婚、婚礼三个步骤。

1. 相亲

当男女双方家庭都有婚嫁的意愿后，就会在女方家举行相亲仪式。相亲是让男女双方互相认识和了解，尤其是让男方家人了解未来媳妇的生辰八字和对婚姻的态度等。过去，越南人在相亲时，男方通常会带上槟榔、酒、茶和各种糕饼给女方，用于祭祖后分给女孩的叔伯等亲人。男方代表（通常是未婚婿的父亲）到女方家后提出相亲的意愿，女方代表（通常是未婚妻的父亲）出面接待并表示应许。接着，女方就会举行祭拜祖先的仪式，双方代表及未婚夫妻都会参加。拜完祖先，女方家庭就会举行相亲宴会，邀请两家的亲人一起见证。茶会后，男方家人返回。

从相亲到订婚需要一段时间，长短看双方的交流联系情况，有 3 个月或半年，也有长达一年的。在这一段时间里，男方常常会利用一些节日的机会，带上礼品到女方家一起祭拜祖先，联络感情。相亲礼之后，如果双方交往顺利，特别是男方认可未来的媳妇，那下一步就是举行订婚仪式。

2. 订婚

婚嫁重要的第二步是订婚。越南的习惯是，在订婚仪式上男方要满足女方在礼品方面的要求，包括槟榔、酒、茶叶、糕饼、腊肉等，主要是用于女方祭拜祖先，分发给亲友，以示告知家里有女已订婚的喜讯。为了使订婚仪式办得庄重，男方会用红色或黄色纸张包装好礼品，组织穿着整齐的订婚队伍到女方家。

男方订婚队伍来到女方家后，双方会派出代表介绍各方的亲人，然后男方父母发表订婚讲话。随后，女方父母表示应许并祝贺男方。接着，男女双方父母、未婚夫妻一起祭拜女方的祖先。祭毕，女方父母请所有在场的亲人参加订婚宴会。

女方接受男方的礼品，即表示承诺了该门婚事已经成婚。

订婚后，未婚婿在一年中春节、清明节、端午节、中元节、中秋节等节日，以及瓜果成熟季节，都要带上一些礼品到未婚妻家，送给未来的岳父母。女方收到礼品后，任何时候都是只收下一半，另一半让未婚婿带回去，这称为“回礼”。

订婚后，男女双方会逐步商量确定婚礼的时间。

3. 婚礼

越南人的婚礼环节比较多，包括择日、迎亲、祭拜、酒席、洞房等。

经过相亲、订婚环节，男女双方相互了解加深，认为可以结合成家了，婚嫁就进入举行婚礼的程序。首先就是选择吉日良辰，他们会根据未婚夫妻的生辰八字，用农历来推算婚礼的日子。选定了婚礼日，男女双方就会给亲朋熟人发出请帖，邀请他们前来参加。同时，准备送亲、迎亲、婚礼仪式、酒席等。

迎亲是包括新郎、伴郎在内的男方迎亲团，带上礼物，到女方家把新娘迎接回来。如果男女双方同村，或在相隔不远的地方，那么男方的迎亲团就会步行到达女方家；如果距离比较远，则乘汽车前往。迎亲团领头的要选一名慈眉善目、有福相、夫妻双全、子女多、无丧在身的老年男子，希望新婚夫妇也能百年到老，多子多福。迎亲团到达女方家门口，女方就会燃放鞭炮迎接新郎的到来。进入女方家，司仪介绍迎亲团成员后，即把礼品献上。随后，新郎父亲表示择得吉日，请求迎亲。新娘父亲接着表示祝贺、应许和感谢。双方发言完，即祭拜女方家祖先，将喜事告知先祖。祭祖之后，新郎新娘向新娘的父母、亲人报喜问候。在女方家的各项仪式完成后，即开始女方的嫁女酒宴。

嫁女酒宴结束后，即开始送亲了。送亲即把新娘送到夫家。新娘离开娘家前，向生养自己的父母告别，有的新娘往往会依依不舍，哭成泪人，毕竟要离开生活了多年的娘家，自己到新的家庭生活，情感上是难以割舍的。

送亲团人数很多，因为包括了男方的迎亲团。团里有伴郎和伴娘，他们都是年轻的未婚男女。其实这时，送亲团也是迎亲团了。随着生活水平的提高，即使男女两家相隔很近，他们也会用汽车来迎亲，甚至组成一个车队。如果两家很近，车队离开娘家不是直接到男方家，而是绕一大圈再回到男方家。

送亲团到达男方家门口，男方家就会燃放鞭炮，隆重迎接新娘。来到夫家，新娘随夫婿先见过家公家婆及各位亲人，然后祭祖。祭祖之后，主婚人就会给新郎新娘戴上结婚戒指。越南传统的婚礼仪式还有拜月老、牵红线的习俗[①]。他们在家里或院子摆上香案，放上供品，主婚人宣读祭文后，新郎新娘谢过月老，共饮一杯酒，共吃一块槟榔，表示两人一起，白头到老。拜月老、牵红线后，新郎新娘向男方家的亲友熟人敬礼，他们会给新郎新娘利是，并送新郎新娘“和谐相处，互敬互让”“琴瑟和合，百年到老”“年头生子，年末生女”等祝福。

各项仪式结束后，所有参加婚礼的人就会参加在男方家里举行的婚宴。近年来，随着越南人生活水平的提高，愈来愈多的人把婚宴甚至婚礼仪式设在了宾馆、饭店。不管在何处举办，婚礼仪式的背景上中文的红双喜字是必不可少的，而且只能是汉字，不能用越南语来代替。

传统的越南婚俗，新婚之日晚上还有洞房仪式。在新婚夫妻进自己的新婚

---

① 月下老人是中国民间传说中专管婚姻的神祇，又称“月老”，也就是媒神。关于月下老人定姻缘的传说，流传较为广泛的是唐人李复言小说《续幽怪录·定婚店》中月下老人为韦固定婚姻的故事。关于月下老人的形象，清人沈三白《浮生六记》中说：“一手挽红丝，一手携杖悬婚姻簿，童颜鹤发，奔驰在非烟非雾中。”古人认为，人的姻缘是命中注定，月下老人手中的红线能够将有情人联系在一起。因此，也有了“千里姻缘一线牵”的说法。

房间休息之前，一位丈夫尚健在、多子多孙的老妇人帮忙把婚床铺好，并准备一杯酒、一片槟榔，让新婚夫妇共饮完盖杯酒，共吃完槟榔后才上床睡觉。

二、葬礼

越南人去世后，会举行隆重的葬礼。

过去，越南的葬礼程序包括：人过世后即沐浴更衣，把一根筷子置于死者的两排牙齿之间，嘴里放入一点米和三个硬币。然后，把尸体放在地上的席子上，意为“从地生再回到地里”。接着是衾殓和入棺，即用白布把尸体殓起来后放进棺材里。之后就是正式发丧了。逝者的子女、媳妇要披麻戴孝。出殡前，死者家里早晚要给逝者供上饭菜。亲朋和邻居都会来吊丧。在择好吉日后举行出殡。出殡时，送葬者跟在灵柩之后，沿途抛洒纸钱。到了墓地即举行下葬和培土仪式。下葬结束回家后，举行供祭仪式。下葬三天后是给鬼开门，49 天后不再给逝者供饭，100 天举行停哭仪式，一年后举行头祭，三年（也有两年的）后举行守孝结束仪式。

现代越南的葬礼已经简化，只举行衾殓、入棺、吊丧、出殡、下葬等仪式。逝者家属服丧一般只带白头巾或黑袖布。

三、庙会

越南的传统文化是在农耕文明的基础上发展起来的。人们的生活与村社关系密切，居民汇聚形成了村社。社会由一个个村社组成。不同的村社以至城镇，有着不同的发展历史和文化背景。其中庙会就是其历史文化的重要体现。

越南春夏秋冬都有庙会，其形式和内容均丰富多彩，据统计，全国有大小庙会 500 个以上，遍布南北各地。不同的庙会有各自的内容和特色，其特点可归纳为以下几点。

一是用农历来推定时间，多数是在春季，尤其是春节期间。春天是开启未来的季节，这是一个充满活力的时节，万物复苏，草木生长。在天气不断回暖的时候，人们就会相约去聚会，举行仪式，祈求来年风调雨顺，庄稼丰收，生活幸福。

二是内容以祭祀本地神灵为主题，带有一定的地域性。饮水思源，纪念英雄人物，把历史传统与现代生活结合起来，让年轻人铭记当地先贤的恩德，增加自豪感。越南的庙会常与某一具有斗争精神的历史事件、历史人物有关，所以庙会也会体现民间的尚武精神，常常举行一些武术比赛等。

三是通常在祭祀场所和公共场所举办，并多组织文娱活动。越南各地的祭祀场所及街头、公园等往往是每年举办庙会的场所。在春节期间举行各种祭祀和文娱活动，祭拜神灵和表演越南传统戏剧、歌舞、杂技、武术、摔跤等，还有荡秋千、下棋、斗鸡、斗鸟等民间活动。

从上述越南传统庙会的情况看，中越庙会应该说有着传承关系。

第七章 衣 食 住

越南自古传承了中国文化，成为独立封建国家以后，往南扩大疆土过程中又融合了印度文化要素，近代成为殖民地期间则受到以法国为代表的西方文化影响。越南文化在历史长河的洗礼下，大量吸收外来文化，使其本土化，发展为带有民族特色的文化多样体。越南对外来文化的包容和改造，在其服饰、饮食和居住习惯上有着鲜明的体现。

第一节 服 饰

越南人很早就认识到服饰的重要性，不少俗语均提及穿着，如“Được bụng no，còn lo ấm cật”（饱食还思衣暖），“Ăn lấy chắc，mặc lấy bền”（吃饭为踏实，穿戴为稳妥）。如果说古代穿着是为了遮羞、保暖，那么现代穿着则是在此基础上增加更多的社会意义。因为衣着可以帮助提升美感，扬长避短，还可以借助衣饰显示人的涵养和身份。因此越语也有这么一种说法：“Người đẹp về lụa，lúa tốt về phân.”（人因绸美，稻因肥好）

越南人在未识养蚕前，往往就地取材，以土产植物加工成布。蕉丝、纶麻都是织布的原料。蕉丝可以说是越南（当时称作交趾）的特产。尤其是到了6世纪，运用蕉丝纺布的技术达到炉火纯青的水平，“交趾布”名盛一时。按《南越志》云：“蕉布之品有三：有蕉布，有竹子布，又有葛焉。虽精粗之殊，皆同出而异名。”清李调元《南越笔记·葛布》记载：“蕉类不一，其可为布者曰蕉麻，山生或田种。以蕉身熟踏之，煮以纯灰水，漂澼令乾，乃绩为布，本蕉也。而曰蕉麻，以其为用如麻故……蕉布与黄麻布，为岭外所重，常以冬布相易云。”《异物志》有较明确的记录：芭蕉叶大如筵席，其茎如芋，取镬煮之为丝，可纺织，女工以为絺绤，今交趾葛也。[①] 越南人把衣服统称为“Áo”，是中文“袄”字演变而来的。在越南服饰演变的历史过程中，兜肚、遮裆布、四身衣、奥黛[②]、三婆衣（Áo ba ba）等都是比较典

① 胡守为：《岭南古史》（修订本），广东人民出版社2014年版，第381页。

② 越语 áo dài 的音译，特指越南国服。

型服装。其中奥黛、四身衣属于长衫类；三婆衣属于短衫类。

一、兜肚、遮裆布

越南妇女的兜肚确切自何时产生没有具体记载，现有的资料显示在 12 世纪后黎朝时期兜肚的基本样式才确定下来。古代越南人民去田间劳作时候，女人往往上身穿兜肚，下身穿过膝裙；男人则上身光着膀子，下身扎遮裆布，于是分别产生形容男女装束的成语："cởi trần đóng khố"（上光膀子，下扎遮裆布）和"váy đụp，yếm ngang"（上穿兜肚下着裙）。这两个成语非常形象地描绘了越南古代劳动者的传统服饰。

越语俗语"đàn ông đóng khố đuôi lươn，đàn bà yếm thắm hở lườn mới xinh"（男人围鳝尾遮裆布，女人穿深色兜肚露腩才美）反映了古代越南人质朴的审美标准。Áo yếm 原来就是越南古代妇女用作贴身护胸和护腹的遮羞布，也就是通俗所讲的兜肚。yếm 与中文"掩"字读音相近。女子的兜肚是一块形状像菱形或方形的遮羞布，上面钉两根带子扎在脖子后面，下面左右两角钉带子束在背后。兜肚的颜色繁多，女子在家里一般穿白色，出门干活一般穿棕色或黑色，外出游玩或参加庙会的时候则选择像粉红、桃红、天蓝等颜色稍明亮的兜肚。

越南男子的 khố 是越南传统的遮裆布。在越南阮朝时期分辨各兵将等级是根据礼服的腰带或常服的绑腿布颜色来识别的，这些兵将的名称也用到 khố。如地方一级的士兵称为 lính khố xanh（蓝衣军），现役士兵为 lính khố đỏ（红衣军），守护皇帝的朝廷士兵为 lính khố vàng（黄衣军）。①男子的遮裆布通常与贫困联系在一起，如"Khố rách áo ôm"（衣不蔽体），"đầu không khăn，đít không khố"（头无块巾，下无遮裆）。②越南有名的民间传说《褚童子》里面就讲到，褚童子在遇到仙容公主之前家境非常贫寒，以至两父子共用一块遮裆布。父亲去世后，孝顺的褚童子把唯一的一块遮裆布留给父亲入殓。后来仙容公主被他的善良和孝顺打动，两人喜结良缘。

在文学诗词里面，女性的兜肚更多是爱情的象征。例如，"Thuyền anh mắc cạn lên đây，Mượn đôi dải yếm làm dây kéo thuyền"（郎的船在此搁浅了，来向妹借兜带结绳拉船）；"Trầu em têm tối hôm qua，cất trong dải yếm mở ra mời chàng"（妹的槟榔昨晚已备好，藏在兜带间邀郎来品尝）；"Ước gì sông rộng

---

① 孙衍峰、兰强、徐方宇等：《越南文化概论》，第 243 页。
② 祁广谋：《越南语文化语言学》，世界图书出版公司 2011 年版，第 123 页。

một gang, bắc cầu dải yếm cho chàng sang chơi”（多么希望江水一拃宽，兜带作桥梁接郎过江），等等。

二、四身衣

从越南最后一个封建王朝阮朝统治到被法国殖民统治的很长一段时间里，四身衣、兜肚、乌嘴头巾和黑长裤，一度成为越南北方妇女传统服饰。四身衣被视为越南历史最久远的服饰文化元素之一，是越南国服奥黛的前身，又被称为四襟奥黛。从 12 世纪到 20 世纪初期，它是越南妇女中最常见的一种服饰。①它的发展也伴随着对中国封建王朝服饰的借鉴，越南的四身衣类似中国宋朝的女服褙子的样式。但褙子是左右两侧自腋下开衩的三片式，这是与四身衣的最大不同。由此也不难理解越南的四身衣的裁剪深受中国宋朝褙子的影响。随着历史上越南领土不断往南扩张，不同地区之间的文化差异亦逐渐显现出来，四身衣逐渐成为越南北方女性的服饰代表。

四身衣顾名思义即主体由四块布构成，是件轻盈的外衣，前后各两襟，前面的两襟在胸前交叉，再用腰带固定，或者打成结；背面两襟缝合后成一个完整的衣摆垂至脚踝。由于四身衣是胸前两襟交叉样式，衣服前面开敞，因此上身穿四身衣时，妇女会在里面穿件兜肚，下身可以穿裙或裤，并束上腰带。越南封建王朝末期，妇女通常下身穿宽筒的黑裤子代替裙子。此时，四身衣也渐渐被改良成今天我们看到的奥黛。

过去越南人平日穿的四身衣通常由普通织物制成，素色，颜色偏深。后来应上层社会的需求，为了与穿四身衣的普通劳动人民有所区别，在 17～19 世纪初期出现了象征贵族身份的五身衣，衣服上有了更多的装饰和图案，五块布的剪裁分别象征五行中的金、木、水、火、土，体现穿着者的财富和权贵。五身衣和四身衣最大的区别体现在面料和色彩方面，四身衣颜色单调，几乎没有装饰图案。五身衣则布料华丽，在衣身、袖口处都会绣有装饰图案。

四身衣已经退出历史舞台，只能在传统节日庆典或表演中去寻觅其身影，现代的四身衣从束腰上衣到裙子和兜肚内衣，整套服装采用多种艳丽的色彩，与古代的朴素风格大相径庭。

三、奥黛

越南 54 个民族中，每个民族都有自己的传统民族服饰，其中尤以人口最

---

① 阮定增：《服装艺术》，社会劳动出版社 2006 年版，第 152 页。

多的京族服饰最具代表性。头戴竹笠、身穿开衩长衫配上一袭飘逸的裙摆及宽松长裤，将越南女性婀娜多姿的苗条身段显露得淋漓尽致，酣畅妩媚。而京族女性形象，作为越南传统服饰文化的象征，早已深入人心。据越南史料记载，18 世纪前，越南妇女穿裙式服装，后来由明朝册封的越南皇帝颁布禁令，禁止越南妇女穿着裙装，倡导妇女穿纽扣式上衣与裤装。1744 年阮武王（1739—1765 年）改革了越南妇女的服装，并最终确立奥黛的国服地位。[①] 20 世纪，奥黛的样式发生了较大的变化，与当今的奥黛样式非常接近。

越南女子习惯在正式场合穿着国服，中文音译为“奥黛”，意译为“长衫”。奥黛是越南女性独特的传统服饰，通常以质地轻盈软薄的丝绸类布料裁剪，硬领、长袖、修身。腰部以上剪裁合身，腰部以下宽敞，左右各开衩至腰际，开叉下似隐若现地显露出苗条的腰际，配上同花式或白色布料的宽筒同样是绸缎材质的喇叭长裤，尤为凸显女性曲线美和风情万种。近年来，为了展现越南奥黛柔美形象，许多机关和商业机构都规定女职员必须穿奥黛。

越南妇女从小就与奥黛结下难解难分的情缘。读书阶段，不少学校规定女生穿白色的传统服饰长衫作为校服；在平日的节日庆典活动中，姑娘们尤爱穿点缀着小碎花的清新、婉约款式的奥黛，散发着青春、纯洁少女气息；结婚时候越南姑娘会穿鲜艳的大红色的奥黛配上同色系的圆形宽边头巾，成为娇媚动人的新娘；婚后则会选择有花色点缀，或色泽明艳的如黄色、粉色等更能彰显成熟、优雅的少妇风韵的奥黛；年长了则会选择紫色、墨绿色、宝蓝色等颜色偏厚重的奥黛，显得端庄、稳重。

其实，奥黛并不是女子的专属。以前，越南男子在参加节日庙会等节庆活动时，通常穿的是黑色或深色薄纱长衫，衣领高而方，头缠深色的头巾，脚蹬木屐或拖鞋，手持黑伞。越南男子的传统国服也是奥黛，和女式奥黛相似，也是两边开衩，里面衬以白色绸缎长裤。外面的长衫长度大约在膝盖以下，脚踝以上，比女式奥黛略短些。在 2006 年亚洲太平洋经济合作组织（APEC）第十四次领导人非正式会议闭幕式上，21 个成员体的领导人或代表身着奥黛，风度翩翩、潇洒稳重的形象让全世界眼球一亮。毕竟在女式奥黛不断改良，并备受称赞的同时，男式奥黛却很少为人所识。如今越南人也开始大力弘扬并推介男式奥黛。然而这些呼声在汹涌澎湃的西服潮流中又显得那么单薄。西服仍然是越南男性日常和重要场合中最常见的服饰。例如，在婚庆仪式上，女性穿女式奥黛，而男性则普遍以穿西服、系领带代替传统的男式奥黛。

---

① 孙衍峰、兰强、徐方宇等：《越南文化概论》，第 243 页。

四、三婆衣

如果说四身衣、兜肚、乌嘴头巾和黑长裤是越北妇女的象征，那么身穿三婆衣、头扎彩巾则是南部人的最明显的穿着特点。1945年八月革命胜利以后，越南北部获得解放，人们的服装便开始专注发展本民族特色的服装。此阶段到1975年北南统一期间，越南无论男女老少都喜欢穿三婆衣，北部、中部人们倾向棕色，而南部人则倾向黑色。北部的三婆衣圆领，南部的则是无领，但它们统一特点是宽松、易干、耐洗，两边有两个大口袋，方便放零星东西。20世纪以前，最初的三婆衣没有口袋，人们习惯在里面穿件无袖但有口袋的汗衫。①后来经过改良，三婆衣有了口袋，人们一般会直接外穿三婆衣，但是不少妇女会在里面穿兜肚，外面穿三婆衣，而不全扣上扣子，有意露出里面的兜肚，既凉爽，又充分展示女性妩媚的一面。

大概因为革命任务的需要，1954年南北分裂后，北越政府对三婆衣进行了一次改革。当时北越、中越地区的男女老少，除了清一色的三婆衣外，也有所谓的人民服（即蓝色工人装），军人的服装也差不多同款（颜色为绿色）。三婆衣均是白色调、圆领、长袖，配黑色长裤，不束腰。三婆衣是越南国家主席胡志明平时最喜欢穿着的休闲服饰。在越南抗美救国战争中，三婆衣还成为越南南方解放军女战士的标准服饰。在1960～1970年三婆衣开始得到城市妇女的改良，逐渐改变样式，三婆衣不再宽松，裁剪得更收腰、得体、美观。

随着生活水平的提高，人们对服装的选择从过去的单调、随大流过渡到今天的追求凸显个性、展现美感。受西方文化影响，大部分男性喜欢上身穿衬衫，下身穿牛仔裤或西裤。由于坐摩托车需要，越南女性穿长裤的概率比较多，基本以牛仔裤为主，或是比较修身的布料，显示腿部的线条美。西式裙装也成为一种时尚，得到不少上班族女性的青睐。无袖衣、吊带装因为清凉、时尚也受到女性的喜爱。夏日的晚上，解除了白天严严实实的防晒“装备”，街上到处可见骑着摩托车，穿着清凉，一袭长发飘飘的摩登女郎，自成一道靓丽的风景。

第二节　饮　食

越南地处热带，气候炎热多雨，形成了以清淡为主、口味偏酸甜的东南亚地区风味的同时又融合了中、法两个国家的饮食风格。越南的饮食结构基

① 阮定增：《服装艺术》，第155页。

本是 cơm-rau-cá-thịt（米饭-蔬菜-水产品-肉）。

一、大米及米制品

越南有句俗语："thức ăn nhiều mấy, ngon mấy cũng phải có ba bát cơm vào bụng mới được."（不管菜肴有多么丰盛、多么好吃，没有三碗饭填饱肚子是不行的）越南属于水稻文化圈，以稻作为主，形成了以稻作为基础的生产生活模式。人们日常生活以大米（主要是粳米）为主食，但是糯米在节日食品中具有不可替代的重要地位。如果一个家庭里既有儿子，又有女儿，则称"có nếp có tẻ"（既有粳米，又有糯米）非常幸福美满。

越南大米出口量居世界第二，米制品在食品中占有很大比重，加工和烹饪方式多样化。粳米磨成米浆后可以做成米粉、米线、粉丝、卷筒粉等。越式鸡肉粉、牛肉粉因其鲜美独特的风味而声名远播。越南米粉一般都是纯手工制作，粉质柔软、细腻。牛肉粉汤底基本以牛脯、牛骨为主，配以八角、花椒、香茅、斑兰叶、白胡椒粒等多种香料，甚至还加上沙虫增加鲜味。汤底至少要熬煮 8 小时。如果时间太短，味道就不够浓郁，鲜味不够。待汤底香气浓郁、味道醇厚时，放入肉类及米粉，稍候片刻再撒上香叶、芫荽、葱叶，食用时配以鲜柠檬汁、红椒佐味，就可以大快朵颐。这样的米粉，可谓汤水鲜美，粉条劲道，肉质鲜嫩，不失为一道美味佳肴。米线的吃法有两种：一种是不用汤底，但关键在于蘸汁和配料，如炙肉米线、豆腐米线等；另一种和米粉一样讲究汤底的鲜美，如猪脚米线、烤鱼米线、蟹肉米线。越南的粉丝晶莹剔透，口感柔软，一般做成有汤底的鸭肉粉丝。

越南人把糯米加工成粽子、糯米饭、汤圆、模子米糕、糍粑、扁米饼等。人们把刚灌浆的糯稻达八九成熟时就收割回来，用清水带壳煮熟，然后晾干，舂掉谷壳，糯米呈碧绿色，蒸熟后用手抓几颗放进嘴里细嚼，口感既劲道又清甜可口。扁米舂细，里面放上绿豆泥做馅蒸熟压膜便成为另一道色香味俱全的特色小吃——扁米饼。扁米饼是越南婚庆等佳节必不可少的美食。越南的木鳖果糯米饭也很有特色。越南人用木鳖果与煮熟的糯米混合，使其具有鲜亮的红色和独特的香味及丰富的营养品质。

二、蔬菜

无论是吃米饭，还是其他米制品，餐桌上总离不开青菜。越南俗语就提到："cơm không rau như đau không thuốc"（吃饭没有青菜无异于生病没有药）；"ăn cơm không rau như nhà giàu chết không kèn trống"（吃饭没有蔬菜如富家出殡没有吹鼓手）。越南人不但爱吃蔬菜，而且吃的分量还很多。夸张地说，他们吃青菜以"篮"来计算。如在越南吃碗米线，服务员首先端上桌的就是一小篮子未煮过的青菜。篮子里的青菜种类丰富，根据不同的食物搭配不同青菜。绿豆芽、苋菜、薄荷、马齿苋、积雪草、鱼腥草、雷公根是最常见的。尽管越南人喜欢吃煎、炸的食品，但是越南街头几乎没有像中国南方地区随处可见的凉茶铺，越南人不像中国两广地区的人需要经常喝凉茶或吃凉药以清火排毒，因为他们每天摄入大量的蔬菜有利于促使毒素排出体外。

空心菜是最受越南民众喜爱的蔬菜品种。一碟白灼肉、一盘水煮空心菜、一碗米饭，加上一小碗鱼露蘸酱，便是越南普通家庭的家常菜。对于越南人来说，水煮空心菜寓意着平淡幸福的家庭生活。"Anh đi anh nhớ quê nhà，nhớ canh rau muống，nhớ cà dầm tương."（我想念我的家乡，想念家乡的空心菜汤，想念蘸酱圆茄）对于长期旅居海外的越侨，空心菜还承载着淡淡的乡愁，寄托着对故土无尽的思念。

正如诗歌里介绍的，除了空心菜是在外游子的牵挂以外，圆茄也同样会勾起乡愁。越南本地出产一种小圆茄，又称灯泡茄，如鹌鹑蛋大小。越南人常用来腌酸作为佐餐的开胃菜，咬下去咔哒咔哒响，带有点涩味，非常脆口。越南人对腌制圆茄的喜爱跟中国人对咸萝卜的态度类似。越南俗语就提到："thiếu cà pháo thì thà bỏ nước mắm"（宁愿没有鱼露也不能缺少圆茄）；"thịt cá là hoa，tương cà là gia bản"（鱼肉是供神的花，酱茄是持家的本）。可见小小的圆茄不仅是美味的小吃，还蕴含着民族勤俭持家的传统文化。

越南饮食以清淡不油腻为特色，就连调味料也喜欢从现成的果蔬中提取，香茅是越南菜肴最常用的一种香料。如需要酸味，一般会考虑加入西红柿、菠萝、杨桃、酸子、柠檬等含酸味的果蔬。从果蔬里直接提取出来的酸味，没有酸醋那么浓烈，酸中有鲜，令人回味无穷；作为咸味的来源，越南人则习惯用鱼露代替食盐。

三、水产品及蘸料

越南有 3200 千米的海岸线，江、河、湖较多，水产品自然丰富多样。各种肉质肥美鲜嫩的鱼、螺、贝和虾等在越南人餐桌上十分常见。越南有句俗语："gà tơ tần đêm đến，không bằng cá nướng úp đem cho"（鸡肉不及烤鱼香），越南人对烤鱼的喜爱可见一斑。梭子鱼、鲮鱼和鲤鱼是制作烤鱼的首选食材。把鱼放进传统的炭炉里滚油翻腾，新鲜嫩滑的鱼块炸得金黄，蘸上鱼露口感香脆。越南人还将鱼肉捣碎，烤成肉饼状，拌上米线，配上鲜汤，烤肉米线便新鲜出炉了。在以前，越南泰族姑娘找对象往往看对方是否具备三个条件，即"一口蒸锅、一张渔网、一头大水牛"。小孩刚出生，母亲会用筷子夹上一点烤鱼肉碰碰小孩的嘴，寓意是小孩吃烤鱼会快快长大。可见鱼在越南人心目中的重要地位。

除了鱼，用其他水产品也能烹饪出不同的美味。越南人将加了调味料的面糊裹上新鲜的大虾用油炸，烹饪成虾饼，吃起来香酥可口；将虾剥皮，肉捣碎，内裹上一小段甘蔗，过油锅后，美其名曰"蔗虾"，甘蔗的清甜缠绕着虾的鲜甜在舌尖交织融合的味道有说不出的奇妙；螺、蟹、鱼都是做米线的重要材料；青蛙火锅、海鲜什锦火锅均深得越南人喜爱。

由于鱼虾比较丰富，捕捞上来吃不完的鱼虾被越南人加工成了鱼露和虾酱。鱼露是一种常见的调味料，它以小鱼虾为原料，经腌渍、发酵、熬炼后成为一种味道极为鲜美的汁液，色泽呈琥珀色。虾酱是一种制作出来呈淡紫色的稠状物，并非是清澈的淡黄色汁液。

鱼露比虾酱更为普遍。在以前，生活条件较差的时候，农民外出耕种通常是白米饭拌上鱼露就作为一顿饭。于是 Cơm mắm 也是粗茶淡饭的代名词。鱼露和盐都是越南人常用的烹饪调料，以至于汉语成语里的"添油加醋"和"插科打诨"到了越南就得入乡随俗成了"加盐拌鱼露"（thêm mắm them muối）。

由于越南菜肴多以白灼为主，淡则无味，故蘸料在越南饮食文化中占据着重要地位。吃什么菜，蘸什么酱，在越南餐桌上遵从一定的搭配原则。吃一顿饭，有多少盛菜的碟子，往往会有多少蘸酱的小碗。越南人招待客人总会风趣地开玩笑，"菜没多少，碗碟倒是有很多"。吃狗肉肯定得蘸虾酱，并与一种叫 lá mộng（啦梦——音译）的植物搭配食用，吃豆腐米线只有蘸虾酱才有味道，吃白切鸡得蘸柠檬汁拌盐的蘸料才香，等等。许多人认为鱼露的味道难闻，实际上在餐桌上点蘸的鱼露都是加水、柠檬和糖稀释调配而成的。

除了讲究菜肴有对应的蘸料以外，越南对食物之间搭配都有着较为严格的规定。"con gà cục tác lá chanh，con lợn ủn ỉn mua hành cho tôi，con chó khóc đứng khóc ngồi，ba ơi đi mua tôi đồng riềng，con trâu nhìn ngả nhìn nghiêng，xin đừng mua riềng，mua tỏi cho tôi."（公鸡喔喔高喊要柠檬叶，小猪提醒要买葱花，小狗汪汪叮嘱大娘谨记买高良姜，水牛左看看右望望，说道：不用

买姜，给我买蒜吧）这首有趣的童谣道出了越南日常生活中最基本的食物搭配准则：吃鸡肉要有柠檬叶，猪肉要配葱花，狗肉要配高良姜，煮牛肉离不开蒜头。同时也是越南受中国传统饮食文化影响，讲究阴阳平衡的直接体现。

四、肉食

在越南人的观念里，肉和水产品是独立分开的，肉食里并不包含水产品。餐桌上常见的肉食包括猪肉、牛肉、鸡肉、鸭肉等。越南人对肉类的烹饪多以白灼为主。白切鸡、白切鸭、白灼猪、白切狗等，均以清水煮熟，辅之以不同蘸料，既保持了肉质的原汁原味，又不会过于油腻。越南人做白切狗会把狗肉切得很薄，虾酱是吃狗肉不可缺少的蘸料。吃的时候，夹几片香草包上一片薄薄的狗肉，点一下浓稠的虾酱，别有一番风味。越南人认为吃狗肉有驱邪转运的作用。因此，人们吃狗肉不仅是为了享受美食，而且希望通过吃狗肉帮助自己驱凶避煞，逢凶化吉。因此，每逢月末，很多狗肉店几乎都座无虚席。

除了吃狗肉，越南人还把狗脆骨、软骨部分剁碎或狗内脏炒熟，混合捣碎的柠檬叶、鱼腥草等做成灌肠食用。越南俗语就有“sống được dồi chó，chết được bó vàng tâm”（生得吃狗灌肠，死得殓黄心树）、“sống ở trên đời ăn miếng dồi chó，chết xuống âm phủ biết có hay không”（生在世上吃狗灌肠，死赴黄泉心也舒畅）的说法，由此可见越南民众对狗灌肠的喜爱。

越南所居住地区高温多雨，动植物资源丰富，使越南人形成了独特的饮食口味和偏好。早在宋代，周去非《岭外代答》一书异味门记载：“深广及溪峒人，不问鸟兽蛇虫，无不食之。其间异味，有好有丑。山有鳖名蟄，竹有鼠名鼦，鶬鸖之足，腊而煮之。鲟鱼之唇，活而虀之，谓之鱼魂。此其至珍者也。至于遇蛇必捕，不问短长；遇鼠必执，不别大小；蝙蝠之可恶，蛤蚧之可畏；蝗虫之微生，悉取而燎食之。蜂房之毒，麻虫之秽，悉炒而食之。蝗虫之卵，天虾之翼，悉鲊而食之。”其中还有一些留存至今，成为让外人难以接受的“重口味”菜肴，如炸蜂蛹就是餐桌上常见的美食。越南人喜欢把蜂蛹煎炸得黄澄澄的，又香又脆，咬在嘴里咔呲咔呲响。蜂蛹蛋白质极高，除了油炸，越南人还喜欢把蜂蛹用来煮粥。每年的农历七八月，是蜜蜂繁殖较活跃的季节，蜂蛹较多。越南人把要煮粥的蜂蛹分为两份，一份炒熟，另一份不炒。等到粥煮熟，混合两种生熟参半的蜂蛹均匀搅拌一下即可吃。他们认为这样做出来的蜂蛹粥既滋补又清甜。

“血生”这个让很多人看来不可能作为食物的东西在越南人眼里却是美

味。越南人好用猪血、羊血或鸭血制作血生。先在一个小碗里放适量盐巴，再将新鲜的血倒进去，搅拌均匀避免凝结；然后加入适量的冷水，调好浓度；最后把生血倒入盛有炒熟的碎骨、内脏的小碗里，装满一碗待其自然凝冻。食用血生会增强身体免疫力。由于未经烹饪过的食物不符合现代健康饮食的标准，人们吃血生现象已有所减少。

五、饮品

在饮品方面，越南人注重茶，但对喝茶场所很随意。几张椅子、一个茶壶、几个杯子，就可组成一个茶摊。这种流动式的茶摊在路边树荫底下随处可见。不同阶层的越南人都钟情于这种露天喝茶方式。一些开着汽车的有钱人也会把车停在一边，坐在小板凳上喝“路边茶”。有些茶摊还向客人出租席子。客人只要支付 20 000 越南盾（折合成人民币约 6 块钱），就可以租用店主的草席，在附近找地方铺上席子，三五一群、五六个一伙坐在席子上，一边喝茶聊天，一边欣赏驰骋而过的摩托车，别有一番乐趣。

正因为越南人对喝茶环境要求不高，习惯露天喝茶，所以越南茶馆并不多。与茶馆相比，咖啡馆则一直呈现繁荣现象。咖啡馆主要供应咖啡和果汁，也提供经过包装的茶饮料。越南人最经常讲的一句话是“Mời anh chị đi uống nước”（请大家去喝水）。这里的“水”包含的意思就丰富了，可以是茶，也可以是果汁、咖啡，甚至是啤酒。啤酒也是深受越南各阶层的喜爱。路边大排档、小饭馆、大酒店等，喝啤酒的人比比皆是。比起啤酒，估计咖啡更让外人所了解。由于受法国文化影响，喝咖啡已经深入越南人生活的每一天。其中“滴漏”咖啡更让人深切感受越南休闲的慢节奏生活。所谓的滴漏咖啡，就是将咖啡粉倒在一个特殊的“滴漏”小杯子中，加上水，架在玻璃杯子上，静静地等待咖啡粉融入水，然后沉淀再一滴滴地进入玻璃杯里，慢慢品尝。所以喝杯咖啡往往花费两三个小时非常普遍。

第三节　建　　筑

越南建筑发展到今天与其国情密切相关。历史上，越南经历了从属于中国的郡县到脱离中国版图自立为独立的封建国家的漫长历史，对中国的文化几乎是原封不动地照搬，因此在建筑风格方面不免会发现中国传统建筑风格的影子；越南在北防中国的同时，不断向南扩张，出兵将现在中部的占婆国纳入自己版图之后，使得占婆建筑（印度风格建筑）也成为越南建筑的特点；越南沦为法国殖民地后，以法国为代表的西式建筑风格开始在越南本土发展。可以说越南的建筑艺术融合了多种文化，即越南传统文化、中国文化、以占婆国为代表的印度文化及以法国为代表的西方文化。

一、传统风格建筑

古代传统的越南社会是一个小型农业社会，盖房子被列为与婚嫁、耕种一样不可或缺的人生三大要事之一："Tậu trâu lấy vợ làm nhà，trong ba việc ấy thật là khó thay."（买牛、娶妻、建房，乃人生必为之三件大事）越南古建筑设计结合了当地的气候和材料特点，建筑较为低矮，四面有窗，这些设计往往是为了更好地降温和通风，以适应越南本地湿热的气候。古建筑设计特点是总体布局比较方正，组成纵深而又有层次的整体，以显示建筑的庄严。为避免雨水对木结构的侵蚀和破坏，古建筑都有基座和较大的挑檐。为了显示大气和庄严，宫殿建筑的屋顶和基座做得比较高。住宅建筑的基座则比较低平，屋顶形式也简单。个体建筑一般采用木和竹子作为主要材料。如在农村，传统建筑一般用木板或竹编篾席作墙，用粗长的竹竿作梁柱，用稻草、茅草、棕叶等盖顶。通常都建三间，中为正房，两厢是卧室。庭院布局一般是屋前栽槟榔树，屋后一个小池塘，周围翠竹环绕（南方则是椰林环绕）。村中一般都建有祠堂、村亭、城隍庙等。

越南岱人、侬人把高脚屋作为传统住房，这种房子用现代建筑的说法是底下有架空层。架空层是用来养牲畜，楼上才住人。此类建筑很适合越南高温、多雨、潮湿的气候，无论对洪水的侵袭还是猛兽的袭击都有一定的抵御作用。房子的主要构材也是木头和竹子。用粗壮的竹竿作柱子和房梁，用竹片编织墙壁的骨架和门窗，用茅草或树叶覆盖屋顶。

二、中式风格建筑

由于越南经历了从属于中国的一个郡县到脱离中国版图自立为独立的封建国家，成为中国藩属国的特殊历史，越南的建筑带有很深的中式建筑的烙印。建筑材料方面主要使用青瓦、木材等东亚传统建筑元素，尤其是在建立皇家宫殿、贵族宅第及公共建筑等时更是吸收大量中式建筑风格。越南李朝和陈朝时期，朝廷多次派使节前往北宋东京学习和索取佛教经典及佛教建筑技艺。在宋仁宗天圣九年，全国重要城镇仿照中国寺院风格建寺多达 150 座。在 1714 年，安南在佛教建筑方面，模仿中国建筑风格达到顶峰。《大南实录》记载嘉隆年间阮朝曾多次派使节去北京学习北京城规划的经验。

在吸收中式建筑风格的同时，安南的能工巧匠对中国建筑发展也做出重要贡献。三国时期，东吴的交趾太守孙谞曾从交趾挑选上千名工匠，送到建业（南京）服务。明永乐年间，朝廷驻交趾总兵张辅前后三次在交趾之地网罗高达 16 000 余人，其中就有阮安。阮安大约于 1407 年被明朝将领张辅俘虏至应天，后任明朝太监之职。他在明朝北京紫禁城的草创时期和完成时期担任工程的重要设计师。史书载阮安“手自指划、形见势立”“目量意营、悉中规制”[①]。阮安以其天才的设计技术，为中越建筑交流做出巨大贡献。

人们在越南随处能见到许多古代中式建筑群。如代表了越南古代最高建筑艺术的顺化皇城建筑群是中式建筑的典型代表，有缩小版的北京紫禁城之称。北京的紫禁城处处流露恢宏而庄严的王权气势，代表着中国北方的建筑风格，而越南的顺化皇城则更多地透露着中国南方婉约、内敛的建筑艺术。尽管越南的顺化皇城的格局较多模仿中国皇城的格局来营建，但亦有自身特点。如顺化皇城摆脱了传统东亚城市规划原则中严格的南北走向的限制，而是沿着香江（sông Hương）而建（可能是出于风水学的考量），皇宫朝向东南方，其皇城的边缘部分与河水并没有采取截然分开的方式，而是将河水与建筑界线的关系进行了模糊化的处理，过渡自然。另外，色彩和装饰性的特点较为突出，对砖石的使用率亦比较高。

坐落在河内的文庙也是中式建筑的典型。河内现存的文庙始建于李朝，多集中在阮朝时期重建，与曲阜孔庙的布局和建筑内容基本相似，但规模较小。文庙内的主要建筑有奎文阁、天光寺、大拜堂、正寝殿、启贞祠等。大拜堂内有清康熙皇帝手书“万世师表”横匾。正殿内设有孔子供桌，供奉孔子及其七十二弟子塑像，两侧奉祀中越两国先儒。与中国不同的是大拜堂和正寝殿相连。文庙格局与中国文庙大致相同，但又发展了越南自身特色。如奎文阁东西两侧 82 块石碑刻有进士名录和天光井都是在中国文庙基础上根据自己的特色发展而来。此外，古螺城、独柱寺等都带有比较明显的中式建筑风格。

中国阴阳风水学说对越南建筑也有一定的影响，他们的房屋布局常常体现其对风水的重视和讲究。例如，房子的台阶一定是奇数，室内房子的数目也是奇数。因为风水里奇数代表“阳”，偶数代表“阴”。阳是活动的，属

① 谭志词：《中越语言文化关系》，军事谊文出版社 2003 年版，第 314 页。

于有生命的东西。住宅是给活着的人居住的，固然要充满生机、生命。由此可见，中国的阴阳风水学说对越南建筑产生了深远影响。

三、印度风格建筑

占族的建筑风格深受印度文化影响，而京族与占族的建筑交流的集合点比较集中地体现在越南中南部的许多楼阁和古庙。公元 600～1400 年，以砖建的寺庙和带印度教徒印记的雕塑为主的占婆国建筑出现在越南中南部，如广南省的美山寺、同阳庙，芽庄市的那阿神寺，宁顺省的罗摩神庙，胡志明市长定街上的印度教寺庙等。尤其是芽庄市附近的占婆塔楼更是古代占婆国的独特艺术建筑群体的重要代表。占婆塔遗迹群体修建于公元 8～13 世纪，包括门塔、Mandapa 建筑、塔庙区（共有 4 座塔）等遗迹。主塔即婆那加塔（Ponagar）供奉婆那加女神，即占族的妈祖。在京族人的传说中，该塔供奉天依阿那圣母。南塔供奉湿婆 Siva 神。东南塔供奉 Sandhaka 神。西北塔供奉 Ganesa 神。这些建筑物都用红砖建成，砖上面没有长青苔，大多数砖外红里黑，砖块连在一起，没有露出黏合剂。对于这个问题，科学家有不同的解释，而砖制作技术及占婆塔建设艺术到目前为止仍是一个谜。婆那加塔在 1979 年被文化通讯部（现为文化体育旅游部）确认为国家级遗迹。婆那加塔节为每年农历三月二十日到二十三日。2012 年婆那加塔节被认定为国家非物质文化遗产。婆那加塔是京族及占族文化交流、融合过程中的传统文化价值的集合点。

四、法式风格建筑

法属时期建设的许多大型建筑散布在越南各地，但主要集中在河内和胡志明市。如河内的总统府、龙边桥、河内大剧院、同春市场；胡志明市的红教堂和西贡邮局。西贡邮局坐落在胡志明市中心，占地面积 26 000 平方米。邮局是由法国人以“折中主义建筑风格”为主题，从 1886 年开始施工，历经 5 年完工，上面安放着从远处都可以看见的一面很大的时钟，就像英国大本钟等世界著名时钟一样。造型模仿了万国建筑博览会大楼，屋顶的彩绘玻璃窗有着鲜明的法国特色。100 多年来，西贡邮局同昔日西贡（胡志明市的旧称）经历过许多风风雨雨，见证了西贡的发展历程，但它到现在仍保存得较为完整，把法国建筑同亚洲建筑风格相糅合，即使在今天现代建筑林立的背景下，也能和周围形成了整体和谐的建筑群体。

“Ăn cơm Tàu，lấy vợ Nhật，ở nhà Tây.”（吃中国菜，住洋房，娶日本老婆）被视作越南人最梦寐以求的人生三大向往。随着经济的不断发展，人们生活水平不断提升，不少越南人从矮小的茅草房、高脚屋里搬出来。由于越南政府承认公民拥有土地私有权，房子可以作为自己私有财产，代代相传。故越南人会花很多时间和精力去装修自己的房子，但受土地面积限制，“体型”都比较苗条。住宅的装修风格都趋于法式的西洋风格。人们不再建造中式大屋顶式的住宅，取而代之的是色彩鲜艳的外墙和漂亮的阳台。但与西式洋房层间距低，外墙厚，窗户小以保持室内温度的特点不同，越南的现代家居房通常具有以下特点。第一，注重房子的朝向。房屋朝向以南北和东南居多。越南有句俗语：“lấy vợ đàn bà，làm nhà hướng nam.”（娶女人做老婆，盖房子得朝南）说明他们认为房子朝南如娶女人作为老婆一样理所当然。第二，房屋布局考虑通风和防潮需要。越南住宅的布局强调建筑物的间距，屋内极少间隔，室内开敞，门窗都开得很大，但不高，是为了避免阳光照入过热，暴雨飞溅入室。前后门窗对开，加强建筑物的通风对流。室内采取双层门窗，外层为木制百叶门窗，内为玻璃门窗。楼梯、阳台、围墙等都采用轻巧透空的花格形式，不仅美观且通风。第三，房屋重视外部形式，强调与周边环境的和谐美。住宅外墙色彩以浅色居多，尤以米黄色最为普遍，其次为灰绿色、米粉色、淡蓝色等。门窗用浅绿色居多，与周围绿树相互呼应，自然协调地融为一体。随处可见的带有西式风格却体型苗条的小洋房可以说是越南民居最养眼的风景。

总的来讲，越南建筑的风格不是单一、纯粹的个体，而是吸收多种文化的多样体。它融汇了中国南方为代表的中式建筑艺术、以占婆国为代表的印度建筑艺术和以法国为代表的西方建筑艺术。虽然受外来文化的影响，但越南人总能因时制宜地结合本土风格去积极改造，使其本土化，发展为带有本民族特色的建筑风格。可以说，越南的建筑体现了其对外来文化的包容和接纳。

第八章 语言文字

语言文字既是文化与思维的重要载体，也是其重要体现形式。某种形态的语言文字既体现其内在的文化属性，又影射其与周边国家或民族文化的外在联系和共性。由于地理位置特殊，民族迁徙、杂居和融合几乎贯穿了京族发展的全部过程。这一特性对越南语产生了客观而直接的影响，即越南语深刻体现出多族裔语汇兼容并蓄，以及汉语借词历史层次对应明显等特征。这应是学界探讨和研究越南语言须掌握和重视的重要背景。

古往今来，京族一共使用了汉字、喃字和拉丁国语字三种形态的书写文字。其中，汉字作为通用文字的独尊地位持续了两千余年。这也是越南被视为汉字文化圈成员的重要原因之一。喃字是汉字的孳乳文字，为记录京族口头语言而创制。拉丁国语字则是西方传教士以拉丁字母记录越南语言而创制的文字，其目的在于传播西方宗教，成为法国殖民当局抹杀越南民族历史文化和加强统治越南人的工具。1945 年八月革命后，拉丁国语字取代汉字成为越南的正式通用文字，沿用至今。

本章以京族起源与形成作为切入点，以期更好地对其语言问题与文字问题进行分条缕析，在语言问题上聚焦于越南语的系属、多元叠加、历史层次等问题，文字问题方面则分别对越南的汉字、喃字和拉丁国语字逐一阐述。

第一节 越语发展演变及系属

一、从京族说起[①]

一个国家的语言文字与其主体民族、历史发展，以及与周边民族的融合，对外关系的变化有着非常密切的关系。其中，主体民族的形成过程往往亦即一个民族语言走向统一或定型的历史阶段。此外，民族间的融合也会对一个

① 京族也称越族，为便于行文，本章将以“越族”统称越南的主体民族。援引其他学者著述时，如有“京族”字眼，则忠于原文。

主体民族语言的形成、丰富和发展起到不可忽视的作用。欲了解越南主体民族的语言，须先探寻京族的起源及形成的简史。

（一）中越典籍关于京族的记载

关于京族的起源与形成，中外学者众说纷纭，莫衷一是。关于古代京族的记载不绝于中越两国的历史典籍，但内容均模糊而简略。

中国史籍很早就有关于“越”或“越人”的记载。据《春秋左传》《战国策》《吕氏春秋》《越绝书》《史记》和《汉书》等典籍记载，战国晚期越人国名或族名分别有“南越”“闽越”“西瓯”“东瓯”和“雒越”等称谓。由于越人支系繁多，居地甚广，战国末期被统称为“百越”。从《吕氏春秋》所载“扬、汉之南，百越之际”[①]可管窥一斑。西汉时，“百越”之名依旧沿用，亦可作“百粤”，《汉书·地理志》引臣瓒注“自交趾至会稽，七八千里，百越杂处，各有种姓”[②]即是。此外，诸如《尚书》《墨子》《吕氏春秋》《礼记》和《史记》等中国古籍还有不少关于神农、颛顼、尧、舜、禹等上古帝王南抚交趾或南至交趾的记载。可见，早在远古时代，中国中原地区已与交趾地区发生了直接或间接的联系。

除了中国古籍外，越南旧史也有关于颛顼南抚交趾，尧命羲叔宅南交等相类记载。编撰于后黎朝的《大越史记全书》是越南最重要的历史典籍之一，其中关于越南民族起源有如下记载：

> 初，炎帝神农氏三世孙帝明，生帝宜。既而南巡至五岭，接得婺仙女，生王。王圣智聪明，帝明奇之，欲使嗣位。王固让其兄，不敢奉命。帝明于是立帝宜为嗣，治北方，封王为泾阳王，治南方，号赤鬼国。王娶洞庭君女，曰神龙，生貉龙君。……君娶帝来女，曰妪姬。生百男，俗传百卵。是为百越之祖。一日谓姬曰：‘我是龙种，尔是仙种，水火相克，合并实难。’乃与之相别。分五十子从母归山，五十子从父居南。居南作归南海，封其长为雄王，嗣君位。[③]

其他诸如《越史略》《钦定越史通鉴纲目》和《越史要》等越南重要史籍也多有类似记载。由上可知，越南史籍关于越族的起源的记载不仅杂糅了

---

① 陈奇猷：《吕氏春秋新校释》（下册），上海古籍出版社 2002 年版，第 1331 页。
② 班固：《汉书》卷二十八下《地理志第八下》，中华书局 1962 年版，第 1669 页。
③ 《大越史记全书》，第 97 页。

中国和印度两国文化的要素[①]，而且内容多涉怪诞之说，只能视为传疑时代的民族想象片段。我国著名越南史专家戴可来先生认为，越南有据可考的信使，不能早于中国的秦代，雄王的历史带有神话传说的性质，不足奉为信史。但无论如何，此神话传说可从某些层面折射出京族属于古代百越族群的史影。

（二）京族先祖雒越及其形成过程

如果说今日京族源于炎帝神农氏，肇于雄王之说，难以让人尽信，那么雒越即今日京族先祖的观点则广为中外学者所信奉。

春秋战国时期，中原诸雄混战，兼并战争不断，楚国吞并越国后，越人被迫大量南迁，其中一支迁移至中国广西西南部和越南红河流域一带，逐渐发展为后来的雒越人。林惠祥、罗香林、范宏贵和韩振华等诸多中国学者认为越南今日之越族即古雒越人之后裔。古小松研究员在总结前贤时彦研究的基础上，从民族人类学、文献学和史学等多学科综合视角进行考察和论述，不仅提出了“京族的形成主要经历了三个阶段：骆越以前→骆越→京族”之论断[②]，而且理清了越族发展的流变[③]。与此说相反的是，有人认为“关于骆越的来源，并不是如有人主张的夏民族后裔、越国遗族或从东越迁来的。而是地地道道由当地先民发展形成的”[④]。

越南近代史家黄高启认为，“武帝徙罪人杂居其间，复教我国人，使之知汉文解北话。自武帝至献帝，三百年间，或设官以治之，或命学以化之，至此而交趾旧种融化略尽，遂别成为越南之一民族。献帝改交趾曰交州，以新名易旧名，则民族之日化可知也。由此而观，我南民族盖即汉族无可疑矣”[⑤]。陈重金则认为，“无论我们属于哪种人种，由于后来我国被中国统治千年有余，且有时还派四十多万兵，则必然是我们旧的苗裔已与中国人混血之后，才形成今日之越南人”[⑥]。

除了中越两国学者，西方学者，尤其是法国殖民学者对越南民族起源的问题也有不少研究。20 世纪初，法国东方学家 Ed. 沙畹（Ed. Chavannes）认为，越南民族起源于中国浙江省北部的古越国。此后，法国另一学者 L. 鄂卢

---

① 有学者认为，越南民族先祖关于貉龙君与妪姬结合“生百男，俗传百卵”的传说“受印度《杂宝藏经》莲花夫人故事影响，传说仙裔莲花夫人与国王乌提延结合，生下五百个卵，以为不祥，弃之恒河，后孵出五百个儿子。貉龙君与瓯姬各带五十男分离，受《毗湿奴往世说》影响。《毗湿奴往世说》载：“甘蔗王生百子，五十在南方，五十在北方。”详见韦凡州：《越南民族源自神农传说之探析》，《世界民族》2015 年第 5 期。

② 古小松等：《越汉关系研究》，社会科学文献出版社 2015 年版，第 74 页。

③ 参见古小松等：《越汉关系研究》，第 74-100 页。

④ 蒋炳钊、吴绵吉、辛土成：《百越民族文化》，学林出版社 1988 年版，第 74 页。

⑤ 黄高启：《越史要》卷一，维新甲寅东新镌（1914），越南国家图书馆藏书编号 R.173。

⑥ Trần Trọng Kim. *Việt Nam Sử Lược*，Hà Nội，Nhà xuất bản Văn hóa Thông tin，2006，tr.17.

梭（L. Aurouseau）继承并进一步发扬了沙畹的观点。他认为："今日的安南人。直接系出纪元前 333 年灭亡的越国遗民。而其祖先在纪元前六世纪，立国于今浙水流域之浙江省。"①从本质上看，这些认识实乃对中越两国典籍中关于雒越人记载的进一步阐发和考证，但不同的是，他们还认为越族是雒越人与本地土著混血而产生的民族。

据考古学家和历史学家的考证与研究，百越族群民族、语言和文化等诸多方面有着密切的联系，雒越为古代百越族群的一支。雒越之称因其人耕种随潮水上下的"骆田"而得名。中越两国史籍中"骆田"亦作"雒田"，二者相通。根据民族学家和语言学家考证，"骆田"和"雒田"中的"骆""雒"与"六""洛"或"陆"音同，指丘陵、山岭或坡地之意。②据此可知，"雒民"系垦食山麓岭脚间水田之人。

（三）考古视阈下的京族

如上所述，京族起源问题非常复杂。除了中越典籍的相关记载之外，人类考古学的相关研究成果为更加准确地释读京族起源问题提供了新的科学依据。

据越南考古有关资料显示，旧石器时代后期，越南"山围（Sơn Vi）文化"遗址发现的古人类遗骸属于澳大利亚人种和澳大利亚-尼罗格人种，尚未发现蒙古人种的特征。到了新石器时代早期的"和平文化"及"北山文化"，考古发掘出的人类遗骸有澳大利亚-尼罗格人种及其与蒙古人种混合而成的印度尼西亚人种（即马来人），以及美拉尼西亚人种等。其中，美拉尼西亚人种和印度尼西亚人种遗骸数量占多数。后来美拉尼西亚人种逐渐被印度尼西亚人种同化，改变了人种特征。印度尼西亚人种是今日越南各民族的重要民族渊源之一。新石器时代末期，印度尼西亚人种又进一步与南下的蒙古人种接触、融合。此后，越南境内各民族，尤其是越族的蒙古人种特征越发明显。

基于上述考古成果，越南学者何文晋（Hà Văn Tấn）和陈国旺（Trần Quốc Vượng）认为："越南人种形成的过程就是一个蒙古人种化和排斥其他种族特征的混合过程。越南进入阶级社会后，特别是随着北方中国人不断迁移南下，这个过程发展得更加迅猛。……印度尼西亚人种的形成可视为此过程中的第一个关键环节。"③20 世纪 70 年代，越南社会科学委员会编著的《越南历史》一书则明确表明，越族及越南其他各个民族均属南亚人种（南方蒙古人种）。

---

① Aurouseau L：《秦代初平南越考 · 安南民族之起源》，冯承钧译，商务印书馆 1934 年版，第 131 页。

② 参见蒋炳钊、吴绵吉、辛土成：《百越民族文化》，第 72 页。

③ Hà Văn Tấn，Trần Quốc Vượng. *Sơ yếu Khảo cổ học Nguyên thủy Việt Nam*，Hà Nội，Nhà xuất bản Giáo dục，1961，tr.19-30.

越南学者平元禄（Bình Nguyên Lộc）通过对比 1938 年法国殖民学者 P. 华德（P. Huard）和 F. 索林（F. Saurin）等的专著 *Etat Actuel de la Cranologie Indochinoise* 中关于越南人、泰国人、马来人、缅甸人、中国人的脑颅指数及其容量，并结合比较语言学研究，得出越南民族起源于马来人的结论。不仅如此，他还认为古代（中国）华南人确系古马来种①。平氏的观点虽流于谬误，但却从侧面证实了中国华南与东南亚诸多民族自古以来的千丝万缕联系。

由上可知，京族是古代交趾地区土著居民与周边人种和族群，尤其是南方蒙古人种在漫长的历史长河中不断混血和融合而产生的新民族。这与越南处于中印两大世界古代人类文明之间，及其位于连接东亚陆地的中南半岛向东南亚、南亚，甚至是大洋洲海岛群过渡的地理位置有莫大的关系。

二、越南语的系属之争及其他

由上所述可知，京族形成的历史进程中，就是澳洲-尼罗格人种、南方蒙古人种、印度尼西亚人种和美拉尼西亚人种等不断融合的历史过程。值得注意的是，在这进程中越族的南方蒙古人种特征越发明显。民族人类学上的这一特点，不但对越南语的形成与发展产生了巨大的影响，而且也深刻影响学界对越南语系属的判断。

（一）汉藏语系说与南亚语系说

最先研究越南语系属问题的是西方学者。他们对越南语系属问题的研究始于 19 世纪中期。总体来看，他们的观点大致分为两派。以马伯乐为代表的学者根据越南语、中古汉语的声母和声调系统与汉越音、泰语、孟-高棉语及芒语的语料对应关系进行研究，分析越南语的复辅音声母、双声叠韵词等问题，认为越南语不属于孟-高棉语系，而属于汉藏语系泰语族。②而以奥德尼古尔为代表的学者通过基本词汇、构词法的比较研究，以及论证越南语声调的起源和形成过程，认为越南语属于南亚语系孟-高棉语族。除了上述两种归类外，也有学者提出，越南语属于南岛语系，但这一观点如今已鲜有赞同者。鉴于越南语在语音、语法、词汇、结构方面的复杂性和多元性，还有学者认为，越南语的语系归属尚未完全确定；还有学者认为，越南语属于马克思、

① 参见 Bình Nguyên Lộc. *Nguồn gốc Mã Lai của Dân tộc Việt Nam*，Sài Gòn，Nhà xuất bản Bách Bộc，1971，tr.24.

② 参见 Henri Maspero: *Etudes sur la Phonetique Historique de la Langue Annamite*，Bulletin de l'Ecole Francaise D'Extrême-Orient，Tome XII，1912.

恩格斯所指出的“由于各民族的交配和混合而成”的语言。就目前而言，学界，尤其是越南语言学界更为普遍认同越南语属于南亚语系。

纵观上述诸多学者的考证过程不难发现，越南语与南亚语系的关系是显而易见的，与南岛语系的关系也有迹可循，与侗台语存在密切关系也是不争的事实。学者们大多以西方语言学研究理论和方法对越南语进行对比研究，从而得出各自的结论。这些结论往往非此即彼。鉴于这一问题的复杂性和多元性，探讨越南语的系属问题，不应只聚焦于语言层面，还须兼顾考虑京族的历史、文化的形成和发展过程。

从考古发掘材料看，京族从新石器时代开始就明显体现出南方蒙古人种的诸多特征，而且这种特征在以后的历史研究中越来越突出。可以肯定的是，京族的形成过程也就是当地土著族群与南方蒙古人种和东南亚甚至是南亚诸多人种融合混血的过程。不管从理论或实践方面，不同民族融合的过程，往往也是不同语言之间相互接触、借用和融合的过程。现代越南语核心词汇由南亚语系、汉藏语系、南岛语系构成也从侧面证实了这一点。虽然它们所占的比例各异，但无论缺少哪一部分，现代越南语核心词汇的构成均不完整。到目前为止，在语言学层面，虽越南语南亚语系说更具说服力，但却未能与越族源于及其发展历史轨迹相吻合。从越南语在复杂的种族、民族、语言地理环境及其历史发展演进过程来看，仍可暂且将其视为一种联盟式的混合语言。

（二）越南语的多元叠加

郡县时期之前，交趾地区古雒越人的语言是何种状态现已难以知晓。但可以肯定的是，交趾地区与中原地区的语言迥然有别。中国先秦古籍有关于越裳氏“以三象重九译而献白雉”于周朝的记载。[①]进入郡县时期之后，中国典籍虽偶有提及交趾地区民众语言的情况，然多语焉不详。例如，《后汉书》载曰：“凡交趾所统，虽置郡县，而语言各异，重译乃通。……后颇徙中国罪人，使杂居期间，乃稍知言语，渐见礼化。”[②]这说明了当时交趾地区族群复杂，相互间言语不通，需要辗转翻译才能相互沟通，但当地越族人语言的状况如何则无从知晓。这些史料揭示了两个基本事实：第一，公元前后，交趾地区是多民族、多种族杂居之地，各民族间“语言各异”，须“重译乃通”。第二，郡县时期初期，中国中原地区的语言文化已对交趾地区产生了重要的

① 皮锡瑞：《尚书大传疏证》卷五《归禾》，光绪丙申师伏堂刻本。另，越南《大越史记全书·外纪》卷一《鸿庞纪》亦载有越裳氏献白雉于周的传说。

② 范晔撰，李贤等注：《后汉书》卷八十六，中华书局1965年版，第2836页。

影响。基于上述两点，越族与周边民族之间的语言接触、借用和融合成为了历史的必然。这就使得越南语呈现出多元叠加的特点。

1. 王力及其《汉越语研究》

1939～1940 年，王力在越南进行研究和考察，后撰有《汉越语研究》一文。他认为，“越南语的形成，由于三种语言：1.汉语；2.泰语；3.高棉语”[①]。他还认为：“越南语里容纳汉语的语汇是很丰富的”，但“汉语不是越南语的亲属”[②]。在探讨越南语系属时，王力就越南语和孟-高棉语的关系进行了比较研究。他认为孟-高棉语词汇在越南语里有很多。比如，以下词语均出于孟-高棉语：

天-trời、地-đất、河-sông、风-gió、雨-mưa、月-trăng、水-nước、雷-sấm、石-đá、鸟-chim、稻-gạo、笠-nón、脸-mặt、脚-chân、下巴-cằm、子女-con、孙/侄/甥-cháu、鼻-mũi、电-chớp、火-lửa、盐-muối、灯-đèn、叶-lá、香蕉-chuối、笋-măng、狗-chó、谁-ai、那里-đó、一-một、五-năm、穿衣服-mặc、抬-mang、放置-để、编织-đan、死-chết、跑-chạy、弯曲-cong。[③]

但王力认为，越南语中除了数目字之外，没有一类事物完全由孟-高棉语构成的，多少总有一些泰语的字掺杂在里头。他举例说明：“风”“雨”虽来自孟-高棉语，“雾”却出于泰语；“河”虽来自孟-高棉语，“田”却出于泰语；“鸟”虽来自孟-高棉语，“鸡”“鸭”却出于泰语；“脸”“脚”虽来自孟-高棉语，“背”“肚”“胸”“颈”却出于泰语。

王力在《汉越语研究》中提及越南语中的“汉语”（即“汉越语”）在越南语词汇中所占的比例高达 60%～70%。它不但是越南语词汇中的重要组成部分，而且还对越南语的发展影响炽烈。下文将另辟一节而表之。

2. 程方及其《现代越南语概论（初稿）》

1983 年，程方在其所编的《现代越南语概论（初稿）》中论及现代越南语形成过程时，认为“京语（越南语）属马克思、恩格斯所指出的‘由于各民族的交配和混合而成’的语言。”[④]为了进一步证明自己的观点，1986 年程方用南亚语系越南语、佤语与汉藏语系壮傣语的 132 个核心词语进行比较，结果发现越南语与壮傣语相同相似的有 50 个，占 36%；与佤语相同相似的有

---

① 王力：《汉越语研究》，《岭南学报》1948 年第 1 期，第 2 页。
② 王力：《汉越语研究》，第 3 页。
③ 王力在《汉越语研究》中举的这些例子均用国际音标标注。本书为了行文方便，直接打出越南语拉丁国语字。另，王力在给“穿衣服”的越南语国语字注音标为“nAc”实为拼写或排版错误，应写作“mAc”才正确。
④ 程方：《现代越南语概论（初稿）》，广西民族学院外语系 1983 年版，第 19 页。

82 个，占 64%。其中越南语与佤语有关系的词语多为天文、地理、人体、动植物、亲属称谓和采集渔猎领域的词；而与壮傣语相同的词语则多为犁耕农业、手工业、家庭饲养业和父系称谓领域的词[①]。

3. 颜其香和周植志及其《中国孟高棉语族语言与南亚语系》

颜其香和周植志在《中国孟高棉语族语言与南亚语系》一书中，选择 159 个词将现代越南语与泰语、壮语、佤语、布朗语、德昂语进行比较。统计结果是："越南语与泰语相同相近的词有 10 个，占 6.7%；与壮语相同相近的词有 16 个，占 10%；与佤语相同相近的有 65 个，占 40%；与布朗语相同相近的词有 42 个，占 25.5%；与德昂语相同相近的词有 34 个，占 21%。"[②]

4. 韦树关及其《京语研究》

韦树关也对越南语系属问题进行了深入的探讨。他对颜其香和周植志的 159 个现代越南语词语重新做了分析比较，认为其中有 15 个词是"汉越语"，非同源词。因此能比较的应只有 144 个现代越南语词语。韦树关得出的结果与颜其香和周植志大相径庭："144 个越南语词语中，与壮语相同相近的词有 44 个，占 30.56%；与泰语相同相似的词有 37 个，占 25.69%。"[③]在此基础上，韦树关通过天文地理、方位、身体、动物、植物、器物、饮食、人（人称）、代词、房屋建筑、量词、动作行为、性质状态、其他，凡十四大类，286 词进行深入对比，认为越南语与侗台语、南亚语均存在密切关系。韦树关还对其中的 241 个词与侗台语"古声母词表""古韵母词表"所列的同源词进行比较，发现有相当严整的声韵对应关系。

5. 武忠定及其《越南语核心词研究》

越南年轻学者武忠定（Võ Trung Định）以 M. 斯瓦迪士（M. Swadesh）的《百词表》为根据，就越南语的核心词汇分类进行分析。具体如下。

自然事物类 15 个词：日-mặt trời、月-mặt trăng、星-sao、云-mây、雨-mưa、水-nước、沙-cát、石-đá、土-đất、路-đường、山-núi、烟-khói、火-lửa、灰-tro、夜-đêm；

身体部位类 20 个词：头发-tóc、头-đầu、耳-tai、眼-mắt、鼻-mũi、嘴-miệng、牙-răng、舌-lưỡi、肚子-bụng、脖子-cổ、乳房-vú/ngực、脚-chân、膝盖-gối、

---

① 参见程方：《现代越南语概论（初稿）》，第 19 页。
② 颜其香、周植志：《中国孟高棉语族语言与南亚语系》，社会科学文献出版社 2012 年版，第 76 页。
③ 韦树关：《京语研究》，广西民族出版社 2009 年版，第 294-300 页。

手-tay、肉-thịt、血-máu、骨头-xương、脂肪-mỡ/dầu、心-tim、肝-gan；

动植物类 16 个词：鱼-cá、鸟-chim、狗-chó/cầy、虱-chấy/rận、蛋-trứng、角-sừng、尾巴-đuôi、羽毛-lông、爪-móng/vuốt、树-cây、果/种子-trái/hạt、叶子-lá、根-gốc/rễ、树皮/皮肤-vỏ/da；

动作与感觉类 19 个词：喝-uống、吃/咬-ăn/cắn、看见-nhìn/xem、听见-nghe、说-nói、睡/躺-ngủ/nằm、游泳/飞-bơi/bay、走/来-đi/đến、坐-ngồi、站-đứng、知道-biết、死/杀-chết/giết、给-đưa/cho、烧-đốt/cháy。

性状类 17 个词：多-nhiều、大-lớn/to、长-dài、小-nhỏ/bé、红-đỏ、绿-xanh、黄-vàng、白-trắng、黑/夜-đen/đêm、热-nóng、冷-rét/lạnh、满-đầy、新-mới、好-tốt/đẹp、圆-tròn、干-khô/cạn；

其他核心词 15 个词：人-người/con người、女人-đàn bà/con gái、男人-đàn ông/con trai、名字-tên、我-tôi、我们-chúng tôi、你-ngươi、这-đây/này、那-đấy/kia、谁-ai、什么-gì、不-không、都-đều/tất cả、一-một、二-hai。

以上凡六大类，102 个核心词和 159 个语义场词条进行比较研究①。武忠定的比较结果显示，越南语核心词来源比例是孟-高棉语占 35.2%，南岛语占 24.5%，侗台语占 19.6%，汉缅语占 22.9%②。

由上述学者们的比较研究可知，虽然在划归越南语系属方面，他们各持所见，各有所本，但论证的过程却都共同显示，越南语本身涵盖了南亚语、南岛语、侗台语和汉藏语等多元成分。这一奇特的语言现象与京族的形成与发展史基本相吻合。换而言之，自古以来，红河流域土著与东南亚其他族群、中国南方蒙古族群的不断接触、混血和融合，是今日越南语呈现多元叠加的原因之所在。

三、越南语的发展轨迹

由于越南语的渊源及其形成、发展过程已非常复杂，加之越南语中存在多元叠加成分，使得国内外学界对越南语发展分期，以及各阶段语言情况的认识大相径庭。鉴于这一问题的复杂性，加之力有不逮，本节只简略介绍越南著名语言学家陈智睿（Trần Trí Dõi）关于越南语分期的新近研究成果和法国语言学家 A.G.奥德尼古尔关于上古越南语非孤立语的学说，而不展开述评。

---

① 由于这些核心词中，有些在越南语中有两种形式，故武忠定所探讨的 102 个核心词在越南语中是 122 个。

② 参见武忠定：《越南语核心词研究》，华中科技大学博士学位论文，2012 年，第 252 页。

1. 陈智睿及其越南语发展七阶段说

在总结前贤时彦研究成果的基础上，通过古越语音系的构拟，陈智睿将越南语的历史发展轨迹划分为孟-高棉语（距今 3000～4000 年）、前越芒语（公元前 1000 年至公元初多个世纪）、古越芒语（约公元初至 8 或 9 世纪）、越芒语共同体（10～14 世纪）、古越南语（13 世纪末至 15 世纪末）、中古越南语（15 世纪末至 19 世纪初）和现代越南语（19 世纪中叶至今）七大阶段①。

2. A.G.奥德尼古尔及其越南语声调说

法国语言学家 A.G.奥德尼古尔在《越语声调的起源》一文中指出，上古越南语是没有声调的黏着语，而非单音节语，存在大量复辅音和前缀。公元初，越南语尚未产生声调；至公元 6 世纪左右，由于辅音声母清浊分化，以及韵尾的消失，越南语才产生三个声调。随着越南语与周边民族语言，特别是汉语接触、借用和融合，越南语逐渐脱离了原来的发展轨迹。至唐代，唐朝廷于交趾地区设立安南都护府，全面加强封建统治，中原语言文化、典章制度和思想艺术等对安南影响尤其炽烈。在此背景下，越南语系统地吸收了汉语，并逐步形成了完备的汉越音体系。到 12 世纪，越南语六调俱全，并一直延续至今日。如今，人们除了知道上古越南语与芒语有诸多相似及联系的粗略脉络之外，已然难以准确地描述或构拟其原有风貌。

四、越南语中的汉越语

千年的郡县时期，中原语言文化在交趾地区持续传播和浸润。独立建国后，在总体框架上，越南历代继承了中华文化的衣钵，并结合其基本国情、民情和社情，进行再创新和创造，形成了既有自身显著特色，又与中国文化紧密相连的越南民族传统文化。这点体现在语言层面上，即越南语受容了数量相当庞大而丰富的汉越语。

关于汉越语的概念，马伯乐和高本汉等西方学者将其称为“Sino-Annamite”，赵元任等将其译为古汉语“安南音译”，王力则将其译为“汉越语”。后来学界又出现了如汉越词、汉源词、汉语越南语关系语素等各种表述，但王力提出的“汉越语”这一概念在中国学界获得更广泛的认可。所谓“汉越语”即越南语中所借用的汉语词汇的总称，因此也被泛称为“汉越词”。汉越语

① 参见 Trần Trí Dõi: *Giáo Trình Lịch Sử Tiếng Việt*，Hà Nội: Nhà xuất bản Giáo dục Việt Nam，2011，tr.127-174.

在越南语词汇中所占比例庞大，运用非常广泛和活跃，在越南语中具有举足轻重的地位。汉越语不仅是中越文化紧密联系的生动体现，更是两国语言关系的活化石。不少专攻古汉语音韵的学者亦通过汉越语来旁证或管窥汉语古音问题。

由于“西学东渐”的影响，最早关注或研究这一问题的是以如马伯乐、高本汉等为代表的西方学者。20 世纪以来，中越两国不少语言学者也陆续对汉越语进行研究，取得了不菲的成绩。纵观他们的研究成果，大致包括汉越语的历史层次和汉越语的语音系统等问题。

中国古籍关于越裳氏“以三象重九译而献白雉”于周朝的记载，从侧面反映了先秦时期交趾与中原两地语言已有了初步接触，但汉语传入交趾地区是从郡县时期才开始的。封建统治制度的建立与不断完善和发展，以及文教事业的推广，推动了汉语在交趾地区传播的深度和广度。汉语在越南传播的过程也是汉、越两个民族语言融合，以及汉越语逐步形成的过程。王力在《汉越语研究》中将汉越语分为三个历史层次。第一个层次是“古汉越语”。它们在中唐以前传入交趾地区；第二个层次是“汉越语”。它们在中唐至越南独立建国前传入交趾（安南）地区；第三个层次是“汉语越化”。它们本来是汉语的成分，但跟着越南口语变化，已经脱离了汉语的常轨。它们是在整套汉越语传入越南之后才产生的[①]。

（一）古汉越语

古汉越语指在汉字尚未大规模传入交趾（安南）以前，零星传入越南语口语中的汉字字音。这个阶段发生在交趾（安南）进入郡县时期之后至唐朝中期之间。古汉越语的形成与汉字在当地的传播是因果关系。王力通过对古声母和古韵母深入分析和研究后认为：

在古声母中，牙音开口二等字，如“cải”（芥）、“cởi”（解）、“cả”（价）等；古舌头音，如“đục”（浊）、“đủ”（足）、“đũa”（箸）等；重唇音如“bay”（飞）、“buôn”（贩）、“buông”（放）、“mùi”（味）等为古汉越语。

在古韵母中，外转二等韵麻、肴、佳、皆、删、山、咸、衔，及其入声也保留了不少古汉越语。例如，麻韵的“chè”（茶）、“xe”（车）、“hè”（夏）等；肴韵的“keo”（胶）、“cheo”（棹或櫂）、“mèo”（猫）等；

① 参见王力：《汉越语研究》，第 8-9、58 页。

佳、皆韵的“vẽ”（画）、“quẻ”（卦）、“hoè”（槐）等；删、山韵的“hẹn”（限）、“chén”（盏）、“quen”（惯）等；咸、衔韵及其入声洽、狎的“chém”（斩）、“kép”（夹）、“hẹp”（狭）等均为古汉越语。

鱼、虞两韵中，鱼韵的“ngựa”（御）、“tựa”（序）、“xưa”（初）；虞韵的“chúa”（主）、“đũa”（箸）、“múa”（舞）等为古汉越语。

侵、真两韵中，侵韵的“thím”（婶）、“kim”（金）、“chìm”（沉）；真韵的“tín”（信）、“thìn”（辰）等为古汉越语。

庚摄的“mạng”（命）、“dừng”（停）、“thước”（尺）、“nghịch”（逆）、“chiếc”（只）、“tịch”（席）等为古汉越语。

覃韵的“hòm”（函）、“nộp”（纳）、“hộp”（盒）、“họp”（合）等为古汉越语。

钟韵的“chuông”（钟）、“tuồng”（从）、“chuộc”（赎）等为古汉越语。

支韵的“nghĩa”（义）、“địa”（地）、“bia”（碑）、“lìa”（离）、“tía”（紫）等为古汉越语。①

除了上述例字是古汉越语之外，另有个别古汉越语在越南语中隐藏极深，已难以为人所识别。例如，王力考证指出：“鲜”字在越语中的读音为“tươi”，证明它在上古属于“支部”韵。这就能解释“鲜”字在《诗经·邶风·新台》篇中与“泚”“弥”相押韵，应皆“支部”字这一问题。由此可见，“tươi”（鲜）实为古汉越语②。上述古汉越语不但仍保存于现代越南语中，而且有的还具有较强的生命力。但总体而言，古汉越语在越南语中的数量在不断减少。

（二）汉越语

本节所涉及的汉越语是相对于古汉越语和汉语越化而言。需要指出的是，本层次汉越语包括内涵与外延两方面。在内涵方面，本层次汉越语指中唐至越南独立建国前在交趾（安南）地区形成的汉越音系统。在此系统中，不但几乎每个汉字都有其相应的汉越语读音，而且这种读音系统整体上仍完好地延续至今。在外延方面，这个层次的汉越语不仅囊括了唐朝时期的汉语词汇，而且还在历史发展过程中动态地吸收和构造了新的汉越词。当然在这个过程中，有些汉越语完好地保留了下来，有些汉越语不断地消亡，也有些新的汉越语不断地诞生。这是语言发展自身规律的体现，更是社会发展变化的必然结果。

---

① 古汉越语所援引例字均源于王力的研究，详见王力：《汉越语研究》，第58-70页。

② 参见王力：《汉越语研究》，第59页。

越南语中固有词语多用于日常生活口头语，而汉越语则多被用作书面语。因此，在政治、经济、教育、科学及哲学领域上，汉越语充当非常重要的角色。举例如下。

"thư viện"（直译：书院；意译：图书馆）、"sinh viên"（直译：生员；意译：大学生）、"cử nhân"（直译：举人；意译：学士）、"tiến sĩ"（直译：进士；意译：博士）、"hoàng đế"（皇帝）、"hoàng hậu"（皇后）、"thái tử"（太子）、"chính trị"（政治）、"kinh tế"（经济）、"giáo dục"（教育）、"bệnh viện"（病院，即医院）、"thường xuyên"（直译：常川；意译：经常）、"cam kết"（直译：甘结；意译：字据、保证）、"thực đơn"（直译：食单；意译：菜单）、"đồng hồ"（直译：铜壶；意译：钟表）等。

需要指出的是，随着西方思想传入，一些西方的概念经由中国再传入越南，但也很多汉越语是先由日本传入中国，再辗转传到越南。当然也有些汉越语直接从日本传入越南，上面所提及"bệnh viện"（病院，即医院）即其中一例。越南语中的汉越语（在语法功能上也称"汉越词"）义项大多与其相对应的汉语相同或相似。但需要注意的是，有些汉越语（汉越词）的义项在越南语境中发生了巨大的变化。例如，汉语"困难"的汉越词"khốn nạn"，转指"坏蛋、无赖、可怜"之意；汉语"表情"的汉越词"biểu tình"，表示"游行、示威"之意；汉语"曲折"的汉越词"khúc triết"则是"明确、清楚、有条理"之意。这通常会使学习越南语的中国人犯主观臆断词义的错误；反之，越南人学习中文时也会犯相似的错误。总而言之，汉越语在越南语词汇中俯拾皆是，已成为越南语的重要组成部分，但有些汉越语的义项和用法体现了京族思维和语言的若干特点。

（三）汉语越化

部分汉越语中，由于深受越南口语的影响而在语音方面发生了巨大的变化。它们在老百姓口口相传中变成白话音，脱离了汉越音的轨迹，转而以另一幅迥然相异的面目出现。这些汉越语被称作汉语越化或越化汉越语。汉语越化往往有一个非常典型的表现形式，即一字两音或三音。汉语越化在声母、韵母和声调三个方面都有表现[①]。在这三者中，王力认为："其实声调无所谓越化，只有误读。"[②]有鉴于此，声调的越化问题将略而不谈，转而聚焦于汉

① "汉语越化"部分所论及汉语在声母、韵母和声调三个方面的越化，以及所援引的例字主要参引了王力的研究成果。详见王力：《汉越语研究》，第71-77页。

② 王力：《汉越语研究》，第71-77页。

语声母和韵母的越化问题。依王力的研究，见群、匣、端定、照庄系、来等声母字，以及唇音字也可归纳出为数不少的汉语越化词语。例如：

汉字	汉越音	汉语越化音
记	ký	ghi
剑	kiếm	gươm
画	họa	vẽ
回	hồi	về
刀	đao	dao
带	đới　đái	dải
床	sàng	giường
种	chủng	giống
纸	chỉ	giấy
力	lực	sức
莲	liên	sen
龙	long	rồng
帘	liêm	rèm
本	bản　bổn	vốn
板	bản	ván
妇	phụ	vợ
味	vị　mì	mùi

……

汉语越化在韵母中体现为齐齿呼变开口呼、撮口呼变合口呼或变齐齿呼、鱼娱模韵由合口和撮口变为开口呼。例如：

汉字	汉越音	汉语越化音
欠	khiêm	kém
添	thiêm	thêm
节	tiết	tết
样	dường	dạng
两	lượng	lạng
良	lương	lành
桥	kiều	cầu
移	di	dời
券	khuyến	khoán

汉字	汉越音	汉语越化音
虑	lự	lo
扶	phù	phò
住	trú	trọ
户	hộ	họ
库	khố	kho
……		

汉语越化是一种非常奇特而又相当复杂的语言现象。越南语语音发展的内部规律是形成这种现象的内在因素，而汉越语的文白分化，即书面语与口语的分化，则是强大的外部动力。从越南语的实际使用情况来看，汉语越化多用于日常口头语言，而汉越语则多用于书面语言。这种分野不是绝对的，它们有时也可以相互替换使用，但在某些文雅、庄重和正式的场合中，越化汉越语是必须让位给作为“正音”的汉越语的。例如，在外交场合中，国家元首的配偶只能称为“phu nhân”，而绝不能称为“vợ”。

第二节 汉字的传播与使用

从古至今，越南历史上曾出现过三种文字：汉字、喃字和拉丁国语字。其中，汉字是越南历史上的第一种正式书写文字，也是越南郡县时期和独立建国后历代王朝的通用文字，处于正统的地位。喃字的本意是以汉字或汉字构成部件来记录京族口头语言的土俗文字。这点与中国南方和西南地区众多民族以汉字或汉字构成部件，来记录本民族或地域方言的方块文字如出一辙。独立建国后，随着民族意识和民族精神的觉醒，喃字被称为“南国文字”。拉丁国语字也称国语字，它是西方传教士为了传教，以拉丁字母和符号记录京族口语，进而再规范、系统和统一后形成的拼音文字。

一、汉字在越南的兴衰

汉字在越南的传播和使用长达两千余年，深刻地影响了越南的本土文化。它受到越南历史发展进程和政治环境赓续的强烈影响，可划分为：郡县时期以前交趾地区初步接触中原语言文字、郡县时期汉字在交趾（安南）的传播、独立建国时期汉字在越南的传播、法国入侵越南至八月革命时期汉字退出越南官方通用文字历史舞台 4 个各具特色的历史阶段。

1. 交趾接触中原语言文字的初始

从《尚书》和《史记》等古籍的记载中可知，郡县时期以前，中原和交趾地区已经建立了联系。通过越裳氏“以三象重九译而献白雉”[①]的记载，可合理地认为，既然越裳使者已见献于周朝，应该对中原语言文字有所接触和了解。但先秦时期，中国文字书写形式尚未统一，汉字也是汉代以后人们对中国文字约定俗成的称呼。有鉴于此，笔者认为此阶段应称为交趾接触中原语言文字的初始阶段。

2. 郡县时期汉字在交趾（安南）地区的传播

秦朝，汉字开始有组织地传入越南，成为越南历史上的第一种正式书写文字。秦至宋初是越南历史上的郡县时期。在这千余年中，汉字和中华文化在越南传播和使用与内地诸州郡县并无二致。历代从中原到交趾（安南）的封建官吏、避难名士、僧侣、移民、戍卫将士等人员，为汉字在当地的传播和发展做出了贡献。

秦末，赵佗建南越国后，大力发展文教事业。越史赞曰：“武功慑乎蚕丛，文教振乎象郡。以诗书而化训国俗，以仁义而固结人心。”[②]汉武帝平南越后，“颇徙中国罪人杂居其间，稍使学书，粗知言语，使驿往来，观见礼化。”[③]由此可管窥汉字在当地传播之一斑。及至“光武中兴，锡光为交阯，任延守九真，……建立学校，导之礼义”[④]。这是我国史籍明确指出中国封建官吏在交趾和九真首建学校的记载。学校的建立对汉字和中国文化在越南的传播起到巨大的促进和推动作用。我国史家对两位太守做出“岭南华风，始于二守焉”[⑤]的高度评价。东汉末年，交趾太守士燮学问优博，政事之余，“取中夏经传，翻译音义，教本国人，始知习学之业”[⑥]，被越南史家尊为“南交学祖”。此外，士燮礼贤下士，当时以桓晔、许靖、许慈、刘熙、程秉、薛综等为代表的中原名士往交趾依附士燮者数以百计。他们办私学，收门徒，著书立说，以四书五经、诸子百家教授当地民众，对汉字在交趾地区的传播和发展做出了卓著的历史贡献。东汉至三国时期，学校的建立，使得汉字在交趾和九真地区的传播有

① 皮锡瑞：《尚书大传疏证》卷五《归禾》，光绪丙申师伏堂刻本。
②《越监通考总论》，见《大越史记全书》，第 84 页。
③ 陈寿撰，裴松之注：《三国志》卷五三《吴书·薛综传》，中华书局 1959 年标点本，第 1251 页。《后汉书·南蛮传》也有类似之记载。
④ 范晔撰，李贤等注：《后汉书》卷八十六《南蛮西南夷列传第七十六》，第 2836 页。
⑤ 陈寿撰，裴松之注：《后汉书》卷七十六《循吏列传》，第 2462 页。
⑥ 严从简著，余思黎点校：《殊域周咨录》，中华书局 1993 年版，第 236 页。

了质的飞跃。伴随着中原汉字和典籍的传入，当地官民既要讲授和学习汉字，又须结合本土语言释义才能掌握和阐发其中之奥义。

汉字在安南地区传播的又一高峰是隋唐时期。隋唐是继秦汉之后的统一王朝。强盛的国力形成了强烈的文化辐射效应。隋唐时期，中国封建王朝在安南地区推行科举制度，开办官学和私学教授汉字和传播中华文化蔚然成风。这一时期安南地区文教事业日渐盛隆，人才培养堪比内地。爱州名士姜公辅第进士，登制策科，官至相位。安南名士廖有方在京城长安考中进士。科举取士为安南布衣阶层开辟了入仕的途径。在这一制度下，汉字大规模而系统地传入越南，使用范围也从官场和士大夫阶层逐步扩大至民间，巩固了它作为安南地区正式通用文字的地位。

唐朝还沿袭历代将越南地区作为流放地的做法。据有关学者统计，唐朝安南都护府辖内驩州、峰州和爱州三地所流放的罪人高居岭南道流放人数之首，占整个唐朝流放人数的百分之十一[①]。如唐初四杰之一王勃之父王福畤坐事贬交趾令。王福畤在主政期间造福一方，大开文教事业，死后当地越人立祠以念其功德。此外，被贬到安南地区的还有褚遂良及其儿子彦冲、彦甫，以及杜审言、沈佺期、李巢、李友益、高俭、韩思彦、斐夷、刘瞻、宾参、李仁钧、陈蟠叟、杨牧、李乾佑、严善思、宗晋卿和卢藏用 20 人[②]。他们均受过良好的教育，具有较高的文化素养，工于诗文。他们贬谪安南客观上推动各自管内文教事业的发展，这不但有利于汉字和汉文化在越南的进一步传播与发展，而且还为上述地区的文教事业打下了深厚的基础，甚至对孕育后世文豪墨客产生了一定的影响。

此外，北传大乘佛教在安南地区的植根与发展，不仅在当时，而且也在越南独立建国后对汉字的传播提供了又一重要的平台。也正是这一时期，越南语非常系统而全面地借用汉语，形成以唐音（长安音）为识读标准的完整的汉越音体系。这一问题上文已论及，不再赘述。

3. 独立建国时期汉字在越南的使用

968 年，越南进入独立建国的历史新时期。自丁迄阮诸朝，汉字的传播非但没有减弱，反而向纵深两维拓展。1070 年，越南李朝在升龙建立文庙。1076 年，李朝又在文庙旁修建国子监，专供皇亲国戚及权贵子弟接受汉字和汉文化教育，后来教育对象逐渐扩大，也接受天资聪慧的百姓子弟就读。1075

① 王雪玲：《两〈唐书〉所见流人的地域分布及其特征》，《中国历史地理论丛》2002 年第 4 期，第 81 页。
② 高明士：《东亚教育圈形成史论》，上海古籍出版社 2003 年版，第 287 页。其中宾参和杨牧被赐死于赴驩州途中。

年，越南首开科举，此后成为历朝取士的重要途径。在本土化科举取士机制下，汉字和汉文化对越南的影响不断扩大和深入。农村也开办私学传授汉字、汉语和汉学，从而使汉字在这一时期逐步渗透至城镇，甚至是偏远村社，为广大平民百姓所接受和使用。政府使用汉字颁布政令和告示，征集鸿学硕儒用汉字撰修国史；文人雅士以汉字吟诗作赋，著书立说；民间宗教活动，签订契约亦多使用汉字。

由于长期受到汉字和汉文化的熏陶濡染，越南在很长一段历史时期里对汉字极为尊崇，称汉字为“儒字”“圣贤之字”和“自己的文字”。这一时期，越南汉字、汉语教育和汉文化学习的先后顺序基本与《三字经》所述一致，即小学→四书→五经→诸子→诸史。

4. 汉字退出越南官方通用文字的历史舞台

揆诸历史长河，其实汉字在越南末代王朝——阮朝的发展达到了顶峰，但这并未能阻止它的衰落，乃至退出历史舞台的步伐。这是一个曲折而复杂的历史过程。嗣德年间，越南民间私塾汉字教育还相当发达，“每乡有三五所私塾，或在家教，或富豪之家供养塾师，让其子弟和邻近之家的子弟前来学习”[①]。1858 年法军入侵越南岘港，之后逐步控制越南。1862 年，法国占领南圻东三省后，迫切需要割断中越历史文化的联系，摆脱中国的影响，加强和巩固殖民统治。为达到这一目的，法国殖民当局在法式学校中罢黜汉字、汉语和汉学教育，以法语和拉丁国语字取而代之。此举遭到当地民众的强烈抵制。

1885 年，越南正式沦为法国的殖民地。在法国殖民统治和“西风东渐”的双重历史背景下，越南以汉学为基础的传统教育体系日渐衰落，汉字和汉语的使用范围逐步缩小。1919 年，科举制度在越南全境被废除。至此，汉字失去了继续存在的最大教育平台。法国殖民当局通过行政手段以拉丁国语字和法文作为正式通用文字。但拉丁国语字易于掌握和普及，法国殖民当局担心它成为越南民主革命精英传播爱国反法思想的工具。因此，他们又被迫在一定程度上允许汉字和喃字的使用，以维持统治需要。越南民主革命精英也逐渐认识到拉丁国语字的便利之处及其对传播革命思想，争取民族独立的重要作用。在多重政治影响下，汉字在越南的前途及地位已不可同日而语。

1945 年，胡志明领导的八月革命取得胜利，不久便颁布《平民学务》正式宣布废除汉字，转而以拉丁国语字取而代之。至此，汉字在越南两千余年的正统通用书写文字地位被终结。

---

① 陈重金：《越南通史》，戴可来译，商务印书馆 1992 年版，第 358 页。

二、汉字对越南的影响

在两千多年漫长的历史长河中，汉字被统治阶层广泛应用于政治、经济、文化、制度、翻译、著述和文学等诸多领域，并产生了深远的影响。由于篇幅所限，本节仅就汉字对越南史学和文学影响略作探讨。

1. 越南的汉字官修史书

汉字在越南史学领域中处于独尊的地位。几乎所有的越南史籍，特别是官修史书均用汉字编修。这充分体现了汉字在古代越南史学界的地位、作用和影响是无与伦比的。

越南史学充分吸收和借鉴了中国古代史学的思想和史籍修撰的体例、方法。“以史为鉴，寓褒贬，惩恶劝善”是中国传统史学的重要思想之一。越南历代史家亦奉此为奎臬。后黎朝史家吴士连等奉命编撰《大越史记全书》过程中呈黎圣宗的表文中便指出，“古有信书，国之大典。……盖欲垂鉴戒于将来……必善恶具形褒贬，始足示于劝惩”[①]。《钦定越史通鉴纲目》的书名借鉴于中国的《资治通鉴》，其中“通鉴”二字即反映了“以史为鉴”的史学思想。越南史学也接受了中国史学传统的“正名”思想。《大越史记全书》将越南北属时期的历史称为“外纪”，而自丁朝以降之各朝代划为“本纪”。越南史家亦强调：“修史之事，莫大于明正统。”[②]对于正统者，史家大书特书，多有溢美之词；但对于非正统者则多有诋毁之意，甚至不给单独立“纪”或仅以前朝“本纪”的附录载之。再者，古代越南史家基本上均尊崇儒学，所以越南史学著作也体现了三纲五常的封建思想。

我国越南历史学家戴可来曾指出，“越南接受中国文化的特点，主要是把中国文化加以简化和实用化，以适应越南的国情”[③]。这在古代越南史籍的编撰体例中得到了充分体现。它们充分吸收了中国史学中的编年体、实录体、纲目体和类书体等体例，然后将其简化而加以运用。如《大越史记全书》效仿《史记》；《钦定越史通鉴纲目》也以《资治通鉴》为蓝本，但删除了传、志、表等条目；《大南实录》亦参照中国历代实录体裁编撰。

---

① 《大越史记全书·拟进大越史记全书表》，第 57 页。

② 潘清简等：《钦定越史通鉴纲目》卷首，河内越南国家图书馆藏板，藏书编号 R591。

③ 戴可来：《对越南古代历史和文化的若干新认识》，载戴可来、于向东：《越南历史与现状研究》，香港社会科学出版社有限公司 2006 年版，第 24 页。

2. 越南的汉字诗文

汉字在越南也被用以创作了大量的诗文。从越南文学发展史的角度看，郡县时期越南的诗文多属口头文学，包括神话、传说和民间歌谣。如《鸿庞氏传》、《山精水精》（也称《伞圆山传》）、《天神柱》、《槟榔传》、《金龟传》和《董天王传》等。这些口头文学作品被汉字记录后，经历代文人加工、润色和损益后，形成了流传至今之汉文版本。

在唐代，由于安南地区与中原地区文化交流和人员往来频繁，加上盛唐诗文的影响，本土诗文有了初步的发展。姜公辅才华横溢，文采灿然，官至相位，有《白云照春海赋》（残缺）和《对直言极谏策》享誉于世。名士廖有方年少时在交州“馆于郡学，由是乃振文笔，闻□交趾”①。廖有方曾于柳宗元被贬谪柳州期间登门拜谒，柳宗元对其诗文亦赞誉有加，认为有“大雅之道”，并特作《送诗人廖有方序》和《答贡士廖有方论文书》两篇文章，加以勉励和指导。

10世纪后期独立建国后，越南古代诗文得到了较快的发展，尤其是李朝以降，汉文精品层出不穷。值得注意的是，虽然越南汉字诗文受到中国古典文学的深刻影响，但它也充分体现了越南本土诗文的浓郁特色及其民族属性。以纯粹文学视角来看，其中不乏名篇佳作。例如，李公蕴的《迁都诏》，李常杰的《南国山河》，陈国峻的《檄将士文》，莫挺之的《玉井莲赋》，张汉超的《白腾江赋》，朱文安的《樵隐诗集》，阮廌的《平吴大告》《军中词命集》和《抑斋诗集》，阮秉谦的《白云诗集》，黎贵惇的《全越诗录》《桂堂诗集》，吴时志的《皇黎一统志》，邓陈琨的《征妇吟曲》，以及李文馥的《辩夷论》，等等不胜枚举。

越南伟大的革命领袖胡志明主席也有著名汉文诗《狱中日记》传世。他的诗歌简明易懂，朗朗上口，体现了深厚的汉文功底。最为人们津津乐道的是他诗歌中体现出来的坚定、乐观的革命精神和人文情怀。

第三节 喃字兴衰

喃字也叫作字喃，是古代经略交趾地区的中国官宦、士大夫与交趾本土士人阶层根据京族口头语言的特点，结合汉字“六书”，尤其是“形声”“假借”

---

① 胡可先：《新出土唐代诗人廖有方墓志考论》，《中山大学学报（社会科学版）》2009年第5期，第37-44页。

和“会意”等造字方式创造出来，用以记录越南语而创制的方块文字。郡县时期是喃字的萌芽时期。独立建国后，经越南士大夫阶层逐步完善和系统化，喃字迅速走向成熟。在早期越南典籍中，喃字也被称为“国音字”和“国语”。

一、喃字的概念

关于喃字的概念也一直是学界讨论的问题之一。学界通常将喃字理解为“南国的文字”或越南的“土俗字”。王力在《汉越语研究》中讲道：“按依谢翁（Chéon）的说法，‘喃’就是‘南’，‘喃字’就是‘安南字’的意思。但是‘nôm’又解作‘民间的’或‘土俗的’，也许‘chữ Nôm’就是‘土字’的意思。”①越南阮才瑾的研究表明，喃字的“喃”在 9 世纪末 10 世纪初读作“Nồm”，后来玄声脱落才读作“Nôm”，是证唐代喃字的叫法尚未存在，而是在约两个世纪后的越南李朝、陈朝时才出现。②

以上界说各有所据，但皆忽略了一个重要前提：即揆诸字形，则喃字是汉字的乳孳类生文字；揆诸字音，则喃字实乃记录越南语的书写符号系统；揆诸字义，则起初喃字实乃表达越南语固有词之词义。由此可知，喃字是借用汉字或以汉字“六书”，尤其是形声、假借和会意等造字方式创造出新字，用以记录越族口头语言的方块文字。如若再揆诸越族周边民族语言文字可知：“喃”字在壮话中有“谈、唱读、语言、诵”③等释义；在广州话正音中有“不停地小声说话”④之意。这些都表明，喃字是记录京族口头语言的文字。以前，喃字被视为民间“土俗字”或“nôm na là cha mách qué”（喃字为不正之父），那是与汉字正统地位相较而言。倘若将喃字称为“安南字”或“南国的文字”，则体现了民族国家和政治视域下的文字观，突显了越南的民族意识和民族精神。

二、喃字的起源

关于喃字起源的时间，至今尚无统一的认识，学界主要有如下几种主要观点：第一种观点是，喃字或许在周秦以前已产生。第二种观点是，公元 1

① 王力：《汉越语研究》，第 78 页。
② Nguyễn Tài Cẩn: *Một Số Vấn đề về Chữ Nôm, Tuyển tập Công trình về Hán Nôm*, Hà Nội: Nhà xuất bản Giáo dục Việt Nam，2011，tr.41.
③ 广西壮族自治区少数民族古籍整理出版规划领导小组编撰：《古壮字字典（初稿）》，广西民族出版社 1989 年版，第 346 页。
④ 詹伯慧主编：《广州话正音字典（广州话普通话读音对照）》，广东人民出版社 2002 年版，第 255 页。

世纪西汉末东汉初任延和锡光时代是喃字的萌芽时期，8 世纪时形成，曲氏专权时成熟。第三种观点是，喃字源于 2 世纪东汉灵帝末年士燮主政交州时期。第四种观点是，8、9 世纪时期汉越音在越南形成之后喃字才出现，与越南走向独立建国的进程基本同步。

约 12 世纪起，喃字已开始散见于越南汉字碑文和著作。目前越南考古界发现最早的喃字文字材料是刻于 1173 年的《奉圣夫人黎氏墓志》，碑上有“婆感”（“bà Cảm”，即名叫“感”的妇人）、“頭亭”（“đầu đình”，即村社议事亭）、“舉午”（“cửa ngõ”，即大门、门户）、“洿滝”（“bến sông”，即江边或江边码头）8 个喃字。

值得注意的是，与越族相邻的广西壮族也在汉字的基础上创造出了方块古壮字。古壮字形成的年代甚至比喃字还早。据考证，唐初永淳元年（682 年）刻于广西上林县的石碑《六合坚固大宅颂》和大周通天二年（697 年）智城山麓摩崖石刻《智城碑》共有 1484 个字，其中夹杂有衆、弇、畓、群、渊、菽、恙、邈、蓈等 30 多个汉字异体字、简体字和古壮字。其中“畓”即为古壮字，念“tamz”，意为塘或田唐，意译为财产，至今民间还在使用①。南宋范成大所撰《桂海虞衡志》载：“俗字边远俗陋，牒诉券约，专用土俗书，桂林诸郡皆然。今姑记临桂数字。虽甚鄙野，而偏旁亦有依附。奀，音矮，不长也。閪，音稳，坐于门中，稳也。埊，亦音稳，大坐，亦稳也。仦，音嫋，小儿也。奀，音动，人瘦弱也。……他不能悉记。余阅讼牒二年，习见之。”②

由上可见，必须以更加宏观的视野来看待喃字起源问题。因为它不是孤立的历史现象，而是汉字和中原文化南传，与南方各族人民语言文化交融的必然结果。如果将个别喃字的出现等同于喃字的产生，那么喃字源于东汉末至三国士燮治理交州时期是很有可能的。士燮在交州设立学校，“翻译音义，教本国人”，以及其胞弟名“䵋”为我国辞书所未载即是很好的证明。而且当时避难交州的中原名士不胜枚举。他们大都开学授徒和著书立说，如遇到汉语汉字无法表达之越南人名、地名、物名时，依类造字以表达是不可避免的。这与近代西方传教士以拉丁字母记录越语读音的情况如出一辙。

三、喃字的性质

喃字诞生初期主要用以记录越南语固有词汇的读音，表意倒是次要的要

① 梁庭望：《壮文论集》，中央民族大学出版社 2007 年版，第 194 页。
② 范成大撰，孔凡礼点校：《桂海虞衡志》，中华书局 2002 年版，第 129 页。

求。这就是为何喃字中假借汉字比例很高的缘故。随着历史不断向前发展，喃字假借字虽呈递减之势，但仍是喃字中的主流；形声字则越来越多地被创造和使用，但它无法撼动假借字的地位和作用。标音/表音是喃字最重要而基本的性质，但在形声字不断增加之后，喃字增加了表意的性质。喃字中的形声字数量没有假借字多，但它们也是喃字中的重要组成部分，而且越往后，其所占比例就越高。

总而言之，喃字是越南民族在使用汉字和接受中华文化的基础上，结合越语的语音特点，以汉字、汉字偏旁部首和构字部件为造字素材，效法汉字“六书”中的假借、形声和会意三种造字原则创制出来的，基本上以汉越音来识读，用以记录越南语言的音意兼表的方块文字系统。值得注意的是，喃字的性质不仅体现在文字的本身，它还是越南民族语言的符号载体，并且在一定程度上体现了越南的民族思维方式、民族自我意识和民族独立精神。

四、喃字的结构

如上所述，喃字是借用汉字或以汉字“六书”，尤其是假借、形声和会意等造字方式创造出新字，用以记录京族口头语言的方块文字。这也是喃字的主要结构方式。

1. 假借字

《说文解字·序》曰：“假借者，本无其事，依声托事，令长是也。”喃字中的假借字即完全或部分借用汉字音（汉越音）、形、意以表达越南语的喃字。它在喃字中所占的比例最大。假借法是喃字几种构字法中的根本方法，可分为如下 4 种类型。

第一类是完全借用汉字的形和意，但其读音则保留了古汉语的若干特点。例如：“命”字古汉越音为“mạng”，汉越音为“mệnh”；“碧”字古汉越音为“biếc”，汉越音为“bích”；“碑”字古汉越音为“bia”，汉越音为“bi”；“役”字古汉越音为“việc”，汉越音为“dịch”，等等。

第二类是借用汉字的字形、意义和词语来记录汉越语。例如：天下（tiên hạ）、城市（thành thị）、“无常”（vô thường）、“道德”（đạo đức）等。

上述两类假借喃字的形、义与汉字完全一致，且其读音为汉越音。

第三类是借用汉字来表达读音相同或相似，但意义不同的越语固有词语。例如：“腰”音“yêu”，意爱；“浾”音“lai”，意混血；“卒”音“tốt”，意好；“半”音“bán”，意卖；“固”音“có”，意有，等等。值得注意的是，在此类假借字中，诸如“口”“‹”或“个”/“亇”等汉字偏旁部首或符号被加于汉字的旁边，提示这些字需要“歪读”。例如：“𠰺”音“dạy”或“đại”，意教导；“朗‹”音“lặng”或“lãng”，意平静。“𧘇”音“ấy”或“ý”，意那个、语气词，等等。

第四类是假借汉字的形、义，读音与汉字基本无关，转而以越南语识读。陶维英将这种喃字的读法称为“义读”（đọc theo nghĩa），相当于日语里的训读。此类字很少，陶维英认为仅有“爫”和“沃”两字，前者是“為”字的简笔字，越南语中读“làm”，有“做、干”之意；后者读“lầy”，也转读“rày”，但仅取“lầy”之意，即“湿润、膏腴之地”。有人统计，则喃字系统中“义读”喃字仅有 8 个。

2. 形声字

《说文解字·序》曰：“形声者，以事为名，取譬相成，江河是也。”声字的结构特点是，由声符和意符组成，其中声符表音，意符表意。二者结合则构成音、形、意完整统一的汉字。形声字充分借鉴了此法，以汉字的偏旁部首为意符，取汉字（有时为喃字）作声符、意符创造出新字。据统计，在汉字 214 个部首中，喃字构字法常用的约 60 个，另增添了“巨”和“司”两部。如上所述，因为汉语和越南语存在很大的差异，即便是用汉越音识读形声字的声符也未必能准确反映其读音，所以大多数形声喃字仍需要不同程度的“歪读”才能切合越南语的实际读音。例如：滝字，从水竜声，“竜”汉越音为“long”，但该喃字并非读作“long”，而是读作“sông”；𤠄字，从犭為声，“為”汉越音为“vi”，但𤠄实读作“voi”；媄字，从女美声，“美”汉越音为“mỹ”，然媄越南语读作“mẹ”。

形声字的最大优点是，突破了假借字只表音不表意的局限，能更广泛地适应和满足语言表达的需求。因为越语的声母、韵母均比汉语多，假借字无法完全记录越语的固有词汇。这迫使人们必须运用更行之有效的构字法造出喃字，以满足社会和语言发展的要求。根据形声原则造喃字能更好地解决这一问题。

在形声字中，有一种“声符+声符”的构字方式。中国学者聂槟将这种类型的喃字称为“双声符喃字”。有些双声字较为特别，构成它们的两个汉字均可以充当声符，但其中仅有一个汉字能充当意符。如：𠀧字，从三巴声，在越语中“三”和“巴”同音，均读作“ba”，故𠀧读“ba”，意为“三”；

罘字，从四本声，“四”在越语中读“bốn”，“本”越语读作“bổn”，二者极为相近，故罘读“bốn”，意为“四”。

3. 会意字

《说文解字·序》曰：“会意者，比类合谊，以见指撝，武信是也。”喃字中会意字的数量很少。据陶维英的统计，喃字仅有6个字属于会意字：𡗶字，音trời，意天、天空、老天；𠆳企字，音trùm，意头目、大王、魁首；𠆴字，音seo，意下人、佣人、梆子手；𥪞字，音sánh，意比较；𣎞字，音rằm，意农历十五；𠇍字，音mấy，意几个（表数目）。

上述几个会意字中，均由两个汉字构成。𡗶（trời）从天从上，指在天空之意；𠆳（trùm）从人从上，指人上人，即头目、魁首之意。𠆴（seo）从人从下，指下人、佣人等地低下之人。𥪞（sánh）从並从多，指很多人、东西放在一起比较之意，也可写作𨁪、𨁴、𠿳、聘、逞等。𣎞（rằm）从望从五，指每月农历十五日，亦可写作𣚞、𣏻、𦚖、𦛍、𤗖等。𠇍（mấy）从人从氺，或许由“众”字而来，较早的喃字文献中，mấy大多写作某、貝、買，后来它们逐渐被𠇍取代。可见喃字中的会意字与汉字读音基本无关，其意义由构成该字的两个汉字共同表达。会意字数量绝少，符合喃字产生和使用的规律。

4. 复辅音字

上古越南语属于黏着语，后来逐渐变成孤立语。直至近代，越南语中仍存在一些复辅音的情况。越南语的这一语音特点，增加了古代越南人创造喃字的难度。记录复辅音喃字的特点与前面几种类型的喃字差异较大，因为其中一个喃字仅用以表示第一个发音极其模糊的辅音。据越南学者阮光红对早期喃字作品《佛说大报父母恩重经》的研究统计，该佛经由汉语写成，但每行汉语旁边均有对应的喃译。其中带“阿”的喃字往往用以表示*[ʔŋ-]、*[ʔl-]、*[ʔr-]和*[ʔpʰ]等喃字中的喉塞音*[ʔ-]或喉擦音[h-]；“巴”字表示*[bl-]、*[bj]和*[bd]中的*[b-]音；“个（㐅）、古、車、巨”字用以表示*[kj]、*[kl](甚至是*[ks-]和*[sl])、*[kb]中的*[k-]音；“多”字表示*[dm-]/*[db-]中的*[d-]音；“麻”字（简写为“亠”）表示*[ml-]中的*[m-]音；“司”字表示*[ps-]中的*[s-]音。①例如：

𬌥：阿“a”+洪“hồng”→*[ʔhoŋ]→ngọng

𢁘：巴“ba”+例“lệ”→*[blei]→trời/giời

𫭢：巴“ba”+來“lai”→*[blai]→trai

① “*”号代表“阿”字，“[]”中是另一个汉字的汉越音。

𡗶：巴“ba”+低“đê”→*[bde]→để

𩙋：个“cá”+愈“dũ”→*[kjo]→gió

㑞：亇“cá”+弄“lộng”→*[kloŋ]→tróng

𡢐：古“cổ”+弄“lộng”→*[ksoŋ]/*[kloŋ]→sống

𨋤：竜“long”+車“cư”→*[kloŋ]→trông

𨃐：夌“lăng”+巨“cự”→*[ks ɯŋ]→sưng

𢜝：闷“muộn”+多“đa”→*[dmun]→buồn

㖡：亠“麻”+例“lệ”→*[mlei]→lời

𠹾：盃“bôi”+司“tư”→*[psui]→vui

随着越南语的不断单音节化，这类喃字有不断减少的趋势。撰于元朝的《陈刚中诗集》中，陈氏曾以汉字记录一些越南词语的读音也反映当时越语中复辅音的一些情况。如“天曰勃未”①。其中“天”字的记音为“勃未（“未”疑为“耒”之误）”，汉越音“bội lồi”，即体现了“blời”这一复辅音的特点。15世纪，明朝为满足朝贡需要而编撰的《安南国译语》就已经较为明显地反映了这种变化。例如，“天”在喃字典籍中常见的有𡗶、𡗶、𡗶、𡗶等多种写法，其中𡗶和𡗶属于会意构字法，与其越语读音无关，更不能反映复辅音的特点；𡗶和𡗶两字中的字符“巴”却体现了复辅音的痕迹。《安南国译语》对越语“天”（blời）的发音仅记为“雷，音勒”，完全没有体现复辅音[bl]的痕迹，但“石”（là đá）的发音记录为“剌大”，而“石头”在现代越语中读作“đá”；“江”（sinh không）的发音记录为“生空”，“江”在现代越南语中却仅读作“sông”②。后二者体现了当时越南语复辅音的特点。总体而言，带有复辅音特点的喃字在逐步减少。

五、喃字的发展及其影响

千年郡县时期是喃字发展史上的萌芽阶段。越南独立建国后，喃字迅速发展。13～14世纪，喃字已发展到成熟阶段。绍宝四年（1282年），陈仁宗命阮诠作喃字《祭鳄鱼文》，以解除滤江鳄鱼之患。阮诠的《祭鳄鱼文》首开“国语赋诗”之先河后，喃字开始被应用于诗文创作。这也标志着喃字已经形成了一种记录越南语言的成熟的文字体系。15～18世纪上半叶，是喃字发展和巩固的历史阶段。这一阶段喃字较多被用于诗文创作，如后黎朝阮廌

① 陈刚中：《陈刚中诗集·安南即事》，《钦定四库全书·集部五》（影印版）。

② 《安南国译语》，载郑振铎辑：《玄览堂丛书续集》（第一百册），国立燕京大学图书馆藏本。

（1380—1442 年）的《国音诗集》、黎圣宗的《洪德国音诗集》等。值得注意的是，这一阶段僧人香真法性所撰的《指南语音解义》喃字辞书问世。陈朝末年，胡季犛极力倡导在教育和行政敕令、诏书中使用喃字。这些都体现了喃字发展史上质的飞越。18 世纪中叶至 19 世纪上半叶是喃字的繁盛阶段，喃字的使用达到了繁盛的高峰,而且众多具有重大影响力的喃字文学作品先后问世。19 世纪下半叶至 20 世纪初，法国通过坚船利炮逐渐把越南变成自己的殖民地。法国殖民当局希望通过推行拉丁国语字，割断中越历史文化联系，以加强殖民统治。在这种背景下，喃字与汉字一样在越南逐渐走向了衰亡。

在长达几百年的使用过程中，喃字在越南产生了重要的影响。

首先，仅就文字本身而言，它的创制体现了中越两个民族语言文字的自然交融。汉字传入越南虽早，也长期居于正统通用文字的地位。但汉字毕竟是汉语的符号载体，无法完全记录越南语。喃字的创制在很大程度弥补了汉字留下的这一空缺，使得人们能通过喃字更多地了解越南语历史语言的若干情况。

其次，喃字在越南文学史上取得了令人侧目的成绩。越南不少流芳百世的诗文都是用喃字创作的。如阮攸的《金云翘传》（又称《断肠新声》）、段氏点的《征妇吟曲》、阮辉似（1743—1790 年）的《花笺传》、阮嘉韶的《宫怨吟曲》，以及女诗人胡春香的喃字诗歌等。

最后，喃字还是阐发汉字和中华文化的重要载体。从流传下来的《指南玉音解义》《三千字解音》《嗣德圣制字学解义歌》《大南国语》等汉喃辞书来看，喃字在古代越南人学习汉字和中华文化的过程中发挥了不可替代的桥梁作用。此外，喃字还被广泛用于撰写乡约、字典、佛典、史籍、楹联和医书等。这些都为越南留下了丰厚的喃字文化遗产。

喃字在越南的使用范围还是相当广泛的。由于它与汉字的密切关系，它们并不相互排斥，反而并行共处、交相辉映，对传承越南语言文化发挥了重要的作用。也正因如此，越南把历史上遗留下来的汉字和喃字文献统称为“汉喃文化遗产”。

第四节 拉丁国语字

越南国语字也称拉丁国语字，是西方传教士创制的记录越南语言的拼音文字。15～17 世纪的地理大发现和欧洲宗教改革所引发的普世宣教运动，强力推动了西方宗教人士、商人前往新发现的地区谋求新发展。西方传教士到达越南后须尽快掌握当地的语言，才能与本土人士进行交流沟通，为传教扫清语言障碍。1533 年，已有欧洲传教士在越南布道。此后，前来越南布道的传教士逐渐增加。有些传教士具有深厚的语言学素养，为拉丁国语字的创制做出了贡献。

一、拉丁国语字的创制

据越南学者研究，1618～1663 年，波里、罗德、乔·飞利浦·德·马里尼（Gio Filippo de Marini）和约瑟夫·狄若瑟（Joseph Tissanier）4 名西方传教士在越南学习，并通晓越南语，为拉丁国语字的创制做出了贡献①。早期传教士来自欧洲不同的国家，他们依照自己国家的字母符号系统记录越南语。早期的越南国语字不但非常混乱，而且也只是散见于各国传教士的书文或报告中。1615 年，第一个传教组织——南方耶稣传教会在越南成立。这一事件也被越南学者认为是拉丁国语字诞生的重要标志。教会的成立，意味着天主教和新教受众在越南的快速增长。他们为拉丁国语字的快速发展和推广使用，起到了非常重要的作用。在许多博学的越南汉学家的鼎力协助下，罗历山总结前辈的有益经验，编撰了用于学习越南语的《越-葡-拉字典》（*Dictionarivm Anamiticvm Lusitanvm，et Latinvm*）和用于传教的《八日教程》（*Cathechismus*）②。1651 年，这两部著作在罗马出版，标志着越南拉丁国语字自从被创制以来得到了标准化和系统化，奠定了越南拉丁国语字后来继续发展和完善的坚实基础。

二、拉丁国语字的基本要素

越南拉丁国语字书写系统使用了 29 个拉丁字母（表 8-1）和 9 个变音符号。这些符号有：平声（也叫横声，无声调符号）、锐声（ˊ）、玄声（ˋ）、问声（ʔ）、跌声（˜）、重声（.）、正帽（ˆ）、反帽（ˇ）小逗号（'）。其中正帽（ˆ）、反帽（ˇ）和小逗号（'）3 个变音符号用来添加在某些元音之上以示区别；平声（也叫横声，无声调符号）、锐声（ˊ）、玄声（ˋ）、问声（ʔ）、跌声（˜）、重声（.）6 个符号用来标明越南拉丁国语字的声调。在 6 个声调中，横声无声调符号，重声（.）标在相应拉丁国语字的主要元音之下，其余几个声调符号均标在相应拉丁国语字主要元音之上。如 ba、bá、bà、bả、bã、bạ；bao、báo、bào、bảo、bão、bạo。

① Đỗ Quang Chính: *Lịch sử Chữ Quốc ngữ 1620-1659*，Hà Nội: Nhà xuất bản Tôn giáo，2008，tr.11.
② *Cathechismus* 也被译为《教礼纲要》。

表 8-1 拉丁国语字的字母表

大写字母	A	Ă	Â	B	C	D	Đ	E	Ê	G	H	I	K	L	M	N	O	Ô	Ơ	P	Q	R	S	T	U	Ư	V	X	Y
小写字母	a	ă	â	b	c	d	đ	e	ê	g	h	i	k	l	m	n	o	ô	ơ	p	q	r	s	t	u	ư	v	x	y

从严格意义上讲，拉丁国语字书写体系中并不使用“f”“j”“w”“z”，越南的各类词典均未收入这几个字母，但外来词语例外，胡志明主席的手稿中也偶尔使用这些字母。“W”有时可用于缩写代替“ư”或“ương”，如“trung ương”（中央）可缩写成“TW”。除此以外，在非正式写作，特别是在现代网络语言中，“w”“f”“j”有时用以代替“qu”“ph”“gi”。

越南拉丁国语字中，除了单辅音外，另有 10 个双字母辅音：ch、gh、gi、kh、ng、nh、ph、qu、th、tr；ngh 是唯一的三字母辅音，但它的实际发音与 ng 相同，二者在使用上的区别主要根据其后面韵母的第一个元音决定，闭元音 u、ư，半闭元音 ô、ơ，半开元音 o，开元音 a 必须与 ng 拼写，而闭元音 i、半闭元音 ê，半开元音的 e 则必须与 ngh 拼写。上述双字母辅音和三字母辅音，以前被看成独立的字母，在旧词典中分项列出。现在拉丁国语字词典已不再将它们作为独立字母，如“ch”在现今的词典中被排在“ca”和“co”之间。

三、拉丁国语字的推广和地位的确立

越南拉丁国语字从创制到 19 世纪中叶，其职能也只是西方传教士用以传播基督教的工具而已。19 世纪中期以后，越南拉丁国语字的推广和普及与法国逐步将越南变成自己殖民地，企图强化对越南的殖民统治休戚相关。但客观而言，越南拉丁国语字的推广、普及，乃至后来取代汉字和喃字成为越南国家的官方通用文字，是内因和外因双重影响所致的。

（一）拉丁国语字的推广

拉丁国语字早期的使用仅限于西方传教士及越南本土受教民众。越南的信徒结构比较复杂，除了一般民众之外，还有不少没落和不得志的儒士。有些精通汉字和喃字的儒士信教之后，被西方传教士培养成为本土牧师。他们掌握拉丁国语字之后，不仅学习用其撰写的教义，而且用汉字或喃字阐发基督教教义教理。

19 世纪末 20 世纪初，已有不少越南信教儒士用拉丁国语字翻译和编写儒家经典。正因如此，这一时期越南刊刻或编写的儒家经典，在文字使用上已有了新颖之处，主要体现在拉丁国语字的使用。越南古代刊刻的《四书》《五经》《三字经》《三千字》等儒家经典，一般只有汉字原文及喃字译文和注，但到了 19 世纪末 20 世纪初，人们刊刻这些书籍时，往往是汉字、喃字和拉丁国语字三元一体的版本，或是汉字、拉丁国语字二元一体的版本。如《千字文译国语》一书在首页之后附有国语韵，介绍拉丁字母的大小写、声调符号、平声韵和主要元音等若干拉丁国语字常识。这些幼学启蒙读物是越南官学和私学必教的内容。它们被翻译成拉丁国语字，说明阮朝末期除了信徒之外，一般民众子弟也开始学习拉丁国语字。这使得拉丁国语字的传播范围得到了很大的扩展，掌握这种新文字的人也就越来越多。

1858 年之后，越南逐步沦为法国的殖民地。法国殖民者占领南圻后，便通过各种决议或决定废除汉字，强迫在行政文书和法越学校中使用拉丁国语字。他们在行政、学政、报纸和文学 4 个核心领域中强迫使用拉丁国语字，企图最终斩断越南与汉字、中华文化的联系，同化越南人，使他们不再了解自己的历史文化，顺从殖民统治。1919 年，法国殖民当局废除越南科举制度。传统的汉喃文字随之失去了重要的历史平台，拉丁国语字乘虚而入逐渐为更多儒士所掌握。

法国殖民当局还发行一系列的报刊推行拉丁国语字，如《嘉定报》（*Báo Gia Định*）、《南风杂志》（*Nam Phong Tạp Chí*）、《东洋杂志》（*Đong Dương Tạp Chí*）、《潘安报》（*Phan Yên Báo*）、《南圻地份》（*Nam Kỳ Địa Phận*）、《农贾茗谈》（*Nông Cổ Mín Đàn*）、《六省新闻》（*Lục Tỉnh Tân Văn*）、《知新杂志》（*Tạp Chí Tri Tân*）等。这些报纸和杂志对拉丁国语字的推广和普及具有极其重要的作用。

在法国残酷的殖民统治之下，越南的民族意识觉醒。不少有识之士极力宣扬民族独立思想。他们发现拉丁国语字非常易于掌握，有助于传播他们的思想。正因如此，他们从最初排斥拉丁国语字，转而大力宣扬推广拉丁国语字。越南民族革命者发动的第一次大规模学习拉丁国语字的运动始于 1907 年 3 月，民族革命者在河内行桃街（Phố Hàng Đào）成立了东京义塾（Đông Kinh Nghĩa Thục），梁文玕（Lương Văn Can）为创办人，阮权（Nguyễn Quyền）任校长。为了推广拉丁国语字，“东京义塾曾经积极鼓励人们学习拉丁国语字。鼓励学习拉丁国语字的歌篇（文章）从学生、市民传到农民中，掀起了一个壮阔的学习拉丁国语字的运动。东京义塾的编辑组曾经编辑了各种书报，并把东西方的书籍译成拉丁国语字，供大家阅读”[①]。东京义塾虽然仅存在 8

① 陈辉燎：《越南人民抗法八十年史》第 2 卷上册，范宏科、吕毅译，生活·读书·新知三联书店 1973 年版，第 208 页。

个月就被法国殖民当局取缔，但在推广拉丁国语字方面居功甚伟。

（二）拉丁国语字地位的确立

1930 年越南共产党成立之后，鉴于当时全国文盲率很高，推广和普及拉丁国语字，让民众受到教育成了当务之急。胡志明提出“全民教育”的口号。1937 年越南舆论界已有人多次提出必须成立专门组织，扫除文盲。1938 年越南共产党将这一问题交由陈辉燎（Trần Huy Liệu）、武元甲（Võ Nguyên Giáp）和邓泰梅（Đặng Thái Mai）等负责。同年 5 月初，成立“国语传播会”，组织条例起草完毕。“国语传播会”在向越南民众传授拉丁国语字的同时，更重要的任务是传播革命思想。由于拉丁国语字易于掌握，故有“三个月完成扫盲”任务一说。

1945 年 8 月，胡志明领导的越南共产党发动武装总起义，一举夺得八月革命胜利。9 月 2 日，胡志明在河内巴亭广场庄严宣布越南民主共和国的诞生。8 日，越南民主共和国政府颁布关于平民学务（Bình dân học vụ）的重要法令，其中第 20 号法令规定：“强力推行免费学习拉丁国语字活动。在一年的期限内，使 8 岁以上的所有越南人都必须能读写拉丁国语字。”[①]为了督促民众学习拉丁国语字，法令还制定了相关的惩罚措施：“在未能实现小学义务教育的情况下全民强制免费学习拉丁国语字，实行教育社会化。在一年内，全国 8 岁以上民众必须会读，会写拉丁国语字。一年后如还不会读写拉丁国语字将被罚款。”[②]至此，拉丁国语字取代汉字成为越南新的官方通用文字。1945～1975 年，是越南南北分裂时期，但拉丁国语字的发展却是统一的。这也为北南统一后不至于出现语言文化撕裂奠定了良好的基础。

拉丁国语字替代汉字成为越南官方通用文字，使千百年来越南民族口头语言与书面语言实现了统一。这是拉丁国语字的巨大优点，但在传承越南民族传统文化方面，它并不是一个最理想的文字载体。越南历史遗留下来的大量汉字和喃字文献也无法用拉丁国语字释读，即便是对其进行翻译和整理也遇到诸多问题。随着汉字和喃字的废止，越南的传统文化出现了断层。这也是近期有不少越南学者呼吁重新恢复学习汉字的重要原因。

---

① Nguyễn Văn Khang: *Chính sách của Đảng và Nhà nước Việt Nam về Ngôn ngữ Qua các Thời kỳ-Báo cáo Tổng quan*，Hà Nội: Đề tài nghiên cứu cấp Bộ，2010，tr.101.

② 苏彩琼：《越南文字的变迁与民族意识的发展——越南国语字的推广历史研究》，暨南大学硕士学位论文，2010 年，第 24 页。

第九章 文　学

越南文学肇始于民间口传文学及汉字文学。越南民间口传文学多为歌谣、俗语、神话故事、传说异述，多数难以考其发源；而越南汉字文学得以经汉字较好的保存流传。交趾地区虽早在公元前214年时已被设为秦朝郡县，中原谪民与越人杂处，后南海尉赵佗上书“求女无夫家者三万人以为士卒衣补，秦皇帝可其万五千人”，从中原迁移了大量的人口往交趾，然而至汉平帝二年（公元2年）时，“凡交趾所统，虽置郡县，而言语各异，重译乃通。人如禽兽，长幼无别……后颇遣中国罪人，使杂居期间，乃稍知言语，渐见礼化”①。由是可知，彼时交趾地区文化落后，其文字文学是在秦汉设置郡县以后才产生的。因此，在越南文学的发端中，汉字文学便成为有文献记载最早的文学作品。

第一节 郡县时期文学

一、汉字文学

汉字具体传入越南的时间不可知，但据《后汉书》《殊域周咨录》等史书记载可推，越南汉字文学与历任汉官在交趾地区兢兢业业传播汉文化密不可分，如交趾太守锡光，九真太守任延，尤其后来的三国时期交趾太守士燮，越南史书对他们的贡献都给予了极高的评价，越人更尊士燮为“士王”“南交学祖”，《大越史记全书·士王纪》云：“士王……宽厚谦虚，人心爱戴。保全越之地，以当三国之强。既明且智，足称贤君，”“王器礼宽厚，谦虚下士。国人爱之，皆呼士王。汉之名士避难往依者以百数。”“我国通诗书，习礼乐，为文献之邦，自士王始。其功德，岂特施于当时，而有以远及于后代，岂不盛矣哉！”

士燮辖交州时，因重文教安民生而引来诸多中土名士往附避乱，并在交州兴文著学，直至汉时，我国佛教活动中心有三个：其一为洛阳；其二为彭

① 《后汉书·南蛮传》。

城，今属江苏；其三为羸陵，交州首府，在今越南北宁省。牟子的《理惑论》是我国最早的佛教论著，就是在吴国初年于交州撰写而成[①]。由此一来，交趾地区的僧人成为士大夫阶级之外的另一个掌握汉文的重要群体，这时期佛教诗文的创作成为之后安南地区乃至越南独立之后李朝、陈朝诗文之嚆矢。严可均《全宋文·卷六三》所收的释道高、法明《答李交州淼难佛不见形》等文，是现存最早的交趾地区文献[②]。而安南僧人到中原说法求法时，也与中原的文人唱和诗歌。贾岛、张籍、杨巨源等著名诗人，均有作诗赠与安南高僧。

隋唐时，更有杜审言、沈佺期等流寓安南，安南地区遂成文化中心。杜审言流放峰州时留下著名的《旅寓安南》，描述了安南地区的不同风候：

交趾殊风候，寒迟暖复催。仲冬山果熟，正月野花开。
积雪生昏雾，清霜下震雷。故乡逾万里，客思倍从来。

沈佺期被流放经过安南时作诗《初达驩州》，并著有《九真山净居寺谒无碍上人》赠之。越南现代学者释德念（胡玄明）评论道："此种交流不仅及于当时，亦绵延至后代。"这些诗歌是唐诗的一部分，构成了世界文学史上的巅峰。这既是中国人的荣耀，也是当时安南人的骄傲，是人类共同的宝贵财富。

在汉风陶染之下，交趾野风渐褪，风雅日盛，频出赅博之士。始有受中国爵命者，如交州李琴，任汉献帝时司隶校尉，日南张重为晋明帝时金城太守；另有杜瑗及其子孙，以武功仕中国；爱州姜神翊、姜公辅、姜公复祖孙以文名载史书，姜公辅更是官至宰相，其遗世之作仅存《白云照春海赋》的上半篇、与唐德宗论政的《对直言极谏策》，前者被称为"安南千古文宗"，后者为交趾地区的最早政论文，二文皆收录于《全唐文·卷四百四十六》。其赋曰：

白云溶溶，摇曳乎春海之中。纷纭层汉，皎洁长空。细影参差，匝微明於日域；轻文磷乱，分炯晃於仙宫。始而，乾门辟，阳光积。乃缥渺以从龙，遂轻盈而拂石。出穹峦以高翥，跨横海而远摭。故海映云而自春，云照海而生白。或杲杲以积素，或沉沉以凝碧。圆虚乍启，均瑞色而周流；蜃气初收，与清光而激射。云信无心而舒卷，海宁有志於潮汐。彼则澄源纪地，此乃泛迹流天。影触浪以时动，形随风而屡迁。入洪波而并曜，对绿水而相鲜。时维孤屿冰朗，长汀云净；辨宫阙於三山，总妍华於一镜。临琼树而昭晰，覆琼台而萦映。鸟頡

① 刘玉珺：《越南汉喃古籍的文献学研究》，中华书局 2007 年版，第 75 页。
② 刘玉珺：《中越古代书籍交流考述》，《文献》2004 年第 4 期，第 85-98 页。

颃以追飞，鱼从容以涵泳。莫不各得其适，咸悦乎性。登夫爽垲，望兹云海；云则连景霞以离披，海则蓄玫瑰之翠彩。色莫尚乎洁白，岁何芳於首春？惟春色也，嘉夫藻丽；惟白云也，赏以清贞。可临流於是日，纵观美於斯辰。彼美之子，顾曰无伦。扬桂楫，棹青苹；心遥遥於极浦，望远远乎通津。云兮片玉之人。

而《对直言极谏策》长达1800多字，对唐德宗所问治理国家、处理周边关系等问题做出了直接的评论，希望德宗纳正言远小人、强兵固边以应北狄、先富民而教化，更以“靡不有初，鲜克有终”之句表达了殷切的期望。在德宗的制策问中，我们也可看到这位君王初即位时对国家积重难返的担忧而求良政若渴、励精图治的历史。

其弟姜公复有短文《对兵部试射判》存于《全唐文·卷六百二十二》。

另有诗人廖有方，在其登第前一年（815 年）曾请柳宗元为他的诗集作序，柳宗元在《送诗人廖有方序》中评“今廖生刚健重厚，孝悌信让，以质乎中而文乎外。为唐诗有大雅之道……”，2006年于西安出土的廖有方墓志亦显示：廖有方在北往游太学之前已“文笔闻交趾”。惜其诗文仅存一首《题旅榇》（又名《属胡绾版记》）：“嗟君没世委空囊，几度劳心翰墨场。半面为君申一恸，不知何处是家乡。”[①]关于此诗，《云溪友议》卷下《名义士》云：廖有方途遇落魄考生行将病毙，求其埋葬骸骨。廖有方不仅典其所有以礼葬之，且以诗相吊，世人遂以“皇唐之义士”称颂之。后廖有方登进士第，官居显职。

二、民间文学

越南民间文学包括俗语、民歌歌谣、民间舞台剧和神话传说、传奇故事等。由于民族文字产生较晚，越南的民间文学一直以口传的方式流传，虽汉字很早就进入交趾地区且成为当地的唯一文字，但由于“在古典汉文化中，小说向来受到轻视……传统中对小说的保存、记录、研究都很不够……”[②]，因为这样的原因，越南民间文学虽然仍旧传唱且历久弥新，研究者却不可得知其具体的创作时期，与世界其他民族的民间文学一样，也没有具体的作者。“自春秋、战国以前，去古未远，南俗犹简略，未有国史以记其实，故其事率多遗忘……迨两汉、三国、东西晋，暨唐、宋、元明，始有史传以载其事，如《岭南志》

① 《全唐文·卷五七九》。
② 陈庆浩、王三庆主编：《越南汉文小说丛刊》，法国远东学院出版社1988年版，“总序”。

《交州广记》《交趾略志》等书，历历可考。然我越乃古要荒之地，故记载又略之也……不佑始于何时，成于何人”①。由此可知，交趾地区的民间文学远在秦汉之前就已十分丰富，却因无文字刻载、不受重视而仅有部分流传下来。

俗语、歌谣类文学则概因难以翻译成到位的汉语且翻译成汉语的俗语、歌谣得不到广泛的使用，也一直安静地处于口头文学的领域，一直到 10 世纪喃字文学的出现后方见于文字。

虽然民间文学成文较晚，但是越南文学从民间文学中汲取的养分是不可替代的。“神话传说是民族的精神所寄，是民族早期历史的曲折呈现；各民族早期历史几乎都由神话传说构成的，越南亦不例外”②。俗语、歌谣也是人民生产、生活的生动反映，鲜活地存在于世代民众的文化生活之中。在后世的喃字文学作品中，民间文学的因子为作品增加了浓郁的越南民族特色，使之区别于汉字文学，并在民众中获得了广泛的认可，文学不再只是上流社会人士的特权。

第二节　独立建国后的古代文学

自公元前 214 年秦始皇设交趾郡到公元 968 年丁部领建丁朝，越南在中国版图中存在了 1182 年，比越南独立至今的时间还长，可想越南受中国文化影响之深远。在沦为法国殖民地之前，越南与中国保持着宗藩关系，汉字长期作为越南的官方文字，汉字文学仍为主流文学。同时，喃字经过漫长的发展在 13 世纪基本成型，产生了喃字文学。

一、汉字文学

（一）10世纪末至14世纪

2 世纪左右，大乘佛教由中土南传至交州地区，前黎朝至陈朝间，佛教在越南得到国家层面的极力推崇，到了李太宗时，“大半百姓为僧，国内到处皆寺”。陈朝第三位国主陈仁宗更是遁入空门而创越南本土教派——竹林禅派，僧人成为重要的汉诗创作群体，佛教汉诗成为时人文学创作主题。当时的高僧积极入世，参与国家的政治事务，诗文除了体现佛禅之理，也常与国事相关，如万行禅师的《无题》：

---

① 武琼校正，乔富修定：《岭南摭怪》，“序”。
② 陈庆浩、王三庆主编：《越南汉文小说丛刊》，第二辑“前言”。

蒺藜沉北水，李子树南天。四方干戈静，八表贺平安。

“蒺藜”代前黎朝，“李子”意李朝，一沉一树，喻指朝代的更迭。

李朝虽亦修文庙、开科取士，但次数、人数均不多，儒学未成正统。由于大半知识阶层都是僧人，在国教的影响之下，从仕林中人上至帝王的汉诗也多体现宗教意趣。陈朝国君的汉诗多是咏景，写意中也常常有着佛理禅趣，如陈仁宗的《武林晚秋》：

画桥倒影蘸横溪，一抹斜阳水外明。
寂寂千山红叶落，湿云如梦远钟声。

除汉诗之外，李、陈二朝帝王亦多工于汉字散文，如李朝开国君主李公蕴的《迁都诏》：

昔商家至盘庚五迁，周室追成王三徙。岂三代之数君，徇于己私，妄自迁徙？以其图大宅中，为亿万世子孙之计。上谨天命，下因民志，苟有便辄改，故国祚延长，风俗富阜。

而丁、黎二家，乃徇己私，忽天命，罔蹈商周之迹，常安厥邑于兹，致世代弗长，算数短促，百姓耗损，万物失宜。朕甚痛之，不得不徙。况高王故都大罗城，宅天地区域之中，得龙蟠虎踞之势，正南北东西之位，便江山向背之宜，其地广而平坦，厥土高而爽垲，民居蔑昏垫之困，万物极繁阜之丰，遍览越邦，斯为胜地，诚四方辐辏之要会，为万世京师之上都。

朕欲因此地利，以定厥居，卿等以为如何？

开篇以古时圣君迁都史立论，引人思虑，遂以正反两面史实对比以论述迁都之必要，再陈新都之适好，引经据典、对仗工整、紧凑洗练、言简意赅，读来韵律十足，意境深远开阔。

由于与元朝的三次战争，陈朝产生了大量爱国、军旅等题材的汉诗，诗人多为文武兼备的名臣，如范五老、范师孟等。范五老《述怀》中言“男儿未了功名债，羞听人间说武侯”，将保家卫国建功立业比为男子生之而有的债，三个字言尽多少伦理纲常。社会稳定发展时期，文人们谏政、咏物言志、寓情于景的汉诗涌现，其中阮忠彦、朱文安的造诣最深。阮忠彦诗中常现淡泊名利之风骨，如“蓑笠五湖荣佩印，桑麻数亩胜封侯”（《追挽岑楼》），

"老桑叶落蚕方尽，早稻花开蟹正肥。见说在家贫亦好，江南虽乐不如归"（《兴归》）。朱文安是越南史上著名的直臣，也是才德兼备、身正为范的夫子，门生多有盛名。其诗句法极为工仗，高逸清雅，写景自然而取意深远，现存的每首诗均可圈可点。《江亭作》中有句"斜日吟残红淡淡，暮天望断碧悠悠"，《初夏》有言"点水溪莲无俗态，出篱野笋不凡材"，皆于似无意中点睛，于凡物中寓情致。

陈朝时汉字散字、赋、神话故事、中越使臣诗文交流也处方兴之势。1272年，黎文休写就越南第一部史书——《大越史记》，成为后世官修编年体史书的基石。张汉超的《浴翠山灵济塔记》《开严寺碑记》及黎适的《北江沛村绍福寺碑记》以事实说理，对佛教和越南修佛之过进行了批判。张汉超和黎适都是陈朝中后期的世之名儒，朝之重臣，在文章中否定了陈朝开国时定的国教，至少说明了一些问题，首先，从百姓到统治阶级均已看到了过度尊佛的诸多弊端，独尊佛教的社会心态已经发生改变；其次，越南的社会发展水平已经到了新的历史阶段，佛教不再适合作为统治民众思想的工具。

张汉超的另一篇散文《白藤江赋》描写了白藤江上的浩渺秋色，歌颂了史上越南军队在数次白藤江御敌战事中的神勇，读来颇有苏东坡《念奴娇·赤壁怀古》之情怀。1329年，李济川收集历代君臣名士的志异故事编写成交趾地区第一部灵异传记类小说集《粤甸幽灵集》，成为民间文学文字化的开端。

（二）15世纪至17世纪末

经过属明20年，1428年黎利建立后黎朝，独尊儒术，将儒学、科举制推向高潮，后黎朝先有大儒之士阮廌，又有黎圣宗为挂帅筹办的"骚坛会"的文坛盛世，汉字文学在越南走向巅峰。这一时期的重要诗人有阮梦荀、李子晋、黎圣宗黎思诚等。

阮廌是后黎朝开国功臣，出身名门，有经邦济世之才，文辞为当世之翘楚，虽被枉死，但名才仍彪炳千古。阮廌的创作涉及文学、地理、历史、历法、礼仪等多个领域，其中诗的风格多样，有气势吞虎的军旅诗《平吴大诰》《观阅水阵》，有隐逸淡泊之风的《游山寺》，有感怀人生沉浮的《乱后感作》《寄友》，其诗赋得到当世名士如阮梦荀及后世名家如黎贵惇、范文同等的高度评价。阮廌号抑斋，著有汉文诗集《抑斋诗集》录有105首唐律诗，其中的《昆山歌》最为得名。

黎圣宗晚年组织28位大臣创立了"骚坛会"，将28位大臣称为"二十八星宿"，自己为"骚坛都元帅"，常在宫廷活动中唱和，留下很多诗集，包括喃字诗集《洪德国音诗集》等，诗歌多体现他治理之下的后黎盛世。国家对科举制的大力推进和几代帝王对诗文的推崇使得后黎朝各阶层的学风大涨，文学创作蔚然成风，朝野间百花齐放，出现了丰富的文学作品，越南史上最重要的史书《大越史记全书》也是黎圣宗令吴士连等在这一时期编写问世的。

盛黎时期催生了大量的汉字赋文，历史小说、人物传记、神怪传说，如无名氏的汉文历史章回小说《皇越春秋》，武琼之神怪故事小说《岭南摭怪》，阮屿之《传奇漫录》，还出现了杰出的无名氏喃字唐律叙事诗如《林泉奇遇》，等等。《粤甸幽灵集》和《岭南摭怪》是越南现存最古老、最重要的神话传说集。《传奇漫录》是越南第一部传奇小说，故事构思奇丽，言简意丰，人物塑造栩栩如真，时间和空间跨度很大，虚构中又结合大量的历史人物事件、社会现实，充分体现了作者的博学多才和文学思想的独特。读越南志异传奇类小说，常有似曾相识之亲切感，甚至觉得即为中国之说。如“鸿庞传”的故事令人想起唐人李朝威之“洞庭灵姻”（又称“柳毅灵姻”“柳毅”），研究者多认为这是越南神话传说受中国文化影响之明证，如有学者认为《传奇漫录》是根据明朝小说《剪灯新话》改写而来，而“我们认为：与其说是互相因袭，不如指为相同的来源。盖神话传说为口头文学，俱传承性、变异性诸特征，不同时代不同地域者所记录的同一故事，既有相同的母题，又有相异的情节。……越南民族是百越的一部分，越南和中国岭南有相类甚至完全相同的传说，一点也不奇怪”①。因此，越南志异传奇、神话传说在情节、内容上与中国小说的类似与诗文上的模仿改写是可以理解的。

后黎朝建国 100 多年后，越南国主频频鼎革，开始漫长的分裂期，先后经历莫黎乱世、郑阮之争及西山起义，难有和平，封建统治者的征伐混战、骄奢淫逸、百姓疾苦得以反映在文学中，特别是以阮秉谦及其学生冯克宽（1528—1613 年）的诗文为代表。这一时期，文学创作的体裁由诗赋为主体转移为历史小说与叙事诗。

（三）18世纪初至19世纪中叶

后黎朝后期，郑阮以峥江为界休战至西山起义的百年间（1672～1771 年），出现了文学成就卓然超世的女文豪段氏点（1705—1748 年），号红霞女士，因嫁阮翘为妻，又被称为阮氏点，其汉文喃诗皆臻练，思想艺术造诣、影响力可比肩中国之李清照，代表作品为汉文传奇小说《传奇新谱》、喃字长诗《征妇吟曲》。还有才学空前的大学者黎贵惇（1726—1784 年），在越南文

① 陈庆浩、王三庆主编：《越南汉文小说丛刊》，第二辑“前言”。

史、地舆、宗教、古籍、经学等方面均有重要论著，其研究如今仍是考查古代越南和中越古代交往的珍贵资料。

18 世纪初到 19 世纪中叶的汉字文学有新发展，如出现六八体、双七六八体汉诗和体裁灵活的杂言汉诗、汉字章回历史小说等，但是相较之下汉字文学已如强弩之末，光芒不胜从前。邓陈琨（1710—1745 年）的古乐府杂言诗《征妇吟曲》可称为越南文学史上最优秀的汉文长诗，全诗长 476 句，将后黎朝郑阮南北对峙、连年征战对百姓生活造成的巨大破坏通过征妇之口表现出来。文中多处引用、改写中国的文学典故，如泣如诉的诗句韵律上口，充分借景抒情，将征妇的悲苦书写得淋漓尽致，文学之美令人叹服。诗中对偶、骈句、排比似一气呵成，写尽征妇之悲惧、怀想、孤苦、远思、忧老和求愿，形式美、文字美，情感丰沛，“是思想性与艺术性完美结合的典范，为历代越南文人所称道”①。

阮攸（1765—1820 年）的汉文诗成就不输于其《金云翘传》。他创作了大量的汉文诗，有《清轩诗集》（78 首）、《南中杂吟》（40 首）和《北行杂录》（132 首）。他青少年时期命途多舛，颠沛流离，目睹的越南底层百姓的生活，深深地影响其文学创作。1813 年，48 岁的阮攸出使清朝，两年多期间的所见所闻也令他心中充满悲凉。因此，悲观，对世事、遭遇的无力感充满他汉诗之中：

钟子援琴操南音，庄鸟病中犹越吟。
四海风尘家国泪，十旬牢狱死生心。
平章遗恨何时了，孤竹高风不可寻。
我有寸心无与语，鸿山山下桂江深。

（《縻中漫兴》）

口喷白沫手酸缩，却坐敛弦告终曲。
殚尽心力几一更，所得铜钱仅五六。

（《太平卖歌者》）

相同风格的还有《所见行》《阻兵行》等，《所见行》中所描述的寡母幼子一行四人沿途乞讨的惨状，令人不忍卒读：

有妇携三儿，相将坐道旁。小儿在怀中，大者持竹筐。……见人

---

① 于在照：《越南文学史》，世界图书出版公司 2014 年版，第 146 页。

不仰视，泪流襟浪浪。沿街日乞食……眼下委沟壑，血肉饲豺狼。母死不足恤，抚儿增断肠……

阮攸汉字诗成就很高，特色鲜明。除了有上述诗风颇似杜甫的叙事诗外，还有与李白之诗如出一辙的豪放风格，情到激愤处，恣意挥洒，格式体例不拘一格。阮攸的诗文是越南古代文学的杰出代表，他被越南人民誉为“大诗豪”。1965 年，阮攸被世界和平理事会列为“世界文化名人”。

这一时期的重要文人及作品还有黎贵惇的《抚边杂录》《见闻小录》《芸台类语》《全越诗录》等、潘辉注（1782—1840 年）的《历朝宪章类志》、裴辉璧（1744—1818 年）的《乂安诗集》《皇越文选》《历朝诗抄》等，“吴家学派”祖孙四代人等。这一时期出现了六八体、双七六八体的汉诗作品，丰富了汉诗的体例，在世界汉字文学中独树一帜。且看丁日慎之《秋夜旅怀吟》节选：

秋夜静天光隐约，隔疏帘淡酌金垒，
天辰人事相催，浮生若梦几回为欢。
人对景花间月照……

将上文段化为汉越音读出，可见其遵循双七六八体的押韵规律。

这一时期，汉文小说在原来神话传奇、志异故事、人物传记的基础上发展出现历史章回小说《驩州记》《皇黎一统志》等，标志着越南文士汉文水平的新高度。其中的《驩州记》是由阮景家族后人编纂本族家史，述说了阮景家族八代以来的事迹，开创了族谱小说这一特殊体裁。传奇类小说新添段氏点的《传奇新谱》，还有疑似假借黎圣宗之名而作的《圣宗遗草》等。而范廷琥的《雨中随笔》及其与阮案合著的《沧桑偶录》更像是杂录，记载了故事、传俗、人物、礼制等多方面的见闻。

二、喃字文学

13 世纪末，喃字文学出现。《大越史记全书》记载，“壬午四年（1282 年）秋八月，时有鳄鱼至泸江，帝命刑部尚书阮诠为文投之江中，鳄鱼自去……诠又能为国语赋诗。我国赋诗多用国语自此始”。14 世纪末，胡季犛为陈朝内辅政太师时，兴喃文，将《无逸篇》《诗义并序》译为国语教习官家之人，喃字的地位得到一定的提高。与汉字文化圈中的日本、朝鲜一样，因为对汉文化、汉字的推崇，尊汉字为正统官方文字，本土文字的出现被认为是流俗文字，难登大雅之堂，越南的喃字也经过很长时间才被广大的士大夫阶级所认可，这导致许多优秀的越南喃文作品都是无名氏作品。在越南历史上，只有短命的胡朝和西山朝的光中帝为喃文提高历史地位，才在一定程度上解放了文人的思想。同时，也由于越南历史的发展，社会的复杂多变，非本土文字不能记录国民之思想心态。15、16 世纪，后黎朝前期阮廌、黎圣宗及其“骚坛会”等上层阶级人士皆有喃文写成的国音诗集，喃字文学才逐渐以喷薄之势追赶上汉字文学的步伐，在 18 世纪至 19 世纪中叶的越南文坛上与汉字文学不分伯仲。

（一）15世纪至17世纪末

阮廌的《国音诗集》是越南现存最早的喃字诗集，含喃字诗 254 首，该诗集为越南喃字诗歌奠定了基础。“骚坛会”所创的喃文诗，均被收录在《洪德国音诗集》之中。16 世纪初，黎德毛的歌筹《三甲奖赏歌妓唱曲》标志着越南特有的喃字新诗体六八体、双七六八体问世，因其韵律节奏更适合越语的特点，更易于长篇咏唱，因此发展迅速。16 世纪末 17 世纪初，黄士恺的长诗《四时曲咏》出现，标志着双七六八喃诗已经成熟[①]。“北人（中国人）以文字求声音，文字便成腔调；南人以声音求文字，声音别具体裁。故东嘉第七才子之书，足登唇吻；而东床六八演音之传，容惜齿牙。”[②]这段话说明，就越语而言，六八体更朗朗上口。在 17 世纪初喃字六八体、双七六八体长诗趋于成熟后，因其便于更换韵律，字数更自由，该诗体便成为文人进行长篇叙事创作的首选。

（二）18世纪末至19世纪中叶

18 世纪末 19 世纪初，西山朝亡，阮朝初立，西方殖民扩张势力的到来，越南帝制在艰难的内外困境中对社会思潮、文学的控制式微，喃字文学创作负载着广大越南百姓的心声，在经过后黎朝的充分酝酿后，在阮朝达到璀璨辉煌时期，出现了越南喃字文学的顶峰之作，包括六八体、双七六八体长篇叙事诗，如阮攸创作的越之国宝——《金云翘传》、阮嘉韶（1741—1798 年）的《宫怨吟曲》、段氏点将邓陈琨的《征妇吟曲》译为喃文及阮辉似的《花

① 于在照：《越南文学史》，第 140 页。
② 《琵琶国音新传》成泰十三年（1901 年）序言，越南汉喃研究院藏书。

笺传》。这四部作品一起被称为“越南四大奇书”[①]；以及唐律短喃诗，如著名女诗人胡春香的《汤圆》《未嫁而孕》、清关县夫人的《过横山》等，此外还有大量的无名氏长篇叙事诗。

喃文长诗方面，18 世纪初便陆续出现名家之作。先是段氏点将邓陈琨的《征妇吟曲》译成喃文，句数由原来的 476 处理成 411 句，更符合喃字行文：

送君处兮心悠悠，	Đưa chàng lòng dặc dặc buồn
君登途兮，妾恨不如驹，	Bộ khôn bằng ngựa
君临溪兮，妾恨不如舟。	Thủy khôn bằng tuyền
清清流水，不洗妾心愁，	Nước trong chảy lòng phiền chẳng rửa
轻轻芳草，不忘妾心忧。	Cỏ xanh thơm dạ nhớ khó quên
……	
相顾不想见，	Cùng trông lại mà cũng chẳng thấy
青青陌上桑，	Thấy xanh xanh những mấy ngàn dâu
陌上桑，陌上桑，	Ngàn dâu xanh ngắt một màu
妾意君心谁短长?	Lòng chàng ý thiếp ai sầu hơn ai ?
……	
愁似海，刻如年。	Khắc giờ đằng đẵng như niên
	Mối sầu dằng dặc tựa miền bể xa
强燃香，花魂欲消坛柱下，	Hương gượng đốt，hồn đà mê mải
强临镜，玉筋空坠菱花前，	Gương gượng soi，lệ lại chứa chan
强援琴，指下惊停鸾凤柱，	Sắt cầm gượng gảy ngón đàn
强鼓瑟，曲中愁歇鸳鸯弦。	Dây uyên kinh đứt，phím loan ngại chùng

段氏点不仅将原意、情感表达到位，还能保持简洁优美的诗歌体裁，因此越南人民被喃文的《征妇吟曲》深深折服，该文也成为段氏点的扛鼎之作，奠定了她在越南文坛的地位。

阮嘉韶作《宫怨吟曲》，是一位才色双全的闺秀被选入宫，先受恩宠继而被冷落遗忘，胸中怨怼难抑，渴望冲破牢笼、为自己争取幸福自由的心灵独白。阮嘉韶以双七六八体进行创作，全诗长 356 句，运用了大量的汉字文学典故和越南俗语：

---

① 陈玉龙、杨通方、夏应元等：《汉文化论纲——兼述中朝中日中越文化交流》，北京大学出版社 1993 年版，第 392 页。

Tay nguyệt lão chẳng xe thì chớ,	月老之手啊宁愿勿牵线，
Xe thế này có dở dang không ?	如此荒唐姻缘怎可忍受？
Đang tay muốn dứt tò hồng,	挥手欲断红丝线，
Bực mình muốn đạp tiêu phòng mà ra !	忿然欲踹椒房出！

与《征妇吟曲》相较，《宫怨吟曲》的用语更口语化，但是用韵规律整齐，情感描述体现人物性格，故事更有内容，具有较高的艺术水平。

由于历史、文化的原因，中国的传奇、才子佳人故事在越南很受欢迎，随着明清时期中国民间小说的大量创作，越南的文人也十分热衷于将汉文小说翻译、改写成喃文小说，这股潮流自 18 世纪初始，到 20 世纪达到高峰。《花笺传》就是阮辉似以中国弹词说唱小说《花笺记》为蓝本、稍作情节修改、用六八体写就的。在 19～20 世纪，《花笺传》与《金云翘传》在越南的影响力不分高下，甚至有文人认为《花笺传》更胜之，有 1916 年越南《东洋杂志》刊登的拉丁化越南文《花笺传》引言为证：

> Kể các chuyện hoặc sự tích nước ta，hoặc sự tích nước Tàu，chuyện Kiều văn chương đã lấy làm tao nhã，nhời nhẽ đã lấy làm lý thú. Nhưng xem đến chuyện Hoa Tiên này，lại càng sâu sắc，nhời nhẽ lại càng nẩn lạ lắm……（提及我国或中国的故事、传说，《金云翘传》的文章风雅、语言有趣。但是看到这《花笺传》，却更为深刻，语言更有新意……）[①]

同一时期改编自中国的才子佳人小说的喃文六八体叙事诗还有李文馥的《玉娇梨新传》《西厢传》和武国珍的《碧沟奇遇》等，但都没有取得《花笺传》那么高的成就。可见，将《花笺传》这部主题思想并不深刻的才子佳人小说列为“越南四大奇书”之一，并非虚有其名的。

被奉为越南第一名著的《金云翘传》是阮攸 1815 年出使中国回来后，以中国青心才人的章回小说《金云翘传》为蓝本改写的一篇长达 3254 句的六八体叙事诗。越南近现代学者范琼（1892—1945 年）对《金云翘传》有一句著名的评价“……Chuyện Kiều còn tiếng ta còn，tiếng ta còn nước ta còn”（翘传存则越语存，越语存则越南存），将其提高到关乎民族生死存亡的高度。该书在阮朝初期得到大量印发，传唱甚广。在 19 世纪越南备受战乱、殖民主义威胁的情况下，《金云翘传》故事所表现出来的生活突变、命不由己、苦

① 刘志强：《越南古典文学四大名著》，世界图书出版公司 2010 年版，第 62 页。

难不断的悲惨人生得到当时越南社会各阶层国民的深刻共鸣。阮攸高超的写作艺术将汉字文学典故和越南民间文学很巧妙地糅合在一起，极大地丰富了越南语的文辞，使《金云翘传》成为雅俗共赏、朝野共鸣的一部经典作品，文中多处诗句在后世的文学、口语中成为高频使用的词句，诗中塑造的很多人物成为某一类人的代称，如“楚卿”表示欺骗女性感情的小白脸，“宦姐”代表妒妇，“束生”则是惧内男性的代称等。

这一时期另外的代表性长诗文人及作品有：范泰（1777—1813 年）取材自现实社会的《初镜新装》、后黎公主、西山起义领袖阮文惠之妻黎玉欣为哀悼阮文惠所写的《哀思挽》等。同时涌现了大量的无名氏喃文作品，如《石生传》《范载玉花》《女秀才》《潘陈》等，有越南文人自创，也有以中国小说为蓝本的，多数以才子佳人主题体现冲破封建礼教思想，其中不乏上乘之作，数量蔚为壮观，为世所罕见。

喃字唐律诗方面，在 18 世纪末，越南出现了一位不同寻常的女诗人——胡春香（1772—1822 年）。胡春香和阮廌、阮攸并称为越南最伟大的诗人。由于缺乏史料记载，胡春香的生平有很多不清楚之处，其生平事迹多由其作品推断而来。胡春香的一生是可叹的，出生时，父亲已经去世，家境堪忧。但是胡春香聪明好学，性格开朗泼辣，交游广阔，与当时不少名人文士交往，诗歌唱酬，从诗中可看出她与阮攸、枚山甫等有过感情，却不能结合。她两度为人妾，又两度丧夫守寡。丰富的感情和内心却遭遇坎坷的人生，胡春香的诗迸发出诸多女性的强烈感受。作为一个封建时代的女性，胡春香在诗作上有出奇的巧思，擅长用比喻暗讽，最难能可贵的是她以笔做武器，以诗为战歌，单枪匹马、毫无畏惧地与封建礼教和男尊女卑的传统和社会作斗争，毫不留情地撕破了男权社会的虚伪败坏、道貌岸然，是越南女权主义第一人，完全超越了时代，并且可以说其诗歌的价值至今越南都无人能超越。

虽然部分诗歌还存在是否为胡春香的所作的争议，但是数首代表作已经完全足以领略胡春香诗的思想魅力与艺术风采，且看《春香诗集》第四首：

Không chồng mà chửa,	未嫁而孕，
Cả nể cho nên hóa dở dang,	因痴终铸荒唐恨，
Nỗi niềm chàng có biết chăng chàng?	万种情怨君可知？
Duyên thiên chưa thấy nhô đầu mọc,	“天”缘未见冒头来，
Liễu mệnh sao đà nảy nét ngang?	“了”命何已生横劫？
Cái nghĩa trăm năm có nhớ chăng?	百年恩义君记否？

Mảnh tình một khối thiếp xin mang, 片情点意妾心留，
Quản bao miệng thế lời chênh lệch, 人言可畏且等闲，
Không có，nhưng mà có，mới ngoan. 未嫁有子才顽强！

（重译自于在照译文）

将“天”字未出头暗喻“夫”字，在越语中“柳”“了”同音，“柳命”即为女人命，用“了”字添横表示“子”。诗意表达女子还未有夫，却已有孕。这样高超的文字运用手法，是足以令古今中外的文人望之兴叹的。这些十分越南化、民族化的语言使得胡春香的诗在越南传播广泛。

胡春香的诗多存于《香亭古月诗集》《琉香记》中，加上散传的“涂山八咏”“题下龙湾”5首，共66首。还有散见于《大南对诗》《国音诗选》《南音诗集》等书中的各种喃诗。越南著名现代诗人春妙评论道：“春香的诗最越南化，最民族化，也最受越南人民推崇。”至今，胡春香其人其诗仍然是越南古代文学研究领域经久不息的研究热点。

19世纪中叶，另一具有代表性的喃字唐律诗人是青关县夫人。她名阮氏馨，籍贯尚有争议，是生活于阮朝明命到嗣德年间（1820～1883年）的著名女诗人，是1821年的举人刘宜（刘元温）之妻。因刘宜曾任青关县（现太平省太宁县）知县，所以人们称她为青关县夫人。嗣德元年，即1849年，阮氏馨被请为宫中教习，负责教授各个公主及宫妃，直到1857年皇帝才让她致仕（退休）。她是一位积极入世、热爱生活的女诗人，关心民生，在青关县时每当知县外出，夫人多次代替其夫升堂审案批文，或特许贡生在农耕时节宰耕牛，或理直气壮地说“春不再来”，批准妇女弃薄情夫再嫁他人。后刘宜被革职，原因之一就是准许夫人代为批文。

现在，她只留下为数不多的作品，有汉文诗《诗赋对联古今杂录》及6首喃文诗。较有影响的是《升龙城怀古》《过横山》《镇北寺》《日暮念家》。这些诗和胡春香的诗一样，都遵循着严格的唐律。由于诗中之景安静、悠远、写意，有如水墨画般的意境，读她的诗往往让人沉醉其中怀旧，所以人们称她为“怀古诗人”。她的诗较为有影响的是喃字诗《过横山》：

Bước tới đèo Ngang bóng xế tà，Cỏ cây chen lá，đá chen hoa.
Lom khom dưới núi tiều vài chú，Lác đác bên sông chợ mấy nhà.
Nhớ nước đau lòng con cuốc cuốc，Thương nhà mỏi miệng cái da da.
Dừng chân đứng lại trời non nước，Một mảnh tình riêng ta với ta.

译诗：

客到横山已斜阳，扶疏草木石岩花。
弓腰负柴几樵夫，零落江边数人家。
蝈蝈声声思故国，鹧鸪声声念家乡。
停留驻足天边水，一片孤情自叹嗟。

（笔者译）

流畅的文笔，自然不显雕琢的描写，严格按照唐律押韵，节奏顺和，显示出诗人娴熟的技巧和深厚的文学修养。读她的诗，仿佛身临其境，深受感染，被她带到一个令人遐想的空间，与她一同看古迹，感受历史的兴衰荣辱。

18 世纪末 19 世纪初的越南文坛，因为这两位女诗人而大放异彩，尤其是喃字唐律诗领域，女性的诗作占了半壁江山，营造了“扫眉才子知多少，管领春风总不如”的奇丽局面。

第三节　法属时期文学

1858 年，法国以保护传教士为借口，对越南发动了战争，越南人民开始了反抗殖民统治的斗争，各地起义不断。1884 年，阮朝与法国签订第二次《顺化条约》，承认法国对越南的保护权，越南沦为法国殖民地。1885 年，中法签订《天津条约》，清朝放弃对越南的宗主权，结束了中越的宗藩关系。1905 年，潘佩珠发起“东游运动”，号召越南的有志之士到日本寻求救国道路，越南民主革命开始。1906 年，民主革命领军人物在中国广州成立“越南维新会”，以建立君主立宪制国家为口号；1912 年，辛亥革命胜利，中华民国成立，越南的进步知识分子意识到君主立宪制并非越南的出路，“越南维新会”改组为“越南光复会”，以驱除法国殖民统治，建立越南共和国为革命目标。在河内，潘珠桢（1872—1926 年）、梁文玕等组织的东京义塾也以演讲、报刊、授课、发文等方式开启民智、力主废君主立宪制。与此同时，为全面阻击法国人的精神、文化腐蚀，越南文坛出现报告文学、政论、短篇小说、新闻报道、戏剧等，大量使用拉丁国语字。近代越南文学呈现出汉字、喃字、拉丁国语字并存的形势，然而随着拉丁国语字的推广，喃字逐渐退出历史舞台。

这一时期的文学作品，虽仍然是以汉字及喃字为主，但是已经处于式微之中，以张永记（1837—1893 年）、黄靖斋为代表的文人将拉丁国语字广泛运用到文学创作、西方学术思想传播和越法翻译中，使得拉丁国语字文学首先在南方发展起来。广大劳动人民受封建统治及法国殖民统治双重压迫的苦难生活、统治者的残暴在文学中真实生动地体现出来。越南知识分子通过文学向越南民众传播民主主义，启蒙民主思想，鼓励人民为民族的独立自由、争取生存权而奋起斗争。

一、汉字文学

阮朝的前期是越南汉字文学发展的最后一个浪头，这时的北使官员们都喜欢把越南文人优秀作品赠送给中国的文士，其中最受青睐的，有阮文超、高伯括、潘清简、四朝重臣张登桂及他的女婿——明命帝的第十子阮绵审（1819—1870 年）的作品。阮绵审，号仓山，其眉间有白毫，又号白毫子，封从善公，追赠郡王公。《大南实录》记录嗣德帝对他们的评价“文如超括无前汉，诗到从绥失盛唐”，之中“从”就是阮绵审，郭则澐《清词玉屑》论及阮绵审的“解佩令”等词，说“其词清隽”，龙启瑞《汉南春柳词》有“庆清朝”序云：“今年冬，越南贡使道出武昌，其副使王有光以使国大臣诗集来献，且求删订。余以试事有期，未之暇，略展阅数卷而封还之。其中有越国公绵审及潘併，诗笔之妙，不减唐人。”清人王先序也说：“仓山工为诗，中国见者靡不叹异。”[①]阮绵审不论汉字诗、词的造诣都很高，仅《仓山诗集》收集的汉诗就有 2000 多首。另有词集《鼓枻词》，越南文学史上的汉文作品以诗赋居多，词的数量非常少，成为越南文学的一大憾事。阮绵审作词的初衷正是要填补这一缺漏。作为乱世的王室诗人，阮绵审和当时的很多文人一样，将战事、贫民、统治者的腐朽都写进了诗中，下面这首诗就描写一个从战场生还的战士，生动地描述出了战争的残酷和战士的孤胆英雄气魄：

乱尸丛里拔身还，一领单衣战血殷。
倚仗独沽山店酒，自言生入海云关。

（《残卒》）

阮朝中主张抗法的主战官员成为这一时期的爱国诗主要创作群体，主要有尊室说、潘廷逢、阮春温、阮光碧等。他们当中很多都是勤王抗法的名将，更多地选择使用传统的汉字唐律诗体现大无畏的气魄、卫国保皇的决心、誓死尽忠的精神等正统儒家思想，如阮春温的这首《感怀》其四：

① 刘玉珺：《越南汉喃古籍的文献学研究》，第 54-57、67 页。

落日挥戈志气高，三年百战不会劳。
友人岂足知文相，儒士何能难武侯。
一片孤忠天地白，两间正气岳河流。
平陂自是循环数，扶世英雄哪肯休。

阮春温的《玉堂诗集》《玉堂文集》，阮光碧的《渔峰诗集》，阮尚贤的《南枝集》和潘佩珠的《哀越南》，都是当世越南汉字文学的代表作品。安屠、秀昌则成为越南讽刺诗歌承前启后的人物。

以潘佩珠发动“东游运动”并建立“越南维新会”为标志，越南爱国知识分子开始引领越南人民进行民主革命。民主革命先驱和领袖潘佩珠的诗文是越南民主人士宣扬先进思想、号召民众奋起革命的主要组成部分。潘佩珠是越南近代重要的革命家、思想家和诗人，他的汉字文学作品很多，主要有《琉球血泪史》（1903）、《越南亡国史》（1906）、《海外血史》（1906）、《狱中书》（1913）等，汉诗40多首，均慷慨激昂，情感深重悲切：

痛哭江山与国民，愚衷无计拯沉沦。
此心未了身先了，羞向泉台面故人。

（《绝命诗》）

潘佩珠擅长写汉文小说，在《后陈逸史》中多以古喻今，以反明朝统治的历史宣传民族独立思想、塑造民族英雄；在《再生生》中，以革命者主人公历难后，假死、再生，继续为革命奋斗到底的故事号召民众不惧法人的恐怖统治、砥砺前行，情节曲折引人入胜，革命者的情怀和大无畏的精神令人深受感染。另一部《越南亡国史》，潘佩珠秉笔直书法国殖民者在越南的严酷剥削，令民不聊生。潘佩珠的小说兼备传统传奇色彩和现实主义风格，故事情节出奇制胜、善于塑造人物形象反差对照效果，使小说具有很强的阅读趣味性，成为后来小说创作的艺术启发。

潘佩珠开展“东游运动”中的革命战友阮尚贤、阮成、朱书同、曾拔虎和在越南国内进行反法救国的斗士潘珠桢、黄叔抗（1876—1947年）等，也以诗、赋言志以身许国，号召民众团结抗法。

二、喃字文学

19世纪中叶到20世纪初，是喃字文学的最后创作阶段，其中最有代表性的是阮廷炤（1822—1888 年）结合个人亲身经历、并对清初章回体通俗长篇小说《忠义节孝二度梅全传》部分情节进行再创作后写就的六八体长诗《蓼云仙传》（*Truyên Lnc Vân Tiên*）。

《蓼云仙传》的主人公蓼云仙文武双全、正义忠孝，赶考期间丧母，弃考返乡途中悲伤致盲，被嫉妒其才的同窗谋害险些丧命。蓼云仙托救命恩人渔翁将其送至定亲的武太公家中，武太公见蓼云仙已废，攀附无忘，意图陷害。蓼云仙再次获救，并得仙药重见光明，再次赶考一举中状元并立下战功。而蓼云仙首次赶考途中见义勇为救下的女子乔月娥也历尽劫难，与蓼云仙重逢，从此正义得彰，小人获罪。《蓼云仙传》长 2082 句，所化用的汉语典故非常之多，如“Ít người trong tuyết đưa than，khó ngồi giữa chợ ai màng đoái thương”（鲜有雪中送炭，贫在闹市谁人垂念）；所引的民间俗语也可算是叙事诗之最，虽亦有才子佳人的情节，但更多的是呈现了社会动荡时期的世态炎凉、人心不古，凸显正直善良的难能可贵，表达诗人惩恶扬善的愿望。《蓼云仙传》的问世，引起处于封建社会末期、饱受法国炮击侵略的越南社会很大的震动，在民众中得到了广泛共鸣。因拒绝法国人的变相收买，人们甚为钦佩阮廷炤的坚强不屈、正直不阿。

阮廷炤在 1858 年之后的喃文创作主要是撰写诗人哀悼抗法烈士，痛陈法国殖民者的行径。同一时期的阮劝（1835—1909 年）（真名阮胜）以辛辣的文字嘲讽腐朽的制度、儒生和趋炎附势不知亡国恨的越人，同时又以老庄思想慰藉自己的无能为力。秀昌（原名陈济昌，1870—1907 年）是越南近代最出色的嘲讽诗人，他的诗常以内容和形式上的矛盾反差出其不意地体现嘲讽和幽默，很多现代嘲讽诗人都深受秀昌的影响，其代表作有《法国警察》（*Ông cò*）：

Hà Nam danh giá nhất ông cò,	法国警察名头响，
Trông thấy ai ai chẳng dám ho.	人见人噤不敢呼。
Hai mái trống toang đành chịu dột,	屋檐漏雨不敢修，
Tám giờ chuông đánh phải nằm co,	八点铃响得蜷身，
Người quên mất thẻ âu trời cãi,	忘带证件惧天怒，
Chó chạy ra đường có chủ lo,	狗跑路上主人急，
Ngớ ngẩn đi xia may vớ được,	街上大便被抓到，
Chuyến này ắt hẳn kiếm ăn to.	发财定是这一次。

（重译自于在照译文）

秀昌亦作有抒情诗，风格迥异，下面这首《蓑衣》（*Áo bông che bạn*）可见诗人情深之时：

Ai ơi có nhớ ai không?	当年之友君记否？
Trời mưa，một mảnh áo bông che đầu.	一片蓑衣与君遮。
Nào ai có tiếc ai đâu?	不曾惜君君信否？
Áo bông ai ướt khăn đầu ai khô.	谁人蓑衣湿，谁人头巾暖。
Người đi Tam Đảo，Ngũ Hồ	君历遍三岛五湖，
Kẻ về khóc trúc，than ngô một mình	我独植梧桐泪洒斑竹。
Non non，nước nước，tình tình	山无言，水无语，家国之情何寄。
Vì ai lận đận cho mình ngẩn ngơ！	君之漂泊，我之沉吟！

（笔者译）

三、拉丁国语文学

（一）拉丁国语文学的发创

1862 年，法国殖民者在西贡创办了第一份法语报纸。1865 年 4 月，第一份拉丁国语报纸《嘉定报》问世，越南现代报业、印刷业在法国殖民者的进行文化殖民的目的下发展起来。1897 年，法国殖民当局在越南各地开办法越学校，1903 年，法越学校强制学习法语和拉丁国语字，各级行政部门被要求用拉丁国语字办公。1917 年，汉字正式被废止。以报纸为主要媒介，西方思想和法国文学在越南文人的译介下进入越南社会，不仅将“民主、自由、平等”的思想播种到人们头脑中，还开始让国人用拉丁国语阅读外国文学、哲学作品，大大的开阔了文人的视野，有力地带动了国内的新文学创作。中国的一些经典国学和文学作品如《诗经》《中庸》《三国演义》和越南的喃文名作《金云翘传》《蓼云仙传》等也被张永记、冯皇创这些精通汉语的儒士翻译成拉丁国语，越南人民的识字率大幅提高，拉丁国语字逐渐替代了汉字和喃字。19 世纪末拉丁国语文学初现端倪，用拉丁国语书写的报告文学、小说相继出现。20 世纪初，胡表正的创作标志着拉丁国语文学创作的成型。胡表正（1885—1958 年）是这一时期拉丁国语文学创作最多的作家，他从对法国文学的模仿到自我创作，开辟了越南批判现实主义文学这一新领地，为拉丁国语在文学中的规范化起到了居功至伟的作用。黄玉柏（1896—1973 年）创作的《素心》是拉丁国语文学初期最有影响的小说，虽然在主题内容上仍是传统的“有情人难成眷属”的爱情故事，但是摒弃了固有的韵文长诗、章回体等条框，并且大篇幅地进行心理描写，是一部典型的处于新旧文学交替期的作品。

1907 年，东京义塾在河内成立。这个新式的学校传播反帝反封建思想，教授现代的自然、地理、医学课程，组织演讲、倡导新生活方式，对开启民智、推进民族文化事业发展形成了巨大影响，辐射了周边的广大地区。潘珠桢在此宣扬的《醒国魂歌　一（1907）》《醒国魂歌　二（1922）》等作品，唤醒了民众的爱国热忱，掀起了爱国主义运动，推动了越南文学的现代化。至 20 年代，拉丁国语文学、翻译作品俨然已成为最受欢迎的文学。

越南近代文学是在反帝反封建的历史洪流下对古代文学的继承，对外国文学的效仿与内化，成为现代文学的发端。在文学体裁、内容、艺术、思想上既有对古典文学的传承，也有新的突破。同时，新的传播媒介——拉丁国语报纸的问世，契合了越南近代民族革命运动的需要，越南民主革命的文化宣传主动选择了殖民者带来的新媒介。这些突破都是在历史的激荡中应运而生，为现代文学的萌芽和发展奠定了基础和方向。

这一阶段的文学，拉丁国语字文学创作逐渐替代了汉字文学、喃字文学，成为越南的主要书写文字，风云突变的新时代催生了新的浪漫主义文学；同时，以拉丁国语字书写的现实主义小说大量出现；革命文学随着革命运动加入新时代文学的大军，这三种文学形式在书写文字、内容、思想和体裁上脱离了旧文学的桎梏，短短的数年间在风起云涌的时代浪潮推动下，正式将越南文学领上现代化的道路。

（二）浪漫主义文学

20 世纪 30～40 年代是越南现代文学的发轫期。由于安沛起义与义安河静苏维埃政权的相继失败，殖民者对越南革命的镇压更为疯狂，一度使得越南民众的反帝反封建信心受到打击，越南文坛呈现哀伤氛围，如湘浦夫人在《南风》杂志发表的《秋天之泪》。继而为求解脱转而开启的反对封建礼教桎梏的“新诗运动”：南方诗人东湖的诗歌《春姑娘》《灵凤记》、北方作家伞沱的诗集《情种 I-III》等作品，是越南旧诗向新诗过渡、越南诗歌走向现代化的重要步伐。自此，越南报刊所刊登的诗歌主要为韵律自由，字数、句数无具体要求的自由体新诗。

“新诗运动”以浪漫主义文学为主，出现了大批浪漫主义诗人，如刘重庐、春妙、辉谨、世旅和“自力文团”成员等。春妙（1916—1985 年）这一时期的诗将最人本的情感淋漓尽致地直抒胸臆，或美好、或痛苦、或迷茫、或呼吁。

“自由爱情”是新诗的主题之一，而春妙的爱情诗因为纯粹、直接勇敢和精微到位的表达至今仍然受到年轻人的热爱：

Yêu là chết ở trong lòng một ít.	爱，是心里死去了一点儿。
Vì mấy khi yêu mà chắc được yêu?	有几回爱能够被拥有？
Cho rất nhiều song nhận chẳng bao nhiêu	付出很多然而得到的却寥寥无几。
Người ta phụ，hoặc thờ ơ，chẳng biết.	负我，心中无我，如何得知。
	（节选自《爱》）
Có một bận em ngồi xa anh quá，	你坐得离我太远。
Anh bảo em ngồi xích lại gần hơn.	我说，坐近点儿。
Em xích gần thêm một chút，anh hờn，	你过来了一点儿，我不满
em ngoan ngoãn xích gần thêm chút nữa.	你又乖乖地，坐过来一点儿。
Anh sắp giận，em mỉm cười vội vã	我要生气了，你笑，
đến kề anh và mơn trớn："Em đây!"	坐过来轻抚我说：好啦！
Anh vui liền，nhưng bỗng lại buồn ngay，	我开心起来转而又悲伤：
vì anh nghĩ：thế vẫn còn xa lắm!	还是太远了！
	（节选自《远离》）

（三）批判现实主义文学

哪里有压迫哪里就有反抗，越南革命之火在越南共产党的领导下重新燃起，激励文人投入革命斗争，用笔杆子书写殖民者和封建统治对越南劳苦大众的压迫以不断激发民众的抗争意识和斗志，小资产阶级出身的文人受到感召，创作风格发生了变化，由唯心、脱离现实、追求美感的主题思想转变到批判性的现实主义创作，如原“自力文团”文学社的成员阮公欢、吴必素、元鸿、武重凤、秀肥、春妙、辉谨、苏怀等。“自力文团”也成为现代文学第一个改革的社团。同时“新诗运动”也解放了创作者的思想，为现实主义文学做了很好的启蒙和铺垫，仅十几年内便涌现大批优秀的批判现实主义文学作品，代表作品有阮公欢的《男角四下》（*Kép Tư Bền*，1935）、《最后的道路》（*Bước đường cùng*，1938）、吴必素的《熄灯》（*Tắt đèn*，1938）和南高（1917—1951 年）的《志飘》（*Chí Phèo*，1941）。

阮公欢（1903—1977 年）是越南批判现实主义文学作家的代表，一生著述颇丰，著有短篇小说 200 多篇、长篇小说 30 多部及多篇文学评论。《男角四下》于 1927 年写成，1935 年出版，在社会上引发了很大的轰动，让当时文坛的大讨论“艺术为艺术”还是“艺术为人生”暂告段落，阮公欢如旗手般，升起了越南批判现实主义文学的大旗，迎风招展。《男角四下》的主人公四下是河内有名的喜剧演员，因照顾病重的父亲已经一月余不能登台表演之际，剧院老板——四下的债主强迫四下在半个月后登台表演新剧。在表演当晚，幕后不断传来父亲行将断气的消息，而四下必须强忍内心的痛苦焦急违心地表演，台前观众持续的捧腹爆笑与四下内心的苍凉形成强烈的对比。漫长的表演终于结束，四下终究没能见上父亲最后一面。

《最后的道路》故事梗概为：阿坡与张施两家都是贫困农民家庭，他们之间的矛盾被两面三刀的范赖议员利用，分别唆使双方将对方告上衙门，并假意施善借钱给他们去告状，还答应向县官写信让告状者赢官司。不明就里、不谙官场的阿坡在衙门因为交不起“礼金”而被衙役拳打脚踢、关押起来，直到妻子送来罚金才被释放。税金缴纳之后，身无分文的阿坡被范赖逼债，他不得已拿仅有的八分地抵债。洪汛期过后，阿坡的妻子孩子均死于瘟疫，阿坡陷于绝望之中，不知道生活的出路在哪里。在外务工的阿和回乡，告诉阿坡穷苦大众应该团结起来反帝反封建才有活路。在故事的最后，范赖抢占农民稻子和土地，农民们团结起来反抗却因为寡不敌众，阿坡被抓走了。小说生动地描绘了 30 年代的越南农民在殖民者、封建官僚和天灾的重压下无法喘息的苦难生活，该书因为故事中的进步革命思想，在出版不久后就被当局查封，列为禁书。

吴必素（1894—1954 年）出生于儒学之乡的北宁省慈山县（现属河内东英县），从小接受了很好的儒学启蒙和训练，并在求学过程中较早地接触了西方的学术知识，是越南最早兼备东西方学术知识的学者之一。越南著名史学家陈重金曾于 1930～1932 年出版了长达三辑的儒学巨著《儒教》，当时的大学者、评论家潘魁阅后呼吁“安南人都应燃香拜读”。而吴必素却发现其书中的多处谬误，于 1940 年在《陈重金〈儒教〉批判》一文中有理有据地指出，充分展示了他深厚的儒学功底和现代学术修为。

1937 年《熄灯》在《越南妇女报》登载，描绘了 30 年代的越南底层民众在殖民者和劣绅、里长剥削下苦难深重的生活，与《最后的道路》相比，《熄灯》用更多的笔墨呈现了法国殖民者在越南的苛税制度，可谓无孔不入极尽盘剥之能事，不仅活人要交税，死人也要上税，狗儿生小狗、添一砖一瓦均要交税。里长、里役将无法上交 2 块 7 毛的人头税的阮文酉毒打关押，酉嫂四处借债，不得已将 7 岁的女儿以 2 块钱卖给桂议员，却被桂议员夫妇趁火打劫，硬说酉嫂女儿方 6 岁，将价钱减去一半。又卖了一窝小狗和家中唯一的口粮——两担红薯之后，才凑足阮文酉的人头税，谁知官府告知还要再交已经死去的小叔子的税！因为按照公历，小叔子过世时已是新的一年。被打得半死的阮文酉在邻居的帮助下苏醒了，里长和里役却穷凶极恶地上门要税又要打人，为保护丈夫，酉嫂忍无可忍还手，因此被押到县衙审判，县官以金钱诱惑酉嫂委身，酉嫂毫不犹豫地把钱扔了回去，夺门而逃。为糊口，酉嫂将幼子送给邻居做养子，自己去省城给巡抚的父亲——一个80多岁的老头子当奶妈。而在一个风雨交加的深夜，巡抚到酉嫂房间对其威逼利诱，酉嫂冲出房门，在茫茫黑夜中不知何去何从……

在人们认为《最后的道路》和《熄灯》已经将惨无人道、民不聊生的旧社会描述极尽时，《志飘》的问世让越南社会震动：作品再次将剥削阶级的丧尽天良泯灭人性从另一个角度展示出来：在旧社会中，剥削阶级生生把一个老实人逼成了流氓无赖，困苦的人只想做一个善良的人、追求最基本的生存权和幸福的权利都是奢望。主人公志飘人格的扭曲和悲惨的结局，敲打着蒙昧淡漠的民众最后的心理防线。

作者南高（1917—1951年）原名陈友知，出生于越南河南省的一个木匠之家，1936年才开始写作，直到1941年《志飘》以《天生一对》之名首次出版时才肯定了自己的创作才华。年轻的南高的短篇小说《志飘》以新颖的文字、生动的语言、曲折的故事情节吸引读者，其在作品中流露的人文关怀和人道主义精神叩问世人的冷漠和良知。主人公志飘是一个砖窑弃儿，几经“转手”被一个石臼匠养大。养父去世后，老实单纯的志飘靠给别人打工为生。20岁时到了武代村百户里长阿健家里做长工。年轻的三姨太常让志飘伺候捏捶，阿健心里暗生妒火。一天不知何因，志飘被县衙役带走了。七八年后，变化巨大的志飘回到武代村，成了一个成天酗酒、满口骂语的泼皮无赖，村里人却懒得关注他。有一天志飘为显示自己的厉害，乘着酒劲到阿健家门前耍赖，逼得阿健那目中无人的长子李强出面处理。而老狐狸里长阿健却看中了志飘的流氓脾性，和颜悦色地与志飘攀交情，欲收买他为手下。无知、奴性的志飘一步步成为阿健父子为害一方的走狗、打手。一天夜里醉酒的志飘得到了氏娜——一个虽丑而善良的傻女的照顾，志飘突然间想有一个家庭，不再为虎作伥，但是氏娜的唯一亲人——姑姑拒绝了这个地痞流氓的请求。酒后的志飘冲到阿健家，面对阿健扔来的钱，骄傲地说“我不要钱”“我要做个善良的人”！并激动地说“只有一种办法”，遂用刀将一脸蔑视的阿健捅死，然后绝望地自尽了。惨烈的结局让人不得不去思考：到底是什么让志飘变成了这样？志飘难道就没有别的选择了吗？

诗歌方面，秀肥（1900—1976年）的诗歌是同一时代讽刺诗的杰出代表，秀肥在两部诗集《逆流I》（1934）、《逆流II》（1941）中用诗歌一一描绘了20世纪30年代的人和事。秀肥出色的幽默讽刺艺术还运用到了民族戏剧——从剧和嘲剧中，推动了民族的戏剧的发展。

（四）革命文学

1929年资本主义世界爆发了经济危机，各资本主义国家加大了对殖民地的倾销和剥削；而此时越南遭遇连年自然灾害，百姓生活痛苦不堪，各地不断爆发反抗运动。1930年2月，越南国民党发起的安沛起义失败，标志着由越南民族资产阶级领导的民主革命失败。同月，越南共产党（10月改为印度支那共产党）成立，于5月发动了义静工农起义获得短时的胜利并在义安、河静两省建立了苏维埃政权，这是继广州公社之后的亚洲第二个苏维埃政权，虽然1931年3月相继被殖民当局反扑最终失败，但越南共产党（时为印度支那共产党）在越南革命中的领导地位已经不可替代。

胡志明是越南无产阶级革命的先驱，在他的革命生涯中用越南语、汉语、法语写了很多的评论文章、戏剧、诗歌和小说。特别是汉文诗集《狱中日记》不仅体现了胡志明无产阶级革命家纯洁高尚的灵魂，英勇无畏的革命情操，对国家、同胞、战友及中国人民炽烈的感情，这些汉文诗还展现了胡志明深厚的汉文功底——娴熟高超地运用“中国古典诗词韵律、中国成语、历史典故、文言词语、方言词语和‘拆字成诗’技巧”[①]。看似简单质朴，然则内涵深远：

同是中国友，同是要赴渝。
君为座上客，我为阶下囚。
同时代表也，待遇胡悬殊。
人情分冷热，自古水东流。

（《各报：欢迎威基大会》）

在这首诗中，胡志明化用了三国典故：吕布在下邳为曹操所获擒，对刘备说：“公为座上客，布为阶下囚。”同为国际反法西斯联盟组织成员国代表，美国来的威基在赴渝途经柳州时受到热烈欢迎，而胡志明却成为了阶下囚，讽刺国民政府和美国政府的虚伪和沆瀣一气，并非人民利益的代表。

① 黎春德：《胡志明汉文诗集〈狱中日记〉赏析·序二》，梁远、祝仰修译，世界图书出版公司2015年版。

我来之时禾尚青，现在秋收半已成。
处处农民颜带笑，田间充满唱歌声。

（《野景》）

诗中韵律流畅，充满愉悦欢快的气息，若不说，谁能看得出这是在胡志明被押往果德监狱的途中所作？

不仅胡志明在狱中作诗，越南国内被法国殖民者镇压关押的革命者也在狱中创作了大量的抗战诗歌以鼓舞囚笼内外的战士和同胞，如《革命之歌》《动员姐妹们闹革命》等。20 世纪 40 年代，越南无产阶级革命的代表诗人素友（1920—2002 年）创作了诗集《从那时起》（*Từ ấy*），其中包括“血与火”“枷锁”“解放”三个有代表性的部分；之后的诗集《越北》像是一部人民革命赞歌，激励鼓舞越南革命继续前进。陈辉燎的报告文学《狱中纪事》《一片心事》《昆仑纪事》成为宣传革命、控诉法国殖民者罪行的有力武器。

阮廷诗（1924—2003 年）是越南现代著名抗战文学作家，他的代表作——长篇小说《冲击》《决堤》塑造了许多英勇顽强、忠于信仰、性格各异的越南革命者形象，赞扬了大无畏的革命精神。《决堤》在恢宏的社会背景下讲述了阿克及其战友、越南人民在艰苦卓绝的条件下反抗法国殖民者和日本侵略者的故事，是越南革命文学的重要作品。

第四节　1945 年以来的文学

一、抗战文学

1945 年，印度支那共产党领导的八月革命取得胜利，越南民主共和国成立，阮朝皇帝保大宣布退位，越南封建时代正式结束。不久，法国侵略者卷土重来，越南人民继续进行抗法斗争，终于在 1954 年将法国侵略势力赶出越南。而美帝国主义却紧跟着法国人的步伐进入越南南部，发动了长达 20 年的对越战争，直到 1975 年 4 月，越南才实现全国统一。在持续 30 多年的抗法、抗美战争中，抗战文学成为越南文坛的主流。

阮遵、苏怀、素友、春妙、辉谨、制兰园、秀肥、英诗等老一辈文学家不仅继续以千里之志进行热情的创作，年轻一辈也在战争中成长起来，1965～1975 年，全越南进入抗美战争高潮，阮文奉的《乌明森林》、阮施的《扛枪的母亲》、英德的《土地》、潘驷的《敏和我》、南河的《祖国来信》都是反映南方抗美战争的重要文学作品。

二、1986 年革新开放前的文学

越南战争结束、南方解放之后，1976 年 6 月，越南国名变更为越南社会主义共和国。30 多年的抗战结束了，国家百废待兴，人民生活水平还处于较低水平，尽快恢复生产和生活、进行社会主义经济建设成为整个国家的迫切任务。这时，作家们“多角度的认识、感受和反映以往的两次抗战现实生活和当前的改造和建设社会主义的实际”[①]。短篇小说仍然是最能多角度、及时有效反映社会现状的文学形式。在 1975 年之前的短篇小说成果的基础上，战后文学的作家们另辟蹊径，探索到了新颖而打动人心的表现手法。在内容和角度上，新老一辈之间的冲突、代沟；战争英雄的时代落差感、新时期人们价值观念之间的碰撞等社会变革时期独有的社会百态成为文学创作的丰富材料，长期以来向外呼吁共鸣的文学姿态这时更多地转向人们自我内心的独白和人本的真实需求。

这一时期，阮氏玉秀、阮明洲、阮辉涉、黎榴、苏怀、麻文抗、陈垂梅等作家的小说较有代表性。阮氏玉秀（1942—2013 年）的《下一季的种子》（1984）讲述了一所农科院里因培育新稻种而出现的名和利、责任和道德、保守和革新等矛盾冲突。既有反面形象的阿炳、阿胜、阿炯等的阳奉阴违、弄虚作假；又有主人公阿潮与阿好姑娘、阿忠等坚持真理与奉献、恪尽职守，不顾个人得失，最终成功培育新种为社会做出贡献。故事反映了新时期人们的思想转变，阐明了青年应有的操守和应坚守的立场。

高唯草的《时间》（1983）讲述了一位老母亲终其一生奔波，为始终没有从战场上回来的儿子证明清白。黎明闺曾两次获得越南作家协会奖等多项奖励，她的短篇小说《遥远的群星》（1969）入选越南初中教材课文，在战后亦著述颇丰，为越南在国际文坛上较有代表性的作家。

长篇小说方面，阮孟俊的《余下的距离》（1980）描述了抗战结束国家统一后，发生在黄富士家中的事情。老党员黄富士、大资本家之女出身的妻子、从河内到西贡后不愿返回的大儿子、被从南方送到北方改造的二儿子，这个家庭在团聚后发生的故事凝聚了当时整个国家的形势：南方的社会主义改造、社会的矛盾冲突、北方社会存在的一些负面现象。朱文（1922—1994

① 何春长：《继续奋斗提高文化艺术活动的质量》，越南《文艺报》1985 年 8 月 17 日，第 2 版。

年）的《斗转星移》（1984）讲述了军人在战争时期与和平时期的不同境遇，颂扬主人公陶氏柳的坚韧和乐观；麻文抗（1936— ）的《园中落叶的季节》（1985）讲述了人们在1975年后对传统和现代的选择。代表性诗人有刘光武、春琼夫妇，林氏美夜等。春琼和林氏美夜的诗充满了女性的光辉，春琼的抒情诗《船与海》《海浪》是青年们传颂不衰的经典之作，林氏美夜的《我国的古代故事》和《天空-雷池》入选越南高中语文课本。

三、革新开放后的文学

1986年12月，越南共产党第六次全国代表大会确定进行革新开放，国家将工作重心转向对外开放经济建设。对外开放带来了人们生活方式和思想上的变革，并且随着全球化的浪潮及互联网的普及，革新开放30多年后的今天，越南的文坛与其他亚洲国家一样，社会民主化程度及对世界其他文化的接纳程度均有较大提高，50年代末到70年代出生的作家们普遍接受过较系统的教育，思想相对自由，他们被称为越南现代文学的第三代、第四代作家，其中女性作家占总数的75%。小说创作形成了两股主要潮流：一是继承了长期以来富有越南社会特色的写作题材，二是与国际文学发展趋势接轨，发展出具有越南因素的新式小说。

阮明洲（1930—1989年）是抗战中成长起来的作家。抗战过后，他的笔触转而探寻人生和社会问题，他被越南文学界认为是80年代文学革新的象征。《远方的一条船》（1987）述说了主人公——摄影师冯去距离河内600千米外的海边拍摄时遇到的一件怪事：渔民们生活困苦，普遍多子。一名渔妇遭受丈夫“三天一小打，五天一大打”的家暴，冯出手相救并告知在当地任法院院长的老战友阿斗，妇人却仍求法院不要判他们离婚。冯和阿斗都觉得“完全不可理解”。怯弱的渔妇突然激动的陈述缘由，认为冯、阿斗完全不懂谋生之苦，道出了无可奈何的人生选择和她对女性“天职”的认定。一个月后，冯完成拍摄任务，作品很受欢迎。艺术家对人生和艺术又多了一层感悟。

阮辉涉（1950— ）擅长在小说中描述各个阶层的人物，真实，直抵人心。《退休将军》（1988）是其最有影响的一篇短篇小说，以“我”——一个物理工程师的口吻，讲述了身为将军的父亲阮椿退休回乡后的生活。父亲常驻部队很少回乡，对家庭和社会了解得不多，仍秉守着传统的为人处世原则。他退休后与母亲、“我”、儿媳，两个孙女和帮工阿基、茉莉父女一起生活，处处感觉格格不入，并对在妇产医院工作的儿媳的“精明能干”表示不满，在一天看到家中用于喂养狼狗的“饲料”后终于向很少过问家事的“我”哭着爆发了压抑了很久的不满。父亲乡下同父异母的弟弟家中的诸多荒唐事，更让父亲觉得自己不认识这个社会。父母是包办婚姻，没有什么感情。母亲已经脑功能退化不能自理，意外摔倒后过世。父亲受邀回到部队，不久因公牺牲。“我”平淡地讲述着一切，故事全篇短句，事均不言尽，人物话语均寥寥几字，处处“留白”，字里行间却蓄藏丰富的“潜台词”和人物情感。阮辉涉的小说使得越南小说界认为“再也不能像过去那样创作了”。

苏怀（1920—2014 年）的《两个待离开的孩子》（1987）以美国士兵与越南女子的孩子的真实故事为素材讲述了一段特殊的悲欢离合。

作家保宁（1952— ）的《战争哀歌》是越南战争文学中的扛鼎之作，1987 年以《爱情的宿命》为名油印出版时就被抢购一空，1991 年以《战争哀歌》出版并获越南作家协会奖之后，被当局列为禁书禁止出版，直至 2003 年才得以解禁再版。而在这期间，《战争哀歌》国内版被盗版售卖，在海外多国获奖，并引发轰动；在柬埔寨、老挝国内也是街边书店的热销书。到 2016 年，这部伟大的作品已经被译成 15 种外语，是迄今译版最多的越南小说，并在国外激发了相关的文学艺术创作甚至促进战后心理创伤治疗研究①。在书中，作者以普通战士阿坚及其战友、家人在战时战后的经历、心理为主要内容，一反越南战争文学的歌功颂德和英雄主义的论调，超越苏联军事文学的恢宏史诗基调，转为描述个体眼中战争的残酷，对平民百姓生活、心理、精神的毁灭性破坏，战士对战争的恐惧和抵抗，直抵人心，回归了传统古典文学中的人本精神，我国作家阎连科评价其“标示了战争文学的东方高度和文学的普遍意义”。保宁这个 17 岁就参加越南战争，拒绝参加对华战争、对柬埔寨战争而被开除党籍的越南作家，以作品中对时间、人物、事件成功的叠合处理及对战争和人类命运思考的高度，②刷新了世人对越南现代文学的认识。

阮氏玉秀笔耕不辍 30 年，是一位高产的现代作家，其作品在当代仍然有不少读者。曾在革新开放初期因对现实生活、真实心理的生动刻画而绽放过光芒的部分作家如黎明闺、苏润、阮凯、似乎已经被新生代的作家抢走了很大的关注，武氏好、阮氏秋惠、范氏王英几位女作家突破了传统对女性写作的束缚，摆脱了女性的自卑，开始涉及从前女性怯于谈及的禁区，而陈垂梅（1954— ）在 2000 年之后的创作也将更真实的、有着本真欲望的女性写入到短篇小说中，如《想念黄兰》（2003），《井底月》（2010）等，告别了

① 概引自孙来臣：《战争哀歌——越战老兵无法愈合的心灵创痛》，《读书》2016 年第 8 期，第 153-159 页。
② 概引自阎连科：《东方战争文学的标高》（评论），《天涯》2015 年第 6 期，第 88-90 页。

女性小说书写的窠臼。第四代作家以阮玉思、依斑、杜黄耀等作品带有“大胆内容”的小说作家为代表，女性创作成为越南当代多元化文学的主流。诗歌方面较受关注的作家是潘玄书、韦水灵等。

阮玉思的（1976— ）的《无尽的田野》（2005）被公认为是她至今最好的作品，获 2006 年越南作家协会奖，2008 年东盟文学奖，到 2010 年 11 月已经再版 25 次。作品以越南金瓯省地区的农村为背景，主要人物阿武为忘却妻子背叛之痛，选择带着儿女以船为家漂流各处赶鸭为生。善良的儿子阿田解救了被妒妇们撕打的妓女阿霜。日久，阿霜逐渐像主妇般照顾一家人的生活，甚至“卖身”只为赎回被 H5N1 型病毒防疫人员骗走的鸭子，而阿武的冷漠伤透了阿霜的心，决意离开。对父亲失望的阿田也离开了。阿武为父的良知终于被唤醒，而父女俩却在一次放鸭时遭遇流氓暴徒，看着可怜的女儿阿娘被施暴，阿武却无能为力。阿娘怀孕，父女俩上岸生活，阿娘发誓，自己的孩子一定能够去读书，一定能够被爱。小说言尽了人生之辛酸，人们为忘却过往、逃避痛苦进行的挣扎，更隐含了这样的哲理——不管如何，都要以坚定的信心生活下去，相信黑暗过后终迎来光明。该作品在文艺界和社会上引发较大的争议和讨论。虽然 2006 年 3 月底，金瓯省委宣传部下文“建议省文学艺术协会严肃批评作家阮玉思及其作品《无尽的田野》……诚然社会的不足之处需要批判，但是要立足现实，引导人们走向真、善、美”。但是事实证明，尽管存在争议，开放的越南已经越来越能够接受不一样的文学，不一样的观点。

继世旅的《一包香烟》之后，越南侦探小说创作接近停滞，直到半个多世纪后，70 后女作家遗离（Di Li，1978— ）以《红花庄园》《7 号俱乐部》两部作品将越南侦探小说的历史续写下来，并成为将侦探小说与惊悚小说结合起来的第一人，为越南文学的完整性、艺术性做出了贡献。旅居、移民海外的越侨及其后代也成为越南现代文学的新生力量，如美籍越裔作家莫妮卡·张（1968— ）以法属时期的越南为背景的《盐书》讲述了同性恋厨师阿平在家乡和法国的际遇，黎氏艳翠（Le Thi Diem Thuy，1972— ）的《我们都在寻找的游子》讲述了在美越侨的乡愁、生活的不堪和两代人之间的矛盾。

进入互联网时代，网络文学相对于纸媒文学更能接近大众。80 后的年轻作家们也较多选择网络平台发布作品。国外尤其是中国的网络文学、译介文学对越南青年作家和读者的文学导向影响较大。越南文学已经与世界文学一起，在现代生活的变奏中演奏着自己的独有的交响乐，在民族命运的沉浮中继续演奏越南人民的欢歌与眼泪。

第十章 艺 术

越南历史悠久、民族众多，千百年来创造了多姿多彩的文化艺术。根据表现手段和方式的不同，越南艺术主要有综合艺术（戏剧、曲艺），表演艺术（音乐、舞蹈），视觉和造型艺术（绘画、雕塑、建筑艺术），视听艺术（电影、电视），等等。

第一节 戏剧曲艺

越南的传统文化艺术宝库极为丰富，但其综合艺术门类所包含的范围比中国小，共有 11 个种类，包括戏剧、戏曲，传统戏剧主要有从剧、嘲剧、改良剧和水上木偶戏等，越南传统的戏曲有筹歌，20 世纪后又从西方传入了话剧。

越南戏剧的产生发展较为复杂，根据现状推测，是以中国元杂剧为基础，吸收了一些越南流行的歌曲后形成的，是传统的古代戏，兼用韵文和散文，分折演出。唱词和说白全用汉越音。唱腔缠绵悱恻，舞蹈性较强，所演多为忠臣孝子等故事。

一、从剧

从剧是越南最古老的剧种之一，其内容和形式都带有许多中国京剧的痕迹，过去被封建统治阶级视为高雅的“阳春白雪”。据越南后黎朝史学家吴士连的《大越史记全书》记载，从剧在 13 世纪由中国元朝随军艺人李元吉传入越南，并在宫中教授宫人扮演，即名之为从剧。在陈朝时期，越南的从剧已经发展到相当高的水平。因其内容多宣扬忠孝节义，逐渐取代了嘲剧在宫廷中的地位，形成在宫廷及整个上层社会中的独占局面。到 18～19 世纪，从剧艺术发展到了黄金时期。广南武王阮福阔（1738—1765 年）在富春专为演出从剧建造一座“同乐轩”。明命年间（1820～1840 年），阮朝的中央机构中还设有越常署，专门管理从剧的编导和演出等事宜。嗣德年间（1848～1883

年）除把管理机构改为清平署由礼部直接管辖外，还把全国最优秀的 300 名伶人招入宫中演戏作乐。

从剧的内容有不少是取材于中国的，据统计，古典从剧中有 80%取材于中国。《三国演义》《水浒传》《西游记》《红楼梦》《说唐》《东周列国志》等中国古典名著中的故事，在越南的戏剧艺术中都得到广泛的反映。仅取材于《三国演义》的从剧就有数十出。为中国人所熟悉的关公、张飞、赵子龙、花木兰、穆桂英、包公、梁山伯、祝英台、秦香莲、孟丽君、陶三春、貂蝉等，也都是越南人民喜爱的舞台艺术形象。

从剧是唱、舞、音乐的综合艺术，其唱词多为诗赋或民间歌谣六八体或双七六八体；在音乐和舞蹈方面，从剧一方面依赖民间艺术，另一方面还吸收民族礼乐、禅乐及武术动作，形成了自身的独特风格。

法国入侵越南后，欧洲的浪漫主义文艺思潮传入越南，有些从剧团开始改演一些以爱情为题材的戏，如中国的《再生缘》、新编剧《谁之罪》等。此外，在辞藻、曲调、身段等方面也都刻意求工。第一次世界大战后，改良剧风行越南全国，从剧为求生存请来一些中国剧团，同台演出以《三国演义》《水浒传》《征东征西》等中国小说为题材的剧目。两国演员虽各用自己的母语演唱，却能配合默契，相得益彰。曾称从剧为“中国从剧”。1930 年以后，从剧舞台上出现了一种“小说从剧”，内容饱含小资产阶级浪漫主义情调，结构也多模仿欧洲戏剧，唱词逐渐散文化，采用现代布景、灯光，甚至还常杂有幻术、假面、西方舞蹈和法国爱情歌曲的唱腔等。1951 年越南劳动党中央发表了《有关挖掘民族文化遗产问题草案》，越南戏剧从此进入一个全新的发展阶段。从剧艺术工作者们积极改编旧剧，如经整理改编的《黄飞虎反纣投周》和《张飞守古城》，都做到了古为今用。1960 年后，对古典艺术遗产的挖掘工作进一步开展，从剧的艺术得到新的发展。

从剧是中国文化和越南文化交流的结晶，经过数百年艺人们的创造，从剧在内容、曲调和舞蹈等方面日益丰富完善，可以展现从古代历史到现代生活的各种题材，同时也为改良剧等其他剧种奠定了基础。

二、嘲剧

越南古籍中未见记载嘲剧的产生和早期流传情况，但据戏剧研究者们推测，嘲剧是源于越南北部平原的一种自发的民间艺术形式，可能于李朝、陈朝时期即已流行民间，陈朝后期传入宫中，成为宫廷娱乐项目之一。后黎朝时期，它在宫中的地位下降。但因它的内容反映现实、音乐明快轻松、唱腔接近民歌，所以对人民群众有很强的吸引力。

嘲剧一开始是民间演唱，主要在农村春秋庙会期间表演。剧团一般约 15 人，团长总管一切，一名编剧兼导演，有七八名演员分别担任生、旦、净、末、丑各个不同的角色，三五个人伴奏，形式多样，演出自然。他们一般平时下地干农活，到春秋两季由团长和编剧、导演召集起来，去各地巡回演出。

嘲剧具有鲜明的民间创作特色，内容多取材于越南神话传说、民间故事或农村的现实生活，因此嘲剧极富民间特色和生活情趣。嘲剧唱腔格律固定、生动活泼，《帅云》《氏敬观音》《朱买臣》等是家喻户晓的嘲剧传统剧目，此外，一些现代题材的剧目上演后，也受到观众的喜爱和认可。

嘲剧演出往往以村庙前的场地作为舞台，没有帷幕，也没有布景，观众站在四周。演出总是以热闹的锣鼓声作为先导，以制造一种热烈的气氛来吸引观众。观众来得差不多了，演出才正式开始。剧情大多数以劳动人民嘲讽封建统治阶级作为主要内容，而以劳动人民作为剧中的主要人物。演出的形式自由活泼。表演过程中，演唱夹杂着道白，演员同观众可以互相呼应。嘲剧的音乐欢快明朗，舞蹈舒缓优美，深得人民喜爱。

到 18 世纪末，嘲剧发展形成固定的文艺形式。在发展过程中，它曾受到从剧的影响，被称为文明嘲剧。1920 年，以阮廷义为代表，对文明嘲剧进行改革，抛弃了从剧的影响，改革后的嘲剧又被称为改良嘲剧。到 20 世纪初，西方文艺思潮传入越南，在城市里嘲剧不再像以前那样受欢迎，导致 20 世纪初河内的嘲剧院全部被迫关闭。

三、改良剧

改良剧源于越南南部，是 20 世纪初出现的年轻剧种，它原是一种由一人说唱并配合一些简单表演的曲艺形式，后来在从剧等传统艺术形式基础上，结合西方舞台元素发展起来。

第一次世界大战期间，法国殖民者出于搜刮民财的需要，组织一些改良剧团进行巡回演出。这些剧团用古乐伴奏，演出效果好。于是，一些剧作家把一些名著改编成剧本，并按剧情需要，将原由一人说唱的形式改为由多人扮演的多出本戏，演出很成功，从此便逐渐推广。改良剧的鼎盛时期只有 10 年（1920～1930 年），在此期间，越南几乎举国争演。第二次世界大战爆发后，改良剧走向衰落。

改良剧的曲调丰富，有 100 多种。它的唱腔通俗易懂，道白比从剧、嘲剧多，并且带有诗歌的韵律。改良剧演出时有帷幕，布景讲究，舞台效果好，有利于表现人物丰富细腻的思想感情。

改良剧的音乐也十分多元，民歌、传统音乐和新乐在改良剧中都有使用，其中望古调起主导作用，是改良剧的灵魂。乐器方面，改良剧主要使用民族传统乐器如二胡、月琴、筝琴、饭鼓等，后来也逐渐使用一些西方乐器。

改良剧题材很广泛，几乎是包罗万象。最初改良剧有些采用越南的传统题材，如《蓼云仙传》《金云翘传》等，有些则是移植了中国的传统剧目，如《凤仪亭》《孟丽君》等。改良剧还借鉴了中国戏曲中许多传统唱腔和舞蹈动作。

四、水上木偶戏

水上木偶戏是越南独具特色的艺术。木偶戏很早就从中国传入越南，据越南史书记载，前黎朝时期（980～1009 年）就有木偶戏。黎大行皇帝寿辰之时，朝廷派人在河上安置假山，山上有飞禽走兽活动，有仙女翩翩起舞，还有艺人奏乐演唱。李朝时期木偶戏就已较为普遍，而把木偶戏放到水上表演大约出现在李朝中期。经过各朝代不断发展，到阮朝时期，水上木偶表演艺术趋于稳定，出现了专门的戏班从事表演。

水上木偶戏是一种越南人利用自然环境进行休闲娱乐的方式，是一种反映农民生活的民间艺术，舞台常常是池塘、湖泊或稻田，在水面上搭起一座两层小楼，称为“水亭”。水亭上层用于祭祖，下层做后场，木偶操纵者就在此操纵木偶。后场前面有一块帘子遮住。木偶操纵者在水下操纵木偶是隐蔽的，水面变成木偶的舞台，岸边就是观众。水上木偶戏演出时，演员娴熟精湛的表演，同音乐及灯光、烟花、火炬等舞台效果巧妙地结合起来，给宁静的乡村夜晚带来热闹与欢笑。特别是在春秋两季，水上木偶戏常常为民间举办的各种庙会增添欢乐气氛和绚丽色彩。

水上木偶戏内容丰富多彩，从农民耕耘、灌溉、放牛、除草、收获，到渔民撒网捕鱼、垂钓；从樵夫砍树、挑柴，到摔跤、击剑、赛马等民间竞技活动，都在水上木偶戏中得到了生动逼真的反映。越南水上木偶戏不仅在国内有广泛的影响和众多观众，它还已经走出国门，吸引了不少国外艺术爱好者。

五、话剧

越南的话剧是从西方传入的，最初出现在北部，与改良剧出现的时间几乎同期。从 20 世纪 40 年代起，特别是抗法时期，话剧很快在越南流传开来，出现了很多话剧团、艺术学校和话剧学校。

话剧的要素包括剧本、演员、音乐及道具、服装、灯光等。与嘲剧、从剧和改良剧相比较，越南话剧的题材更侧重反映当下社会的矛盾冲突，演员多为专业艺人，音乐则多使用西方乐器演奏的现代音乐，较少使用传统音乐。总的来说，话剧表现形式生动、现实、抒情，《一杯毒药》《金钱》等是深受人们喜爱的经典话剧。

越南话剧是西方舞台艺术越南化的结果，它与越南人的日常生活和民族心理息息相关，反映了越南的历史和文化。

第二节　音 乐 舞 蹈

戏剧、音乐、舞蹈在越南被统称为“声色艺术”，其特征是：与西方舞台艺术的写实性不同，越南的声色艺术首先更具象征性，重在“神”而非“形”。其次是越南声色艺术具有高度的传情性。民间音乐通过缓慢的节奏及对音律的讲究来表达内心情感，如低沉的音色饱含的是无尽的乡愁等。越南舞蹈动作含蓄和隽永，表达深沉的情感，声色艺术具有综合性和灵活性。

一、音乐

越南的音乐以民歌、宫廷音乐和宗教音乐最有代表性。

（一）民歌和民间乐器

越南北部山区、中部沿海、南部平原和西部高原各民族都有自己富有特色的音乐，曲调和风格各异，影响最大的是红河平原上北宁省的官贺民歌。

北宁官贺民歌源自一个传说。传说北宁有一座灵山，常有白云像罗伞一样罩着山顶，人们称之为云盖山。奇怪的是，晴朗的日子，山峰看得清清楚楚，四野亦宁静得什么声音都没有。而当白云笼罩山顶时，云盖山上便传出悠扬动听的歌声，人们聚集在山脚下静听着，但是不知道是谁在唱歌。等到云开雾散，山峰重现在人们眼前时，人们发现什么人也没有，什么声音也没有。而白云再次笼罩山峰时，悦耳的歌声又从山上传下来。天长日久，人们认为不会有凡人在山上唱歌，一定是神仙到此游乐而歌唱，因此把这座山称为仙游山。人们长年累月听着仙游山上传来的歌声，渐渐跟着传唱起来，但是不知道这是什么歌，什么调。

有一天，一名见多识广、通晓多种民族音乐的大官路过此地。由于长途跋涉，到达仙游山下时，他已十分疲劳，便在马背上昏昏欲睡，连下属献上的丰盛酒菜也提不起他的兴趣。忽然，白云笼罩，仙游山上传来了美妙的歌声，使这位官员为之一振，疲劳和睡意都没有了。“呵！呵”他收紧缰绳，大喝一声，马也随之停住。他静静地听着，完全沉醉在这美妙的歌声之中。后来，人们就以这位大官吆喝他的马停下来听仙曲这件事，把仙游山传下来的歌曲定名为“官喝”（quan ho），后来由于初译者不晓得此典故，误译为“官贺”（“贺”是“ho”的音译），并且这种译法被沿用至今，最终为大众所接受。

北宁官贺又称官贺民歌、北江官贺或京北官贺，有传统官贺和新官贺之分。传统官贺是男女按韵律对唱，旋律优美，歌词生动，没有伴奏乐，主要在村社春秋季节的庙会上演唱。新官贺则不受村社空间的限制，演出灵活，形式更为丰富，有独唱、对唱、合唱和伴舞等。在越南北方，北宁官贺家喻户晓，人人都能唱上几段。官贺民歌内容丰富，主题包罗万象，大部分以歌颂爱情、友情为主，还有一些是倾诉离别、描述游乐和生产等内容，曲调时而悠扬欢快，时而情丝缠绵，时而哀伤悲切，通过丰富的词句、生动的比喻和美妙的音韵，唱出了劳动人们爱憎分明的思想感情、纯真善良的性格和坚忍不拔的斗争精神。

北宁官贺的曲调非常丰富，据统计共有 300 多种，人们在吟唱过程中，可以根据自己的喜好和需要填词。现存的北宁官贺近 500 首，经典的曲目有《你呀留下来》《可爱的翠竹》等。目前，北江省有 23 个官贺村，北宁省有 44 个，除了北宁官贺艺术团以外，中央和各地方的民族歌舞团中，都有一批专业的民歌演唱歌手，业余歌手更是不计其数。2009 年，北宁官贺被联合国教科文组织列入世界非物质文化遗产名录。

具有代表性的越南民歌还有顺化的号子、富寿的唱春、义静的民歌调和各地通俗的吟唱等。

号子通常是人们在劳动时吟唱的民歌调，其音乐节奏和歌词内容能使人身心愉悦，让人感到劳动强度的减轻。陆地上劳动吟唱的有拉木号子、织布号子、舂米号子、汲水号子和插秧号子等。此外，还有水上号子，如离岸号子、靠岸号子、抛锚号子、撑杆号子、拉网号子和划船号子等。中部的顺化号子属于水上号子，是香江特有的一种曲风浓郁的民歌调。

唱春（hat xuan）又称“歌春”，是一种与城隍祭祀、节庆庙会联系的民歌形式，包括仪式唱、表演唱和对唱三种。仪式唱即在庙会前“入会唱”，唱词是一些祝词、祷告词。表演唱的内容则一般是描述民间生活，祝福村社人康物盛、五谷丰收等。这种民歌调在越北的富寿省一带盛行。

中部的义安、河静两省有一种叫“hat dam”的民歌也非常有意思，其曲调急促，歌词为五言诗，最后两句在音韵和调高上进行重复。

此外，越南农村还盛行军鼓调，是青年男女通过对歌谈情交友的一种方式。另外，一些少数民族的对歌也很有趣。

越南唱歌和吟诗都离不开乐器，独弦琴和德朗琴是越南独特的乐器。越南的乐器构造简单，音质优美，音响丰富。京族的独弦琴，虽然只有一根琴弦，但琴声悠扬，余音缭绕，能充分反映生活的广度和人们心灵的深度。德朗琴是越南西原少数民族的乐器，使用竹管编制而成，弹奏声音清脆，犹如山涧里淙淙流水，能充分展现节日里喜庆欢快的气氛。其他乐器还有侬族的情琴、岱侬族的丁琴、苗族和泰族的芦笙等，都优美动听，各具特色。

（二）宫廷音乐

宫廷音乐，或称上层音乐、雅乐，主要流传于皇室贵族或知识分子阶层。最有特色的是顺化宫廷雅乐和顺化歌。

顺化宫廷雅乐源于中国，是越南官吏参照中国明王朝的宫廷音乐建立的越南宫廷音乐体系，到阮朝逐渐成熟。16 世纪以来顺化宫廷雅乐成为阮主及阮朝宫廷仪式中不可或缺的组成部分，主要在皇帝登基、驾崩、祭祀、庙会等严肃的典礼场合演奏，成为王权的重要象征。顺化宫廷雅乐包括乐、舞和唱三大要素，乐章、歌词由朝廷礼部根据不同礼仪编撰。20 世纪初，封建王朝的瓦解和连绵战争严重威胁了顺化宫廷雅乐的生存，直到 20 世纪 90 年代，随着顺化古都遗迹被列入世界文化遗产名目，顺化宫廷雅乐乐谱被发掘整理出来，顺化宫廷雅乐表演才得以恢复。2003 年，顺化宫廷雅乐被联合国教科文组织列入世界非物质文化遗产名录。

顺化歌是流传于中部顺化地区的一种传统音乐形式。它是越南政治中心从升龙转移到富春的历史进程中，中部对越北传统演唱方式接受和改造的结果。顺化歌既类似于越北的歌妓唱，又带有浓厚的顺化语音语调，并受到占婆文化和中国音乐文化的影响，具有鲜明的地方色彩。其兴盛时期还对整个中部及越南北部和越南南部的音乐形式产生了影响。顺化歌在音律上与民间音乐相差无几，但在音乐形式上更加精致、娇柔、高雅。与北部和南部的音乐相比，顺化歌较少受西方音乐的影响，更多地保留了越南传统音乐的特色。根据曲调可将顺化歌分为南调和北调两个系统，南调柔和、忧郁、深切，包括南伤、南平和望夫调等，北调则积极、欢快，包括古本、流水、行云、赋六、四大景等。

顺化歌的演唱地点一般都在室内或是在香江的船上，艺人边唱边弹，或敲云板，乐师则以月琴、胡琴等配乐。顺化歌的歌词和曲调传达的内容包括思念家乡、宣扬道理伦常及歌颂爱情等。

（三）宗教音乐

母道教跳神仪式中须专门弹唱一种宗教性质的音乐，称唱文（hat chau van），其内容主要是歌颂母道教神灵。在祭祀其他神灵，如雄王、城隍神灵仪式过程中也须有“八音班”弹奏专门的祭祀乐曲。

（四）越南新音乐的发展

越南的新音乐又称为改革音乐，诞生于20世纪30年代。1930年丁如创作的《一起去当红军》，是最早的爱国革命歌曲之一。1941～1945年，又出现了刘友福的《青年的呼声》、阮廷诗的《消灭法西斯》、文高的《进军歌》、杜润的《游击队歌》等。

1945年八月革命胜利成为越南音乐史上重要的转折点，20世纪40年代末到50年代初，越南创造了大量的优秀作品，突出的代表作有文高的《泸江长歌》、阮廷诗的《河内人》、杜润的《滔江游击队》、尹光凯的《忘我为人民》、黎安的《部队回村》、陈环的《临行的嘱咐》、阮德全的《我的家乡》、黄越的《上山》、黄云的《拉炮歌》等。

1975年南方解放后，产生了大量的优秀越南音乐作品，这时期春鸿的《战区之春》、文记的《希望之歌》、辉游的《南方，我的故乡》、刘友福的《解放南方》、黄云的《广平，我的故乡》、范明俊的《过河》、潘岸和玉渠的《石螃蟹》等都产生了重大影响。还出现了不少歌颂越南革命领袖胡志明的歌，如刘友福的《领袖之歌》、杜润的《看见了树想起了你》等。这时还创造了一些中型和大型的音乐作品，杜润的歌剧《阿星》《塑像的人》，黄越和刘友福的歌剧《莲花》，范廷六的交响乐《故乡越南》，以及许多舞剧音乐。这些都是越南音乐进步的标志。

文高（1923—1995年）是越南音乐界的先驱之一，他既是音乐家，又是画家和诗人，在各个领域都做出了有价值的贡献。他出版了大量的歌集和诗集，他的画陈列在越南国家美术博物馆，曾经荣获越南一级抗战勋章、三级独立勋章、一级独立勋章和胡志明奖。他的代表作有《泸江长歌》《我的家乡》《向河内进军》等著名歌曲，特别是他创造的《进军歌》，在 1946 年被确定为越南国歌。

邓泰山（1958— ）是越南著名的钢琴家。1980 年 10 月，在波兰华沙举行的第 10 届肖邦国际钢琴比赛，他一举夺冠成为创造乐坛奇迹的亚洲钢琴家。随后，享誉“人民艺术家”的邓泰山接连不断地在欧洲、亚洲、美洲、大洋洲四大洲的 30 个国家演出。除了肖邦作品，他还研习世界其他作曲家的名曲，时而独奏，时而同著名交响乐团合奏，并曾在索尼音乐娱乐公司、日本胜利公司等名牌唱片公司录音。在环游世界演出的近四分之一个世纪后，他选定加拿大蒙特利尔为第二故乡，但他表示，祖籍越南始终是他的最爱。他不止一次回国致力于发展越南的古典音乐，参加各种演奏会、国内或亚洲音乐比赛，资助河内音乐学院、越南音乐家协会，给越南小钢琴手提供奖学金等。每年他都参加 9 月初在河内举行的国际钢琴赛，并受邀担任荣誉主席。邓泰山以钢琴为载体传递高昂奔放或浪漫抒情的旋律，而在日常生活中，他却和蔼可亲、平易近人，无愧于越南人民艺术家和世界音乐名家的美誉。

胡志明奖是越南文学艺术界的最高奖项，2000 年以前，越南音乐界共有 5 名音乐家获得此奖项：文高、阮春阔、刘友福、杜润和黄越。

越南 1956 年建立第一所音乐学校，正规培养音乐专业人才，这也是现在河内音乐学院的前身。此后，越南音乐家的专业水平不断得到提高，声乐和器乐创作形式和内容都得到发展，许多音乐家在国内外受到了正规的培训。越南国内的河内音乐学院、胡志明市音乐学院、顺化音乐学院和各地方的艺术学校、艺术培训班培养了大量音乐人才。同时，越南也创作出来大量的各种类型的音乐作品。除了音乐创作，越南在音乐理论研究和音乐教学方面拥有许多出色的专家教授，在声乐表演和器乐演奏方面也涌现出一批出色的艺术家和深受观众喜爱的演员。

二、舞蹈

越南的舞蹈有悠久的历史，主要是各民族的民间舞蹈，李朝、陈朝、后黎朝、阮朝的宫廷舞蹈，以及戏剧舞台上的舞蹈。近代以来，越南的现代舞蹈逐渐得到发展。

越南的舞蹈重“舞”轻“蹈”，手上的动作较多，并且平缓、柔软，而腿部动作较少。这种舞蹈方式主要源于农耕文明中人们的生活方式，只是通过双手来耕种、收割、捕猎，这与游牧或生活在山区的民族擅长脚上动作之强劲、激烈的舞蹈特征很不一样。

越南的舞蹈多与宗教祭祀相关，可分为礼仪舞和劳动舞。礼仪舞包括求雨舞、祈望丰收舞、铜鼓舞、弓箭舞等，带有巫术和娱神的性质。劳动舞主要是配合农业耕作等活动进行的表演，有划船舞、舂米舞、斗笠舞、扇子舞、狮舞等。越南的少数民族舞蹈有竹榻舞、鼓舞、筑路舞、盾牌舞等，别具特色。

除了类型丰富多样的民间舞蹈外，宫廷舞在阮朝时的顺化也得到了发展。阮朝宫廷舞是京族、占族、高棉族、汉族等民族文化交流的产物。宫廷舞多出现于宫廷礼仪、祭祀及皇子公主成婚等场合。

八月革命后，越南舞蹈艺术得到了发展，有相应的艺术地位。1949 年成立了越南人民军总政治局歌舞团，1990 年成立了越南舞蹈家协会，1991 年成立了胡志明市舞蹈家协会，1992 年成立了河内市舞蹈家协会。1998 年正式成立了越南舞蹈俱乐部，在越南全国建立了三个舞蹈创作基地：芹苴创作基地，清化岑山创作基地和芽庄、大叻创作基地。

第三节 美术绘画

越南有优良的文学艺术传统，其现代美术继承了很多良好的传统。印度支那高等美术学校培养出大量的绘画家、雕刻家，20 世纪 30 年代以来，创作了许多有价值的艺术作品。

1946 年，越南新政府举办了第一次美术展览，苏玉云、陈文瑾、阮思严、阮士玉、阮杜恭等的作品有很高的艺术价值。1957 年，越南成立了美术家协会，1958、1960 年举办了全国美术展览，展出了许多杰出的作品，特别是磨漆画作品和丝绸画作品。越南每年都举办全国美术展览、画展，河内和胡志明市是美术创作最活跃的艺术活动中心。越南还和西欧、北欧和东南亚的国家有美术交流，在许多国家举办画展。

创办于 1977 年的《当代美术杂志》是越南美术家协会的机关刊物。越南许多美术家作品在国内外有较高评价，并有不少作品在俄罗斯、德国和东欧国家的美术展览上获奖。1997 年，越南画家陈文草的作品在东盟国家美术展览上获得二等奖，有 7 名画家和 1 名雕刻家获得了胡志明奖。

磨漆画和磨漆制品是越南最有价值的工艺美术品。越南用胶漆装饰宫殿、亭台楼阁由来已久，在许多建筑上留下了宝贵的遗产。从11世纪起，李朝、陈朝、后黎朝都用漆画装点寺庙、佛像、皇帝的坐轿等。在建筑物的大门上，人们还用漆绘制龙凤等各种浮雕图案。在民间，人们用漆装饰祭祀祖先的神台、首饰盒、槟榔盒及桌椅等家具，在竹筐、木斗、竹船、刀鞘上绘制各种美丽的图案，保持物品的美观和牢固。漆画艺术在民间长期流传，特别是在越南北部平原的河西、河北、南定等地的一些乡村，历史相当悠久，许多家庭父传子继，世代相传。

从1925年开始，越南漆画艺术得到广泛的传播，并且开始向磨漆画发展。磨漆画的画面有竹丛茂密的村庄、挑担来往的人物、怀抱婴儿的母亲等，展示了充满乡土气息的农村风光，人物形象栩栩如生。经过艺术家们的探索和实践，磨漆画所描绘的景物更加逼真和富有生气。阳光下闪闪发光的竹丛、池塘里的倒影等画面，标志着越南的磨漆画已经从装饰性的手工业作品发展到写生艺术的新水平。

如今，磨漆画及磨漆制品已经遍及越南全国，工艺水平也不断提高。从北到南，越南许多城镇、村落都有从事工艺美术品生产的工厂、企业和家庭作坊。磨漆制品也是越南重要的出口工艺美术产品之一。

此外，越南还有木雕、牛角雕、牙雕、玳瑁制品、藤竹制品、陶瓷制品、刺绣品等，这些也是越南有代表性的工艺美术品。

第四节 视听艺术

一、电影

电影于19世纪传入越南，早期的越南电影主要是法国人拍摄的关于越南风景、风俗、庙会等的纪录片。1920年，法国人在河内建立了越南第一个电影院。1923年，越南人和法国人共同导演和拍摄了第一部以越南经典名著为题材，并由越南人出演的故事片《金云翘传》，但没有引起太大反响。同年，法国在越南建立了印度支那电影公司，越南开始与国外合作拍摄电影。1924年，一位照相馆老板阮兰香在法国人的指导下拍摄了仅6分钟长的喜剧电影《锌制铜钱可以买马》，后又陆续拍摄了《启定皇帝的葬礼》《保大即位》等历史题材的影片，在当时引起了轰动。

1945～1975 年，越南电影有南北之分，北方的电影被称为“革命电影”时期。这一时期越南北方的电影以宣传片、纪录片为主。1945 年胡志明在巴亭广场宣读《独立宣言》的纪录片，是一位外国摄影师拍摄的。越南民主共和国临时革命政府成立以后，通讯宣传部包括了电影和摄影部分，但由于缺少设备，当时主要是流动放映电影。抗法战争爆发后，从南部战区到越北战区，都陆续组织拍摄影片，利用简陋的设备，拍摄了一些资料片，如第八区电影队拍摄的《木化之战》，这是抗法战争中最早的一部纪录片。在越北战区，1950 年范严拍摄了纪录片《东溪战役》。后来还拍摄了纪录片《越南青年代表团在柏林世界青年联欢节上的活动》，以及阮鸿义拍摄的《民工为前线服务》等。这些纪录片都留下了很多宝贵的资料。

1953 年 3 月，越南成立了国家电影和摄影公司，越南电影终于有了第一个国家级的机构，并开始在全国范围指导和管理电影活动。自此，1954 年拍摄了纪录片《奠边府》，这是越南电影事业的一个巨大的成功。1956 年，越南文化部成立了电影局，1959 年，越南电影学院成立。同年，越北地区发行了第一步战争题材故事片《同一条江》，故事情节以《日内瓦协议》中将越南暂时一分为二的河流为线索展开。1959～1964 年，越北地区共发行了 18 部影片，其中 11 部是关于抗法战争的，如《阿甫夫妇》《中线之火》等，此外还有以建设越北新生活为题材的，如《白烟》《农场姑娘》《柑橘园》等。抗美救国战争时期，越北还发行了《17 纬度的日日夜夜》《河内孩子》《起风》等一系列革命电影，其中前两部由海宁导演，由著名演员茶江、世英担任主角。其中，《17 纬度的日日夜夜》在 1973 年获得莫斯科国际电影节、世界和平委员会颁发的奖项。从 1970 年，越南开始举办电影节，2～3 年举办一届，设立金荷花奖。

越南电影界还有一些标志性的事件：1957 年，《电影报》创刊；1959 年，成立了电影学院和电影机械厂，拍摄第一部科学教育片《为了水稻生长好》和第一部故事片《同一条江》；1960 年，摄制第一部动画片《狐狸的下场》；1969 年，越南电影协会成立。这是一个全国电影工作者的志愿组织，是全国文联的团体成员之一。

越南北方的电影创作主要集中于两方面的内容：卫国战争和建设新国家。前者有《小青鸟》《厚四姐》《阿甫夫妇》《年轻的战士》《中线炮火》等一系列影片。后者有包括《工地姑娘》《白烟》《水上人家》《再进一步》等电影。此外还有大量的新闻纪录片和政论综合片，如《水到北兴海》《抗旱》《扫盲》和《胡主席的活动》，科学教育片《地和水》等。1959 年的莫斯科国际电影节上，纪录片《水到北兴海》获得金奖；1963年，故事片《厚四姐》获得银奖。越南电影引起了世界的关注。

越南南方的电影事业较北方活跃，并深受欧美文化的影响。南方的市场相对自由，私人电影公司较多，并以商业电影为主，题材比较丰富，包括民间故事、动作片、情感片、家庭伦理、心理片等，甚至还有惊悚片。南方电影最鼎盛时期是20世纪50～60年代，仅在1957年，南方私人电影公司就发行了37部影片，其中有越南第一部彩色影片《蓼云仙传》。这一时期的电影有《黄昏冷雨》《旧人的双眼》《情丝》《行走的背影》《从西贡到奠边府》《纪念的午后》《乱，爱》《告别黑暗》《乱世男儿》，惊悚片《许姓家的孩子》，武打片《龙虎杀斗》，等等。此外还把一些文学作品搬到了银幕，如《雌雄》《野马背上的仇恨印记》《眼泪催眠曲》《紫色地平线》等，还有一些反映江湖、舞女题材的影片如《戒严之后》《没有灯的路》，反映青年人生活的《刚绽放的花朵》《我爱你》《夏72》，以及歌颂军人的《没有肖像的情人》《请把此地当做家乡》《从山顶回来的人》等。

1975年以后，南方、北方的电影事业趋于合并，这时期的作品题材包含抗美救国战争、都市、社会等，代表作品有《八月之星》《十月来临时》《初情》《东北风季节》《妈妈不在家》《荒野》《最后的罪恶》等，文学作品题材的有《阿茜》（改编自小说《熄灯》）、《那些日子的武大村》（改编自南高的短篇小说《残生》和《志飘》）、《翻牌》（改编自同名谍战小说）等。

1986年革新开放后，由于电影行业经费严重不足，拍摄设备落后，越南电影事业陷入低谷。这时迎合市场需求的“快餐电影”出现了。这时期比较成功的作品有民间故事片《石生》《丹与甘》，武侠片《升龙第一剑》《火烧大罗城》《菩提壮士》《媚珠情事》，情感片《粉红色的睡梦之后》《你没有欺骗》《雨过天晴》《别说分离》，文学作品搬上荧幕的《乞讨过往》《寻找过往的人》《龙池会之夜》《爱情苦味》《情曲》，等等。

20世纪90年代后期，越南电影逐渐走出困境，拍摄了一些影片，如战争片《河内》《1946年的冬天》《同禄三岔口》《砂子的一生》，当代题材的《锯木工人》《荒芜的盆地》《垃圾堆上的皇帝》等，其中《砂子的一生》获得2000年亚太电影节最佳影片奖。

21世纪初，大量美国、韩国、中国电影进入越南市场，这时期越南拍摄了一些商业电影，如2003年《舞女》获得了票房成功，第二年的《长腿姑娘》又获得高票房。之后，越南的本土电影开始叫座，大部分是私营电影公司投资拍摄的，如《男人怀孕》《1735千米》《西贡情事》《右心脏的战役》《借腹生子》《一中之二》《张波之魂》《肉铺的皮》《英雄血统》《武林传奇》《钟响枪鸣》等。

越南电影中一个重要的组成部分是越侨导演的作品，无论在内容还是艺术方面，都体现出了较高的水准。最早的越侨导演是黎林，代表作是《龙云庆会》和《帝制的残灰》。瑞士籍越侨胡光明执导了影片《残疾的野兽》《一张白纸》《粉红色的灰尘》。特别要提到的是法籍越南人陈英雄执导的“三部曲”：《青木瓜之味》《三轮车夫》《夏天的滋味》。1993 年拍摄的《青木瓜之味》塑造了诗意、纯粹和充满东方美感的故乡，一举获得了戛纳国际电影节金摄影机奖、法国青年电影奖、恺撒奖最佳处女作奖及奥斯卡最佳外语片奖提名。1995 年拍摄的《三轮车夫》反映越南底层的生活现状，以触目惊心的手法展现了当今的越南，该片获得威尼斯国际电影节金狮奖。2000 年拍摄的《夏天的滋味》，展现了传统向现代转型过程中的越南现实社会问题，以及越南人精神上的困惑。

1999 年底，美籍越侨裴托尼回越南拍摄的《恋恋三季》和《青龙》，引起了较大反响。美国和法国的导演也执导过有关越南的影片，如法国影片《情人》和《印度支那》。1993 年美国著名导演奥利弗·斯通拍摄的讲述越战题材的《天和地》。2001 年，澳大利亚导演执拍的《沉默的美国人》也是在越南拍摄，讲述越南的故事。

二、电视

1970 年 9 月 7 日，越南第一座电视台“越南电视台”（即后来的越南国家电视台）开始首播，最初由越南之声广播电台的一个编辑部改建而成。1972 年，由越南影视制片厂创作生产、海宁导演的越南第一部电视剧《17 纬度的日日夜夜》（2 集）播出，可以说，越南电视剧与电视台几乎同时产生，那时也当作电影作品。

20 世纪 80 年代末，随着电视事业的发展和电视机的迅速普及，电视剧逐渐成为越南大众文化最重要的资源。90 年代，1991 年越南有 41%的家庭有电视机，到 1995 年，已有 87%的家庭有电视机。电视剧因其成本低、资金周转快而迅速发展。1993 年，越南的电视剧播放高达 90 部。

目前，越南全国有 63 个广播电视台，200 多个频道。但越南电视剧制作起步晚，力量单薄，民营电视剧生产机构刚刚崛起，每年电视剧生产量根本无法满足市场需求，形成国产电视剧供不应求的局面，因此越南需要大量引进国外电视剧。到 90 年代末，由于越南国内电视节目制作不足，基本上只要符合政治审查标准，越南各电视台可以购买任何海外电视节目，因此，海外电视剧的引进是越南 90 年代的重要现象。尤其是在 90 年代后期，海外引进的电视剧在越南电视屏幕上达到了一个收视高潮，而越南国产电视剧因无力抗衡市场的竞争而开始滑坡，中国内地电视剧占据了越南电视剧市场的主要份额。

近年来，越南播出的电视剧大多来自中国和韩国。中国内地电视剧在越南的发展分为两个阶段：一是 1991～1999 年中越文化交流的引进阶段，在越南热播的中国古典电视剧有《西游记》《三国演义》《水浒传》《红楼梦》，历史剧《宰相刘罗锅》《雍正王朝》，情感剧《渴望》《情满珠江》《上海一家人》《英雄无悔》等。当年《西游记》在越南播放引起了不小轰动，据说那时大街上不仅没有了小偷，连警察都不见了，因为大家都回去看《西游记》了，甚至无论官员还是普通老百姓都能哼唱其主题曲《敢问路在何方》。1993 年越南国家电视台播放的《渴望》曾引发万人空巷的局面，该剧不仅在中国感动千万人，也感动了无数越南人。

二是 2000 年以后的商业化发展阶段，在越南播出的中国电视剧有古装剧《还珠格格》《十三格格》《甄嬛传》等，浪漫剧《情深深雨蒙蒙》《像雾像雨又像风》《何以笙箫默》《微微一笑很倾城》等，当代剧《大宅门》《激情燃烧的岁月》《橘子红了》《金粉世家》《省委书记》《黑洞》等。特别是现实题材的中国电视剧，成为了越南普通百姓了解中国的一扇窗口。越南年轻人则喜欢中国的古装武侠电视剧，如《武媚娘传奇》《花千骨》《三生三世十里桃花》等。这两年还兴起恶搞古装剧热潮，网络上出现了越南版的《西游记》《还珠格格》《神雕侠侣》等。越南有一个电视频道叫“天映频道”，专门播中国内地影视剧，尽管没有字幕和专业配音，只靠旁白翻译，收视率依然非常高，由于对中国电视剧熟悉，很多越南人都能随口说出几部中国电视剧或剧中人物。据越南媒体报道，2000～2006 年，越南 67 家电视台共播出中国内地电视剧 300 多部，几乎每个电视台都播出过中国内地的电视剧。据越南官方统计，每年全国引进的海外电视剧总量中，有 40%来自中国，其中越南国家电视台有 57%的引进剧来自中国。

近年来，韩国电视剧也大举进军越南市场，所形成的“韩流”与中国内地电视剧有竞争之势。自 1996 年越南国家电视台播放第一部韩国电视剧《初恋》以后，越南观众开始频繁接触韩国电视剧，开始每年引进韩国电视剧，如《这该死的爱》《天桥风云》《澡堂老板家的男人们》《冬日恋歌》《火鸟》《情定大饭店》《巴黎恋人》《浪漫满屋》等，都很受越南观众喜爱。

2007 年，越南国家电视台播出《大长今》，更是掀起了韩国电视剧热潮。

尽管韩国电视剧在越南受到欢迎，但也出现不少“御韩”的呼声和行动，而对中国内地电视剧，越南则有较积极的评价。越南国产电视剧在最初还能有自己的市场，但是海外引进剧的冲击，导致市场逐渐被缩小。较好的国产剧有《刑警》《突然想哭》《深夜打来的电话》《Eva 的秘密》等。

越南现有 200 多个电视频道，每年约播出 40 000 集电视剧。越南政府规定各电视台须用 30%的时间播放国产电视剧。2011 年，越南国产电视剧数量达 6000 集，同比增长 20%，但在越南各电视台黄金时段播出的电视剧大约只有 40%。为保护国产电视剧市场，2011 年，越南政府广播电视和新媒体管理局下发通知：一是黄金时段优先播出国产电视剧；二是各电视频道每天播出的国外电视剧，不得超过该频道当天影视剧总播出时间的 40%，引进国外影视剧数量不得超过国产影视剧的 2/3。单纯引进国外电视剧并不能给越南电视剧带来复兴，只有通过提高国产剧的质量和制作水平，才能吸引越南观众的关注。

第十一章　教育科技医药

教育、科技及医药是一个国家文化事业的重要组成部分。越南教育、科技及医药的发展程度是与其经济社会相适应的，在东南亚地区各国中处于中游状态。

第一节　教　　育

一、发展历史

越南教育发展史从内容、特征等方面看，大致可分为 4 个阶段，即郡县时期、独立建国封建时期、法属时期及 1945 年后的现当代教育。

（一）郡县时期

在东南亚，今越南地区发展教育和使用文字的历史是最早的。早在公元 3 世纪，东南亚其他地区还处在氏族部落时期，中国就在红河三角洲及周边地区设立了郡县。公元前 214 年，秦朝开拓岭南，在今越南中北部设立象郡。秦朝灭亡后，赵佗割据岭南，在该地区设立了交趾、九真二郡。公元前 111 年汉朝灭南越国，在该地区设立了交趾、九真、日南三郡。一直到宋朝初年，该地区在中国的版图内达 1182 年。

公元前 214 年至公元 968 年的郡县时期，今越南地区兴办学校，发展教育，当地居民学习使用汉字，使文化兴盛起来。尤其在一些中国内地战乱时期，这里偏安一隅，大量文化人会来到该地区避乱，他们对发展当地教育做出了贡献。唐朝安南与福建等地同时开考科举，不少安南子弟考中进士，到长安做官。可见，当时该地区的教育已与内地比肩，甚至高于一些交通不便的偏僻地区。

（二）独立建国封建时期（968～1885年）

公元 968 年，安南丁部领平定十二使君之乱后，自称“大胜明皇帝”，丁朝成为越南历史上第一个独立自主的王朝。公元 980 年，黎桓篡权，即皇帝位，改年号为“天福”，建立前黎朝。

丁朝和前黎朝很短暂，越南教育主要由私塾和寺院组织，此时教育并未受到统治阶级的重视。

1009 年，前黎朝卧朝帝死，李公蕴篡权登基为帝，改国号为“大越”，建立李朝。

李朝是越南首个系统确立科举教育体系的封建王朝。从郡县时期开始，中国各朝代将汉字传播到越南，在越南设立学校。到了 10 世纪，汉字已经成为正式文字，但认识汉字的人非常少，僧人是重要的知识阶层。1070 年，李圣宗于京都升龙建文庙，立孔子、周公等儒家 72 圣贤像。1076 年，李仁宗建立国子监。然而，有研究学者认为，国子监只是第一个由朝廷出面组织的公立学校，体现了皇室对教育的关心，但是私塾学校在此前早已出现。各部史书如《大越史记全书》《钦定越史通鉴纲目》并未提及李朝时期的各地方的学校系统。学者们根据《西湖志》中的记载，肯定了私塾学校在国子监建立之前已出现在京都升龙。首个被确认的私塾学校为李公恩的拜恩学校。李公恩为李朝宗室，不为官而回乡教学，生于拜恩村，今属河内市纸桥郡义都坊。李公恩为万幸法师的弟子，也是一名佛教徒，但是他开办学校传授儒家知识。

然而，在李朝初期，学校并不多，学校的类型有两种：第一类是识字但未考取功名的人士为了谋生开办学校或者是官吏阶层或考取功名的人因为各种原因（退休、被辞退、辞官等）回乡给自己的孩子或亲戚开办学校；第二类是存在于各寺庙中的学校，由僧侣讲授，不止讲佛学还讲授儒家知识。

学习资料主要是四书、五经、北史、南史和诸子百家的书。然而，受佛教和道教的影响，儒教并未达到像日后那样的独尊位置。教育中使用的正式文字依然是汉字。从李朝中期开始，儒教开始得到重视，因为儒教是能够解决各种关系（如君臣、父子、夫妻）的学说，有助于管理、统一、稳定社会。这一点不仅巩固了李朝政权，也为日后各王朝的教育和科举发展打下了基础。

科举考试方面，李朝科举开设的科目名称有：进士科、试文学者、试儒佛道三教、试太学生，试法不一。李朝首届科举考试于 1075 年 2 月举行。李朝实行儒、佛、道三教并行的政策是儒、佛、道三股宗教势力在越南社会共存的反映。当时佛教在李朝政治社会生活中占有极为重要的地位。这种状态反映在科举考试上，就是开设试儒、佛、道三教科目。试三教，始于 1195 年李高宗时期，延续至陈朝、后黎朝前期。科举考试的内容，除了诗赋、经义、诏制论及对策等，还涉及书法、计算、刑律。陈朝初期士子大多集中在中央学校，多为贵族、高官子弟等，对于全国而言儒士人数还是比较少。李朝的科举为不定期举行，1086～1152 年的 66 年，未见史书上有任何一场关于科举考试的记载。李朝共举行 7 次科举[1]，第一、二科各自只取一人，可见其规模之小，因此，李朝的科举制还处于初创阶段，尚不具规模。

1225 年农历十月，李朝末代女皇李昭皇被迫与掌握朝中大权的陈氏家族中年仅 8 岁的陈煚结为夫妻。十二月，李昭皇禅位给陈煚，陈朝建立。越南陈朝经历了中国南宋、元朝及明朝三个朝代。

陈朝是一个文化发展繁荣的朝代，崇尚儒学，设立国学院、国史院，祭礼孔孟，撰修国史。儒、佛、道三教在陈朝都得到了进一步的发展和普及。科举考试方面，陈朝初年，佛教在政治和社会中影响比较大，朝廷继续开设试三教，选拔精通儒、佛、道三教者，以各承其业。1232 年，首届科举考试举行。陈太宗建中三年（1227），"试三教诸科，谓儒道释各承其业者"。1247 年，朝廷规定三魁取三人即状元、榜眼、探花，每 7 年举行一次科举考试。1255 年，朝廷规定取两名状元：1 名京状元为北部各路设置，1 名寨状元为清化、义安设置，1275 年此规定被取消。随着儒学势力的增强，儒学和诗赋逐渐成为陈朝试太学生和进士科考试内容。陈朝对应试者的资格做了规定，陈睿宗隆庆二年（1374）开科规定，"三馆属官、太学生、侍臣学生、相府学生及有爵者皆得入试"。关于考试内容，中国唐代的进士科考试内容有三部分：儒家经典、杂文和时务策，其中诗赋在其中占有重要地位。越南陈朝试太学生和进士科的考试内容都仿照中国。试太学生的考试内容为四书、五经、古文和诗赋之类。如陈宪宗绍丰五年（1345）三月试太学生，试法用"暗写顾问，经义，诗赋"。陈朝进士科考四场：第一场暗写经书；第二场考经义和诗赋；第三场考杂文；第四场考策文。但不同时期的考试内容又有所不同。陈朝试太学生和进士科，仿照中国设三甲和三魁取士。陈太宗天应政平十六年（1247），仿照中国南宋三魁之制，始设状元、榜眼、探花三魁，分别赐予前三名中榜者，至此始有三魁之选。陈朝共举行了 14 场科举考试（10 场正式考试、4 场辅试），取 283 人。

陈朝末期，胡季犛掌握实权之后，开始进行全面的社会经济改革，其中包括教育。1392 年，胡季犛编写《明道》共 14 篇献给太上皇陈艺宗，其中抨击了一些名儒，质疑孔子《论语》中的一些地方，称韩愈为盗儒，并对程朱理学进行抨击，认为他们迂腐，一味地抄袭和剽窃古人的言论。这遭到了当时大多数儒士的非议，却受到了太上皇陈艺宗的嘉奖。同时他提出激励实学，选拔人才。胡季犛限制佛教、道教的发展，提高儒教的地位，反对教条，与法家精神相结合。胡季犛是首位推广使用喃字的皇帝，甚至下诏令使用喃

---

① 陈文：《越南科举制度研究》，商务印书馆 2015 年版，第 34 页。

文。1395 年，胡季犛在担任陈顺宗的老师的时期，曾经将《尚书》中的《无逸篇》翻译成喃文，教陈顺宗学习，次年又编写了《国语诗义》并作序，令宫中的女官和后妃学习。学者陈霸南认为胡季犛重视喃字之举对后来的喃字文学有着深远影响，其中最典型的当属阮健。为了适应日益繁荣的商业，1396 年，胡季犛在科举考试中增加了算术考试。胡季犛还去除了科举考试中大量背诵记忆的内容，用讨论政治的策文代替。胡季犛还推进了各地方学校的扩建，在一些远的路如山南、京北、海东等，每个府都设一名学官，给府分田，大州 15 亩，中等的州 12 亩，小州 10 亩用于讲学的开支，督促学官教导学生成才。每年年底选出优秀学生送进朝廷。与李朝、陈朝一样，胡朝也以四书五经作为学问和科举的基础，同时学习中华历史。胡朝虽短，但胡季犛十分重视通过教育和科举选拔人才，儒学在胡朝逐渐取得主导地位。科举考试方面，1396 年（洪武二十九年），胡氏改以前科试未定文体，现定出“四场文字体，罢暗写古文法（即弃用默写之法）。第一场用本经义一篇，五百字以上；第二场用诗一篇，写唐律赋一篇，用古体，或骚或选，亦五百字以上；第三场用诏一篇，用汉体，制一篇、表一篇，唐体四六；第四场策一篇，用经史时务中出题，一千字以上，以前年乡试，次年会试，中者御试策一篇，定其第”。1400 年 2 月，辅佐少帝的胡季犛废少帝自立，改国号为“大虞”，建立胡朝。胡朝只存在了 7 年，这期间举行了两场科举考试，取 200 多人，其中有 1 名状元。1400 年 8 月，胡季犛组织首场科举考试，其中中举的人有阮健。1405 年，胡汉苍组织第二场科举考试，取 170 多人。

1407 年，明朝派出 80 万大军南下安南，推翻了胡朝。1428 年 4 月，黎利反明取得胜利后，自行称帝，脱离明朝统治，建立后黎朝。

黎太祖登基之后，注重人才的培养，下诏令在全国各镇建学校，扩大教育系统。黎圣宗时期，儒学教育达到鼎盛，形成了官学与私学并重的封建教育体系和科举考试制度。黎圣宗扩建国子监，文庙后面是太学府。官学有国家直接管理的国子监，以及地方政府管理的学校；乡、村则私学普及，主要由儒生办学及教授。后黎朝的学制也比以往各朝宽松，平民百姓家的孩子也能到学堂上学。在各个路都设置学校，这里的学生称为路校生。除了歌手和犯人家的孩子，平民百姓家的孩子都能在这里上学。科举考试方面，后黎朝建立后，黎朝皇帝认为“得人之效，取士为先，取士之法，科目为首”，科举考试不断正规化。除进士科外，后黎朝还开设了制科、明经科、东阁科、试官员子孙、书算科、武举等科目，亦有入试资格的限制，后黎朝制科应试者的范围较广泛，在仕者、未仕者、儒生均可入试，但须为有才德文学者。

在开科文举的同时还开设了武举，以选拔武备人才。另外，为了保证科举能造就封建统治所需要的人才（官员），黎圣宗又定保结乡试条例，强调应试者首先要遵循儒家的伦理道德。后黎朝初年不定期举行乡试和会试，1434 年黎太宗定取士科，规定“五年各道乡试、六年会试”；1442 年，会试天下士人，并“名制文题名竖碑，进士碑自此始”；1463 年，定“三年大比”，并规定“子、午、卯、酉乡试，辰、戌、丑、未会试”，永为定制；1466 年，“会试天下举人，取七十二名……三年一科自此始”。除进士科外，后黎朝还开设了制科、东阁科、宏词科，以及士望科、书算科等常科和一些杂科考试，以选拔专门人才，充实官僚队伍。

后黎朝中后期南北长期分裂，莫氏一度统一北部，然后是黎帝郑主名义下的郑阮之争。1527 年，莫登庸杀害黎恭帝，自立为王，建立莫朝。

莫朝继承后黎朝的教育体系，仍以儒教作为管理国家的正统思想，国子监和太学府仍然是全国的教育中心，继续维持后黎朝官学与私学并重的封建教育体系。科举考试方面，莫朝的科举为三年一试，与后黎朝一样，三期最重要的考试为乡试、会试、亭试。1529～1592 年，莫朝共举行了 22 场科举考试，取进士 485 人，其中有 13 名状元。在石碑上刻进士名只出现过一次于 1529 年。

自 17 世纪开始，越南境内虽然名义上是由后黎朝王室统治，但实际上已分裂成两部分，分别由定都顺化的广南国阮氏政权控制越南南部，而北方的郑氏政权则控制了后黎朝王室及越南北部，定都河内。

18 世纪，越南封建社会危机日益严重，阶级矛盾尖锐。1771 年出身西山地区的阮文岳、阮文侣及阮文惠三兄弟率领农民起义，推翻了广南国的统治，之后一路扩张，先后歼灭了北方的郑氏政权及后黎朝，结束了越南自莫朝建立开始，长达 250 多年的混乱割据状态，建立西山朝。

西山朝时期，喃字成为国家的正式文字。陈朝末年，胡季犛虽然已将喃字放到重要位置，但仅是用于将汉文作品翻译为喃字。光中皇帝去除了封建王朝教育科举制度中汉字独尊的思想，为了普及喃字，光中皇帝于 1791 年下令设崇政院，命阮贴任院长，翻译汉文书籍。同时，光中皇帝还颁“立学诏”并批准修缮国子监。

1802 年，阮福映灭西山朝即位，改年号为嘉隆，建立阮朝。

阮朝统治者也不遗余力地发展儒学教育，采取的措施有：将国子监置于京都，国子监成为专门祭祀孔子的场所；府级学校设教授，县级设训导，省或道设督学，教育体系渗透到府、县一级；于各省立文庙，各府、县、乡立祭孔祠和祭孔坛；为本地的科举考中者立碑，等等。

阮朝的学校是学生学习汉字及儒道的地方。在 20 世纪初科举制度被废除以前，在农村及城市，有先生开设私塾在自己家教学，先生大部分是退休的官员或只考中秀才的人。只有县级以上朝廷才参与教育，最低的是县级学校，有训道官（七品）教学，府级学校有教授官（六品），省级学校有督学（四品）。1908 年阮朝统治下的北圻和中圻，粗略统计学校有 15 000 所，学生 20 万人。科举考试方面，阮朝的科举制度跟李朝、陈朝、后黎朝相比，有几点不同：第一，在乡试、会试、殿试之前增加一场称为“核”的考试。第二，考试中引入八股文。第三，在会试中设副榜，实际上增加了取士数额。第四，更加优待科举出身者，如举人授官从八品（后黎朝举人一般不授官）。阮朝科举考试还有一个不同于前朝的特点，为了加强对士人的思想控制，在殿试中引入了八股制义，科举考试的形式更加古板，条条框框更多，如避讳和行文的格式等，越南封建专制思想臻于顶点。

（三）法属时期（1885～1945年）

19 世纪后半叶，法国经过 20 余年的殖民扩张，把越南变为了其殖民地和保护国。法国殖民者占领越南后，随着国家民族命运的巨大转折，越南的传统教育也面临着巨大考验。

1863 年 3 月，法国总督在西贡及附近区域设立了两所学校，一所男校，一所女校。南圻东部的科举制度于 1861 年最后一场科举考试后被废除，南圻西部的科举制度于 1864 年最后一场科举考试后被废除。那时越南全国没有专科学校，想去国外留学的年轻人受到限制，即使留学，也只能学习法国殖民者规定的一些专业。由于害怕越南青年留学回来成为殖民者的威胁，殖民者不得不在越南开设几所专科学校，但学校的数量非常少，学生也很少。

法属时期的教育主要可以分为三个阶段：第一阶段是 1861～1885 年，主要在南圻。早在 1861 年法国就在越南南圻开办了一所法越学校，命名为“百多禄主教学校”。这是法国殖民者培养文化干部的第一所学校，以后又相继创办了西贡市政学校（1868 年）、西贡师范学校（1871 年）和见习官员学校（1874 年）。法越学校以教授法文为主，拉丁国语字与汉字为辅，另增加了汉字、算术、历史等正式课程。从 1903 年开始，南圻各学校年终要对法语和越南语进行考核。法越学校除招收殖民地官员子女外，主要招收一些越南富家子弟和在殖民政府里任职的越南人的子女就读。法越学校成为当地人的晋升阶梯，官宦子弟纷纷蜂拥而至，毕业后大多成为殖民统治机器、法国商人服务的公职、翻译、记录人员。到 1869 年，法国殖民者在越南开办的学校已有 120 所，学生人数达 4481 人。法国殖民者还有意送一些越南人到法国接受教育，1866 年，到法国留学者有 14 名，1870 年，已有 90 名越南人在法越学校就读，毕业后多数到殖民地行政机关任职。

第二阶段是 1886～1917 年。此阶段为儒学教育和法式教育并存。1884 年，整个越南沦为法国的殖民地，但在形式上，只有南圻真正的属于法国，中圻和北圻只是保护地，阮朝虽然没有实权但仍然存在。因此，在南圻，科举制度已被完全废除，而在中圻、北圻地区的教育环境却相对宽松，法国殖民者允许法越学校与汉语儒学学校同时存在。1898 年，印度支那总督签署文件，决定今后在南定省的传统科举考试制度的乡试中增加复试内容，包括拉丁化越南语和法语，初试和复试都过关的举人或秀才们才可以优先封官职。1903 年以后的考试，只有初试和复试都达到标准的人才有机会做官。1906 年，法国殖民者宣布制定《中圻法越教育章程》，1910 年规定一切公文（还包括出生嫁娶等证明书）都要使用越南文。19 世纪末，法国在越南的殖民教育体系初步建立，在拉丁国语字及法越学校的冲击下，传统的儒学文化逐渐走向没落，最后不可避免地消亡了。

第三阶段是 1917～1945 年。此阶段为法式教育逐步形成的时期。法国殖民当局颁布和实施了《1917 年公共教育法》，建成了由初等教育、中等教育和高等教育构成的教育体系，在越南建立了现代教育体制。

初等小学教育需经过 5 个阶段，即幼稚科、准备科、寻常科、中等寻常科和高等寻常科，分 6 年完成。以上 5 个阶段全部具备者，称为全科小学校。全科小学校最少于各州之首府必须设置 1 所；以上 5 个阶段，具备三科者，在有 500 个纳税人之乡村需设立，称为土著别科小学校。初等普通教育分为法国人初等教育和土著初等教育两种。法国人初等教育，以法国本土的初等教育为标准，入学者以法国人为限；学校通常有男校、女校及男女同校三种，主要设立于各主要都市，教授科目以准备将来考入高等小学及中学所必要的学科。土著初等教育，则是在越南本地教育的基础上参考法国本土教育而形成的，几乎与法国初等教育同样的组织形式，只是入学者限为越南本土人。初等教育的课程设置方面，首先，“学校强调最多的是语言教学”。语言课程的设置主要是为了培养学生读、听、说及写的能力。小学生一周 27 课时中要花 9～13 小时的时间在语言学习上，主要是学习拉丁国语字。其次，以日常生活为主题的德行教育和越南社会传统职业技能教育在学生整体课程安排占了比较大的比重。1929～1931 年的课程设置中达到 46.6%，这些课程主要教授学生关于家庭、乡村、房屋、食物、服饰、贸易、仪式、节日及以种植业、手工业为目标的技能教育等，这大多是他们在入学之前就已经熟知的。

中等教育又称为小学后教育，采用两级制，分别是高等小学阶段和中学阶段，3～6 年完成。越南中等教育分为法国人中等教育和土著人中等教育两种。法国人中等教育有高等小学校和中学学校两种，均依据法国本国同样的课程标准和学级编制创办，入学者以法国人为主，但得到特许的越南人也可以进入。高等小学校主要分布在河内和西贡，各有男子、女子的高等小学校若干所，在普通科目之外，河内的学校还设有仅限于男生学习的商工业等特别科目。中等学校主要分布在河内、西贡和安南等地。而土著人中等教育也有高等小学校和中学学校两种，高等小学校为 4 年制，分为男校、女校和男女同校。全印度支那联邦有 22 所学校，独立的师范学校，仅有在河内的男女师范 2 所和在西贡的男子师范 1 所，其他全为高等小学校所附属的师范科。河内和西贡开设有中学学校。关于学制及考试方面，1917 年总督命令规定：中等教育分 6 年完成，即前 4 年为第一阶段学习，结束后可获毕业证书；后 2 年为第二阶段学习，结束后可获高中毕业证书。1927 年以后中等教育有所调整，实行两阶段 7 年制，第一阶段 4 年；第二阶段学业结束，可获得高中毕业证书。要获得高中毕业证书，需经过严格的考试。考试每年举行两次，分别在 5 月和 7 月。中学阶段的考试（尤其是获取法国会考文凭的考试）是非常严格的，通过并获得会考文凭者寥寥无几。第一次考试未通过者，可以再考第二次、第三次。获得高中毕业证书者，可进入越南国内和法国的一些高等学校学习。

越南高等教育创办于 20 世纪初，据 1918 年和 1921 年的总督命令创办，其中规定越南高等教育是印度支那联邦教育行政的中央机关，由印度支那教育局管理。此外，还设教育咨询委员会议，负责咨询解答之责，置视学官两名，帮助教育局长负责视察监督。越南高等教育分为法国人高等教育和土著人高等教育。法国人高等教育仅一所学校——河内医药学校，是一所 5 年制学校，第一年为预科，教授物理化学和博物学等学科，后四年则修医学课程，这里毕业的学生与法国本土的毕业生拥有相同的学位。土著人高等教育有印度支那大学，殖民当局于 1906 年在河内创办，“是一所集合大学各学科以培养邻邦各国和殖民地大学生的大学”。1908 年被新任总督下令解散了。但是，印度支那大学的创办对后来越南高等教育的发展有着深刻的影响。

（四）1945年后的现当代教育

1945 年，日本取代法国在越南建立了亲日傀儡政权，对越南实行殖民统治。越南法越教育体系逐渐向本土教育体系转变，最终建立了国民教育体系。其发展历程大致可分为以下三个阶段。

1. 1945～1954 年

1945 年 9 月越南民主共和国成立之际，全国人口的文盲率超过 90%。这一殖民教育的恶果具有动摇新生国家根基的可能，迫使越南政府将教育机会均等化与民众受教育权的扩大化作为教育发展的第一要务。1945 年 9 月后，越南政府迅速组建平民学务司，并发表了《告全国同胞扫盲公开信》，指出学习乃是越南人的基本权利与义务，号召民众加入全国平民学务运动。1945 年 9 月 3 日，胡志明主持越南临时政府首次会议时指出，政府的当务之急是消灭饥贫和扫盲，9 月 8 日，胡志明发布第 17、19、20 号政令，宣布在各地开设平民扫盲班，务求全体越南人都能掌握越南语的读写技能。在随后的 1946 年，越南全国共设立了 75 000 余个扫盲班，共配备 96 000 余名专、兼职教师。至 1954 年抗法战事结束，近 10 年间共有超过 1 千万的越南成年人通过参加平民学务而脱盲。1950 年越南进行了第一次教育改革，提出了"学行结合，理论联系实际"的教育方针。这一时期的教育以民族化、科学化、大众化为原则，目标是重视人格、磨炼意志、发展才能。

2. 1954～1975 年

1954 年，北越解放，按照民族化、科学化、大众化建立教育体系。1956 年 3 月全国普通教育大会通过了由教育部起草的 9 年教育（自由区）和 12 年教育（刚解放的地区）的提案，即第二次教育改革。1956 年 8 月，越南民主共和国的普通教育政策出台，教育内容包含德、智、体、美四个方面，教育方针是"理论联系实际，学行结合，学校教育与社会实践相结合"。1954～1956 年，越南普通中小学增设了近千所，在校生人数增加了 53 万。至 1959 年底，越南普通中小学校已增设了 1745 所，中专学校增设 26 所，高校增设 6 所；中小学学生和大学生的总数达到 240 万人，占全越人口总数的 16%。

3. 1975 年以后

越南北南统一后进行了第三次教育改革，其成效有：12 年制教育体系得以建立；教科书逐步更新；中央、地方的本科、专科、职业中学等学校体系在培养目标、教学内容和教学方法等方面逐步改善。1987～1990 年，越南实行了教育发展三年计划；1991 年第八届国会第九次会议通过了普及小学教育法；1991 年越南共产党第七次全国代表大会第四次会议提出把教育培训与科学技术看作头等国策；1996 年 12 月，第八届中央执行委员会第二次会议通过教育培训专题决议；1998 年越南国会通过越南教育法。

二、越南现行教育体系

1. 越南宪法中有关教育的规定

2013 年 1 月 28 日越南第十三届国会第六次会议通过的《越南社会主义共和国宪法》第 61 条规定：①发展教育是首要国策，旨在提高民智，发展人力资源，培养人才。②国家优先投资和吸引其他投资发展教育；关心幼儿教育；确保普及小学义务教育，国家不收学费；逐步普及中学教育；发展高等教育、职业教育；实行奖学金、合理收取学费政策。③国家优先发展山区、海岛、少数民族和经济-社会条件特别困难地区的教育，优先使用、开发人才，创造条件让残疾人和贫困者学习文化和进行职业培训。[①]

2. 教育体系

越南现行教育体系可分为学前教育、普通教育、职业教育和大学教育。

学前教育是教育体系中的第一阶段，包括托儿所和幼儿园，接收 3～6 岁的婴幼儿。目的是帮助婴幼儿发展体质、情感、智慧、审美，形成与年龄相符的心理特征及生活能力，为进入一年级学习做准备。

普通教育，学制 12 年，分为三级：一级（小学）、二级（基础中学，即初中）、三级（普通中学，即高中）。

小学教育规定入学年龄为 6 岁，学制 5 年，小学教育对于所有公民来说是强制教育。开设的课程有：数学、语文、自然与社会（1、2、3 年级）、科学（4、5 年级）、历史（4、5 年级）、地理（4、5 年级）、音乐、美术、道德、体育、计算机（自选）、英语（3、4、5 年级，有的学校从 1、2 年级开始）。毕业时要参加毕业考试，但 2005 年越南教育培训部已取消了该项考试。

基础中学学制 4 年，入学年龄为 11 岁，从 6 年级到 9 年级，基础中学教育对公民来说也是强制教育。开设的课程有：数学、物理、化学（8、9 年级）、技艺、语文、历史、地理、公民教育、外语（英语、法语、俄语、汉语、日语）、体育、音乐、美术、计算机。2006～2013 年越南教育培训部取消了基础中学毕业考试，但 2014 年开始，又恢复了该项考试，延续至今。

---

① 引用和翻译自越南社会主义共和国中央政府门户网站 http://www.chinhphu.vn/portal/page/portal/chinhphu/NuocCHXHCNVietNam/ThongTinTongHop/hienphapnam2013。

小学教育和基础中学教育为普及教育。

普通中学学制 3 年，入学年龄为 15 岁，从 10 年级到 12 年级。开设的课程除了美术和音乐，其他课程与基础中学阶段相似，学生毕业时要参加越南教育培训部组织的毕业考试。

职业教育分为两种：一种是专业中学，拥有初中毕业文凭的学生学制为 3～4 年，拥有高中毕业文凭的学生，学制为 1～2 年；另一种是技术培训，分为 1 年以下的短期培训、1～3 年的各类长期培训。专业中学有两类：一类是直属大学的专业中学，另一类是省级专业中学，直属大学的专业中学可在全国范围内招生，而省级专业中学则只能在所在省、市招生。

大学教育分为预科、大专、大学本科和大学以上学历。

学生从普通中学毕业后才能成为预科生。高考落榜的少数民族考生可进入大学学习预科，一年后他们可以选择一所大学（外贸大学及各军事学校除外）进入学习。

大专学制为 3 年，有的学校也会延长到 4～5 年，学生需具备高中或中专文凭才能考大专。

大学本科学制为 4～6 年。

大学以上学历为研究生和进修生学历，研究生分为硕士学位研究生和博士学位研究生，硕士学位研究生学制 3 年，可根据专业的规定延长或缩短；博士学位研究生的学制为 3～4 年不等。

据统计，2015～2016 学年，越南有幼儿学校 14 513 所，教学班 14.72 万个，教师 23.19 万人，学生 397.85 万人；各类国民教育学校 28 951 所，其中小学 15 254 所，初中 10 312 所，高中 2399 所，其他 986 所；中小学教师 86.13 万人，其中小学教师 39.69 万人，初中教师 31.35 万人，高中教师 15.09 万人；中小学生 1535.38 万人，其中小学生 779 万人，初中生 513.87 万人，高中生 242.51 万人。2015 年越南有大学 445 所，其中公立 357 所，民办 88 所；有大学教师 9.35 万人（其中河内市 26 890 人、胡志明市 20 437 人、岘港市 4244 人、太原市 3932 人、承天-顺化省 2699 人、芹苴市 2169 人），其中公立教师 7.61 万人，民办教师 1.74 万人；有大学生 211.85 万人（其中河内市 660 963 人、胡志明市 550 120 人、岘港市 97 075 人、太原市 68 266 人、承天-顺化省 71524 人、芹苴市 91 914 人），其中公立 184.71 万人，民办 27.14 万人；毕业大学生 35.36 万人，其中公立 30.87 万人，民办 4.49 万人[①]。越南的高等教育主要集中在河内市、胡志明市、岘港市、太原市、承天-顺化省、芹苴市

① 越南国家统计总局：《越南统计年鉴（2015 年）》。

等地，尤其是河内市和胡志明市。

三、21 世纪越南教育的发展

进入 21 世纪以来，随着经济全球化趋势的深入发展和国际竞争的加剧，越南高度重视发展教育事业。2001 年越南共产党第九次全国代表大会提出到 2020 年把越南基本建成现代化、工业化国家，并将发展教育培训、科学技术视为国家实现现代化和工业化的基础和动力。

2008 年教育培训部颁布的《2009～2020 年教育发展战略草案》（简称战略草案）把改革教育管理作为突破性策略，力图以此为突破口，破解阻碍教育发展的瓶颈，提出："国家对教育进行统一管理，教育培训部在这一前提下对国家教育进行管理，完善有关教育的法规及政策，在各个教育阶段建立和指导实现战略、规划、教育发展的计划；实现教育质量、投资和教育机构的财务公开化，对教育质量和效果执行社会监督；对地方以及教育机构进行分级管理，特别是职业教育机构和高等院校，提高各机构关于培训内容、财政、人事方面的自主性；推动从中央到地方的教育行政改革，形成精简、有效的管理体制；改革财政机制，吸收并有效地使用国家、社会资源来提高教育质量，扩大教育规模，保障人民的学习权利。"同时该战略草案中还提出了师资队伍建设的目标：到 2020 年有 80%的幼儿教师和 100%的小学教师达到专科或大学学历以上水平；100%的基础中学教师和普通中学教师达到大学学历以上水平；20%的职业中级学校教师和 35%的职业高等学校教师达到硕士学历以上水平；100%的大学讲师达到硕士学历以上水平，其中 30%达到博士学历。该战略草案把师资队伍建设作为两项突破性策略中的一项，提出："今后将形成具有客观、公平和竞争为导向的教师录用制度，完善和实现长期合同制，取代过去的教师编制制度。通过 2009 年在一些普通学校及大学的试点工作，到 2010 年全国已普遍推行讲师、教员合同制。国家为教师举办多样化的课程培训，以提高教师的学历层次。如 2008～2020 年阶段高等院校教师培训计划将根据 3 个方案来执行：国内培训、国外留学以及两者相结合。"2008～2009 年度，越南政府先后公费派出 500 名讲师到国外攻读博士学位。教育经费方面，战略草案还指出："社会组织、家庭和个人在教育评价及监督中负有权利与责任，共同建设健康安全的教育环境。同时形成新的学费机制，目的是将学费在国家、个人及社会之间合理分配，对于公立学校的幼儿教育及普通教育，国家财政拨款是主要的经费来源渠道，对于公立职业教育和大学教育，学生及社会组织有责任分担一部分教育经费，各非公立学校则应遵守相关规定收取学费。保证维持国家财政教育经费支出在 2009～2012 年占财政支出的 12%，力争到 2015 年达到 21%。”该战略草案还提出了各级各类教育的发展目标：到 2020 年，15 岁以上的人群中识字率达到 98%，有 99%的 5 岁儿童可以接受为期一年的学前教育；100%的城市、省达到适龄儿童 9 年教育普及标准，80%的青年在同龄人的年龄段内达到普通中学学业水平；在同龄人中通过职业教育体系培训的劳动者比例达到 60%，并且 95%以上的毕业生能够满足用人单位的要求；有大约 30%的普通中学毕业生能够进入各个职业教育学校学习；每万人中有 450 人能够进入大学学习，并且至少有 5%的大学毕业生达到同东盟名校大学优秀毕业生一样的知识和能力，80%的学生毕业后能够在工作单位有突出表现。

最后该战略草案还强调：“今后要建设众多高质量学校，为国家各领域培养达到国际标准的尖端人才，首先要集中国家投资来建设一批达到国际等级水平的学校，预计到 2020 年至少有 5 所大学进入东盟区域大学排行榜中的前 50 名，1 所大学可以进入世界大学排行榜中的前 200 名，2015 年完成建设 4 所达到国际先进水平的大学。”

为了实现 21 世纪初的教育发展目标和任务，越南提出了一系列教育政策，着力于改革教育管理，加强师资队伍建设，扩大社会参与，普及全民教育，扶持民族教育，推进教育国际交流与合作，促进教育事业发展。

第二节　科学技术

一、科技体制与政策

越南抗法战争胜利后重视科学技术的发展，1959 年 3 月越南民主共和国成立了国家科学委员会。1965 年设立了两个科研机构：越南科学技术委员会和越南社会科学院。1992 年 10 月设立科学技术与环境保护部，2002 年定名为越南科学技术部。

科学技术部是越南政府执行国家管理科学技术职能的机构，下设有：自然科学与社会科学、高科技、技术服务、市场开发、知识产权、原子能、辐射与核安全、标准计量等职能管理部门及一些行政部门和事业单位。

鉴于科技基础薄弱，主要依靠技术进口，近年来越南政府积极制定科技政策，完善科技管理体制，把科学技术的发展目标明确为：一是在可预见的未来，消化和掌握进口技术，逐渐形成自主创新能力；二是扶持应用型的科学技术研发，推动社会经济发展的发展；三是鼓励发展创造商业机会和就业机会的科学技术；四是在短期内迅速形成国内科技集体实力，并着手发展高新技术。

越南2000年正式颁布了《科学技术法》。2013年6月18日第十三届越南国会第五次会议通过了该法的修订案。该法体现了《越共十一届六中全会关于在社会主义方向市场经济和融入国际条件下发展科学技术服务社会化、现代化事业的决议》中关于改革科学技术活动管理机制的精神，集中力量优先投资发展科学技术，运用科学技术服务国家的工业化、现代化，并确立每年的5月18日为“越南科技日”。

2012年4月11日，越南政府出台了《2011—2020年科技发展战略》。该战略明确指出：2011～2020年，科技部门要集中同步完成三项主要任务，包括继续基本、全面和同步革新科技组织、管理机制、活动机制；加强国家科技潜力；大力开发应用研究，把科技发展任务与各级、各部门的经济社会发展任务结合起来。该战略提出了一些具体的目标：技术和设备革新率2011～2015年均达到10%～15%，2016～2020年均超过20%；科技市场交易额年均增长15%～17%；利用国家财政的研究课题在国际上发表研究成果的数量年均增长15%～20%；争取到2015年社会对科技总投入占国内生产总值的1.5%，到2020年占2%；保障每年国家财政对科技投入不低于国家财政总支出的2%；到2015年有30个基础和应用研究组织达到地区或世界水平，到2020年有60个基础和应用研究组织达到地区或世界水平。

2012年11月1日，越南共产党中央颁行了《越共十一届六中全会关于在社会主义方向市场经济和融入国际条件下发展科学技术服务工业化、现代化事业的决议》。该决议提出发展和应用科学技术是首要国策，是经济社会发展和保卫祖国最重要的动力之一，需要各级、各部门根据先行一步优先集中投资的精神，要达到如下主要目标：到2020年，越南的科技发展水平达到东盟各国前列；同步发展社会人文科学、自然科学、技术和工艺；科技活动通过综合效率因素对经济增长贡献率达到大约35%；形成一批具有越南品牌的国家产品；同步形成一支高水平的科技干部队伍。

2013年11月8日，越南政府出台了《批准〈2020年科技市场发展纲要〉的决定》。该纲要明确指出至2020年科技市场发展的三大奋斗目标：一是提高科技产品和业务市场交易价值年均不低于15%，对于优先投资发展的高科技产品则不低于20%；二是知识产权的交易占科技市场上产品和业务交易总值的比重 2015 年不低于 10%，2020 年不低于 20%；三是至 2020 年，建立技术交易平台网络及互助科技业务系统，重点建设城市为河内市、胡志明市和岘港市。具体任务包括：完善法律环境，提高国家对于科技市场的管理效力；推动科技市场业务活动；扩大技术需求，提高技术转让能力。

越南的科技政策主要体现在如下方面。

首先是促进科学技术的应用。通过税收、财政、培训和交易等鼓励政策来促进科学技术企业的发展，提升工业企业和农民的技术能力，支持优先领域的技术创新，在信息和计算机技术等领域加大政府采购力度，加强技术管理人才的培养，鼓励学习和掌握外来技术，降低外资企业聘用越南员工的个人所得税等。

其次是增加技术供应，发展技术市场。增加对适合越南国情、有影响力的科学技术研究和应用的经费支持，使科学技术的产出适应市场的需要，加强人力资源培训，改善科学技术创新者的工作和生活环境。

再次是鼓励发展科学技术中介。整合技术交易中心、网络及各种科技中介组织，建立和完善一批专门从事科学技术鉴定、评价、评估和认证等机构，建立促进科学技术供应商与外资企业之间交流合作的机构和机制。

最后是完善科技法律制度。编制目录，梳理技术转让的相关法规，尤其是建立完善知识产权法、技术转让法等。推进科技管理机制的改革，推动优先科技领域的发展，营造富有竞争性的创新环境。

此外，越南还加强科学技术尤其是生物技术的国际合作，重点是加强与联合国及其联合国亚太技术转移中心（APCTT）、国际灾害风险大会（IDRC）、国际农业发展基金会（IFAD）、亚洲太平洋经济合作组织（APEC）、国际科学理事会（ICSU）等的合作，尤其是促进生物技术领域的对话、交流、培训和网络的建立，在生命科学和生物技术领域建立合作研发项目。

二、重点科技领域与成果

越南是一个正在从传统农业向工业化迈进的发展中国家，科学技术基础薄弱，科技人才数量少，如何发展适合国情的科学技术，需要面对很多挑战。为了加快经济发展，提升国力，越南科技发展重点是对传统产业进行升级与改造。

越南农业部门中，水稻占统治性的地位，其次是咖啡，大米和咖啡出口量分别居全球第二位、第三位。农业科技领域主要是热带产业、农作物选育品种、咖啡扩大种植面积、橡胶及其制品、畜牧养殖业。

进入 21 世纪，为了适应高科技快速发展、经济全球化浪潮及国内工业化和现代化的需要，越南制定计划，优先发展信息和计算机技术、自动化、生物技术、新材料和纳米技术、机械电子技术、海洋、分子构造材料、环境、再生能源等领域。高技术的发展重点是研发、应用和产业化。在轻工业方面主要是水产和食品加工技术；在重工业方面主要是中小型机械、交通设备等。

越南是生物多样性世界级中心之一，尤其是农业生物多样性，因此，越南高度重视生物技术的发展。越南农业生物技术的研发正处于从先进国家引进技术时期。2008 年 1 月，越南政府发布到 2020 年的生物技术发展和应用总体规划，主要集中发展农林渔、食品加工、食品安全卫生、医药保健、环境保护等领域的生物技术，希望到 2020 年达到本地区先进水平。

越南的国家研究机构开展的科研活动包括：分子生物学和遗传工程；旨在生产生物活性化合物及生物肥料的微生物技术；环境保护和土壤保持；酶生物技术；植物离体保存生物技术；品种改良和推广，如用于园艺、水果和林业等产业领域的植物组织培养和推广，开发高产量植物；动物生物技术方法学，等等。

越南生物技术开发的优先领域集中于农业和林业，研究重点是培育抗病虫害作物，以及耐有害环境胁迫的植物。越南的国家科研机构建立了一些实验室，进行植物组织技术的研究，开发高产量农作物，推广绿化植物，尤其是对水稻、玉米、马铃薯、红薯、木薯、大豆、甘蔗和棉花进行遗传改良，提供水稻、马铃薯和装饰性树种的杂交种子、生物肥料等。越南水稻生物技术的应用，主要包括克隆技术、标记物辅助选择技术、来自野生水稻的靶基因渗入、数量性状基因座（quantitative trait locus，QTL）分析和 QTL 制图、细胞学技术和基因转化及功能基因组合研究等。

越南在动物生产领域，主要发展：通过基因检测和基因保存来改良猪、牛、鸡等动物物种；胚胎转移和性别鉴定等辅助生殖技术；含益生菌、维生素和氨基酸等添加成分的饲料生产；诊断学中的 PCR 和细胞培养技术、重组抗原的生产、抗生素生产和抗生素抗性、诊断试剂盒和疫苗出品的重组蛋白质生产等疫病检测兽医学；对垃圾污染物处理有用的微生物发现及动物生产中的环境保护、水产养殖等生物技术研究。

近年来，越南在科技领域取得了一系列成就。2010 年，越南自行研发的 Bkav 杀毒软件跻身世界十大最好杀毒软件。2012 年，越南首颗自主研制卫星发射升空；越南山罗水电站建设工程提前 3 年完工。2013 年，越南在自然科学领域取得了新突破：首颗自主研制小型卫星发射升空并成功接收信号；首颗观测地球卫星成功送上轨道；成功解密越南当地 35 种稻谷种子基因。2014 年，越南生产并成功实验预防儿童腹泻病的轮状病毒疫苗；越南农业遗传学研究所获“出色成就奖”；越南河内医科大学和越南中央眼科医院研究组成功采用细胞技术治疗眼球表面损伤，并荣获 2014 年柯瓦列夫斯卡娅奖。2015 年，越南首次成功研制视频编码集成电路；甲型 H5N1 禽流感疫苗人体接种实验取得阶段性成功；在第 43 届世界技能大赛中越南首次获奖；越南首次承办全球网络安全竞技比赛；越南跻身全球创新指数东盟前三位；越南首位女科学家获“世界青年女科学家奖学金”。在过去 10 年越南科学家有 5 项研究成果在世界重要杂志 *Nature* 上发表公布。

越南科学技术发展的不足是，基础设施缺乏，资金不足，投资分散，科研机构的研发能力薄弱，没有科学突破，缺乏高水平的科学作品，没有大型的国际科研项目，主要是对国外技术及其设备的适应和应用，国家缺少对科技创新强有力的支持投资政策和机制。在科学技术人力资源培训方面，技能、水平和培训机构不足，发展不平衡，北多南少。在高新科技产业化生产方面，企业缺少技术创新能力，对高技术研发不积极。越南的科学技术发展依然处于打基础的过程中。

三、科研机构

1. 概况

越南有专业的科研机构，也有大学所属的研究单位，主力除了越南科学院（VAST）和越南社会科学院（VASS）外，还有一些部属研究所。越南全国共有 400 多所高等院校，其单位以教学为主，较少从事研究工作。

越南国家部属或特大企业所属的研究机构有不少，如越南机械与工业仪器研究院（隶属越南工业部）、越南能源研究所（隶属国家电力公司）、越南建材研究院（隶属建设部）等。

2. 越南科学院

越南科学院是越南政府的自然科学研究机构。1970 年越南成立科学研究中心，在此基础上于 1975 年正式成立越南科学院。

越南科学院的职能、任务是进行自然科学和技术基础研究，为制定科学技术政策、战略规划、经济社会发展提供科学论据，培养科学技术人才。

越南科学院的自然科学和技术基础研究领域包括：数学、物理、化学、生物学、生物技术、信息技术、电子、自动化、空间技术、材料科学、生物多样性、地球科学、海洋科学技术、环境和能源、防灾减灾等。

在组织结构上，该院设有 14 个研究所：数学研究所、信息技术研究所、物理研究所、地球物理研究所、化学研究所、化学技术研究所、自然化学化合物研究所、海洋学研究所、海洋资源与环境研究所、生态和生物资源研究所、热带生物研究所、生物技术研究所、力学研究所、西原生物研究所。

院本部设在河内市，在胡志明市、海防市、富寿省、芽庄市、大叻市等地也设有一些研究机构。

越南科学院建有 4 个国家重点实验室：基因技术实验室、网络技术实验室、材料和电子元件实验室、植物细胞技术实验室。

3. 越南社会科学院

越南很重视社会科学研究。越南 1953 年就成立了历史地理文学研究委员会，1990 年正式更名为越南社会科学院。

越南社会科学院是越南政府的直属社会科学研究机构，其职能主要是进行人文和社会科学基础研究，为越南共产党和国家制定战略规划、发展计划、路线政策提供科学论据，为可持续发展提供咨询服务，并培养社会科学研究人才。

越南社会科学院的主要研究领域有如下方面。

①越南社会科学有关的理论和现实问题，包括世界发展理论、经验和趋势，经济全球化和区域一体化，市场经济发展，公民社会和社会主义民主等；民族、宗教、历史、文化的基本问题和人类文明问题；越南共产党执政能力的提高，政治系统的创新与完善，越南社会主义法治和司法系统的完善，经济发展等。

②组织收集、发掘、研究、保护和开发民族文化遗产。

③联合培养社会科学的硕士和博士。

④与国际组织、外国同行开展合作研究。

⑤收集社会科学信息，普及科学知识。

越南社会科学院的研究单位分为如下几个部分。

①社会科学：哲学研究所、国家和法律研究所、经济研究所、社会学研究所、人类学研究所、心理学研究所、人文地理学研究所。

②人文科学：历史研究所、文学研究所、语言学研究所、汉喃研究所、民族学研究所、考古研究所、文化研究所、家庭和性别研究所、宗教研究所。

③国际问题：世界经济与政治研究所、中国研究所、东北亚研究所、东南亚研究所、印度与南亚研究所、欧洲研究所、美洲研究所、非洲和中东研究所。

越南社会科学院除总部位于首都河内市外，在胡志明市、岘港市、多乐省的邦美蜀也设有研究机构。

该院有两家出版社：社会科学出版社和百科出版社，以及28种期刊：《民族学学报》《今日美洲杂志》《汉喃杂志》《考古学杂志》《越南社会科学期刊》《国家和法律杂志》《欧洲研究》《非洲和中东研究》《人类学研究》《东北亚研究》《东南亚研究》《家庭与性别研究》《历史研究》《经济研究》《可持续发展研究》《宗教研究》《中国研究》《印度和亚洲研究》《语言学杂志》《世界经济与政治》《心理学杂志》《社会科学信息》《哲学学报》《民俗杂志》《文学研究》《社会学杂志》《字典与百科全书杂志》《人类社会科学杂志》。

越南社会科学院员工超过2000人，其中有教授、副教授、博士和硕士共700多名。

第三节　医　　药

中国、韩国、越南三个国家是世界卫生组织认可的世界上传统医学体系与现代医学体系并存的国家。可见，越南的医疗卫生事业虽然还不发达，但有其特色之处值得关注。

一、医药体制

（一）概况

越南位于热带亚热带地区，气候湿热，植物繁茂，很适宜病原微生物繁殖和病媒昆虫孳生，加上多年来经济社会发展缓慢，各种疾病易于发生，部分地区为高疟疾区，蚂蟥、毒蛇、虱子到处为患，鼠疫、霍乱、痢疾、伤寒、登革热、麻风等疾病严重。法属时期80%的人患有沙眼。1975年越南北南统一后，医疗卫生状况有所改善。1986年越南革新开放后，经济社会加快发展，卫生防疫、医疗治病水平也随之提升，农村地区的环境卫生和保健状况也得到了一定的改善，一些乡村已成为“无随地大小便”社区。越南艾滋病发生率较高，2015年新发现艾滋病感染者10 195人、艾滋病患者6130人、艾滋病死亡者2130人，累计至2015年12月31日尚生存的艾滋病感染者227 154人、艾滋病患者85 194人[1]。

---

① 越南国家统计总局：《越南统计年鉴（2015年）》。

由于历史因素，越南先后受中国和法国的文化影响，其医学也一样，先后受到中医和西医的影响，在越南形成了中西医与本土医药共存的格局。从郡县时期开始，交趾地区就传承了古代中国的中医，一直沿袭到越南独立建国后都在使用。法国殖民时期西医学从 19 世纪开始传入越南，西医逐渐成为主流医学。法国占领下，传统医学日益被排斥在官方组织之外，使越南的中医药一度处于停滞状态，但民间治病仍以中医为主。越南抗法战争结束后，传统医学得到一定的恢复，提倡中西医结合，有一些疑难杂症还是通过中医来治疗。

1954 年法国人离开越南以前，越南的医药格局没有大的变化。抗法战争结束后，越南北方真正实现了独立，开始对传统医药有所重视。1957 年成立越南传统医学医院，1961 年成立越南中央药物研究院，1971 年成立河内药科大学。在越南全国的医药院校中，50%设有东医系。

1975 年北南统一后，越南开始整理建设自己的医药体系。1985 年 2 月 6 日，越南部长会议决定每年的 2 月 7 日为“越南医生日”。1988 年世界卫生组织第 22 个世界传统医学合作中心在越南建立。

越南由于独特的地理位置和气候环境，本地生长有特色药用植物，也存在有与其他国家不同的特色疾病，故当地在存在西医西药、中医中药的同时，形成特色的东医南药也就有其合理之处。

（二）管理体制

越南的医疗卫生管理部门分为四级：国家、省、县和乡镇，国家层面是卫生部。越南卫生部成立于 1945 年 8 月 27 日。该部的职能是保护人民的身体健康，管理的领域包括：疾病预防、医疗、康复、传统医学、药品、食品安全卫生、医疗设备等，设立的主要业务部门有：妇幼保健司、医疗设备和工程司、医疗保险司、防疫局、艾滋病防治局、食品安全局、环境管理局、传统医学管理局、药品管理局等。

越南 1992 年启动全民参加医疗保险计划，截至 2016 年 11 月 30 日，参加医疗保险人数共达 7516 万人，医疗保险覆盖率为 81.3%。

（三）医疗体系

目前，越南全国从上到下已经建成了多层级医疗网，省、市、县办有医院，基层的乡镇建立了卫生院或医院。越南至今多数医院是由国家经营。近年来，越南私人医院逐渐增加，私人医院被认为水平比国有医院高，因治疗失当而致命的事件也较少发生。据统计，2015 年越南全国有医疗机构 13 617 个（其中乡、坊、机关单位的卫生所 11 113 个），其中国家卫生部管理的 46 个，省卫生厅管理的 12 791 个，其他管理性质的 780 个。在众多的医疗机构中，有医院 1071 家，其中国家卫生部管理的 43 家，省卫生厅管理的 1002 家，其他管理性质的 26 家。当然，医疗设置较为完善的医院主要是集中在首都河内和南部的大城市胡志明市，分别有医疗机构 686 个和 379 个、医院 40 家和 52 家。越南 2015 年有病床 30.61 万张、医生 7.38 万人（平均每万人有 8 名医生）、医师 5.84 万人、护士 10.27 万人、高级医药师 9600 人、中级医药师 2.19 万人①。

在越南的医药卫生领域，传统医药与现代医学并行。越南的医疗保险包括了东医与南药的治疗和使用。在传统医药中，有来自中国的北药与本地生长的南药之分。

二、从中医到东医

秦汉以后，中医药从中原传播到交趾地区。三国时代名医董奉南游交趾，太守士燮“气绝三日”，董奉治以药丸而愈。隋唐时期，《内经》《脉经》等中医药典籍传到安南。越南李朝时，中国高僧明空和尚使越南皇帝李神宗起死回生，被封为“国师”。13～14 世纪，中国的针灸疗法传入越南。明清时期，李梴的《医学入门》、张介宾的《景岳全书》、李时珍的《本草纲目》传入越南。②历史上大批华人移居越南，不少华人中医师在越南行医或开药店销售中药，使得越南的中医药不断发展。

越南独立后沿袭中国的医疗制度，仿照中国设立医疗体系和机构。越南陈朝时，朝廷于 1274 年仿照中国设立了太医院，专为贵族上层看病治病。1276 年陈朝设立了管理医疗事务的机构“广济署”。后黎朝设立了太医院和济生堂。阮朝 1825 年设立先医庙，1850 年祭祀古代名医，其中包括许多古代中国的医学名人。③

中医药在越南的传播为后来越南的医学，尤其是越南自称为“东医”的传统医学奠定了基础。18 世纪后期，越南出现了一位名医黎有卓（1720—1791 年）。他潜心研究《内经》等中医药古典名著，尤其受益匪浅于清初浙江海盐颇的冯兆张的著作《冯氏锦囊秘录》。他说，“及得《锦囊》全部，阴阳

① 越南国家统计总局：《越南统计年鉴（2015 年）》。
② 马达：《历史上中医中药在越南的传播和影响》，《医学史研究》2008 年第 3 期，第 61-62 页。
③ 马达：《历史上中医中药在越南的传播和影响》。

妙用，水火真机，方能悟透”[①]。他写下了不少医药著作，其中最有名的是1772年完成的《懒翁心领》（也称《海上医宗心领全帙》），全书共28集，66卷，内容包括经典、内科、外科、妇科、产科、儿科、麻痘、医方、医案、本草药物等，体系完备。该书是用中文写成，后人将其翻译成拉丁国语，广为流传。中国著名越南史学家张秀民说：“假使把阮攸比作越南的歌德，也不妨称黎有卓是越南的李时珍了。”[②]

与日本汉方医学、韩国韩医学、朝鲜高丽医学差不多，越南的东医学也是以中医为基础发展起来的。由于历史的传承关系，越南的东医理论与中国的中医理论一脉相承。中医以阴阳五行为理论基础，将人体看做是气、形、神的统一体，通过“望闻问切”四诊相结合的方法，探究病因、病性、病位，分析病机及人体内五脏六腑、经络关节、气血津液的变化，判断邪正消长，进而得出病名，归纳出症型，以辨证论治原则，制定“汗、吐、下、和、温、清、补、消”等治疗方法，使用草药、针灸、推拿、拔罐、气功、食疗等多种治疗手段，使人体达到阴阳调和，从而康复。

越南没有专门的东医院，但很多医院都设有传统医学部，在医院里有一定比例的床位供传统疗法使用。越南的医疗机构里有西医、东医两种医生。公立医院的东医医生需要有医学学历，获取医学执照才能行医。东医医生要掌握南药、北药、针灸、按摩、体疗等，以及一定的西医知识。

在东医临床方面，东医医生通常先根据治疗的有关方针对疾病做一个大致诊断，然后根据古典医学理论进行详细的诊断，这样就可以结合患者个人特点进行治疗。诊脉在东医传统诊断中发挥着重要的作用。

越南建立了一些东医研究机构，如河内民族医药研究所，这是东西医结合的研究和指导中心。此外还有越南针灸研究所、胡志明民族医药研究所等。

越南的一些医学院校开设有东医学教育，提供东医学课程。越南的东医学本科为6年制，其中4年学习现代医学，2年学习传统医学。医学课程主要有：民族传统医学史，传统医学理论（包括东方哲学）、人体结构和生理现象（阴阳经络）、病理学、诊断、药物、处方基础、针灸、各科治疗等。

三、从中药到南药

医与药是联系在一起的，越南独立后，中医演变成了东医，中药则逐步

① 马达：《历史上中医中药在越南的传播和影响》。
② 张秀民：《张秀民印刷史论文集》，印刷工业出版社1988年版。

变化成了北药和南药了。当然，在西医西药传到东方之前，在中国和越南是没有区分中医和西医、中药和西药的概念的。这些都是近代以后的事情。

郡县时期，今越南地区的医药格局跟中原地区一样。越南独立建国以后才逐步把从中国引进的药材称为北药，本地出产的药材称为南药。南宋以后，中国的药材成为输入越南的主要商品之一。

越南包括动植物在内的自然资源丰富，高等植物超过 12 000 种，归属 385 科，已知药用植物 3950 种。

越南组织编撰了《越南药典》，初版于 1984 年完成，收录植物药 244 种，2007 年第四版已增至 335 种，包括 94 种传统医药制剂产品。

《越南药典》收录的越南植物药分为生药和制成品药，其中生药主要为单味药材，制成品药则是由多种生药按一定的比例组合制成的处方药物[①]。药典有不少具有越南特色的品种，如中国药典未收载的功劳木、叶下珠、越南人参、白千层、越南安息香、宽筋藤、鹅掌柴、鸡蛋花、长春花、刺桐等。还有些品种，与传统中药所使用的药用部位不同，如曼陀罗叶、红背叶、接骨草、海滨木巴戟、台湾海棠、磨盘草、臭茉莉、野甘草、罗勒、叶下珠、山竹、毛当归、崖豆藤、云木香、赤蜈蚣等。其他一些同属不同种的植物，如越南马钱子、越南巴豆等[②]。

南药一般取材于本地的草药，而不是外来的远地药物。药材一般是新鲜的，或烘干即可，而不必精心制作成膏药。鸭舌叶、荆芥、蒿子秆儿、空心菜等都视作一种草药，玉兰花、茉莉花、玫瑰、鸡冠花等也是用于治病的药。一些南药是用来煮成汤药喝，一些则用于外敷，或用于蒸熏。

南药常用来治疗咳嗽、发烧、劳累过度等一些常见病。关于南药的使用书籍记录很少，不如中药那样已成为一门完善的学问。南药的计量通常也不像中药那样一两一钱的讲究，而是用勺子或碟来量一下即可。

越南一般家庭治疗疾病主要是使用南药及从药店购买西药，乡村的传统医生也主要使用南药，而民间祖传的东医则主要是用来自中国的中药（也称为北药）。[③]

---

① Herman J. Woerdenbag、Tuyen Manh Nguyen、Dien Van Vu：《越南传统医药概况》，《亚太传统医药》2003 年第 11 期，第 14-15 页。

② 2012 年 5 月 24 日《中国中医药报》文章：《越南传统医药之旅》。网址：http://www.100md.com/html/201205/2420/6064.htm。

③ 赵中振：《九龙江水连中华——越南传统医药》，《大公报》2014 年 4 月 28 日。

第十二章 出版传媒

随着互联网的快速发展，信息服务业成为越南文化事业的重点行业之一。越南非常重视信息服务业的作用及发展，2011 年，越南共产党第十一次全国代表大会政治报告提出，“大力发挥大众传媒的传播、教育、组织和社会监督职能；集中培养、建立一支政治素质过硬、业务水平高的报刊、出版从业人员队伍”①。2011 年 2 月 14 日越南政府总理阮晋勇签发的《关于批准“到 2020 年文化外交战略”的决定》指出：“利用现代、多媒体信息传媒工具和技术，建立艺术协会的专门网站，利用多种语言介绍越南的山河、文化和人民，制作一些外语微型电视节目，帮助国际友人有机会接近和了解越南。”② 2014 年 5 月 8 日越南共产党第十一届中央委员会第九次全体会议肯定：“民智水平，人力资源，人民的文化程度、技术水平得以提高；新闻、媒体、出版物突飞猛进，其内容丰富，服务基层，科技不断实现现代化。”③对未来发展总体目标提出，“发展与提高文化艺术、媒体、保护文化遗产等活动的效果，发展文化产业，主动进行国际文化交流与合作活动”④。

第一节 报刊和通讯社

报纸杂志既是众多大众传媒的重要形式之一，也是一个社会文化事业不可或缺的构成部分，报纸杂志浓缩并反映了社会不同时期，政治、经济、文化等各个领域的发展、变化状况，人们可从报纸杂志中获得新闻资讯、积累文化知识、知晓娱乐轶事。可以说，报纸杂志是人们精神生活中不可或缺的组成部分，在社会生活中扮演着重要的角色，发挥着巨大的作用。

越南报纸杂志业（统称报刊业）的发展至今已有一个半世纪的历史（越南

① 兰强、徐方宇、李华杰编著：《越南概论》，世界图书出版公司 2012 年版，第 189 页

② 李碧华：《越南到 2020 年文化外交战略》，《东南亚纵横》2011 年第 8 期，第 19-23 页。

③ 越南人民报官网：http://cn.nhandan.org.vn/documentation/important-documents/item/2008501-%D4%BD%B9%B2%CA%AE%D2%BB%BD%EC%BE%C5%D6%D0%C8%AB%BB%E1%B9%AB%B1%A8%A3%A8%C8%AB%CE%C4-%B7%AD%D2%EB%B0%E6%A3%A9.html.

④ 同上。

学者把 1865 年《嘉定报》的发行视为越南报刊业的发端），因报纸杂志与社会舆论、意识形态、政治时局紧密关联的特性，越南报刊业的发展道路亦可谓曲折。越南报刊业在不同社会背景下，不同时期的发展呈现不同的特点，越南报刊业的发展大致经历了三个时期。第一个时期为 1945 年以前；第二个时期为 1945 年至革新开放；第三个时期为革新开放至今。在法国入侵越南以前，越南是没有报纸杂志的，可以说越南报刊业的起源地是在南圻（今越南南方）。1858 年法国用炮火轰开了越南的国门，拉开对越南入侵、殖民统治的帷幕。1861 年法军占领了越南南圻六省的其中三省（嘉定、定祥、边和），“法国海军上将博拿德下令在南圻创办了《南圻远征军公报》，这是一张法文报，主要内容是法国本土及远征军消息”①。当时南圻的报纸印刷机器都是从法国运来，印刷技术工人也是从法国请来的。法国入侵越南后为了在当地更有效地下传政府的政策、命令，法国殖民当局于 1862 年出版了《乡村公报》。“在占领了南圻三省（嘉定、定祥、边和）后，法国人于 1864 年 1 月 1 日发行了《西贡时报》。”②1883 年，法国在越南北圻发行了第一份法文报纸。

一、1945 年以前的越南报刊业

1865 年 4 月 15 日，法国殖民政府允许在西贡用拉丁国语字发行《嘉定报》，该报为越南第一份越南文报纸。该报由法国人印刷、发行，越南人张永记（有人译：张荣淇）任当时《嘉定报》的编辑（1865～1868 年），后任总编辑（1868～1872 年）。当时在越南会使用拉丁字母化的越南文的人很少，《嘉定报》的发行量不大，每期不过几百份。越南学者认为，这份报纸的发行对推进越南文拉丁字母化起到了重要作用。

1881 年 7 月 29 日，法国总统签署了《新闻报刊自由法》，该法令规定，任何人只要满足以下两个条件即可印刷、发行新闻报刊，“‘一、发行人需是具有法国国籍的成年人，二、 提前 24 小时向管理局通报报刊名、负责人姓名及报纸印刷地点。’1881 年 9 月 27 日，该法令正式在南圻颁布”③，但在南圻，实际上绝大多数越南人享受不到这个权利。

“张永记后来离开了《嘉定报》编辑工作，在 1888 年时他回到家乡贯集（音译）并创办了一份报纸名为《通类课程》，该报于 1888 年初发行，为月

---

① Hồng Chương: *Tìm hiểu lịch sử báo chí Việt Nam*，Nhà xuất bản sách giáo khoa Mác- Lê-nin，năm 1987，tr. 21.
② Hồng Chương: *Tìm hiểu lịch sử báo chí Việt Nam*，tr. 21.
③ Trần Nhật Vy: *Chuyện nghề báo，nhà báo Sài Gòn thuở ban đầu*，Nhà xuất bản Văn hóa-văn nghệ，năm 2016，tr. 10.

报，主要是为了给学生解闷及练习国语字。最开始，报纸只刊登一些有趣的谜语、诗句，教学生们一些三纲五常的道理，后来增加了一些描写历史英雄人物事迹的文章，再后来刊登了一些反对殖民当局统治的文章，此后由于法国殖民统治势力从中阻挠，该报在发行了 18 个月之后就寿终正寝了。该报虽然创办时间短，影响力也小，但“《通类课程》是越南新闻报刊史上第一份私人印刷、发行的报纸”①。1889 年法国总统签发了一道限制自由办报权利的敕令，规定“越南文报纸和华文报纸必须要报批政府且获准才可出版、发行”②。19 世纪末到 20 世纪 20 年代初的越南文报纸几乎为法国人创办、发行。这期间法国人除了发行法文报纸外，还创办了一些比较有影响力越南文报纸，如《潘安报》（越南第二份越南文报纸，1868 年在嘉定发行，报纸内容及形式近似《嘉定报》）；《保护南民报》[第一份在北圻（今越南北方）发行的越南文报纸，1883 年在海防发行，周报]；《大南同文日报》（1893 年发行，是法国人在河内发行的第一份报纸）；《农贾茗谈》[《越南文报》（1901～1924），该报被视为越南的第一份经济报，报头用的是越南文、汉字和法语，报纸共有 8 页，每周四在西贡发行，后来改增为每周三期]；《六省新闻》（1907 年发行）。

随着报刊业的发展，开始出现一些周刊和月刊，比较著名的有《印度支那杂志》（1913～1919）、《南风杂志》（1917～1934）。越南民族主义者也开始印刷、发行一些呼吁国民反对西方殖民统治的报纸，其中影响力最大的是黄素环于 1927 年创刊的《人民之声报》（1927～1943），该报刊登了一系列越南革命志士写的文章。“到 1922 年，全国已有 86 份报纸杂志，1925 年有 121 份，到 1929 年有 153 份。”③（表 12-1）

表 12-1　1922 年、1925 年、1929 年越南报刊创办数量统计④（单位：份）

地区	1922 年			1925 年			1929 年		
	法文报	越南文报	总数	法文报	越南文报	总数	法文报	越南文报	总数
北圻	36	8	44	56	13	69	58	14	72
南圻	29	10	39	38	11	49	44	27	71
中圻	2	1	3	2	1	3	4	6	10
全国	67	19	86	96	25	121	106	47	153

法国殖民当局为加强统治，在越南进行了教育改革，规定学校只能教法

① Trần Nhật Vy: *Chuyện nghề báo，nhà báo Sài Gòn thuở ban đầu*，tr. 12.
② Trần Nhật Vy: *Chuyện nghề báo，nhà báo Sài Gòn thuở ban đầu*，tr. 15.
③ Hồng Chương: *Tìm hiểu lịch sử báo chí Việt Nam*，Nhà xuất bản sách giáo khoa Mác- Lê-nin，năm 1987，tr. 88.
④ Hồng Chương: *Tìm hiểu lịch sử báo chí Việt Nam*，tr. 89.

文和越南文，这一项教育改革对越南的报刊业发展产生了较大影响，会拉丁国语字的越南人越来越多，拉丁国语字报纸的读者也随之增多，从而促进了越南报刊业的快速发展。自 1918 年以后越南报纸的发行数量较之以前大幅增加。表 12-1 的数据显示："（1）在当时越南的北、中、南部三个地区，南部地区的报刊业发展得最好最快。（2）法文报的数量是越南文报的两倍以上。（3）越南文报纸发展迅速，从 1922 年的 19 份增长到 1929 年的 47 份，比例从不到全国报刊总数三分之一增加到占全国总数的二分之一。"①

这些报纸无论是法国人发行还是越南人发行，是法文报纸还是越南文报纸，它们都或自愿或被迫地成为法国殖民当局的统治工具。

随着越南国内反殖民统治斗争的深入，越南革命报纸应运而生且不断发展。在阮爱国（胡志明）的建议下，越南革命同志会总部出版、发行了《青年报》（1925～1929），这是越南革命组织创办的第一份言论机关报纸，越南的第一份革命报纸就此诞生。《青年报》于 1925 年 6 月发行，每期发行约 100 份，每周日发行，报纸印刷地点是中国广州。报纸在中国印刷好之后再经秘密渠道运回越南，由国内革命志士手抄并传播。《青年报》主要是揭露法国殖民当局的残酷统治，呼吁国民进行抗法斗争，争取民族独立，同时它还向越南青年人宣传马克思主义理论。1930 年，越南共产党成立，越南共产党的新闻报刊业也随之发展起来，但是由于艰苦的革命斗争环境所限，越南共产党的新闻报刊业发展困难重重。1930 年 5 月 18 日越南共产党机关报《斗争报》在河内秘密发行。1930 年 10 月党的理论刊物《共产杂志》在西贡发行。这段时期除了越南共产党中央机关报外，还有一些党的基层组织报刊也陆续得以出版问世，如《同声》《安南共产党的红旗》《工农》《南定的光芒》等。"1940 年，日本取代法国侵占印度支那。越共于 1941 年建立'越南独立同盟'，1942 年 1 月 25 日，越南独立同盟会的机关报《救国报》创刊，1942 年 10 月 10 日，党中央的机关报《解放旗帜报》诞生，均由当时的总书记长征直接编辑和指导，此外还有黎光道、春水等负责。这两份报纸为推动革命高潮的到来和 1945 年的八月革命胜利，做出了巨大贡献。"②

二、1945 年至革新开放前的越南报刊业

1945 年 9 月 2 日越南民主共和国建立，9 月 15 日越南通讯社成立，并于 1950 年发行了第一份日报《信息日报》。抗法期间越北地区的印度支那共产

① Hồng Chương: *Tìm hiểu lịch sử báo chí Việt Nam*，tr. 89.
② 易文：《越南革新时期新闻传媒研究》，上海大学博士学位论文，2010 年，第 31 页。

党中央发行了不少具有影响力的报纸，如《独立报》《前锋报》《劳动报》《救国报》等。1951年，印度支那共产党更名为越南劳动党，并创办机关报《人民报》。“一九五四年我国北方完全解放以后，中央各报纸、电台和通讯社，就从解放区根据地迁返首都河内。与此同时，各省也发展了自己的报纸。这是越南革命报纸在数量和质量方面的新发展。据统计，截至一九五八年，整个越南北方的报纸（包括中央和地方）共有一百一十种。其中中央报纸每年发行了四千万张。越南劳动党中央机关报《人民报》每天发行六万至八万份；有时候一些专刊的发行数字则增加至二十五万份。”[①]“到1962年，北方已经有约120多个各类新闻机关，其中近50份的中央和地方报纸，50份的各行各业的报纸杂志，24份社会组织的报纸，有新闻工作者约1500人。”[②]“1960年10月12日，解放通讯社在南部诞生，1960年12月20日，越南南方民族解放阵线成立。1962年越南南部民族解放阵线成立了‘解放广播台’，和‘越南之声’台一起服务于南部解放和祖国统一的事业。”[③]

1975年，越南实现北南统一以后，越南共产党在思想意识形态领域进行重构，对南方原有的媒体进行社会主义改造，把南方原有的资产阶级创办的报纸统一收归国有，并在全国建立社会主义的新闻系统。1976年9月29日，中央成立了新闻局直属中央通信总局以对全国新闻报纸工作进行指导、统一管理和统筹安排。

越南实现统一后制定了错误的社会经济发展方针，使得经济、社会陷入严重危机，经济状况日趋恶化。进入20世纪80年代，国内通货膨胀居高不下，物资匮乏，经济严重下滑，经济困难对报刊业发展产生了很大影响，油墨、纸张等印刷材料的短缺直接导致报纸数量的锐减。报纸发行量难以满足读者的需求（表12-2）。

表12-2　1976～1980年越南报纸印刷数量统计数据[④]

年份	报纸数量/种	报纸印刷纸张用量/吨	发行量/百万份
1976	168	11 000	300
1977	169	9 300	270
1978	198	9 000	262
1979	200	6 800	214
1980	186	5 400	161

① 刘贵淇：《越南报纸所走过的道路》，罗尔庄译，《新闻战线》1959年第13期，第27-29页。
② 易文：《越南革新时期新闻传媒研究》，第33页
③ 易文：《越南革新时期新闻传媒研究》，第34页。
④ 资料源自越南信息传媒部，转引自易文：《越南革新时期新闻传媒研究》，第39页。

三、革新开放至今的越南报刊业

1986 年 12 月越南共产党第六次全国代表大会召开，会上总结了越南在社会主义改造，发展经济过程中政策、战略上的错误。越南共产党第六次全国代表大会后，越南在政治、经济、文化领域进行大胆的改革。报刊业改革方面，“越南共产党在‘六大’上正式提出‘媒体是党的喉舌，同时也反映人民群众的声音。人民各方面的程度都在提高，要求报纸和其他通信工具必须保证真实性、提高质量，增强群众性和战斗性，克服简单、单调、肤浅、空洞片面的情况。’”[①]进入 90 年代后，在经历了前期对改革道路的摸索，随着社会、经济的发展和不断深化改革，越南的报刊业发展较快，年发行数量逐年平稳增长。“媒体数量从 1990 年 10 月的 350 家发展到 1996 年的 449 家。在形式上也有所革新，过去的报纸几乎都只有四个版，但在 90 年代末主要报纸都已经达到了 12 个版左右。”[②]报纸的经营方式也从原来的国营方式开始转向市场化，允许多种经营成分参与报纸行业经营活动。报刊类型更加多样、内容更加丰富。1997 年互联网正式进入越南，随即迅速发展起来，报刊业也受到互联网发展的影响，从纸媒发展到电子传媒（图 12-1、图 12-2），1998 年 6 月 21 日越南《人民报》正式出版电子报；随着网络市场的开放，一些大型的纸媒也纷纷开设电子版，如《青年报》《前锋报》《民智报》《新河内报》《经济报》《共产杂志》《越南画报》等。

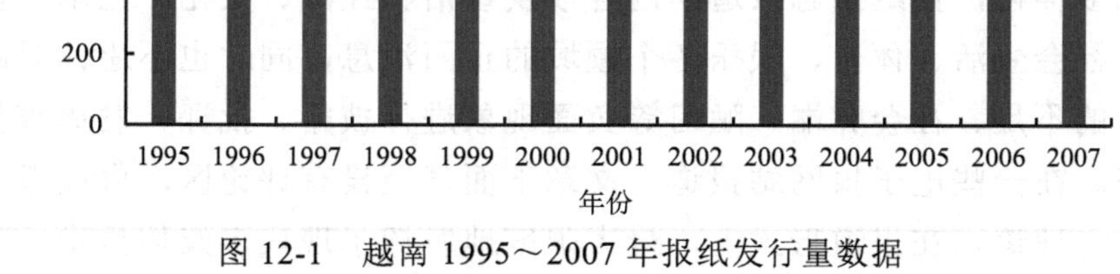

图 12-1　越南 1995～2007 年报纸发行量数据

资料来源：笔者根据越南国家统计局数据整理

① 易文：《越南革新时期新闻传媒研究》，第 53 页。
② 易文：《越南革新时期新闻传媒研究》，第 61 页

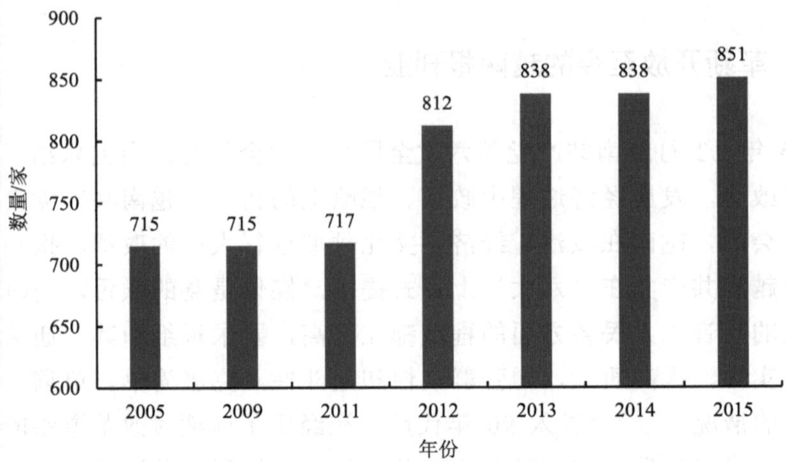

图 12-2　越南 2005～2015 年全国报纸、杂志单位数量数据

资料来源：笔者根据越南国家统计局数据整理

越南报刊业在 30 年的革新开放中快速成长起来，在报纸杂志的种类、发行数量、质量、行业经营活动工作等方面都有很大提高及改进。

首先，报纸数量及发行量稳步增长。“截至 2015 年 12 月 31 日，越南国内共有 858 家报纸杂志发行单位，其中 199 家报纸，占 24%（86 家隶属中央、各部委、各团体；113 家隶属地方），659 家杂志，占 76%（其中 522 家隶属中央、各部委、各团体、各高等院校及各研究院所，137 家隶属地方）；105 家电子报纸杂志（其中 83 家为纸质报纸杂志的电子版，22 家为独立的电子报纸杂志）；207 个报纸杂志的综合电子信息网页。现在全国共有 18 000 名持有记者证从业人员。”①

其次，报纸杂志种类多，呈多元化发展，除了越南共产党中央机关报、各省市的党、团机关报外，还有行业报、综合报、专业报等。

最后，报纸内容丰富，表现形式多样。无论纸媒还是电子媒体，都实现了信息多样化，报纸杂志报道的内容涉及政治、经济、文化、艺术、教育、卫生、社会生活、体育、娱乐各个领域的正面消息，同时也不避讳对政府管理工作的不足、社会弊端、陋习等负面现象进行披露、批评，发挥媒体的监督作用。在一些电子报网站报道、文章下面甚至设有评论区，供读者在线发表意见、评论。在报道形式上，最大限度地发挥了现代多媒体技术，报道内容图文兼具，更具吸引力。

① “Tình hình phát triển lĩnh vực báo chí và phát thanh truyền hình năm 2015”，http://mic.gov.vn/solieubaocao/Pages/TinTuc/102284/so-lieu-thong-ke.html（越南信息传媒部官方网站）

目前越南国内较具影响力的报纸杂志主要有：《人民报》《共产杂志》（越南共产党中央机关报）、《人民军队报》（越南人民军中央军委及国防部的机关报）、《前锋报》（胡志明共青团中央机关报）、《劳动报》（越南劳动联合总工会机关报）、《公安报》（越南公安部机关报）、《西贡解放日报》（胡志明市市委机关报）、《年轻人报》（胡志明市团委机关报）、《消息报》（越南通讯社机关报）、《越南经济时报》（越南经济协会机关报）、《新河内报》（河内市党委机关报）、《文人杂志》《科学与发展杂志》《首都教育杂志》等。

四、越南国家的舆论喉舌——越南通讯社

越南通讯社（简称越通社）是越南政府直属机关和越南社会主义共和国的官方信息机构。

越通社成立于 1945 年 9 月 15 日，在 1977 年 5 月 12 日与南方解放通讯社合并，成为全国唯一的国家通讯社。作为越南全国唯一一家国家通讯社，越通社负责对内、对外发布越南共产党和国家的官方信息和文件，根据越南共产党的领导和国家管理的需求提供信息；通过各种媒体类型收集和发布信息，为国内外组织和个人提供服务。越通社是一个全媒体集团，直属单位 32 个，包括国内新闻编辑部、国际新闻编辑部、对外新闻编辑部、经济新闻编辑部和新闻摄影编辑部 5 个新闻编辑部，向国内外媒体提供信息；越通社有电视中心和信息资料中心两个信息资源中心；其直属报社、电子报、单位和企业有《新闻报》《体育文化报》《民族和山区画报》《科学技术月刊》、Vietnamplus 电子报、《越南画报》《越南英文新闻日报》《法文新闻报》（*Le Courrier du Vietnam*）、《越南英文法律与法学论坛杂志》（*Vietnam Law & Legal Forum*）和《越韩时报》，1 个电视频道，1 家出版社和 5 个新闻服务中心等。此外，还设置其他职能单位和 2 家印刷企业。

越通社在越南全国 63 个省市开设代表机构，在五大洲 30 个国家（地区）设有记者站点，并对越南全国和世界主要热点地区进行报道，这也是越通社在越南媒体中所具有的无可比拟的优势。

越通社现有职工 2500 名，其中记者编辑 1200 名，他们生产制作 60 多种新闻产品，是越南全国拥有最多新闻产品和新闻传播方式的媒体机构，包括文字、图片、视频、图表、音频、日报、周刊、杂志、画报、书籍、电视节目、电子报、电子信息（e-news paper）、手机和社交网等。

越通社也是越南使用多种语言对外发布信息的媒体机构，目前使用越南文、英文、法文、西班牙文和中文 5 种文字向国内外用户提供新闻信息服务；同时，越通社还出版发行英文、法文、西班牙文、中文、老挝文、韩文、日文和俄文 8 种语言的报纸和电子报。此外，越通社还负责出版发行越南少数民族文字报纸，迄今共出版发行赫蒙语、高棉语、占语、巴那语、埃地语和嘉莱语等 11 种少数民族文字报纸。

此外，越通社还设有通讯技术中心、通讯业务培训中心、通讯传媒发展中心、信息中心、通讯国际合作中心 5 个信息服务中心和总编辑室、人事部、办公厅、计划财务部、检查部 5 个参谋职能机构。上述直属单位和机构与越通社在胡志明市和岘港市设立的分社形成了一个颇具规模的媒体新闻通讯社。

第二节 出　　版

越南的出版、印刷、发行事业起步较早，1952 年被视为国家出版、印刷、发行事业的正式创办年，至今，越南出版、印刷、发行事业已经有 65 年历史。按照其发展轨迹，可大致分为以下三个时期。

一、1945 年八月革命以前

越南革命组织的出版、印刷活动早在 20 世纪二三十年代就出现了。当时的出版活动是秘密进行的，主要是越南共产党出版、印刷宣传进步思想，呼吁、团结群众进行革命斗争，传达组织对革命任务的指导等书籍和资料。同时，出版社、印刷厂的另一个重要任务就是出版、印刷、发行关于马克思主义理论的书籍并向群众传播。马克思主义理论书籍、资料在国外出版、印刷，再通过各种秘密渠道带回越南国内传播。随着越南革命事业的发展，越来越多的进步书籍进入越南，其中最有影响的是由阮爱国（胡志明）执笔，于 1927 年在中国广州出版、印刷的《革命之路》及列宁写的《做什么》等书籍。

1930 年越南共产党成立后，出版、印刷、发行事业被视为思想、文化斗争战线的重要武器，在越南共产党的领导及组织下，为了满足实际宣传斗争的需要，此时印刷品的形式及内容变得更加多样化。《红色杂志》是当时越南共产党临时中央出版的第一份杂志，此后陆续出版了如《斗争报》《祖国的问题》《共产问答》《列宁主义》等印刷品。1930～1945 年，出版、印刷、发行事业有了更大的发展，这一时期各种有关革命、哲学、政治的书籍、杂志不断涌现，比较有影响力的如《共产杂志》（1930 年）、《消息》（1938 年）、《民众》（1938～1939 年）、《解放的旗帜》（1942 年）、《资本社会》（1937 年）、《旧世界与新世界》（1938 年）、《阶级是什么》《政府是什么》等。与此同时，反映革命斗争的书籍的文体形式也变得多样，出现了纪事、调查采访、短篇小说、长篇小说等文体形式，如《越南志士诗文》（1939 年）、《狱中情》（短篇小说）、《狱中日记》（1942～1943 年）。书籍发行方面，越南共产党在河内（同春）、顺化（香江）、岘港（越光）、西贡（新文化）及其他一些地方都开设了书店用于发行党的书报资料。总的来说，1945 年以前越南的出版、印刷、发行事业在工作形式上主要为秘密或半公开进行，出版、印刷、发行的书籍内容为宣传民族独立的思想、号召越南人民进行反殖民统治革命斗争、传播马克思的共产主义思想。

二、1945 年至革新开放前

（一）1945～1975年北南统一前

自 1945～1975 年，从全国范围来看，越南这一时期一直处于战争的状态，1954～1964 年的越南北方有过短暂的和平时期。贯穿整整 30 年的时间里越南共产党的主要任务是实现民族解放、独立和国家统一，这一社会、政治条件也决定了该时期内出版、印刷、发行工作的特点。

1946～1954 年是越南人民的抗法战争时期。这个时期的出版、印刷、发行工作特点大致可概括如下：①越南共产党确定新文化性质为民族、科学、大众，同时要铲除法国奴役、愚民的旧文化。②政府颁布了一系列关于指导、规范出版、印刷、发行文化制品的规定。③成立信息宣传部（1945 年 8 月 28 日），后更名为宣传部（1946 年 1 月 1 日）。成立了三个中央出版社：劳动出版社（1945 年 11 月 23 日）、真理出版社（1945 年 12 月 5 日）、救国文化出版社；地方出版社有：南部的南方人民出版社（1948 年）、第四区的新民主出版社；行业出版社有：卫国军出版社（1947 年）、游击队出版社（1948 年）；印刷厂：总工会印刷厂（1945 年）、巴亭印刷厂（1946 年）、进步印刷厂（1946 年）、军队印刷厂（1946 年）、义安印刷公司（1947 年）、救国书报发行总机关（1946 年）。自此越南在国内北部、中部、南部地区建立、发展起书报发行网络。④出版、印刷、发行行业集中了来自全国北部、中部、南部地区政治、军事、哲学、文学、诗歌、舞台艺术、评论、编译等领域中著名的作家。⑤1945～1954 年出版、印刷、发行的文化制品数量可观，多达 8 574 400 册。其中最多也是最为重要的是不同文体、体裁宣传抗法战争的书籍，此外还有部分书籍为国内作者写的文艺作品及法国、俄国、中国作品的译本。

1952 年 10 月 10 日，由胡志明签发第 122/SL 号法令，决定成立国家印刷厂。该印刷厂既是负责统一领导、指导全国出版、印刷、发行工作的国家机关，同时又是国家企业。因此，1952 年 10 月 10 日被视为越南出版、印刷、发行事业的创办纪念日。

1955～1975 年抗美救国战争时期，越南劳动党中央执行委员会于 1959 年 11 月 23 日颁布的文件就出版、印刷、发行事业的作用、地位和职能做了全面的定位，指出出版、印刷、发行事业是“整个思想工作、文化建设工作、科学技术工作中的重要组成部分”。此时，政府将原来的国家印刷厂分成出版、印刷、发行三个领域。出版社的数量也增加了 14 个，仅 1957 年就增加 8 个出版社，与上一时期（1945～1954 年）政治、军事性质的出版社居多有所不同的是，这一时期新建的出版社主要为行业出版社居多；如农业出版社（1957 年）、音乐出版社（1957 年）、教育出版社（1957 年）、文化通讯出版社（1957 年）、医疗出版社（1959 年）、科技出版社（1960 年）、社会科学出版社（1967 年）；社会组织、团体的出版社：青年出版社（1954 年）、妇女出版社（1957 年）、金童出版社（1957 年）、作家协会出版社（1957 年）。1957 年越南还开设了外文出版社（现为世界出版社），为国外读者提供服务。

印刷厂的数量也增加不少，这一时期，各种成分经营的印刷厂增加了 20 家。除了若干个中央印刷厂，其余为地方印刷厂和军队印刷厂。发行事业发展良好，在北方地区的各省、市、县一级均开设有人民图书店，并且在 1957 年就成立了书报进出口公司，与国外进行书报、文化制品的交流、交易。

出版、印刷、发行行业的人才培养工作开始得以展开，但是由于刚刚起步，出版、印刷、发行行业人才缺口仍很大。1960 年在河内文化大学成立的发行系，主要为发行系统内的国营企业培养人才。1967 年中央宣教大学成立的编辑出版系培养的人才供不应求。印刷技术培训学校也在这个时期建立起来。

（二）1976年至革新开放前

1975 年越南实现了全国统一，统一初期南方的文化建设工作任务重大，出版、印刷行业在原有的基础上，于 1976～1978 年共出版了 6665 种共计

2 004 266 册图书。平均每年出版 2220 种共计 66 808 册图书。

1979～1985 年越南的出版、印刷、发行事业进入了发展缓慢时期。尽管出版社的数量有所增加（至 1985 年全国已有 40 家出版社，其中中央 26 家，地方 14 家），但是出版的图书数量在减少，如 1979 年与 1978 年相比，出版图书种类减少了 25.6%，册数减少了 36.7%。直至 1985 年，情况都不乐观（表 12-3）。

表 12-3 越南 1976～1985 年图书出版数据统计①

年份	图书/种	数量/册	印刷纸张量/（页：13cm×19cm）
1976	1 953	68 714	11 306 190
1977	2 225	67 457	10 755 189
1978	2 487	68 098	10 809 635
1979	1 850	43 098	6 253 818
1980	1 483	31 859	4 475 501
1981	1 482	33 854	4 162 380
1982	1 497	31 911	4 816 087
1983	2 500	31 001	5 299 882
1984	2 025	43 875	6 407 246
1985	2 225	52 500	8 382 625
总数	19 703	472 364	72 938 480

这 10 年里越南出版、印刷、发行事业发展缓慢的主要原因是当时越南实行计划经济制度，整个行业的发展都是由国家统一规划，出版社、印刷厂、发行机构、技术人员、印刷所需材料（纸张、油墨）等由国家安排、分配、供给。越南错误的战略方针使经济陷入困境，国内的物资出现不同程度的短缺，出版、印刷业最为重要的材料之一——纸张自 1979 年之后就一直处于短缺状态，由于纸张的短缺，有的年份只完成了出版、印刷原计划的 50%～75%。

三、革新开放以来

（一）革新开放初期快速发展

1986 年越南共产党第六次全国代表大会提出了革新开放政策，这一政策的实施使得越南在各领域、各行业都出现前所未有的、根本性的变化和发展。刚开始在实际管理、组织工作中如何进行革新却没有具体的参考，如何废除

① Bộ Thông tin và chuyền thông: *60 năm ngành xuất bản，in，phát hành sách Việt Nam(1952-2012)*，Nhà xuất bản từ điển bách khoa，năm 2012，tr. 19.

延续了数十年的旧制度建设新制度对于各行各业来说都是一项伴随着困惑、迷茫的巨大挑战。在这样一个新旧交替，革新还处于“摸石头过河”的探索阶段中，越南的出版、印刷、发行事业一度陷于困惑、迷茫，甚至发生了危机。由于政策的放开，允许多种经济成分参与经营，这时期出版社大量开设，很多出版社的职能、任务及服务对象都存在不必要的重复、重叠，资源分布不合理、浪费等，国营图书发行机构大量倒闭。各种经营成分纷纷挤进出版、印刷、发行行业，成立出版社，挤兑国营出版社。图书质量参差不齐、出版物内容不健康、不文明的现象很多。国家对行业的具体指导和管理工作滞后。1992 年 2 月 31 日越共中央 08/CT 号指示中对该阶段越南出版、印刷、发行事业发展情况的总结评估是“图书出版还很混乱，很多未经批准的单位也进行大量的图书出版、印刷、发行活动。有部分存在内容不健康的书籍正在市场上传播。存在内容不健康、不文明、迎合部分读者低级趣味的、低质量的娱乐性文章、图画及图书蔓延的问题”①。“对外国信息的使用缺乏必要的筛选；翻译图书泛滥，有些书籍内容与越南传统思想、生活方式及道德观念相悖。”②不过，情况很快就稳定下来，“发展较缓慢但在图书出版种类数量、册数、印刷纸张数量方面保持稳定。从 1986 年到 1991 年，平均每年出版的图书种类维持在 2000 到 3000 种，6000 万册左右”③。仅 1991 年就出版 3122 种共计 6294 万册。

1993 年，越南颁布了《出版法》，此后，在该法规的框架下，越南政府和文化信息部出台了一系列规范出版、印刷、发行行业的条例、规定，为出版、印刷、发行事业的良性发展提供法律、政策依据。据统计，10 年间，越南政府共出台了 35 项法律规定来调整出版、印刷、发行事业的发展，加强政府管理部门对行业的指导和管理工作。各出版单位一方面依靠政府部门、行业专业部门的指导，另一方面也更加主动地探索、寻求适合的发展方向和出路。由此，越南出版、印刷、发行事业慢慢走出危机，进入一个有序的快速发展时期。

2001 年，越南出版 14 390 种图书，与 1991 年相比，出版的图书种类增长了 4.5 倍，图书数量增长了 3 倍，印刷纸张数量增长了 4.5 倍。2001 年图书、文化制品、日历的发行量与 1996 年相比分别增长了 56.5%、34.4%、54.8%（表 12-4）。

---

① Bộ Thông tin và chuyền thông: *60 năm ngành xuất bản，in，phát hành sách Việt Nam(1952-2012)*，tr. 20.
② Bộ Thông tin và chuyền thông: *60 năm ngành xuất bản，in，phát hành sách Việt Nam(1952-2012)*，tr. 20.
③ Bộ Thông tin và chuyền thông: *60 năm ngành xuất bản，in，phát hành sách Việt Nam(1952-2012)*，tr. 20.

表 12-4 越南 1991～2001 年出版、印刷行业发展速度（与 1991 年相比）①（单位：%）

年份	1991	1992	1993	1994	1995	1996	1997	1998	1999	2000	2001
图书种类	100	127.6	158.8	224.7	262.2	265.7	267.9	302	319.1	345.2	460.9
图书数量	100	113.6	132.8	188.5	269.8	268.6	257.9	265.2	291.7	287.3	303.4
印刷纸张数量	100	120	153.33	193.33	220	246.66	260	333	346	400	410

从表 12-4 的数据可以看出，越南出版、印刷事业在 1991～2001 年里快速发展。这个阶段出版、印刷、发行事业发展迅速最突出的表现是出版业人才队伍快速壮大。2001 年出版业从业人员与 1996 年相比增加了约 2.35 倍，印刷业从业人员 4 万多人。出版社编辑人员学历均已达到大学本科学历，部分为硕士、博士学历。印刷厂技术员工人都经过专业的培训且熟练掌握现代化的印刷技术。出版、印刷、发行行业人才培养机构数量增多，基本满足多种层次人才培训、培养需求。2001 年 10 月越南出版、印刷和发行协会成立。

（二）21世纪初期稳定发展

经过 10 多年的革新开放，进入 21 世纪越南继续保持革新开放的势头，2002～2011 年越南 GDP 增长速度达到年平均 7%左右（表 12-5），政治、社会稳定，文化建设取得良好成果，出版、印刷、发行事业也不断全面、深入地革新发展。

表 12-5 越南 2002～2011 年出版、印刷、发行行业发展速度（与上一年相比）②（单位：%）

年份	2002	2003	2004	2005	2006	2007	2008	2009	2010	2011
图书种类	123	112.1	99.5	102.7	91.1	122	101.3	98	102	106
印刷纸张数量	100.6	103.6	123.7	127.4	112	110	109.5	109.4	109.9	110
图书发行量	120.8	115.1	110.12	106.79	101	101	105	101	109	109
文化制品发行量	112.2	115.37	102.86	109.47	96	116	103	104	101.5	103

1. 加强国家管理

两次修改《出版法》，2004 年修改的《出版法》中“第一次正式允许私人资金参与经营出版活动，接纳私人资金投资书稿、印刷及发行领域”③。出版社负责编辑书稿内容、享有出版及发行决定权。国家管理部门加强对出版

① Bộ Thông tin và chuyền thông: *60 năm ngành xuất bản，in，phát hành sách Việt Nam(1952-2012)*，tr. 21.
② Bộ Thông tin và chuyền thông: *60 năm ngành xuất bản，in，phát hành sách Việt Nam(1952-2012)*，tr. 23.
③ Bộ Thông tin và chuyền thông: *60 năm ngành xuất bản，in，phát hành sách Việt Nam(1952-2012)*，tr. 20.

图书数量及质量的管理工作，对出版社实行分级管理，要求做到增加图书出版数量的同时必须确保质量。行业管理部门向政府提出建议，将出版、印刷、发行行业经营企业的所得税比例从25%降至10%。2007年越南加入国际标准书号（ISBN）系统。

2. 出版、印刷、发行三个领域全面、稳定发展

10年里出版的图书种类、出版数量、印刷纸张数量、文化制品发行数量均实现平稳增长，其中，出版图书量年平均增长 5.57%，印刷纸张总量年平均增长11.61%，图书发行量年平均增长7.88%，文化制品发行量年平均增长6.34%。出版物的内容更加丰富、健康，形式更加多样化，服务于工业化、现代化的科技类图书的数量不断增加、质量大为提高。经济、社会、文学艺术、科技、文化等领域的高质量的课题研究成果在这时期也得以大量出版、印刷、发行。如《胡志明全集》《20世纪越南文学作品选集》《越南百科辞典》《“胡志明文学奖”获奖作品集》《千年升龙文献》《民间文艺》及其他大量获国家级奖项的作品。印刷领域也实现了跨越式的发展；印刷工艺技术大幅度提高，进一步完善中央报纸印刷网络，确保全国90%地区可以及时阅读党机关报及部分日报；确保及时、足量满足各级学校教科书需求。越南印刷行业已能满足国内印刷的需求，包括一些高级印刷品的印刷。印刷水平与区域内其他国家的印刷水平相当，不少印刷品的质量已达国际标准。发行领域发展速度较快，在国内建立起丰富、多样化的出版物市场。在首都河内，每两年举办一次越南国际图书展览会，在国内及东南亚地区初步建立起自己的品牌。发行单位积极组织各种推介活动，满足偏远山区、海岛地区、经济落后地区对书报的需求。在国内各大城市均建立起现代、宽敞、舒适的书店及图书超市网络。

3. 推进出版物的进出口

进入21世纪后，越南出版、印刷、发行事业在国内发展良好的基础上加强了与区域内各国家、国际出版界的交流与合作。越南与老挝签订了出版领域的全面合作协议，扩大与中国及东盟国家的出版合作。越南出版行业在法国越南文化中心举办了图书展览及赠书活动，参加在中国、德国、俄罗斯及中国香港等地举办的国际图书展览会。近年来出版社、书商、发行单位、印刷企业购买国外图书版权，并翻译成越南语在越南国内出版、发行已成普遍现象。越南进出口书、报数量均呈增长态势，2006～2011年图书出口量年平均增长 6.5%，报刊、杂志年平均增长 8.1%；图书进口量年平均增长 23%，报纸杂志年平均增长 11.7%。

4. 建设行业人才队伍

到 2011 年，越南国内共有 64 家出版社、约 1500 个印刷厂及 14 000 个发行机构。行业从业人数达 66 296 人，17 375 人具有大专以上学历，411 人为研究生学历。行业人才培养工作进展良好，国内多数高校开设有出版、发行相关专业和培训中心，有职业学校培养印刷技术工人，印刷工人基本掌握高科技的印刷技术。

（三）2015年的出版业

截至 2015 年 12 月 31 日，越南全国共有 63 家出版社，其中 44 家属于事业单位性质，19 家属于国营责任有限公司性质。2015 年行业创造了约 5500 个就业岗位，其中有约 1200 位编辑人员；出版了 24 000 种共 2.704 亿册图书；出版了 375 种共 2240 万份文化制品，其中 200 多种共 1600 万份日历。有约 1500 家包括了多种经营成分的印刷厂。全年印刷纸张规格为 13 cm×19 cm 的印刷品超过 1 万亿页，超过 13 700 家发行单位，其中有 117 家省属、市属图书发行单位、公司，100 多家其他经营成分的发行单位及近 13 500 家分布全国的图书超市、书店、个体经营书店、售书点。出版物进出口总金额约为 2300 万美元，其中进口为 1890 万美元，出口为 410 万美元。印刷、出版、发行行业实现行业营业总收入约达 51 000 亿越南盾。

越南出版、印刷、发行行业相关协会有以下几家。

①越南印刷和图书发行协会。“该协会是全国性的图书贸易专业组织，其目标是团结全国所有从事出版、印刷和图书发行（分销）单位，促进越南生产有价值的出版物、有关民族文化遗产和世界文化精粹事业的发展，特别希望扩大与海外机构（组织）的联系。”[①]

②越南印刷协会。该协会成立于 2005 年 12 月，协会办公室设在河内。协会的职责有：集合、团结和鼓励协会成员，促进能力和潜力发展，提升生产、质量和效率；搜集有关国家政策和技术、市场信息，研究共同应用的科学技术，提高产品质量；与国家管理机构合作，开展培训、制造、贸易和服务活动及与国外企业之间的经验交流，等等。[②]

③越南涂料和印刷油墨协会。“该协会成立于 2008 年 7 月，协会办公室

---

① 王以俊编译：《越南印刷及相关行业协会》，《印刷世界》2009 年第 6 期，第 61-62 页。
② 王以俊编译：《越南印刷及相关行业协会》。

设在胡志明市，是越南在涂料（油漆）和印刷油墨产品和材料领域从事制造、贸易、科研和供应的企业和实体的非政府组织。其目标是创造高质量产品，确保用户利益，确保社会安全及促进有关企业和越南涂料和印刷油墨行业的稳定发展。”[①]

四、越南出版业 2030 年发展目标

2014 年 1 月 16 日，越南政府签发了“关于到 2020 年，面向 2030 年的出版、印刷、发行事业的发展目标规划”（以下简称“规划”）。“规划”中规定了未来 5～15 年越南出版、印刷、发行事业的发展目标。图书出版领域：提高各出版社的经营能力，保持出版物数量的增长速度，其中 20%～30%的出版物为电子出版物，努力至 2020 年出版约 4.5 亿册，平均每人每年 5 册。至 2030 年出版约 7 亿册，平均每人每年 7 册。印刷领域：至 2020 年 50%～60%的印刷厂使用现代化的印刷工艺和设备，至 2030 年 70%～80%的印刷厂使用现代化的印刷工艺和设备，不再在居民区内设置印刷厂。出版物发行领域：至 2020 年实现 70%的省份、中央直辖市内至少设置一家现代化的出版物发行中心，每个郡、县至少有一家出版物发行中心，每个乡、坊、镇至少有一个出版物供应点。出版物出口金额比 2013 年增长 3 倍。至 2030 年，整个出版物发行系统实现现代化且布局均匀，出版物出口金额比 2013 年增长 4.5 倍。

为了实现上述目标，越南出版、印刷、发行行业提出了如下发展措施。

第一，政策方面，进一步完善关于出版、印刷、发行出版物经营活动的法律条例、管理规范，研究提高出版、印刷、发行行业的经营能力，提高出版物质量。

第二，建设及完善出版、印刷、发行出版物系统：①只批准目前还未设立有出版社的行业、领域或省份、直辖市新成立出版社；②不再在居民区内设立新的印刷机构，并将原设在居民区内的印刷机构迁出居民区，逐步将印刷机构转移至工业区内；③扩大各出版社、印刷机构、发行机构在国内外的多样化形式下的经营范围。

第三，国家对行业的投资和资助：①加大对各出版社及为政治、安全、国防、对外信息、少数民族地区、社会经济特别困难地区、偏远地区、边境地区、海岛地区、青少年、儿童及盲人服务的出版、印刷机构的基础设施升级及现代化方面的投资；②恢复、维持并发展社会经济特别困难地区、偏远

① 王以俊编译：《越南印刷及相关行业协会》。

地区、边境地区、海岛地区的出版、印刷机构；③资助并保证经费开支。

第四，鼓励吸收社会资金投资发展出版、印刷、发行行业，优先发展电子出版物。

第五，行业人力资源培养：制定培养、培训出版、印刷、发行行业专业型人才的计划。

第六，开展国际交流与合作：①加强与区域内及全球范围内发展出版、印刷、发行行业的国家在版权、专业领域、业务及技术转让方面的交流，重点关注该领域走在前列的国家和地区；②通过发行、展览及其他合作交流形式加强对外宣传越南的印刷制品；③提高越南出版、印刷、发行行业在区域及全球出版、印刷、发行行业协会中的活动效率和地位。

第三节 广 播 电 视

越南与其他国家一样，相对于报刊业、出版业，广播电视出现要晚，这跟通信科技发展有关。广播与电视相比，广播发展在前，电视发展在后。

一、广播

1945 年 8 月，越南北方获得抗法战争的胜利，时任越南解放民族委员会主席的胡志明向革命通讯信息部明确提出要尽快建立越南的国家广播电台。经过紧张和短暂的筹备，越南广播电台于 1945 年 9 月 7 日 11 时 30 分正式使用越南语播报，标志着越南广播电视事业的开端。1946 年 6 月 1 日，越南南部广播电台诞生。1947 国家主席胡志明通过越南广播电台向越南全国人民拜年。越南广播电台 1960 年成立南方编辑部。目前，越南各省、中央直辖市均建立了地方广播电台。

越南之声广播电台是越南唯一一家向全国、向全球播出节目的电台，越南之声广播电台是越南中央电台，是越南最早建立的广播电台，现有 5 套广播节目（VOV）（4 套对内频道，1 套对外频道）、国家交通广播频道、越南之声电视频道（VOVTV）、越南国会电视频道、越南之声广播电台电子报（VOV.VN）。电台每天使用越南语、英语、法语、汉语、柬埔寨语、俄语、日语、泰语、印度尼西亚语、德语、西班牙语、老挝语 12 种语言对外播报。现有的 5 套电台节目是在原有节目基础上于 2008 年重组形成的，期中 VOV1

为时事、政治、综合频道；VOV2 为文化、生活、科技频道；VOV3 为艺术、音乐、娱乐频道；VOV4 为民族频道；VOV5 为国际频道。1998 年 11 月 2 日，越南之声广播电台电子报正式发行。1999 年 2 月 3 日越南之声正式在互联网上播出。自 1993 年起，越南之声广播电台陆续在泰国、中国、法国、埃及、日本等国家设立了办事处。目前，越南之声广播电台的传播信号已经覆盖越南国内 90%以上的人口和世界 70 多个国家和地区。越南之声广播电台的责任是发展越南新闻广播事业，向外界发出越南声音。

二、电视

越南的电视事业相比广播电台事业的起步要晚一些。20 世纪 60 年代，越南北方民众获取信息渠道除了报纸、杂志和广播电台外再无其他的传播工具。为了扩大越南反对美伪统治，实现国家统一的宣传，并为统一后更好接管、运营南方电视台，以及更好地满足越北民众对学习、娱乐、文化生活的需求，越南中央广播电台组织、派出了一支干部队伍到古巴进行电视专业培训。1969 年，经过一年半的培训，干部队伍回到河内并着手筹备越南电视台的成立工作。“1970 年 9 月 7 日在越南中央广播电台成立 25 周年纪念日上，越南中央广播电台总编辑部决定进行电视节目试播，节目于 19 时 30 分开播，节目内容为 15 分钟的时事新闻和 30 分钟的文艺表演。”[①]受战争影响，越南电视节目只进行间断性的播放。

越南北南统一后，越南之声广播电台于 1977 年除夕夜正式向河内观众开播节目。1977 年，越南政府决定成立越南广播电视委员会，越南之声广播电台和越南电视台（VTV）为重要组成部分。1984 年，越南之声广播电台和越南电视台分开，同属越南共产党中央书记处。1987 年，越南电视台成为越南的国家电视台，是唯一向全国播送节目的电视台。

1986 年，越南开始实施革新开放政策，进入 90 年代后，社会、经济逐渐进入稳定发展状态，电视广播业也有了较快发展，新增了不少地方广播电视台，1993 年，电视从单纯的宣传功能开始转向市场经营，政府允许电视台经营广告业务。广播电视节目内容更加丰富、多样、富有吸引力。广播电视台增加播出频道、节目内容涉及新闻咨询、专题访谈、文体、娱乐、电影、电视剧等，还有专门针对少数民族、在越外籍人士、越侨开设的频道和节目。节目

① “THÀNH LẬP ĐÀI PHÁT THANH QUỐC GIA”，http://tnvn.gov.vn/moc-lich-su/moc-lich-su-c4-15.aspx.（越南之声广播电台官方网站）

播出语言除了越南语外还使用多种少数民族语言播送。随着越南融入国际社会步伐的加快，广播电视节目也采用多种外语播送，如英语、法语、俄语、汉语、韩语、日语等，使越南广播电视节目的受众更广，节目的播出时间从过去每天只播出数小时到后来的 18 个小时、22 个小时。从 2005 年起，越南电视台 4 个频道实现 24 小时节目播送。至 2004 年，越南电视已经覆盖 90%全国人口。

近年来，越南大力推进数字电视的发展，越南已成为亚洲地区最具活力的电视市场之一。越南 VTC 传媒集团是越南第一家国内大规模的国营多媒体机构，VTC 数字电视公司成立于 2004 年 8 月 19 日，提供电视节目制作、广播、销售、国内及国家广播商交换节目等业务。此外越南胡志明市电视台有线电视公司（HTVC）、西贡有线电视公司（SCTV）提供有线电视服务。“提供有线数字视频广播服务的 SCTV 公司在 2006 年将其电视频道数量增加到 42 个，并推出自己的 DVB-T（数字视频广播）服务，VTV 电视台自 2005 年 11 月开始部署其卫星多频道电视服务。BTV 电视台在 2005 年早些时候将其 DBV-T 的覆盖扩大到湄公河三角洲省份。”①“2007 年，越南电视台向国内 64 省市广播 DVB-T 电视节目。”②“越南数字广播运营商 VTC 公司 2009 年 12 月 30 日与亚洲卫星有限公司签订合约，租用该公司的 A siasat 5 卫星（100°E）Ku 波段多个转发器，为越南推出全新的 DTH 卫星电视服务。”“据称，VTC 公司于 2010 年初透过承租的 A siasat 5 卫星的转发容量，建立一个全新的 DTH 卫星电视平台，为越南电视家庭传送超过 30 个高清电视频道以及 70 个标清电视频道，提供观众以体育、娱乐、资讯科技、生活时尚等优质节目的选择。”③

越南电视台主要频道中，新闻综合频道（VTV1）提供政治、经济、文化和社会等多方面的信息，每晚 19：00 的晚间新闻是最重要的新闻时段，各地方电视台需同步转播；科技频道（VTV2）提供自然科学、社会科学和信息技术等信息；娱乐频道（VTV3）提供体育、娱乐信息、影视剧，由于照顾了各个年龄层观众的需求，该频道在越南非常受欢迎；国际频道（VTV4）的服务对象为在国外的越南人及在越外籍人士，内容包括新闻、儿童节目、越南文化、旅游等介绍，该频道用英语、法语、俄语、汉语、日语播出；少数民族频道（VTV5）主要为越南少数民族地区、偏远山区服务，越南少数民族众多，为能向少数民族民众有效传达信息，有部分节目采用少数民族语言播送；青

---

① 宋文玉：《越南电视产业全面快速发展》，《卫星电视与宽带多媒体》2008 年第 3 期，第 22-23 页。
② 宋文玉：《越南电视产业全面快速发展》。
③ 佚名：《2010 越南直播高清卫视的新发展》，《卫星电视与宽带多媒体》2010 年第 5 期，第 20-21 页。

少年频道（VTV6）针对越南少儿、青少年人群播出涉及儿童及青少年成长、心理、体育、娱乐等节目。除了以上面向全国观众的6个频道外，越南电视台还开设了若干针对国内不同区域的，具有区域特色的若干个区域专门频道：HVTV 顺化（区域专门频道）频道主要服务于越南北部、中部地区观众，播送贴近越南中部顺化地区民众生活、民风、民俗的内容，带有浓郁区域特色的节目，该频道每天播出18小时；DVTV 岘港（区域专门频道）；CVTV 芹苴（区域专门频道）主要为南部九龙江平原地区的观众服务，该频道分频道1和频道2，频道1每天播出22小时，频道2每天播出18小时；VTV9 信号覆盖胡志明市及越南东南部区域，每天24小时播出，主要服务于越南南部地区观众。此外，VTV还设有两个收费频道，分别为数码技术电视（DHT）及光缆电视（VCTV）。从2010年起，越南电视台增设了包租频道K+。

除了越南之声广播电台和越南电视台，越南全国所有省、中央直辖市也建有自己的广播电台、电视台，大部分省市电视台与广播电台组建成广播电视台。有些电视台只有一个频道，主要省、中央直辖市的电视台有两个或两个以上频道。地方电视台的职责是转播越南电视台VTV1 19：00的晚间新闻，向越南电视台提供新闻片段，并协助重大活动及体育赛事直播的制播。越南各中央直辖市电视台有：河内电视台（HANOITV）、胡志明市电视台（HTV）、海防电视台（THP）、岘港电视台（DRT）、芹苴电视台（THTPCT）。

“截至2015年，越南国内共有66家广播电视台（其中2家中央台、64家地方台，只有胡志明市有2家：胡志明市电视台和胡志明市人民广播电台）。全国共有182个广播电视频道，包括105个电视频道和77个广播频道。其中6个频道没有单独的下级信号传播，分别是：VOV电视频道、人民公安电视频道、通讯电视频道、国防电视频道、国会电视频道和人民电视频道。共有31家付费电视单位为国内提供73个电视频道及9个广播频道的播送业务。授权在越南付费电视系统内播送的外国电视频道40个。信号传输技术包括有线电视（包括IPTV）、地面数字系统电视、卫星电视及移动电视，目前付费电视用户约为990万，其中有线电视用户占80.8%。付费电视业务的营业总收入为96 240亿越南盾，创造9500个就业岗位。”[①]

① “THÀNH LẬP ĐÀI PHÁT THANH QUỐC GIA”，http://tnvn.gov.vn/moc-lich-su/moc-lich-su-c4-15.aspx.（越南之声广播电台官方网站）

第十三章 文 化 遗 产

越南自然地理条件优越、国家历史悠久、民族文化多样，在其民族和国家的形成发展过程中产生和保留了许多文化遗产，成为越南民族乃至全人类的珍贵财富。本章介绍了越南对于文化遗产的认知、管理和保护，展现了越南具有代表性的物质与非物质文化遗产。

第一节 越南对文化遗产的认知、管理和保护

一、越南对于文化遗产的认知

越南政府向来重视文化遗产的管理与保护工作，很早就开始通过立法、普查、建立文化遗产保护名录及设立文化遗产保护区等方式对文化遗产进行管理与保护。

2001 年，越南颁布了《文化遗产法》，确定了文化遗产的相关概念，规定了国家、社会组织及个人对于文化遗产的权利及义务，明确了政府在管理和保护文化遗产中的职能与作用。2009 年，为适应管理和保护文化遗产工作中的新形势，越南颁布了《文化遗产补充、修订法》，对文化遗产的部分相关概念、政府管理和保护文化遗产的具体条款进行了补充和修订。2010 年，越南政府又出台了《〈文化遗产法〉及〈文化遗产补充、修订法〉实施细则》，对具体实施 2001 年《文化遗产法》及 2009 年《文化遗产补充、修订法》中的相关问题进行了更为细致和具体的说明，确保文化遗产管理与保护的实施工作更为系统和有效。总体而言，越南对于文化遗产认知、管理和保护的相关理念都体现在上述的三项法令条文中，越南对于文化遗产工作已形成一定的体系并取得了显著的效果。

1. 文化遗产

2001 年越南《文化遗产法》中规定：越南文化遗产包括非物质文化遗产

和物质文化遗产，是指在越南社会主义共和国领土范围内世代留存和传承下来的具有历史、文化、科学研究价值的精神和物质产物。越南文化遗产是越南全民族的宝贵财富，是人类文化遗产的重要组成部分，对越南国家的生存和发展有着至关重要的作用。

2. 物质文化遗产

物质文化遗产是指具有历史、文化、科学研究价值的物质产品，包括历史文化遗迹、风景名胜，遗物、古物及国家宝物等。其中：历史文化遗迹和风景名胜可统称为遗迹。历史文化遗迹是指具有历史、文化和科学研究价值的建筑、地点和属于该建筑及遗址地点的各类遗物、国家宝物等；风景名胜是指具有历史、审美、科学研究价值的自然景观或自然景观与建筑相结合的地点。遗物是指得以流传至今的，具有历史、文化、科学研究价值的实物；古物是指得以流传至今的，具有历史、文化、科学研究价值并有 100 年以上历史的实物；国家宝物是指得以流传至今的，对于国家历史、文化、科学研究具有特别珍贵价值的实物。

3. 非物质文化遗产

非物质文化遗产是与群体或个人、物质和文化空间相关联的具有历史、文化和科学研究价值的精神产物。其体现了群体特征，不断得以再造和发展，并以口传、技艺传授、表演及其他流传方式得以世代传承。根据越南文化体育旅游部公布的国家非物质文化遗产保护名录，越南的非物质文化遗产具体分为 7 种不同的类型，具体包括：语言和文字、民间文学、民间表演艺术、社会风俗与信仰、传统庙会、传统手工艺及民间知识。

二、越南对于文化遗产的管理和保护

根据 2001 年越南《文化遗产法》及 2009 年《文化遗产补充、修订法》中的相关规定，越南政府统一行使对文化遗产的管理职能，文化体育旅游部代表政府全面承担对文化遗产的管理工作；文化体育旅游部下设的文化遗产局负责管理文化遗产的具体日常工作。此外，越南还成立了国家文化遗产委员会作为越南政府总理对于文化遗产工作的咨询团队，越南地方各级政府在中央政府的分工下对地方的文化遗产管理工作负责。为增强国家对文化遗产管理工作的效力，越南政府采用对国内的物质文化遗产和非物质文化遗产进行普查、评级和设立名录的方式来管理和保护。

1. 物质文化遗产的管理和保护

越南对于物质文化遗产的管理分为两大方面，一是对于遗迹的管理（包括历史文化遗迹和风景名胜），二是对于遗物、古物及国家宝物的管理。越南的遗迹可分为省级、国家级和特别国家级三个等级。省级遗迹由省级人民政府主席负责评级并颁发省级遗迹证书；国家级遗迹由文化体育旅游部部长评定等级并颁发国家级遗迹证书；特别国家遗迹由越南政府总理评定名录并颁发特别国家遗迹证书。政府总理在《特别国家遗迹名录》中选取具有代表性的遗迹报送联合国教科文组织，申请列入《世界遗产名录》。越南国家对于遗物、古物及国家宝物的管理与保护主要是建立名录，选送由相应等级的博物馆进行妥善保管。国家宝物是越南等级最高的国家和民族历史遗留实物，其需要特殊的保护措施和保管方式，由越南政府总理颁发国家宝物证书。

代表越南物质文化遗产最高水平的是特别国家遗迹和国家宝物。越南特别国家遗迹是对越南国家具有特别代表性价值的遗迹。根据遗迹的不同类型，越南将遗迹划分为历史遗迹（事件纪念遗迹，名人纪念遗迹）、艺术建筑遗迹、考古遗迹和风景名胜四大类，而同一个遗迹也可以是2～3种遗迹类型的综合体。如河内市东英县的古螺城遗址即为历史遗迹、艺术建筑遗迹和考古遗迹三种类型的综合体。国家宝物的评定需满足以下三方面的标准：绝版的原型实物、具有独特形态的实物、与国家重大历史事件或民族英雄活动相关联的实物，或者是在思想、人文价值，审美价值方面能代表一种趋势、风格和时代特征的著名艺术作品，或者是在一定的历史阶段对社会发展具有高度实践价值、促进作用的发明创造，或者是对地球历史、自然历史的各形成和发展阶段具有代表意义的自然实物。

2. 非物质文化遗产的管理和保护

越南的非物质文化遗产主要分为地方级（省级）和国家级两个等级。地方级非物质文化遗产由越南各省、中央直辖市人民政府主席主持设立名录。国家级非物质文化遗产由文化体育旅游部部长主持设立名录。越南政府总理从《国家级非物质文化遗产名录》中选取具有代表性的文化遗产报送联合国教科文组织，申请列入《世界非物质文化遗产名录》。

代表越南非物质文化遗产最高标准的是国家级非物质文化遗产。越南的国家级非物质文化遗产是对越南国家具有代表性的非物质文化遗产，其认定标准需满足以下4个方面的条件：具有代表性，能够体现群体和地方的特色；

能够反映文化多样性和人类的创造力，并传承了多个时代；有恢复和长久存在的条件；能够得到人民大众的承认，自愿提出和确保实施保护。越南国家级非物质文化遗产是由越南文化体育旅游部根据越南地方省市呈报上来的地方级非物质文化遗产名录进行筛选，再进行评定和公布名录。

第二节　从世界文化遗产看越南的历史文化

越南政府每年从《特别国家遗迹名录》和《国家级非物质文化遗产名录》当中遴选出能够代表越南的物质文化遗产和非物质文化遗产推荐给联合国教科文组织进行组织评选，获得联合国教科文组织评审通过的文化遗产将被列入《世界遗产名录》和《世界非物质文化遗产名录》，成为世界物质文化遗产和非物质文化遗产。

一、越南的世界遗产

世界遗产包括世界自然遗产、世界文化遗产、世界文化与自然双重遗产、世界文化景观和人类口头和非物质遗产代表作，是指被联合国教科文组织列入《世界遗产名录》中的五类遗产。截至 2017 年，越南共拥有 8 项世界遗产，其中包括 2 项世界自然遗产、5 项世界文化遗产和 1 项世界文化与自然双重遗产，具体见表 13-1。

表 13-1　越南的世界遗产名录

序号	遗产名称	遗产类型	获批年份
1	顺化古建筑群	世界文化遗产	1993
2	下龙湾	世界自然遗产	1994，2000
3	会安古镇	世界文化遗产	1999
4	美山圣地	世界文化遗产	1999
5	峰芽-已榜国家公园	世界自然遗产	2003
6	河内升龙皇城	世界文化遗产	2010
7	胡朝古城	世界文化遗产	2011
8	长安风景名胜群	世界文化与自然双重遗产	2014

资料来源：越南遗产局网站，http://dch.gov.vn/

越南的 8 项世界遗产全部都分布在越南的北部和中部地区，其中 2 项世界自然遗产是越南自然地质地貌、山水风光的典范；其余 6 项为文化遗产（包括文化与自然双重遗产），都是越南北部红河流域政治文明和中部沿海城镇文明的物质遗留产物。基于上述认识，本书将越南的世界遗产分为三大类：传承越南封建政治历史的文化遗产、中部本土文化与异域文化结合的文化遗产及山水风光自然遗产。

（一）传承越南封建政治历史的文化遗产

越南公元 968 年独立建国（此前为漫长的郡县时期），历经丁朝、前黎朝、李朝、陈朝、胡朝、后黎朝、西山朝及阮朝 8 个封建王朝。越南历代封建王朝先后选择了宁平华闾（丁朝、前黎朝、李朝前期）、升龙-河内城（李朝、陈朝、后黎朝）、清化永禄（胡朝）、顺化（西山朝、阮朝）等地作为国都建立皇城。这些历朝古都及皇城古遗迹作为越南封建时代政治文化的代表，现今都已被越南政府列入《特别国家遗迹名录》保护起来，并由越南政府推向世界，成为受联合国教科文组织承认的世界文化遗产。按照已成为世界文化遗产的 4 个越南古都皇城自北向南的地理位置排列，本章将越南河内升龙皇城、华闾古都、胡朝古城、顺化古建筑群的说明简介如下。

1. 河内升龙皇城

河内升龙皇城位于越南首都河内巴亭郡黄耀街 18 号，是一处与越南郡县时期的首府及独立后的首都升龙-河内城历史发展息息相关的历史遗迹群。越南首都河内所在区域历史上曾被称为“古螺城”“大罗城”“升龙城”“升隆城”等，是越南独立自主时期李朝、陈朝及后黎朝的国都所在地。2010 年 8 月，河内升龙皇城被联合国教科文组织列入《世界文化遗产名录》。

古代河内地区建立城池的历史非常悠久，最早可追溯至越南传说中的瓯雒时期。甲辰年（公元前 257 年），安阳王建立瓯雒国后定都封溪（今属河内龙编郡东英县）；丙午年（公元前 255 年），安阳王筑古螺城。公元前 214 年秦始皇平定岭南之后，红河三角洲及周边地区进入郡县时期，古代河内地区成为中国的属地，先后隶属于西汉时的交趾郡、东汉时的交州、南北朝时的宋平郡、隋朝时的宋平县。从隋朝开始，宋平县——古代河内地区便成为了交趾郡的郡治所在地。公元 621 年，唐朝将该地区置改为安南都护府，治所也在宋平县。866 年，中国唐朝大将高骈为抵御南诏的侵袭而在宋平修筑罗城，古代河内地区即改称罗城，或大罗城。968 年，丁部领建立大瞿越国，定都华闾（位于现越南宁平省），史称丁朝，古代越南地区脱离中国封建王朝的统治，进入自主封建国家时期。1010 年，古代河内地区——时为大罗城开启了历史上的重要转折：越南李朝开国皇帝李太祖——李公蕴认为前朝（丁朝、前黎朝）的都城华闾城过于狭隘，不能成为帝王之居，便颁发《迁都诏》将都城从华闾迁至地势平坦、物产丰富、交通便利、位于红河三角洲平原中心的大罗城。李公蕴在大罗城下停留之时，见黄龙腾空飞升于红河之上，于是大罗城改名为升龙城，成为越南李朝的国都，这也是升龙-河内城名称的由来。自 1010 年起，越南的李朝、陈朝、后黎朝都将皇城建于升龙城，直至 18 世纪末的越南西山朝及后续的阮朝定都顺化。升龙城作为越南封建王朝的国都延续了近 800 年（期间，升龙城曾短暂地被剥离国都的地位；越南胡朝胡季犛于 1397 年将国都迁往清化，升龙城改称“东都”）。

升龙皇城的修建历史很早，1010 年越南李朝迁都升龙城后，便在原大罗城的基础上开始着手修建皇城。李朝最初的升龙皇城是内外三重城郭的建筑：最外围称罗城或京城，沿着红河、苏沥河及金牛河而建，是城市百姓居住和生活的区域；中城为皇城，是封建朝廷官员居住、工作的区域；最中心的内城为紫禁城，是皇帝、后宫及皇子生活的区域。13 世纪初越南陈朝取代李朝以后，陈朝继续定都升龙城并对升龙皇城进行了扩建，增添了部分新的建筑；越南后黎朝初期，河内的皇城和京城得到进一步的扩大。但是自 1516 年越南后黎朝中期开始衰败以后，由于莫登庸篡位、北莫南郑、黎皇郑主、南阮北郑时期的战乱，河内皇城多次遭到战火的破坏。到 1789 年越南西山朝光中皇帝阮文惠定都富春以后，升龙城在越南自主封建国家的政治中心地位遭到削弱，只保有“北城”的称号。1802 年，越南最后一个封建王朝——阮朝建立并定都顺化，升龙城在越南政治中心的地位完全被顺化取代，“升龙”改名为“升隆”，升龙皇城也被废弃。1831 年，阮朝明命皇帝将升隆城与附近的多个县合并建立了河内省，原来的升龙京城区域便成为了河内省的省会河内市，这也是河内城市名称的由来。

现今的升龙皇城中心区域面积约 18 000 平方米，是越南最为典型、最具历史研究意义的文化古迹之一。皇城地面保留了部分建筑遗迹，其中年代最早的是建于后黎朝初期 1467 年的敬天殿地基的石阶和雕龙石栏。皇城中保存相对完整的建筑为端门，曾经是升龙紫禁城的南门，最早修建于后黎朝时期，阮朝时期重修过。河内旗台则是越南阮朝初期的建筑。除了地面建筑遗迹，升龙皇城中心区域地下还保存了越南历代封建王朝的大量遗迹和遗物，使得历史学家、考古学家称赞河内有一个“地下的升龙-河内城”。大量的地面建筑遗迹、排水系统、基柱、墙基、古河湖遗迹，充分展示了升龙皇城作为越南千年古都的历史文化积淀，因此也被誉为越南民族文化的精华。

2. 长安风景名胜群——华闾古都

长安风景名胜群位于越南北部红河三角洲南部的宁平省，其中心区域距首都河内东南面约 90 千米，距宁平省省会宁平约 8 千米，被誉为越南的“陆上下龙湾”。整个风景名胜群的规划面积为 6172 公顷，由华闾古都历史遗迹区、三谷-碧洞风景名胜区及长安生态保护区三部分组成。2014 年 6 月，联合国教科文组织将长安风景名胜群列为世界文化遗产和世界自然遗产，成为越南目前首个，也是东南亚地区唯一的一个世界文化与自然双重遗产。虽然长安风景名胜群素以自然田园风光著称，但是由于其中的华闾古都遗址是越南早期两代封建王朝——丁朝和前黎朝的国都，本书也将其归于体现越南封建政治文化的文化遗产范畴内。

作为世界文化遗产，长安风景名胜群中隐没于山林当中的华闾古都遗址可谓是见证了越南封建国家的开国、探源之地。公元 968 年，由丁部领建立的越南第一个独立封建王朝——丁朝就选址定都在长安地区的华闾，之后的前黎朝、李朝前期（1009 年）的政治中心也在华闾，直到公元 1010 年，越南李朝开国皇帝李公蕴将都城从华闾迁至升龙，华闾才淡出越南政治中心的历史舞台。虽然华闾在李朝以后就不再是越南的国都，但是越南的历代封建王朝都继续在华闾修建祠堂、庙宇。目前华闾古都历史遗迹区的总体面积为 13.87 平方千米，保留了丁朝、前黎朝时期的京城遗址、皇帝陵墓及大量的自丁朝以来的祠堂、古寺、乡庭。此外，在长安风景名胜群美妙玄奇溶洞当中还保留了 5000～30 000 年前古人类活动的遗迹。雄奇的山林当中隐藏着越南封建时期历朝历代修建的众多古寺、庙宇。碧洞景区就由下、中、上三座古寺组成，碧洞的名称还是由越南著名的大诗豪阮攸的父亲命名。

作为世界自然遗产，长安风景名胜群中有着雄奇的石灰岩山脉，多变的岩溶地貌，美丽的河流、溪谷、湖泊、洞穴及大面积的原始生态林。山与水、人与自然在长安地区完美结合，形成了一幅绚丽的田园风景。数量庞大的岩溶溶洞是长安地区的一大特色。目前长安风景名胜区拥有的洞穴数量仍未有确切的统计数字，经过勘测可容小船穿过的溶洞数量就达 48 个，洞穴总长度超过 12 千米，最长的溶洞长 1 千米。三谷-碧洞风景名胜区是长安风景名胜群中的主要自然风景区，由三谷和碧洞两处景区组成。三谷因其洞穴系统和水上石山被誉为越南的“陆上下龙湾”。而碧洞则是长安名胜区中的著名人文景观。

3. 胡朝古城

胡朝古城位于越南清化省清化市以西的永禄县，建于 14 世纪末，曾作为越南封建王朝胡朝的京城，距今已有 600 多年的历史，是一座在越南罕见的以石料筑成的城堡。由于胡朝古城体现了 14～15 世纪初越南与东亚、东南亚各国文化交流的历史，是越南封建王朝都城建筑艺术的杰出代表，2011 年 6 月，胡朝古城被联合国教科文组织列入《世界文化遗产名录》，成为越南的世界文化遗产。

胡朝是越南历史上的一个短暂的朝代，但是胡朝在越南自主封建国家历史当中仍具有相当的地位。1397 年，还任陈朝宰相的黎季犛独揽大权意图篡位夺权，在清化府（即现今清化省）选址筑城，强迫陈顺宗迁都，改清化称西都，所建城池即现在的胡朝古城。胡朝古城长 900 米，宽约 700 米，城墙高 5～6 米，全部用巨型的方形绿片岩建成，有的石料重达 30 吨，是一座名副其实的“石头城”。整个古城建筑耗用 2.5 万立方米石料，10 万立方米泥料。古城建筑的石料之间连接紧密，层层堆砌，没有使用黏合剂，历经 600 多年的风雨消磨，迄今仍然保存完整屹立不倒，成为越南历史上独一无二的大规模石制建筑。古城依据当地的自然地形而建，兼具城市生活与军事防卫功能，体现了当地人民非比寻常的建筑才华与智慧，是研究越南古代建筑艺术、城市规划的重要范例。

4. 顺化古建筑群

顺化古建筑群位于现今越南中部的承天-顺化省顺化市及其周边区域。整个古建筑群包括 19 世纪初至 20 世纪上半叶由越南最后一个封建王朝——阮朝修建的所有建筑遗迹。作为 19 世纪越南封建权力顶峰的凭证，以及作为东方封建社会京城的代表，1993 年 11 月，越南顺化古建筑群被联合国教科文组织列入《世界文化遗产名录》。

顺化建城的历史文化相当悠久，现在为越南承天-顺化省的省会。此地最早曾属于中国西汉王朝的日南郡象林县，是中国西汉王朝国土的最南端。东汉初平年间（190～193 年），象林县在当地占族首领区连的领导下从中国封建王朝中独立，建立了以占族为主体民族的王国——林邑国（后改称占婆国）。越南陈朝以前，古代顺化地区为占婆国的领土，是越南与占婆国的交界地带。1306 年，越南陈朝与占婆国联姻，占婆国王将属于现今顺化地区的乌州和哩州作为聘礼赠送给了陈朝，从此古代顺化地区正式成了越南的领土。1308 年，越南陈朝将乌州和哩州改名为顺州和化州；中国明朝占领安南期间（1406～1427年），将顺州和化州合并为顺化府，这即为顺化名称的肇始。越南后黎朝末期，越南出现了北方郑氏与南方阮氏两大封建集团之间的纷争。1635年至1687年，南方阮氏在顺化建立广南国对抗北方郑氏，从此顺化开始作为越南中南部的政治中心出现在历史舞台。此后的越南的西山朝、阮朝都将都城建在顺化，因此顺化也被越南人称为“故都”。1802年越南最后的封建王朝——阮朝建立并定都顺化后，开始了对顺化城长达一个世纪的大规模建设，由此在顺化形成了大片古建筑文化遗产。现今顺化保留的古建筑群主要包括：顺化皇城、阮朝皇陵、天姥寺等。

顺化皇城位于香江北岸的古城区，是顺化古建筑群最主要的建筑遗迹，也是越南目前保护最完好的古建筑群。皇城建筑整体呈坐北朝南方向，建筑样式大体仿照北京紫禁城而建，也融合了许多西方建筑的风格。皇城整体从外而内包括京城（外城）、皇城和紫禁城三重城郭。京城为环绕皇城建筑的外层城池，从越南阮朝嘉隆帝1805年开始动工，至命名帝1832年完成。顺化京城中留存的主要建筑遗迹有：旗台、文庙国子监、隆安殿、富春庭、静心湖、社稷坛等。皇城和紫禁城被统称为大内，有阮朝宫廷的主要宫殿，是阮朝历代皇帝办公的地方，主要包括太和殿、勤政殿、文明殿、延寿宫、乾成殿、坤泰宫、光明殿、御医院等。皇城呈四方形，城墙每面长约600米，有午门、和平门、显仁门、彰德门4个城门，其中午门也常被看作顺化皇城最具代表性的建筑。

阮朝皇陵也是顺化阮朝建筑与风景林园设计的杰作。阮朝从1802年建立到1945年结束共经历了13位皇帝，其中有6位皇帝的陵墓被安置在顺化城周边并具备一定规模，即嘉隆陵（世祖阮福映，1802～1819年在位，阮朝第1位皇帝）、明命陵（圣祖阮福晈，1820～1840年在位，阮朝第2位皇帝）、绍治陵（宪祖阮福暶，1841～1847年在位，阮朝第3位皇帝）、嗣德陵（翼宗阮福时，1848～1883年在位，阮朝第4位皇帝）、同庆陵（景宗阮福昪，1885～1889年在位，阮朝第9位皇帝）及启定陵（弘宗阮福晙，1916～1925年在位，阮朝第12位皇帝）。上述6座皇陵都分布在顺化以西香江两岸的山岭上，距顺化市区7～15千米，其中嗣德陵规模最大，所处地区风景最为优美，建造最为奢华，陵墓建造前后历时27年，于1873年完工，当时还因修建陵墓过于劳民引发过暴乱。启定陵是所有阮朝皇陵中最具特色的一座，其前后修建共历时11年，于1931年完工，整个建筑融合了越南及法国建筑的特色，整体犹如一座欧洲城堡。

天姥寺又名灵姥寺，位于顺化城西郊的香江北岸江畔，是顺化众多寺庙当中年代最久远，造型最精致的一座寺庙，距今已有400余年的历史。相传天姥寺是后黎朝时期第一位到顺化进行经营的阮主——广南王阮潢于公元1601年所建。1962年，阮潢的后裔，阮朝嗣德皇帝为求子，怕“天”字会触犯上天，故改“天姥寺”为“灵姥寺”。

（二）中部本土文化与异域文化结合的文化遗产

越南中部地区地形狭长，紧靠海岸线，优良海港众多，在公元2～17世纪时曾为古代占婆国领土，先是接受了印度文化，后来在发展过程中又受中国文化及越南北方文明的影响，近代西方文明也曾登陆这里，可以说这一区域自古以来就是越南本土文化和异域文化激烈融合的结合点。美山圣地和会安古镇两处世界文化遗产见证了千余年来越南中部地区的历史文化变迁、中印文化及东西方文化的融合，为世人带来与传统越南文化不一样的异域文化体验。

1. 美山圣地

美山圣地位于越南中部的广南省维川县维富乡美山村，距岘港市西南约70千米，目前为全越南规模最大的印度教建筑遗址，也是东南亚最重要的宗教圣地之一。美山塔寺遗址可与柬埔寨的吴哥窟、印度尼西亚的婆罗浮屠及缅甸蒲甘的佛塔齐名。由于突出地反映了外来文化，特别是印度文化对越南本地文化的影响，以及作为古代占婆国历史文化的生动反映，1999年2月，美山圣地被联合国教科文组织列入《世界文化遗产名录》。

美山地区原为古代占婆国的政治中心区域，其距离附近的占婆国旧古都茶荞城（因陀罗补罗）仅约40千米。曾经的占婆国文明历史悠久，早在公元的2世纪下半叶时就已经建国，至19世纪初时被越南阮朝完全吞并。5世纪以前，印度婆罗门教（印度教）为占婆国主要宗教信仰。根据相关史料碑文记载，公元4世纪末时，占婆国王拔陀罗陀跋摩一世在美山地区修建了第一座供奉湿婆的神庙，此后各个世纪的占婆国王都不断地在美山地区修建神庙。公元7世纪以前的所有建筑都已被损毁消失殆尽。到7～13世纪时，美山地区的印度教神庙建筑盛极一时，数量达到70余座，美山因此也成了占婆国最重要的印度教圣地。公元15世纪末时，占婆国在与后黎朝的战争中落败，首都南迁，导致了美山圣地的荒废，随后美山渐渐淡出了人们的视野。在消失了数个世纪之后，直到1885年，美山圣地被才被法国人偶然发现。1898～1899年，法国派专家对美山的塔寺建筑、占婆雕刻艺术和碑文进行了研究。至1903～1904年，关于美山的建筑艺术和碑文的材料才得以第一次公之于世。

1937～1944 年，法国远东博物馆组织人员对美山的部分塔寺进行了修复，到 1946 年时，美山还有约 50 余座塔寺建筑保存得比较完好。在后来的越南抗法、抗美战争中，美山的古建筑遭到了战火的破坏，特别是 1969 年美国空军对美山盆地进行了轰炸，导致美山许多珍贵的古建筑被破坏。至 1975 年越南北南统一，战争结束时，美山圣地只剩下 20 余座建筑得以保留下来，而且每一座建筑都遭受了不同程度的破坏。1980 年起，越南政府和波兰合作，共同组织了对美山遗址的修复，经过 10 多年的加固和修理，美山圣地终于得以重新与世人见面。美山圣地的大量印度教风格的塔寺建筑、石砌雕刻艺术，记载占婆历史文化的碑文及大量的占婆文物，向世人展示了在美山地区延续千年之久但已消逝的占婆国文化，反映了占婆国鼎盛时期的文化风貌。

2. 会安古镇

会安古镇位于越南中部广南省会安市，地处秋盆河下游北岸，会安江入海口附近，距岘港市区东南约 30 千米，离广南省省会三岐市东北约 50 千米，距美山圣地东面约 40 千米。历史上，古代会安地区曾被称为林邑蒲、大占港、大海口，公元 2～14 世纪时曾为古代占婆国著名的海港。作为 15～19 世纪东南亚贸易港保存完好的典范及各时期多远文化相结合的代表，1999 年 12 月，会安古镇被联合国教科文组织列入《世界文化遗产名录》。

会安地区出现的最早人类文明为 2000 多年前的古代沙黄文化（Sa Huỳnh），这里曾出土大批沙黄文化晚期的石制生产工具、生活用品、饰品和陶器、金属器皿等，此外还有包括中国两汉时期的铜币和铁器，具有越南北方东山文化和南方俄厄文化特点的精美器皿等。这些古代器物的考古发现证明了会安地区早在公元前后就已经是古代越南地区南北方文化交流的中心点并存在一定的海上贸易交换活动。公元 2～14 世纪，会安地区属于占婆国，此时会安地区被称为林邑蒲，已经发展成为占婆国重要的海港城镇，吸引了大批来自阿拉伯、波斯、印度及中国的商人到此进行贸易。海上贸易的兴盛对古代占婆国的繁荣及美山圣地的文化发展起到了至关重要的作用。14 世纪初，占婆国将乌州和哩州划给越南陈朝以后，越南北方大越国的领土范围到达了秋盆河的北岸，古代会安地区成为大越国的南疆。16 世纪初，第一批西方传教士和商人来到了会安，中国、日本、荷兰、法国和英国的商人陆续到此经商。1558 年，阮璜驻守顺化和广南，垦荒建城，发展经济。来自中国、日本、葡萄牙、印度、法国、英国、印度尼西亚、泰国等国的船只和商人汇集在会安港口进行贸易，使得会安成为各国通商之地和东南亚最繁华的国际商港。在越南北方和南方的郑阮纷争中，会安地区的海外贸易为南方的阮氏统治集团赚取了大量的战争经费。18 世纪，越南南方爆发了历史上最大规模的农民起义——西山农民起义，西山起义军与南方阮氏政权在会安地区展开了常年激烈的战斗，导致会安港陷入了危机与萧条。19 世纪初，阮福映消灭西山朝建立阮朝，定都顺化，随着岘港、西贡港等大海港的崛起，加之自然地理的变化，会安秋盆河出海口逐渐被淤泥堵塞，无法进出现代化的钢铁大船，会安港在越南海上贸易港口中的地位越来越弱，逐渐被新兴的岘港和西贡港所取代。

会安的繁荣是多种文化的汇聚交融。作为国际海上贸易港的会安早已退出历史舞台，但是作为见证古代各国文化交融汇聚的会安古镇，街头还留存着大量 15～19 世纪修建的古建筑，其中以华侨建筑、日本建筑和欧式建筑最多，显示着会安曾经作为贸易中心的辉煌。日本侨民是最早到会安进行商贸活动的外国人之一。16 世纪，日本发现了丰富的银矿，日本侨民带着巨额的白银到各地港口购买商品。在会安，日本侨民用白银收购中国上等的丝绸和瓷器，到 16 世纪末已经形成了一条“日本町”，会安现在的地标性建筑——来远桥即在此时期（17 世纪初）修建。至 17 世纪中叶，日本开始闭关锁国，来到会安交易的日本船只逐渐减少，会安的“日本町”也随之没落。华人也是最早到会安的外国人之一。华人最早到古代会安地区的时间现在已很难考证，但是目前会安城中华人建筑是数量最多、规模最大、保存最为完好的古建筑群。其中，位于会安古镇中央市场附近的关帝庙是会安城内最古老的华人庙宇，早在 1653 年就已存在。华商建立的各式会馆分布在秋盆河沿岸，其中规模较大的有闽商建立的福建会馆（现茅庙-金山寺）、粤商建立的广肇会馆、潮州商人建立的潮州会馆、海南商人建立的琼府会馆等。这些保存完好的华商会馆建筑也向世人展现着当时华商在会安进行商品贸易的繁华景象。除了华商会馆，还有明末清初流落到会安的明朝遗民在会安设立的会馆，如明乡萃先堂、明乡佛寺等建筑。此外，法式的古典建筑和庭院式建筑在会安也随处可见，这些法式建筑大多数外形漂亮、美观、线条优美，外墙则装饰着欧洲文艺复兴时期的人物塑像，颇具艺术价值。

（三）山水风光自然遗产

1. 下龙湾

下龙湾位于越南东北部，属于广宁省管辖，距离首都河内约 165 千米。下龙湾景观的地质特征为岩溶地貌，在面积约1553平方千米的海面上，1969个石灰岩岛屿星罗密布。由于具有超凡的自然审美价值，1994年2月和2000年12月，下龙湾先后两次被联合国教科文组织列入《世界自然遗产名录》，是越南首个世界自然遗产。

下龙，其意为“龙从天降”。“下龙”这一名称出现较晚，19世纪以前从未出现在越南的方志古籍之中，古代这一地区曾被命名为安邦、绿水、云屯等。直到19世纪末，下龙这一名称才出现在法国人绘制的海图上。在法语版的《海防新闻》中报道了“龙出现在下龙湾”的消息：1898年法国海军Avalăng号船长Lagơrêdin少尉在下龙湾海域遇到过一对巨大的海蛇，欧洲人认为这是东方的龙。因为法国人在广宁省的这片海域遇到了“东方的龙”，结合越南的民间传说（在很久以前，越人的国家受到外敌入侵，玉皇大帝派龙母率领龙子下凡帮越人抵抗外侵。当敌船抵近海岸之时，龙母和龙子腾云驾雾，口吐玉珠，瞬间在海面上变成了无数的岛屿，阻止了敌船的行进，敌船被海上的岛屿撞得粉碎。在帮助越人击溃敌军之后，龙母和龙子留恋这里美丽的风景，便不再返回天宫。龙母下凡之处便是下龙，龙子下凡侍奉龙母之处为拜子龙，龙尾搅起白浪之处便化成了白龙尾岛），故把该海域称为下龙湾。

下龙湾海环抱山，山连着海，海天相连，岛屿交织，延绵不绝，山与海、水与船构成了一幅巨大的水墨画卷；鬼斧神工的岛屿上又多有幽深的岩溶溶洞，更为下龙湾的自然风貌增添了浓厚的神秘色彩。因为下龙湾的整体景观酷似中国的桂林山水，所以也被中国游客称为越南的“海上桂林”。下龙湾的世界自然遗产中心区约为434平方千米，有775个岛屿。著名岛屿主要有：斗鸡石，下龙湾标志性的景观，如两只对视嬉戏的大鸡，于2000年曾被选为越南旅游业的标志形象；香炉石，犹如一座有着纤细底座的香炉；帆船岛，犹如两片迎风起航的船帆；吕望岛，如同一位正在专心垂钓的老翁；人头岛，犹如面向陆地的人头形象；巡洲岛、玉晕岛，等等。著名的溶洞有：木头洞和天宫洞，两个溶洞都位于木头岛半山腰，相距不过300米，是下龙湾景区最热门的旅游溶洞；惊讶洞，下龙湾上最宏大、最美丽的溶洞之一，溶洞大厅面积约有1万平方米。

2. 峰芽-已榜国家公园

峰芽-已榜国家公园位于越南中部的广平省，地理区域属于布泽县、广宁县、明和县等，距广平省省会同海西北部约40千米，距顺化以北约200千米，距越南首都河内以南约500千米，西部作为长山山脉的一部分与老挝相连，东部距越南海岸线约 42 千米。根据越南目前公布的规划，峰芽-已榜国家公园的总面积约为 34.33 万公顷，其中核心区域 12.33 万公顷，过渡区域为 22 万公顷。由于峰芽-已榜国家公园拥有东南亚最古老、规模最大的岩溶地质、地貌体系，庞大的岩溶溶洞系统，对研究地球 4 亿多年来地壳运动的演变具有重要价值，2003 年和 2015 年，峰芽-已榜国家公园以地质、地貌的特殊性及生物多样性先后两次被列入《世界遗产名录》。

峰芽-已榜国家公园最大的特色是岩溶地貌和生物多样系统。公园的岩溶地形、地貌极为复杂，记载了地球地壳运动各个历史时期的变化，其形成可追溯到 4 亿年前的古生代时期，是亚洲最古老的岩溶地貌之一。公园中的常绿植物覆盖率达到了 93.5%，其中有 90%为生长在石灰岩山脉上从未被破坏的热带原始森林，规模为东南亚最大。公园中已统计的植物有 2951 种，其中 112 种植物被列入 2007 年《越南濒危植物红皮书》，121 种植物被列入 2011 年《世界濒危植物红皮书》。公园中统计有 1394 种动物，其中 154 种为哺乳动物，46 种动物被列入 2016 年《越南濒危动物红皮书》，55 种动物被列入《世界濒危动物红皮书》。

峰芽-已榜国家公园的岩溶溶洞最为吸引国内外游客。其中，峰芽洞是公园中最著名也是开发最为完善的溶洞，被誉为越南的“南天第一洞”。阮朝汉文地理志《同庆舆地志》中记载该地属于“峰衙庄”。20 世纪 90 年代，越南与英国皇家洞穴研究会组成的探险团队对峰芽洞进行的科学考察指出，峰芽洞全长有 7729 米，拥有 7 个世界之最：最美地下河、最高和最宽的洞口、最美的洞内砂岩滩、最美的地下湖、最宽和最美的旱洞、最神奇和最壮丽的钟乳石及最长的水洞。峰芽洞有天洞口和水洞口 2 个入口，洞内又分旱洞和水洞，游客一般乘船经水洞口进入，然后步行参观旱洞。同时，峰芽洞还有着重要的历史考古研究价值，科学家在峰芽洞中发现了千年前古代占婆人的文字、陶器；近代越南“勤王运动”时，越南阮朝咸宜帝曾在洞中躲避法国人的追杀；现代越南战争中，峰芽洞也曾经是北越军队重要的根据地。2005 年，英国皇家洞穴研究会的探险团队在公园中发现了天堂洞，被认为是峰芽-已榜地区最大最美的洞穴。2009 年，英国皇家洞穴研究会的探险家们在峰芽-已榜国家公园中又勘探到一个新的洞穴——韩松洞，并认为此洞为世界上最大的洞穴之一。随着越南与英国皇家洞穴研究协会在峰芽-已榜国家公园中对相关洞穴的联合科考活动进一步深入，2016 年又陆续新发现了 57 个洞穴，峰芽-已榜国家公园中已发现的洞穴数量达到了 311 个，勘测的洞穴总长度超过 250 千米。

二、越南的世界非物质文化遗产

越南的世界非物质文化遗产是指被联合国教科文组织列入《人类非物质文化遗产代表作名录》和《急需保护的人类非物质文化遗产名录》当中的非物质文化遗产。截至2016年底，越南共有拥有获得联合国教科文组织公认的11项世界非物质文化遗产。这11项世界非物质文化遗产根据其文化类型具体可分为两大类：越南民间表演艺术的代表作和越南民间传统文化的代表作。前者包括7项：顺化宫廷雅乐、西原锣钲文化空间、官贺民歌、筹歌艺术、富寿省春曲艺术、南部才子弹唱艺术及义静威任民歌艺术。后者包括4项：河内扶董庙和朔庙荣圣庙会、富寿雄王祭祀信仰、拔河游戏和仪式、三府圣母祭祀信仰，具体见表13-2。

表13-2 越南的世界非物质文化遗产名录

序号	遗产名称	遗产类型	获批时间
1	顺化宫廷雅乐	人类口头和非物质文化遗产代表作	2003
		人类非物质文化遗产代表作	2008
2	西原锣钲文化空间	人类口头和非物质文化遗产代表作	2005
		人类非物质文化遗产代表作	2008
3	官贺民歌	人类非物质文化遗产代表作	2009
4	筹歌艺术	急需保护的人类非物质文化遗产	2009
5	河内扶董庙和朔庙荣圣庙会	人类非物质文化遗产代表作	2010
6	富寿省春曲艺术	急需保护的人类非物质文化遗产	2011
7	富寿雄王祭祀信仰	人类非物质文化遗产代表作	2012
8	南部才子弹唱艺术	人类非物质文化遗产代表作	2013
9	义静威任民歌艺术	人类非物质文化遗产代表作	2014
10	拔河游戏和仪式	人类非物质文化遗产代表作	2015
11	三府圣母祭祀信仰	人类非物质文化遗产代表作	2016

资料来源：越南遗产局网站，http://dch.gov.vn/

（一）越南民间表演艺术代表作

1. 顺化宫廷雅乐

雅乐，顾名思义为“高雅的音乐”，其最初起源于2000多年前中国西周王朝，之后传播到中国周边的日本、朝鲜及越南等国。越南的宫廷雅乐最初出现在公元 10 世纪的李朝，到 15 世纪的后黎朝时期开始形成规制，至 19 世纪初的阮朝时达到鼎盛时期。现在作为世界非物质文化遗产的越南宫廷雅乐特指越南顺化的皇家宫廷雅乐，其最初萌芽于 17 世纪阮主割据越南中南部地区之时。当时的阮主时期的宫廷音乐主要是沿袭了从北方升龙宫廷带来的皇家音乐形式，在后续的发展过程中又吸收了越南中部和南部地方特色的音乐艺术；到阮朝成立后（1802 年），宫廷雅乐在顺化阮朝宫廷的大力推动下得以继续发展并最终于嗣德年间达到鼎盛时期。1858 年法国登陆岘港入侵越南以后，越南封建皇权统治陷入了危机，宫廷雅乐也随之走向衰落。1945 年越南八月革命推翻封建帝制以后，顺化宫廷雅乐随之瓦解。1947～1948 年，越南末代君王保大皇帝的母亲慈宫太后曾召集宫廷乐工，试图恢复顺化宫廷雅乐。到南越西贡伪政权吴庭艳政府时期，南越政府曾组建宫廷古乐团演绎宫廷雅乐招待来访外国元首及外交使团。之后随着吴庭艳政府的倒台，宫廷古乐团倒闭，宫廷雅乐又面临失传的危机。1975 年越南北南统一以后，宫廷雅乐开始受到越南文化部和地方政府的关注。到 20 世纪 90 年代，越南政府成立了顺化传统艺术团和顺化宫廷传统剧院，组织力量保护和恢复顺化宫廷雅乐，顺化宫廷雅乐开始进入了复兴阶段。

越南顺化宫廷雅乐包括许多门类：祭天礼仪音乐、祭祀礼仪音乐（祭祀阮朝先帝、孔子、贤臣英烈）、祭祀农神、城隍、社稷的五字乐；用于节庆或接见外国使节的大朝乐；用于一般皇家礼仪的常朝乐；用于御宴及内宫的专用宫乐等。宫廷舞蹈至今保存下的有 11 种：祭天、祭庙、祭社稷、祭先帝及祭孔子礼仪的八逸舞；节庆礼仪时的六供拜舞；庆贺万寿（皇帝生日）、圣寿（太后生日）、仙寿（太妃生日）、天春（太子生日）的福禄寿三星舞和八仙献寿舞；祝贺民富国强节日礼仪的吉庆呈祥舞；消除妖魔鬼怪的佛舞、四灵舞；国庆纪念、皇家宴会及接见外国使臣礼仪的女将出征舞；皇室婚宴上的扇舞，三国西游舞；赋文楼前举行国庆公众联欢活动演出六辙花马舞等。保存至今的顺化宫廷雅乐乐谱有：十本御（包括品雪、元宵、胡广、连环、平半、西梅、金钱、春风、龙虎、走马 10 套乐谱的连奏曲）、龙灯、龙吟、赋六、小曲、三轮九转（祈祷风调雨顺的曲调）、登坛宫、单登坛、对登坛、太平古乐、棉花调、马舞、蛮调和一些室内乐曲，如南平、南哀等。

总体而言，顺化宫廷雅乐是结合了多种音乐、舞蹈、曲艺的综合体，其发展过程中继承了北方的升龙宫廷音乐艺术，又接受了华人、占人文化及佛教、儒学思想和道教文化的影响，是千余年来越南封建宫廷文化的珍贵遗产。2003 年 11 月，联合国教科文组织将顺化宫廷雅乐列入《人类口头和非物质文化遗产代表作名录》，成为越南首个世界非物质文化遗产。2008 年，顺化宫廷雅乐再次被评选列入《人类非物质文化遗产代表作名录》。

2. 西原锣钲

锣钲是越南西原地区少数民族特有的、富有神秘色彩和神圣意义的乐器。锣钲文化目前流传于越南中西部高原的崑嵩、嘉莱、多乐、多农、林同 5 个省份，其主人是生活在西原地区的巴那族（Ba-na）、色登族（Xo-dang）、莫侬族（Mnong）、戈贺族（Coho）、勒曼族（Ro-man）、埃地族（Ede）、嘉莱族（Giarai）、麻族（Ma）、布劳族（Brau）等 17 多个属于南亚及南岛语系的越南少数民族。

锣钲乐器与西原各少数民族的传统习俗、文化礼仪密不可分，是西原少数民族的灵物。对于大多数西原少数民族来说，锣钲是具有圣灵感应力的乐器，人们相信在每一件锣钲乐器中都住着一位神灵。年代越悠久，神灵的年岁就越高，其神力就越大，所以，一些锣钲乐器的价值非常高，相当于数十头水牛，甚至多头大象。锣钲中的神灵无时无刻不在守护着民族群体，伴随着人的生老病死各个阶段。在西原少数民族所有的重大活动当中都会有锣钲的身影，如新房上梁、红白喜事、屠宰水牛、祈祷丰收、收割稻谷、人畜祈福、新客践行、战士凯旋等。锣钲乐器的使用者在不同的少数民族中也有特殊的规定。如嘉莱族、巴那族、布劳族等只允许男性使用锣钲乐器；也有一些少数民族男女都可以使用锣钲乐器，如麻族、莫侬族；而埃地族的支系比赫人则只允许女性使用锣钲乐器。

锣钲文化是西原少数民族思想感情的礼仪性表达，同各少数民族的民间礼仪紧密相连，并与每一个个体、家庭甚至每一个社会群体密切相关，是西原少数民族传统文化的集中体现。保护锣钲文化并不只是要保护锣钲乐器，还需保护与之相关的西原少数民族民间节日、传统习俗、生存空间等。2005 年 11 月，西原锣钲文化空间被联合国教科文组织列入《人类口头和非物质文化遗产代表作名录》。

3. 官贺民歌艺术

官贺民歌是广泛流传于越南北方红河三角洲平原最具特色的民歌曲调，被誉为越南民歌曲库中旋律最丰富、婉转、抒情的一种民歌类型，主要集中传播于过去的越南京北地区（升龙京城以北，即现在的北宁省、北江省一带）。

越南研究学者认为官贺民歌源于宫廷音乐，后来才传播于南北部民间；

也有观点认为其起源于越南北部民间习俗中的一种“结义”仪式。两个邻近的村落之间相互结为兄弟村，世代相传，有福同享，有难同当，相互分忧享乐，相互帮助。每年，兄弟村的村民欢聚在乡庭组织联欢，举办唱祝歌、对歌、结缘歌的活动。在官贺民歌的发展过程中，村民创作出了许多抒情的曲调，带有浓厚的民间性质。在演绎方式上，传统的官贺唱法是没有乐器辅助的，歌手相互间以对唱的形式展开，可以是一男一女对唱，也可以是一群男女对唱。官贺的曲调据统计有 219 种，400 多首歌曲。官贺的歌唱形式大致可以分为 4 种。①“唱祝”，即每逢春季庙会时，各个官贺村村民见面、结义、交友时的唱法，主要以男女群体对唱的方式展开。②“唱祭”，是指在村子庙会上两个官贺村在村祠、乡庭中结义时的对唱，不结义为友的官贺组或者邻村来拜访的官贺组不参加对唱，只在旁欣赏。③“唱会”，在各种传统庙会上的一种唱法，是祈福、娱乐的唱法，参与的人数较多；这种唱法可以在家中，在庙会场上，或是在船上，通常为一男一女对唱，一般分为三段：请吃槟榔、请饮茶，结缘及拜别。④“唱更”，一般为官贺组之间的对唱，在春季庙会的夜晚举行。演唱官贺时的服饰也很讲究，参加对唱的男女都要穿上越南传统民族服饰。男士的服装包括围头、内着对襟衬衣，外穿长袍，宽裤脚，质料为白竹布裤黑绸衣袍，脚着木屐，带伞。女士要求挽发，鸦啄围包头，彩色兜肚。内穿绸缎内衣，裙子为麻布或绸布。外着三层或七层套在一起的薄长袍，腰间捆绸腰带，头戴圆形斗笠。在官贺兴盛的北江省、北宁省还形成了知名的官贺村，目前得到公认的官贺村共有 67 个，其中北江省有 23 个，北宁省有 44 个。最著名的官贺村是北宁省安丰县炎舍古村，村里常年保持数百人的官贺组，官贺唱腔在家庭中代代相传，不需要文化传艺班的推行。2009 年 9 月，北宁官贺民歌被联合国教科文组织列入《人类非物质文化遗产代表作名录》。

4. 筹歌艺术

筹歌，又名“桃娘曲”，主唱者称“陶娘”或“桃娘”，所以也叫“陶娘歌”。筹歌的传统点歌、评歌方式是投签，故名“筹歌”。其传播范围遍及越南北方的富寿、永福、河内、北江、北宁、海防、海阳、兴安、河南、南定、太平、宁平、清化、义安、河静及广平 16 个省（中央直辖市）。

越南的筹歌有中国渊源。唐代歌妓唱小曲，往往以筹著为点歌记令的工具。从筹歌、伎歌的资料看，筹歌源自唐代，于中唐前后传入安南。筹歌内容是用汉越语来歌唱唐宋诗赋。越南汉喃研究院现存有 37 种筹歌典籍，其内容主要是记录筹歌的歌调和曲词，如常见曲词有《前后赤壁》《长恨歌》《滕王阁序》《琵琶行》《将进酒》《刘阮入天台》《织锦回文》《红红雪雪》《香山风景》等。

筹歌作为一种歌妓表演的曲艺形式，由受过专门训练的歌妓为有权有势的男客人表演，这些男宾通常是欣赏这种艺术的文人、士大夫或朝廷官员。其形式是一人主唱，并有琴、拍板、小鼓伴奏。由于筹歌艺术的演绎方式非常复杂，其歌词、唱腔、唱调及乐器的使用对演绎者要求都非常高，民间艺人通常以口传方式传承。筹歌艺术过去一般可分为宫廷筹歌和民间筹歌两大类。宫廷筹歌也叫唱权门，是皇家音乐的一个门类，其演绎时通常使用 4 个弹奏乐器和 1 个打击乐器：竹生（俗称干琴），用于打节拍；铁琴，以长铁为弦；九弦琴；七弦琴；十五弦琴。民间筹歌则使用竹制长梆打节拍，结合竹笛、腰鼓、竹箫、戴琴等乐器进行唱词。现代演绎筹歌艺术时通常是以三人为组合：1 名女性歌手（桃娘），一边用呼吸技巧和颤音创造出独特的声音演绎歌词，一边用竹梆敲打节拍；2 名协奏者分别弹奏三弦琴和击鼓，演奏出低沉的声调和强劲的声音。部分筹歌表演中还会加入舞蹈。筹歌的女性主唱者——桃娘的选拔非常严苛，须为才貌双全、品行兼优者才能传授技艺；筹歌演唱技艺都是以村、坊为传教单位，在血亲内部传承。

20 世纪初，由于越南国内不断的战争、人们对筹歌艺术的认识不充分、演唱技艺复杂难学及越南现代生活方式的改变，导致筹歌艺术面临失传的危机。筹歌甚至一度被误认为是一种卖淫活动，受到冷落并遭到当局的打击。后来人们才逐渐重新认识到它是一门重要的戏曲艺术。为了传承这一濒临失传的古老艺术，越南政府高度重视和鼓励筹歌艺术的传承与发展，在越南全国 15 个省（中央直辖市）筹建了 63 个筹歌教坊和俱乐部，定期面向公众演出，提高民众对于筹歌的认识。2009 年 10 月，越南筹歌艺术被联合国教科文组织列入《急需保护的非物质文化遗产名录》。

5. 富寿省春曲艺术

春曲（Hát Xuân），又名“喧曲”（Hát Xoan）、“门庭曲”，是越南北部中游地区富寿省特有的民歌曲调。富寿省可以说是古代越人文明的核心区域，也是红河平原的中心地带，越南神话传说中称雄王建立文郎国，其国都峰州便位于现今富寿省越池市一带，因此富寿省也被越南民众尊称为“祖地”。

根据越南传说：古时候的一个春天，雄王外出寻找地方建城，停步休息时听到几个放牛的孩童正在唱儿歌，雄王便将放牛童叫来与他们交谈并听他们唱歌。听完孩童唱歌后，雄王也教孩童们雒越人的歌舞曲调。为了纪念雄王，周围的民众便设立赖林庙（Miếu Lãi Lèn）祭祀雄王。自从有了赖林庙以后，每逢农历十二月三十，周围的民众都会来庙里祭祀雄王。从大年初一至初五，民众还会组织祭祀雄王的唱歌仪式，再现雄王教给的古雒越歌舞，以祈求雄王保佑来年风调雨顺。春曲艺术便发源于祭祀雄王的歌舞仪式。春曲之所以有喧曲的称法，是因为各个春曲坊所供奉的城隍女神名字中有“春”字，为了避讳后来才将“春曲”改名为“喧曲”。春曲艺术最初是在祭祀雄王的仪式当中演出，到了17世纪时，富寿地区的许多村落都修建了供奉城隍的乡庭，专门唱春曲的村落也形成了春曲坊，春曲艺术表演也逐渐从雄王庙宇进入了乡庭。到18世纪时，几乎所有富寿地区的村落都建立了乡庭，每逢乡庭集会组织活动的时候，村子都会专门邀请春曲坊的艺人来乡庭唱春曲，同时纪念古代传说中雄王时期的历史人物。通常，春曲艺术表演一般分为三个步骤：首先是祭祀礼仪唱腔，纪念雄王、神灵、对民对国有功之人及族群祖先；之后是仪式性唱腔，歌颂自然、人民、日常生活；最后是结缘唱腔，表达对于生活、情感、男女爱情的渴望，服务民众的文化生活。

尽管春曲在每年春季的富寿省雄王庙会都进行演出，但是春曲技艺学习的难度高，伴随着时代的发展、现代生活的影响，春曲艺术的传承面临巨大的危机。目前富寿省的春曲艺人仅剩下69人，其中31人年事已高，能够传艺给后人的仅剩8人。为了保护和传承春曲艺术，越南相关部门收集和整理古代春曲词谱，制定政策将春曲习唱纳入当地高中阶段课程，提高民众对春曲艺术的认识。2011年11月，富寿春曲艺术被联合国教科文组织列入《急需保护的人类非物质文化遗产名录》。

6. 南部才子弹唱艺术

越南南部才子弹唱艺术又称才子音乐，是流行于越南南部的一种独特弹唱艺术，其形成的历史并不久远，大约成型于19世纪末。“才子”的意思是善于演奏，对音乐有天赋的人。“弹唱”是指这种音乐形式最初出现时演唱者只有一把琴伴奏，故名弹唱。南部才子弹唱在音乐形式上结合了顺化宫廷雅乐和南部独特的地方音乐形式，体现了17世纪以来越南“南进”垦荒运动中北、中、南音乐文化的结合。南部才子弹唱的一大特色为即兴演出，在表演创作过程中，艺人根据传统的曲调，即兴填词、演唱，具有强烈的个人风格。诞生100多年来，才子弹唱在南部显示出强大的生命力，其表演活动在南方人的家庭日常生活、节庆活动、朋友聚会和农闲时节广泛举行；表演的场地不需要华丽的舞台，只要一块平地、一张草席，艺人们可以在树荫之下，与观众们围坐在一起举杯共饮，一同弹唱。乐师弹奏的乐器也非常丰富，包括越南传统的古筝、独弦琴、琵琶、笛子等，到 20 世纪 30 年代，现代的吉他、小提琴等乐器也融入到弹奏演绎中。

现今才子弹唱艺术在越南南部的普及非常广泛，传播区域遍及南部的安江、巴地-头顿、薄辽、槟椥、平阳、平福、平顺、金瓯、芹苴、同奈、同塔、后江、胡志明市、坚江、隆安、宁顺、朔庄、西宁、前江、茶荣、永隆 21 个省（中央直辖市），成为越南南部的人民日常生活中不可或缺的一部分。2013 年 12 月，南部才子弹唱艺术被联合国教科文组织列入《人类非物质文化遗产代表作名录》，成为越南的第 8 项世界非物质文化遗产。

7. 威任民歌艺术

威任民歌（Dân ca ví，giặm）是广泛流传于越南中部义安省、河静省的一种本地民歌形式，故也被称为“义静威任民歌”。威任民歌实际上包含两种不同唱法的民歌形式：“唱威（ví）”和“唱任（giặm）”。“唱威”意为比喻，“唱任”意为插话；两种唱法通常交替演唱，因此被合称为“威任民歌”。两种民歌唱法总体上都是无音乐伴奏的清唱演绎形式。威任民歌由于在其语调和歌词中多含有义静地区的本土方言，也成为义静地区区别于越南其他省区的一种特色民歌艺术形式。当地人们的俗语说：“什么时候义静人失去本地口音，威任民歌才会消失。”根据越南文化艺术研究院的统计，义静地区目前共有 260 个乡村有演唱威任民歌的习惯，其中义安省有 168 个乡村，河静省有 92 个乡村。威任民歌通常在庙会、联欢、交流时演唱，现在还被搬上了舞台进行表演。

威任民歌在义安省、河静省的流传已超过百年，这种民歌艺术是由义静地区人民在生活与劳作过程中创造出来的，与人民的日常生活息息相关。人们在务农、划船、纺织等活动中演唱威任民歌，因此就产生了如纺织、编网、打柴、爬山、划船、助眠、规劝等曲调。威任民歌的韵律协调，歌词意蕴深厚、感动人心，易记、易唱，带有浓郁的地方特色。威任民歌的歌词内容多为描写生活、反映社会习俗、家乡情感、男女爱情等，歌词中饱含义静人对地方传统文化的理解与传承，其中有很多曲目还具有深刻的教育意义：如教人孝敬父母、忠贞不渝、重情重义、为人诚实等。威任民歌的传授在传统上是以口传方式进行，学习者由民歌艺人直接传授，保证其演唱语调的地方性。威任民歌演唱时通常分为三种形式：单唱、对唱及合唱。“唱威”的歌词通常为六八体诗歌，其语调通常随着歌词的声调而变化；“唱任”的歌词则多为五言诗，演唱节奏感强。

为了保护和传承威任民歌，越南义安省、河静省实施了多种有效的措施来普及和推广威任民歌，如组织民歌比赛，将民歌教育列入学校课程，出版有关威任民歌的资料、图书、音像制品等；义安省、河静省还将威任民歌搬上舞台，将民歌融入到旅游产品当中，使民歌演唱得到弘扬和宣传的同时还创造社会经济价值。2014 年 11 月，联合国教科文组织将义静威任民歌列入《人类非物质文化遗产代表作名录》。

（二）越南民间传统文化的代表作

1. 富寿雄王祭祀信仰

富寿雄王祭祀信仰是越南人祭祀传说中的越南民族始祖——雄王的一项社会文化信仰。雄王祭祀活动最具代表性的核心区域位于越南北部红河平原的富寿省，越南全国各地都广泛流传，其最初发源于民间传统文化信仰活动，后来则发展成为了由越南国家政府主导的国家公祭活动，带有显著的越南民族与国家意识。

雄王原本是越南神话传说中的人物，被越南誉为民族的始祖，其最早出现于公元 13～14 世纪越南陈朝时的神话传说集和史籍当中。《越甸幽灵集》和《岭南摭怪》是最早收录雄王传说的越南神话传说集。陈朝后期的《越史略》是越南最早记载雄王的越南史籍。1479 年由后黎朝史官吴士连等编撰的《大越史记全书》是越南的正编国史，其中参考了越南野史材料，将雄王建国、雄王故事等内容编入《外纪 · 鸿庞纪》中，开启了越南正史将雄王视为民族始祖、开国英雄的先河，此后的越南史籍多借鉴《大越史记全书》中关于雄王建国的观点。

富寿省作为雄王立国传说中国都峰州的所在地，自然成了雄王祭祀信仰的核心区域。

雄王祭祀仪式在每年的农历三月初十进行，富寿省越池市的义领山雄王庙建筑群是祭祀活动的核心区域，整个建筑群包括下庙、中庙、上庙、雄王陵和井庙。相传下庙是妪姬生百男的地方，中庙是雄王与其将领议事的地方，上庙是进行祭拜仪式的地方，雄王陵相传为雄王六世的陵墓，井庙则是最后一代雄王的两位公主照镜梳妆的地方。除了富寿义领山上的雄王庙建筑群，目前越南全国各地已有 1417 个庙宇祭祀雄王。

雄王祭祀已经成为连接越南过去和现在文化、信仰的象征，体现了越南民族饮水思源的文化传统，有助于培养越南民族对于家庭、家乡、国家的感情。雄王祭祀也得到了越南党和国家的高度重视，每年的雄王公祭都有越南党和国家的重要领导人参加，雄王公祭已经成了凝聚越南民族的一项重大活动。2012 年 12 月，富寿省的雄王祭祀信仰被联合国教科文组织列入《人类非物质文化遗产代表作名录》，成为越南的第 7 项世界非物质文化遗产。

2. 河内扶董庙和朔庙荣圣庙会

荣圣庙会是广泛流行于越南北方红河平原的一项传统庙会，主要是为了纪念一位越南传说中抗击外来敌寇的英雄——荣圣，其中最典型的是在河内市嘉林县扶董乡扶董庙及河内市朔山县扶灵乡朔庙举行的荣圣庙会。除此以外，河内周边至少还有超过 10 处不同的乡村都会组织荣圣庙会。

相传在越南雄王六世时，有一次雄王的部落受到一股名为“殷寇”的敌人侵犯，雄王遍寻能人抵抗外侵。在荣村（今河内嘉林县扶董乡）有个孩童应招出战。孩童要求雄王为他铸铁马、铁鞭、帖斗笠，器具铸成后，孩童摇身变成一位身高一丈的强壮青年，骑着铁马，手持铁鞭前去抗击殷寇。平定殷寇以后，孩童到了朔山（今河内朔山县扶灵乡）骑马升天消失不见。雄王为了纪念孩童的功劳，便在他的家乡扶董乡及其骑马升天的扶灵乡立祠庙祭祀，后封为“扶董天王”，由于他所在的村落叫荣村，故也称为“荣圣”。荣圣抗击殷寇的传说最早出现在越南的神话悬疑小说《岭南摭怪·扶董天王传》当中，后因荣圣传说有抗击外敌入侵的英雄主义精神，又被《大越史记·外纪·鸿庞纪·雄王》载录。由于荣圣传说是越南史料关于古越人抗击外敌的首次记载，所以荣圣也成了越人抗击外敌民族英雄精神的最早化身，受到越南历朝历代的推崇。荣圣传说还与越南传统文化中的许多方面相关，如荣圣用竹丛打击敌寇，越南竹文化便与荣圣关联，竹子也成为越南抗击敌寇的英雄。值得注意的是荣圣传说中提到的“殷寇”，有部分越南学者从民族主义的角度出发，将其臆想为中国殷朝的军队，这是脱离史实的说法，陈重金在其《越南史略》中对此予以抨击。

扶董庙荣圣庙会和朔庙荣圣庙会虽同为纪念荣圣的传统庙会，但二者组织的时间和内容有细微的不同。朔庙位于朔山，是荣圣骑马升天的地方，朔庙荣圣庙会在每年的农历正月初六至初八举行。初六的庙会中人们会奉上精心准备的贡品祈福，其中特色的是用细竹编成竹花做贡物。初七会组织重演荣圣的战斗情形。初八进行烧纸马、纸象向荣圣祈福的仪式。庙会中人们还会组织越南民间活动，如斗鸡、下象棋、唱筹歌、演嘲戏等。扶董庙位于扶董乡，是荣圣的出生地，扶董庙荣圣庙会在每年的农历四月初六至十二举行。农历四月初六，扶董乡村民举行迎水游行仪式，代表荣圣兵士出阵前取水洗兵器的意义，此外还有祈求风调雨顺、五谷丰登的含义。初七上午组织斋饭（含米饭和腌茄子）游行仪式，再现村民献粮养兵的活动。初九是正会日，白天组织荣圣士兵操练表演，再现荣圣抗敌的情形。晚上举行模拟犒军宴席，燃放烟花、唱从剧及进行其他民间游戏活动，庆祝胜利。

荣圣庙会不仅是越南的民间文化信仰活动，还是具有历史、文化、信仰、艺术价值的大型"戏剧"，是演绎越南人生存斗争、保卫族群和弘扬做人道理的舞台。2010 年 11 月，联合国教科文组织将扶董庙荣圣庙会和朔庙荣圣庙会列入《人类非物质文化遗产代表作名录》。

3. 拔河游戏和仪式

拔河作为一项祈福、祈愿丰收的农耕文明的活动，在东亚和东南亚各国都流行广泛。在越南，拔河是一种具有祈求风调雨顺、丰收、生活幸福且预测来年农业活动收成结果的社会仪式习俗。人们相信，只要举行和遵守拔河仪式当中的习俗，就会为来年的种植、养殖活动带来好的收成。因此，在越南人看来，拔河并不单纯是一项简单的民间游戏，它还有更深层次的文化含义。

越南的拔河游戏和仪式活动主要在京族生活的北部中游、红河平原和北中部沿海等以稻作文化作为文明基础的区域盛行。此外，北部山区种植水稻的一些少数民族，如老街省岱族、热依族，宣光省岱族，莱州省泰族等，也会进行拔河游戏和仪式活动。目前，老街省、河内、永福省、宣光省、莱州省的拔河游戏和仪式都已被列入了越南《国家级非物质文化遗产名录》。拔河游戏和仪式通常在春季的节日中组织，开启一年的农业生产活动。拔河仪式一般在乡亭的广场举行，拔河的绳索用竹、藤、麻等植物纤维制成，体现人与自然的和谐共处观念。在拔河仪式中，绳索和参赛选手的挑选都要严格遵循各地方的具体规定，参与拔河游戏的两支队伍要人数相同，听从号令，将绳索上用红绸带制成的标记拉至己方区域便胜利。拔河仪式在不同的地区还会被赋予特殊的意义，如岱族人的拔河仪式可以有一男一女两支队伍参加，在整数年份女队获胜的一方将预示着这一年中人畜兴旺。

2015 年 12 月，越南的拔河游戏和仪式被联合国教科文组织列入《人类非物质文化遗产代表作名录》。此次获申遗成功的越南拔河游戏和仪式，是由越南、柬埔寨、菲律宾和韩国四国联合申报的非物质文化遗产项目，也是越南首个与他国联合申报并申遗成功的世界非物质文化遗产项目。

4. 三府圣母祭祀信仰

三府圣母祭祀信仰是越南最具代表性的母神崇拜信仰。三府即天母、林母（地母）和水母。天母为上天之母，掌管天上的风云雷电；林母（地母）掌管山林；水母掌管江河；三者结合在一起表示世间万物之母。三府圣母原本是古代越南先祖对自然神灵的崇拜而衍生出来的自然祭祀信仰，16世纪时，又加入了柳杏圣母的祭祀。越人的母神崇拜祭祀信仰被视为越南的本土民间信仰，其最早始于越南北方，之后拓展至越南中南部地区，在其发展过程中，融入了道教、佛教等宗教的文化元素，是越南本土民间信仰与外来宗教文化紧密融合的典范。根据各地方的地区差异，供奉母神的庙堂并不仅祭拜女性神像，也加入了越南历史名人、民族英雄的神牌。如有些地方就在供奉母神的同时也祭拜兴道王陈国俊及范五老等历史人物，体现了越南人的和谐精神和爱国传统。

拥有400余个供奉母神祠堂的南定省是三府圣母祭祀信仰的中心地。每年的农历三月初三，在南定省务版县金泰乡都会举行盛大的祭拜仪式和庙会活动。人们穿着传统服饰，演奏地方音乐并表演舞蹈举行祭拜仪式、跳神仪式、唱筹文曲等，祈求万物生长、风调雨顺、五谷丰收。2016年12月，越南的三府圣母祭祀信仰被联合国教科文组织列入《人类非物质文化遗产代表作名录》，成为越南第11项世界非物质文化遗产。

第三节 越南国家级文化遗产

越南国家级文化遗产包括非物质文化遗产和特别国家遗迹等。

自2012年12月27日至2017年1月23日，越南文化体育旅游部评选和公布了17批共201项国家级的非物质文化遗产。其中，语言和文字类4项、民间文学类4项、民间表演艺术类50项、社会习俗与信仰类48项、传统庙会类73项、传统手工艺类19项、民间知识类3项。传统庙会、民间表演艺术及社会习俗与信仰三种类型占了遗产总数的85%，其中传统庙会类数量最多，占遗产总数的36%。由于具体名录比较多，这里就不一一列出。

自2009年8月12日至2016年12月22日，越南政府公布了7批共86项特别国家遗迹，在越南特别国家遗迹的地域分布上，共有45个省（中央直辖市）拥有特别国家遗迹，其中河内市拥有的特别国家遗迹最多，为12项；其次为广宁省、北宁省、清化省和广南省分别拥有 4 项；北江省、义安省和平福省分别拥有 2 项；其余省（中央直辖市）分别拥有 1～2 项，具体名录如表 13-3 所示。

表 13-3 越南特别国家遗迹名录

序号	遗迹名称	遗迹类型	所在地区
第 1 批共 10 项，2009 年 8 月 12 日，第 1272/QĐ-TTg 号政府总理决定			
1	河内升龙皇城	历史和考古遗迹	河内市巴亭郡
2	顺化古建筑群	历史和艺术建筑遗迹	承天-顺化省顺化市及香茶县、香水县、富荣县和富禄县
3	美山圣地	艺术建筑遗迹	广南省维川县
4	会安古镇	艺术建筑遗迹	广南省会安市
5	下龙湾	风景名胜	广宁省下龙市和锦普市及云屯县
6	峰芽-已榜国家公园	历史遗迹和风景名胜	广南省布泽县
7	雄王庙	历史遗迹	富寿省越池市、临洮县和富宁县
8	主席府胡志明主席纪念区	历史遗迹	河内市巴亭郡
9	奠边府战场	历史遗迹	奠边省奠边市、奠边县和巡教县
10	独立宫——抗美救国战争完全胜利，解放南方，统一国家纪念地	历史遗迹	胡志明市第 1 郡
第 2 批共 13 项，2012 年 5 月 10 日，第 548/QĐ-TTg 号政府总理决定			
11	华闾古都遗址	历史和艺术建筑遗迹	宁平省华闾县
12	文庙-国子监	历史和艺术建筑遗迹	河内市巴亭郡和栋多郡
13	昆山-劫泊遗址	历史和艺术建筑遗迹	海阳省至灵市
14	胡朝古城遗址	历史、艺术建筑和考古遗迹	清化省永禄县
15	安世起义旧址	历史遗迹	北江省安世县、新安县、越安县和安勇县
16	昆仑岛监狱遗址	历史遗迹	巴地-头顿省昆仑岛县
17	金莲胡志明主席纪念区	历史遗迹	义安省南坛县
18	美和新乡孙德胜主席纪念区	历史遗迹	安江省龙川市
19	北坡遗址	历史遗迹	高平省河广县
20	新潮起义遗址	历史遗迹	宣光省山阳县和安山县
21	定化安全区（ATK）遗址	历史遗迹	太原省定化县
22	南部中央根据地遗址	历史遗迹	西宁省新边县
23	三谷-碧洞景区	风景名胜	宁平省华闾区、嘉远县、儒关县及宁平市
第 3 批共 11 项，2012 年 9 月 27 日，第 1419/QĐ-TTg 号政府总理决定			
24	古螺城遗址	历史、艺术建筑和考古遗迹	河内市东英县
25	陈祠和普明庙遗址	历史和艺术建筑遗迹	南定省南定市
26	白藤江战场遗址	历史遗迹	广宁省汪秘市广安县
27	安子山景区	历史遗迹和风景名胜	广宁省汪秘市东潮县
28	蓝京城遗址	历史和艺术建筑遗迹	清化省寿春县、玉乐县

续表

序号	遗迹名称	遗迹类型	所在地区
29	阮攸纪念区	历史遗迹	河静省宜春县
30	神光寺	艺术建筑遗迹	太平省武书县
31	俄厄-巴栖遗址	考古和艺术建筑遗迹	安江省话山县
32	塔丘遗址	考古和艺术建筑遗迹	同塔省塔梅县
33	三海湖景区	风景名胜	北件省三海县
34	吉先国家公园	风景名胜	同奈省、林同省、平福省
第 4 批共 14 项，2013 年 12 月 9 日，第 2383/QĐ-TTg 号政府总理决定			
35	长山-胡志明小道遗址	历史遗迹	义安省、河静省、广治省、承天-顺化省、广南省、昆嵩省、嘉莱省、多乐省、多农省、平福省
36	二征夫人庙	历史遗迹	河内市糜冷县
37	喝门庙	历史遗迹	河内市福寿县
38	东潮陈朝遗址	历史遗迹	广宁省东潮县
39	陈兴道森林	历史遗迹	高平省原平县
40	贤良-滨海河两岸遗址	历史遗迹	广治省永灵县、由灵县
41	广治古城和 1972 年 8 月 1 日战斗事件纪念地	历史遗迹	广治省广治市、海凌县和肇丰县
42	章善战斗胜利遗址	历史遗迹	后江省渭清市、隆美县
43	扶董庙	历史和艺术建筑遗迹	河内市嘉林县
44	还剑湖和玉山祠景区	风景名胜	河内市还剑郡
45	西腾亭	艺术建筑遗迹	河内市巴维县
46	笔塔寺	艺术建筑遗迹	北宁省顺城县
47	延应寺	艺术建筑遗迹	北宁省顺城县
48	吉婆群岛	风景名胜	海防市吉海县
第 5 批共 14 项，2014 年 12 月 31 日，第 2048/QĐ-TTg 号政府总理决定			
49	李朝皇陵和宗庙	历史遗迹	北宁省慈山县
50	陈朝皇陵和宗庙	历史遗迹	太平省兴河县
51	西山三杰庙	历史遗迹	平定省西山县
52	沥涔—吹蔑战役遗址	历史遗迹	前江僧州城县
53	山罗监狱遗址	历史遗迹	山罗省山罗市
54	富国监狱遗址	历史遗迹	坚江省富国县
55	永木地道遗址	历史遗迹	广治省永灵县
56	赵夫人遗迹区	历史和艺术建筑遗迹	清化省厚禄县
57	师寺（天福寺）和柴山区域	历史和艺术建筑遗迹	河内市国威县
58	佛迹寺	历史和艺术建筑遗迹	北宁省先游县
59	宪铺遗迹区	历史和艺术建筑遗迹	兴安省兴安市
60	朔庙	艺术建筑遗迹	河内市朔山县
61	西方寺（崇福寺）	艺术建筑遗迹	河内市石室县

续表

序号	遗迹名称	遗迹类型	所在地区
62	吉仙遗址	考古遗迹	林同省吉仙县
第6批共11项，2015年12月23日，第2367/QĐ-TTg号政府总理决定			
63	昆蒙洞及周边区域遗址	考古遗迹	清化省石城县
64	行贡巨石墓	考古遗迹	同奈省隆庆县
65	杨龙占婆塔	考古遗迹	平定省山西县
66	平山塔	艺术建筑遗迹	永福省庐江县
67	永严寺	历史和艺术建筑遗迹	北江省安勇县
68	陈商庙	历史和艺术建筑遗迹	河南省李仁县
69	阮秉谦供祠	历史遗迹	海防市永保县
70	奠边府战场遗址	历史遗迹	奠边省奠边府市、巡教和奠边县
71	越南南部解放军指挥部	历史遗迹	平福省禄宁县
72	古芝地道遗址	历史遗迹	胡志明市古芝县
73	西天-三岛风景区	历史遗迹和风景名胜	永福省三岛县
第7批共13项，2016年12月22日，第2499/QĐ-TTg号政府总理决定			
74	华莱塔	考古和艺术建筑遗迹	宁顺省顺北县
75	婆克朗嘉莱塔	艺术建筑遗迹	宁顺省藩朗-塔占市
76	同阳佛院遗址	考古遗迹	广南省升平县
77	安辅-敬主-衽阳景区	历史遗迹和风景名胜	海阳省京门县
78	神光寺	艺术建筑遗迹	南定省春长县
79	普陀寺	历史和艺术建筑遗迹	北江省越安县
80	阮庭炤墓及纪念区	历史遗迹	槟椥省巴知县
81	南坛潘佩珠纪念区	历史遗迹	义安省南坛县
82	北山起义遗址	历史遗迹	谅山省北山县
83	则屯安全区（ATK）遗址	历史遗迹	北件省则屯县
84	越南共产党第二届全国代表大会纪念会址	历史遗迹	宣光省占化县
85	槟椥同起武装斗争遗址	历史遗迹	槟椥省楳棋南县
86	达-新景战役胜利遗址	历史遗迹	昆嵩省达多县

资料来源：2009年8月12日至2016年12月22日，越南政府公布的7批《特别国家遗迹名录》

第十四章　印度文化与西方文化的影响

纵观越南文化发展史可知，外来文化对越南文化的形成和发展具有重大的影响，他们以不同的方式在不同时期、不同层面影响着越南文化。越南文化与外来文化的交流融合经历了三个关键性阶段：第一阶段是中古时代中印文化的传入，其中中国文化对越南文化的影响最为深远，因其他章节已有论述，本章不再赘述。印度文化作为一种宗教性质的文化，对越南或者说整个东南亚古代文化的影响首先表现在宗教信仰方面，进而影响当地的政治、建筑、文字和文学等方面；第二阶段是近代法国殖民统治时期法国文化的推行，法国文化作为一种殖民文化，一方面中断了越南传统文化的自主发展，另一方面也在客观上推动了越南文化的近代化，为越南文化注入许多西方元素；第三阶段是第二次世界大战后以美国文化为主的西方文化的涌入。美国取代法国控制越南南部，为其侵略的需要在越南南部推行长达 20 多年的新殖民文化政策，对越南南部的社会文化产生重大影响。直至当代，在经济全球化的浪潮中，以美国文化为代表的西方文化越来越影响着越南年轻一代，越南传统文化在受到冲击的同时也吸收借鉴了不少西方现代文化元素。

第一节　印度文化的痕迹

印度文化对古代东南亚各国影响深远，时间跨度约从公元初年至 15 世纪西方殖民者入侵之前。在印度文化传入东南亚之前，东南亚地区已经形成了当地的史前文化。印度文化传入后，当地文化主动地选择吸收印度文化，把许多印度文化因素融入其文化内涵中。当今东南亚各民族文化中留下了深度不一的印度文化痕迹，特别是在宗教信仰、文字文学、建筑雕刻方面。如今中南半岛上的上座部佛教文化圈、某些民族语言中梵文成分占一定比例，在某些民族文化中依然保存着婆罗门教的某些传统，一些国家仍保留许多受印度文化影响的建筑物，或梵文碑铭等。这些都见证了印度文化与东南亚当地文化的交流与融合，进而发展形成今东南亚各国文化中的一部分。

在今天的越南文化中，也保留有印度文化的痕迹。印度文化传入越南后与越南北部、中部和南部形成不同程度的交流。相对而言，历史上越南北部主要受到中国文化的影响，而越南中部和南部则更多被印度文化影响。特别是在印度文化的影响下这两个地方曾经出现灿烂一时的占婆文化和扶南-真腊文化。虽然占婆、扶南（真腊）已经灭亡，但是这些古国的文化流传下来，逐渐演变融合成今越南中部的占族文化、越南南部和柬埔寨的高棉文化。追溯印度文化传入后与这三个地区的文化的交流与融合，可以看到印度文化如何影响了越南古代文化的发展及现今越南北部、中部、南部地区不同的印度文化遗迹。

一、北部

越南北部是越南古代文明的发祥地，印度文化对该地的影响比较小，一方面，由于历史上越南北部曾受中国封建王朝统治，中国文化作为官方文化支配着该地文化的发展，印度文化的影响被大大削弱。另一方面，印度文化从印度北方传入中国，经过中国本土化后再传入越南北部，因此印度文化对越南北部的影响较为间接。但是并不能完全否定越南北部处于印度文化的影响之外，如李谋在《析印度文化与古代东南亚》一文中讲道："越南北方也发现古代当地改编的《罗摩衍那》的口头文本，把安南变成十车王的阿耶陀国。15 世纪下半叶越南黎朝作家武琼编辑的越南古代神话传说集《岭南摭怪》中有一篇《夜叉王》共 160 余字，实际上也是另一篇越南改编的《罗摩故事》。"[①]由此可见，印度文化曾经影响了越南北部。

越南北部受印度文化影响最显著的例子是越南佛教文化的形成。越南是受大乘佛教影响的国家，佛教在越南人民的宗教信仰中居首位。至今越南佛教的信徒有近 1 千万人，分布在全国各地。佛教对越南的文化和社会有着深刻的影响。追溯越南佛教发展的历史，可以看到早期越南佛教曾像东南亚其他国家一样受印度文化东传的影响，盛行上座部佛教。但是进入郡县时期后，中国文化作为官方文化在越南北部推行，中国大乘佛教开始在北部广泛传播，其影响远超印度的上座部佛教。后来越南北部进入独立封建王朝时期，大乘佛教曾被尊为国教，随着越南北部封建王朝不断向南扩充领土，大乘佛教也跟着进入越南中部、南部地区，只有一些少数民族因没有被同化，仍然信奉上座部佛教，如南部的高棉族。因此与中南半岛上上座部佛教文化圈的泰国、柬埔寨、老挝这些国家不同，越南佛教同时结合了大乘佛教与经海上传来的

① 李谋：《析印度文化与古代东南亚》，《东南亚南亚研究》2009 年第 3 期，第 67-73 页。

印度佛教并经过本土化形成了自身的佛教文化，体现在越南一些佛教建筑、佛像雕刻艺术上都可以同时看到印度佛教与大乘佛教的影响，以及其本土文化的元素。在文字上，越南语词汇中同时存在“But” 和“Phat”来指代“佛”，“But”源于印度 Buddha（佛）一词，“Phat”则源于中国“佛”的汉越音。这两个词同时并存于越南词汇系统中，但分工不同。根据越南学者的观点，因为历史上中国文化在越南的影响较为强势，印度文化逐渐转向民间，与民间文化结合，所以“But”一词主要出现在越南民间传说中，代表着善良、博爱的人物，是为“ong But”，而“Phat”是指大乘佛教中的诸位佛，是传统宗教信仰中的大佛。

二、中部

占族文化历史悠久，在历史上占族的祖先在今越南中部创造了沙黄文化。公元初年，印度文化传入此地，经过林邑国时期和占婆国时期的全面传播，印度文化逐渐渗入占族的日常生活，使得古代占婆国的政治、社会、宗教、文学艺术都深深烙上印度文化的印记。正如印度学者格尔特斯·萨摩（Geetesh Sharma）在其《在越南的印度文化遗迹》一书中的看法，占族文化的起源受到印度文化的影响，在占族文化中有诸多印度文化要素。现今占族人的文化中，仍然可看到印度文化留下的遗迹，特别是在宗教信仰、建筑艺术、雕刻技术等方面。

在宗教信仰方面，占婆国曾受印度婆罗门教和南传上座部佛教的影响。最初传入占婆国的是婆罗门教。由于婆罗门教服务王权的思想深受占婆国统治者的推崇，被确立为国教。婆罗门教在占婆国十分盛行并全面影响政治、建筑、文学等方面。但是随着占婆国的灭亡，婆罗门教的影响逐渐淡化，经过历史演变发展至今的婆罗门教已不是原始的婆罗门教，而是被本土化的婆罗门教，在越南占族文化中被称为 dao Ba Cham，在教义、神灵体系、祭拜仪式等方面已经完全脱离了印度原始的婆罗门教。

宗教、建筑与雕刻艺术是占族文化的核心，虽然婆罗门教已经淡出越南当今社会，但是它仍然存在于占族的建筑和雕刻艺术之中。占婆国于 9～10 世纪在美山建了一些寺庙，这些寺庙与印度婆罗门教建筑艺术风格极为相似，这些遗址遗留至今，成为美山圣地遗址，被列入《世界文化遗产名录》。占塔是占族文化的标志之一，占塔的修建可以看到印度宗教对占族文化的影响。占族的占塔源于印度婆罗门教建筑，塔形源于印度神话传说中的须弥山，但是也融合了当地的山地风貌。在占族文化中，占塔并不是教徒们朝拜祷告的地方，而是用于祭祀历代国王，相当于皇陵，从形状上人们把它叫作塔，但其实占族人称为墓。此外印度文化对占族雕刻艺术也有重要的影响，占塔建筑与雕刻艺术以印度宗教神学思想和神普中各种神灵为主题。由此可见，占塔是占族人对印度文化的吸收并本土化的结果。

此外，随着印度文化的传入，梵文作为古代印度最重要的文字，也随着婆罗门教、佛教经典传入占婆国，占族人在学习梵文的基础上创造了自己的民族文字——占文，今天的占族仍然使用。现在占族还流传一些民间舞蹈，如扇舞（Tamia Tadid）、罐舞（Tamia Dwa Buk）、巾舞（Tamia Tanaik）、踏火舞（Tamia Jwak Apwei）和划船舞（Tamia Wahgaiy），几乎所有这些占族传统舞蹈都带有明显的印度特色，与现在印度的民间传统舞蹈相似①。

越南学者黎春边和武金绿的《占婆的珍贵古物》认为占婆国的各种金银首饰都是从印度进口，一些印度人来越南中部和南部定居，随身带入一些金银首饰和一些陶器，而且还邀请制作金银首饰的工匠。在占婆国朝廷的庇护与鼓励下，迁移来的印度工匠制造了千万种印度风格的金银首饰，这些古物现在已经被发掘出来并保存于越南各地博物馆。

总之，印度文化深刻影响古代占族文化，但古代占族并非全盘接受印度文化而将原先的沙黄文化完全抛弃，而是把印度文化与本土文化相融合，在这个过程中一些本土化的印度文化因素在占婆国灭亡后仍得以保留，而那些严重依附于王权的成分则随同占婆国的灭亡而消失。因此现今的占族文化是传承自古代的沙黄文化、占婆文化与印度文化的综合体。

三、南部

历史上，越南南部地区曾先后是扶南王国、真腊王国的疆域，在进入扶南和真腊时期之前，这里的早期居民已经创造了自己的文化，最具代表性的是同奈河流域文化。随着印度文化东传，扶南王国的建立，当地的早期文化开始与印度文化交流融合，经过扶南时期、真腊时期的发展，形成了历史上灿烂一时的扶南-真腊文化。扶南-真腊文化已经融合进越南南部文化区中，特别是与其有一脉相承的高棉族文化，仍有许多古印度文化的遗迹。

越南高棉族主要生活在湄公河三角洲一带，与柬埔寨高棉族同属扶南王国的后裔，高棉族在语言、文字、宗教信仰等方面深受古印度文化影响。在

① 陈英德：《印度文化在占婆的传播及影响》，云南大学博士学位论文，2015 年。

语言文字方面，高棉族在印度梵文的基础上创立了古高棉文字，是今柬埔寨文字的前身。宗教上信奉上座部佛教，宗教文化深刻影响了高棉族生活的各个方面。同时建筑风格也深受印度文化的影响，这些影响体现在一些具有宗教性质的建筑物上，从建筑模型到雕刻艺术无不带有印度建筑风格，当然这些建筑并不是完全按照印度宗教建筑修建，而是通过将印度文化融入高棉文化，从而形成自己的建筑特色。

在越南早期文化与印度文化的交流融合过程中，可以看到印度文化对越南文化的影响有两大特点：一是当地民族作为文化的接受者并不是完全被动的，而是主动地接受印度文化，或是将印度文化本土化。在印度文化传播之前，越南北部、中部与南部都形成了当地的本土文化，它们都以本土文化为基础，将印度文化融合到本土文化中。二是印度文化的影响比较浅显，印度文化传入越南是以宗教为统领，特别是印度的婆罗门教最初是适应统治阶级的需要，而暂时成为占统治地位的宗教，进而影响政治、文字文学、建筑艺术等方面，但是随着王国的灭亡，印度这些文化也随之消失，只有少数本土化的因素保留下来。因此相对于中国文化、法国文化而言，印度文化在越南文化中保留甚少，几乎只能从占族、高棉族这些少数民族文化中看到印度文化的痕迹。

第二节　法国文化的遗产

越南是东南亚地区受法国文化影响最深的国家。法国文化进入越南最早可以追溯到16世纪中叶，但这一时期主要是以传教士传教为主，并未全面影响越南社会。直到19世纪以后，越南进入法国殖民统治时期，为了巩固殖民统治，法国殖民当局大力推行文化方面的同化政策，法国文化被大量灌输到越南。法国人对于越南文化发展的影响主要体现在两个方面，一方面法国人打断了越南传统文化的发展轨迹（切断与中国文化的联系）。另一方面，法国文化的传播也为越南文化注入新的元素，在80多年的时间里，逐渐成为越南文化的一部分，使得越南文化中保留着许多本土化的法国文化遗产，对越南人的生活产生深远的影响。这些影响主要表现在以下多个方面。

一、宗教信仰

法国文化对越南文化重要的影响之一是将天主教传入越南。虽然最早到越南传播天主教的并非是法国人，但是天主教得以在越南发展壮大主要是由于法国人的强制推动。

天主教传入越南的途径是曲折的。根据《钦定越史通鉴纲目》的记载，最早在1533年就已经有天主教传教士到越南传教，但是由于语言不通、缺乏经验等原因，初次传教并未成功。16世纪末至17世纪中叶，一些意大利、葡萄牙和西班牙的传教士再次来到越南。在这个阶段，天主教在越南的传播得到一定的发展，教徒发展至10万人。17世纪末，西班牙和葡萄牙的力量日渐衰落，罗马教皇将越南的传教权交给法国传教士。自此法国传教士开始致力于越南天主教的传播。然而天主教与越南传统信仰的冲突、越南民族对天主教的抵制及后来越南阮朝的禁教政策使得天主教的传播再度受阻。直至19世纪法国殖民者的到来，在军事、制度与政策的庇护下，天主教在越南得到了合法地位，在法国殖民统治期间，其势力在越南迅速膨胀。经过400多年的发展，如今在越南已经发展成为仅次于佛教的第二大宗教，信教徒约600万，分布于全国50个省市。

天主教传入越南后，与越南传统文化相融合，形成了具有越南本土特色的宗教文化，如在天主教的圣礼中加入越南民间传统文化因素：锣鼓队、民间文艺表演和诵读诗文等。越南的天主教教徒在对圣母玛利亚的崇拜中，将圣母女神化，加入民间信仰中的实用性特点。总之，从仪式到内容等都演变成带有越南民族特色的天主教文化。随着天主教在越南的发展，其不仅丰富了越南人的宗教信仰，同时对越南建筑、文学艺术、语言文字、生活方式等领域都产生了重要的影响，天主教的家庭观、婚姻观、集体观等为越南传统文化注入新鲜的元素。

二、语言文字

法国文化对越南语言文字的影响主要体现在三个方面：一是废除汉字，结束了汉字作为越南官方文字的历史；二是天主教的传播促使越南现今官方文字——拉丁国语字的诞生；三是法国殖民统治时期法语在越南的普及使得当今越南语词汇中存在不少的法语借词。

在法国殖民统治时期之前，越南封建王朝一直使用汉字作为官方文字，书面语也是汉字。但是越南民间很少有人懂得汉字，他们一般都讲当地语言——越南语，因此越南当时面临的是官方用语脱离民众，口语与书面语不一致的语言文字情况。为了解决书面语与口语的矛盾，越南民族曾在汉字的基础上创立了土著文字——喃字。但是喃字来自汉字，没有汉字基础的人并不能学好喃字。这种状况一直持续到法国文化的传入、拉丁国语字的诞生才得以解决。

西欧的传教士到越南传教最大的困难就是语言问题，由于汉字对他们来说比较困难，他们使用拼音文字来记录越南语的读音。开始时，各传教士使用的拉丁文字互有差异，后经不断地整理和改进，逐渐趋于统一。后来法籍传教士罗历山在西班牙、葡萄牙等国传教士拉丁文字记录的基础上，对越南北部的发音进行了更深入的综合研究，同时在越南汉学家的协助下，于1651年在意大利罗马出版了《越-葡-拉字典》和关于加入天主教接受洗礼的《八日教程》。这两部著作在越南拉丁文字史上占有重要的地位。罗历山使得越南拉丁文字趋于统一，其使用的越文字母，除个别外大体与现在越文字母相同，因此他被视为越南拼音文字的创始人。拉丁国语字诞生后，越南当时国内存在三种语言同时并用，即汉语、法语及拉丁国语。法国殖民统治时期结束后，法语不再是越南当局的官方文字，由于拉丁国语字简单易学，加上越南民族在争取民族独立的过程中，民族主义意识的觉醒，越南民族主义者试图利用拉丁国语字作为文化独立的基础“去法”“脱汉”，经过长期的推广和普及，它被确立为今天越南的官方文字。随着拉丁国语字合法地位的确立，在人民群众中的普及，它从根本上解决了越南人口语和书面语、本族语和外族语长期脱节的矛盾。

法国殖民统治时期，法语取代汉语成为殖民当局的官方文字，随着越法学校对法语教育的普及，一些越南人掌握了法语，虽然法国殖民统治时期结束，但是在现今越南语词汇中，法语成为仅次于汉语的外语借词。一些越南语的拼音与法语语音相当接近，如 ô-tô，cà phê，ga tô ba lô 分别来自法语的 auto；cre me；gateau，ballot 等。法语在越南比较常见，越南电视台 VTV4 推出法语新闻节目，VCTV6 和 VTV2 有专门教法语的讲座，VCTV1 和 VCTV7 则经常播放法国影视剧。不少宾馆和咖啡馆都用法语菜单和提示牌。[①]

三、教育体系

越南受中国教育传统的影响，古代也实行科举制，直到法国殖民统治时期，科举制才被废除，取而代之的是法国近代教育体制。为了向越南人灌输法国文化，在精神上实行愚民政策进而巩固其统治，教育成为法国殖民者推行其同化政策中的一项重要内容。

① 陈海丽：《法国文化对越南现代生活的影响》，《创新》2009年第10期，第17-19页。

1864 年，法国在西贡开办的第一所法越学校为百多禄主教学校，以教授法语为主，拉丁国语字与汉语为辅。随后 1868 年建立西贡市政学校、1874 年建立见习官员学校。到 1869 年，南圻各省的法语学校多达 120 所。[①]在占领之初，为了笼络越南的封建势力，旧式的私塾、科举制度和新式学校是并存的，但在 19 世纪末之后，这一状况有了很大的改变。由于儒学教育在越南的影响力，这种教育不受殖民政府的控制，对殖民统治构成了威胁，法国殖民当局决定摧毁儒学教育，瓦解越南人传统的价值体系。1918 年，法国殖民当局决定全面废除旧式的私塾教育体制及科举制度，推行法式教育体制，拉开了越南近代教育体制的序幕。法国殖民当局颁布一系列法令，法越教育体系逐步确立下来，它实行的是小学、中学、大学三级的近代普通教育制度。小学是六年制，中学教育也是六年制，前四年是初中教育，后两年为高中教育。在法越教育体制下，到 1936 年，整个越南已经有 4 所中学，18 所高小及师范学校，430 所全科小学，1 所大学[②]。

然而法越教育体系是为法国殖民服务，随着越南民族意识不断觉醒，越南人也开始建立新式学校，如东京义塾，它虽与法越学校有相似之处，但它是以开启明智、教育救国为出发点，是越南维新人士尝试引入当时西方较为先进的知识体系和教育方式的结果。法国殖民时期结束后，越南在近代教育体系的基础上不断探索完善，最终形成现代越南教育体系。

四、饮食文化

越南曾经是法国的殖民地，法国的饮食习惯深刻地影响了当地的饮食文化，至今仍然保留在越南人的现代生活中，成为越南饮食文化的一部分。法国不仅给越南饮食带来了咖啡、法棍、沙拉等西方饮食，西餐的饮食礼仪也被带入越南，越南餐馆的桌面上总是摆放着西餐用的刀叉和中餐用的筷子，这体现了越南饮食兼具东西的特点。

咖啡是随着法国殖民者进入越南的。1857 年法国殖民者将咖啡树引进越南，最初仅种在教堂。1888 年第一批咖啡园在义安省和北部一些地方出现。1920～1925 年，法国在西原大面积开垦咖啡园。19 世纪前期法国非常盛行滴漏咖啡，当法国入侵越南时，法国军人也随身带着咖啡和滴漏壶，滴漏咖啡就是从那时由法国人传入越南的。[③] 现在越南仍然保留着滴漏咖啡的冲泡方

---

① 汪新生：《论法国殖民政策与越柬关系》，《东南亚研究》1986 年第 1 期，第 95-108 页。
② 贺圣达：《东南亚文化发展史》，云南人民出版社 1996 年版，第 374 页。
③ 陈海丽：《法国文化对越南现代生活的影响》。

式，同时喜欢加入炼乳（加炼乳是越南咖啡的特色）。在越南人的现代生活中，咖啡不仅是一种饮品，而且已经成为一种生活方式。在越南随处可见各式各样的咖啡馆，消费群体从普通劳动者、学生到白领阶层，不管是休闲聚会还是办公洽谈他们都会选择去咖啡馆，因为越南的咖啡消费非常平民化，不仅价格低廉，而且品质很高。咖啡从最初的舶来品已经本土化形成越南特色的咖啡文化——平民咖啡。

除了咖啡，法棍也是法国文化带给越南饮食文化的一大特色。法棍成为越南早餐必不可少的组成部分。法棍的食用方式有很多种，在餐馆中一般直接单吃。在街边叫卖小吃中最常见的是在中间切一道口，放入火腿、煎蛋、猪肉末、青菜等。不管是在餐馆，还是街边，这种法棍都十分受越南人的欢迎。受法国文化影响，沙拉也是越南常见的菜品。越南在吃主食时都会配上一道沙拉作为开胃菜，做法既有西式的，也融进越南本土一些佐料如鱼露、食醋等。总之，法国饮食文化在越南饮食中留下不少印迹，丰富了越南的饮食文化。

五、建筑文化

法国建筑文化对越南建筑的影响表现在两方面，一方面现今越南仍保留着许多法国殖民统治时期法国人修建的法式建筑。由于天主教的影响，越南出现许多法式教堂，在越南许多大城市都有天主教堂，如河内大教堂、西贡红教堂（也叫西贡圣母院）等。此外法国人还修建许多大型建筑如河内大剧院、同春市场、胡志明市中央邮局、胡志明市统一宫等，这些遗留下来的法式建筑已经成为越南著名的旅游景点。另一方面，法国建筑文化也影响了越南传统的建筑文化。法国殖民统治时期一些法国建筑师在越南修建法式建筑时，也结合越南当地的自然人文因素，构建了具有越南特色的法式建筑。同时越南建筑师也接受了法国的职业培训，开始接触建筑设计图，利用水泥、钢筋等新型建筑材料，并学会了都市规划建设等近代建筑知识。如今越南人民的建筑审美中透着浓浓的法式浪漫。法国人认为象征高贵与权力的黄色，也成为越南建筑色彩重要的组成部分。现在越南一些大城市如河内、胡志明市等修建了许多法式的别墅，成为城市一道亮丽的风景线。

第三节　美国文化的影响

美国文化对越南文化的影响可以分为两个时期。第一个时期是越南战争期间（1954～1975 年），美国新殖民文化在越南南部的传播；第二个时期是越南革新开放以后，在经济全球化背景下以美国大众文化为代表的当代西方文化对越南当代文化的影响。

一、战争时期

第二次世界大战后，美国成为世界上首屈一指的经济和军事大国，为阻止国际范围内的社会主义运动，美国不仅通过马歇尔计划来拉拢欧洲同盟各国，同时也把眼光投向东南亚地区，欲把东南亚地区作为打入亚洲大陆的跳板，而越南南部则成为美国计划的着陆点。美国对越南南部的干涉使越南战争持续了 20 多年。军事干涉之后紧跟而来的是文化思想上的奴化，越南战争期间，美国在越南南部积极进行文化上的宣传，建立了许多文化传播机构，主要包括：美国新闻处（USIS），成立于 1953 年，这个机构的任务是设置阅览室，图书馆，开立英语班，实施学生、教授交换计划，组织放电影活动、文艺表演，为许多艺术家的活动当“赞助商”，印刷宣传资料，给当地新闻、资讯、文化机关提供信息和设备，等等；美国联合公共事务局（JUSPAO）则加强心理战争，宣传美国文化、美国生活方式，吸引越南南部城市青年、知识分子参加美国和西贡政体举行的活动，以期形成亲美、防共的民众心理；美国中央情报局也是一个宣传美国新殖民文化的组织，投资建立受其控制的出版机构、拉拢文化人士，推动美国新殖民文化在越南的传播及奴化越南人等。通过上述机构，美国文化在越南的传播有了制度上的保障。此外，吴庭艳亲美政权、美国军人、赴美留学回国的越南人等，都是美国文化在越南南部传播的助推器。美国文化在这个时期主要作为美国奴化越南人的思想武器，甚至给越南南部带来一些消极方面的影响，如淫乱的色情文化、金钱至上的物质主义、个人享乐主义等西方腐朽的资本主义价值观，对越南传统文化价值观造成一定的冲击。不过在客观上，美国文化给越南南部地区文化注入不少西方现代元素，特别突出在以下几个方面。

1. 现代生活方式

为了满足美国军人在越南的生活需求，美国大量的生活必需品传入越南市场，美国汽车、电视机、冰箱、电影拍摄设备等工业产品相继出现在越南南部消费市场，这些从美国传入的消费品给越南南部带来现代的消费方式。除了生活必需品，一些娱乐性的产业也在越南南部发展起来，如电影电视、报纸杂志、歌舞厅等，虽然这些现代文化产品并非大众化，而是集中在少数人中，但是在某种程度上影响和改变了越南南部的社会原貌。从客观上，对越南南部现代化发展奠定了一定的物质和文化基础，特别是把西贡变成印度支那最繁华的文化和经济中心。

2. 新闻报刊业

由于新闻报刊业是美国文化传播的重要中介机构之一，因此西贡报刊业日益兴盛，上百家报社、杂志社诞生，私人出版社也日益发展起来。受殖民当局管控，多数报纸杂志的内容主要是宣传美国战争策略，或是反共思想等。但是在一定程度上也提高了人民的认知水平和拓宽了视野。此外，1965～1970年，打印机、印刷机等一些现代化工业设备大量传入越南，使得西贡报刊的印刷速度加快，越南的报刊业开始步入工业化的初级阶段。

3. 影视产业

电影电视也是美国文化传播的载体之一。受西方影视制作的影响，西贡影视产业在此期间也得到长足的发展。1959 年，西贡信息部下属的国家影视中心成立，这标志着西贡影视产业的诞生，至 1971 年西贡已经生产了 18 部电影。这个影视中心在制作资料纪录片的同时，也给一些私人的影视公司提供技术指导。据统计，至 1972 年，越南南部诞生了 48 家影视公司。在 1973～1975 年，越南南部总共出产了约 200 部新闻纪录片及 170 部电视剧。[①]这些影视作品在西贡各大电影院上映，随后一些私营公司也将影片以盈利的目的在各乡镇上映。

4. 教育系统

由于美国奴化教育的需要，越南南部教育系统在美国的影响下也发展成美式的教育体系，并且得到很大的发展。据 1970～1971 年数据显示，西贡当时有 7978 所小学，2 717 036 名学生；有 886 所初中，约 711 240 名学生。[②]越南南部高等教育体系在美国的全额资助下开始发展成为现代大学意义的高等学府，模仿美国教育体系下设各院系。1974～1975 年，越南南部总共成立了 7 所公立大学。这些学校虽然主要是承担奴化越南人思想的机构，但是它们也教授了一些西方的科学文化知识，如现代耕种、饲养技术、裁缝、烹饪、幼儿保健等现代技能。特别是美国培养的一些具备现代知识技术的越南知识分子，成为日后越南社会主义共和国经济建设的主力军。

---

① Phong Hiền: *chủ nghĩa thực dân mới kiểu Mỹ ở miền Nam Việt Nam*, Nxb Thông tin lý luận, Hà Nội, 1984, tr. 194.
② Phong Hiền: *chủ nghĩa thực dân mới kiểu Mỹ ở miền Nam Việt Nam*, tr. 238.

由于越南战争这段特殊的历史时期，美国对南越政权大量资金的援助使得南越受西方现代文明的影响较早，美国的自由主义、人权意识、民主观念等先进思想传入使得城市文化更为开放，城市建设更为西化和繁荣。但是这些都是建立在美国援助上的虚假繁荣，美国文化的影响也只是集中在新闻报刊、思想教育等这些用于奴化越南人思想的领域。美国文化真正全面影响越南、影响力度更大是在越南革新开放后的发展时期。

二、革新开放以后

在20世纪人类文化的交流史上，美国文化对世界各国和地区的文化产生的影响是最广大且最深入的。尤其是20世纪90年代以后，在全球化和信息化浪潮的推动下，以大众文化为代表的当代美国文化如潮水般涌入世界各地。越南在革新开放与融入国际化过程中，也全面受到以美国文化为代表的当代西方文化的影响。这个时期美国文化主要通过文化外交、文化贸易及新闻媒体等输出方式全面影响越南社会。文化外交作为一个国家的软实力日益得到各国的重视，美国作为第二次世界大战后崛起的文化大国特别重视文化外交在对外关系中的重要。美国对积极开发研究国际关系理论的政策研究机构给予极大的支持和鼓励，这些研究院包括布鲁金斯学会、美国各大学研究中心等。这些研究机构积极在越南传播美国文化。如现今在越南河内美国大使馆下属的美国中心专门提供美国各方面文化信息，每天都免费对外开放，并定期主持一些文化活动以宣传美国文化。此外，美国通过美国政府奖学金、政府互换生等教育领域合作的方式吸引越南学生到美国留学接受美国文化教育，拓展美国文化对外传播的层次和渠道。

1. 美国大众文化

美国文化主要是通过文化产品传入越南，这些文化产品主要包括美国影视剧、广播、流行音乐、报纸、杂志、畅销书等。这些给人们非常直观的听觉和视觉感受，使得人们不知不觉地接受。伴随在这些文化产品中的美国大众文化得以在越南传播。美国的大众文化主要是指以快餐麦当劳、必胜客为代表的美国饮食文化，以牛仔裤为代表的美国服饰文化，以NBA为代表的美国体育文化，以苹果公司为代表的美国科技品牌文化，以好莱坞影片为代表的美国影视文化，等等。[①]这些美国大众文化传入越南后，极大地影响了越南

① 赵轩：《全球化时代美国文化输出战略研究》，吉林大学博士学位论文，2014年。

人的日常生活。在饮食方面，越南人日益受到美国饮食的影响，一些美国知名的快餐品牌在越南很受欢迎，如麦当劳、必胜客等，这些品牌很早已进驻越南并得到迅速发展，特别是在越南一些特大城市如胡志明市、河内市等。在影视娱乐方面，美国好莱坞影视剧、摇滚爵士音乐、街道涂鸦艺术等方面对越南年轻一代影响极大，深受他们的推崇。

2. 美国社会价值观

除了这些看得见的美国文化产品在越南传播，其蕴含的生活方式、道德伦理、价值观念等也不知不觉地得到越南人接受和认同，这些美国社会价值观一方面解脱了越南人的思想束缚，如个人主义、民主思想等美国典型的文化价值观的传入，使得越南人际关系中更加注重个人的独立性，在家庭关系中更加开放，在男女关系中开始追求地位的平等，同时这些思想也被融入越南文学、语言、电影意识等文艺创作中，使越南当代的思想潮流多样化。另一方面越南传统的文化价值观也受到一定的冲击，如过度的追求自我、注重自我利益，使得越南传统注重孝道、长幼有序、尊师重道等传统价值观受到一定的冲击。同时物质主义、唯利是图等西方资本主义腐朽思想的传入也造成许多的社会问题。如贪污腐败已成为越南当今社会的一大问题，越南已是亚洲地区贪污腐败最为严重的国家之一。

综上所述，越南文化的发展同时也是越南文化与外来文化交流与融合的过程。越南文化从起源至今，受中国文化影响最深，其次主要是受到印度文化、法国文化和美国文化的影响。印度文化对越南影响主要处于史前文化到早期文化发展期间，发展至今，印度文化在越南主体民族文化中遗留的痕迹较浅，主要是在占族、高棉族这两个少数民族文化中遗存。如越南占婆文明（特别是占婆遗址）是印度文化与越南文化交流的一大成就，为人类留下丰富的文化遗产。到了近代，法国文化在殖民时期作为官方文化在越南全面推行，对越南文化的影响是全方位的，从宗教、教育到饮食、建筑等都受到法国文化的影响，因此在现今越南人的生活中法国文化遗迹随处可见。美国文化主要是对越南现当代文化的影响较大，集中体现在美国大众文化、社会价值观两大方面。当然在全球化的今天，除了美国，韩国、日本等现代文化强国都对越南现代文化造成一定的影响，各国文化相互交流是不可避免的，文化交流是一把双刃剑，有积极影响也有消极影响，因此怎样处理民族传统文化与外来文化的关系是当代越南文化面临的重要问题之一。

第十五章　结语：越南文化的特点、发展趋势与中越文化交流合作

越南是一个东南亚国家，但其文化与本地区其他大多数国家不同，而与中国文化关系密切。新形势下，越南文化既表现出西化的倾向，也有对汉文化认同的趋势，有时更是呈现其民族主义的一面。如此情况下，如何推进中越文化交流合作？值得探讨。

第一节　越南文化的特点

越南民族、国家在漫长的发展历史长河中，创造和形成了自己的文化。越南文化极具包容性，在多源融合中国文化、印度文化、西方文化色彩明显，汉文化更是处于中枢地位。当然，越南文化的本土民族色彩还是基础性的。

一、多源融合

越南文化是以京族为主的 50 多个民族共同创造和拥有的文化。如果以公元前 3 世纪秦朝设立象郡进入文明社会为分水岭，此前是雒越部落，尚未有文字记载，其部族社会情况只能根据一些考古遗迹和周边环境推断；而公元前 3 世纪设立郡县后，有了史籍的记录，该地区的历史文化发展脉络则比较清晰。

从文化的主体看，公元前 3 世纪红河三角洲及周边地区的居民主要是百越的一支——雒越，雒越是在公元前 4 世纪当地的南亚人种部落与来自长江下游地区被楚国打败的越国遗民融合而成。这里的南亚人种（即孟高棉人）是在约公元前 1000 年，由当地的马来人与来自进入中国西部的百濮人融合而成。而该地区的马来人则是在约公元前 3000 年，由当地的尼格利陀人与来自北方的南方蒙古人种融合而成。尼格利陀人则是华南与东南亚地区早期居民。

历史上的岭南包括今广东、广西、海南、越南中北部地区。从公元前 3 世纪开始，中国开发岭南，大量移民该地区。史籍有记述的大批量的迁徙有秦

朝、西汉灭割据的南越政权、东汉马援征交趾、汉朝灭亡三国纷争、隋朝灭陈霸先等重大历史变动时期都有数量巨大的内地居民迁移到交趾地区。到 10 世纪，红河三角洲及周边地区与岭南的其他地区一样几乎已经汉化。一些不接受汉化的雒越部落则不断地往西部山区迁徙，到 10 世纪末越南从中国独立出来的时候，越南在红河三角洲及周边地区到清化义安一带的汉化居民成为这个国家的主体族群，人们后来称之为京族或越族，那些在山区里的汉化程度低于京族的则是芒族。京族与芒族的直接祖先都是雒越，所以他们的语言文化最接近。

越南独立建国后与中国依然保持宗藩关系，继续吸收汉文化的养分，甚至在中国宋朝、明朝等朝代灭亡更替时，还有大量中国人移居越南，平时也会有不少的中国人因经商、婚姻等原因而迁居越南。因此，从文化的主体来看，越南人两千多来承传了汉文化，而不仅如人们通常所谓汉文化影响越南文化那样浅层次的。

10 世纪末越南独立后，不断推行南进战略，先后吞并了位于今越南中部地区的占婆国和原来属于柬埔寨的湄公河三角洲地区。

占婆国的前身为公元 2 世纪从中国日南郡独立出来的林邑，其主体族群是马来人，如今演变为占族，深受印度文化的濡染，主要信奉婆罗门教。占人王朝体系一直维持到 19 世纪 30 年代才结束。越南中部地区的部落已几乎越化，还剩下一些为数不多的占人依旧保留其占族文化，广南省的美山、庆和省的芽庄等地仍然可以看到许多的占婆古塔。

17～19 世纪，大量的京族人、中原人移居到湄公河三角洲地区，最后越南阮氏王朝完全占据了该地区。居住在该地区的高棉人不断被同化，至今也还有一部分土著坚持自己是高棉人，他们文化的主要特征是依然信奉原来的上座部佛教。

19 世纪中叶，越南人完成今日越南版图之时，差不多也是法国人殖民侵占之日。1885 年中法战争中国不败而败，法国不胜而胜，越南完全沦为法国殖民地，结束了与中国近千年的宗藩关系。法国人经营越南，隔断与中国的文化联系，废除汉字和科举制，推行拉丁国语字，但是法国人结束 70 年的统治离开时，留下了一些西化的遗产，却无法撼动两千多年来汉文化在越南文化中的主导地位。

20 世纪 50～60 年代，越南战争爆发，美国人来到了南越，苏联人来到了北越。北部的越南人开始学习俄语，80 年代末 90 年代初，冷战结束，苏联人离开了越南，他们留下了胡志明陵、胡志明博物馆等一些零星的俄式建筑，而整体的俄国形象已烟消云散。

不过，美国从 50 年代起就支持南越，投入了很多的资源，在越南南部影响很大。美国作为当今西方文化的领军者，越南革新开放后随着当年越南战争的噩梦在越南渐渐远去，与美国的联系日益密切，西方在价值观念、语言教育、生活方式等多方面对越南影响越来越大。英语在越南人交流中的地位愈来愈突出，很多越南人把英语作为第一外语来学习，穿牛仔裤、欣赏西方艺术日益时髦。

上述可见，无论是文化的主体——族群的形成，还是两千多年来的文化交流接触，越南文化是由多种文化来源、多层面融合而成，自公元前 3 世纪始先是承传了中华文化，15～19 世纪融合了带有浓厚的印度文化色彩的中部占婆人文化和南部高棉人文化，19 世纪以后吸收了法国人、美国人的西方文化。当然，本土人文依然是基础性的。

多元融合还体现在越南语上。由于使用越南语的越南人本身就是当地土著与外来族群，尤其是与南下的华夏族群的融合体，其实用的语言就不可避免地留下了融合的痕迹，所以，该民族使用的语言——越南语就是一种混合语言。一些学者把越南语归为南亚语系的理由是不充分的，将其归为汉藏语系的理由更充分一些，但考虑越南语是越南人使用的语言，既然越南有相当学者更偏向越南语属于南亚语系，所以如果硬将其归为汉藏语系，又难以理顺相关的关系。有鉴于此，从词汇、音节、声调等主要因素综合起来看，越南语主要包含了汉藏语言和南亚语言的要素，因此称其为汉藏语言与南亚语言的混合体较为恰当。

二、汉文化之中枢地位

越南文化的诸多来源中，汉文化处于中枢或者说是主导地位。

第一，越南文化的主体——京族，本身就是当地的土著与南下的华夏移民融合而成，京族的血脉中流淌着华夏族群的血液。越南历朝历代皇帝的祖先均来自中国。华夏族群来到越南之前已拥有较先进的文化。京族人直接传承了中华文化，而不仅像一些书籍说的中华文化对越南文化的影响。可以说，越南人拥有的汉文化是与生俱来的。

第二，今日越南地区在中国版图内长达 1202 年（包括属明 20 年），而越南从中国独立出来作为一个国家也只有 957 年（至 2017 年，扣除属明 20 年和法属 70 年）。漫长的郡县时期，中原文化传播到这一中国南部地区的同时，该地区也与内地一起创造了发达繁荣的中华文化。唐朝是中国经济文化的鼎盛时期之一，尤其是诗歌可称为世界文学的巅峰之作，安南地区的官员、居民创作的佳作与内地作者写下的佳品至今仍然保存和传诵。越南人参与创造和拥有的汉文化不会轻易消失。

第三，文化中占支配地位的是意识形态、价值观念，如宗教信仰等。在这一方面，越南文化中跟中国一样都是儒释道和祖先崇拜，千百年来几乎没有改变。儒释道结合在越南几乎是无处不在。历史上，越南的科举考试甚至包含了儒释道的内容。

祖先崇拜事关人的生死观念和忠孝伦理，越南人每年多个时节都要祭拜祖先，有家祭、族祭和国家公祭，这已成为一个人、一个家族、一个国家所拥有的传统观念。

儒释道中，越南人甚至把儒学称为“儒教”。儒学包括心性儒学和政治儒学，这两方面都已深入越南的国家社会和百姓的心中。越南人尊崇儒学的仁义礼智信，把这些作为日常的道德行为标准。政治儒学在古代乃至今日越南的国家社会管理仍起着重要的作用。在东南亚各国中，主流社会信奉儒学只有越南和新加坡，新加坡则是一个以华人为主体的国家。

中国人和越南人都信仰佛教，而且都是大乘佛教。佛教从印度传入中国时值中国汉朝时期，当时交趾地区是中国最南端的一部分，是中国通往西域的海上丝绸之路的前沿。佛教一方面从内地传到交趾，另一方面印度僧侣也从海上丝绸之路来到交趾，既在当地传教，也在这里翻译佛经，引入中原。中国和越南的信徒往往都是在农历初一、十五到寺庙去烧香拜佛，祈求观音菩萨的保佑。与其西面的邻国老挝、柬埔寨都不一样，这两个国家是信奉上座部佛教的。

道教是中国的本土宗教，也是越南人信仰的宗教。在越南，从北到南到处都有道教或道教与其他信仰结合的宫观场所。他们把道教民间化，结合在一些本土宗教中，如高台教把玉皇大帝作为最高的神来祭拜；在一些神灵崇拜中，如柳杏圣母崇拜、城隍崇拜等；还有一些民俗，如腊月二十三祭拜灶君等都有道教的踪影。

第四，汉文古籍文物在越南几乎无处不在。越南的第一所大学——文庙供奉的是东方文化的鼻祖孔子，各地寺庙宗祠的牌匾、对联用的都是汉字，过去历朝历代撰写的史籍都是汉字书写，甚至民间千家万户的家谱也是用汉字写成。唐诗宋词及中国的四大古典名著在越南家喻户晓，越南人自己的古典巅峰之作《金云翘传》讲的是中国人物故事。

还有，汉文化民俗千年经久不衰。节庆习俗是鲜活的文化体现。越南每年过的传统节庆与中国几乎是一样的，如春节、清明节、中秋节等。尤其是春节，在越南也是一年中最隆重的节日，是按农历来确定时间的。人生中的婚礼与葬礼是非常重要的大事，越南人的婚礼和葬礼与中国也是大同小异，婚礼背景布置一定要有红色汉字“囍”。

上述可见，在越南从文化的主体——人，到思想意识、物质文物、行为习惯等，在大多数场合已分不出哪些属于汉文化，哪些属于越南文化了。可以说越南文化的基因就是汉文化元素，如果把汉文化去掉了，越南文化本身就不存在了。

三、强烈的民族主义色彩

越南学者强调越南文化的东南亚背景。

数千年来，越南人、越南文化经过了多来源、多层次的融合，但由于在地理上越南位于东南亚地区，所以越南人很强调越南文化的东南亚背景。

越南有两位知名的人文学者：一是已故的原越南社会科学院东南亚研究所所长范德阳教授，另一位是陈国旺教授。他们在很多场合发表了很多成果，都是把越南文化置于东南亚背景之下。范德阳教授撰写的专著《东南亚背景下的越南文化》全书共有三个主要部分，其中第一部分、第二部分就是“越南文化中的东南亚基础”“东南亚背景下的越南、越南人、越南语”。而在第一部分“越南文化中的东南亚基础”中，专门有一节为“越南是东南亚的缩影”，其主要内容和观点认为越南有 54 个民族，几乎囊括了东南亚的主要族群。他把越南的 54 个民族分为 4 个族群：南亚族群有 32 个民族、南岛族群有 5 个民族、泰岱族群有 8 个民族和汉藏族群有 9 个民族。①

不少学者认为，越南文化在郡县时期之前属于东南亚文化，郡县时期之后则属于汉文化。而被称为越南当代四大史学家②之一的陈国旺教授（生前为越南社科人文大学历史系主任、教授）则说，不能如此简单的划分，他认为要从所处的背景来研究。他在 1972 年发表了一篇论文题为“东南亚视角下的越南”。他还认为，越南与韩国一样，与中国自古以来就有着密切的联系，深受中国文化影响，但这两个国家一个是在东南亚，一个在东北亚，是中国的邻国。它们依然维持着民族独立，保持自己的文化特色，或者说就是保持本民族特色。

越南独立建国后一直强调越南的独立自由。

1075 年，越南李朝侵略宋朝的廉州、钦州、邕州等地。1706 年中国进行

① 范德阳：《东南亚背景下的越南文化》。
② 其他三位为：丁春林（Đinh Xuân Lâm）、潘辉黎（Phan Huy Lê）、何文晋（Hà Văn Tấn）。

了对越自卫反击战。越南出版的史书说，“李常杰竭力拒守，但害怕自己军队灰心丧气，便编造出一个故事，说有神人给如下四句诗：南国山河南帝居，截然定分在天书。如何逆虏来侵犯，汝等行看取败虚”①。如今一些越南人有时上街示威游行，也把这一首诗写在纸牌上，挂在胸前。2016 年 5 月 24 日，美国总统奥巴马访问越南，在越南国会演讲中甚至引用了该诗的前两句。当然，奥巴马此处的引用还别有深意。

越南的教科书还经常会引用后黎朝阮廌 1428 年撰写的《平吴大诰》中的一句话：“惟我大越之国，实为文献之邦。山川之封域既殊，南北之风俗亦异。自赵、丁、李、陈之肇造我国，与汉、唐、宋、元而各帝一方。”②

1945 年 9 月 2 日，胡志明在河内巴亭广场宣读的《独立宣言》开宗明义就说，“一切人生来就是平等的，他们被造物主赋予他们固有的不可转让的权利。其中有生命、自由及追求幸福的权利”（引自 1776 年的美国《独立宣言》），“天赋人类自由和平等的权利”（引自 1789 年的法国《人权和民权宣言》）。③

1966 年 7 月 17 日越南之声广播电台发表了胡志明的一句语录：“没有什么比独立自由更可贵的。”从此之后，越南在很多文件、书刊的顶头都写上了这一句话，人们在越南的街头巷尾都会看到这一句标语④。

越南共产党第十一届全国代表大会 2011 年 3 月 24 日通过的《社会主义过渡时期国家建设纲领（修改补充）》提出：“建设有浓厚民族特色、全面发展、多样而统一、浸润人文精神、民主、进步的越南先进文化；使文化紧密渗透到全部社会生活当中，成为坚实的精神基础和发展的重要内生力量。为了人类的真正利益和品格，继承和发扬越南各民族共同体的优良文化传统，吸收人类文化的精华，建设一个民主、公平、文明的社会，不断提升知识、道德、体力、审美水平。发展、提高文学艺术创作质量；肯定和表彰真、善、美的价值，批判落后、低劣的东西，与反文化的现象作斗争。保障公民的通信权、自由创作权。发展同步、现代、实况、多样、及时的新闻媒体设施，有效服务建设和保卫祖国事业。”⑤

---

① 陈重金：《越南史略》，第 112 页。

② 陈重金：《越南史略》，第 239 页。

③ *Hồ Chí Minh toàn tập 4 （2，9，1945-12，1947）*，tr. 1，Nhà xuất bản Sự thật xuất bản vào năm 1984（《胡志明全集》第 4 卷第 1 页，越南真理出版社 1984 年出版）。

④ 越南胡志明陵管理委员会网站 2015 年 7 月 15 日文章：“*Về câu nói bất hủ ‘Không có gì quý hơn độc lập tự do"’của Chủ tịch Hồ Chí Minh*”（《关于胡志明主席的不朽语录：“没有什么比独立自由更可贵的”》），网址：http://www.bqllang.gov.vn/tin-tuc/tin-tong-hop/3919-ve-cau-noi-bat-hu-khong-co-gi-quy-hon-doc-lap-tu-do-cua-chu-tich-ho-chi-minh.html。

⑤ CƯƠNG LĨNH XÂY DỰNG ĐẤT NƯỚC TRONG THỜI KỲ QUÁ ĐỘ LÊN CHỦ NGHĨA XÃ HỘI (BỔ SUNG, PHÁT TRIỂN NĂM 2011)，越南《党建杂志》网站，http://www.xaydungdang.org.vn/Home/vankientulieu/Van-kien-Dang-Nha-nuoc/2011/3525/CUON）。

第二节　越南文化的发展趋势

越南正处于一个变革和开放的时代，政治、经济和社会都在日新月异的发展过程中。而且越南还提出要融入国际社会，跟外部的交流合作日益增加，在如此的内外背景下，其文化也会发生不断的演变发展。

一、去汉化与汉文化认同

纵观越南民族、国家及其文化的形成发展过程，如果从其与汉文化的关系看，其轨迹是：承传汉文化（从公元前 3 世纪郡县时期开始）→完全汉化（至宋朝初年止，在中国版图内共 1182 年）→汉化停缓（968～1885 年，共 917 年，若扣除属明 20 年，则为 897 年）→去汉化（法国殖民越南开始至 2017 年，共 132 年）。

先秦时期，今越南地区尚处于原始部落社会，其文化的存在形式今天人们难以表述。最简而易见的是，没有汉字。

秦朝平定岭南后，开始在今越南地区设置郡县，传播汉文化。起初，汉文化的流播，应该是在社会的上层。后来国家的管理愈来愈深入到下层，汉文化日益在该地区生根。尤其是内地一批批的移民到来，“汉越杂处”，相互直接交流，以及学校的开办，民众也有机会直接学习和使用文字。

经过 1000 多年至公元 10 世纪末，今越南地区的族群与当时的广东、广西地区的情况一样，讲话用本地方言，但文字书写是完全一样的，参加同样的科举考试；思想意识信奉的都是祖先崇拜和儒释道；政治体系都是中央朝廷管制下的地方政府；习俗年节与中原内地也一样；创作了史籍、家谱等汉文字作品，遗存有大量的汉文牌匾楹联和碑铭。从越南汉化之深入及其系统性来看，其程度要远远出日本、朝鲜半岛，其他东南亚国家更是不能同日而语。

古代陆路交通不便，而越南是三角洲沿海地区，虽然是中国最南端的边缘地区，但过去主要靠水路交通，所以从内地到该地区是畅通的。中原常常会发生动乱，如三国两晋南北朝时期，但交州地区很安定，大量的文人避乱来到交州，大大促进了该地区文化的发展。很长时间内，该地区要比云贵到广西西部的大部分地区的经济文化要发达得多。

公元 10 世纪末，安南独立了，但还与中国保持宗藩关系。一直到法国人侵入之前，越南依然与中国保持密切的联系。中越之间没有明显的国界，人们可以自由迁徙往来，越南人不仅仍然享用原来的汉文化，还不断学习中国的新文化。这一时期，越南没有采取过激烈的措施来进行去汉化。如果有，就是在陈朝开始创制了喃字。但由于喃字是在汉字的基础上创造出来的，要比汉字繁复得多，所以喃字一直无法取代汉字，最后渐渐走向了没落。可见，这一时期越南的汉化是停缓了，但没有形成去汉化的趋势。

越南真正采取去汉化的措施，走上去汉化的进程是在法属时期。越南文化属于汉字文化圈，与属于西方文化的法国文化差异太大。为了长期统治越南，法国在越南千方百计地去汉化，灌输西方文化。法国人经过 70 年的统治，在越南去汉化最成功的就是终止了越南人使用汉字 2000 多年的历史，让越南人普及使用了拼音化的越语。但是，法国人最终依然未能撼动越南人整个汉文化体系。

20 世纪 70 年代中，越南北南统一后开启了反华排华进程，一度采取措施去汉化，如解散华文学校，停办华文报刊，一些激进的人士甚至连印有汉字的书籍都统统销毁。当局还发动了“纯洁越语”运动，提倡尽量使用纯越词，不用汉越词。但是，由于越南语 70%的词汇是汉越词，如果完全弃用汉越词，那就说不成话了。结果该运动不了了之。80 年代末 90 年代初，越南开始革新开放，去汉化的进程有所停缓。

随着中国的日益崛起，中越关系的改善，近年来越南对汉文化有增加认同的趋势。最初是越南人喜欢看中国的电视剧，包括古典作品，如四大名著，以及当代的作品。根据越南在线网站播放电视剧的统计，中国电视剧的下载量占据网站排行榜前几位。如果没有文化上的认同，一般人是很难有兴趣和耐心收看另一国家的电视剧的。

进入 21 世纪，越南人开始了学习汉语的热潮，从初始的办一些汉语补习班，到现在多管齐下，一些人到中国来留学，专门攻读汉语；一些人在国内大专院校兴办的汉语系学习；甚至不少中小学每周开设有多节汉语课，从小就开始学习汉语。

尽管现在越南把英语列为外语之首，汉语次之，但随着掌握汉语的重要性日益显现，越南人学习汉语的积极性将不会低于英语。因为，掌握汉语的优势有：一是可以到中国（包括大陆及香港地区、台湾地区）、新加坡在越南开办的企业就业，工资收入要高于一般的企业；二是可以到中国旅游，追寻文化的根，越南也有很多景点、庙宇、祠堂都是汉字的，若掌握了较高水平的汉语就可以看懂；三是可以看懂自己的家谱、越南的历史文化典籍，不至于将自己的文化割裂断层。可见，越南人掌握汉语，认同汉文化，有百利而无一害，何乐而不为呢？

甚至可以设想，将来某一天越南会否出现类似今日中国既存在汉字，也有汉语拼音的景象：官方语言和人们日常使用是拉丁国语字，同时人们也掌握最常用的汉字，可以使用汉语进行交流，一些没有汉越音的越语字则采用类似过去的喃字来代替。今天一些日本、韩国人也是掌握一些基本的汉字的。这样，在中国日益崛起，全球都在学汉语的大背景下，越南人既解决了文化断层的困惑，也增进了与中国、日本、韩国、新加坡的交流合作，对越南自身的发展繁荣是很有利的。

今日越南，大多数老百姓是喜欢学习汉语、认同汉文化的，只是少数的社会“精英”总有一点担心，觉得太过汉化了，对自身不利。其实，人类发展的历史证明，物竞天择，文化交流，互相学习是大趋势。而且当今世界互联网日益发达，毫无国界而言，人为阻挡这一大趋势没有意义。

二、西方文化的影响

19 世纪中叶，法国殖民统治后，越南开始大规模地接受西方文化。如果从政治制度文化角度看，越南接受西方思想意识的影响早期是经由中国传入的，而不是法国人直接带给越南的。19 世纪末，西方资产阶级革命迅猛发展，并影响全世界，包括东方的日本、中国等。1868 年日本开始“明治维新”。1898 年中国发起维新运动，一批知识分子翻译了大量西方的著作，康有为、梁启超还撰写了《大同书》《中国魂》等。这些书籍传到“同文同种”的越南，唤醒了越南的士大夫和青年知识分子。他们似乎明白了一点，西方没有孔孟之道，但如此强大，是因为西方人的民主自由思想和现代科学技术等。受此影响，潘佩珠等越南近代革命先驱走上了反封建反殖民统治的道路。

法国在越南实行残酷的殖民统治，之所以没有把法国大革命的自由民主思想直接带给越南人，是因为害怕越南人拿起这一思想武器反对法国殖民统治者。不过，法国人在对越南实施残酷掠夺剥削的同时，也给当地带来了一些西方文明先进的东西。越南后来在政治上把法国人赶走了，但是接受了法国人的一些生活方式、建筑风格，甚至一些自由浪漫的思维。法国人当年是想彻底改造越南这个东方的社会，但今天看来法国人走后没有像菲律宾那样从根本上改变一个国家的精神文化，留下来更多的只是形式上的东西，如法棍、法式建筑等，当然有一小部分人皈依了天主教。

20 世纪，先是美国人 50 年代进入越南南部，然后是 80～90 年代越南开始革新开放，西方文化的人文主义和民主思想，以及一些现代艺术、生活方式开始在越南广泛传播，越南的年轻人穿上牛仔裤，上酒吧，听摇滚音乐，过西方的节日，举行选美比赛等，一些文学界知识分子受到西方个人自由主义的影响，创作出一些不同于传统的文学作品。

在越南西方文化影响比较大的还有语言和教育，如今越南已把英语作为第一外语，学校鼓励使用英语原文教材，越南邀请西方国家来越南举办高等教育等。

越南如今奉行中美平衡的外交战略。中国是越南在政治、经济、文化各方面都关系密切的邻国，美国则是世界头号的超级大国。越南对汉文化的认同与接受西方文化影响的动力都很强大。越南有在西方国家有四百万的越裔及曾经在越南居住过的华人，他们成了越南与西方合作的桥梁。在越南，国家层面主要是外交战略选择，而社会、民众则主要是经济文化的交流和影响。越南对汉文化增加认同与接受西方文化影响的趋势在短时期内都不会改变，但孰轻孰重，主要在于越南内部的选择和外部环境的影响力。

三、融合发展或走向偏激

越南文化在今后的发展进程中，将会结合汉文化、西方文化的影响，彰显自身的特色，主流是融合发展，同时也有可能走向偏激的民族主义。

1995 年越南已经加入东南亚国家联盟（简称东盟）。东盟的目标是建立政治安全、经济、社会文化共同体，越南是一个东南亚国家，很强调自身的东南亚属性，在东盟的框架下将会增进与东南亚其他国家的交流合作。同时，中国也在日益崛起，对周边昔日汉字文化圈的国家会有更强大的吸引力。因而，越南文化走向偏激的空间并不大。

越南正在革新开放，经济在高速增长，政治也在推进民主化改革。人民生活条件改善，政治社会稳定，其文化也会走上繁荣发展的轨道。汉字文化圈周边的一些国家就是先例，如日本、韩国、新加坡等，当经济达到中等收入水平之后，其文化发展也会逐步加强。

古代日本主动接受汉文化的影响，一直到 19 世纪末“明治维新”吸收了西方文化。第二次世界大战结束后，日本社会安定，经济持续发展，思想言论的自由度扩大。随着生活文化、物质文化的提升，日本大众文化不断走向繁荣。日本坚持使用汉字，没有实行去汉化。20 世纪 80 年代日本的电视剧风靡中国大陆，受到观众的欢迎。

韩国与日本相似，但比日本的汉化程度更深。历史上朝鲜包括今韩国地区在内曾是中国藩属国。日俄战争后日本完全占领朝鲜半岛。第二次世界大战结束后，南北朝鲜分治。20 世纪 50 年代上半期，朝鲜战争结束后，韩国社会逐步从专制走向民主，经济发展和社会进步加快。西方社会用 100 年走完的路程，韩国仅用 30 年就实现了。20 世纪 90 年代，韩国文化空前繁荣。韩国在近代以前受到中国文化的影响，近代以后更多的则是受日本及西方文化的影响，因而韩国文化有深深的中国儒家思想烙印，还有日本的痕迹，同时也保留了自己古老的文化传统，这就是韩国文化的混合性。韩国文化属于东亚文化圈，认同儒家文化也是韩国的传统文化，崇尚优良品德，重视家庭和共同体精神。韩国人过去长期使用汉字，今天许多比较正式的场合仍然使用汉字，在找工作时有许多公司会要求应聘者会说汉语，长辈给孩子起名字时也会考虑写成汉字时的含义，所以韩国人或多或少都会认识一些汉字。由于保留有大量中国元素，韩国文化作品相比欧美西方文化，更容易被中国受众所接受。90 年代韩国影视作品、流行歌曲继日本之后一度风靡中国，中国媒体形象地称之为“韩流”。

在东南亚地区，新加坡与越南同属儒释道文化地区。新加坡于 1965 年独立半个多世纪来，走中西合璧的发展道路。尤其是在对儒家文化的态度上，新加坡较好地弘扬了儒家传统积极的一面，主要是心性儒学的优秀传统，同时引进西方的民主法治，有效地克服了儒家传统消极的一面，主要是政治儒学专权的恶习。在不到半个世纪的时间里，新加坡就成为一个发达国家。

越南不同于朝鲜，二者虽然都是社会主义国家，但是越南实行了与中国大同小异的革新开放。在今后的岁月里，如果越南能在经济发展、发扬优秀民族文化传统的同时，积极吸收人类文化的精华，包括正确对待汉文化和西方进步的文化，越南文化有可能走向包容性的繁荣发展，并与其他的东亚国家一起，共同提升东方文化，为人类文化的繁荣进步做出贡献。

第三节　中越文化交流合作

中越文化交流合作有良好的历史传统，便利的地理条件，也有现实的需要。两国应该消除隔阂，加强各种文化交流合作，使双边友好关系扎实向前发展。

一、彼此尊重，珍重认同，消除隔阂，增进交流

国与国之间的关系，人民之间的文化交流是根本的基础。国之交在于民相亲，民相亲在于心相通。文化、民间的交流就是心灵的交流。经济贸易是以盈利为前提的，有利就做，无利则难以进行。文化交流则不同，主要是思想意识、价值观念、艺术形象的交流，不应该仅仅停留在“没有永恒的朋友，只有永恒的利益”上。要看到共同的长远利益，没有和谐的人员、心灵的交流，就不会有密切友好的政治外交、经济贸易关系。因此，国家、社会层面要增加投入，推动全方位的文化交流合作。这样，实质是以眼前的小投入，赢得长远的、更大的共同利益。

中越文化关系非常之密切，如胡志明所说可谓是“同种同文”，值得两国倍加珍重。千百年来，汉文化生生不息。今天科技特别是互联网不断发展的背景下，经济全球化和区域一体化日益发展，包括中国、越南在内的东方文化将会更加繁荣灿烂。

国家不分大小，一律平等。不同国家、民族都有自己的文化，不应强调其发展程度的高与低，而要看到其都是世界文化的天然组成部分。文化、文明有彼此不够了解的情况，但不应刻意强调其冲突的一面。文化交流融合是人类社会发展的主流。因此，中越两国值得彼此尊重，增进对话交流，消除隔阂，加强合作，相互都会获益。

二、语言学习

语言是人与人沟通的桥梁和工具，加强文化交流合作，首先要把对方的语言学好。目前中国是越南的最大贸易伙伴，年双边贸易额达一千亿美元。中国还是越南最大的外来旅游客源国。这一方面需要大量精通对方语言的人员做导游翻译，另一方面也促进更多的人学习对方语言文化，以便于到对方国家去旅游和做生意。

越南语对于中国人来说属较容易学习和掌握的外语。越南语有 70%的词汇是汉越词，它的发音很接近中国的粤语方言，尤其是广西的玉林话。越南语拼音字很像汉语拼音。越语有 6 个声调，汉语拼音为 4 个声调，粤语则有 9 个声调。越语语法的主谓宾次序与汉语一样，只是定语后置，与壮话一样。一般来说，中国人学习越南语，用半年把发音练好，掌握一定量的基本词汇，

再到越南去实地交流训练一年半载，就可以应对日常生活、旅游和做生意了。

越南人学习汉语，跟中国人相似，掌握口语比较容易，只是书写起来困难一些。其实最常用的汉字约 1500 个，学会了就可以组成大量的词汇。越南人学汉语要比其他国家的人容易得多，特别是越南各地文化古迹、寺庙、祠堂、家谱中有大量的汉字，稍微留心就可以学会大量的汉字。越南人学会汉字，就能阅读本民族过去浩如烟海的史籍、族谱、家谱及祖先用汉语创作的文学作品，以续上被法国人割断了的祖宗文化。由于扎根于深厚的历史文化土壤，越南文化在此基础上将会发展得更加繁荣昌盛。

中越两国官方和各种社会组织都应该大力支持和资助开办对方国家语言的学习机构和培训班，激励本国国民学习对方的语言，也大力资助对方国家的学子前来学习本国语言。学好对方国家的语言，将很有利于两国的睦邻友好关系。

三、文化交流

除学习对方的语言外，中国和越南应该开展多种多样、各种层次的文化交流合作，尤其是大众化的文学艺术活动，形成两国友好的和谐氛围。

影视作品是最大众化的文化艺术，人们喜闻乐见，茶余饭后就可以欣赏，是了解另一个国家国情最直观的艺术形式，可以增进民众之间的情感。由于两国的发展阶段差异，中国的改革开放先行一步，其影视作品也比较丰富多彩，包括古典名著、当代伦理情感片和政论片等，因而近年来中国大量的影视作品传入越南，丰富了越南人的文化生活，使越南人足不出户就可了解中国。

过去在 20 世纪 60～70 年代有一些越南的电影、故事片引进到中国，而革新开放以来几乎没有越南的作品输入中国。中国与越南无论是在历史，还是在当代进行的大同小异的改革开放过程中，都有很多可歌可泣的故事。如果两国联合创作、演出、拍摄一些影视作品，相信会受到两国民众的欢迎。

文学作品的交流与影视艺术的状况相似，近年中国有不少作品被翻译成越南文，介绍给越南的读者，中国的越南作品则几乎是空白。中国的文教机构、学者在这一方面需要做出努力。

此外，在舞蹈、声乐、绘画、雕刻、舞台艺术等领域，两国也可以开展大范围的交流合作，包括举办一些展示、表演活动等。越南在绘画、雕刻等领域不乏优秀作品。这些年，一些越南的年轻人演唱中国的传统歌曲几乎达到了中国的专业水准。两国在这些领域的交流合作有广阔的空间和潜力。

边境地区是两国交往的前沿，也是友好交流合作的纽带和桥梁。近年两国在边境地区举行了一些青年联欢活动，效果很好。两国应该在此基础上，开展多方面的文化交流合作，包括每年传统的庙会、节庆、体育友谊比赛等。边境地区是两国关系的晴雨表，建设和谐友好的边境地区有利于维护两国国家层面的友好关系。

四、促进人员往来

人是文化的主体，文化交流首先是人的往来。中越山水相连，海陆相交，交通非常便利，这为人员往来提供了方便条件。中国、越南各自改革开放后，人们生活水平在提高，目前的居民收入水平很适宜去对方国家旅游。中国人南下到越南可以欣赏古代汉文化与印度文化、西方文化融合之后的越南文化。越南人北上到中国则可以寻找自己文化的根。可见，中越双向旅游前景广阔。

中越关系正常化以来，两国往来人数不断攀升，2016 年中国人前往越南达到 270 万人次，越南人来中国则为 150 万人次。当然，该数字中部分人是过境从事贸易经营活动。两国间文化交流之旅还有很大的发展空间。

五、合作研究

开展学术交流合作，包括政治经济体制、人文社会科学尤其是一些历史文化重大问题的联合研究，可以引领两国的全面交流合作。

近年来两国宣传部门开展了年度理论问题的合作研讨。21 世纪初笔者参与的中越经济体制改革比较研究项目，出版了中越文研究成果，甚至还译成了英文出版，效果很好。2009 年、2010 年中越学者恳谈会轮流在两国举行，也取得了成功。在此基础上，两国学界应该开展更多的合作研究和共同研讨活动。

中越同为共产党领导的社会主义国家，改革开放都取得了举世瞩目的成就，同样也面临许多亟待解决的问题。从实践中来，升华到理论，再回到实践中去，将会使改革开放事业推进得更加扎实。目前世界上社会主义国家仅有 5 个。其中中国和越南是发展模式相似，改革开放最为成功的国家。今后如何向前推进，还有很多理论问题需要研究解决。

中越都是信奉儒释道的，在人文社会科学领域有很多课题需要探讨，有很多思想意识方面的问题需要讨论。尤其是一些中越关系的重大历史问题需要两国学者坐下来，平心静气地交换意见。如郡县时期之前，红河三角洲及周边地区有没有建立过国家？郡县时期该地区发生的历史事件如何定性？中越宗藩关系如何评价？等等。学者们可以历史客观地、理性地把自己的观点摆出来，照顾各方的舒适度，争取达成一些共识，慢慢形成一些大家都能接受的意见。最终的目标应该是合作撰写出一本中越都能接受的中越关系史教科书。历史观问题是中越关系深层次“疙瘩”，要解开这个“疙瘩”需要一个过程。眼前最好是在相互尊重的基础上，心平气和地进行交流，让它朝着对两国关系友好的方向发展。

主要参考文献与资料来源

一、中文

白石昌也编：《越南政治、经济制度研究》，毕世鸿译，云南大学出版社 2006 年版。

曹云华：《变异与保持——东南亚华人的文化适应》，中国华侨出版社 2001 年版。

陈海丽：《法国文化对越南现代生活的影响》，《创新》2009 年第 10 期，第 17-19 页。

陈辉燎：《越南人民抗法八十年史》，第一卷，范宏科、吕谷译，生活·读书·新知三联书店 1973 年版。

陈荆和：《承天明乡社陈氏正谱》，香港中文大学新亚研究所 1964 年版。

陈立：《越南高等教育发展研究》，浙江大学出版社 2011 年版。

陈玉龙、杨通方、夏应元等：《汉文化论纲——兼述中朝中日中越文化交流》，北京大学出版社 1993 年版。

陈媛媛：《从婚姻和传统节日看西方文化对当代越南都市青年的影响》，广西民族大学硕士学位论文，2009 年。

陈重金：《越南通史》，戴可来译，商务印书馆 1992 年版。

戴可来、杨保筠校注：《岭南摭怪等史料三种》，中州古籍出版社 1991 年版。

戴可来、于向东主编：《越南》，广西人民出版社 1998 年版。

范宏贵、刘志强：《越南语言文化探究》，民族出版社 2008 年版。

范宏贵：《同根生的民族——壮泰各族渊源与文化》，民族出版社 2007 年版。

范宏贵：《越南民族与民族问题》，广西民族出版社 1999 年版。

古小松：《华夏百越文化与东南亚——兼谈建设华夏百越文化博览园的构想》，《沿海企业与科技》2014 年第 5 期，第 49-59 页。

古小松：《越南：历史 国情 前瞻》，中国社会科学出版社 2016 年版。

古小松主编：《东南亚文化》，中国社会科学出版社 2015 年版。

古小松等：《越汉关系研究》，社会科学文献出版社 2015 年版。

郭振铎、张笑梅主编：《越南通史》，中国人民大学出版社 2001 年版。

何成轩：《儒学南传史》，北京大学出版社 2000 年版。

贺圣达：《东南亚文化发展史》，云南人民出版社 1996 年版。

胡守为：《岭南古史》（修订本），广东人民出版社 2014 年版。

黄高启：《越史要》（越中文），越南义安出版社 2007 年版。

黄国安、杨万秀、杨立冰等：《中越关系史简编》，广西人民出版社 1986 年版。

黄国安等编：《近代中越关系史资料选编》，广西人民出版社 1988 年版。

黄瑞艳媚：《新媒体环境下越南传统报纸的生存困境和应对策略》，华南理工大学硕士学位论文，2011 年。

黄铮：《中越关系史研究辑稿》，广西人民出版社 1992 年版。

兰强、徐方宇、李华杰编著：《越南概论》，世界图书出版公司 2012 年版。
黎崱撰，武尚清点校：《安南志略》（中文），中华书局 1995 年版。
李白茵：《越南华侨与华人》，广西师范大学出版社 1990 年版。
李碧华：《越南到 2020 年文化外交战略》，《东南亚纵横》2011 年第 8 期，第 19-23 页。
李谷：《从恩恩怨怨到平等互利——世纪之交的中越关系研究》，紅萠香港出版公司 2001 年版。
李谋：《析印度文化与古代东南亚》，《东南亚南亚研究》2009 年第 3 期，第 67-73 页。
梁志明、李谋、吴杰伟：《多元 交汇 共生：东南亚文明之路》，人民出版社 2011 年版。
梁志明、李谋、杨保筠主编：《东南亚古代史》，北京大学出版社 2013 年版。
刘贵淇：《越南报纸所走过的道路》，罗尔庄译，《新闻战线》1959 年第 13 期，第 27-29 页。
尼古拉斯·塔林主编：《剑桥东南亚史》卷一，贺圣达等译，云南人民出版社 2003 年版。
潘玉鹏：《越南：历史、文化与传媒》，《国际新闻界》1996 年第 4 期，第 5-9 页。
阮玉宝：《基于公共政策理论对完善越南出版活动的思考》，东北师范大学硕士学位论文，2012 年。
赛代斯：《东南亚的印度化国家》，蔡华、杨保筠译，商务印书馆 2008 年版。
宋文玉：《越南电视产业全面快速发展》，《卫星电视与宽带多媒体》2008 年第 3 期，第 22-23 页。
宋英亮、林江：《今日越南出版业》，《出版发行研究》2002 年第 12 期，第 64-66 页。
苏军桥：《略述越南广播电视事业的发展》，《广西民族大学学报（哲学社会科学版）》2008 年第 A1 期，第 207-208 页。
孙衍峰、兰强、徐方宇等：《越南文化概论》，世界图书出版公司 2014 年版。
谭志词：《中越语言文化关系》，军事谊文出版社 2003 年版。
陶维英：《越南古代史》上册，刘统文、子钺译，商务印书馆 1976 年版。
汪新生：《论法国殖民政策与越柬关系》，《东南亚研究》1986 年第 1 期，第 95-107 页。
王力：《汉越语研究》，《岭南学报》1948 年第 1 期，第 1-97 页。
王士录：《简论越南现代教育的形成与发展》，《东南亚》1992 年第 4 期，第 35-41 页。
王士录主编：《当代越南》，四川人民出版社 1992 年版。
王以俊编译：《越南印刷及相关行业协会》，《印刷世界》2009 年第 6 期，第 61-62 页。
王钊宇总纂，岭南文化百科全书编纂委员会编：《岭南文化百科全书》，中国大百科全书出版社 2006 年版。
武氏渊：《越南电视业发展简史》，南京师范大学硕士学位论文，2012 年。
徐善福、林明华：《越南华侨史》，广东高等教育出版社 2011 年版。
佚名：《2010 越南直播高清卫视的新发展》，《卫星电视与宽带多媒体》2010 年第 5 期，第 20-21 页。
易文：《越南革新时期新闻传媒研究》，上海大学博士学位论文，2010 年。
于维雅主编：《东方语言文字与文化》，北京大学出版社 2002 年版。
越南社会科学委员会编著：《越南历史》（第一集），北京大学东语系越南语教研室译，人民出版社 1977 年版。
越南社会科学委员会民族研究所编著：《越南北方少数民族》，范宏贵、孟维仁、徐泉英、古小松译，广西民族学院民族研究所 1986 年版。
张岱年、方克立主编：《中国文化概论》（修订版），北京师范大学出版社 2004 年版。
赵轩：《全球化时代美国文化输出战略研究》，吉林大学博士学位论文，2014 年。
郑怀德：《嘉定城通志》（中越文版），越南同奈综合出版社 2005 年版。

中国社会科学院历史研究所《古代中越关系史资料选编》编辑组：《古代中越关系史资料选编》，中国社会科学出版社 1982 年版。

《大越史记全书》（越中文），越南社会科学出版社 1998 年版。

《壮学丛书》编委会编：《徐松石民族学文集》，广西师范大学出版社 2005 年版。

二、越文

越南国家统计总局：《越南统计年鉴（2015 年）》，越南统计出版社 2016 年版。

越南社会科学院历史研究所：《越南古都市》（越文），越南社会科学院 1989 年版。

Bộ Thông tin và chuyền thông：*60 năm ngành xuất bản，in，phát hành sách Việt Nam(1952-2012)*，Nhà xuất bản từ điển bách khoa，năm 2012.（越南信息传媒部：《越南图书出版印刷发行 60 年（1952-2012）》，越南百科辞典出版社 2012 年版。）

Các nhà xuất bản Việt Nam，Nhà xuất bản khoa học và kỹ thuật，năm 1995.（《越南出版社大全》，越南科学技术出版社 1995 年版。）

Đào Duy Anh：*Việt Nam Văn Hóa Sử Cương*. TP.HCM.：NxbTP.HCM，1992.（陶维英：《越南文化史纲》，越南胡志明市出版社 1992 年版。）

Đỗ Minh Cương："Phát triển văn hóa và con người Việt Nam trong bối cảnh toàn cầu hóa và khủng hoảng kinh tế thế giới"，*Tạp chí Thông tin Khoa học xã hội，số 6，2009*.（杜明纲：《全球化和世界经济危机背景下越南文化和人的发展》，载越南《社会科信息》杂志 2009 年第 6 期。）

Hoàng Tuấn：*Nền văn Minh Việt Cổ*. TP. HN：Nxb Văn Học，năm 2013.（黄俊：《古越文明》，越南文学出版社 2013 年版。）

Hồng Chương：*120 năm báo chí Việt Nam*，Nhà xuất bản thành phố Hồ Chí Minh，năm 1985.（洪章：《越南报纸 120 年》，越南胡志明市出版社 1985 年版。）

Hồng Chương：*Tìm hiểu lịch sử báo chí Việt Nam*，Nhà xuất bản sách giáo khoa Mác- Lê-nin，năm 1987.（洪章：《越南报纸历史探寻》，越南马列教科书出版社 1987 年版。）

Lâm Thị Mỹ Dung：*Nghiên Cứu quá trình chuyển biến từ sơ sử kỳ lịch sử ở miền Trung Trung bộ và Nam Trung bộ Việt Nam*.ĐTNCKH trọng điểm cấp ĐHQG.（林氏美蓉：《越南中部中南面初期历史转变过程研究》，越南国家大学研究课题。）

Lương Văn Kế：*Văn hóa Bắc Mỹ trong toàn cầu hóa*，NXB Giáo dục Việt Nam，2011.（梁文继：《全球化背景下的北美文化》，越南教育出版社出版。）

Ngô Đức Thịnh：*Văn Hóa vùng và phân vùng văn hóa Việt Nam*. Hà Nội：Nxb Trẻ，năm2004.（吴德盛：《越南区域文化与文化区划分》，越南青年出版社 2004 年版。）

Ngô Văn Doanh：*Văn hóa cổ ChămPa*. TP. HN：Nxb Văn hóa Dân tộc，năm 2011.（吴文营：《占婆古文化》，越南民族文化出版社 2011 年版。）

Nguyen Phuong：*Hoi-dap ve Hien Phap Nuoc Cong Hoa Xa Hoi Chu Nghia Viet Nam nam 1992 da duoc sua doi，bo sung nam 2001*，Ha Noi，nha xuat ban chinh tri quoc gia Viet Nam nam 2005.（阮凤：《2001 年修改补充的 1992 年越南社会主义共和国宪法问答》，越南国家政治出版社 2005 年版。）

Nguyễn Thành：*Báo cách mạng Việt Nam1925-1945*，Nhà xuất bản khoa học xã hội，năm 1984.（阮成：《1925-1945

年越南革命报》，越南社会科学出版社 1984 年版。）

Phạm Đức Dương：*Văn hóa Việt Nam trong bối cảnh Đông Nam Á*，Nxb KHXH，H，2000.（范德阳：《东南亚背景下的越南文化》，越南社会科学出版社 2000 年版。）

Trần Nhật Vy：*Chuyện nghề báo，nhà báo Sài Gòn thuở ban đầu*，Nhà xuất bản Văn hóa-văn nghệ，năm 2016.（陈日为：《西贡初期报业和记者》，越南文艺出版社 2016 年版。）

Trần Quốc Vượng：*Văn Hoá Việt Nam Tìm Tòi Và Suy Ngẫm*，Nhà xuất bản：Nxb văn học，2003。（陈国旺：《越南文化探寻与思考》，越南文学出版社 2003 年版。）

Tran Trong Kim：*Viet Nam Su Luoc*，nha xuat ban van hoa thong tin Viet Nam xuat ban nam 2006 tai Ha Noi，tr. 25.（陈重金：《越南史略》，越南文化通讯出版社 2006 年出版，第 25 页。）

Truong Huu Quyinh，Phan Dai Doan，Nguyen Canh Minh chu bien：*Dai Cuong Lich Su Viet Nam*，Ha Noi，nha xuat ban giao duc Viet Nam xuat ban nam 2000.（张友炯等主编：《越南历史大纲》，越南教育出版社 2000 年版。）

“Ảnh hưởng của văn hóa nước ngoài trên văn hóa Việt Nam”.（越南网络文章：《外国文化对越南文化的影响》）http://giaophannhatrang.org/index.php?nv=news&op=Van-hoa/Anh-huong-cua-van-hoa-nuoc-ngoai-tren-van-hoa-Viet-Nam-10846。

“CHIẾN LƯỢC PHÁT TRIỂN GIÁO DỤC VIỆT NAM 2009-2020”. 网址：http://nistpass.gov.vn/tin-chien-luoc-chinh-sach/100-chien-luoc-phat-trien-giao-duc-viet-nam-2009-2020.html。

“Tiếp súc văn hóa Việt Nam- Ấn Độ”.（越南网络文章：《越南与印度文化交流》）http://doan.edu.vn/do-an/tiep-xuc-van-hoa-viet-nam-an-do-1967/。

三、英文

Brantly Womack：*China and Vietnam：The Politics of Asymmetry*，New York，Cambridge University Press，first published 2006.（Brantly Womack：《中国与越南：政治不对称》（第一版），剑桥大学出版社 2006 年版。）

Institute of Philosophy，Nationgnal Centre of Social Sciences：*History of Buddhism in Vietnam*，Hanoi Vietnam，Social Sciences Publishing House，1922.（越南社会科学院哲学研究所：《越南佛教史》，越南社会科学出版社 1992 年版。）

Keith Weller Taylor：*The Birth of Vietnam*，Berkeley and Los Angeles，California：University of California Press，published 1983.（Keith Weller Taylor：《越南的诞生》，加州大学出版社 1983 年版。）

四、网络

越南电视台官方网站：http://vtv.vn/hoat-dong-vtv/gioi-thieu.htm.

越南国家统计总局官方网站：http://www.gso.gov.vn/default.aspx?tabid=217.

越南人民报官网：http://cn.nhandan.org.vn/html.

越南信息传媒部官方网站：http://mic.gov.vn/solieubaocao/Pages/TinTuc/102284/so-lieu-thong-ke.html.

越南政府宗教事务委员会网站：http://btgcp.gov.vn/.

越南之声广播电台官方网站：http://tnvn.gov.vn/moc-lich-su/moc-lich-su-c4-15.aspx.